TEMAS DE

DIREITO PROCESSUAL

(Quinta Série)

Autor

JOSÉ CARLOS BARBOSA MOREIRA

Professor na Faculdade de Direito da Universidade do Estado do Rio de Janeiro
Desembargador (aposentado) do Tribunal de Justiça do Estado do Rio de Janeiro

Coordenadores

ALUISIO GONÇALVES DE CASTRO MENDES

CARLOS ROBERTO BARBOSA MOREIRA

LUIZ PAULO DA SILVA ARAÚJO FILHO

TEMAS DE DIREITO PROCESSUAL

(Quinta Série)

3ª Edição

Atualizadores

TERESA ARRUDA ALVIM

PAULO HENRIQUE DOS SANTOS LUCON

GZ EDITORA

Rio de Janeiro

2024

1ª edição – 1994 - Saraiva
2ª edição – 2023 - Editora GZ
3ª edição – 2024 - Editora GZ

Coordenadores: *Aluisio Gonçalves de Castro Mendes / Carlos Roberto Barbosa Moreira / Luiz Paulo da Silva Araújo Filho*

Atualização: *Teresa Arruda Alvim / Paulo Henrique dos Santos Lucon*

Diagramação: *Olga Martins*

SINDICATO NACIONAL DOS EDITORES DE LIVROS, RJ

M837t
3. ed.

Moreira, José Carlos Barbosa, 1931-2017
Temas de direito processual : quinta série / José Carlos Barbosa Moreira ; coordenação Aluisio Gonçalves de Castro Mendes, Carlos Roberto Barbosa Moreira, Luiz Paulo da Silva Araújo Filho ; atualizadores Teresa Arruda Alvim, Paulo Henrique dos Santos Lucon. - 3. ed. - Rio de Janeiro : GZ, 2024.
466 p. ; 24 cm. (Temas de direito processual ; 5)

Inclui bibliografia e índice
ISBN 978-65-5813-085-7

1. Direito processual civil - Brasil. I. Mendes, Aluisio Gonçalves de Castro. II. Moreira, Carlos Roberto Barbosa. III. Araújo Filho, Luiz Paulo da Silva. IV. Alvim, Teresa Arruda. V. Lucon, Paulo Henrique dos Santos. VI. Título. VII. Série.

23-86153 CDU: 347.91/.95(81)

Meri Gleice Rodrigues de Souza - Bibliotecária - CRB-7/6439

16/09/2023 20/09/2023

GZ EDITORA

e-mail: contato@editoragz.com.br
www.editoragz.com.br

Estrada do Capuava, nº 1325 - Box Q - CEP 06715-410
Bairro Barro Branco - Município de Cotia - SP
Tel.: (0XX21) 99585-0737 / 99755-0737

Impresso no Brasil
Printed in Brazil

Aos meus filhos – ao de carne e aos de espírito –
da turma de bacharéis de 1986 da
Faculdade de Direito da UERJ,
com afeição paternal.

APRESENTAÇÃO

Por iniciativa do Instituto Brasileiro de Direito Processual- IBDP, muito bem acolhida pela família do autor e pela Editora GZ, as nove "séries" dos *Temas de Direito Processual*, que José Carlos Barbosa Moreira escreveu ao longo de três décadas, são agora reeditadas, em versão atualizada por estudiosos do direito processual – em sua maioria, ex-alunos e amigos do saudoso mestre. A atualização manteve intacto o texto original do ciclo: ao final de cada estudo, encontram-se as observações dos atualizadores, que fornecem ao leitor dados sobre a evolução do direito brasileiro, na matéria ali versada, até os dias atuais.

Qual a utilidade que o leitor de hoje pode extrair da obra, escrita na vigência do Código de Processo Civil de 1973 e dedicada, em muitos pontos, ao exame de normas e institutos que não foram reproduzidos no diploma que o substituiu?

Em primeiro lugar, vários dos trabalhos de Barbosa Moreira abordaram temas até então *inéditos* (ou, ao menos, pouco explorados) na doutrina brasileira. Para nos limitarmos, aqui e agora, à indicação de um único, mas significativo exemplo, permitimo-nos chamar a atenção do leitor para os estudos sobre *interesses difusos*, um dos quais publicado já no volume inaugural da coleção ("A ação popular do direito brasileiro como instrumento de tutela jurisdicional dos chamados 'interesses difusos'"). A reedição desses e de outros textos, igualmente marcados pelo ineditismo das questões de que o autor se ocupou, permitirá ao processualista da terceira década do século XXI o contato direto com a fonte inspiradora de extensa e fecunda elaboração doutrinária que se seguiu, desenvolvida igualmente por outros autores, e de relevantes inovações na legislação do país.

Em segundo lugar, como bem observou um dos mais destacados processualistas de atual geração, a obra de Barbosa Moreira "versa sobre praticamente todos os grandes temas de Direito Processual".[1] Isso é certo em relação ao conjunto de seus escritos (que inclui, entre outros, suas teses para concursos e seus substanciosos *Comentários* ao Código de 1973, além de seu maior êxito comercial, *O Novo Processo Civil Brasileiro*, o qual teve nada menos de vinte e nove edições, *todas* cuidadosa e verdadeiramente "revistas e atualizadas"), mas também o é no tocante à coleção que ora se reedita, em cujos nove volumes o autor não se furtou a examinar e reexaminar temas "clássicos": coisa julgada, prova, competência, poderes do juiz, pressupostos processuais, causa de pedir, contraditório, classificação das sentenças ... Em qualquer campo da ciência ju-

1 DIDIER JUNIOR, Fredie Souza. *Sobre Academia, Memória e Imaginação*: uma vida em processo. Universidade Federal da Bahia, 2021, p. 84. No juízo desse autor, a coleção de *Temas* "está para o Direito Processual Civil brasileiro como o *Tratado de Direito Privado* [de Pontes de Miranda] está para o Direito Privado" (ob. cit., loc. cit.).

rídica, sempre há espaço para um retorno ao que já foi amplamente estudado; e o estudioso de agora e do futuro poderá enxergar mais longe se se dispuser (a imagem pode soar batida, mas é expressiva) a subir nas costas de gigantes do passado.

Em terceiro lugar, o jurista de hoje poderá apreciar as qualidades *didáticas* de Barbosa Moreira. No concurso, realizado em 1979, com o qual o autor conquistou a titularidade na UERJ, um de seus eminentes examinadores reprovou-lhe o emprego, na tese submetida à banca, do adjetivo "didático", por lhe parecer depreciativo do livro (de outro insigne processualista) a que Barbosa Moreira supostamente se referira. Em verdade, o adjetivo, no excerto criticado, qualificava apenas um *exemplo* extraído do livro que Barbosa Moreira citara; porém, como bem observou, em sua resposta, o então candidato, ainda que se tratasse de qualificativo atribuído à obra, que maior elogio se lhe poderia fazer, senão chamá-la didática? Afinal, "didático" qualifica o que é "destinado a instruir", "que facilita a aprendizagem", "que proporciona instrução e informação, assim como prazer e divertimento" (Houaiss). Em qualquer desses sentidos, é possível afirmar que os *Temas* constituem um conjunto extremamente didático – e o processualista da terceira década do século XXI, ao ler qualquer de seus diferentes textos, certamente poderá se beneficiar da clareza expositiva de Barbosa Moreira e, por óbvio, do fato de ter sido ele "senhor absoluto dos meandros e mistérios da nossa tão maltratada última flor do Lácio".[2]

São razões mais que suficientes para justificar a reedição dos *Temas de Direito Processual* – sem prejuízo de muitas outras, que o leitor atento provavelmente encontrará.

Aluisio Gonçalves de Castro Mendes
Carlos Roberto Barbosa Moreira
Luiz Paulo da Silva Araújo Filho

---

2 FABRICIO, Adroaldo Furtado. Apresentação. *In* FABRICIO, Adroaldo Furtado (coord.) *Meio de Impugnação ao Julgado Civil:* estudos em homenagem a José Carlos Barbosa Moreira.1ª ed. Rio de Janeiro: Forense, 2007, p. VIII (destacado no original).

NOTA DOS ATUALIZADORES

Janus tem duas caras. Nós nos sentimos um pouco como ele quando fomos convidados para "atualizar" este volume dos famosíssimos "Temas" do professor José Carlos Barbosa Moreira, certamente um dos maiores processualistas de todos os tempos.

Uma das nossas caras era extremamente alegre e expressava imensa gratidão pelo fato de termos sido convidados para esta honrosa e delicada tarefa. A outra cara, no entanto, estava extremamente tensionada, porque demonstrava o peso da imensa responsabilidade que tínhamos acabado de assumir.

De fato, o professor Barbosa Moreira sempre escreveu textos perfeitos no que tange ao fundo e à forma. Escrevia como ninguém. Quando alguém nos dizia que tinha lido um texto do professor Barbosa Moreira e não tinha entendido, a nossa resposta era sempre: leia de novo.

Os textos do professor José Carlos Barbosa Moreira são impecáveis, sempre. Densos, às vezes irônicos, e escritos com ritmo e elegância inigualáveis; refletiam a sua personalidade marcante, inesquecível, e que todos que com ele conviveram sempre fazem questão de reverenciar.

Portanto, é evidente que foi, de nossa parte, uma ousadia ter aceitado o convite.

Naturalmente, como não poderia deixar de ter sido, não mexemos no seu texto. O que fizemos, foi escrever mais pequenos textos que são, por assim dizer, "contrapontos" em relação aos textos de autoria do professor. Com estes contrapontos, o que quisemos foi mostrar que muito do que foi dito, nos artigos que compõem os seus "Temas", que aconteceria, acabou acontecendo. As pessoas que, como ele, têm vasta cultura e imensa sensibilidade, muitas vezes acabam projetando um futuro que se torna realidade.

José Carlos Barbosa Moreira era um homem de cultura inigualável, conhecia música, literatura e artes em geral, e tinha, além disso, imensa sensibilidade. Isto está fartamente demonstrado pelo número de vezes que nós confirmamos, nos nossos textos, que muito que ele anteviu que aconteceria, de fato, aconteceu. Um bom exemplo disso, que agora afirmamos, é que o professor disse que, no futuro, os advogados se comunicariam com os juízes num aparelho, que seria parecido com um uma televisão...

Por outro lado, nesses comentários que fizemos, observamos que fenômenos que ele lamentava existirem, acabaram ficando piores. Outros, entretanto, felizmente, melhoraram.

Sem que tenhamos tocado os textos do professor José Carlos Barbosa Moreira, pensamos ter conseguido produzir um trabalho original e de leitura agradável.

Resta-nos, parabenizar a Editora GZ e àqueles que tiveram a excelente ideia de dar, aos leitores dos nossos dias, a possibilidade de entrar em contato com esses textos preciosos, Aluisio Gonçalves de Castro Mendes e Carlos Roberto Barbosa Moreira.

E, é claro, agradecer mais uma vez o privilégio de termos podido participar desta empreitada, o que fizemos com infinito carinho, e como mais uma forma de homenagear Barbosa Moreira, que, de uma forma ou de outra, sempre estará entre nós.

SOBRE OS ATUALIZADORES

TERESA ARRUDA ALVIM

Livre-docente, doutora e mestre em Direito pela PUC-SP. Professora nos cursos de graduação, especialização, mestrado e doutorado da mesma instituição. Professora Visitante na Universidade de Cambridge – Inglaterra. Professora Visitante na Universidade de Lisboa. Diretora de Relações Internacionais do IBDP. Honorary Executive Secretary General da International Association of Procedural Law. Membro Honorário da Associazione italiana fra gli studiosi del processo civile, do Instituto Paranaense de Direito Processual. Membro da Accademia delle Scienze dell'Istituto di Bologna, do Instituto Ibero-americano de Direito Processual, do Instituto Panamericano de Derecho Procesal, do Instituto Português de Processo Civil, da Academia Paranaense de Letras Jurídicas, do IAPPR e do IASP, da AASP, do IBDFAM e da ABDConst. Membro do Conselho de Assessores Internacionais do Instituto de Derecho Procesal y Practica Forense de la Asociación Argentina de Justicia Constitucional. Membro do Conselho Consultivo da Câmara de Arbitragem e Mediação da Federação das Indústrias do Estado do Paraná - CAMFIEP. Membro do Conselho Consultivo RT (Editora Thomson Reuters Brasil/Revista dos Tribunais). Coordenadora da Revista de Processo – RePro, publicação mensal da Editora Thomson Reuters Brasil/Revista dos Tribunais. Relatora da Comissão de Juristas, designada pelo Senado Federal em 2009, que redigiu o Anteprojeto de Código de Processo Civil. Relatora do Anteprojeto de Lei de Ações de Tutela de Direitos Coletivos e Difusos, elaborado por Comissão nomeada pelo Conselho Nacional de Justiça, em 2019, (PL 4778/20). Advogada.

PAULO HENRIQUE DOS SANTOS LUCON

Livre-docente, Doutor e Mestre em Direito pela Faculdade de Direito da Universidade de São Paulo. Professor Associado nos cursos de graduação, especialização, mestrado e doutorado da mesma instituição, na qual também se graduou. Membro Honorário da Associazione italiana fra gli studiosi del processo civile. Presidente do Instituto Brasileiro de Direito Processual (2016 a 2022). Vice-Presidente e Membro do Instituto Ibero-americano de Direito Processual. Membro da International Association of Procedural Law. Membro e Conselheiro Instituto dos Advogados de São Paulo, instituição da qual foi Vice-Presidente. Membro do CONJUR – Conselho Superior de Assuntos Jurídicos e Legislativos da Federação da Indústrias do Estado de São Paulo. Membro da AASP – Associação dos Advogados de São Paulo. Especializou-se em direito processual civil junto à Universidade Estatal de Milão. Advogado.

SUMÁRIO

APRESENTAÇÃO VII

NOTA DOS ATUALIZADORES IX

SOBRE OS ATUALIZADORES XI

O PROCESSO CIVIL BRASILEIRO: UMA APRESENTAÇÃO 1

I. INTRODUÇÃO 1

II. ALGUNS PRINCÍPIOS FUNDAMENTAIS 4

III. ESTRUTURA DO PROCEDIMENTO EM PRIMEIRO GRAU. PROCESSO DE CONHECIMENTO 8

IV. PROCESSO DE EXECUÇÃO 13

V. PROCESSO CAUTELAR 18

VI. RECURSOS 20

VII. ALGUMAS INOVAÇÕES RECENTES 24

COMENTÁRIOS DO ATUALIZADOR PAULO HENRIQUE DOS SANTOS LUCON 28

A JUSTIÇA NO LIMIAR DE NOVO SÉCULO 39

COMENTÁRIOS DA ATUALIZADORA TERESA ARRUDA ALVIM 54

LES PRINCIPES FONDAMENTAUX DE LA PROCÉDURE CIVILE DANS LA NOUVELLE CONSTITUTION BRÉSILIENNE 69

COMENTÁRIOS DA ATUALIZADORA TERESA ARRUDA ALVIM 79

O DIREITO À ASSISTÊNCIA JURÍDICA: EVOLUÇÃO NO ORDENAMENTO BRASILEIRO DE NOSSO TEMPO 87

COMENTÁRIOS DA ATUALIZADORA TERESA ARRUDA ALVIM 103

PODE O JUIZ DECLARAR DE OFÍCIO A INCOMPETÊNCIA RELATIVA? 109

COMENTÁRIOS DO ATUALIZADOR PAULO HENRIQUE DOS SANTOS LUCON 125

CITAÇÃO DE PESSOA FALECIDA 131

COMENTÁRIOS DA ATUALIZADORA TERESA ARRUDA ALVIM 140

ASPECTOS DA "EXTINÇÃO DO PROCESSO" CONFORME O ART. 329 CPC 147

COMENTÁRIOS DO ATUALIZADOR PAULO HENRIQUE DOS SANTOS LUCON 158

BREVE NOTICIA SOBRE LA CONCILIACIÓN EN EL PROCESO CIVIL BRASILEÑO.... 165
1. Introducción ... 165
2. Derecho brasileño: datos históricos ... 165
3. Derecho brasileño: el Código de 1973 ... 167
4. Observaciones críticas ... 168
5. Derecho brasileño posterior al "Código de Processo Civil" ... 169
6. La Constitución de 1988 ... 171
7. Algunos datos estadísticos ... 171
8. Consideraciones finales ... 172
COMENTÁRIOS DA ATUALIZADORA TERESA ARRUDA ALVIM ... 174

NOTAS SOBRE EL CONTENIDO, LOS EFECTOS Y LA INMUTABILIDAD DE LA SENTENCIA ... 181
COMENTÁRIOS DA ATUALIZADORA TERESA ARRUDA ALVIM ... 187

LE RAISONNEMENT JURIDIQUE DANS LES DÉCISIONS DE COURS D' APPEL ... 195
1. LES CADRES INSTITUTIONNELS DES RAISONNEMENTS DES COURS D' APPEL ... 195
A) Cadres institutionnels ...
B) Objet de l'appel ... 197
C) Pouvoirs du juge d'appel ...
II - LES STRUCTURES DU RAISONNEMENT DES COURS D' APPEL ... 202
A) La structure externe de la décision d'appel ...
B) La structure interne de la motivation ...
III - OBSERVATIONS FINALES ... 217
COMENTÁRIOS DA ATUALIZADORA TERESA ARRUDA ALVIM ... 219

JUÍZO DE ADMISSIBILIDADE E JUÍZO DE MÉRITO NO JULGAMENTO DO RECURSO ESPECIAL ... 231
COMENTÁRIOS DA ATUALIZADORA TERESA ARRUDA ALVIM ... 240

PROBLEMAS RELATIVOS A LITÍGIOS INTERNACIONAIS ... 245
A) COMPETÊNCIA INTERNACIONAL (LIMITES DA JURISDIÇÃO BRASILEIRA)...... 245
1. Disciplina legal da matéria ... 245
2. Fatores irrelevantes para a determinação da competência internacional. 247
3. Preferência pela jurisdição nacional ... 247

4. Algumas questões particulares ... 248

5. Abstenção da Justiça brasileira em hipóteses de sua competência? ... 252

6. Influência da vontade das partes na determinação da competência internacional ... 253

B) CITAÇÃO (E COMUNICAÇÃO DE OUTROS ATOS PROCESSUAIS) NO PLANO INTERNACIONAL ... 254

1. Generalidades ... 254

2. Os textos normativos ... 255

3. Obstáculos à concessão de "exequatur" para as rogatórias passivas ... 257

C) COLHEITA DE PROVA NO ESTRANGEIRO ... 259

1. Generalidades ... 259

2. Colheita antecipada de prova ... 259

3. Colheita antecipada de prova, em território brasileiro, para utilização noutro país ... 260

D) RECONHECIMENTO E EXECUÇÃO DE SENTENÇAS ESTRANGEIRAS ... 261

1. Textos normativos ... 261

2. Traços fundamentais do regime brasileiro na matéria ... 262

3. O ato de homologação ... 263

4. Requisitos de homologabilidade ... 264

5. O processo de homologação ... 270

6. Laudos arbitrais estrangeiros ... 271

COMENTÁRIOS DO ATUALIZADOR PAULO HENRIQUE DOS SANTOS LUCON ... 272

LA INICIATIVA EN LA DEFENSA JUDICIAL DE LOS INTERESES DIFUSOS Y COLECTIVOS (UN ASPECTO DE LA EXPERIENCIA BRASILENA) ... 283

COMENTÁRIOS DO ATUALIZADOR PAULO HENRIQUE DOS SANTOS LUCON ... 288

NOTAS SOBRE A EXTINÇÃO DA EXECUÇÃO

(O art. 794 do Código de Processo Civil em confronto com suas fontes históricas) ... 293

COMENTÁRIOS DO ATUALIZADOR PAULO HENRIQUE DOS SANTOS LUCON ... 301

A INFLUÊNCIA DO DIREITO PROCESSUAL CIVIL ALEMÃO EM PORTUGAL E NO BRASIL ... 307

INTRODUÇÃO ... 307

PARTE I ... 310

ANTES DE 1939 ... 310

1. Legislação ... 310
2. Doutrina ... 311
PARTE II ... 312
SOB OS CÓDIGOS DE 1939 ... 312
1. Legislação ... 312
2. Doutrina ... 315
PARTE III ... 316
PERÍODO CONTEMPORÂNEO ... 316
1. Legislação ... 316
2. Doutrina ... 319
COMENTÁRIOS DA ATUALIZADORA TERESA ARRUDA ALVIM ... 321

Il CODICE DI PROCEDURA CIVILE DELLO STATO DELLA CITTÀ DEL VATICANO COME FONTE STORICA DEL DIRITTO BRASILIANO ... 335
COMENTÁRIOS DO ATUALIZADOR PAULO HENRIQUE DOS SANTOS LUCON ... 348

IL PROGETTO CARNELUTTI E IL CODICE DI PROCEDURA CIVILE BRASILIANO ... 357
COMENTÁRIOS DO ATUALIZADOR PAULO HENRIQUE DOS SANTOS LUCON ... 374

A INFLUÊNCIA DO CÓDIGO DE PROCESSO CIVIL BRASILEIRO NO NOVO CÓDIGO PERUANO ... 389
COMENTÁRIOS DO ATUALIZADOR PAULO HENRIQUE DOS SANTOS LUCON ... 395

APÊNDICE ... 407
TRÊS REFLEXÕES SOBRE DIREITO E PROCESSO ... 407
O TRANSITÓRIO E O PERMANENTE NO DIREITO ... 409
COMENTÁRIOS DA ATUALIZADORA TERESA ARRUDA ALVIM ... 416

O PROCESSO CIVIL, HOJE: UM CONGRESSO DA ASSOCIAÇÃO INTERNACIONAL DE DIREITO PROCESSUAL ... 429
COMENTÁRIOS DO ATUALIZADOR PAULO HENRIQUE DOS SANTOS LUCON ... 429

DUAS GERAÇÕES DE PROCESSUALISTAS BRASILEIROS ... 433
COMENTÁRIOS DO ATUALIZADOR PAULO HENRIQUE DOS SANTOS LUCON ... 441

ÍNDICE ONOMÁSTICO ... 447
ÍNDICE ALFABÉTICO-REMISSIVO ... 451

O PROCESSO CIVIL BRASILEIRO: UMA APRESENTAÇÃO[1]

I. Introdução. **II.** Alguns princípios fundamentais. **III.** Estrutura do procedimento em primeiro grau. Processo de conhecimento. **IV.** Processo de execução. **V.** Processo cautelar. **VI.** Recursos. **VII.** Algumas inovações recentes.

I. INTRODUÇÃO

1. O processo civil rege-se basicamente, no Brasil, por um Código instituído pela Lei nº 5.869, de 11-1-1973, em vigor a partir de 1º-1-1974, com modificações. Trata-se de lei federal, aplicável em todo o território do País – o que se explica pelo fato de que, ao tempo da respectiva edição, sob a Constituição de 24-1-1967, na redação da Emenda nº 1, de 17-10-1969, apesar de existirem Justiça federal e Justiças estaduais, só a União tinha competência para legislar sobre direito processual. Essa situação alterou-se com a nova Constituição (de 5-10-1988), que, embora repita, no art. 22, nº 1, a regra da anterior, vem a atenuá-la no art. 24, nº XI, onde se atribui competência legislativa concorrente à União, aos Estados e ao Distrito Federal, quanto a "procedimentos em matéria processual" – se bem que, por enquanto, os Estados não se mostrem pressurosos em exercer tal atribuição.

De par com o Código de Processo Civil, grande número de leis – algumas posteriores a ele, outras anteriores – regulam procedimentos peculiares a determinadas causas, ou assuntos que, de um modo ou de outro, interessam de perto ao processo civil, como a assistência judiciária aos necessitados (Lei nº 1.060, de 5-2-1950) e a disciplina jurídica da advocacia (Lei nº 4.215, de 27-4-1963 – Estatuto da Ordem dos Advogados do Brasil) e da magistratura (Lei Complementar nº 35, de 14-3-1979, dita Lei Orgânica da Magistratura Nacional). Várias dessas leis sofreram parciais alterações, o que aconteceu notadamente por ocasião do advento do Código, com o objetivo de adaptar os respectivos textos à sistemática deste.

---

1 Texto português de capítulo da obra coletiva. A *Panorama of Brazilian Law,* ed. por JACOB DOLINGER e KEITH S. ROSENN, Miami-Rio de Janeiro, 1992.

2. O quadro normativo do processo civil brasileiro viu-se modificado em certa medida pela Constituição de 1988. As alterações mais importantes podem ser agrupadas em três classes:

(a) Antes de mais nada, a Constituição operou mudanças na estrutura e na organização do Poder Judiciário: por exemplo, extinguiu o Tribunal Federal de Recursos, em que se concentrava, substancialmente, o julgamento de recursos contra as decisões dos juízes federais de primeiro grau – função agora exercida, em forma descentralizada, por Tribunais Regionais Federais; criou o Superior Tribunal de Justiça, ao qual se transferiu parte das atribuições do Supremo Tribunal Federal, além de outras que cabiam ao extinto Tribunal Federal de Recursos e, em menor número, aos tribunais estaduais; tornou obrigatória a instituição, pela União (no Distrito Federal e nos Territórios) e pelos Estados, de juizados especiais para "causas cíveis de menor complexidade e infrações penais de menor potencial ofensivo", com a possibilidade de julgamento de recursos "por turmas de juízes de primeiro grau" (art. 98 nº, I).

(b) A Constituição igualmente consagrou, em termos expressos, certo número de princípios que as anteriores Cartas Federais ou não contemplavam ou contemplavam unicamente para o processo *penal*. Têm nível constitucional (e, portanto, não podem deixar de ser respeitadas pela legislação processual – civil, inclusive) as garantias do "juiz natural" ou "legal" (art. 5º, ns. XXXVII e LIII), do contraditório e da ampla defesa (art. 5º, nº LV), da inadmissibilidade de provas obtidas por meios ilícitos (art. 5º, nº LVI), da publicidade dos atos processuais (art. 5º, nº LX, e art. 93, nº IX), da motivação obrigatória das decisões judiciais (art. 93, nº IX), do devido processo legal (art. 5º, nº LIV) – cabendo observar que nem todos esses princípios são absolutos, e a própria Constituição, em determinados casos, lhes impõe atenuações ou restrições.

(c) Finalmente, a Constituição criou novas figuras processuais, como o mandado de injunção (art. 5º, nº LXXI), o *habeas data* (art. 5º, nº LXXII), O recurso especial (art. 105, nº III) – este, na verdade, um desdobramento do recurso extraordinário, que teve restringido seu âmbito –; ampliou os contornos de outras, como o mandado de segurança (que passou a ter uma modalidade "coletiva": art. 5º, nº LXX), a ação popular (art. 5º, nº LXXIII) e a ação direta de declaração de inconstitucionalidade (art. 103); deu à ação civil pública *status* constitucional (art. 129, nº III).

3. Além da Constituição e das leis processuais, cumpre mencionar neste contexto as normas de organização judiciária (da União e dos Estados-membros) e os regimentos internos dos tribunais. Aquelas e estes são também relevantes para o processo civil.

No concernente às normas de organização judiciária, basta ver que, em Princípio, são elas que regem a competência em razão do valor e da matéria (Código de Processo Civil, art. 91). Quanto aos regimentos internos, acham-se os tribunais autorizados pela própria Constituição (art. 96, nº I, *a)* a neles dispor, "com observância das normas de processo e das garantias processuais das partes", sobre "a competência e o funcionamento dos respectivos órgãos jurisdicionais e administrativos". É nos regimentos internos que se encontra em geral a disciplina pormenorizada do andamento dos recursos e das causas da competência originária dos tribunais, matéria contemplada só nas grandes linhas pelas leis processuais.

4. O ordenamento jurídico brasileiro, em matéria de processo civil, filia-se basicamente à tradição continental europeia. Suas raízes históricas mergulham no direito português, Ao longo dos anos, ele recebeu contribuições de outras fontes: italianas e, menos intensamente, alemãs. Na elaboração do anteprojeto que deu origem ao Código vigente, buscou-se inspiração, com frequência, no *Codice di procedura civile dello Stato della Città del Vaticano,* uma lei pouco conhecida mas de alta qualidade técnica. Manteve sua importância, como modelo, o Código português.

Num setor, porém, a influência decisiva é norte-americana e explica-se pela similitude entre os dois países no tocante à forma de Estado. Após a proclamação da República (1889), adotou o Brasil uma estrutura federativa copiada dos Estados Unidos. Tal como lá, forjou-se instrumento processual para o controle da interpretação e da aplicação das normas jurídicas editadas pela União, com as quais lidam, em nosso país, tribunais federais e estaduais. Essa a razão de ser do chamado recurso extraordinário, em cuja fisionomia se incorporaram traços do antigo *writ of error* e do *writ of certiorari.* A Constituição de 1988 bipartiu a figura: hoje, o recurso extraordinário tem âmbito restrito às questões de índole constitucional, e as outras hipóteses de cabimento foram transferidas para o "recurso especial". Inspirou-se a inovação no propósito de aliviar a sobrecarga de trabalho do Supremo Tribunal Federal: o julgamento do "recurso especial" não compete a este, mas ao Superior Tribunal de Justiça (art. 105, nº III).

É possível, ademais, discernir certo influxo do direito norte-americano - provavelmente em combinação com outros - em criações recentes do processo brasileiro, como os juizados especiais de pequenas causas (Lei nº 7.244, de 7-11-1984) e a ação civil pública (Lei nº 7.347, de 24-7-1985).

II. ALGUNS PRINCÍPIOS FUNDAMENTAIS

1. O exame sistemático de qualquer legislação processual revela a influência de princípios, que a doutrina identifica e cataloga sob rótulos tradicionais. Eles refletem a atuação, no meio cultural, de ideologias, de orientações filosóficas, políticas, econômicas, sociais, até religiosas. Em ambiente de pluralismo, como é o brasileiro, a conjugação de tendências diversas impede, em regra, que a opção por este ou aquele princípio assuma caráter absoluto. Para essa "relativização" contribui também, como noutros países, a pressão de necessidades e conveniências de ordem prática, mal conciliáveis com um rigor extremo na aplicação dos princípios.

Assim, apenas em pouquíssimos casos se poderá apontar tal ou qual princípio como dominante sem contraste no processo civil brasileiro. De maneira geral, o que prevalece é uma combinação de variável dosagem. Daí não surpreender muito que, em certas matérias, o texto legal dê margem a interpretações divergentes, sob a invocação de princípios opostos, ao sabor - compreende-se - das inclinações pessoais dos intérpretes. Exemplo sugestivo é o da iniciativa do juiz na atividade de instrução, que ora se vê tratada em termos restritos, ora em termos largos, conforme o grau de adesão do autor ao "princípio dispositivo" (ou antes, a uma das manifestações que a ele habitualmente se atribuem).

2. *Oralidade e escritura* - O processo civil brasileiro não é um processo essencialmente oral, no sentido clássico da expressão. Salvo no procedimento sumaríssimo (CPC, art. 278) e no dos juizados especiais de pequenas causas (Lei nº 7.244, de 7-11-1984, art. 31), onde ao réu é lícito defender-se oralmente, toda a fase postulatória - em que as partes expõem suas pretensões ao juiz - processa-se por escrito (petição inicial, contestação, exceções, reconvenção). Pode acontecer que nem sequer se realize uma audiência: cabe ao órgão judicial, em vários casos, proferir sentença sem realizá-la, inclusive para julgar o mérito da causa: assim, por exemplo, quando não for necessária a colheita de provas a serem produzidas em audiência, porque a controvérsia respeita unicamente a questões de direito ou comporta deslinde à luz exclusiva das provas já constantes dos autos (CPC, art. 330, nº I).

Preservado fica, entretanto, o cerne essencial da oralidade, que consiste no contacto (em princípio) direto entre o órgão judicial, de um lado, e de outro as pessoas suscetíveis de constituir fontes de informações. As partes e as testemunhas depõem, em regra, na audiência (CPC, art. 336, *caput)* e são inquiridas pelo juiz. Também na audiência presta esclarecimentos, se necessário, o perito (art. 435). Com poucas ressalvas, a sentença é obrigatoriamente proferida pelo mesmo juiz que presidiu a audiência e nela colheu provas (art. 132).

3. *Princípio dispositivo e princípio inquisitivo* – A expressão "princípio dispositivo", encontradiça na doutrina brasileira, é algo equívoca: costuma ser empregada acerca de problemas diversos, como o da iniciativa da instauração do processo, o da delimitação da matéria a ser julgada, o da prova dos fatos relevantes. Em termos gerais, pode-se dizer que ela denota o predomínio da vontade das partes e uma correlata inibição do juiz. O "princípio inquisitivo" refletiria a tendência oposta.

Na verdade, a posição do direito brasileiro não é uniforme em face das diferentes questões de que aqui se trata. A instauração do processo, com raríssimas exceções, fica reservada à parte (CPC, art. 262, *princípio).* Também cabe exclusivamente ao autor determinar o objeto do pleito e indicar os fatos em que se baseia: conforme revela o exame sistemático de vários textos do Código (arts. 128, 459, 460), é vedado ao juiz pronunciar-se, num sentido ou noutro, sobre o que não se haja pedido, e bem assim levar em conta, na sentença, fundamento de fato não invocado.

Quanto à iniciativa de medidas instrutórias, o art. 130 confere ao órgão judicial o poder de determinar, de ofício ou a requerimento da parte, "as provas necessárias à instrução do processo". Parte da doutrina tende a interpretar restritivamente essa disposição, argumentando, entre outras coisas, com a existência de normas específicas que autorizam a iniciativa oficial em determinados casos, e que seriam – afirma-se – supérfluas, caso se entendesse amplamente a cláusula do art. 130. Em plano de pura lógica formal, o argumento comporta inversão, para concluir-se que, se as normas específicas esgotam o assunto, então é a cláusula genérica do art. 130 que se torna inútil e vazia de significação.

Na realidade, valem pouco, aqui, as argumentações de ordem textual; o dissenso, já acima registrado (II, I), lança raízes numa diferença de concepções que leva cada corrente doutrinária a dar maior ênfase a este ou àquele ponto. De resto, cumpre reconhecer que a maioria dos juízes, na prática, por uma série de motivos, raramente exercita os poderes – amplos ou limitados que se concebam – de iniciativa instrutória, cingindo-se quase sempre a deixar ao exclusivo cuidado das partes a comprovação dos fatos alegados.

4. *Contraditório* – Por esta expressão costuma-se designar uma fundamental garantia das partes, consistente, de um lado, na igual abertura a ambas da possibilidade efetiva de influir no resultado do processo, apresentando razões, discutindo as do adversário, participando da atividade probatória e reagindo contra os atos do juiz que lhes contrariem os interesses; de outro lado, na proibição, para o órgão judicial, de determinar providências sem delas dar ciência às partes e de fundar a decisão em fatos ou provas a cujo respeito aquelas não hajam tido a oportunidade de manifestar-se. As anteriores Constituições só para o processo *penal* contemplavam expressamente tal garantia, que se via assim confinada, no campo civil, ao âmbito da legislação ordinária; a atual confere-a largamente "aos litigantes, em processo judicial ou administrativo" (art. 5º, nº LV).

A garantia do contraditório não se reputa infringida se a parte, colocada em situação de poder atuar, prefere manter-se inerte. Ela comporta, ademais, atenuações ou compressões, destinadas a preservar outros valores igualmente relevantes: por exemplo, certas medidas podem ser ordenadas sem a *prévia* cientificação das partes, desde que o justifiquem a urgência e a necessidade de assegurar-lhes eficácia prática; é lícito ao juiz, a título excepcional, excluir de um ato instrutório a presença da parte, se ela for capaz de comprometer a utilidade da diligência; e assim por diante.

5. *Publicidade e segredo* – Nos termos do art. 93, IX, da Constituição em vigor, "todos os julgamentos dos órgãos do Poder Judiciário serão públicos (...), podendo a lei, se o interesse público o exigir, limitar a presença, em determinados atos, às próprias partes e a seus advogados, ou somente a estes". O art. 5º, nº LX, estende a regra da publicidade aos atos processuais em geral, só admitindo que a lei a restrinja "quando a defesa da intimidade ou o interesse social o exigirem". A publicidade do julgamento, no Brasil, é entendida de modo abrangente: ao contrário do que ocorre em muitos outros países, as próprias deliberações dos órgãos colegiados realizam-se, normalmente, à vista de todos, ficando conhecidos os votos dos diversos juízes participantes da decisão.

Determinados processos correm "em segredo de justiça", caso em que unicamente as partes e seus advogados podem estar presentes às audiências, consultar os autos e requerer certidões. Assim se dá nas causas referentes a direito de família (casamento, filiação, separação dos cônjuges, divórcio, alimentos...), nas quais se considera necessário resguardar a intimidade das pessoas envolvidas, e naquelas "em que o exigir o interesse público" (Código de Processo Civil, art. 155 e seu parágrafo único).

6. *Obrigatoriedade de motivação das decisões* – O dever de motivar as decisões, que já existia na legislação ordinária, está agora consagrado em nível constitucional (art. 93, nº IX). Qualquer decisão judicial não motivada é nula.

Costuma-se distinguir entre a *ausência total* e a mera *insuficiência* da motivação. Embora nenhum texto expresso fixe o conteúdo mínimo necessário para que uma decisão se repute motivada, o CPC, ao regular a estrutura formal da sentença, estabelece que na respectiva fundamentação "o juiz analisará as questões de fato e de direito" (art. 458, nº II). Outro dispositivo permite que as decisões interlocutórias sejam fundamentadas "de modo conciso" (art. 165, *fine).* Em qualquer caso, segundo a doutrina e a jurisprudência, à falta de motivação equipara-se a omissão do órgão judicial em examinar questão essencial, capaz de influir decisivamente no teor do pronunciamento, máxime quando daí resulte prejuízo para a defesa. Simples deficiências não constituem causa bastante de nulidade.

Na prática, deparam-se com frequência motivações insatisfatórias. Os juízes nem sempre justificam de maneira cabal a valoração das provas. Onde a precariedade da motivação mais ressalta, porém, é no que tange aos juízos de valor que implicam opções políticas, no sentido mais amplo da expressão, como quando se trata de concretizar "conceitos jurídicos indeterminados" (interesse público, bons costumes, injúria grave, pequeno valor), ou de exercer um poder discricionário conferido pela lei. Todavia, precisamente aí – dada a amplitude da escolha atribuída ao juiz – é que a obrigatoriedade da motivação se reveste de maior significação como garantia para as partes.

7. *Valoração da prova: livre ou predeterminada* – A regra geral, no processo civil brasileiro, é a da liberdade do órgão judicial na valoração da prova (CPC, art. 131, 1ª parte). Servem-lhe de contrapeso, como garantias para as partes, o dever de justificar, na motivação da sentença, o convencimento formado (art. 131, 2ª parte; cf., *supra*, nº 6), e a proibição de levar em conta fatos não comprovados nos autos, ainda que conhecidos, de outro modo, pelo juiz, com ressalva dos "notórios", isto é, daqueles a cuja ciência qualquer pessoa tem normal possibilidade de acesso, por meios comuns (*v.g.*, a data de feriado nacional, a eleição do Presidente da República, um acidente ferroviário de grande repercussão etc.). A vigente Constituição tornou inadmissíveis, em termos expressos, as provas ilicitamente obtidas (art. 5º, nº LVI).

Notam-se, no texto do Código, resíduos do velho sistema segundo o qual o valor desta ou daquela prova se achava predeterminado na lei. Assim, por exemplo: "o documento feito por oficial público incompetente, ou sem a observância das formalidades legais, sendo subscrito pelas partes, tem a mesma eficácia probatória do documento particular" (art. 367); "o telegrama, o radiograma ou qualquer outro meio de transmissão tem a mesma força probatória do documento particular, se o original constante da estação expedidora foi assinado pelo remetente" (art. 374, *caput*); "a prova exclusivamente testemunhal só se admite nos contratos cujo valor não exceda o décuplo do maior salário mínimo vigente no País, ao tempo em que foram celebrados" (art. 401). Disposições desse gênero são condenáveis, como entraves à correta apuração da verdade dos fatos; *de lege ferenda* merecem eliminação.

III. ESTRUTURA DO PROCEDIMENTO EM PRIMEIRO GRAU. PROCESSO DE CONHECIMENTO

1. O direito brasileiro distingue três espécies de processos, de acordo com a natureza e o fim da atividade realizada em juízo: o processo de conhecimento, destinado à prolação de sentença em que o órgão judicial acolherá ou rejeitará o pedido de que se reconheça ou se produza determinado efeito jurídico em favor do autor; o processo de execução, que visa à realização concreta daquilo que se contenha numa sentença condenatória ou em algum título extrajudicial a ela equiparado por lei; o processo cautelar, por meio do qual se tomam providências provisórias, ordenadas a assegurar a eficácia prática das medidas próprias de qualquer das duas outras espécies.

No âmbito do processo de conhecimento, a sequência dos atos processuais pode obedecer a padrões variáveis. Há um procedimento *ordinário,* suscetível por sua vez de divisão em duas versões, uma "completa", outra abreviada; um procedimento *sumaríssimo;* e diversos procedimentos *especiais,* alguns regulados no Código de Processo Civil, outros – como já se disse – em leis extravagantes, anteriores ou posteriores a ele. Na terminologia legal, o procedimento ordinário e o sumaríssimo reúnem-se sob o rótulo de procedimento *comum* (art. 272). Em verdade, comum é o procedimento ordinário, que se emprega sempre que a lei não preveja outro, e cuja regulamentação constitui fonte subsidiária da disciplina dos demais (art. 273). O procedimento sumaríssimo, bem examinadas as coisas, é um procedimento especial, aplicável às causas de valor inferior a certo limite (art. 275, nº I) ou, independentemente do valor, às que versam determinadas matérias (art. 275, II).

2. A versão "completa" do procedimento ordinário, em primeiro grau de jurisdição, desdobra-se essencialmente em quatro fases. Na primeira, denominada "postulatória" e totalmente escrita, predomina a atividade das partes, consistente em expor ao juiz suas respectivas pretensões: o autor, na petição inicial (art. 272); o réu, na resposta, que deve ser apresentada em quinze dias (art. 297) e comporta três modalidades: a contestação, as exceções e a reconvenção (art. 297). A terceira (arts. 315 e s.) distingue-se com nitidez das outras por sua natureza: ela não constitui propriamente um meio de defesa, mas uma ação distinta, proposta, no mesmo processo, pelo réu em face do autor, com natural inversão das posições recíprocas, em tudo que lhe diga respeito. Já a diferença entre a contestação e as exceções tem índole formal, sobrevive acima de tudo por força da tradição e não parece justificar-se *de lege ferenda.* Processam-se pela via das exceções as alegações de defesa concernentes à incompetência relativa (isto é, à incompetência passível de ser suprida), ao impedimento ou à suspeição do juiz (art. 304). Todas as outras defesas, quer se refiram ao mérito da causa, quer corporifiquem preliminares, deve o réu alegá-las por meio da contestação (art. 300).

Não é inteiramente passivo, note-se, o papel do órgão judicial nessa primeira fase. Por seu intermédio é que o réu se vê chamado a juízo: apresentada que seja a petição inicial, compete ao juiz examiná-la, para verificar se ela satisfaz as exigências da lei, com o poder de indeferi-la em determinados casos (art. 295). Deferindo a petição inicial, ordena o juiz a citação do réu (art. 285), ato normalmente praticado por meio de um auxiliar do juízo, o oficial de justiça (art. 224), a quem toca dar a conhecer ao réu o conteúdo do mandado, do qual constam os elementos necessários para permitir a preparação de defesa (art. 225). Contempla a lei a possibilidade de efetuar-se a citação por via postal, mas limitada, com excesso de timidez, às hipóteses de réu comerciante ou industrial, domiciliado no Brasil (art. 222). Se o réu for desconhecido ou incerto, ou se encontrar em local ignorado, incerto ou inacessível, bem como noutros casos expressamente previstos, a citação será feita por edital (art. 231), publicado no órgão oficial e, pelo menos duas vezes, em jornal local, onde houver (art. 232, nº III).

3. Encerrada a fase postulatória, toca ao juiz ordenar providências destinadas principalmente a regularizar o processo, sanando-lhe eventuais falhas (fase de saneamento: arts. 323 e s.). Essa atividade culmina com o chamado "despacho saneador", em que o órgão judicial decidirá, se for o caso, sobre a realização de perícia e designará a audiência de instrução e julgamento, determinando as provas que nela se hajam de produzir (art. 331). Na prática – sobretudo quando há perícia –, só mais tarde se marca a audiência, com frequência para data longínqua, ao menos nos juízos de grande movimento.

A fase consagrada à atividade instrutória aparece claramente diferenciada na hipótese de realizar-se prova pericial. Fora daí, sua individualidade é menos nítida: por exemplo, a prova documental, em princípio, deve ser produzida por ambas as partes na fase postulatória: pelo autor, com a inicial, e pelo réu, com a resposta (art. 396), embora na prática os juízes se inclinem a tolerar a juntada posterior, ainda quando não justificada por circunstância especial. Os depoimentos das partes e das testemunhas (e, eventualmente, os esclarecimentos que se solicitem ao perito) são em regra colhidos na audiência (art. *336, caput).* Para a inspeção de pessoas ou coisas pelo juiz não há oportunidade prefixada: ela pode ocorrer "em qualquer fase do processo" (art. 440). Além dessas espécies de provas, expressamente reguladas no Código, o direito brasileiro admite "todos os meios legais, bem como os moralmente legítimos" (art. 332), consagrada agora pela Constituição, segundo já se observou *(supra,* II, 7), a inadmissibilidade de provas obtidas por meios ilícitos.

A audiência de instrução e julgamento comporta, de início, uma tentativa de conciliação, desde que se trate de direitos disponíveis (art.

447). Frustrada que seja, procede-se à colheita das provas orais, nesta ordem: esclarecimentos do perito, depoimentos das partes e, finalmente, das testemunhas (art. 452). Todas as perguntas são feitas por intermédio do juiz (arts. 413 e 344), que pode indeferir as propostas pelos advogados das partes e formular outras que lhe ocorram, para melhor elucidação dos fatos (iniciativa não muito frequente). Nada de semelhante à *cross-examination* do direito anglo-saxônico existe no processo civil brasileiro. Encerrada a instrução, abre-se oportunidade a um debate oral entre os advogados (art. 454). A sentença deve ser proferida na própria audiência (o que só acontece em casos raros, de acentuada simplicidade), ou no prazo de dez dias (art. 456), limite que infelizmente se deixa de observar em grande número de feitos.

4. Na versão "abreviada" do procedimento ordinário, o órgão judicial sentencia, pondo termo ao processo na ocasião em que, normalmente, o declararia "saneado" e o impeliria em direção à audiência ("julgamento conforme o estado do processo": arts. 329 e s.). A abreviação pode ter por causa a inutilidade ou a desnecessidade do prosseguimento do feito. É inútil o prosseguimento quando se verifica impedimento irremovível ao julgamento do mérito, *v.g.* porque ocorre nulidade insanável, ou porque a ação foi proposta por quem não tinha legitimidade *ad causam;* é desnecessário, quando os autos já contêm todos os elementos indispensáveis à formação do convencimento do juiz, mostrando-se supérflua a colheita de outras provas.

Hipótese particular de desnecessidade é a da revelia, isto é, da omissão do réu em apresentar defesa, caso no qual, em regra, se admitem como verdadeiros os fatos alegados pelo autor (art. 319). Não significa isso que o desfecho do processo haja de ser sempre desfavorável ao revel: pode acontecer que aquele se extinga sem julgamento do mérito, em razão de alguma preliminar suscetível de conhecimento *ex officio* pelo juiz, ou que a solução do litígio dependa de questão de direito, também livremente apreciável pelo órgão judicial, que não fica impedido de resolvê-la a favor do réu.

5. O procedimento sumaríssimo caracteriza-se, em teoria, pela máxima concentração. O réu é citado para comparecer à audiência, na qual lhe cabe oferecer defesa escrita ou oral (art. 278). Após a tentativa de conciliação, se cabível, colhem-se as provas, seguindo-se o debate entre os advogados (arts. 278, § 1º, e 280). O juiz deve proferir a sentença no próprio ato ou dentro de cinco dias (art. 280, 2ª parte). Sobretudo nos juízos de grande movimento, a realidade forense distancia-se muito do modelo legal. Quase nunca se respeita o preceito do art. 280, segundo o qual todos os atos, desde a propositura da ação até a sentença, teriam de realizar-se no prazo máximo de noventa dias. Fatores variados concorrem para desvirtuar o procedimento sumaríssimo, desde os defeitos da disciplina legal – principalmente no que concerne às hipóteses de cabimento, algumas incompatíveis com a concentração desejada – até a sobrecarga de trabalho de muitos órgãos judiciais. Com certa frequência, prefere-se empregar em vez dele o procedimento ordinário, o que a rigor conflita com a sistemática do Código, mas não tem sido considerado como causa de nulidade do processo.

6. O Livro IV do Código de Processo Civil trata de certo número de procedimentos especiais. Outros, como já se observou, são regidos por leis extravagantes – entre eles, alguns de grande importância, como a desapropriação (Dec.-lei nº 3.365, de 21-6-1941), o mandado de segurança (Lei nº 1.533, de 31-12-1951, com várias alterações), a ação popular (Lei nº 4.717, de 29-6-1965), a ação de alimentos (Lei nº 5.478, de 25-7-1968), a ação de despejo (Lei nº 6.649, de 16-5-1979), a ação civil pública (Lei nº 7.347, de 24-7-1985). Em relação a esses, as normas do Código aplicam-se subsidiariamente sempre que compatíveis com a disciplina específica.

Os procedimentos especiais regulados no Código estão agrupados em duas categorias: os de "jurisdição contenciosa" (Título I do Livro IV) e os de "jurisdição voluntária" (Título II do Livro IV). Segundo a opinião predominante na doutrina, deveriam compor a segunda categoria os feitos em que não há litígio a ser resolvido, mas simples participação do Estado, por meio do órgão judicial, em atos jurídicos privados, por motivos de conveniência e oportunidade. Bem examinadas as coisas, o Código não parece haver seguido, na distribuição da matéria, critério rigorosamente científico, deixando-se antes guiar, ao menos em alguns casos, por puras considerações de ordem prática.

Com ressalva de peculiaridades quase sempre situadas na fase inicial, boa parte dos procedimentos especiais de jurisdição contenciosa recaem, sob certas circunstâncias, no procedimento ordinário. Outros diferem desse esquema, em maior ou menor extensão. No âmbito da jurisdição voluntária, podem distinguir- se um procedimento básico, disciplinado nos arts. 1.104 e s. e aplicável na ausência de regras específicas (art. 1.103), e diversos procedimentos que, por suas características extremamente variáveis, não comportam redução a modelo comum (Capítulos II a XI do Título II do Livro IV).

IV. PROCESSO DE EXECUÇÃO

1. Dada a diferença de finalidade entre o processo de execução e o de conhecimento, bem se compreende que a estrutura daquele se distancie de modo considerável da exposta nos itens anteriores. Trata-se aqui, precipuamente, de praticar atos concretos, com o objetivo de ajustar a situação de fato àquilo que ela deve ser, nos termos da sentença ou de acordo com outro título a que a lei atribui eficácia semelhante (por exemplo: letra de câmbio, nota promissória – art. 585, nº I).

Cuidando-se de sentença, a execução torna-se possível em duas hipóteses: quando não caiba recurso algum, isto é, quando já transitada em julgado a decisão, ou então quando o recurso contra ela interposto haja sido recebido sem efeito suspensivo. Na segunda hipótese, porém, a execução se considera provisória e se desfará, se a sentença vier a ser reformada ou anulada; o vencedor que quiser promovê-la terá de prestar caução, obrigando-se a reparar os danos causados à outra parte; e não se poderão praticar atos que importem transferência de propriedade, nem se permitirá o levantamento de depósito em dinheiro sem caução idônea (art. 588).

Às vezes, a sentença não determina o valor ou não individua o objeto de condenação. Nesse caso, antes de iniciar-se a execução, é necessário promover a «liquidação» da sentença, por meio de procedimento variável conforme as características da espécie. Na hipótese menos favorável, em que ainda se faz indispensável alegar e provar "fato novo", determina o art. 609 que se adote o procedimento ordinário, o que acarreta a inconveniente repetição do itinerário percorrido no processo de conhecimento, com lamentável retardamento da satisfação do direito do credor. Trata-se, sem dúvida, de um dos "pontos de estrangulamento" do processo civil brasileiro.

2. A execução pode ter em mira prestações de diferentes naturezas: o devedor ora estará obrigado a pagar ao credor uma soma em dinheiro (e é o caso mais frequente), ora a entregar-lhe outra coisa, ora a praticar ato de espécie diversa (material ou jurídico), ora ainda a abster-se de praticá-lo. Compreende-se com facilidade que, para atingir esses vários fins, não servem os mesmos meios; daí a existência de tipos de execução também distintos, irredutíveis a um padrão comum.

Regula o Código: a "execução para entrega de coisa" (Livro II, Título II, Capítulo II - arts. 621 e s.), a "execução das obrigações de fazer e não fazer" (Livro II, Título II, Capítulo III - arts. 632 e s.) e a "execução por quantia certa". Esta última comporta duas modalidades, uma aplicável quando o devedor é solvente (Livro II, Título II, Capítulo IV - arts. 646 e s.), outra quando ele é insolvente (Livro II, Título IV). A segunda constitui espécie de execução "universal" (no sentido de que se realiza em proveito da totalidade dos credores dotados de título executivo e de que abrange a totalidade dos bens executáveis do devedor), semelhante à falência, que no direito brasileiro fica reservada aos devedores *comerciantes.* Sob determinadas circunstâncias, nomeadamente quando se torne impossível a prestação devida *(v.g.,* porque a coisa pereceu), execuções de outros tipos podem converter-se em execução por quantia certa, para que o dano seja reparado ao menos com o equivalente pecuniário daquela prestação. Por isso se diz que, em relação a essas execuções «específicas», a execução por quantia certa assume o papel de execução "genérica", embora seja tão específica como qualquer outra quando, desde a origem, a prestação devida é pecuniária.

3. Todas as modalidades de execução apresentam um traço comum: nenhum ato executivo se pratica antes de citar-se o devedor, a quem se concede prazo para cumprir a obrigação. Só ante o descumprimento é que se passam a tomar, sob a direção do juiz, providências tendentes a proporcionar ao credor, tanto quanto possível, e prescindindo da colaboração do devedor, resultado prático igual ao que aquele obteria se cumprida voluntariamente a obrigação.

Isso é relativamente fácil, em princípio, na "execução para entrega de coisa". Em linhas gerais, visa-se aí, pura e simplesmente, a colocar em poder do credor a coisa a que ele faz jus, o que se consegue, no comum dos casos, mediante a expedição de mandado de imissão na posse, se se cuida de imóvel, ou de busca e apreensão, se é de móvel que se trata (art. 623).

Quanto às obrigações de fazer, cumpre distinguir, antes de mais nada, entre os casos em que se reclama a prática de ato material (realização de obra, prestação de serviço) e aqueles outros em que se pretende do devedor que celebre um contrato ou, mais genericamente, emita uma declaração de vontade. Para este segundo grupo de casos, que se limita ao campo da execução fundada em sentença, a solução é engenhosa e prática: se o vencido não cumpre voluntariamente a condenação, a própria sentença, ao transitar em julgado, produz em benefício do credor os efeitos que produziria o contrato não celebrado ou a declaração não emitida (arts. 639 e 641). Torna-se supérflua, destarte, qualquer outra providência judicial dirigida ao devedor: a rigor, aqui *não* resta espaço para um verdadeiro processo de execução. Se o instrumento contratual se destinava a ser registrado em algum órgão público, o credor registrará, no lugar dele, a própria sentença, por meio de certidão extraída dos autos do processo.

As hipóteses de ato material comportam ulterior subdivisão. Quando o resultado prático a que visa o credor puder ser atingido mediante a substituição do devedor recalcitrante por outra pessoa, é lícito ao credor requerer que a obra seja realizada, ou o serviço prestado, por terceiro, à custa do devedor (arts. 633 e s.). Às vezes, contudo, a pessoa do devedor é insubstituível: assim, se só ele está autorizado por lei a praticar o ato, ou se foi contratado para praticá-lo em razão de qualidades individuais, singulares ao ver do credor (por exemplo: capacidade artística, como no caso de pintor famoso que se obrigou a pintar um quadro). Então, a recusa do devedor torna impossível a execução específica, e a única solução é convertê-la em execução genérica (por quantia certa), para cobrança de perdas e danos (art. 638, parágrafo único).

No que respeita às obrigações de não fazer, o Código unicamente se preocupa com a hipótese de pretender o credor – sendo possível, é claro – o desfazimento daquilo que haja sido feito ilegitimamente pelo devedor (arts. 642 e 643). Compreende-se sem dificuldade que o caso recai no da execução de obrigação de *fazer*.

4. A impotência dos mecanismos executivos para, em alguns casos, proporcionar ao credor resultado útil sugere ao legislador processual o emprego de técnicas alternativas, destinadas a compelir o próprio devedor ao cumprimento da obrigação, ameaçando-o de consequências desagradáveis se ele persistir na omissão. Não há no direito brasileiro uma figura que corresponda, na sua amplitude, ao *Contempt of Court* dos ordenamentos anglo-saxônicos. A Constituição da República (art. 5º, nº LXVII) só permite, a título excepcional, a prisão civil do devedor de alimentos e do depositário infiel. A primeira exceção interessa ao nosso tema, e dela se vale o Código (art. 733, §§ 1º a 3º) ao regular, em capítulo especial, a "execução de prestação alimentícia" (Capítulo V do Título II do Livro II). Fora daí, o único meio de coerção utilizável é a multa, impropriamente denominada "pena pecuniária" nos arts. 644 e 645, cujas características lembram, em certa medida, as da *astreinte* do direito francês, seu provável modelo.

A imposição da multa coercitiva depende de pedido do autor (art. 644) e deve constar da sentença que encerra o processo de conhecimento (art. 645). Ela é devida por dia de atraso no cumprimento da sentença, a partir do termo final do prazo que o juiz assine ao vencido para adimplir a obrigação (art. 644). Seu valor não guarda relação necessária com o da própria obrigação; ela não tem por fim compensar o desfalque patrimonial do credor, mas exercer sobre a vontade do devedor a pressão necessária para vencer-lhe a resistência.

A eficiência desse mecanismo fica limitada por diversos condicionamentos, dos quais o principal é a situação econômica do devedor: uma ameaça do tipo da que se tem em vista pode revelar-se, conforme o caso, insuficiente para quem disponha de grandes recursos, ou inútil para quem os tenha extremamente escassos. Conviria atribuir ao juiz maior dose de discrição na fixação do valor, assim como permitir que ele o alterasse ao longo do tempo, a fim de ajustá-lo às circunstâncias variáveis. A multa deveria ser aplicável *ex officio,* independentemente de pedido do credor. Por outro lado, já que ela não tem caráter ressarcitório, mas visa a assegurar a eficácia prática da condenação, constante de ato judicial, não parece razoável que o produto da aplicação seja entregue ao credor, em vez de ser recolhido aos cofres públicos.

5. O que ficou dito no item anterior obviamente não se aplica à "execução por quantia certa", que é a modalidade mais frequente, mas também a mais complexa, de execução. A complexidade resulta basicamente da circunstância de que, ao menos no comum dos casos, não se encontra em mãos do devedor aquilo mesmo que se quer transferir para as do credor – a saber, dinheiro. Torna-se então necessário "converter" em dinheiro outro bem (ou outro bens) porventura existente(s) no patrimônio do devedor, o que normalmente se consegue pela respectiva alienação a terceiro(s) interessado(s) em adquiri-lo(s), mediante o pagamento de um preço.

Semelhante conversão exige urna série de providências que imprimem ao procedimento executivo feição intrincada e ritmo irregular. Antes de mais nada, é preciso apreender os bens que se vão utilizar; o ato de apreensão denomina- se "penhora" na execução contra devedor solvente (arts. 659 e s.) e "arrecadação" (art. 751, nº II) na execução contra devedor insolvente. Os bens apreendidos serão depois alienados em hasta pública ("arrematação": arts. 686 e s., 766, nº IV); mas, como há formalidades prévias indispensáveis – notadamente a avaliação dos bens (arts. 680 e s.) e o anúncio da alienação, por meio de publicação de edital na imprensa (arts. 686 e 687) –, costuma passar-se tempo considerável entre a apreensão e a arrematação, ficando os bens, nesse ínterim, sob depósito (art. 666).

O esquema comporta algumas variantes. Uma delas resulta da possibilidade de receber o credor, em pagamento, o próprio bem apreendido, em vez do produto de sua alienação a terceiro ("adjudicação", prevista no art. 714 apenas para o caso de imóvel, que não haja encontrado licitante na hasta pública). Outra – rara na prática judicial – consiste em atribuir-se ao credor, não a propriedade do bem apreendido, mas o direito de explorá-lo economicamente pelo tempo necessário à satisfação do crédito ("usufruto de imóvel ou de empresa": arts. 716 e s.).

Feita abstração dessas variantes, a etapa final da "execução por quantia certa" é constituída pelo pagamento do credor com o produto da arrematação (art. 709). Havendo pluralidade de credores – o que sempre acontece na hipótese de insolvência do devedor, em que a execução tem caráter "universal" –, surge o problema da divisão do produto entre eles, fonte provável de incidentes que concorrem para retardar ainda mais o desfecho.

6. É concebível que o devedor, citado para a execução, julgue ter motivo legítimo para impugná-la. A via própria para tanto é o oferecimento de "embargos" (Livro II, Título III), a que o sistema do Código confere a natureza de ação.

Quando a execução se funda em título extrajudicial, é lícito ao devedor fundar os embargos em qualquer razão que poderia alegar, como matéria de defesa, em processo de conhecimento (art. 745). Na execução de sentença, visto que já houve cognição judicial, não seria razoável abrir-se oportunidade para nova discussão ampla da causa; assim, em regra, o devedor, nos embargos, só pode alegar fatos supervenientes. A única exceção, prevista no art. 741, nº I, é a hipótese de não haver sido citado o devedor (ou haver sido nulamente citado) para o processo de conhecimento e ter este corrido à sua revelia: nesse caso, aos olhos da lei, o defeito assume tal gravidade, que conserva toda a relevância, ainda quando a sentença exequenda haja transitado em julgado - sendo, pois, definitiva a execução. Aí, se os embargos forem acolhidos, não somente a execução, mas também o processo de conhecimento cai por terra, desde o início.

V. PROCESSO CAUTELAR

1. O Código dedica o Livro III à disciplina do processo cautelar, que ele considera como acessório de outro processo (de conhecimento ou de execução), quer se realize antes deste ou durante o respectivo curso (art. 796). Segundo o entendimento largamente predominante, as medidas cautelares têm caráter provisório, destinam-se a assegurar a eficácia prática de outras providências judiciais e justificam-se pela dupla circunstância de afigurar-se ao menos provável a existência do direito alegado pelo requerente *(fumus boni iuris)* e de haver motivo para temer que a demora do processo principal acarrete lesão grave e de difícil (ou mesmo impossível) reparação *(periculum in mora).*

Regula o Código, em termos específicos, certo número de procedimentos cautelares (Capítulo II). Alguns deles visam à apreensão de bens, sobre os quais se supõe que venha a recair uma futura execução, ou que de qualquer modo devam ser entregues a alguém, receando-se que, se permanecerem com quem os tem em seu poder, sejam ocultados, transferidos a outrem, dissipados ou pelo menos danificados (arresto: arts. 813 e s.; sequestro: arts. 822 e s.; arrolamento: arts. 855 e s.). Outra classe relaciona-se com a necessidade de proteção urgente a direitos que não comportam dilação: é, tipicamente, o caso dos alimentos provisionais (arts. 852 e s.). Há também medidas cautelares que se destinam à formação ou à preservação de prova a ser utilizada noutro processo (exibição: arts. 844 e 845; produção antecipada de prova: arts. 846 e s.; justificação: arts. 861 e s.), e assim por diante.

Convém registrar que os procedimentos especificamente disciplinados no Capítulo II não esgotam o rol das medidas cautelares. Permite o Código que o órgão judicial decrete outras, porventura adequadas às variáveis situações concretas que se podem configurar (medidas cautelares "atípicas" ou "inominadas": art. 798). Alguns exemplos, de uso relativamente frequente: a sustação de protesto cambial, a suspensão da execução de deliberação de assembleia de sociedade ou de condomínio, o bloqueio de conta-corrente bancária. Esse "poder genérico de cautela" outorgado ao juiz tem dado margem a abusos. Explica- se o fenômeno, em parte, pela tendência, bastante difundida, a recorrer ao processo cautelar como "sucedâneo" de outros tipos de feitos, em razão das vantagens práticas que oferece (demora menor, possibilidade de concessão da medida em caráter liminar, isto é, no início do processo, com ou sem audiência prévia do requerido: art. 804). É inegável certo desvirtuamento do mecanismo, que não foi criado para suprir deficiências de funcionamento das vias judiciais "normais".

2. O procedimento aplicável às medidas cautelares caracteriza-se pela maior singeleza e rapidez. O prazo para a resposta é de apenas cinco dias (art. 802). À semelhança do que se dá no procedimento ordinário, pode realizar-se ou não a audiência, conforme haja ou não necessidade de colher prova oral (art. 803 e parágrafo único). Não se instaura execução formal, no caso de serem necessários atos materiais para cumprir a sentença concessiva da medida: o próprio juiz, de ofício, determina as providências cabíveis.

A medida cautelar decretada é passível, a qualquer tempo, de revogação ou modificação (art. 807). Há também a possibilidade de substituir-se outra medida pela prestação de caução, desde que esta se mostre adequada e eficiente (art. 805).

Quando concedida a providência em caráter preparatório, o requerente tem o ônus de propor a ação principal nos trinta dias subsequentes à respectiva efetivação (art. 806). Decorrido o prazo sem que a ação principal seja proposta, a medida cautelar perde a eficácia (art. 808, nº I). Bem se compreende o propósito do Código: evitar o prolongamento indefinido de situação que tal*vez* venha a revelar-se injusta para com o requerido, se se verificar que, a despeito das aparências, o requerente não tinha o direito alegado. Por isso, a doutrina e a jurisprudência predominantes limitam a incidência da regra aos casos em que a medida cautelar importa apreensão de bens, ou privação ou restrição do exercício de algum direito para o requerido. Igualmente cessa a eficácia da medida cautelar se, concedida, não for executada dentro de trinta dias (art. 808, nº II); ou, ainda, se o processo principal se extinguir (art. 808, nº III) – salvo, entenda-se, se o resultado for favorável ao requerente e subsistir, para este, a utilidade da providência.

O deferimento ou indeferimento da medida cautelar não influi, em princípio, no desfecho do processo principal. Perfeitamente se concebe que, a um exame mais aprofundado da matéria, o juiz se convença da inexistência do direito antes visto como provável, ou, ao contrário, da existência do direito cuja probabilidade, de início, não lhe parecera configurada.

VI. RECURSOS

1. No processo civil brasileiro, a regra geral é a da possibilidade do reexame das decisões judiciais, normalmente a cargo de órgão hierarquicamente superior. Há até hipóteses – como a da sentença que anula o casamento (art. 475, nº I) – em que tal reexame se faz obrigatório, devendo o juiz, para esse fim, remeter os autos ao órgão superior, mesmo que ninguém recorra. No comum dos casos, porém, o reexame é provocado pela interposição de recurso, iniciativa aberta não só às partes, mas também aos terceiros eventualmente prejudicados pela decisão e ao Ministério Público, inclusive nos processos em que funciona como fiscal da aplicação da lei (art. 499 e § 2º), por exemplo nas causas que envolvem interesses de incapazes (art. 82, nº I).

É grande o número de recursos. As decisões dos juízes inferiores, com pouquíssimas exceções, são recorríveis: mediante *apelação,* se se trata de sentença, isto é, de decisão que põe termo ao procedimento de primeiro grau, apreciando ou não o mérito da causa (arts. 513 e 162, § 1º); mediante *agravo de instrumento,* se se cuida de decisão interlocutória, ou seja, de ato pelo qual o juiz, no curso do processo, resolve questão incidente (arts. 522 e 162, § 2º). Mas as decisões proferidas pelos tribunais, no julgamento de apelações ou de agravos, podem ser, por sua vez, recorríveis, embora em termos naturalmente mais restritos. Não é raro que a matéria decidida pelo juiz inferior, em determinado processo, venha a passar por dois, três, às vezes mais reexames.

2. *Apelação* – Como já se disse, a apelação é o recurso em regra cabível contra a sentença, quer o juiz nesta se pronuncie sobre o mérito da causa, quer se limite a extinguir o processo por outra razão *(v.g.,* nulidade insanável, falta de legitimidade das partes, ou de uma delas, para a ação).

A diferença está em que, no segundo grupo de casos, se o tribunal reformar a sentença, terá de restituir os autos ao órgão inferior, para que o feito prossiga em direção ao julgamento do mérito. É que a apelação só faculta ao tribunal o conhecimento "da matéria impugnada" (art. 515, *caput),* e obviamente não terá havido aí impugnação relativa ao mérito, não julgado. Em compensação, nos limites do recurso, o tribunal fica investido de cognição, em qualquer hipótese, com referência às questões suscitadas e discutidas em primeiro grau, inclusive àquelas sobre as quais não se haja pronunciado o juiz (art. 515, § 1º), podendo acontecer que acolha o pedido ou a defesa por fundamento diverso do acolhido na sentença (art. 515, § 2º), que em tal hipótese será confirmada apenas na conclusão.

São essas as características do chamado "efeito devolutivo" da apelação. Ela produz também, normalmente, "efeito suspensivo" (art. 520, 1ª parte) em relação à eficácia da sentença apelada: por exemplo, nos casos de condenação, não se pode promover a execução enquanto o recurso não for julgado. Por exceção, em certas hipóteses, taxativamente previstas (art. 520, 2ª parte), fica a apelação desprovida de efeito suspensivo: v.g., quando a sentença condena o réu à prestação de alimentos (art. 520, 2ª parte, nº II).

Interpõe-se a apelação por petição dirigida ao juiz que sentenciou (art. 514), ao qual é lícito indeferi-la, se a seu ver faltar ao recurso algum requisito de admissibilidade (por exemplo, se houver sido interposto fora do prazo legal); não, contudo, porque simplesmente lhe pareça não assistir razão ao apelante. A parte contrária (apelado) tem oportunidade para apresentar resposta (art. 518). Subindo os autos ao tribunal, o recurso, depois de estudado por um relator e – salvo se sumaríssimo o procedimento – por um revisor (arts. 549 e 551), é julgado por um conjunto de três juízes (art. 555) – esses dois e um terceiro, denominado "vogal". Os advogados das partes têm o direito de sustentar oralmente suas razões (art. 554). Quando o órgão julgador decide por maioria, e não por unanimidade, pode-se ainda provocar novo reexame, por um colegiado mais amplo, com o objetivo de fazer prevalecer a solução proposta pelo voto vencido ("embargos infringentes": arts. 530 e s.).

3. *Agravo de instrumento* – As decisões interlocutórias são impugnáveis por agravo de instrumento, no prazo de cinco dias (art. 523). O agravo só faculta ao tribunal o reexame da questão específica resolvida naquela decisão; e isso mesmo, depois que o próprio juiz de primeiro grau reaprecia a matéria, ocasião em que lhe é dado reconsiderar seu pronunciamento (art. 527, *caput*). A interposição do agravo, embora de fato o perturbe, segundo a lei não suspende o andamento do processo (art. 497), nem impede que a decisão seja imediatamente cumprida, salvo ordem em contrário do juiz, a requerimento do agravante, em algumas hipóteses taxativamente previstas (art. 558).

No comum dos casos, o agravo sobe ao tribunal mediante a formação de autos separados ("instrumento"), com cópias da decisão impugnada e de outras peças relevantes (arts. 523, nº III e parágrafo único, 524 e 527, § 3º). O processamento e o julgamento no tribunal observam regras semelhantes às da apelação, com duas ressalvas: não há revisão, nem se faculta a palavra aos advogados das partes, na sessão (art. 554). Todavia, se o agravante preferir, o agravo, em vez de ser encaminhado desde logo ao tribunal, permanecerá "retido nos autos", a fim de ser julgado preliminarmente à apelação porventura interposta contra a sentença (art. 522, § 1º). Esse regime especial tem a vantagem de evitar formalidades e despesas; por outro lado, se o tribunal der razão ao agravante, o provimento do agravo com frequência acarretará a perda de toda a atividade realizada em primeiro grau após a decisão agravada.

4. *Recurso especial e recurso extraordinário* – A Constituição da República e as leis federais podem ser aplicadas por tribunais da União e pelos tribunais dos vários Estados. O propósito de instituir um mecanismo de controle dessa aplicação, capaz de evitar não só a violação de tais normas, senão também o prevalecimento de interpretações desiguais – com o que, na prática, se quebra a unidade do direito federal –, levou as diversas Constituições republicanas a conferir ao Supremo Tribunal competência para rever as decisões de outros tribunais, quando impugnadas do referido ponto de vista. A via própria para provocar semelhante reexame era o recurso extraordinário.

A fim de diminuir a sobrecarga de trabalho da Corte Suprema, a Constituição de 1988 cindiu essa figura, reservando a denominação antiga para o recurso em que se alegue questão *constitucional* (art. 102, nº III) e deixando ao recurso especial – cujo julgamento se atribui ao Superior Tribunal de Justiça (art. 105, nº III) – as funções relacionadas com a preservação da inteireza e da uniformidade de interpretação das *leis* (e tratados) da União. A solução adotada tem vantagem e inconvenientes; destes últimos, talvez o mais grave seja a maior complicação do procedimento e consequente demora do julgamento final, quando o interessado queira suscitar ao mesmo tempo questões constitucionais e questões de direito federal não constitucional: precisará ele interpor ambos os recursos, um dos quais naturalmente ficará sobrestado até que se julgue o outro, tornando-se assim necessárias duas etapas sucessivas para fazer o que antes se fazia numa única.

O recurso extraordinário e o especial têm o traço comum de só comportar a discussão de questões *de direito* (federal). Nenhum dos dois abre ao tribunal a possibilidade de reexaminar as provas e de dar aos fatos reconstituição diferente daquela que se consagrou na decisão inferior. Acrescente-se que não têm efeito suspensivo e que o julgamento, em ambos os casos, não se limita à cassação do acórdão recorrido quando se verifica que ele realmente errou ao resolver a questão de direito: o tribunal rejulga a matéria, à luz da tese que entende correta, e sua decisão *substitui* desde logo a inferior. Por essa característica, a função do Supremo Tribunal Federal ou do Superior Tribunal de Justiça aproxima-se bem mais da exercida pela *Supreme Court* norte-americana que da tradicionalmente cumprida, segundo o esquema clássico (hoje em dia um pouco modificado), pela *Cour de Cassation* francesa e outras que a tomaram por modelo.

5. *Outros meios de impugnação de decisões judiciais* – Já extremamente abundantes, os recursos não constituem, no Brasil, os únicos meios hábeis à impugnação de decisões judiciais. Impõe-se ligeira referência, neste contexto, à ação rescisória e ao mandado de segurança.

A ação rescisória – de difícil êxito, na prática – pode ser utilizada para invalidar sentenças de mérito transitadas em julgado (Código de Processo Civil, art. 485), quando se alegue a existência de algum dos graves vícios taxativamente arrolados na lei: por exemplo, incompetência absoluta do órgão julgador (art. 485, nº II), ofensa à coisa julgada (art. 485, nº IV), violação de literal disposição de lei (art. 485, nº V), falsidade de prova (art. 485, nº VI). Tal possibilidade, entretanto, é limitada no tempo: a lei fixa, para a propositura da ação rescisória, o prazo de dois anos a contar do trânsito em julgado da sentença (art. 495); daí em diante, cessa por completo a possibilidade de desconstituir-se o julgamento, mesmo viciado.

O mandado de segurança é remédio previsto na Constituição (art. 5º, nº LXIX) para proteger "direito líquido e certo" (isto é, oriundo de fato suscetível de comprovação documental imediata) lesado ou ameaçado de lesão por ato ilegal ou praticado com abuso de poder por autoridade pública ou agente de pessoa jurídica no exercício de atribuição do Poder Público. Foi criado, precipuamente, para o controle da legalidade de atos emanados do Poder Executivo; mas necessidades de ordem prática estenderam-lhe o emprego a casos em que a ilegalidade ou o abuso de poder provém de órgão judicial. A Lei nº 1.533, de 31-12-1951, no art. 5º, nº II, exclui literalmente o cabimento do mandado de segurança contra ato judicial de que caiba recurso previsto nas leis processuais; a jurisprudência, contudo, tempera a regra, admitindo a impetração do mandado sempre que, por falta de efeito suspensivo, o recurso cabível não tenha a virtude de impedir que a execução da decisão produza dano grave e de difícil ou impossível reparação. Na prática, há certa tendência ao abuso; mas o elevado número de mandados de segurança contra atos judiciais deve-se também, ao menos em parte, à incapacidade do sistema de recursos – apesar da abundância destes – para ministrar aos litigantes proteção adequada dentro dos quadros normais das vias de impugnação.

VII. ALGUMAS INOVAÇÕES RECENTES

1. O legislador brasileiro não tem descurado de aprimorar o mecanismo do processo civil, consagrando inovações tendentes a corrigir ou atenuar defeitos como o da excessiva lentidão e complexidade dos pleitos, e bem assim criando novos instrumentos destinados a assegurar maior efetividade à prestação jurisdicional, sobretudo em campos onde a carência se vinha mostrando mais gritante. O propósito de simplificação inspirou, por exemplo, a instituição de um procedimento especial para aplicação nos "juizados de pequenas causas", como tais consideradas, com algumas exceções, as ações de índole patrimonial, com valor não excedente de vinte salários mínimos na data do ajuizamento, que visem a uma condenação em dinheiro, à entrega de coisa certa móvel ou ao cumprimento de obrigação de fazer, a cargo de fabricante ou fornecedor de bens e serviços para consumo, ou ainda à desconstituição ou à declaração de nulidade de contrato relativo a bens móveis ou semoventes (Lei nº 7.244, de 7-11-1984, art. 3º). O procedimento é singelo e dirige-se de preferência à obtenção de solução conciliatória. O pedido pode ser formulado oralmente, caso em que será reduzido a escrito pela secretaria (art. 15 e § 3º). Quando as partes não se conciliam, nem optam pela instauração de arbitragem, realiza-se uma audiência de instrução e julgamento, em que se colhem as provas necessárias e se profere, ato contínuo, a sentença (arts. 28 e 29). Desta cabe recurso para um órgão colegiado, composto de três juízes em exercício no primeiro grau de jurisdição (art. 41, § 1º). Salvo no recurso, as partes podem atuar pessoalmente, sem representação por advogados (arts. 9º e 41, § 2º). O acesso ao juizado de pequenas causas independe, em primeiro grau, do pagamento de custas, taxas ou quaisquer despesas (art. 51).

A consagração legislativa desse mecanismo foi precedida de ensaios mais ou menos informais, com bom êxito, em dois ou três Estados. Ao tempo da Lei nº 7.244, não havia como compelir as unidades federadas à criação dos juizados de pequenas causas, de modo que o legislador federal se limitou a estabelecer o procedimento a ser observado, *no caso* de se criarem. A Constituição de 1988 tornou obrigatória a criação, pela União (no Distrito Federal e nos Territórios) e pelos Estados (art. 98, nº I), de juízos especiais para causas singelas. Até agora, no entanto, poucas foram as iniciativas concretas no sentido do cumprimento da norma, que aliás não fixa prazo para a implementação do objetivo. Trata-se de experiências dignas de atenção e apoio, embora delas não se devam esperar resultados prodigiosos: cumpre ter em vista, entre outras coisas, que a Lei nº 7.244 só instituiu procedimento especial para o processo de conhecimento, dispondo que a execução da sentença "será processada no juízo ordinário competente" (art. 40), por uma das vias anteriormente descritas *(supra,* IV), com todas as dificuldades que caracterizam, por exemplo, a execução "por quantia certa".

2. Um dos setores em que se tem feito sentir com intensidade a preocupação de tornar mais efetiva a tutela jurisdicional é o dos chamados "interesses difusos" e "coletivos", caracterizados de um lado pela indeterminação dos titulares, de outro pela indivisibilidade do objeto *(v.g.,* preservação do equilíbrio ecológico, proteção da paisagem, do meio ambiente, dos bens de valor histórico e artístico...). A legislação brasileira dispunha, já há algum tempo, da ação popular, prevista em Constituições anteriores e regulada na Lei nº 4.717, de 29-6-1965, proponível por "qualquer cidadão" com o fim de invalidar ato lesivo ao patrimônio público, como tal entendido conjunto dos "bens e direitos de valor econômico, artístico, estético, histórico ou turístico" (Lei nº 4.717, art. 1º, § 1º). Sentia-se falta, porém, de um instrumento capaz de ser manejado por pessoas jurídicas, e não apenas por indivíduos – com frequência postos em situação de inferioridade perante adversários política e economicamente poderosos –, e suscetível de abrir ensejo à condenação do infrator a praticar algum ato ou a abster-se de praticá-lo.

Em parte com o objetivo de preencher essas lacunas, a Lei nº 7.347, de 24-7-1985, instituiu a ação civil pública, destinada à repressão e à prevenção de danos ao meio ambiente, ao consumidor e a bens e direitos de valor artístico, estético, histórico, turístico e paisagístico (art. 1º, ns. I a III). Legitimam-se à propositura o Ministério Público, a União, os Estados e os Municípios, as autarquias, as empresas públicas, as fundações, as sociedades de economia mista e as associações privadas que estejam constituídas há pelo menos um ano e incluam a proteção daqueles interesses entre suas finalidades institucionais (art. 5º). A lei prevê a possibilidade de mandado liminar, para impedir ou fazer cessar incontinenti lesão que ameace tornar-se irreparável (art. 12). Quando o réu for condenado ao pagamento de soma de dinheiro, a importância recolhida reverterá em proveito de um fundo cujos recursos se destinam à reconstituição dos bens lesados (art. 13).

A ação civil pública tem hoje nível constitucional. A ela se refere a Constituição de 1988, ao enumerar as funções institucionais do Ministério Público, nos seguintes termos: "promover o inquérito civil e a ação civil pública, para a proteção do patrimônio público e social, do meio ambiente e de outros interesses difusos e coletivos" (art. 129, nº III). Expressamente se ressalva que a legitimação do Ministério Público não exclui a de terceiros, nos termos da Constituição e da lei (art. 129, § 1º).

3. Como já se assinalou *(supra,* I, 2, *c),* entre as novas figuras processuais criadas pela Constituição vigente, incluem-se o mandado de injunção, o *habeas data* e a modalidade coletiva do mandado de segurança.

Está previsto o primeiro no art. 5º, nº LXXI, que o diz cabível "sempre que a falta de norma regulamentadora torne inviável o exercício dos direitos e liberdades constitucionais e das prerrogativas inerentes à nacionalidade, à soberania e à cidadania". A imprecisão do texto, que vem dando margem a dúvidas e controvérsias, responde, em grande parte, pelo modo tímido e canhestro por que o instrumento tem sido, até agora, empregado na prática judicial. De acordo com o entendimento mais profícuo, deve o mandado de injunção abrir ao juiz a possibilidade de formular a "norma regulamentadora" que falta e aplicá-la ao caso concreto submetido a sua apreciação, com efeitos limitados a ele, os quais cessarão quando o órgão normalmente competente editar a norma em caráter geral. Assim compreendido, o novo remédio poderá mostrar considerável utilidade no impedir que permaneçam em estado de "congelamento", por omissão do órgão competente, normas atribuidoras *in genere* de direitos e prerrogativas, para cuja atuação prática seja indispensável uma regulamentação – *v.g.,* a do art. 10 da própria Carta da República, segundo a qual "é assegurada a participação dos trabalhadores e empregadores nos colegiados dos órgãos públicos em que seus interesses profissionais ou previdenciários sejam objeto de discussão e deliberação".

O *habeas data,* nos termos do art. 5º, nº LXXII, serve para "assegurar o conhecimento de informações relativas à pessoa do impetrante, constantes de registros ou bancos de dados de entidades governamentais ou de caráter público", e para "a retificação de dados, quando não se prefira fazê-lo por processo sigiloso, judicial ou administrativo". A instituição desse remédio obviamente se inspirou no propósito de evitar a subsistência de usos comuns sob o regime autoritário do período 1964-1984, quando com frequência se utilizavam, em desfavor do cidadão, informações colhidas sigilosamente e armazenadas em órgãos governamentais, sem qualquer possibilidade, para o diretamente interessado, de ter acesso a elas e, eventualmente, contraditá-las.

Repercussão prática maior que a das anteriores vem tendo a criação do mandado de segurança coletivo (art. 5º, nº LXX). O mandado de segurança, a que já se aludiu *(supra,* VI, 5), é remédio processual de há muito incorporado ao receituário do direito brasileiro, com uma longa e brilhante folha de serviços. Até 1988, porém, destinava-se exclusivamente à proteção de direitos *individuais* lesados ou ameaçados de lesão por ato ilegal ou abusivo, de autoridade. Acontecia não raro que, sendo a situação jurídica básica comum a toda uma categoria de interessados (contribuintes, funcionários públicos, comerciantes...), a impetração da segurança por seus vários (talvez numerosos) membros, isoladamente ou em grupos, dava lugar à formação de uma multiplicidade de processos, com sobrecarga para os órgãos judiciais e risco de decisões contraditórias na solução da mesma questão de direito. Agora, a matéria pode ser submetida *em bloco* ao Judiciário e por este resolvida numa única sentença para a totalidade dos membros da categoria. Legitimam-se à impetração do mandado de segurança coletivo: qualquer partido político que tenha representação no Congresso Nacional; organização sindical, entidade de classe ou associação legalmente constituída e em funcionamento há pelo menos um ano, em defesa dos interesses de seus membros ou associados.

Março de 1990.

COMENTÁRIOS DO ATUALIZADOR

O PROCESSO CIVIL BRASILEIRO: UMA APRESENTAÇÃO

Paulo Henrique dos Santos Lucon

1. Introdução

O primeiro dos grandes temas abordado pelo Prof. Barbosa Moreira consiste precisamente em um amplo panorama do processo civil de sua época. E, conquanto muitas das questões por ele analisadas ainda estejam presentes no atual direito processual, outras delas apresentam novos contornos, seja em virtude de alterações legislativas – notoriamente da promulgação do Código de Processo Civil de 2015 –, ou da paulatina sofisticação do sistema e técnica jurídicos.

É nesse sentido que passo a examinar sucintamente a atual estrutura do Poder Judiciário e as garantias processuais positivadas na Constituição Federal após a Emenda Constitucional 45 (item 2). Ato contínuo, apresentarei o dever de motivação do magistrado no atual CPC, as nuances dos processos de conhecimento e execução contemporâneos, bem como a extinção do processo cautelar, e passarei brevemente pela nova disciplina dos recursos no CPC/15 (item 3). Em seguida, analisarei as mais recentes inovações processuais (item 4). É o que se passa a expor.

2. Organização constitucional

Logo no início de seu ensaio, Barbosa Moreira indica quais as principais leis que regulavam o processo civil na época. Ato contínuo, argumenta que *"o quadro normativo do processo civil brasileiro viu-se modificado em certa medida pela Constituição de 1988. As alterações mais importantes podem ser agrupadas em três classes"*, quais sejam, a organização do Judiciário, a positivação de garantias processuais e os à época novos institutos do juizado especial, dos métodos alternativos de solução de controvérsias e das ações coletivas. Ocorre que a disciplina referente à organização do Judiciário e das garantias processuais sofreu importantes alterações após a aprovação da EC 45/2004, vejamos.

Em primeiro lugar, a EC/45 procedeu a uma extensa reforma no Poder Judiciário, tendo promovido a criação do Conselho Nacional de Justiça, do Conselho Nacional do Ministério Público, da Ouvidoria de Justiça, do Conselho da Justiça Federal, do Conselho Superior da Justiça do Trabalho, das Escolas Nacionais de Formação e Aperfeiçoamento de Magistrados. Além disso, referida reforma instituiu o regime de Repercussão Geral das Questões Constitucionais e trouxe consigo a Súmula Vinculante.

Ademais, a EC 45 promoveu substancial modificação na competência de STF, tornando possível, por exemplo, a propositura de Ação Direta de Constitucionalidade em face de ato legislativo estadual, bem como a interposição de Recurso Extraordinário contra decisão que, em última ou única instância, julgar válida lei local contestada em face de lei federal. Da mesma maneira, a competência do STJ foi alterada, sendo que a homologação de sentença estrangeira passou a ser atribuição desse tribunal. De outro lado, já não pode claramente o STJ apreciar Recursos Especiais interpostos com base em violação de lei local.

A Justiça Estadual também foi atingida pela EC 45, tendo promovido a extinção dos Tribunais de Alçada que existiam em alguns estados e que foram absorvidos pelos Tribunais de Justiça competentes. Outrossim, a distribuição de novos feitos ao segundo grau passou a ser imediata, afastando-se a possibilidade de represamento de feitos,[2] que causava um imenso atraso na prestação jurisdicional.

Já com relação às garantias processuais, Barbosa Moreira indica que: "têm nível constitucional (e, portanto, não podem deixar de ser respeitadas pela legislação processual – civil, inclusive) as garantias do "juiz natural" ou "legal" (art. 5º, ns. XXXVII e LIII), do contraditório e da ampla defesa (art. 5º, nº LV), da inadmissibilidade de provas obtidas

2 THEODORO JÚNIOR, Humberto. *Alguns Reflexos Da Emenda Constitucional 45, De 08.12.2004, Sobre O Processo Civil*. Revista de Processo | vol. 124/2005 | pp. 28-39 | Jun / 2005

por meios ilícitos (art. 5º, nº LVI), da publicidade dos atos processuais (art. 5º, nº LX, e art. 93, nº IX), da motivação obrigatória das decisões judiciais (art. 93, nº IX), do devido processo legal (art. 5º, nº LIV) – cabendo observar que nem todos esses princípios são absolutos, e a própria Constituição, em determinados casos, lhes impõe atenuações ou restrições".

Nada obstante, outra vez em virtude da já mencionada EC 45, esse quadro de garantias foi alterado, tendo sido acrescido o direito fundamental à duração razoável do processo judicial e administrativo (inc. LXXVIII). Trata-se de importante positivação do direito à celeridade processual que, desde então, há de ser observado por qualquer instância julgadora. Cumpre ressaltar, ademais, que eventual colisão entre as garantias ora apresentadas há de ser dirimida a partir de um exame axiológico, que leva em consideração os anseios atuais de toda a nação. Em outras palavras, além de legítimo e justo, o processo também há de ser célere, sendo necessário sopesar tais elementos de forma equânime.

3. Código de Processo Civil

Uma vez vistas as principais alterações referentes à organização constitucional do processo, passa-se à análise das mudanças ocorridas no diploma processual. Essas são muito mais substanciais do que aquelas havidas na Constituição, vez que, conforme cediço, o Código de Processo Civil provocou grandes alterações na estrutura fundamental do processo civil brasileiro.

Desde logo advirto, porém, que não pretendo debater todas as alterações promovidas pelo diploma atualmente vigente. Guiado pelo ensaio do Prof. Barbosa Moreira, o presente estudo voltar-se-á à discussão específica a respeito dos poderes e deveres do magistrado, das mudanças nos processos de conhecimento, execução e cautelar, e da nova disciplina dos recursos.

De plano, Barbosa Moreira menciona o dever de motivação das decisões, elogiando a sua consagração no art. 93, inc. IX da Constituição Federal. A despeito, porém, das considerações tecidas, convém elucidar que o CPC/15 disciplinou a matéria de forma mais extensa do que o CPC/73 – razão pela qual o tema ganha destaque nesses breves comentários.

Pela atual sistemática, não se pode considerar motivada a decisão que de alguma forma impeça o exercício regular do contraditório. Para cumprir essa tarefa, utiliza-se como fonte primária de análise o art. 489, §1° do Código de Processo Civil de 2015.[3] Referido dispositivo estabelece como elementos essenciais da sentença (i) o relatório, que conterá os nomes das partes, a identificação do caso, com a suma do pedido e da contestação, bem como o registro das principais ocorrências havidas no andamento do processo; (ii) os fundamentos, em que o juiz analisará as questões de fato e de direito; e (iii) o dispositivo, em que o juiz resolverá as questões principais que as partes lhe submeteram. Com relação à motivação, o legislador brasileiro adotou técnica peculiar de estabelecer hipóteses em que não se considerará fundamentada a decisão. O art. 489, § 1°, nesse sentido, estabelece que não será considerada fundamentada a decisão que: (i) se limitar à indicação, à reprodução ou à paráfrase de ato normativo, sem explicitar sua relação com a causa ou a questão decidida; (ii) empregar conceitos jurídicos indeterminados, sem explicar o motivo concreto de sua incidência no caso; (iii) invocar motivos que se prestariam a justificar qualquer outra decisão; (iv) não enfrentar todos os argumentos deduzidos no processo capazes de, em tese, infirmar a conclusão adotada pelo julgador; (v) se limitar a invocar precedente ou enunciado de súmula, sem identificar seus fundamentos determinantes nem demonstrar que o caso sob julgamento se ajusta àqueles fundamentos; (vi) deixar de seguir enunciado de súmula, jurisprudência ou precedente invocado pela parte, sem demonstrar a existência de distinção no caso em julgamento ou a superação do entendimento. Além disso, o art. 489, § 2°, estabelece que "no caso de colisão entre normas, o órgão jurisdicional deve justificar o objeto e os critérios gerais da ponderação efetuada, enunciando as razões que autorizam a interferência na norma afastada e as premissas fáticas que fundamentam a conclusão".

Ato contínuo, Barbosa Moreira passa a discutir os diferentes tipos de processo: de conhecimento, execução e cautelar. Com relação ao processo de conhecimento, explica que, sob a égide do CPC/73, esse poderia seguir o procedimento ordinário ou sumaríssimo. Ocorre que, visando à criação de um sistema processual mais coerente, o procedi-

3 Já discuti a questão em outras oportunidades. Ver: LUCON, P. H. S. Motivação das decisões jurídicas e o contraditório: identificação das decisões imotivadas de acordo com o NCPC. Revista do Advogado, v. 126, pp. 169-174, 2015.

mento sumário foi extinto quando da promulgação do CPC/15. Desde então, causas de menor valor e menor complexidade passaram a tramitar – de maneira facultativa, no caso dos processos cíveis – no Juizado Especial Cível (Lei nº 9.099, de 26 de setembro de 1995). Aos demais processos, quando não enquadrados na hipótese de procedimento especial, reserva-se o procedimento comum que em muito se assemelha ao procedimento ordinário previsto no diploma anterior. Há de se lembrar também a criação dos Juizados Especiais Cíveis e Criminais no âmbito da Justiça Federal (Lei nº 10.259, de 12 de julho de 2001)

O processo de execução, a seu tempo, foi profundamente modificado pela Lei nº 11.232/2005, que instituiu o denominado processo sincrético no direito brasileiro com o propósito de tornar mais célere a satisfação do direito, e pela Lei nº 11.386/2006, que também alterou dispositivos sobre o processo de execução. Assim, diante da Lei nº 11.232/2006, com a prolação da sentença dar-se-á início à fase de cumprimento de sentença para que se atribua ao vencedor o direito que foi a ele reconhecido independentemente da instauração de um novo processo. No caso de obrigação de pagar quantia, o cumprimento da sentença dependerá de requerimento do exequente, que veio a substituir a petição inicial que dava início ao processo de execução fundado em título judicial. O processo de execução, assim, passou a se destinar à satisfação de títulos executivos extrajudiciais, enquanto a fase de cumprimento de sentença é o procedimento adequado para satisfação de títulos executivos judiciais.

Convém ressaltar, ademais, que para o CPC/15 são títulos executivos judiciais, cuja realização dar-se-á por meio de cumprimento de sentença: I - as decisões proferidas no processo civil que reconheçam a exigibilidade de obrigação de pagar quantia, de fazer, de não fazer ou de entregar coisa; II - a decisão homologatória de autocomposição judicial; III - a decisão homologatória de autocomposição extrajudicial de qualquer natureza; IV - o formal e a certidão de partilha, exclusivamente em relação ao inventariante, aos herdeiros e aos sucessores a título singular ou universal; V - o crédito de auxiliar da justiça, quando as custas, emolumentos ou honorários tiverem sido aprovados por decisão judicial; VI - a sentença penal condenatória transitada em julgado; VII - a sentença arbitral; VIII - a sentença estrangeira homologada pelo Superior Tribunal de Justiça; IX - a decisão interlocutória estrangeira, após a concessão do exequatur à carta rogatória pelo Superior Tribunal de Justiça (art. 515, CPC/15).

No que diz respeito ao processo cautelar, esse foi profundamente alterado quando da promulgação do CPC/15. Isso porque, de um lado, as tutelas cautelares passaram a ser requeridas no bojo do próprio processo, seja em caráter incidental ou mesmo antecedente. De outro lado, porém, subsiste um processo autônomo cautelar: o processo de produção antecipada de provas. Não obstante, a produção antecipada de provas pode ocorrer ainda que não haja o requisito da urgência.

Regulamentado pelos arts. 381-383, esse procedimento visa a possibilitar não apenas que seja realizada a coleta de provas nos casos de urgência, mas também naqueles em que houver uma simples crise de certeza. É dizer, a produção antecipada da prova será admitida nos casos em que: I - haja fundado receio de que venha a tornar-se impossível ou muito difícil a verificação de certos fatos na pendência da ação; II - a prova a ser produzida seja suscetível de viabilizar a autocomposição ou outro meio adequado de solução de conflito; ou III - o prévio conhecimento dos fatos possa justificar ou evitar o ajuizamento de ação.

Por fim, Barbosa Moreira comenta o tema dos recursos no processo civil brasileiro, afirmando que "a regra geral é a da possibilidade do reexame das decisões judiciais, normalmente a cargo de órgão hierarquicamente superior. Há até hipóteses – como a da sentença que anula o casamento (art. 475, nº I) – em que tal reexame se faz obrigatório".

Ocorre que, quando da promulgação do CPC/15, convencionou-se que as decisões interlocutórias só seriam recorríveis em casos específicos, expressos em rol taxativo no art. 1.015. E em que pese a fixação em sede de Recurso Repetitivo da teoria da taxatividade mitigada[4] – por meio da qual admite-se a interposição de agravo de instrumento em caso de urgência, mesmo naquelas situações em que não haja o enquadramento às hipóteses legais –, é certo que são recorríveis as decisões interlocutórias que tratem de: I - tutelas provisórias; II - mérito do processo; III - rejeição da alegação de convenção de arbitragem; IV - incidente de desconsideração da personalidade jurídica; V - rejeição do pedido de gratuidade da justiça ou acolhimento do pedido de sua revogação; VI - exibição ou posse de documento ou coisa; VII - exclusão de litisconsorte; VIII - rejeição do pedido de limitação do litisconsórcio; IX - admissão ou inadmissão de intervenção de terceiros; X - concessão, modificação ou revogação do efeito suspensivo aos embargos à execu-

4 Ver: RESP n. 1.704.520. Rel. Min. Nancy Andrighi. J. em 05/12/2018.

ção; XI - redistribuição do ônus da prova (art. 1.015 CPC/15). Ademais, caberá agravo de instrumento em outros casos expressamente referidos em lei, ou contra decisões interlocutórias proferidas na fase de liquidação de sentença ou de cumprimento de sentença, no processo de execução e no processo de inventário. Mais recentemente admitiu-se também o agravo de instrumento nos processos de recuperação judicial e falência.

4. Inovações recentes

A título de encerramento do seu panorama do processo civil, Barbosa Moreira passa a tecer considerações a respeito de recentes inovações na matéria, citando especificamente os "juizados de pequenas causas"; os métodos de obtenção de solução conciliatória; e as ações que visam a tutelar interesses difusos e coletivos. Ainda que a existência, propriamente, de ditos institutos processuais já não seja mais novidade, é certo que eles sofreram profundas alterações ao longo dos últimos anos.

Com relação aos juizados especiais, convém mencionar, de um lado, a sua ampla utilização e paulatina modernização em todo o território nacional. Especificamente em razão da Pandemia, foi promovida inclusive alteração da lei que rege referidos juizados, a Lei nº 9.099/90, para que se passasse a permitir de maneira expressa a condução de audiências virtuais (art. 22, §2º).

De outro lado, porém, a despeito dos benefícios que a existência de um juizado possa trazer, é certo que eles ainda não cumpriram o seu objetivo principal. É dizer, os juizados especiais consistem em uma inovação que tem por escopo o aumento da celeridade processual tanto para casos menos complexos, quanto para as demandas em geral – vez que desafogaria as varas comuns. Ocorre que, como se sabe, os processos submetidos aos juizados podem estender-se por interregno temporal similar aos processos comuns.

Já no que tange aos métodos alternativos de solução de controvérsias, conforme cediço, estes vêm ganhando cada vez mais espaço no país. Com relação específica aos métodos de autocomposição, pode-se dizer que estes, atualmente, representam não apenas um caminho alternativo para a pacificação dos litigantes em um dado conflito, como também figuram como mais uma forma de acesso à justiça e realização dos objetivos da jurisdição.

É dizer que o movimento de acesso à justiça não se restringe ao acesso formal aos órgãos do Poder Judiciário, sendo necessária a garantia de uma prestação efetiva, que satisfaça verdadeiramente os litigantes. Tais meios adequados de solução de controvérsias são, dessa maneira, instrumento fundamental para a promoção do bem comum. Nesses termos, é possível afirmar-se que, diante da sua difusão, o próprio conceito tripartite de jurisdição há de ser redesenhado.

A despeito, porém, das vantagens que trazem os métodos de autocomposição, é certo que, por não serem dotados da inafastabilidade e da imperatividade da jurisdição, estes acabam sendo relegados a segundo plano. Em virtude da cultura pátria da litigância contumaz, as próprias partes, quando estão diante de um conflito, optam por recorrer imediatamente ao Poder Judiciário.

Disso decorre a importância de também os órgãos jurisdicionais fomentarem o uso dos métodos adequados de soluções de controvérsias. A autocomposição deve ser inserida no âmbito de uma política pública do estado e não como um mecanismo relegado apenas aos protagonistas do conflito.

Justamente por isso que, ainda em 2010, o CNJ editou a Resolução nº 125, que dispõe sobre a Política Judiciária Nacional de tratamento adequado dos conflitos de interesses no âmbito do Poder Judiciário e dá outras providências. Referida resolução determina que aos órgãos judiciários incumbe, além da solução adjudicada mediante sentença, oferecer outros mecanismos de soluções de controvérsias, em especial os chamados meios consensuais, como a mediação e a conciliação, bem assim prestar atendimento e orientação ao cidadão (art. 1º).

E, como se sabe, a ideia de implementação de um sistema multiportas de acesso à justiça, que estimule a autocomposição, continuou a fazer-se presente no ordenamento pátrio, culminando na promulgação do CPC/15 e na Lei nº 13.140, de 26 de junho de 2015, que dispõe sobre a mediação entre particulares como meio de solução de controvérsias e sobre a autocomposição de conflitos no âmbito da administração pública.

Para além, contudo, dos estímulos diretos provenientes do judiciário, é certo que, estando os próprios integrantes da lide dispostos a valer-se da autocomposição, cabe ao poder público torná-la possível. Daí a importância de a própria lei ter positivado a possibilidade de realização de mediação e conciliação seja durante o processo, como previsto no CPC, ou mesmo antes do processo, o que se encontra positivado na já mencionada Lei nº 13.140/2015.

Como visto, o procedimento da mediação é pautado de acordo com a liberdade das partes, que podem definir cada um de seus aspectos. Quando as partes, por meio de um negócio jurídico processual, escolhem uma câmara privada de mediação, além de tudo, acabam por contribuir para desafogar o Poder Judiciário. Desde o início da entrada em vigor do Código de Processo Civil de 2015, foram criadas muitas expectativas a respeito da audiência prévia de conciliação e mediação, especialmente de seu potencial para pôr fim aos conflitos e com isso diminuir o número de processos em trâmite.

A par disso, na prática forense, o que se constatou é que essas audiências nem mesmo eram realizadas e a principal justificativa para tanto era a ausência de estrutura e de calendário hábil para a realização das audiências sem que elas comprometessem a duração razoável do processo. Portanto, as partes que optam pela realização de audiência de mediação em câmaras privadas também contribuem para o melhor funcionamento do Poder Judiciário.

Com relação à mediação e conciliação judicial, também é preciso destacar que as partes também podem modificar regras gerais do procedimento previstas no Código de Processo Civil. Assim, por exemplo, nas "ações de família" prevê-se que a audiência de conciliação e mediação ocorrerá sem que o réu tenha ciência do teor da petição inicial apresentada pelo autor (art. 695, §1º). Como já mencionado, a lógica que informa esse dispositivo é a de que sem ter conhecimento das alegações da parte contrária maior tende a ser a disposição das partes para a realização de um acordo.

As partes, contudo, podem preferir o contrário e fixar que a audiência ocorra com a ciência de todas as alegações para que a realização do acordo contemple todos os possíveis interesses em disputa. Em realidade, com exceção feita à presença obrigatória dos advogados nas sessões de conciliação e mediação, todas as demais regras gerais previstas no Código de Processo Civil podem ser objeto de disposição das partes por não dizerem respeito a um interesse público inderrogável, mas sim por estarem à disposição do interesse das partes para obtenção da autocomposição.

Por fim, no que tange à tutela coletiva, é certo que essa ainda há de ser otimizada no país. Isso porque a multiplicidade não coordenada de legitimados gera confusões, a série de mecanismos disponíveis ainda não é eficiente para coibir todos os danos coletivos e a execução das sentenças é morosa e complicada. Nesse sentido, coexistem diversos projetos de lei que visam à melhora dos referidos institutos. Cita-se, nesse sentido, o Projeto de Lei Ada Pellegrini Grinover (Projeto de Lei nº 1.641/21), elaborado por Comissão de Juristas nomeada pelo Instituto Brasileiro de Direito Processual (www.direitoprocessual.org.br). Nada obstante, o panorama atualmente vigente é o mesmo daquele da época do ensaio elaborado pelo Prof. Barbosa Moreira.

A JUSTIÇA NO LIMIAR DE NOVO SÉCULO[1]

1. Se tinha razão Chesterton – e as últimas décadas falam em seu favor – quando escreveu que a única lei da História é o imprevisto, nenhum exercício de futurologia pode credenciar-se a ser mais que fútil e inconsequente passatempo, próprio, quando muito, para preencher o vazio de tarde chuvosa de sábado. Nalguns casos, porém, não parece temeridade excessiva arriscar – em termos genéricos, é claro, e com as ressalvas impostas pela prudência – um esboço de prognóstico. Atrevo-me, pois, a predizer que o ritmo das transformações, já vertiginoso nestes nossos dias, se acelerará mais e mais daqui em diante, e cada vez menor será o espaço de tempo necessário para que a imagem do planeta se torne irreconhecível a quem quer que temporariamente se distraia da observação atenta do quotidiano.

É difícil conceber que, modificando-se tudo, e com velocidade sempre ascendente, só a Justiça deixe de modificar-se. Basta considerar a imensa probabilidade de que continuem a avolumar-se, indefinidamente, os desafios com que ela se defronta. O simples aumento da população, que entre nós nada faz crer que se detenha a curto prazo, já seria, por si só, causa de sobrecarga de trabalho. Nem se trata, apenas, de levar em conta a progressiva elevação do número de habitantes: na verdade, à medida que se vão disseminando o conhecimento dos direitos, a consciência da cidadania, a percepção de carências e a formulação de aspirações, correlatamente emerge, na população já existente, a demanda até então contida, sobe a percentagem dos que pleiteiam, reclamam, litigam; e, por maior relevância que possam assumir outros meios de solução de conflitos[2], seria perigoso apostar muito na perspectiva de

1 Texto de conferência pronunciada em 22-10-1992, em S. Paulo, no Congresso de Direito do Trabalho, promovido pela Associação dos Magistrados da Justiça do Trabalho da 2ª Região. Publicado na *Revista Forense,* v. 319; na *Rev. do TRT – 9ª R.,* v. 17; e no *Livro de Estudos Jurídicos* (ed. por James Tubenchlak e Ricardo Bustamante), nº 6.

2 Vem merecendo grande atenção, nos últimos anos, o tema dos meios " alternativos" de composição de litígios (que não se confunde com o do chamado " direito alternativo"). Dele se cuidou, por exemplo, no congresso da Associação Internacional de Direito Processual de 1987, em Utrecht *(vide* o relatório brasileiro, de ADA PELLEGRINI GRINOVER, denominado Deformalização do processo e de formalização das controvérsias, *in Novas Tendências do Direito Processual,* Rio de Janeiro,

um desvio de fluxo suficiente para aliviar de modo considerável a pressão sobre os congestionados canais judiciários. Somem-se a isso fatores como a crescente complexidade da vida econômica e social, o incremento dos contatos e das relações internacionais, a multiplicação de litígios com feição nova e desafiadora, a fazer aguda a exigência de especialização e de emprego de instrumentos diversos dos que nos são familiares, e ficará evidente que não há como fugir à necessidade de mudanças sem correr o risco de empurrar para níveis explosivos a crise atual, em certos ângulos já tão assustadora.

Em momentos como este, em que se difunde a convicção da impossibilidade de manter o *status quo,* é importante que se procure fixar com toda a clareza os rumos da reforma desejável. O sentimento de insatisfação, hoje tão patente entre os leigos quanto nos próprios quadros dos que exercem a função jurisdicional, é, em si, sadio e estimulante; mas, como toda disposição espiritual do gênero, sujeita-se ao risco de enganos e desvios, que cumpre a todo custo prevenir. Seria profundamente lamentável que a vontade, tão legítima, de mudar nos induzisse a uma rejeição indiscriminada e irracional dos princípios e valores legados pela tradição, como se a causa das mazelas atuais se devesse enxergar neles mesmos, e não, ao contrário – segundo vem acontecendo, com certeza, em mais de um caso –, na compreensão deturpada, ou na insuficiente atuação, de uns e de outros.

Permitam-me desde logo ilustrar com um exemplo o que desejo expressar. Vai-se tornando moda, em alguns setores, certo desprezo dos aspectos técnicos da ciência jurídica e da arte de julgar. Há quem pretenda ver nas exigências da técnica obstáculo insuperável à realização da justiça – ou, talvez mais exatamente, daquilo que, em determinado instante, e a uma visão subjetiva, pareça ser a justiça. A esta altura, quero crer, dificilmente acudirá a quem se haja dado o trabalho de ler escritos meus a ideia de pedir-me provas da distância a que me encontro do tecnicismo puro. Para mim (e presumo que o mesmo sucederá a qualquer cientista que preze a sua ciência, a qualquer artista que preze a sua arte),

1990, p. 1275 e s., e o relatório geral de BLANKENBURG e TANIGUCHI, intitulado Informal Alternatives to and within Formal Procedures, no v. *Justice and Efficiency,* editado por WEDEKIND, Deventer-Antuérpia-Boston, 1989, p. 335 e s.), e no simpósio realizado em Tóquio, em agosto deste ano, cujo temário, subordinado ao título geral *Civil Justice in the Era of Globalization,* compreendia um tópico dedicado ao assunto e designado como *Dispute Resolution Systems and Legal Culture.*

a técnica é um instrumento – como tal, útil e insubstituível. Longe de constituir empecilho à consecução dos fins de justiça, a que todo processo deve sem dúvida tender, ela aplana, quando corretamente manejada, o caminho para aquela meta. Repito: quando corretamente manejada. O problema está, não raro, na inaptidão para manejar a técnica de modo correto. Quando alguém se queixa de que o respeito da técnica leva, em tal ou qual hipótese, à consagração de uma injustiça, ponho-me a conjecturar se na verdade se terão utilizado adequadamente os próprios recursos da técnica, ou se não se terá renunciado cedo demais a explorar-lhe a fundo as virtualidades.

Em matéria de questões processuais, deveria ser óbvio para todos o risco da multiplicação de incidentes, que a inobservância da técnica tantas vezes acarreta, com nefastas consequências para a marcha dos feitos e o rendimento do trabalho judicial. Basta pensar nos erros atinentes à competência, ou na omissão em distinguir, sobretudo em julgamentos colegiados, a decisão das eventuais preliminares e a decisão do mérito. De tais equívocos não raro se origina uma caudal de conflitos, recursos e providências análogas, que, reproduzindo- se com a fertilidade de coelhos, acabam por converter o processo em cipoal inextricável, de onde não costumam sair ilesos nem o direito dos litigantes, nem o prestígio do Judiciário. Não cabe supor, assim, que, para corresponder às expectativas da sociedade, tenha a Justiça de prescindir da técnica, ou de relegá-la a plano secundário. Bem ao revés: o que se há de querer é que ela a trabalhe melhor. Sem arvorá-la em fim, é certo, sem sacrificar-lhe tudo, sem perder de vista a sua subordinação a valores mais altos; mas prestigiando, com uma utilização cuidadosa e inteligente, o papel indispensável que ela é chamada a desempenhar na economia do processo[3].

2. Feitas essas observações, para prevenir mal-entendidos, passemos a refletir, ligeiramente embora, sobre o sentido em que deve orientar-se o movimento reformador da Justiça, se quiser assegurar-lhe, no século

---

3 Seja-me lícito repetir e reafirmar aqui o que disse no discurso proferido por ocasião do recebimento da Medalha Teixeira de Freitas, do Instituto dos Advogados Brasileiros, em 24-4-1991, e publicado em *Reflexões sobre direito e sobre processo*, Rio de Janeiro, 1992, p. 3 e s.: "O tecnicismo exagerado, aprendemos à custa de muitos erros, esteriliza o Direito; o desprezo da técnica o reduz a uma caricatura barata. Tolerar que o Direito seja tratado atecnicamente é abrir a porta ao diletantismo frívolo, quando não ao mais desbragado charlatanismo".

que se avizinha, imagem mais lisonjeira do que aquela que a vem caracterizando no século que se despede. Muito do que se possa dizer ao propósito dificilmente evitará o sabor do óbvio, tantas vezes já se procedeu ao inventário das disfunções e à proclamação do receituário tido como adequado.

É oportuno lembrar, desde logo, que a chamada crise da Justiça se alimenta, em dose ponderável, da incapacidade do direito material para governar de maneira efetiva o dia a dia da sociedade. À evidência, se as autoridades públicas respeitassem sempre as normas que lhes regulam o exercício das funções, se todos os pais cumprissem à risca os deveres que lhes correm com relação aos filhos, se o mesmo acontecesse com as empresas em face dos empregados, e vice-versa, se nenhum cheque fosse emitido sem provisão de fundos, se ninguém deixasse de pagar impostos nem atentasse contra o patrimônio ou a vida dos semelhantes, infinitamente menor seria o vulto dos problemas que afligem o Judiciário, e o único perigo sério consistiria, para número talvez elevado de juízes, na eventual contingência de ter de arranjar outra ocupação... Acontece que a Constituição e as normas administrativas não bastam para impedir ilegalidades e abusos de poder, nem o Código Civil para garantir a regularidade da vida familiar, nem o Código Penal para obstar à prática de crimes, e assim por diante. De um lado, os seres humanos não são anjos, e circunstâncias bem conhecidas concorrem poderosamente, em nosso país como alhures, para estimular comportamentos irregulares. De outro lado, há os defeitos do ordenamento, a um tempo torrencial e lacunoso, assistemático, obscuro, quando não francamente contraditório, de árdua compreensão até para os profissionais do direito, e *a fortiori* para os cidadãos comuns, submetidos à cruel presunção, ou ficção, do conhecimento, praticamente inacessível à imensa maioria, de uma rede normativa com feição de tenebroso labirinto. Esses, porém, são aspectos que escapam à competência específica dos juízes, enquanto tais, e cuja análise pode e deve ser remetida a outra ocasião.

Resta muita coisa que diz respeito, de maneira direta, ao funcionamento do Poder Judiciário, e não pode deixar de merecer a atenção, e até a preocupação, de quem lhe integre os quadros. A primeira grande dificuldade que se depara, aqui, é a de identificar com precisão os problemas fundamentais e de medir-lhes o alcance. Vivemos, a esse respeito, mergulhados quase sempre no mais fluido impressionismo: todos temos uma infinidade de impressões, que convertemos em outras tantas opiniões, mas poucos podemos ter um número razoável de certezas. Se nos indagarem em que dados objetivos nos baseamos para discutir, por exemplo, o tema da duração dos processos, seremos forçados, de modo geral, a confessar que de quase nada dispomos. O gosto pelos levantamentos estatísticos rigorosos decididamente não faz parte dos hábitos culturais brasileiros, neste como em outros terrenos. Os poucos que existem não costumam despertar maior interesse. Há alguns anos, por proposta minha, e sob a orientação do Desembargador e Professor de Sociologia Felipe Miranda Rosa, realizou-se no Tribunal de Justiça do Rio de Janeiro uma pesquisa, modesta como convém a todo empreendimento pioneiro, destinada a apurar o tempo que se estava empregando no processamento das causas de rito ordinário ou sumaríssimo, aforadas em certo número de juízos da capital, e bem assim, discriminadamente, em cada uma de suas fases principais, no primeiro e no segundo grau de jurisdição. Os resultados, que me pareceram bem sugestivos em mais de um ponto, foram não apenas estampados no *Diário Oficial*[4] – o que afinal de contas não passaria de uma forma de mantê-los praticamente sigilosos... –, mas encaminhados, em publicação especial, aos órgãos representativos das várias categorias ligadas à vida forense, que se presumia estivessem interessados em conhecê-los e analisá-los. No intuito de atrair maior atenção para o assunto, conseguiu-se que jornal de grande circulação divulgasse com relevo entrevista minha a respeito da matéria. A repercussão foi tão intensa como a de um tiro em massa de pastel. Até hoje estamos aguardando algum comentário, e sem dúvida nos alegraria mesmo a crítica mais severa: seria preferível ao silêncio gelado com que se acolheu o trabalho.

Ora, é vão pretender atacar de modo eficaz um mal de que se desconhecem as causas, ou pelo menos o peso relativo de cada uma delas. Corremos o risco de sangrar-nos na veia da saúde, ou de sair de lança em riste a combater moinhos de vento, enquanto deixamos em paz e sossego os verdadeiros inimigos. É certo que a vivência profissional nos revela a fisionomia de alguns. Ninguém que haja militado no foro, em qualquer posição, ignora o que significam, por exemplo, a prova pericial e a liquidação da sentença como fatores de retardamento da prestação jurisdicional. Mas continua a ser verdade que não se pode ter acesso a uma visão completa e exata do quadro, e portanto à possibilidade de formular estratégia global apropriada, sem o diagnóstico preciso da situação, com base em elementos de indiscutível objetividade.

4 De 20-11-1990, parte III, Suplemento do Tribunal de Justiça.

A demora no andamento dos feitos, diga-se de passagem, está longe de constituir problema específico da Justiça brasileira; muito ao contrário, ela atormenta especialistas e leigos em todos os países de que se tem notícia. Quase nenhum congresso, dentre tantos que se vêm promovendo, pelo mundo afora, no campo do direito processual, deixou de incluí-la no temário. A importantes reformas legislativas do nosso tempo será tudo menos estranho o propósito de desentorpecer a marcha dos processos. Servem de exemplos as levadas a cabo, ainda há pouco tempo, na Alemanha, na Áustria, na Espanha e na Itália, a última das quais deve entrar em vigor no próximo ano[5]. Também no Brasil se está cuidando de simplificar e agilizar o curso dos feitos, por meio de projetos setoriais de reforma do Código de Processo Civil, já convertido em lei[6] o concernente à perícia, em tramitação avançada no Congresso Nacional o relativo ao agravo de instrumento, prontos ou quase prontos para encaminhamento vários outros, atinentes às comunicações dos atos processuais, à liquidação e a mais pontos considerados de importância nessa perspectiva. Oxalá se consiga, em breve prazo, algum progresso no particular.

É claro, aliás, que isso não depende exclusivamente, e nalguns casos nem sequer principalmente, da modificação da lei processual. Há tópicos em que ela terá, com toda a probabilidade, pequeno ou talvez nulo alcance. Assim, decerto, no que tange ao ingurgitamento dos tribunais superiores, que suscita questões de índole peculiar; mas também quanto a certos aspectos da máquina de primeiro grau, mais diretamente relacionados com particularidades da organização judiciária, cuja disciplina nem sempre obedece a critérios racionais estabelecidos em função das necessidades do serviço, senão que muitas vezes se dobra à influência nefasta de interesses políticos, no sentido menos nobre da palavra, a imporem absurdas distorções. E não é preciso acrescentar qualquer referência ao fator pessoal: sob o mesmo regime legal, e até sob condições idênticas de trabalho, um órgão desincumbe-se com celeridade de tarefas que noutro se arrastam ao ritmo de lesmas, ou dormem sono prolongado na fila de espera. Muitas ilusões de mudança radical da situação à exclusiva custa de alterações nas regras do jogo têm-se desfeito como bolhas de sabão no choque com a realidade das diferenças quali-

5 Alemanha: Lei de 3-12-1976 *(Vereinfachungsnovelle)*; Áustria: Lei de 2-2-1983 *(Zivilverfahrens- Novelle)*; Espanha: Lei nº 34/84, de 6-8-1984, e Lei nº 10/92, de 30-4-1992; Itália: Lei nº 353, de 26-11-1990.

6 Lei nº 8.455, de 24-8-1992.

tativas entre os jogadores. Seja qual for o regulamento, um craque será sempre um craque, e em vão se esperará que outro qualquer cobre faltas ou cabeceie com igual eficiência.

3. Escusado sublinhar que de maneira alguma bastará cuidarmos de tornar mais rápida a Justiça: esse não é senão um item do verdadeiro programa, que há de visar, numa palavra, a torná-la *melhor.* Avulta aqui a importância dos atributos individuais, porque não se concebe a possibilidade de uma boa Justiça, por mais que se aperfeiçoem as leis, sem juízes capazes, honestos e dedicados. Pois bem: um problema puxa outro, e para aprofundarmos o exame deste sem dúvida teríamos de questionar o estado do ensino universitário em nosso país, já que em regra se recrutam os juízes entre os bacharéis em direito, e os bacharéis provêm das universidades. Não é o momento de reeditar críticas que já se vulgarizaram, de tão repetidas, embora nem por isso se percebam sinais nítidos de que os órgãos competentes se dispõem a prestar-lhes grande atenção. Nem parece fora de propósito assinalar que certos remédios a que às vezes se recorre só fazem agravar a enfermidade. Ademais, o baixo rendimento da universidade não comporta explicação cabal unicamente pelos próprios defeitos – numerosos e graves que sejam – imputáveis a ela mesma. Seria injusto esquecer que as carteiras universitárias em geral recebem estudantes insatisfatoriamente preparados nos níveis inferiores, inaptos para enfrentar com seriedade e proveito os desaños do curso de bacharelado. O mal vem de baixo, e em vão tentaríamos corrigi-lo com providências de alcance restrito à derradeira etapa do itinerário escolar. Não desejo ir mais longe para não imprimir tom de plataforma eleitoral a estas reflexões: nada mais distante das minhas cogitações atuais do que uma candidatura a cargo eletivo!

Creio, por outro lado, que seria de todo em todo conveniente submeter a revisão cuidadosa os processos de seleção dos magistrados. O concurso público continua a ser, sem discussão possível, o método menos imperfeito de apurar o preparo intelectual dos candidatos ao ingresso na carreira. Certames do gênero, entretanto, ainda quando se deixem moldar as provas pela boa técnica e pelo bom senso – o que nem sempre acontece –, nada permitem aquilatar de outros dotes, tão necessários como a posse de conhecimentos jurídicos para o exercício correto da função judicante. O valor dos testes psicológicos que se costumam aplicar é posto em xeque por inequívocas manifestações de desequilíbrio entre os declarados aptos, com frequência muito maior do que permitiria uma razoável margem de tolerância...

As escolas de magistratura, que se vão multiplicando País afora, poderão, se bem orientadas, trazer contribuição de peso à formação dos juízes. Em última análise, contudo, deveria caber à experiência a palavra definitiva: assim como só à luz do rendimento nas pistas ou nas piscinas se pode decidir se vale a pena qualificar um atleta para as provas olímpicas, não existe meio seguro de formar convicção sobre o mérito de um magistrado a não ser a observação do modo como ele julga. Dispõe a Constituição (art. 95, nº I) que os juízes, no primeiro grau, apenas adquirem a garantia da vitaliciedade após dois anos de exercício; quer, com isso, abrir ensejo a que se evite a permanência no cargo de quem não tenha, na prática, demonstrado capacidade para bem exercê-lo. Mas a eficiência concreta de tal regra exige que os tribunais, na avaliação de cada caso, se guiem exclusivamente por critérios objetivos, com base em elementos colhidos segundo métodos rigorosos, sem qualquer influência de considerações de outra natureza. Em compensação, também exige que se assegure aos magistrados novos uma oportunidade justa de provar suas qualidades, dificilmente perceptíveis se ele se vir submetido desde o primeiro dia a condições desumanas de trabalho, soterrado sob pilhas gigantescas de autos, despojado dos mínimos requisitos de comodidade, sacudido de um lado para outro pelos azares de rodízio impiedoso, privado do contacto com colegas de maior tirocínio, do acesso a bibliotecas e a outras fontes de consulta, bem como – onde existam – a cursos de aperfeiçoamento, que deveriam ser obrigatoriamente seguidos de tempos em tempos, com a imprescindível aferição do aproveitamento final.

No entanto, feitas todas as contas, algo resulta claro, e é que, mesmo sob as mais desfavoráveis circunstâncias, há quem consiga superar-se e produzir bastante e bem. Sabemos ao preço de que sacrifício; mas cumpre dizer, alto e bom som, que certos sacrifícios, é imperioso fazê-los e, se a isso não estivéssemos dispostos, melhor seria, para nós e para a Justiça, que procurássemos outro caminho mais ameno.

4. Impossível falar de melhora na qualidade do serviço judiciário sem aludir à necessidade de utilização mais intensa dos modernos recursos tecnológicos. Os meios forenses são geralmente vistos como refratários a inovações; e quem quer que observe a atividade de alguns setores dificilmente evitará a impressão de contemplar um mundo que parou no tempo. Decerto é onerosa a atualização de métodos de trabalho: onerosa em mais de um aspecto, e não em último lugar no econômico. Tampouco se põe em dúvida a habitual insuficiência dos orçamentos destinados à Justiça. Está longe de implementar-se plenamente a promessa constitucional de autonomia financeira; e aparelhar órgãos judiciais para o desempenho eficaz de suas funções nunca se incluiu entre as preocupações mais fortes de nossos administradores. Há um déficit crônico, que remonta a épocas já distantes, e não se conseguirá suprir da noite para o dia.

Por outro lado, forçoso é reconhecer que o próprio Judiciário nem sempre dá mostras de grande discernimento ao estabelecer suas escalas de prioridades no emprego das verbas que lhe são destinadas. Muitas vezes se gasta mal o pouco que se tem. Medidas urgentes de interesse do serviço veem-se postergadas em favor de suntuosidades francamente incompatíveis com a penúria da nossa situação econômico-financeira. Uma gestão sensata dos meios disponíveis aplicaria menos em mármores e automóveis de luxo que em gravadores e computadores, ou quando nada, mais modestamente, em máquinas de escrever. Ocorre conjecturar, nalguns casos, se não existe relação entre o esbanjamento de recursos em superfluidades e a lentidão do ritmo com que se implanta em juízos e tribunais a indispensável informatização.

Questão de mentalidade, entra pelos olhos. Ela responde igualmente, noutro campo, pela estranha resistência à aceitação de peças forenses, sobretudo de recursos, transmitidas por meio de sistemas que já se incorporaram, em tantos terrenos, ao quotidiano das sociedades modernas, como o telex e o fax. Beiram o pitoresco, para dizer o menos, os argumentos invocados a propósito deste último. Não está reconhecida em original a firma do advogado? É conferi-la com a de outras peças dos autos, e em caso de dúvida formular a competente exigência. Aliás, na reforma, já em andamento, do Código de Processo Civil cogita-se, entre outras coisas, de dispensar na própria procuração a formalidade, julgada supérflua, do reconhecimento. Receia-se que esmaeça e se torne ilegível, com o passar dos dias, o texto da cópia? Impute-se o risco ao recorrente, que ficará sujeito à contingência de não se conhecer do recurso, se a possibilidade se converter em realidade; mas não se arvore a rejeição do método em princípio apriorístico, a vigorar inclusive quando o interessado junte oportunamente o original, ou não se confirmem os temores de esmaecimento.

Essa e outras manifestações de reacionarismo judicial[7] o tempo naturalmente se encarregará de recolher a um museu de curiosidades históricas. Ali poderão contemplá-las, divertidos, os pósteros, ao lado de mais antigualhas, como hão de ser por exemplo, algum dia, as cartas precatórias e rogatórias para tomada de depoimentos, substituídas pela comunicação pessoal entre o juiz da causa e o depoente, onde quer que se encontre, através de um aparelho de televisão, ou por meio ainda mais perfeito, que se venha a inventar.

5. Afirmou alguém que não basta que se faça justiça: é preciso que se veja que está sendo feita justiça. O dito fornece-nos a deixa para ligeiras observações sobre o tema, tão atual, da transparência. É, hoje, autêntica palavra de ordem. Tudo se quer transparente, de maneira especial na atuação dos órgãos públicos.

O Judiciário não tem como furtar-se à imposição. De resto, a tradição brasileira prestigia de longa data a publicidade dos atos processuais, agora elevada à categoria de preceito constitucional (Carta da República, arts. 5º, nº LX, e 93, nº IX). É princípio que entre nós sempre se entendeu e se aplicou até com mais rigor do que em tantos outros países tidos e havidos como Estados de direito acima de qualquer suspeita. Veja-se, por exemplo, o caso das deliberações colegiadas, que no continente europeu quase nunca se realizam à vista do público; o ordenamento francês chega ao requinte de forçar os juízes a prestar compromisso solene de guardar "religiosamente", na matéria, o mais estrito sigilo[8].

Como em quase todos os métodos de trabalho, judiciais ou não, no julgamento *coram populo* é certamente possível, falando em tese, apontar vantagens e inconvenientes[9]. Um dos perigos que ele oferece

---

7 Ou "rabugices", como prefere chamar-lhes MONIZ DE ARAGÃO, O Código de Processo Civil e a crise processual, *in Rev. For.*, v. 316, p. 54. Felizmente não se trata de atitude que domine sem contraste; o STJ, por exemplo, já admitiu mais de uma vez a interposição de recurso por fax: Agr. Reg. no Agr. nº 7.372, *in ADCOAS – Jurisprudência Selecionada, EJA* nº 21/92, p. 9, nº 134.791; Agr. Reg. no Agr. nº 15.167, *in ADV – Boletim de Jurisprudência Semanal* nº 3/92, p. 46, nº 57.027.

8 *Vide* PERROT, *Institutions judiciaires*, 2ª ed., Paris, 1986, p, 566.

9 Para mais larga exposição e numerosas indicações de direito comparado, pode consultar-se BARBOSA MOREIRA, Publicité et secret du délibéré dans la Justice brésilienne, trabalho destinado ao volume comemorativo do 150º aniversário do Areópago de Atenas e publicado *in Temas de Direito Processual (Quarta Série)*, S. Paulo, 1989, p. 193 e s.

é a tentação, a que nem sempre resistem os julgadores, de "jogar para a plateia", de modelar pronunciamentos menos com base em juízos objetivos e serenos do que em função do provável efeito sobre a assistência. Alguns parecem esquecer às vezes que a Constituição e as leis querem publicidade para os atos processuais, não para as pessoas dos magistrados. Semelhante confusão será talvez responsável por certa ânsia de aparecer, de tornar-se "notícia", de dar entrevistas a torto e a direito, de competir nos índices de audiência com a novela das oito.

Por outro lado, não é seguro que os interessados, sejam quais forem seus motivos – sincero desejo de informar-se ou curiosidade vulgar, frívola, mórbida até – possam satisfazer-se com o que porventura se lhes dê a ver e a ouvir. Se tiverem de utilizar a mediação dos veículos habituais, sujeitam-se aos "ruídos" que quase nunca deixam de perturbar e distorcer, entre nós, a comunicação de massa. Os jornais e as emissoras de rádio e de televisão, no Brasil, ainda não aprenderam sequer a distinguir as funções do órgão judicial e as do Ministério Público: a cada momento anunciam que o procurador decidiu, e que o juiz dará o parecer no dia seguinte. Não há imagem da vida forense que não sofra deformação profunda ao atravessar esses canais.

Sejamos justos, porém: não contribuirão muitas vezes os próprios operadores do direito para dificultar o entendimento do que se passa nas salas e gabinetes do foro – ou, em hipóteses extremas, para subtrair mesmo a quem não seja "iniciado" qualquer possibilidade de acesso à compreensão? A pergunta suscita uma reflexão, aqui necessariamente breve e superficial, sobre o problema da linguagem no processo. Em larga medida, a linguagem processual é, e não pode deixar de ser, uma linguagem técnica; e a nenhuma linguagem técnica se concede a esperança de ser entendida com facilidade por qualquer pessoa. Se existe um jargão médico, um jargão econômico, um jargão psicológico, não será de estranhar que também exista um jargão forense. Importa, contudo, não exceder os limites do razoável, não converter os autos em repositórios de enigmas, de circunlóquios despistadores, de contorcionismos semânticos, de exibições de arqueologia gramatical, capazes de justificar a ironia de quem atribuiu ao dom da palavra a função essencial de... esconder o pensamento. Já proclamei, e volto a proclamar, que são e serão sempre misteriosas, para mim, as razões pelas quais se há de chamar "remédio heroico" ao mandado de segurança, ou apelidar de "irresignação derradeira" o recurso extraordinário, para não mencionar outros frutos da inventiva do foro, vários dos quais raiam pelo grotesco. Devemos conformar-nos com o fato de que termos científicos raramente têm sinônimos, e mais vale reproduzi-los tantas vezes quantas for preciso do que entregarmo-nos a exercícios desvairados de exotismo vocabular. O geômetra não cora de repetir "pentágono" enquanto fala do polígono de cinco lados, nem o biólogo de aludir reiteradamente a "cromossomos" sempre que se refere aos corpúsculos que resultam da divisão do núcleo e transmitem os caracteres hereditários. Uma rosa é uma rosa é uma rosa, escreveu Gertrude Stein; uma contestação é uma contestação é uma contestação, parafraseio eu; e ajunto que uma contestação não é, decididamente não é, uma "peça de bloqueio", nem qualquer coisa do gênero.

Ora, se a publicidade está inscrita entre as garantias constitucionais – e, afinal de contas, com todos os riscos inevitáveis, é bom que assim seja –, cumpre levá-la a sério. De nada vale franquear o espetáculo a todos os eventuais interessados e depois representar em idioma que só os *happy few* compreendem. Não nos iludamos: uma parte, cada vez maior, da sociedade brasileira está aprendendo a cobrar explicações e não se resignará indefinidamente a que os poderes públicos a mantenham na ignorância dos processos decisórios, sejam quais forem. De instante a instante aumentará o número dos que querem saber como se decide, e porquê. O Judiciário não vai escapar a essa mirada perscrutadora; convém que esteja preparado para explicar-se: é o preço que tem de pagar para assegurar a si próprio o mínimo de credibilidade sem o qual não poderá exercer de maneira satisfatória, do ponto de vista social, a função de árbitro supremo dos conflitos de interesses.

Vem a propósito uma observação acerca do dever de motivar as decisões, hoje igualmente consagrado em nível constitucional, e sob expressa cominação de nulidade (Carta da República, art. 93, nº IX). Há um modo puramente formal de prestar homenagem a semelhante preceito, que está longe de corresponder- lhe ao espírito. Quantas vezes lemos pronunciamentos de órgãos judiciais que indeferem o requerido "por falta de amparo legal", ou "porque não concorrem os pressupostos necessários"! São fórmulas vazias, que nada significam: fazer uso delas é como tirar o chapéu, para cumprimentar à distância alguém que, ao mesmo tempo, entre dentes, se está mandando ao inferno... É notório que os juízes andam normalmente assoberbados de serviço e não têm possibilidade de alongar-se em dissertações para fundamentar cada ato que pratiquem. Nem por isso ficam autorizados a escamotear os motivos em que se inspiraram para decidir. A escassez de tempo justifica a síntese; não justifica a omissão. Menor relevância ainda, como escusa para o silêncio, tem o caráter porventura discricionário da decisão, no sentido próprio do termo ou naquele outro, mais amplo, embora menos preciso, em que não raro também se emprega, a respeito de normas cuja redação se vale de conceitos jurídicos indeterminados[10]: justamente nesses terrenos é que mais imperiosa se torna a explicitação das razões do julgador, a fim de permitir a apreensão e o controle de suas opções filosóficas, éticas, políticas – numa palavra, axiológicas – e, por conseguinte, de sua atividade criadora, que adquire aí realce particularíssimo.

A constitucionalização do dever de motivar coloca na ordem do dia o aprofundamento da nossa reflexão sobre uma problemática extremamente rica e complexa[11]. Já não nos podemos contentar com a visão tradicional, meio ingênua, meio hipócrita, da matéria. Inclino-me a crer que o tema se imporá com força crescente à atenção dos juristas, na medida mesma em que nos formos compenetrando do relevo que cabe à motivação das decisões na engrenagem de um autêntico e sólido Estado de Direito.

6. Falei há pouco de controle. A expressão costuma suscitar reservas. Nem toda espécie de controle é bem aceita por juízes. Tendo exercido a magistratura por treze anos e meio, posso valorar, com base na experiência pessoal, os argumentos com que se repele a eventualidade de um controle do qual participem estranhos aos quadros do Judiciário. Muitos são sinceros e ponderáveis; outros, francamente, nem tanto. O risco de interferências políticas, na acepção mais baixa do vocábulo, é sem dúvida temível. A bem dizer, ele já existe, sob diversas formas, e nem sempre se tem sabido ou querido evitá-lo. A independência do Judiciário constitui valor inestimável em qualquer sistema de organização social que aspire a ser visto como civilizado; os magistrados devem ter no espírito, permanentemente, a preocupação de resguardá-la e a consciência de que nada a compromete de maneira mais grave que a rendição voluntária a interesses e o afã de agradar aos poderosos do dia.

---

10 *Vide*, sobre a distinção entre os dois fenômenos, BARBOSA MOREIRA, Regras de experiência e conceitos juridicamente indeterminados, *in Temas de Direito Processual* (Quarta Série), 2ª ed., S. Paulo, 1988, p. 61 e s., espec. 65/6, com indicações de doutrina estrangeira na nota 6.

11 Escassa, entre nós, a literatura a ela dedicada. Na doutrina italiana, merece destaque a esplêndida monografia de TARUFFO, *La motivazione della sentenza civile*, Pádua, 1975.

Recusar controles externos é atitude que reclama, para legitimar-se, grande autoridade moral - uma autoridade respaldada pelo eficiente funcionamento dos controles internos. A condição de juiz não pode, à evidência, isentar quem quer que seja da responsabilidade pelas faltas em que porventura incorra. Muito ao contrário: do juiz há de exigir-se mais que de ninguém, e na avaliação de seu comportamento há de observar-se, por força, severidade maior que a aplicável aos outros membros da comunidade. Para o juiz, os próprios conceitos éticos são mais rigorosos; animo-me a pensar, por exemplo, que o erro de julgamento se resolve em falha moral, não apenas nos casos extremos de corrupção, mas sempre que resulte de negligência no exame dos autos, ou de omissão, por preguiça ou desinteresse, em aprofundar o estudo das questões relevantes.

Não é fácil encontrar solução perfeita para o problema da responsabilização dos juízes[12]; a pior opção, no entanto, seria abstermo-nos de procurar alguma capaz de eliminar, ao menos em parte, os motivos da insatisfação com o atual estado de coisas. Episódios recentes avivaram na sociedade brasileira a convicção de que aos agentes do poder público não se deve tolerar a infração de certas regras morais. A despeito da memória curta que se costuma atribuir ao nosso povo, é provável - e desejável - que em muitos cidadãos subsista a disposição para uma vigilância permanente a esse respeito, com relação ao Judiciário não menos que aos outros poderes. Haverá quem esteja atento à maneira pela qual os órgãos competentes reagirão a eventuais deslizes; e, se o espírito corporativo os induzir à condescendência sistemática e frustrar as expectativas de correção, parece extremamente duvidoso que se consiga refrear a tendência a experimentar outros caminhos, por maiores que sejam - e alguns são enormes - os perigos a eles inerentes.

7. É hora de concluir. Receio que se sinta decepcionado quem esperava, à vista do tema, o anúncio de novidades estrondosas. Não sou muito amigo de reviravoltas sensacionais: a esta altura da vida, já tendo assistido

12 O assunto é tratado com frequência na Itália. *Vide,* na literatura recente, VIGORITI, *Le responsabilità del giudice,* Bolonha, 1984; GIULIANI-PICARDI. *La responsabilità del giudice,* Milão, 1987; CAPPELLETTI, *Giudici irresponsabili?,* Milão, 1988 (há tradução para o português, de CARLOS ALBERTO ÁLVARO DE OLIVEIRA, sob o título *Juízes irresponsáveis?,* Porto Alegre, 1989).

a várias que como tais se apresentavam, sei que é tão vã quão difundida a pretensão de traçar o plano definitivo de regeneração do universo, ou mesmo do país. Acredito mais na eficácia daquelas "revoluções moleculares" a que aludia Péguy, e que atuam *por dentro* das estruturas, tentando antes aprimorá-las que destruí-las.

As exigências de reforma estão postas, e não há como ignorá-las. Temos de atender a elas com determinação e presteza, que não excluem a indispensável dose de prudência. Sejamos firmes, sem sermos impacientes. A inércia seria funesta; e é mister que imprimamos ao nosso movimento ritmo compatível com o da história da nossa época. Não quer dizer que devamos imitar o exemplo daquele personagem de um romance de capa e espada, que em determinado momento saiu galopando "em todas as direções"...

Ao risco de tornar-me redundante, insisto em que há um tipo de tentação ao qual cumpre resistir com todas as forças. A sociedade em que vivemos é basicamente mal organizada de muitos pontos de vista. Às vezes nos sentimos levados a duvidar da utilidade de iniciativas que visem à melhoria da situação em setores específicos, ou – pior ainda – em pontos isolados. Seria como se estivéssemos a disfarçar futilmente, com a aplicação de cosméticos, as rugas do rosto de um doente terminal. Não faltará quem repute inócuo, senão contraproducente, qualquer esforço para resolver este ou aquele problema particular: mero desperdício de energias que se deveriam poupar para a faina do dia glorioso em que se levará a cabo a profunda e indispensável reforma estrutural. Se os alicerces mesmos do edifício estão em causa, não valeria a pena preocuparmo-nos com o mau funcionamento da bomba d'água ou com a deficiente iluminação da garagem.

Semelhante atitude, encontradiça em espíritos que se julgam progressistas, é na verdade a melhor aliada do conservadorismo. Apostar tudo no ideal significa, pura e simplesmente, condenar o real à imobilidade perpétua. Disse um grande estadista que é muito difícil sabermos o que precisaríamos fazer para salvar o mundo, mas é relativamente fácil sabermos o que precisamos fazer para cumprir o nosso dever. Se começarmos por aí, não direi que cheguemos a salvar o mundo, mas talvez possamos contribuir – e não será pouco – para torná-lo menos inóspito. É importante que, sem renunciarmos à ambição dos grandes feitos, nem nos despojarmos das reservas de heroísmo necessárias para empreendê-los, nos lembremos também de cultivar as virtudes menores – medíocres, se assim se quiser dizer – no quotidiano profissional. Ouso pensar que, se todos os juízes se dispuserem a aplicar maior empenho em miudezas como ler com atenção os autos, ou respeitar escrupulosamente os prazos, ainda que os anos noventa se extingam sem mudanças espetaculares, já será diferente – e melhor – a Justiça no limiar do novo século.

Outubro de 1992.

COMENTÁRIOS DA ATUALIZADORA

A JUSTIÇA NO LIMIAR DO NOVO SÉCULO – UM CONTRAPONTO[13]

Teresa Arruda Alvim

Não sem uma dose imensa de emoção, começo a me desincumbir da delicada, importante e difícil tarefa de atualizar uma parte da preciosa obra de José Carlos Barbosa Moreira. Todo o cuidado é pouco, para não chocar o leitor com um texto (o meu) que não tem nem um centésimo da elegância e da leveza dos escritos por este processualista. Afinal, os textos estão lado a lado.

Apesar de fazer menção a Chesterton, revelando-se estar de acordo com ele, quando diz que a melhor finalidade que pode ter um exercício de futurologia é preencher o vazio de uma tarde chuvosa de sábado, Barbosa Moreira, em "A Justiça no limiar do novo século", não errou em coisa alguma.

Dentre os temas que fere nesta preciosa crônica, está a necessidade de aprimoramento da magistratura. Lucidamente observa que talvez uma das verdadeiras causas desta necessidade esteja nos ensinos primário e médio, que se reflete nas universidades, de onde os juízes provêm. Afirma, com razão, que não basta tornarmos a justiça mais rápida: é preciso que tenhamos uma justiça *melhor*.

Parecem oportunas aqui algumas observações relativas à criação do CNJ, que ocorreu 14 anos depois da preparação do texto do artigo referido, base para conferência proferida em São Paulo, em 1992.

---

13 As frases entre aspas foram extraídas do texto anterior, de Barbosa Moreira.

O Conselho Nacional de Justiça foi criado pela Emenda Constitucional nº 45/2004. É um órgão do Poder Judiciário, com sede na Capital Federal. Não tem função jurisdicional.[14]

É composto por 15 membros, com mandato de 2 anos, admitida uma recondução.

O CNJ assumiu a postura de criar diretrizes para a justiça brasileira, integrando boas experiências dos tribunais que, antes da sua criação, executavam suas próprias políticas e metas. O CNJ tem papel importante para integrar os "diversos órgãos jurisdicionais nacionais, por meio de uma instituição central com atribuições de controle e fiscalização de caráter administrativo, financeiro e correcional".[15]

Acredito que na criação do CNJ possa-se ver um importante passo no avanço para a formulação de diretrizes nacionais, com a adoção de metas, mapeamento estatístico dos dados dos tribunais e modernização das ferramentas por eles utilizadas,[16] o que pode gerar uma justiça mais produtiva.

Além dessa atribuição, também tem o papel de controle da atuação administrativa dos tribunais. Abrange a fiscalização e participa "do processo de modernização da gestão, inclusive, e contribuir para a elaboração dos planejamentos estratégicos de interesse do Judiciário".[17]

Ainda que não tenha a atribuição de reexaminar ou suspender os efeitos de atos judiciais[18], deve examinar os atos administrativos praticados por membros ou órgãos do Poder Judiciário, receber e conhecer das reclamações contra juízes e, inclusive, rever, de ofício ou mediante provocação, os processos disciplinares de juízes e membros de tribu-

14 STF, MS 28.598 AgR-MC/DF, Rel. Min. Celso de Mello, j. 14.10.2010.

15 MENDES, Gilmar Ferreira. As contribuições do CNJ para o Judiciário Brasileiro. *Revista Eletrônica Justiça e Cidadania,* nº 143, jul/2012, p. 10.

16 CAETANO, Flávio Crocce. 10 anos do CNJ. *In:* STOCCO, Rui; PENALVA, Janaína (orgs.). *Dez anos de reforma do Judiciário e o nascimento do Conselho Nacional de Justiça*. São Paulo: Revista dos Tribunais, 2015, pp. 148-149.

17 KIM, Richard Pae. O Conselho Nacional de Justiça como órgão garantidor e qualificador de direitos fundamentais. *In*: LEWANDOWSKI, Ricardo; NALINI, José Renato (orgs.). *O Conselho Nacional de Justiça e sua atuação como órgão do Poder Judiciário*. São Paulo: Quartier Latin, 2015, p. 119.

18 STF, MS 28.611 –MC-AgR, rel. Min. Celso de Mello, j. 14.10.2010.

nais (art. 103-B, § 4º, V, da CF), inclusive para agravar as eventuais penalidades cominadas.[19]

Tem-se admitido, muito excepcionalmente, que o CNJ analise decisões judiciais que beiram a teratologia, sob o fundamento de que se estaria diante de irregularidade funcional.[20]

O CNJ também vem desempenhando relevante papel no desenvolvimento de políticas com o objetivo de trazer maior eficiência e efetividade à prestação jurisdicional.[21]

---

19 STF, MS 33.565/DF, Rel. Min. Rosa Weber, j. 14.06.2016.

20 Para tanto, é necessário que se distinga o "erro de inteligência" do "erro de vontade". Segundo Bermudes, o juiz comete erro de inteligência quando compreende de maneira equivocada o processo, mas acredita estar julgando de maneira correta. Ao contrário, comete erro de vontade quando, havendo compreendido o processo, não manifesta na decisão o que entende correto, ignorando deliberadamente algo com o intuito de tomar determinada posição a favor de uma das partes, *contrariamente à lei* (BERMUDES, Sérgio. *Introdução ao processo civil*. 6ª ed. Rio de Janeiro: Forense, 2019, p. 76). Na primeira hipótese, o CNJ não deve punir o magistrado, ainda que considere a decisão equivocada. Já na segunda hipótese, o CNJ deve analisar a conduta do magistrado, atribuindo-lhe, eventualmente, penalidade. A linha entre um e outro erro é muito tênue. Como já se decidiu: "A reiterada violação de deveres funcionais, por meio da prolação de decisões teratológicas, envolvendo a liberação de vultosas quantias, sem garantias consistentes, em desfavor de partes notoriamente solventes, revela a existência de dolo na atuação do magistrado acusado, consubstanciado na deliberada intenção de beneficiar, na solidão de qualquer razão de direito sustentável, um dos polos da relação processual, o que, evidentemente, ultrapassa os limites da regular atuação judicante e passa ao campo de condutas incompatíveis a merecer punição". (PAD 0001460-03.2010.2.00.0000, rel. Conselheiro Milton Nobre, j. 29.03.2011. Interessa registrar que referida decisão foi impugnada via mandado de segurança, impetrado no STF, cujo seguimento foi negado: AgRg no MS 30.805/DF, rel. Min. Edson Fachin, j. 20.02.2018).

21 Nesse sentido, cumpre ao CNJ, dentre outras medidas, editar normas sobre a composição e organização dos centros de conciliação e mediação a serem criados pelos tribunais; ditar o parâmetro curricular dos cursos para a formação de conciliadores e mediadores; estabelecer os parâmetros para remuneração dos conciliadores e mediadores, etc. Iniciativas como a Semana de Conciliação, o prêmio "Conciliar é Legal", dentre outros, contribuem para a introdução na sociedade de meios mais adequados para a solução dos conflitos (WATANABE, Kazuo. Política Judiciária nacional de tratamento adequado dos conflitos de interesses: utilização dos meios alternativos de resolução de controvérsias. *In:* MENDES, Aluisio Gonçalves de Castro; ARRUDA ALVIM WAMBIER, Teresa (orgs.). *O processo em perspectiva: jornadas brasileiras de direito processual*. São Paulo: Revista dos Tribunais, 2013, p. 243), além de constituir importante auxílio no combate à morosidade.

Como se disse, a introdução de metas nacionais de produtividade e duração dos processos, considerando a realidade dos diversos segmentos da Justiça, é um avanço atribuível à atividade do CNJ. Conforme afirma José Roberto Neves Amorim, os relatórios do "Justiça em Números" "têm ajudado a detectar, pelos dados coletados, as áreas que devem ser observadas, atacadas, de modo a criar estratégias para melhoria da gestão administrativa e jurisdicional, como o crescimento do número de processos, os gastos dos tribunais com a folha de pagamento etc.".[22] Voltaremos a este ponto mais à frente.

Marcelo Guedes Nunes[23] traz interessante exemplo: Com o auxílio do IPEA, o CNJ descobriu que as execuções fiscais no âmbito federal têm um custo médio para a máquina judiciária de R$ 4.368,00 e que os conselhos federais respondiam por 36,4% das execuções. Contudo, a média de recuperação nestas execuções era de R$ 1.540,00. Ou seja, como os exequentes não pagavam custas processuais, o Judiciário estava gastando mais dinheiro do que valiam os processos. Esta constatação fez com que os conselhos iniciassem um movimento de desistência e composição nas ações, culminando com a edição da Lei nº 12.541/2011 que limitou a execução judicial das dívidas dos conselhos profissionais a um mínimo de 4 anuidades (art. 8º).

Em outro sentido, o art. 235, do CPC dispõe que qualquer parte poderá representar ao CNJ contra juiz ou relator que, injustificadamente, exceder os prazos previstos em lei, regulamento ou regimento interno. Após ouvido previamente o representado, será instaurado procedimento para apuração da responsabilidade; sem prejuízo, após a apresentação da justificativa, se for o caso, o CNJ determinará a intimação do representado para praticar o ato em 10 dias. Mantida a inércia, os autos serão remetidos ao substituto legal.[24]

---

22 O papel do CNJ na gestão dos interesses do Judiciário. *In*: LEWANDOWSKI, Ricardo; NALINI, José Renato (orgs.). *O Conselho Nacional de Justiça e sua atuação como órgão do Poder Judiciário*. São Paulo: Quartier Latin, 2015, p. 110.

23 Os relatórios estatísticos do CNJ e o aperfeiçoamento da democracia. *Revista do Advogado*, ano XXXV, nº 128, dez-2015, pp. 66-67.

24 Por sua vez, o Regimento Interno do CNJ dispõe que as representações por excesso de prazo serão distribuídas ao Corregedor Nacional de Justiça (art. 47, II, b), e que poderá ser formulada de ofício pelos Conselheiros (art. 78, *caput*). A LOMAN dita, em seu art. 35, II, que é dever do magistrado não exceder injustificadamente os prazos para sentenciar ou despachar.

O CNJ, pensamos, vem contribuindo para que a justiça tenha "imagem mais lisonjeira do que aquela que a vem caracterizando no século que se despede". Computando-se erros e acertos, o balanço geral tem sido bem positivo. "O que se há de querer é que ela a trabalhe melhor".

A sobrecarga do poder Judiciário aumentou, consideravelmente, nos últimos 20 anos: multiplicaram-se as ações de massa, e a crescente complexidade da vida social, somada ao acesso à justiça – que se tornou uma realidade – fez com que "litígios com feição nova e desafiadora" passassem a ser cada vez mais frequentes.

As dificuldades com que se defronta o juiz, de quem sempre se exigiu qualidade e celeridade, e o Judiciário, em termos de performance, são, hoje, portanto, bastante mais agudas.

O CNJ pode, a nosso ver, contribuir, efetivamente, para a superação de dificuldades, inclusive porque, hoje, há estatísticas, que outrora não havia.

Sempre ouvi de Barbosa Moreira a lúcida afirmação no sentido de que, sem estatísticas, é quase impossível saber-se porque os processos são morosos e, se temos alguma ideia das causas, não sabemos até que ponto cada uma delas é responsável pelo resultado.

Nos últimos tempos, felizmente, houve uma melhora neste cenário.

O CNJ tem encomendado muitas pesquisas que geram estatísticas confiáveis. Uma delas revelou que o simples fato de os processos serem físicos (e não virtuais) é responsável pela sua demora.

De fato, a virtualização dos processos reduz sobremaneira o tempo de tramitação se comparado ao processo físico. Dispensa a burocracia em diversos níveis: menos funcionários para atendimento de balcão, feitura de capa, numerar páginas, carimbá-las, tarjá-las, transporte, etc. Isso faz com que mais servidores possam trabalhar na atividade-fim do Judiciário.

A pesquisa acima mencionada, encomendada pelo CNJ à Fundação Getúlio Vargas, revelou que, enquanto os processos físicos demoram uma média de 144 dias no "tempo cartorário", que é o espaço de tempo compreendido quando se aguarda a execução de uma tarefa que não envolva a tomada de decisão pelo juiz, os processos eletrônicos, no sistema PJe, demoram cerca de 97 dias, o que indica uma redução de 32,5% no "tempo morto".[25]

25 https://www.cnj.jus.br/wp-content/uploads/2018/01/8fca1c5a0d1bac23a1d549c6f590cfce.pdf. Acesso: 22.09.2020.

Isso levou alguns Tribunais de Justiça, como o de São Paulo, a permitir que as partes convertam os autos físicos para o meio digital (Comunicado CG 466/2020).[26]

Barbosa Moreira sublinhava a necessidade de que se fizesse uso mais intenso da tecnologia em prol da melhora na qualidade do serviço Judiciário. Não sem antes fazer algumas observações críticas (e jocosa) à resistência que muitos têm, no mundo do direito, a inovações, de um modo geral e, mais ainda, à tecnologia.

Observa que cartas precatórias e rogatórias para a tomada de depoimentos seriam substituídas, como de fato o foram, "pela comunicação pessoal entre o juiz da causa e o depoente, onde quer que se encontre, através de um aparelho de televisão, ou por meio ainda mais perfeito que se venha a inventar".

A pandemia vivida no ano de 2020 fez com que houvesse uma significativa aceleração no aprimoramento de técnicas, que já se vinham aperfeiçoando consideravelmente antes.

Em muitos Estados da Federação, audiências só se realizam por videoconferência: é a tal "televisão" de que já falava, há mais de duas décadas, Barbosa Moreira.

Julgamentos, há tempos são realizados virtualmente.

É relevante que não se confunda a *sessão virtual* com a *sessão telepresencial* ou por videoconferência.

As sessões virtuais são realizadas pelo sistema próprio de cada tribunal, não se admitindo sustentação oral ou pedido de preferência, como regra. O relator insere o voto no respectivo sistema e o processo "entra na fila" dos demais julgadores. Dados todos os votos, o acórdão é publicado. A duração das sessões virtuais varia conforme cada tribunal, mas, normalmente, ocorrem em um período de 5 a 7 dias.

---

26 Todavia, isso não pode significar absoluta impossibilidade de as partes, por si próprias, compareçam aos cartórios para tomarem ciência do andamento processual. Como se sabe, apesar da expressiva evolução tecnológica e digital experimentada nos últimos anos, parcela significativa da população ainda não possui acesso regular a internet ou conhecimento suficiente para manuseá-la. (FERREIRA, Ana Amélia Menna Barreto de Castro. Sistemas tecnológicos e o Poder Judiciário. Racionalização ou democratização da justiça? *Revista de Direito Privado*, vol. 21/2005, pp. 22-48. RTOnline, p. 8).

Já as sessões *telepresenciais* ou por *videoconferência* funcionam tal como uma sessão presencial, só que de maneira remota. Há horário de início, possibilidade de sustentação oral, pedido de preferência, intervenções dos advogados e dos demais membros do tribunal.

Exceto nos casos de pedido de vista ou retirada de pauta, o julgamento é realizado naquele mesmo momento.

Todavia, no âmbito do STF, admite-se o envio de arquivo de sustentação oral para as sessões virtuais, por meio do sistema de peticionamento eletrônico. O prazo de envio é de até 48 horas antes do início do julgamento. Permite-se, após iniciado o julgamento, que os advogados realizem esclarecimentos sobre matéria de fato, também por meio de peticionamento eletrônico (Resolução 642/2019, alterada pela Resolução 675/2020).

O CPC trouxe a obrigatoriedade que empresas públicas e privadas (com exceção das microempresas e empresas de pequeno porte) mantenham cadastro nos sistemas de processo eletrônico para o recebimento de citações e intimações (art. 246, § 1º); referido dispositivo também é aplicável à União, Estados, Distrito Federal, Municípios e entidades da administração indireta (§ 2º).

Há quem diga que o fato de as comunicações do processo poderem ocorrer por e-mail, por whatsapp ou telegrama acabaria por imprimir maior simplicidade à linguagem forense, extirpando expressões risíveis, sempre acerbamente criticadas por Barbosa Moreira, como, por exemplo: "remédio heroico", "irresignação derradeira" ou "peça de bloqueio" (respectivamente, mandado de segurança, recurso extraordinário e contestação). De fato, parece inexorável. Estes rococós, de muito mau gosto, nada têm a ver com estilo de comunicação que acontece por estes meios.

Tem se tornado cada vez mais comum a comunicação de atos processuais por meio de aplicativos de conversas, notadamente WhatsApp e Telegram. O CNJ autorizou seu uso no Procedimento de Controle Administrativo nº 0003251.94.2016.2000000.[27]

Esta já é uma realidade na Justiça Eleitoral. As emissoras de rádio, televisão e provedores de aplicação de internet devem apresentar aos tribunais eleitorais o endereço eletrônico e o número de telefone móvel

27 Rel. Cons. Daldice Santana, j. 23.06.017.

que disponha de aplicativo de mensagens instantâneas, pelos quais receberão ofícios, intimações e citações (art. 10, Res. TSE 23.608/2019); do mesmo modo os candidatos, partidos políticos e coligações, caso optem pelo arquivamento das procurações outorgadas, que deverão conter endereço de e-mail e número do telefone com aplicativo de mensagens instantâneas (art. 13, § 2º, da mesma Resolução).

A simplificação da linguagem jurídica, com a extirpação definitiva de sinônimos de gosto duvidoso e de palavras e expressões outras totalmente desnecessárias, como v.g., perscrutar, vergastar, homiziar etc., liga-se à ideia de publicidade. Isto porque de nada adianta dar-se publicidade aos atos processuais, se a linguagem usada é incompreensível ao homem médio.

São conhecidas, e muito frequentemente referidas na doutrina, as críticas de Barbosa Moreira à utilização de "sinônimos" de termos técnicos. Termos técnicos, de rigor, não têm sinônimos. Um cromossomo é um cromossomo; um losango é um losango; e uma rosa é uma rosa é uma rosa é uma rosa. Não são poupadas de críticas expressões não técnicas de uso incomum, cujo significado só é conhecido por (alguns) juristas, cujo emprego demonstra que aquele que as usa vê na linguagem não uma forma de comunicação, mas um modo de confundir o interlocutor.

Iniciativas têm sido tomadas neste sentido: "No Rio, o projeto de simplificação é capitaneado pelo Inova_MPRJ, laboratório de inovação vinculado ao MP do Estado. Em agosto, o laboratório lançou um formulário interno e, dos 166 respondentes, 98,8% afirmaram ser preciso tornar os documentos judiciais mais claros e objetivos. (...).

A iniciativa também se inspirou na atuação do promotor de Justiça Daniel Lima Ribeiro, atual coordenador do laboratório. Em 2017, quando estava à frente de uma promotoria de Saúde no Rio, ele elaborou um protótipo simplificado de petição inicial da Ação Civil Pública. 'A gente lançou o desafio de limitar a 10 páginas a petição inicial, e eu brincava que era proibido falar estranho', relata ele, que defende o fim do que chamada de 'rococó jurídico'.

(...) Além da restrição do número de páginas, a ideia é que os documentos comecem com parágrafo sintetizando os principais pontos, e terminem em formato de itens que resumem a estruturação lógica do argumento. Expressões como 'com fulcro', 'noutro giro' e termo em latim devem ser evitados, assim como frases que ocupam parágrafos inteiros ou citações de trechos de decisões que não sejam pertinentes".[28]

Quanto à publicidade, em si, o Brasil é pioneiro. Desde sempre as sessões dos Tribunais e as audiências que têm lugar quando o processo está no 1º grau de jurisdição se dão a portas abertas.

Hoje, mais do que nunca: existe a TV Justiça.

A TV Justiça tem sede em Brasília, no Supremo Tribunal Federal, e iniciou suas atividades em 2002, sendo responsável por transmitir, ao vivo, os julgamentos do Plenário da Suprema Corte brasileira.[29]

O principal objetivo da amplitude desta publicidade é o de permitir que qualquer um acompanhe o dia a dia das principais decisões tomadas no país, conferindo maior publicidade às discussões travadas entre os Ministros.

Em verdade, é possível acompanhar as sessões não só pela televisão, mas também pelo rádio (Rádio Justiça) e pelo *Youtube*, no canal do próprio STF. Outros tribunais passaram a adotar conduta semelhante, como o TSE e o TJSP, este último restrito às sessões do Órgão Especial.

O televisionamento, como se disse, confere publicidade irrestrita aos julgamentos realizados, o que confere a todos, inclusive à imprensa, doutrinadores, demais juízes, etc., a possibilidade de discutir as questões ali tratadas, questioná-las e criticá-las.[30]

Alguns apontam como efeito desta publicidade a espetacularização desses julgamentos. Ademais, pode tornar-se mais intensa a pressão social a que estariam sujeitos os Ministros.

Como se sabe, o modelo da publicidade nas deliberações não é universal: alguns países, como o Brasil, adotam um sistema com altíssimo nível de publicidade, enquanto outros adotam um sistema de sigilo, em que apenas é publicado o resultado da deliberação.[31]

---

28 BOLDRIN, Fernanda. Tecnologia para traduzir 'juridiquês'. *Jornal Estadão*, de 31 ago. 2020.

29 http://www.tvjustica.jus.br/index/conheca. Acesso: 16.09.2020.

30 Sobre o tema, vide: FONTE, Felipe de Melo. *Jurisdição Constitucional e Participação Popular*: O Supremo Tribunal Federal na era da TV Justiça. Rio de Janeiro: Lumen Juris, 2016.

31 BARBOSA MOREIRA, José Carlos. Publicité et secret du délibéré dans la justice brésilienne. *In: Temas de direito processual: quarta série*. São Paulo: Saraiva, 1989.

Alexandre Freitas Câmara e Felipe Barreto Marçal, realizando estudo de direito comparado, salientam que, além do já conhecido modelo da Suprema Corte norte-americana de deliberação secreta, ocorre o mesmo na França e Alemanha, e como regra no Canadá, Reino Unido e Austrália, embora, em alguns destes países, a sessão seja pública, mas não a deliberação. Mais próximos ao sistema do Brasil estão a Suíça e a Corte Internacional de Justiça, em Haia.[32]

Em boa hora o NCPC traz um dispositivo cujo endereço certo é o de pôr fim às decisões judiciais que negam pedido da parte por "falta de amparo legal", ou "porque não estão presentes os pressupostos".

O § 1º do art. 489 do CPC de 2015, com certeza é inovação digna de nota, pois diz que a garantia da fundamentação das decisões judiciais, de índole constitucional, não se tem por satisfeita, se a fundamentação não atender a certos parâmetros de qualidade. Ou seja, não é *qualquer* fundamentação que satisfaz.[33] Tudo isto diz respeito não só à sentença, mas a quaisquer decisões judiciais.

Quando se estuda a motivação da decisão, na verdade, o que se estuda é o que *aparece* na decisão, que seria uma espécie de "fachada", mas mesmo assim, é interessante estudar este fenômeno, já que representa, pelo menos, o que é compreendido como satisfatório para figurar como fundamento da decisão, em face das exigências do dado sistema. Outras motivações que podem ter as decisões (ideológicas, psicológicas etc.), estas não estão presentes claramente no texto e não interessam para o direito. Têm que ter sido *absorvidas* pela possível objetividade e racionalidade dos fundamentos. Caso contrário, a *decisão* será arbitrária e contrária ao direito.[34]

De acordo com a nova lei, considera-se não haver fundamentação em qualquer decisão judicial se esta, pura e simplesmente, repetir a lei, com outras palavras, sem dizer, expressamente, porque a

---

32 Repensando os dogmas da publicidade e do sigilo na deliberação da justiça brasileira. *Revista de Processo,* vol. 299/2020, pp. 43-68. RTOnline, p. 7.

33 Sobre a importância da motivação judicial completa, uma das autoras deste livro, já discorreu com mais vagar em *Nulidades do processo e da sentença*. 10ª ed. São Paulo: RT, pp. 262 e ss. e também em *Embargos de declaração: como se motiva uma decisão judicial?. 4ª ed. São Paulo: RT, 2018,* pp. 129 e ss.; pp. 205 e ss.

34 Ver, com proveito, sobre o tema, BANKOWSKI, Zenon; MACCORMICK, Neil; SUMMERS, Robert S.; WROBLEVSKI, Jerzy. On method and methodology. *In: Interpreting Statutes*. Darthmouth: 1991. p. 17.

norma se aplica ao caso concreto decidido (art. 489, § 1º, I). Assim, se na decisão se diz: a decisão é *x*, porque a norma diz *y*, esta decisão carece de fundamentação, pois não se fez o *link* entre o texto da lei dito de outra forma – e os fatos da causa. Esta necessidade, a que alude o inc. I, do § 1º, aparece de forma mais contundente quando se decide com base em norma jurídica, seja a lei ou algum princípio, que utilize, em sua formulação verbal, um conceito vago ou indeterminado (inc. II, do § 1º).

Isto acontece quase sempre com os princípios e às vezes, cada vez mais no mundo contemporâneo, com os textos das leis. As leis contêm conceitos vagos e ocasionalmente trazem cláusulas gerais, que são expressões marcadamente carregadas de conteúdo axiológico, pois incorporam princípios. São sempre, intencionalmente, extremamente fluidas (vagas, indeterminadas) e seu conteúdo é construído paulatinamente pelo trabalho da doutrina, mas principalmente, também, pelo labor jurisprudencial. Um bom exemplo é o art. 5º, XXIII da CF, que diz que a propriedade deve exercer sua função social.

Conceitos vagos ou indeterminados são aqueles que dizem respeito a objetos não muito bem definidos por eles mesmos. Interesse público, hipossuficiente, notório, bom pai de família e tantos outros, são exemplos de termos que podem gerar discussão, ou seja, é possível que uns entendam que certa medida concreta atenda ao interesse público, e outras entendam justamente o contrário.[35]

Portanto, deve ser densa a fundamentação das decisões quando estas se baseiam em princípios jurídicos, em cláusulas gerais e em normas que contenham, em sua redação, conceitos indeterminados. Norma já embutida nas anteriores (489, § 1º, I e II) é que consta do § 1º, III, que considera não motivada a decisão "vestidinho preto",[36] que se prestaria a justificar qualquer *decisum*: como, por exemplo, concedo a liminar porque presentes os seus pressupostos. A fundamentação deve

35 Isto não acontece com conceitos ditos determinados, como, por exemplo, *leasing*, aposentadoria, comodato, marido, salário e tantos outros. Pode-se perceber que a indeterminação dos conceitos admite graus, e é, também evidente, que quanto mais vago for o conceito contido na norma aplicada para resolver o caso concreto, maior necessidade haverá de o juiz explicar porque entendeu que a norma deveria incidir na hipótese fática dos autos.

36 Expressão de uso corrente a significar algo que se pode usar em diferentes situações, sem risco de incidir em grave erro.

ser expressa e especificamente relacionada ao caso concreto que está sendo resolvido.[37]

De especial interesse é o art. 489, § 1º, IV, em que se estabelece a regra no sentido de se considerar como não motivada a decisão, se *não* forem *enfrentados todos os argumentos deduzidos no processo* – e esta expressão abrange argumentos de fato e de direito que teriam o condão de levar o magistrado a decidir de outra forma. Estes argumentos, se não acolhidos, têm de, expressa e fundamentalmente, ser afastados.[38]

Esta exigência, no sentido de que o juiz se manifeste também sobre elementos que não levou em conta como base de sua decisão, integra os contornos da noção contemporânea do *princípio do contraditório*. O contraditório não se resume à atividade das partes, no sentido de terem a *oportunidade* de afirmar e *demonstrar* o direito que alegam ter. O contraditório só tem sentido se se supõe a existência de um observador neutro, no sentido de imparcial, que *assista* ao diálogo entre as partes (alegações + provas) para, depois, decidir. O momento ade-

---

37 PUOLI, José Carlos Baptista. Motivação das decisões judiciais: uma análise crítica do § 1º do artigo 489 doo CPC. *In:* BEDAQUE, José Roberto dos Santos (coord. et al.). *Estudos de direito processual civil em homenagem ao professor José Rogério Cruz e Tucci*. Salvador: Juspodivm, 2018, p. 446.

38 ....
"PROCESSO CIVIL. RECURSO ESPECIAL. GRATUIDADE DE JUSTIÇA. IMPUGNAÇÃO ACOLHIDA. APELAÇÃO. QUESTÕES PERTINENTES E RELEVANTES NÃO APRECIADAS. AGRAVO INTERNO. REPRODUÇÃO DA DECISÃO AGRAVADA. ACÓRDÃO NÃO FUNDAMENTADO. VIOLAÇÃO DO ART. 489, § 1º, IV, DO CPC/15. (...). 3. Cinge-se a controvérsia a decidir sobre a invalidade do julgamento proferido, por ausência de fundamentação, a caracterizar violação do art. 489, § 1º, IV, do CPC/2015. 4. Conquanto o julgador não esteja obrigado a rebater, com minúcias, cada um dos argumentos deduzidos pelas partes, o novo Código de Processo Civil, exaltando os princípios da cooperação e do contraditório, lhe impõe o dever, dentre outros, de enfrentar todas as questões pertinentes e relevantes, capazes de, por si sós e em tese, infirmar a sua conclusão sobre os pedidos formulados, sob pena de se reputar não fundamentada a decisão proferida. 5. Na hipótese, mostra-se deficiente a fundamentação do acórdão, no qual é confirmado o indeferimento da gratuidade de justiça, sem a apreciação das questões suscitadas no recurso, as quais indicam que a recorrente – diferentemente dos recorridos, que foram agraciados com o benefício – não possui recursos suficientes para arcar com as despesas do processo e honorários advocatícios. 6. É vedado ao relator limitar-se a reproduzir a decisão agravada para julgar improcedente o agravo interno. 7. Recurso especial conhecido e provido" (REsp. nº 1.622.386/MT, 3.ª T., j. 20.10.2016, rel. Min. Nancy Andrighi).

quado para o juiz demonstrar que participou do contraditório é a fundamentação da decisão. As partes têm de ter sido ouvidas, apesar de suas alegações poderem, é claro, não ser acolhidas. Até porque o juiz pode decidir com base em fundamentos não mencionados por nenhuma das partes (*iura novit curia*). Mas, não sem antes dar às partes oportunidade de se manifestar.[39]

Desta exigência, agora expressamente formulada em lei, decorre um interessante efeito: só *no contexto do processo em que foi proferida* é que pode uma decisão ser avaliada no sentido de ter sido bem fundamentada. Não basta sua coerência *interna corporis*, é necessário que se refira a elementos externos, à sua coerência interna, que podem ser, por exemplo, um argumento jurídico, uma prova ou um conjunto de provas, afastando-os, de molde até mesmo a reforçar o acerto da decisão tomada.

O inc. V, do § 1º, do art. 489 prevê outra situação em que se considera que a decisão não estará fundamentada. Se a decisão usar como elemento relevante da sua fundamentação precedente ou súmula sem demonstrar porque a tese jurídica base do precedente e integrante do texto da súmula se aplica aos fatos da causa, também será considerada não fundamentada a decisão. Trata-se, a rigor, de regra substancialmente idêntica à do inc. I – se se aplica uma regra ao caso concreto, devem-se explicar as razões que tornam a regra adequada para resolver aquele caso concreto específico. Da mesma forma, se se aplica uma súmula ou um precedente, aplica-se, na verdade, a tese jurídica adotada pelo precedente e formulada na súmula: igualmente a relação de pertinência ao caso concreto deve ser, na fundamentação da decisão, demonstrada.

O inc. VI de certo modo está contido no inc. V: se a súmula, se a jurisprudência ou o precedente invocado pela parte é desconsiderado, devem ser explicadas as razões pelas quais teriam sido afastados: ou

39 Já sustentei que: "O juiz precisa demonstrar ter levado em conta as posições (argumentos levantados) pelo autor e pelo réu, embora isto não afaste, no que tange ao direito alegado, a possibilidade de o juiz optar por uma terceira via. (...) E se houver decisão de 3.ª via – ou seja, se o juiz optar por outro caminho, que não os sugeridos pelas partes, pode fazê-lo: *iura novit curia*. Não, todavia, sem, primeiramente, dar oportunidade de as partes se manifestarem". (ARRUDA ALVIM WAMBIER, Teresa. *Embargos de declaração e omissão do juiz*. 2ª *ed. São Paulo: RT, 2014*, pp. 309-310).

não se trata de caso análogo ou a tese jurídica constante da súmula, da jurisprudência ou do precedente não devem ser acatados, porque superados.

Por fim, aborda, novamente, Barbosa Moreira, o problema do controle externo da magistratura. Observa que a recusa de controles externos reclama "grande autoridade moral para legitimar-se" e que, no fim das contas, a sociedade não deve tolerar desmandos de quaisquer agentes públicos.

Parece, portanto, ter sido boa a solução de se criar o CNJ, órgão com composição heterogênea, que se reputa ser intenso ao espírito corporativista.

Conclui o autor com reflexão que remete à frase de Robert Mallet: Ce n'est pas l'impossible qui désespère le plus, mais le possible non atteint.

Fizemos, de fato, muito do "possível", para entrar no século 21.

LES PRINCIPES FONDAMENTAUX DE LA PROCÉDURE CIVILE DANS LA NOUVELLE CONSTITUTION BRÉSILIENNE[1]

1. Le Brésil a depuis le 5 octobre 1988 une nouvelle Constitution. Elle succede à celle du 24 janvier 1967, promulguée sous le régime militaire et remaniée au long de plusieurs réformes, dont la plus importante datait du 17 octobre 1969. La Constitution en vigueur s'écarte à bien des égards, soit dans sa structure formelle, soit dans ses choix politiques, non seulement de celles qui la précéderent immédiatement, mais de la tradition nationale tout entière.

Parmi les nouveautés qui méritent d'être retenues, il faut signaler l'accroissement de l'intérêt pour les themes processuels. Les Constitutions précedentes se donnaient tout au plus la peine d'établir quelques regles concernant la procédure penale, dans le but essentiel d'assurer certains droits à la défense. Elles se souciaient beaucoup moins de la procédure civile. Celle-ci doit certes à des textes constitutionnels la consécration de quelques-unes de ses institutions les plus importantes: le *«mandado de segurança»,* introduit par la Constitution de 1934, en est un exemple remarquable. Il n'en reste pas moins vrai que les dispositions touchant cette branche du droit processuel, au niveau des principes, furent toujours moins nombreuses et en général plutôt vagues.

Une telle situation se reflétait dans la littérature scientifique et dans la pratique judiciaire. La doctrine brésilienne, à quelques exceptions pres, n'avait pas coutume d'envisager les problemes de la procédure civile au point de vue constitutionnel; ce panorama ne subit un changement appréciable qu'au cours des dernieres années. La jurisprudence, à son tour, inclinait, elle aussi, à négliger les considérations d'ordre constitutionnel dans l'interprétation et l'application du Code de procédure civile et des autres lois sur la matière[2]. Nous pouvons désormais nous attendre là-dessus à une évolution que l'on souhaitait depuis longtemps.

---

1 Trabalho publicado na *Festschrift für Karl Heinz Schwab,* Munique, 1990.

2 Cf. l'avis, fondé sur une recherche minutieuse, d'ADA PELLEGRINI GRINOVER, *As garantias constitucionais do direito de ação,* S. Paulo, 1973, p. 174-5, 179.

2. La Constitution en vigueur consacre aux *Droits et garanties fondamentaux* son Titre II, dont le Chapitre I s'occupe des *Droits et devoirs individuels et collectifs* et en dresse une longue liste, dans un seul article (nº 5), subdivisé en soixante-dix-sept parties. C'est là que l'on trouve la plupart des dispositions de principe relatives à la procédure, dont plusieurs ont bien entendu une portée générale, en ce sens qu'elles possedent la même valeur dans le domaine de la lustice *civile* et ailleurs.

Il convient de citer tout d'abord le texte du nº XXXV, aux termes duquel «la loi ne peut soustraire à l'appréciation du Pouvoir Judiciaire aucune lésion ou menace à un droit». On repère dans cette disposition la garantie constitutionnelle de ce que la terminologie juridique brésilienne désigne par «droit d'action», c'est-à-dire le droit dont chacun jouit de s'adresser aux organes de la justice de l'Etat pour leur demander le service spécifique qu'ils sont légalement – et sous régime d'exclusivité – chargés de rendre. La teneur du nouveau texte est plus complete que celle de son homologue dans les Constitutions précédentes, qui ne se référaient qu'à la *lésion* et passaient sous silence le cas de *menace* à un droit. Il étend la protection constitutionnelle aux situations ou quelqu›un croit avoir de bonnes raisons de craindre une atteinte imminente à sa personne ou à ses biens et décide d›avoir recours au juge pour obtenir de lui une mesure tendant à éviter la consommation de la lésion. Le droit brésilien a toujours admis nombre de mesures de ce geme; l›innovation réside en ceci que la loi ne peut dorénavant exclure leur utilisation pour ne permettre la demande en justice qu›à ceux qui se plaindraient d›une lésion déjà consommée. Encore faut-il observer que la disposition constitutionnelle, prise à la lettre, laisse de côté les actions déclaratoires et les actions constitutives, lesquelles n›ont pour but ni d›éviter une lésion, ni de la faire réparer.

D'autre part, les Constitutions précédentes ne faisaient allusion qu'aux droits «individueis». La suppression de cet adjectif, dans la disposition en vigueur, n'est pas accidentelle: bien au contraire, elle a une signification tres précise. On a voulu protéger également les droits dits «collectifs», dont l'importance ne fait que croître de nos jours. Des instruments processuels appropriés à leur défense ne peuvent manquer dans le répertoire légal. La Constitution en consacre elle-même, expressément, quelques-uns: le *"mandado de segurança"* collectif (art. 5, nº LXX), l'action populaire (art. 5, nº LXXIII), l'action civil e publique (art. 129, nº III et § 1).

Une démarche intéressante au point de vue comparatif consisterait à confronter le texte brésilien et ceux qui reglent la même matière dans d'autres constitutions. Si l'on prend par exemple l'art. 24, al. 1, de la Constitution italienne (*"Tutti possono agire in giudizio per la tutela del propri diritti e interessi legittimi")*, on constatera aisément que l'accent y est mis sur la portée *subjective* de la garantie, tandis que chez nous c'est l'aspect *objectif* qui l'emporte. Autrement dit, la Constitution italienne prend soin de préciser à qui elle assure l'exercice de l'action; la nôtre se contente d'indiquer l'objet de cette garantie. Une telle différence est peut-être moins subtile qu'on ne le croirait à premiere vue; il n'est pas exclu qu'elle puisse influencer la solution d'un probleme délicat, celui de la compatibilité (ou incompatibilité) avec la Constitution de certaines lois qui conferent la qualité pour agir à d'autres que le titulaire même du droit litigieux, en liant ce titulaire par le jugement d'une instance à laquelle il n'a pas participé. La doctrine italienne[3] se heurte à cet égard à des difficultés dont la transposition pure et simple au droit brésilien ne semble pas entierement justifiée.

3. Il ne servirait évidemment à rien d'octroyer à tous, en théorie, le droit d'action, sans se préoccuper des obstacles qui menacent de gêner ou même d'interdire en fait aux gens l'acces à la Justice. Le côté le plus grave de ce probleme est sans aucun doute celui des frais qu'entraine tout proces. Il n'est pas acceptable que la crainte de se voir imposer une charge financiere trop lourde contraigne les déshérités de la fortune à s'abstenir de l'exercice d'un droit fondamental. Ceux dont les ressources sont insuffisantes doivent bénéficier de l'aide judiciaire.

La Constitution de 1988 prévoit cette institution dans le nº LXXIV de l'art. 5. La portée de celle-ci est devenue à vrai dire plus ample qu'auparavant, des lors qu'il s'agit maintenant d'une "assistance juridique intégrale et gratuite", c'est-à-dire que les personnes dépourvues de moyens sont en droit d'exiger de l'Etat non seulement le bénéfice de plaider devant les tribunaux, avec l'assistance d'un avocat, sans avoir à payer les

3 V. à ce sujet, par exemple, CARPI, *L'efficacia ultra partes della sentenza civile*, Milano, 1974, p. 309 et s.; MONTELEONE, *I limiti soggettivi del giudicato,* Padova, 1978, p. 155 et s.; PROTO PISANI, Appunti sui rapporti tra i limiti soggettivi di efficacia della sentenza civile e la garanzia costituzionale del diritto di difesa, in *Studi in ricordo di Alberto Auricchio,* Napoli, p. 905 et s.

frais du proces, mais aussi des services de consultation, des avis émis par des experts concernant des questions juridiques.

En revanche, si l'on compare le texte constitutionnel à celui de la loi qui régit la matière, on notera que cette derniere est, d'un certain point de vue, plus favorable à l'intéressé. En effet, aux termes de l'art. 4 de la Loi nº 1.060, du 5-2-1950, dans la rédaction donnée par la Loi nº 7.510, du 4-7-1986, il suffit, pour obtenir l'aide judiciaire, que la partie affirme au juge son impossibilité de faíre face aux dépens du proces sans porter préjudice à elle-même ou à sa famille: cette affirmation crée en faveur du requérant une présomption (simple), en l'exemptant de la charge de la preuve. Le texte constitutionnel, lui, pris à la lettre, ne semble en accorder le bénéfice qu'à ceux qui justifieraient de leur faiblesse pécuniaire. Cette différence n'aura surement pas de conséquence pratique: on continuera à appliquer la loi, qui va au delà de la Constitution mais ne la contredit point.

Dans cette matière, du reste, ce n'est pas aux textes qu'il faut s'en prendre, lorsque l'on observe le fonctionnement pathologique de l'institution au Brésil, malgré les efforts parfois hérolques de tant de fonctionnaires dévoués. Nous ne pouvons cependant approfondir ici l'examen de cette fâcheuse question.

4. Parmi les garanties fondamentales accordées aux parties par la Constitution, l'une des plus importantes est celle du "juge naturel". Deux dispositions de l'article 5 la consacrent: celle du nº XXXVII, en interdisant la création d'organes judiciaires d'exception, et celle du nº LIII, en écartant pour les justiciables la possibilité d'être soumis à une juridiction incompétente. Cela signifie, d'une part, que la détermination du juge appelé à statuer dans un cas quelconque doit obéir à des regles posées d'avance et en des termes généraux; d'autre part, que nul ne peut être soustrait, en raison d'un caractere strictement personnel ou d'une singularité du litige, à la juridiction chargée par la loi de trancher l'affaire.

Cette garantie a pour but d'assurer l'indépendance et l'impartialité des organes juridictionnels; elle contribue, par ce moyen, à affermir chez les justiciables la confiance dans la Justice. On peut la rapporter au principe d'égalité devant la loi, duquel il résulte que des situations juridiquement identiques doivent jouir d'un traitement juridique homogene.

La garantie du "juge naturel" n'est bien entendu pas mise en échec par l'existence de différents types de juridictions, établis en fonction de la nature du rapport juridique en cause, de l'objet du litige, voire même parfois de la qualité personnelle des parties. La seule chose qui importe c'est que la méthode de répartition des affaires, quel que soit le critere adopté, s'applique d'une façon uniforme, sans égard aux circonstances particulieres du cas d'espece.

5. L'art. 5, nº LV, de la nouvelle Constitution assure aux plaideurs la garantie du contradictoire et de l'ample défense, avec les moyens et les recours qui lui sont inhérents". La garantie du contradictoire signifie essentiellement que le demandeur et le défendeur doivent jouir tous les deux de la possibilité effective de participer au déroulement du proces, d'exposer leurs raisons au juge, d'apporter les preuves de leurs allégations, de présenter leurs observations sur les arguments de l'adversaire et sur les preuves apportées par celui-ci ou ordonnées d'office. Elle implique pour le juge l'interdiction de prendre des mesures sans en avertir les parties et d'appuyer ses décisions sur des faits et des résultats de l'instruction au sujet desquels elles n'auraient pu s'exprimer.

Une remarque semble ici indispensable. Pourvu que les parties soient à même de profiter des chances qu'on leur offre, le fait que l'une d'elles ou toutes les deux préferent garder le silence ou refuser leur collaboration ne constitue pas en soi une atteinte au contradictoire. Il faut bien que la justice suive son cours en dépit de l'inertie des plaideurs, qui peut certes relever de l'ignorance, du manque de ressources ou de la négligence pure et simple, mais peut aussi cacher une ruse.

Du reste, aucun principe ne doit être considéré comme absolu, et celui du contradictoire ne fait pas d'exception à cette regle. Ils ont tous un caractere instrumental, ils ne sont que des moyens au service d'un but essentiel, la réalisation d'une bonne justice. Ales révérer comme des fétiches, on risque d'aboutir parfois à des résultats opposés à ceux que l'on avait en vue. Aussi est-il nécessaire de consentir à certaines atténuations et compressions, pour autant qu'elles seront justifiées par les circonstances. Dans quelques cas d'urgence, *v.g.,* la loi autorise le juge à prendre des mesures, voire coercitives, sans entendre au préalable celui qui en subira les effets. L'intéressé aura évidemment la possibilité de s'exprimer apres coup et de réagir par des moyens efficaces contre la mesure qui lui fait grief. Le juge peut également éprouver, au cours de l'instruction, le besoin d'exclure, à titre exceptionnel, la participation du demandeur ou du défendeur à telle ou telle démarche, pour mieux en assurer l'efficacité[4]: lorsqu'il s'agit par exemple d'entendre un enfant, on comprend aisément que celui-ci parlera avec plus de franchise en l'absence de son pere, soupçonné de lui avoir infligé des châtiments immodéres.

Aux termes des articles 319 et 330, II, du code de procédure civile, le défaut du défendeur entraîne normalement de graves conséquences: les faits allégués par le demandeur sont présumés vrais; dans la procédure ordinaire, le cours du proces est abrégé, avec suppression de l'audience de plaidoiries. On peut se demander si ces dispositions s'harmonisent avec la garantie de l'"ample défense". La réponse est affirmative, abstraction faite des réserves que suscite un tel systeme[5]. L'acte d'assignation, il faut le noter, doit contenir, parmi d'autres éléments, l'avertissement que, si le défendeur ne comparaît pas, le juge acceptera les faits allégués par le demandeur (art. 285, *fine).* Cette présomption ne vaudra pas, au cas ou l'on omettrait l'avertissement[6]. Si, par contre, l'assignation a été régulierement effectuée, le défaillant - tout au moins en théorie - se trouvait en mesure de préparer et de présenter sa défense; aussi n'a-t-il pas à se plaindre que de lui-même. Tout rigoureux qu'il soit envers le défaillant, ce régime n'est pas pour autant contraire à la Constitution.

Nous arriverons à une conclusion semblable à propos des cas ou la loi refuse aux parties la possibilité de saisir une juridiction supérieure à celle qui a statué, pour demander la réformation ou l'annulation du jugement rendu, et ne leur ouvre qu'une voie de rétractation *(v.g.,* Loi nº 6.830, du 22-9-1980, art. 34). Le texte constitutionnel fait certes allusion aux "recours"; il n'ajoute pas de spécification. Aucun plaideur ne peut être empêché de provoquer un nouvel examen du procés, mais la Constitution ne lui accorde pas nécessairement le droit de porter son recours devant une juridiction d'un rang plus élevé dans la hiérarchie judiciaire. Autrement dit, elle n'assure pas aux justiciables le double dégré de juridiction. Quoique celui-ci reste sans doute la regle, il peut y avoir des exceptions.

---

4 V. BARBOSA MOREIRA, A garantia do contraditório na atividade de instrução, *in Temas de Direito Processual (Terceira Série),* S. Paulo, 1984, p. 76-7.

5 Pour une critique sévere du régime de la procédure par défaut dans le code brésilien, v. CALMON DE PASSOS, *Comentários ao Código de Processo Civil,* v. III, 5e. éd., Rio de Janeiro, 1988, p. 391 -2.

6 MONIZ DE ARAGÃO, *Comentários ao Código de Processo Civil,* v. II, 5e. éd., Rio de Janeiro, 1987, p. 268.

6. Un autre principe accueilli par la nouvelle Constitution est celui de la publicité des actes de procédure. L'art. 93, nº IX, pose que "tous les jugements des juridictions de l'ordre judiciaire seront publics (...), sous peine de nullité". Il ajoute que, si l'intérêt public l'exige, la loi peut limiter aux parties et à leurs avocats, ou seulement à ceux-ci, la présence à certains actes. Cette disposition rejoint celle de l'art. 5, nº LX, aux termes de laquelle la loi ne peut restreindre la publicité des actes de procédure que si "la défense du droit à l'intimité ou l'intérêt sociall'exigent".

La règle de la publicité s'applique, en principe, à n'importe quel acte du proces. Dans le droit brésilien elle a une portée si profonde que même le délibéré entre les juges a lieu, en général, à la vue du public[7], à la différence de ce qui se passe, presque sans exception, dans l'Europe continentale. Cette tradition, qui remonte à l'époque impériale, est maintenant sanctionnée *expressis verbis* par la Constitution.

Des restrictions au principe peuvent être établies par la loi. Le code de procédure civile en consacrait déjà quelques-unes, qui restent valables. En effet, conformément à l›art. 155, l›instance se déroule «sous secret de justice» si l›intérêt public l›impose (nº I) et dans les proces concernant le mariage, la filiation, la séparation des époux, la conversion de celle-ci en divorce, les pensions alimentaires, la garde des mineurs (nº II). Dans tous ces cas, seules les parties et leurs avocats peuvent consulter le dossier, participer aux audiences et assister, devant les juridictions collégiales, au délibéré et à la votation. L›énumération du nº Il comporte à notre avis une extension à des hypothèses analogues: par exemple, bien qu›elle passe sous silence le «divorce direct» – c›est-à-dire celui qui ne présuppose pas la séparation des conjoints –, on ne saurait dou ter qu›il se soumet au même régime.

Le texte du code s'harmonise avec les dispositions constitutionnelles. Le nº I de l'art. 155, qui se réfere à "l'intérêt public", employait à l'avance une expression que reprend l'art. 93, nº IX, de la Constitution. Quant aux cas prévus au nº II de l'art. 155 (et à d'autres semblables), ils sont tous couverts par la clause constitutionnelle relative au droit à l'intimité.

Ce systeme concilie d'une façon tres raisonnable des intérêts opposés et également respectables. Nous ne saurions négliger, d'une part, l'importance de la publicité comme garantie du sérieux dans l'adminis-

---

7 V. BARBOSA MOREIRA, Publicité et secret du délibéré dans la Justice brésilienne, *in Temas de Direito Processual (Quarta Série)*, S. Paulo, 1989.

tration de la justice et comme condition d'un contrôle efficace du fonctionnement des organes judiciaires par les plaideurs, par les avocats et par la société en général. D'autre part, nous sommes bien forcés de reconnaitre que quelques affaires, pour des raisons diverses, méritent d'être mises à l'abri d'une curiosité importune ou malsaine. Nul n'oserait nier la nécessité de protéger certains secrets touchant la défense de l'intégrité nationale ou de l'ordre publico Il en va de même pour le respect de la vie privée, qu'il ne faut pas exposer à la légere à des regards indiscrets.

7. Aux termes de l'art. 93, nº IX, de la Constitution, toute décision de justice doit être motivée, sous peine de nullité. L'obligation de motiver, que nous considérons comme une garantie inhérente à l'Etat de droit[8], est consacrée pour la premiere fois, au Brésil, dans un texte constitutionnel. Elle s'impose à toutes les juridictions.

La motivation d'un jugement, chacun le sait, n'a nullement pour but de révéler et de reproduire le processus mental qui a amené le juge à sa conclusion, mais de justifier celle-ci moyennant l'analyse des questions de fait et de droit posées par les parties ou susceptibles d'être relevées d'office par le juge[9]. Cela souleve un probleme qui n'a guere attiré, jusqu'à présent, l'attention de la doctrine brésilienne, à savoir celui de la suffisance de la motivation. Il faut en effet déterminer le contenu minimum sans lequel un jugement ne sera pas tenu pour motivé: on ne saurait bien entendu se contenter de formules vides ou de paroles rituelles, incapables de remplir la fonction de garantie de la motivation, c'est-à-dire de démontrer que le juge a examiné avec soin les preuves et les arguments des plaideurs – *rectius:* tout ce que renferme le dossier – et a statué impartialement.

Il convient certes d'établir ici des nuances. Les décisions judiciaires peuvent porter sur des objets fort différents, et il y a lieu de reconnaître que l'importance de la motivation varie sensiblement d'un cas à l'autre. On tomberait dans l'absurde, par exemple, si l'on voulait comparer à cet

8 BARBOSA MOREIRA, A motivação das decisões judiciais como garantia inerente ao Estado de direito, *in Temas de Direito Processual (Segunda Série),* S. Paulo, 1984, p. 83 et s.

9 Cf., parmi d'autres, SCHLÜTER, *Das Obiter dictum,* München, 1973, p. 98 et s.; TARUFFO, *La motivazione della sentenza civile,* Padova, 1975, p. 95-6, 121-2,213 et s.; WROBLEWSKY, Motivation de la décision judiciaire, *in La motivation des décisions de justice* (éd. par PERELMAN et FORIERS), Bruxelles, 1978, p. 131.

égard un jugement sur le fond de l'affaire à l'homologation pure et simple d 'un accord entre les parties.

Du reste, cette variation est reconnue sans ambages par la loi elle-même. Le code de procédure civile emploie le mot "concise" pour qualifier la forme adéquate aux jugements qui mettent fin au prod:s sans statuer sur le fond (art. 459, 2e. partie) et à la motivation des décisions qui interviennent au cours de l'instance (art. 165, *fine),* dites "interlocutoires" dans la terminologie légale (art. 162, § 2). Il ne faut cependant pas se méprendre sur le sens de cette "concision": la loi n'autorise point le juge à s'abstenir d'indiquer ses motifs, ni à les indiquer d'une façon incomplete; d'ailleurs, si elle le faisait, elle ne serait plus compatible avec la Constitution. Le manque de motivation, répétonsle, entraíne la nullité de n'importe quel jugement.

8. Nous mentionnerons en dernier lieu la disposition de l'art. 5, nº LIV, de la Constitution. On y trouve l'expression *"devido processo legal",* employée également pour la premiere fois dans un texte constitutionnel brésilien. Elle est la traduction à peu pres littérale de la locution anglaise *"due process of law".*

Chacun sait l'importance du rôle qu'a joué dans l'évolution historique du droit anglo-saxon l'idée exprimée par ces mots[10]. Quoique son épanouissement finit par s'étendre au droit substantiel, ce fut sur le plan processuel qu'elle se développa d'abord, et à vrai dire en ce qui concerne la procédure pénale plutôt que la procédure civile. La clause *"due process of law"* prit en substance, au fil des années, le sens générique d'une garantie contre toute forme d'arbitraire. Elle était invoquée lorsque l'on éprouvait la nécessité de protéger les parties contre n'importe quelle déviation du cours "normal" d'un proces, c'est-à-dire de celui que l'on tenait pour apte à le mener à un dénouement conforme à la justice. Faute d'une définition précise, on rattacha à cette clause toute une série de propositions ayant trait à des problemes assez diversifiés.

Cette fluidité conceptuelle avait une raison d'être et un but aisément perceptible. Elle s'explique par le fait que, dans les systemes juridiques dont il s'agit, les garanties spécifiques telles que le "droit d'action", le juge naturel, le contradictoire, la publicité des audiences, la motivation obligatoire des jugements ne bénéficiaient (ou ne bénéficient) pas

10 V. à ce sujet MOTT, *Due process of law,* New York, 1926.

encore d'une consécration formelle et autonome, du moins dans tous les domaines et avec toute l'étendue qu'elles atteignent ailleurs. Au fur et à mesure que ces garanties spécifiques se vont affirmant, chacune avec son individualité propre, on sent moins intensément le besoin d'avoir recours à une clause générale.

Le droit brésilien, considéré sous cet angle, offre peut-être un paradoxe. Sous la Constitution précédente, nous l'avons souligné, les garanties procédurales étaient bien moins poussées qu'aujourd'hui; cela est vrai surtout pour la sphere civile. Aucune disposition constitutionnelle ne s'occupait en termes expres de la publicité des actes de procédure, ni du devoir de motiver les jugements, et le contradictoire n'était constitutionnellement assuré que pour l'instruction criminelle. Il fallait par conséquent faire appel à un principe général lorsque l'on essayait de donner un fondement supralégal assez large à ces garanties et à d'autres semblables. La doctrine invoquait parfois le *"devido processo legal"*[11], alors que le texte n'y faisait nulle allusion directe. On incorpora cette clause à la nouvelle Constitution, tandis que d'autre part l'on tâchait de combler les lacunes anciennes et l'on réduisait par là l'utilité pratique de cette même clause.

Faut-il pour autant qualifier de superflue la disposition de l'art. 5, nº LIV? Ce serait beaucoup dire. Aussi complet et bien articulé que soit le systeme de garanties de la Constitution en vigueur, il n'est pas exclu que l'on éprouve éventuellement le besoin d'une "règle de clôture" à laquelle on puisse rapporter des hypothèses difficiles à subsumer sous d'autres normes. Il est vrai que la teneur littérale de l'art. 5, nº LIV, semble limiter la portée de la garantie aux seuls cas ou l'on viserait à priver quelqu'un de sa liberté ou de ses biens. Mais une interprétation habile saura dépasser ces bornes sans trop de difficulté, pour attribuer à la formule, comme l'on fit ailleurs, un sens plus conforme aux exigences de la justice.

Abril de 1989.

11 Par exemple: JOSÉ FREDERICO MARQUES, *Instituições de Direito Processual Civil*, v. II, 2e. éd., Rio de Janeiro, 1962, p. 60; *id., A reforma do Poder Judiciário*, S. Paulo, 1979, p. 99 et s.; ADA PELLEGRINI GRINOVER, *op. cit.*, p. 179; CÂNDIDO DINAMARCO, *A instrumentalidade do processo*, S. Paulo, 1987, p. 443.

COMENTÁRIOS DA ATUALIZADORA

LES PRINCIPES FONDAMENTAUX DE LA PROCÉDURE CIVILE DANS LA NOUVELLE CONSTITUTION BRÉSILIENNE

Teresa Arruda Alvim

Com exemplar espírito de síntese, sem nada perder em elegância, discorre Barbosa Moreira, em texto publicado em volume que homenageava Karl Heinz Schwab, sobre os traços mais marcantes de nossa Constituição Federal de 1988.

Rompendo com nossas Constituições anteriores, observa o autor que o texto se ocupa de modo muito mais intenso de temas processuais. Muito provavelmente a situação anterior se refletia na raridade de autores que tratavam de problemas processuais a partir do ângulo constitucional.

Hoje, parece poder-se afirmar que a situação se inverteu. Dificilmente um processualista se furta a deixar claro que não pode tratar do processo senão à luz da Constituição Federal.[12]

À evolução, há tanto tempo esperada, a que aludiu Barbosa Moreira, no artigo cujo contraponto ora se faz, estamos podendo, agora, felizmente, assistir.

A lei não pode subtrair à apreciação do Poder Judiciário lesão ou ameaça de lesão a direito, prevê nossa Constituição de 1988. Parece, portanto, que o constituinte de 1988 deu fundamento de ordem cons-

---

12 Ver, por todos, Cassio Scarpinella Bueno: "É verificar, na Constituição Federal, qual *deve ser* o 'modo de ser' do direito processual civil. É extrair da Constituição Federal o modelo constitucional do direito processual civil e, a partir dele, verificar em que medidas as disposições legais constantes do CPC e da legislação processual civil extravagante, inclusive aquela editada *antes* da entrada em vigor da Constituição Federal, são harmônicas e compatíveis com ele, concretizando os desideratos da Constituição. É verificar, em suma, de que maneira o legislador e o magistrado – este sempre municiado por todos os sujeitos do processo, isto é, todos aqueles que de uma forma ou de outra atuam no processo -, cada um desempenhando seu próprio mister institucional, têm que conceber, interpretar e aplicar as leis para realizar adequadamente o modelo constitucional do direito processual civil." (BUENO, Cassio Scarpinella. *Curso sistematizado de direito processual civil, vol. 1:* teoria geral do direito processual civil: parte geral do código de processo civil. 9ª ed. São Paulo: Saraiva Educação, 2018, p. 112).

titucional às medidas cautelares, se se entende que estas sejam aquelas concedidas com base em cognição sumária com o objetivo de evitar a frustração de provável decisão de acolhimento do pedido de mérito.

A ideia de ameaça é extremamente próxima à de *periculum in mora*, requisito que sempre foi entendido como inerente à tutela de urgência. Hoje, sabe-se, o legislador foi mais longe ao admitir a concessão da tutela antecipatória da procedência do pedido ou de parte dele prescindindo da prova de *periculum in mora*. Basta a demonstração de que o requerente "evidentemente" tem o direito que afirma ter (arts. 294 a 299 do CPC de 2015).

Ademais, excluiu-se da Constituição o adjetivo *individual*, supressão esta que está longe de ser acidental: quis-se consagrar a possibilidade da proteção de direitos coletivos, no sentido mais amplo. Aliás, se fez referência expressa a três ações coletivas típicas: mandado de segurança coletivo; ação popular e ação civil pública.

De lá para cá, entrou em vigor o Código do Consumidor e outras tantas leis que, se entende, tratam de ações ditas coletivas *lato sensu*.[13]

O resultado não é dos melhores: o sistema das ações coletivas não funciona bem no Brasil. Há discussões, tanto no plano da doutrina, quanto no da jurisprudência, que duram quase três décadas. Infelizmente, parece que se está, ainda, longe de chegar a um real consenso a respeito de temas relevantíssimos.

Talvez a mais relevante destas discussões seja a que diz respeito à abrangência da eficácia das sentenças das ações coletivas, que deve

13 São estas as Leis que tratam de ações e direitos coletivos *lato sensu*:
Ação popular (Lei nº 4.717/1965);
Ação civil pública (Lei nº 7.347/1985);
Lei de Defesa dos Investidores do Mercado de Valores Mobiliários (Lei nº 7.913/1989);
Estatuto da Criança e do Adolescente (Lei nº 8.069/1990);
CDC (Lei nº 8.078/1990);
Lei de improbidade administrativa (Lei nº 8.429/1992);
Estatuto do Torcedor (Lei nº 10.671/2003);
Estatuto do Idoso (Lei nº 10.741/2003);
MS coletivo (Lei nº 12.016/2009);
Lei de Defesa da Ordem Econômica (Lei nº 12.529/2011);
Lei Anticorrupção (Lei nº 12.846/2013);
Estatuto da pessoa com deficiência (Lei nº 13.146/2015);
Mandado de injunção coletivo (Lei nº 13.300/2016).

se resolver proximamente por meio de procedente vinculante a ser proferido pelo STF. Haverá, assim, uma espécie de "pacificação" que, no entanto, não traduz real consenso no meio jurídico. A opção do legislador de 2015, como se sabe, privilegiando a segurança jurídica, foi a de criar a figura do precedente vinculante (ou obrigatório, no sentido forte da expressão, ou, ainda, qualificado), que pode ser proferido em certos contextos como, por exemplo, o IRDR ou os recursos repetitivos, recurso extraordinário.

No caso, espera-se o julgamento do RE nº RE 1.101.937/SP, rel. Min. Alexandre de Moraes, em que se discute a "constitucionalidade do art. 16 da Lei nº 7.347/1985, com a redação dada pela Lei nº 9.494/1997, segundo o qual a sentença na ação civil pública fará coisa julgada *erga omnes*, nos limites da competência territorial do órgão prolator".

O acesso à justiça se torna mais concreto e real, como diz Barbosa Moreira, quando se afastam possíveis entraves, como, por exemplo, as custas do processo.

No direito vigente, nota0se a minimização deste entrave: para que se obtenha a gratuidade da justiça, é necessário que as pessoas físicas apenas façam a afirmação no sentido de que não têm recursos para custear o processo. Hoje não mais se discute se o benefício poderia ser concedido às pessoas jurídicas. O art. 98, *caput*, do CPC/15, diz que *a pessoa natural ou jurídica*, com insuficiência de recursos, pode pleitear a gratuidade da justiça.[14]

Todavia, ao contrário da pessoa física, a pessoa jurídica *com* ou *sem* fins lucrativos[15] deve demonstrar e apresentar provas de que necessita do benefício para poder estar em juízo sem pagar as despesas inerentes.[16]

14 DINAMARCO, Cândido Rangel. *Instituições de direito processual civil*: volume II. 8ª ed. São Paulo: Malheiros, 2019, pp. 795-796.

15 Súmula 481 do STJ: "Faz jus ao benefício da justiça gratuita a pessoa jurídica com ou sem fins lucrativos que demonstrar sua impossibilidade de arcar com os encargos processuais". No âmbito doutrinário, v.: ARRUDA ALVIM, Teresa; CONCEIÇÃO, Maria Lúcia Lins; RIBEIRO, Leonardo Ferres da Silva; MELLO, Rogerio Licastro Torres de. *Primeiros comentários ao Código de Processo Civil.* 3ª ed. São Paulo: Thomson Reuters Brasil, 2020, pp. 217-218.

16 Sobre o assunto confira o entendimento iterativo do STJ: "Pessoa jurídica que deseje obter os benefícios da assistência judiciária gratuita deve comprovar a incapacidade financeira de arcar com as despesas processuais. Incidência da Súmula 481/STJ". (STJ, EDcl no AResp 422030/SP, 3.ª T., j. 25.11.2014, rel. Min. João Otávio de Noronha, *DJe* 11.12.2014); "As pessoas jurídicas de Direito Privado,

Ou seja, quando se tratar de pessoa física, presume-se verdadeira a alegação de insuficiência (presunção *juris tantum*). O pedido só pode ser indeferido se houver, nos autos, elementos que demonstrem a ausência dos pressupostos autorizadores para a concessão da benesse. [17] Por outro lado, no caso de pessoa jurídica, é preciso provar a necessidade do benefício.

Todavia, como a alegação de insuficiência traz presunção meramente relativa de veracidade, se houver indícios de que a parte possui condições de arcar com as despesas do processo, pode o juiz, de ofício, determinar que seja comprovada a hipossuficiência[18] e, em caso negativo, indeferir a benesse.

Também na Constituição está a garantia do juiz natural.[19]

O contraditório e a ampla defesa também estão garantidos: autor e réu devem ter a possibilidade de influir na convicção do juiz, fazendo alegações e produzindo provas do direito que afirmam ter. O legislador de 2015 vai além, tratando do contraditório a partir da ótica da própria sentença e de sua fundamentação: afinal, o juiz deve demonstrar que ouviu as partes, levou em conta suas alegações e as provas produzi-

---

com ou sem fins lucrativos, devem comprovar o estado de miserabilidade para obter os benefícios da justiça gratuita, não bastando simples declaração de pobreza". (STJ, AgRg na AR 3751/PR, 2.ª S., j. 22.10.2014, Rel. Min. Ricardo Villas Bôas Cueva, *DJe* 24.10.2014); "A pacífica jurisprudência deste Tribunal Superior é no sentido de que à pessoa jurídica é possível a concessão do benefício da assistência judiciária gratuita somente quando comprovada a precariedade de sua situação financeira – mesmo se em regime de liquidação extrajudicial ou falência –, não havendo falar em presunção de miserabilidade. Precedentes". (STJ, AgRg no AREsp 570332/DF, 4ªT, j. 21.10.2014, Rel. Min. Raul Araújo, *DJe* 14.11.2014).

---

17 STJ, AgInt no AREsp 1.478.886/SP, rel. Min. Raul Araújo, 4ª T., j. 10.03.2020.

18 STJ, AgInt no AREsp 1.505.686/SP, rel. Min. Moura Ribeiro, 3ª T., j. 14.09.2020.

19 A garantia do juiz natural, constitucionalmente assegurada, tem inúmeros reflexos no sistema processual civil. Ordinariamente, está concretizado na proibição de tribunais e juízes de exceção (art. 5º, XXXVII, da CF) e na necessidade da competência do juízo (art. 5º, LIII, da CF).

Já no sistema processual civil, por exemplo, pode-se citar a impossibilidade, como regra, de litisconsórcio facultativo ulterior; a distribuição dos processos com a observância da alternatividade, sorteio eletrônico e publicidade (art. 930 do CPC); inconstitucionalidade de eventual regra que impeça a interposição de recurso contra decisões proferidas monocraticamente, nos tribunais etc.

das, ainda que apenas algumas tenham servido de base à sua decisão. Aqueles elementos que, por si sós, teriam sido capazes de levar a uma decisão diferente da que foi tomada, devem ser fundamentadamente rechaçados. (Art. 489, § 1°, IV do CPC).

Ademais, o CPC de 2015 admite a intervenção de *amici curiae*, a pedido deste ou por determinação de ofício, em qualquer tipo de ação e procedimento (art. 138, CPC). Recomenda que se realizem audiências públicas, de molde a que conte com mais elementos, muito frequentemente externos ao direito, para decidir.

Amici curiae e audiências públicas proporcionam o desejável contraditório com a sociedade. De fato, o grau de complexidade das questões que são submetidas ao Poder Judiciário nos nossos dias muitas vezes torna inviável que o juiz decida sem ter este tipo de apoio da própria sociedade.

O princípio da publicidade, expressamente acolhido, em nosso sistema, agora tem versão muito mais abrangente. No contraponto que fizemos ao texto anterior "A justiça no limiar do novo século", ao qual remetemos o leitor, trouxemos exemplos contundentes, comentando prós e contras, da publicidade não só das decisões, mas em alguns casos dos próprios julgamentos, que estão na TV Justiça e ficam gravados no YouTube.

O princípio da publicidade ganha contornos ainda mais importantes quando se trata das decisões envolvendo *precedentes* ou tomadas em ações civis públicas, diante do seu potencial alcance, não limitado, como regra, às partes envolvidas naquele processo específico.

O CPC buscou maximizar a publicidade dessas decisões. Os Tribunais têm o dever de manutenção de bancos eletrônicos de dados, com informações sobre questões jurídicas submetidas ao incidente de resolução de demandas repetitivas, ao regime de julgamentos de recurso especial e recurso extraordinário repetitivos, e o CNJ, que deverá também, em breve, ter o seu cadastro (art. 979, § 1°).[20]

---

20 O CNJ editou a Resolução n° 235/2016, criando o banco nacional de dados com informações sobre os casos de repercussão geral, repetitivos e dos incidentes de assunção de competência, de modo separado em painéis específicos e alimentados continuamente pelos tribunais, além de ter determinou a criação, pelos tribunais, de um Núcleo de Gerenciamento de Precedentes (Nugep) no âmbito de suas estruturas administrativas.

Como ressaltam Aluísio Mendes e Sofia Temer: "A expressiva numerosidade dos sujeitos titulares dos direitos homogêneos, veiculados por meio de demandas repetitivas, mais do que requisito de cabimento do incidente, é a razão que fundamenta a aplicação dos princípios da publicidade e da transparência, essenciais para o bom manejo do instituto".[21]

O CNJ, aliás, vem exercendo importante papel quanto à publicidade dos precedentes, inclusive e principalmente com a criação do Banco Nacional de Demandas Repetitivas e Precedentes Obrigatórios.[22]

A mais ampla publicidade dessas decisões permite que o jurisdicionado tenha ciência dos seus direitos e deveres, o que pautará sua conduta; permite que os juízes e tribunais saibam daquilo que foi decidido e possam trilhar o mesmo caminho, garantindo a isonomia e estabilidade das relações sociais.

Sabiamente observa Barbosa Moreira que o problema da adequação e da suficiência da fundamentação não chamava muito a atenção da doutrina brasileira. E diz: *"il faut en effet déterminer le contenu minimum sans lequel un jugement ne sera pas tenu pour motive"*. E afirma, em seguida, que fórmulas vazias de pouco adiantam, pois motivar é "demonstrar que o juiz examinou com cuidado as provas e os argumentos dos litigantes". Ou seja, não exclusivamente os elementos que levou em conta como base de sua decisão (art. 489, § 1º, IV). Como dissemos no contraponto anterior, o legislador de 2015 cria um standard mínimo para que se possa considerar motivada uma decisão judicial. (art. 489, §1º)

Ao lado da função endoprocessual da fundamentação, está a sua função extraprocessual, que permite o controle das decisões judiciais por todos do povo.

Na lição de Michelle Taruffo: "Em outros termos, isso implica que os destinatários da motivação não são apenas as partes, seus res-

---

21 MENDES, Aluisio Gonçalves de Castro; TEMER, Sofia Orberg. Art. 979. In: STRECK, Lenio Luiz; NUNES, Dierle; CUNHA, Leonardo (orgs). *Comentários ao Código de Processo Civil*. 2ª ed. São Paulo: Saraiva, 2017, p. 1320.

22 Disponível em [https://paineis.cnj.jus.br/QvAJAXZfc/opendoc.htm?document=qvw_l%2FPainelCNJ.qvw&host=QVS%40neodimio03&anonymous=true&sheet=shDRGraficos]. Acesso em: 11.12.2020.

pectivos advogados e o juízo recursal, mas também a opinião pública, entendida seja no seu complexo, seja como opinião de *quisque de populo*. A conotação política desse deslocamento de perspectiva é evidente: a ótica 'privatista' do controle exercido pelas partes e a ótica 'burocrática' do controle exercido pelo juízo superior são integradas pela ótica 'democrática' do controle que deve poder ser exercido por qualquer um do povo em cujo nome a sentença é prolatada." (*A motivação da sentença civil*. Tradução de Daniel Mitidiero, Rafael Abreu e Vitor de Paula Ramos. São Paulo: Marcial Pons, 2015, pp. 341-342).

Assim, a fundamentação e a publicidade que a esta se dá permitem o controle por parte de qualquer cidadão e pelo próprio Estado[23], da atividade do Poder Judiciário.

Nesse sentido: "O princípio da publicidade do processo constitui uma preciosa garantia do indivíduo no tocante ao exercício da jurisdição. A presença do público nas audiências e a possibilidade do exame dos autos por qualquer pessoa representam o mais seguro instrumento de fiscalização popular sobre a obra dos magistrados, promotores públicos e advogados. Em última análise, o povo é o juiz dos juízes. E a responsabilidade das decisões judiciais assume outra dimensão, quando tais decisões hão de ser tomadas em audiência pública, na presença do povo".[24]

Por fim, assevera Barbosa Moreira que a Constituição Federal de 1988 contém a expressão "devido processo legal", que, ao longo dos anos, foi compreendida como abrangendo uma garantia genérica contra todas as formas de arbitrariedade. Na verdade, esta expressão é ampla e diz respeito a proposições ligadas a problemas muito diversificados e seu sentido pode variar no tempo. Na medida em que se veem afirmadas garantias específicas: contraditório, publicidade, motivação etc... sente-se menos nitidamente a necessidade de se recorrer a uma cláusula geral.

Indaga-se Barbosa Moreira sobre se haveria um paradoxo no

---

23 BARBOSA MOREIRA, José Carlos. A motivação das decisões judiciais como garantia inerente ao Estado de Direito. *Temas de direito processual civil:* segunda série. 2ª ed. São Paulo: Saraiva, 1988, p. 90.

24 CINTRA, Antonio Carlos de Araújo; GRINOVER, Ada Pellegrini; DINAMARCO, Cândido Rangel. *Teoria geral do processo*. 26ª ed. São Paulo: Malheiros, 2010, p. 75.

direito brasileiro: agora que a Constituição faz referência expressa ao contraditório, à publicidade, à motivação obrigatória... seria supérflua a alusão ao devido processo legal? Não, responde o autor: a riqueza do mundo real pode nos surpreender com hipóteses de difícil encaixe sob as garantias a que o legislador faz referência expressa. Portanto, é extremamente salutar que se continue fazendo referência ao "devido processo legal".

O DIREITO À ASSISTÊNCIA JURÍDICA: EVOLUÇÃO NO ORDENAMENTO BRASILEIRO DE NOSSO TEMPO[1]

1. A expressão "assistência judiciária" apareceu pela primeira vez em texto constitucional, entre nós, na Carta da República de 16-7-1934, cujo art. 113, nº 32, rezava: "A União e os Estados concederão aos necessitados assistência judiciária, criando, para esse efeito, órgãos especiais, e assegurando a isenção de emolumentos, custas, taxas e selos". Ainda não se havia consagrado, no mesmo nível, e em termos expressos, o direito genérico de acesso ao Poder Judiciário – o que só viria a ocorrer com O advento da Constituição de 18-9-1946, *ex vi* do art. 141, § 4º, *verbis* "A lei não poderá excluir da apreciação do Poder Judiciário qualquer lesão de direito individual". A observação parece interessante, quando se tem em vista que quaisquer medidas tendentes a remover ou atenuar os obstáculos habitualmente encontrados pelas pessoas carentes de meios para prover às despesas relacionadas com a defesa de direitos nada mais significam, a rigor, que desdobramentos necessários daquela garantia fundamental – tentativas, por assim dizer, de imprimir-lhe efetividade, em certa perspectiva.

Não deixa de ser curioso que se tenha cuidado de assegurar constitucionalmente benefício *especifico* antes mesmo de inscrever nesse plano a franquia *genérica.* Sempre se poderá obtemperar, sem dúvida, que não era exaustivo o elenco inscrito *expressis verbis* na Lei Maior, conforme aliás ressaltava do disposto no art. 78 da primeira Carta republicana, de 24-2-1891, e no art. 114 da Constituição de 1934[2]. Nem por isso vale menos a pena registrar o descompasso.

---

1 Trabalho publicado no volume coletivo *As garantias do cidadão na Justiça,* organizado pelo Ministro SÁLVIO DE FIGUEIREDO TEIXEIRA. S. Paulo, 1993; e também na *Revista da Academia Brasileira de Letras Jurídicas,* ano VI, nº 3; em *Ajuris,* v. 55; na *Revista de Processo,* nº 67; e na *Rev. da Faculdade de Direito da UERJ,* nº I.

2 Nessa ordem de ideias, ALCINO PINTO FALCÃO, *Constituição anotada,* v. II, Rio, 1957, p. 67, comentando o art. 141, § 4º, do texto de 1946, chegava a sustentar que "em bom direito (...) seria dispensável o atual parágrafo, porque o recurso ao Judiciário decorreria do próprio sistema de divisão de Poderes e de Estado de Direito e seria tornar vazios de conteúdo os direitos garantidos se a lei pudesse excluir a tutela judicial".

O texto de 1934 tratava em conjunto de duas ordens de providências: a "isenção de emolumentos, custas, taxas e selos" e a criação, imposta à União e aos Estados, de "órgãos especiais" para assistir os necessitados. Elas se referiam a duas dimensões realmente distintas, se bem que complementares, do fenômeno. De um lado, em sistema como o nosso, os interessados na prestação jurisdicional precisam normalmente desembolsar somas destinadas a custear o funcionamento da máquina judiciária; de outro lado, em regra, têm de remunerar também os serviços de advogados, excepcionais que são os casos de comparecimento e atuação em juízo sem a intermediação obrigatória de pessoas profissionalmente habilitadas. Inconfundíveis os problemas que se defrontam quando se quer eliminar ou reduzir cada uma dessas fontes de dispêndio. Uma coisa é dispensar o economicamente fraco de determinados pagamentos - com o que apenas se priva da correspondente receita a entidade à qual se teria de pagar; outra coisa é proporcionar-lhe a prestação de serviços realizados, sob condições normais, por terceiro(s), mediante remuneração - para o que podem tornar-se indispensáveis medidas no plano da organização administrativa, e não haverá como evitar o aumento da despesa[3]. Embora o ideal seja conjugá-las, em princípio concebe-se que qualquer dessas duas ordens de providências se veja implementada independentemente da outra; e a distinção é relevante, como se mostrará, para encaminhar a solução tecnicamente correta ao menos uma questão de importância prática (v. *infra*, nº 6).

2. Nenhuma disposição sobre a matéria continha a Carta de 1937. Ao regime autoritário do "Estado Novo" importava bem pouco a garantia do acesso à Justiça - para as pessoas de recursos escassos nem mais, nem menos, que para as outras...

Em todo caso, na vigência dessa Constituição, cuidou do tema o Código de Processo Civil de 1939 (arts. 68 e s.). Nele se definia o pres-

3 Atente-se, ao propósito, na lição de PONTES DE MIRANDA, *Comentários à Constituição de* 1967, t. V, S. Paulo, 1968, p. 601/2: "*Assistência judiciária* e *benefício da justiça gratuita* não são a mesma coisa. O benefício da justiça gratuita é direito à dispensa provisória de despesas, exercível em relação jurídica processual, perante o juiz que promete a prestação jurisdicional. É instituto de direito pré-processual. A assistência judiciária é a organização estatal, ou paraestatal, que tem por fim, ao lado da dispensa provisória das despesas, a indicação de advogado. É instituto de direito administrativo" (grifos do original).

suposto do direito ao benefício da gratuidade, a ser pleiteado ante o juiz "competente para a causa" (art. 74, *initio)*, como o fato de não estar a parte "em condições de pagar as custas do processo, sem prejuízo do sustento próprio ou da família" (art. 68, *initio).* Tal situação teria de ser justificada pela declaração do "rendimento ou vencimentos" do requerente, bem como dos "seus encargos pessoais e de família" (art. 72); e comprovada "com o atestado de pobreza expedido (...) pelo serviço de assistência social", onde houvesse, "ou pela autoridade policial do distrito ou circunscrição" em que residisse o interessado (art. *74, fine).* O benefício abrangeria, em princípio, a isenção das taxas judiciárias e dos selos, dos emolumentos da Justiça, das despesas com as publicações no jornal encarregado da divulgação dos atos oficiais, das indenizações devidas a testemunhas[4] e dos honorários de advogado e perito (art. 68, *caput,* I a V); mas poderia ser concedido parcialmente, se também em parte o beneficiário estivesse em condições de suportar as despesas do processo, caso em que o juiz mandaria "pagar as custas aos oficiais de justiça, porteiros de auditórios e demais serventuários", na ordem que estabelecesse, "considerando as necessidades de cada um" (art. 79).

Tinha o benefício caráter personalíssimo, extinguindo-se com a morte do beneficiário, sem prejuízo da possibilidade de ser concedido aos herdeiros que prosseguissem no feito, desde que satisfeitos os requisitos legais (art. 69). Estrangeiro só faria jus à concessão da gratuidade se residisse no Brasil e tivesse filho brasileiro, ou se a sua lei nacional consagrasse reciprocidade de tratamento (art. 70).

Quanto à prestação de serviços advocatícios, rezava o art. 68, parágrafo único: "O advogado será escolhido pela parte; se esta não o fizer, será indicado pela assistência judiciária e, na falta desta, nomeado pelo juiz". Dava-se relevo, com acerto, à possibilidade de escolha do profissional pelo próprio interessado, tomando-se na devida consideração os aspectos personalíssimos em geral inerentes à relação cliente-advogado. Todavia, o funcionamento do mecanismo tinha de repousar essencial-

4 Nos termos do art. 249, a testemunha poderia reclamar da parte "o pagamento das despesas feitas com o comparecimento", inclusive o salário que por esse motivo deixasse de receber. O art. 68, *caput,* nº IV, cancelava, pura e simplesmente, esse direito, na hipótese de gozar o litigante do benefício da gratuidade. Com certa razão dizia do dispositivo PONTES DE MIRANDA, *Comentários ao Código de Processo Civil,* 1ª ed., v. I, Rio, 1947, p. 282: "Sacrifica talvez o interesse da testemunha ainda mais pobre".

mente sobre a velha concepção do "dever honorífico" a cargo dos que exercem a profissão: em princípio, com efeito, o advogado escolhido não receberia remuneração pelos serviços que prestasse[5] - regime insatisfatório, como acentua a doutrina[6], por mais irrealista que se mostre (ao menos em sociedades como a brasileira, e a curto prazo) a suposição de que se possa prescindir totalmente da boa vontade, para não dizer da abnegação, de profissionais generosos.

3. Voltou a matéria ao plano constitucional com a Carta de 18-9-1946, cujo art. 141, § 35, dispôs: "O poder público, na forma que a lei estabelecer, concederá assistência judiciária aos necessitados". O texto era menos explícito que o de 1934, que, conforme se mostrou, aludia às duas dimensões: a isenção de despesas e a criação de órgãos para a prestação de serviços. Visto que já existia legislação ordinária, conjurado ficou o perigo de entender-se que a cláusula " na forma que a lei estabelecer" tornava meramente "programática" a norma da Constituição[7]. Continuaram a incidir os arts. 68 e s. do Código de Processo Civil, até que entrou em vigor a Lei nº 1.060, de 5-2-1950.

O novo diploma, frise-se desde logo, não alterou em substância os pressupostos da concessão do benefício, nem a respectiva extensão. Definiu como necessitado aquele "cuja situação econômica não lhe permita pagar as custas do processo e os honorários de advogado, sem prejuízo do sustento próprio ou da família" (art. 2º, parágrafo único), reproduzindo a fórmula do art. 68, *caput,* do estatuto processual, com o exclusivo acréscimo da referência aos honorários advocatícios. Repetiu

5 Os diplomas atinentes ao exercício profissional fizeram expressa referência ao aludido dever: assim, o art. 26, nº IV, do antigo Regulamento da Ordem dos Advogados do Brasil e, mais tarde, o art. 87, nº XI, da Lei nº 4.215. de 27-4-1963. Escassas têm sido, entre nós, as iniciativas de modificar tal situação: mencione-se, em S. Paulo, a Lei nº 7.489, de 26-11-1962, segundo a qual, nas comarcas onde não houvesse serviço oficial de assistência judiciária, os advogados que, por nomeação do juiz, atuassem "em processos civis ou criminais, na qualidade de dativos, para assistência ou defesa de pessoas pobres", seriam remunerados pelos cofres estaduais, de acordo com tabela elaborada pela seção local da OAB.

6 *Vide* por todos CAPPELLETTI, La giustizia del poveri, *in Processo e ideologie,* Bolonha, 1969, p. 547 e s.

7 Em todo caso, a PONTES DE MIRANDA, *Comentários à Constituição de* 1946, t. V, 3ª ed., Rio, 1960, p. 385, afigurou-se útil advertir: "A regra é bastante em si, *self-executing,* a despeito da alusão à forma que a lei estabelecer".

a imposição, feita ao interessado, de declarar "o rendimento ou vencimento que percebe e os encargos próprios e os da família" (art. 4º, *caput)*. Continuou a reclamar a prova da necessidade, que deveria consistir em atestado expedido "pela autoridade policial, ou pelo prefeito municipal" (art. 4º, § 1º, 2ª parte), ou ainda, nas capitais dos Estados e no Distrito Federal, por "autoridade expressamente designada" pelo prefeito (art. 4º, § 2º). Por outro lado, conformando-se ao preceito constitucional (art. *141, caput, initio)*, abandonou, com relação aos estrangeiros, a exigência de terem filho brasileiro e contentou-se com a residência no Brasil (art. 2º, *caput)*.

No que tange às verbas cobertas pela isenção, a enumeração do art. 3º também copiou, no essencial, a do art. 68, *caput*, do Código de Processo Civil. O confronto revela uma única diferença, relativa à indenização das testemunhas, cujo interesse passou a ser levado em conta: estabeleceu-se que, estando empregadas, elas receberiam do empregador "salário integral, como se em serviço estivessem, ressalvado o direito regressivo contra o poder público estadual, nos Estados". Hoje, deve entender-se que a isenção abrange igualmente o depósito exigido pelo art. 488, nº II, do vigente Código de Processo Civil, para a propositura da ação rescisória, cujo exercício não se concebe seja negado aos carentes de meios[8]. Não assim as multas processuais: a pobreza não justifica, ao nosso ver, a concessão de um *bill* de indenidade quanto a comportamentos antijurídicos.

Importa ver como se designa o profissional que se incumbirá da representação do beneficiário em juízo. Ao deferir o requerimento, deve o juiz determinar que o serviço estadual de assistência judiciária, onde houver, ou, na sua falta, a Ordem dos Advogados do Brasil, proceda à indicação (Lei nº 1.060, art. 5º, §§ 1º e 2º). Caso não haja, no local, subseção da OAB, competirá ao próprio juiz nomear o advogado que patrocinará a causa (art. 5º, § 3°). Cumpre ressalvar, no entanto, que sempre terá preferência para a prestação do serviço o profissional que o próprio interessado indicar e que declare aceitar o encargo (art. 5º, § 4º; cf. o art. 93 da Lei nº 4.215).

8 Cf. BARBOSA MOREIRA, *Comentários ao Código de Processo Civil*, v. V, 5ª ed., Rio, 1985, p. 182, com outras indicações de doutrina (às quais se pode acrescentar ERNANE FIDÉLIS DOS SANTOS, *Manual de Direito Processual Civil*, v. 2, S. Paulo, 1986, p. 310) e de jurisprudência na nota 276. *Vide*, no mesmo sentido, os Acórdãos coligidos por ALEXANDRE DE PAULA, O *processo civil à luz da jurisprudência*, v. XII, Rio, 1989, ns. 28.333, 28.335 (p. 346), 28.338 e 28.339 (p. 347).

4. Nem a Constituição de 24-1-1967, nem a Emenda nº 1, de 17-10-1969, trouxe novidade de monta nesta matéria. A redação adotada não variou de uma para outra: "Será concedida assistência aos necessitados, na forma da lei" (respectivamente, art. 150, § 32, e art. 153, § 32).

Em nível infraconstitucional, permaneceu em vigor a Lei nº 1.060, que subsiste até hoje, com todos os seus defeitos, e apesar das não poucas alterações que vem sofrendo. Destas, a mais importante diz respeito à verificação do pressuposto da necessidade. Aliás, não se trata, a rigor, de *uma* alteração, mas de autêntico processo evolutivo, no sentido de facilitar as coisas para o interessado na concessão do benefício. A princípio, consoante se registrou, precisava ele obter atestado de autoridade pública. Mais tarde, a apresentação do atestado passou a ser dispensada para quem exibisse carteira de trabalho, à vista da qual o juiz pudesse apurar a carência (Lei nº 6.654, de 30-5-1979), vindo pouco depois a especificar-se que o requisito se teria por satisfeito sempre que, nos termos do contrato de trabalho, o requerente percebesse salário igual ou inferior ao dobro do mínimo legal (Lei nº 6.707, de 29-10-1979). A evolução atingiu o ápice com a Lei nº 7.510, de 4-7-1986, que modificou radicalmente a redação do art. 4º da Lei nº 1.060, para estabelecer que a pura e simples declaração do interessado, de não estar em condições de custear o feito sem prejuízo próprio ou da família, geraria em seu favor a presunção relativa de necessidade (antes, já nesse sentido, mas em termos menos específicos, o art. 1º, *caput,* da Lei nº 7.115, de 29-8-1983). Cessa a presunção desde que se verifique a existência de meios suficientes, seja mediante prova em contrário produzida pela outra parte (art. 7º), seja em virtude de apuração feita *ex officio* pelo juiz. Para a eventual falsidade da declaração de carência, comina-se a sanção de "pagamento até o décuplo das custas judiciais" (art. 4º, § 1º, *fine);* claro está que não fica excluída a possibilidade de consequências no plano penal.

Outra alteração digna de registro, no concernente aos efeitos da concessão[9], foi a consagrada pela Lei nº 7.288, de 18-12-1984, que acrescentou um parágrafo ao art. 3°. Ela veio dar solução a problema delicado: o da citação do réu por edital, quando o autor é beneficiário

9 No presente trabalho, unicamente nos ocupamos da problemática atinente aos pressupostos e à extensão do direito à assistência. Por isso deixamos de lado, a despeito de sua relevância, questões como a das prerrogativas processuais dos órgãos estaduais de assistência judiciária, objeto de disposição expressa da Lei nº 7.871, de 8-11-1989, que introduziu no texto da Lei nº 1.060 o atual § 5º do art. 5º.

da gratuidade. Normalmente, o edital deve ser publicado ao menos duas vezes «em jornal local, onde houver" (Código de Processo Civil, art. 232, nº III), o que implica o pagamento do preço cobrado pelo órgão publicador, a menos que alguma norma jurídica o obrigue a publicar o edital gratuitamente. A isenção prevista no art. 3°, *caput,* da Lei nº 1.060 só abrange as "despesas com as publicações indispensáveis no jornal encarregado da divulgação de atos oficiais"; não, porém, as relativas a publicações *noutros* órgãos. Impor ao desprovido de recursos o ônus de custear essas publicações significaria, na prática, impedi-lo de exercer o direito de ação todas as vezes que o citando se encontrasse numa das situações contempladas no art. 231, *caput,* do estatuto processual.

O alvitre consagrado pela Lei nº 7.288 (e, depois, novamente, pela Lei nº 7.395, de 10-9-1985, que introduziu no art. 232 do Código o atual § 2º, de teor substancialmente igual ao do art. 3°, parágrafo único, da Lei nº 1.060) consiste em dispensar a publicação de edital citatório noutro órgão além do oficial. É verdade que assim se impõe sacrifício sensível ao direito de defesa, com a redução da probabilidade de que a notícia da propositura da ação chegue efetivamente ao conhecimento do réu; isso, contudo, há de ter parecido ao legislador o menor dos males. De resto, a solução já era preconizada em doutrina e adotada em decisões judiciais antes do advento dos diplomas acima referidos[10].

5. Convém examinar neste passo, ainda que brevemente, algumas questões que têm surgido na interpretação e na aplicação do ordenamento legal. Uma delas é a da possibilidade, ou não, da concessão do benefício da gratuidade a pessoa jurídica. O texto da Lei nº 1.060, embora redigido, ao que tudo indica, com os olhos postos no caso de pessoas físicas, não exclui de modo categórico tal possibilidade. Obstáculo intransponível não se deve enxergar sequer na cláusula do art. 2º, parágrafo único, *verbis* "sem prejuízo do sustento próprio ou da família": é óbvio que não há cogitar da hipótese derradeira, mas não fica excluída a outra: con-

10 *Vide* ao propósito MONIZ DE ARAGÃO, *Comentários ao Código de Processo Civil,* v. II, desde a 1ª ed., Rio, 1974, p. 241/2; na jurisprudência, *v.g.,* os Acórdãos do Tribunal de Apelação do antigo Distrito Federal, de 4-6-1946, Agravo nº 8.012, *in Rev. dos Tribs.,* v. 180, p. 830; do Tribunal de Justiça do antigo Estado da Guanabara, de 17-5-1965, Reclamação nº 5.640, *in Rev. de Jur. do Trib. de Just. do Est. da GB,* v. 15, p. 88; do Tribunal de Justiça de S. Paulo, de 31-8-1982, Apelação nº 19.151, *in Rev. de Jur. do Trib. de Just. de SP,* v. 79, p. 53.

quanto pessoa jurídica não tenha família, perfeitamente se concebe que lhe faltem meios de prover às despesas do processo sem sacrificar sua própria manutenção. É natural que se adote aí maior cautela, incumbindo ao órgão judicial, se houver indícios de abuso, determinar, mesmo de ofício, as diligências necessárias ao conhecimento da realidade. O que não se afigura razoável é negar *a priori* o cabimento da medida.

O ponto não é pacífico. Um Acórdão do Tribunal de Justiça do Rio de Janeiro esposou a tese negativa, justificando-a com a afirmação de que o benefício se inscrevia na Constituição Federal entre os direitos e garantias individuais[11]. O argumento já era pouco persuasivo sob a Carta anterior: não obstante a rubrica do Capítulo IV do Título II, vários textos do art. 153 referiam-se a pessoas jurídicas – ou exclusivamente a estas (como o § 28, 2ª parte), ou indiferentemente a elas e às pessoas físicas (por exemplo: § 2º, § 3°, § 9º, § 22, § 29, § 30...). Incontáveis mandados de segurança foram impetrados por pessoas jurídicas, sem que se lhes objetasse com a colocação do § 21 do art. 153. Hoje, menos ainda se justifica, por esse ângulo, a posição negativa, localizado que está o dispositivo constitucional pertinente no art. 5º, nº LXXIV, sob a rubrica "Dos direitos e deveres individuais e coletivos" (Capítulo I do Título II)[12].

Outro ponto que tem dado margem a dúvidas: fica excluída a concessão do benefício pelo fato de ter o interessado bens de certo valor? A questão foi muitas vezes suscitada a propósito de inventários, em que o inventariante requer a gratuidade apesar de considerável o acervo hereditário. Deve partir-se da premissa de que o pressuposto legal do direito ao benefício é a "situação econômica" que não permite a alguém "pagar as custas do processo e os honorários de advogado, sem prejuízo do sustento próprio ou da família" (Lei nº 1.060, art. 2º, parágrafo único). Os dados essenciais são, pois: *a)* os rendimentos; *b)* os bens consistentes em pecúnia, de que o interessado tenha disponibilidade – por exemplo, depósitos (não bloqueados!) em conta-corrente –, ou ainda os facilmente conversíveis em dinheiro, como títulos com cotação no mercado, coisas

11 Embargos Infringentes na Apelação Cível nº 1.391/87, julgados em 23-12-1987.

12 Entre os Acórdãos que, com esta ou aquela ressalva, têm admitido, em linha de princípio, a possibilidade da concessão do benefício a pessoa jurídica, podem citar-se, a título exemplificativo, o do Tribunal de Justiça de Pernambuco, de 6-8-1963, Agravo nº 55.784, *in Arq. Forense*, v. 48, p. 250, e o do Tribunal de Justiça do Rio de Janeiro, de 19-5-1979, Apel. Cív. nº 7.888, *in Boletim de Jurisprudência ADCOAS*, 1980, nº 71.079.

negociáveis com rapidez e simplicidade. A existência de patrimônio imobiliário, por si só, não afasta necessariamente, sob quaisquer circunstâncias, a possibilidade da concessão. No inventário menos que alhures: seria pouco razoável compelir os herdeiros desprovidos de numerário a alienar bens do espólio para custear o processo. A jurisprudência predominante vem adotando a tese correta[13].

Problemas sérios às vezes surgem com referência à prova pericial. A lei é expressa em incluir os honorários de peritos entre as verbas que o beneficiário da gratuidade está dispensado de pagar (art. 3°, *caput*, nº V). Entretanto, pode haver – e não raro há – necessidade de outros gastos. Decidiu o Tribunal de Justiça de S. Paulo que se deve entender com largueza a isenção, para fazê-la abranger quaisquer despesas com a realização da perícia, inclusive "as concernentes a serviços técnicos complementares, ou suplementares, custos de documentos e transportes, bem como outros gastos, sob rubrica de despesas indiretas"[14]. A decisão é excelentemente inspirada, mas parece ao menos problemático que se possa sempre levar a tese às últimas consequências.

Tomemos o exemplo dos mais modernos e eficientes tipos de exames hematológicos (HLA, DNA), de emprego extremamente oportuno em ações de investigação de paternidade. Até o momento em que se está redigindo este trabalho, salvo engano, só em duas cidades do Brasil (Belo Horizonte e S. Paulo) presta-se tal serviço. Acresce que se tem de fazer o exame dentro de breve prazo após a colheita do material, sob pena de não se conseguir resultado válido. Se o processo corre alhures, em lugar distante, torna-se indispensável que o portador se desloque rapidamente para alguma daquelas capitais, o que implicará, em grande número de casos, a utilização (entre outros) de transporte aéreo. A concessão de benefício da gratuidade à parte interessada na realização da

---

13 Para exemplificarmos com julgados do Tribunal de Justiça do Rio de Janeiro, concernentes a inventário: Apel. Cív. nº 2.171/87, 11-8-1987; Apel. Cív. nº 3.725/87, 15-12-1987; Apel. Cív. nº 4.339/87, 29-12-1987; Agr. de Instr. nº 236/90, 8-5-1990; Agr. de Instr. nº 610/90, 21-8-1990; Agr. de Instr. nº 967/91, 22-10-1991. Acórdão do Tribunal de Justiça de Minas Gerais assentou: "Concede-se benefício da justiça gratuita àquele que, embora dispondo de patrimônio imobiliário, percebe salário que não lhe permite custear a tramitação do feito sem sacrifício do sustento próprio e da família" (12-10-1961, Agr. de Instr. nº 8.081, *in Jurisprudência Mineira*, v. 34, p. 44).

14 Acórdão de 19-4-1988, Agr. de Instr. nº 100.573, *in Rev. de Jur. do Trib. de Just. de SP*, v. 114, p. 332/3.

perícia obrigará as empresas transportadoras a emitir passagens gratuitas, mesmo na ausência de norma jurídica que lho imponha em termos inequívocos? Na verdade, a regulamentação da matéria – nesse ponto como noutros – é insuficiente: para aquém do limite constitucional, não cobre tudo que a Constituição promete ao necessitado.

Outra questão que de vez em quando se tem suscitado consiste em saber se a concessão do benefício da gratuidade implica forçosamente a representação judicial do interessado por funcionário do órgão estatal competente, ou se o beneficiário pode fazer-se representar por advogado de sua escolha, sem vínculo com a Administração Pública, disposto a prestar gratuitamente o serviço. Ao nosso ver, a dúvida de modo algum se justifica: basta ler os arts. 5º, § 4º, da Lei nº 1.060, e 93 da Lei nº 4.215, os quais, consoante se registrou *(supra,* nº 3), e por intuitivas razões, dão até prioridade à hipótese de escolha pessoal – disciplina conforme com os princípios e em nada incompatível com a vigente Constituição. Voltaremos ao tópico oportunamente *(infra,* nº 6).

6. É chegado o momento de ver que tratamento deu ao assunto a Carta de 5-10-1988. Como salta aos olhos, o elenco de franquias nela consagrado no Capítulo II do Título II é muito mais extenso que o tradicionalmente contido, sob a rubrica "Dos direitos e garantias individuais", nas precedentes Constituições. Nada de mais natural que se reencontre nele a previsão expressa (em termos ampliados) do direito em foco, a cujo respeito – já se assinalou *(supra,* nº 2) –, de todas as que se sucederam nos últimos sessenta anos, só a Carta fascistoide de 1937 se animou a silenciar.

Surpreende que se ponha em dúvida ter a matéria "tal relevância que deva ser incluída entre os direitos e as garantias individuais"; e mais ainda que se acrescente: "Colocando-se no mesmo artigo, lado a lado, direitos como o da expressão do pensamento e o da assistência judiciária, corre-se o risco de desvalorizar o primeiro, supervalorizando-se o segundo"[15]. Basta pensar na eventualidade de que pessoa desprovida de meios se sinta lesada ou ameaçada no seu direito à expressão do pensa-

15 Assim, MANOEL GONÇALVES FERREIRA FILHO, *Comentários à Constituição brasileira de* 1988, v. I, S. Paulo, 1990, p. 85. Anote-se que a alusão a "direitos e garantias individuais" parece reminiscência de Constituições anteriores: hoje, a rubrica é outra. Tampouco a expressão "assistência judiciária" reflete com fidelidade o conteúdo atual, enriquecido, da franquia de que trata o art. 5º, nº LXXIV.

mento e queira reclamar da Justiça a correspondente proteção: se não puder contar com a franquia de que estamos cuidando, a que ficará, na prática, reduzido aquele direito? Essa trivial reflexão evidencia que não são tão distantes, afinal de contas, os planos em que uma e outro acham lugar adequado para inscrever-se, e que a vizinhança (relativa) do inciso LXXIV em nada desvaloriza, no art. 5º, o inciso IV...

Examinemos o texto: "O Estado prestará assistência jurídica integral e gratuita aos que comprovarem insuficiência de recursos". A primeira observação, um tanto óbvia, é a de que "Estado" designa aí – como em muitos outros dispositivos *(v.g.,* arts. 5º, nº LXXIII, 196, 205, 215, 217, 218, 226, 227, 230...) – toda e qualquer entidade político-administrativa: não apenas a União e os Estados-membros[16]. Também o Município, por exemplo, no âmbito próprio de sua atuação, tem o dever de assistir, e também em face dele pode surgir para o necessitado, nesse âmbito, a pretensão à assistência. Pouco importa que só a União, os Estados e o Distrito Federal sejam competentes para *legislar* sobre "assistência jurídica e defensoria pública" (art. 24, nº XIII): não há confundir competência legislativa e competência administrativa, que nem sempre coincidem.

Quis a Constituição individualizar o órgão a que incumbirão "a orientação jurídica e a defesa, em todos os graus, dos necessitados, na forma do art. 5º, LXXIV": conferiu tais atribuições à Defensoria Pública, cuja existência se tornou obrigatória na União, no Distrito Federal, nos Territórios e nos Estados (art. 134 e seu parágrafo único). Daí tampouco se tira argumento capaz de excluir para os Municípios o dever de assistir, até porque – como adiante se ressaltará – as atribuições mencionadas não esgotam o âmbito da "assistência jurídica integral".

Por outro lado, nada autoriza a supor que a Constituição haja reservado ao Poder Público o *monopólio* da assistência. Se ele tem o dever de assistir, nem por isso se concluirá que o tenha em caráter *exclusivo.* Continuam em vigor os textos legais que contemplam a prestação gratuita de serviços aos necessitados, notadamente por parte de profissionais liberais. Subsiste, mesmo, a preferência dada, para a representação em juízo, ao advogado que o próprio litigante desprovido de meios indique. O fato de obter o benefício da gratuidade de maneira alguma impede o necessitado de fazer-se representar por profissional liberal. Se

---

16 Como dá a impressão de pensar ALCINO PINTO FALCÃO, *in* FERNANDO WHITAKER DA CUNHA e outros, *Comentários à Constituição,* 1º v., Rio, 1990, p. 317.

o seu direito abrange ambos os benefícios – a isenção de pagamentos e a prestação de serviços (cf. *supra,* nº 1) –, nada obsta a que ele reclame do Estado *apenas* o primeiro. É antijurídico impor-lhe o dilema: tudo ou nada. Em país com as características do nosso, denota, além disso, alarmante dose de irrealismo ou de insensibilidade. Eventuais abusos de litigantes ou advogados inescrupulosos hão de encontrar o corretivo adequado em cada hipótese. Felizmente, os tribunais têm sabido repelir, na grande maioria dos casos, as investidas da tese – verdadeiramente absurda – da incompatibilidade entre o benefício da justiça gratuita e a escolha pessoal do advogado pelo beneficiário[17].

A grande novidade trazida pela Carta de 1988 consiste em que, para ambas as ordens de providências, o campo de atuação já não se delimita em função do atributo «judiciário», mas passa a compreender tudo que seja «jurídico». A mudança do adjetivo qualificado r da «assistência», reforçada pelo acréscimo do «integral», importa notável ampliação do universo que se quer cobrir. Os necessitados fazem jus agora à dispensa de pagamentos e à prestação de serviços não apenas na esfera judicial, mas em todo o campo dos atos jurídicos. Incluem-se também na franquia: a instauração e movimentação de processos administrativos, perante quaisquer órgãos públicos, em todos os níveis; os atos notariais e quaisquer outros de natureza jurídica, praticados extrajudicialmente; a prestação de serviços de consultoria, ou seja, de informação e aconselhamento em assuntos jurídicos. Alguns dos fenômenos que aí se poderiam enquadrar figuram, em termos específicos, como objeto de outras disposições constitucionais. Assim, *v.g.,* o inciso XXXIV do mesmo art. 5º assegura "a todos (...), independentemente do pagamento de taxas" – isto é, de graça – "o direito de petição aos Poderes Públicos em defesa de direitos ou contra ilegalidade ou abuso de poder" (letra *a)* e "a obtenção de certidões em repartições públicas, para defesa de direitos e es-

17 É torrencial, no sentido correto, a jurisprudência do Tribunal de Justiça do Rio de Janeiro: a título meramente exemplificativo, citem-se, já sob a atual Constituição, os Acórdãos de 27-6-1989, Agr. de Instr. nº 499/89; 8-8-1989, Agr. de Instr. nº 532/89; 15-8-1989, Agr. De Instr. nº 459/89; 19-12-1989, Apel. Cív. nº 4.627/ 89; 12-3-1990, Agr. de Instr. nº 1.335/89; 13-3-1990, Agr. de Instr. nº 1.217/89; 12-6-1990, Agr. de Instr. nº 1.423/89; 9-8-1990, Apel. Cív. nº 2.424/90; 16-10-1990, Agr. de Instr. nº 474/90; 27-8-1991, Agr. de Instr. nº 179/91; 22-10-1991, Agr. de Instr. nº 967/91. O Superior Tribunal de Justiça também já consagrou a boa doutrina: *vide* o Acórdão no Rec. de Mand. de Seg. nº 600, relatado pelo Ministro SÁLVIO DE FIGUEIREDO TEIXEIRA, *in Boletim ADCOAS* de 1991, nº 133.438.

clarecimento de situações de interesse pessoal" (letra *b)*. No particular, a carência de meios não constitui pressuposto do direito; quem quiser exercê-lo não precisa, pois, invocar a condição de necessitado, em que porventura se ache.

Diversa é a situação no tocante aos atos referidos no inciso LXXVI (registro civil de nascimento e certidão de óbito), para os quais se reserva aos "reconhecidamente pobres" o benefício da gratuidade. Tais atos são cobertos pela cláusula da "assistência jurídica integral", de modo que o texto do inciso LXXVI é meramente *explicitante,* quanto a dois casos específicos, da franquia genérica do inciso LXXIV. Nem se objete que este só se refere ao "Estado", enquanto "os serviços notariais e de registro são exercidos em caráter privado" (art. 236, *caput,* 1ª parte, com a ressalva do art. 32 do Ato das Disposições Constitucionais Transitórias): eles assim são exercidos "por delegação do Poder Público" (art. 236, *caput,* 2ª parte), e não há considerar que o fato de delegar-se o serviço acarrete, para quem a ela faria jus, o cancelamento da possibilidade de gozar da franquia. O que se deve entender é que o delegado assume, nos mesmos termos, o dever, que corria ao delegante, de prestar a assistência. Isso vale para o registro de nascimento e para a certidão de óbito, como para quaisquer outros atos congêneres. A lei que, de acordo com o art. 236, § 2º, "estabelecerá normas gerais para fixação de emolumentos relativos aos atos praticados pelos serviços notariais e de registro", terá de preservar a gratuidade devida aos carentes de meios, sob pena de tornar-se inconstitucional.

O art. 5º, nº LXXVI, confere o benefício da "assistência jurídica integral e gratuita" aos brasileiros e aos estrangeiros residentes no País "que comprovarem insuficiência de recursos". No plano da legislação ordinária, já se havia chegado a consagrar, para a gratuidade da justiça, presunção (relativa) de necessidade à luz da simples declaração do interessado de não estar em condições de prover às despesas pertinentes sem prejuízo próprio ou da família (Lei nº 1.060, art. 4º, *caput,* com a redação dada pela Lei nº 7.510, de 4-7-1986). Pode parecer, à primeira vista, que a Constituição teria restaurado o regime anterior, no qual se exigia do requerente a comprovação da carência *(supra,* nº 4). Dir-se-ia, com base nessa interpretação literal, que a Carta de 1988 revogou o texto que dispensa a prova.

É de rejeitar semelhante entendimento. Nada faz crer que o legislador constituinte, ao elaborar um diploma profundamente marcado –

com todos os defeitos que se lhe possam imputar - pela preocupação com o social, haja querido dar marcha-à-ré em processo evolutivo como o de que se cuida. De qualquer maneira, a supor-se que a lei houvesse concedido um *plus* aos necessitados, nem por isso se teria de concluir por sua incompatibilidade com a Constituição, que não estaria sendo contrariada[18], como seria, por exemplo, se a lei negasse a assistência, em algum caso, *apesar* da comprovação. O Tribunal de Justiça do Rio de Janeiro, por decisão unânime de seu Órgão Especial[19], reconheceu como subsistente a presunção de necessidade, decorrente da mera declaração do interessado. A fundamentação do acórdão alude ao disposto no art. 30 da Constituição Estadual, cujo *caput,* ecoando a Federal, reza: "O Estado obriga-se, através da Defensoria Pública, a prestar assistência jurídica integral e gratuita aos que comprovarem insuficiência de recursos", e cujo art. 2º ajunta: "Comprova-se a insuficiência de recursos com a simples afirmação do assistido, na forma da lei". A norma vale, a rigor, para a atuação da Defensoria Pública, órgão da Administração Estadual, e não é passível de extensão, *sic et simpliciter,* a matérias estranhas à competência legislativa do Estado; mas o princípio subjacente pode e deve ser considerado como invocável em todo o âmbito da "assistência jurídica integral" - ao menos, por aplicação analógica da regra inserta no art. 4º da Lei nº 1.060, quanto à assistência *judiciária,* e tendo em vista o preceito do art. 5º da Lei de Introdução ao Código Civil.

7. Da exposição feita nos itens anteriores ressalta que o Brasil, no tema que ora se versa, não está mal servido de textos normativos. O panorama dos fatos projeta, sem dúvida, imagem muito menos satisfatória: aqui, como alhures, prevalece a velha e conhecida contraposição entre o "país legal" e o "país real". Seria de estranhar, aliás, que funcionassem bem os serviços da Justiça, e outros correlatos, em proveito de pessoas carentes de meios, se o funcionamento deixa tanto a desejar mesmo quando prestados tais serviços a quem dispõe de recursos para ocorrer às despesas necessárias.

---

18 Tratamos de acentuá-lo, em trabalho escrito em abril de 1989, sob o título *Les príncipes fondamentaux de la procédure civile dans la nouvelle Constitution brésilienne,* e publicado na *Festschrift für Karl Heinz Schwab;* Munique, 1990, p. 33 e s. (v. p. 35/6).

19 Acórdão de 30-8-1990, no Agravo Regimental nº 34/90, no Mandado de Segurança nº 137/90.

Na verdade, estamos longe – neste e em inúmeros outros pontos – de realizar o que promete a Constituição da República. Para começar, é estreitíssima a faixa da população realmente atingida, de alguma forma, pelo benefício. No Estado do Rio de Janeiro, durante o primeiro semestre de 1991, a Defensoria Pública atendeu ao todo a 309.268 pessoas, das quais 129.545 na Comarca da Capital. Não é preciso recorrer a pesquisas para concluir, de imediato, quão larga é a distância entre as necessidades e a efetiva prestação de serviços – seja dito sem nenhum desprimor para a Defensoria Pública, na qual funcionários em geral competentes e zelosos se esforçam por superar condições de trabalho notoriamente desfavoráveis, para cumprir de modo cabal as atribuições do cargo.

Ao que tudo indica, há entre nós, no que concerne à vida jurídica, e particularmente nos estratos menos favorecidos da sociedade, uma forte demanda reprimida, uma enorme quantidade de prestações que não chegam a ser pedidas, de pleitos que não se formulam, de atos que não se praticam, e com frequência nem sequer se tenta praticar – o registro de nascimentos pode, justamente, servir de exemplo. O fenômeno tem causas numerosas e variadas. Uma delas, bastante óbvia, é a falta de informação: não poucos, pelo País afora, simplesmente ignoram que têm determinados direitos e que, se algum for lesado ou ameaçado de lesão, é possível reclamar do Estado uma providência reparadora ou acautelatória. Ignoram, também, que deles mesmos se esperam certas iniciativas, como a de registrar os filhos, ou a de formalizar por escrito, em instrumento próprio, o ajuste feito acerca de lote de terreno onde pretendem instalar-se. Outras muitas dificuldades concorrem para bloquear aos desprovidos de meios o acesso ao jurídico: a distância a que vivem dos lugares em que se têm de praticar determinados atos, a escassez de tempo disponível para cuidar do assunto, inibições psicológicas e culturais de toda sorte... Nessa medida, o desatendimento das necessidades não resulta de deficiências na atuação dos agentes incumbidos de acudir àquelas, mas da abstenção dos próprios necessitados, que não os provocam.

Numa segunda faixa situam-se essas deficiências, de resto notórias. Aqui também a diversidade de causas é gritante, e vai desde a impossibilidade de prover adequadamente à instalação e manutenção de aparelhos assistenciais capazes de funcionar de modo satisfatório[20], até

20 O problema não é peculiar ao "terceiro mundo", embora neste assuma, como é

contingências de índole personalíssima, como a pouca disposição que tenha *tal* ou *qual* advogado de grande clientela e rendosa atividade profissional para dedicar parte de seu tempo e de suas energias à orientação jurídica ou à defesa judicial de quem nada lhe pode pagar.

O colorido sombrio da realidade social não dispensa o jurista, porém, de trabalhar sobre as normas, até porque, sem a revelação nítida daquilo que, segundo o ordenamento, *deve ser*, impossível se torna medir com exatidão o caminho que se tem de percorrer para diminuir, senão anular, a defasagem existente. E essa mensuração, conforme ninguém deixará de compreender, é essencial para a escolha da estratégia mais apropriada ao empreendimento. Daí a importância prática de um exame cuidadoso do tecido normativo e de sua evolução ao longo dos anos.

A Constituição de 1988 assinala, nesse processo evolutivo, ponto de inflexão que não pode passar despercebido. É curioso, para dizer o menos, que os comentadores do art. 5º, nº LXXIV, não estejam demonstrando perceber a grandeza do passo dado com a substituição do conceito de "assistência judiciária" pelo de "assistência jurídica integral"[21]. O assunto decerto merece, primeiro, a nossa atenção; em seguida, a nossa reflexão; depois - *tast but not teast* - o nosso esforço para fazer transbordar do papel para a vida a bela promessa constitucional.

Janeiro de 1992.

---

natural, proporções muito mais dramáticas. Veja-se a referência de DENTI, I procedimenti non giudiziali di conciliazione come istituzioni alternative, *in Riv. di dir. proc.*, v. XXXV, 1980, p. 424, à *"impossibilità, ormai acquisita ovunque, di risolvere il problema dell'accesso alia giustizia del non abbienti attraverso sistemi generalizzati di assistenza legale".*

---

21 Nem uma palavra sequer a esse respeito em MANOEL GONÇALVES FERREIRA FILHO, ob. e lug. cit. (o qual, aliás, continua a usar a velha expressão na rubrica e no corpo de seu comentário); em PINTO FERREIRA, *Comentários à Constituição brasileira*, 1º v., S. Paulo, 1989, p. 214/5 (que alude a "assistência judiciária ou jurídica" como se se tratasse de uma coisa só); em CELSO RIBEIRO BASTOS, *in* CELSO RIBEIRO BASTOS-IVES GANDRA MARTINS, *Comentários à Constituição do Brasil*, 29 V., S. Paulo, 1989, p. 373 e s.; em ALCINO PINTO FALCÃO, ob. e lug. cit. em a nota 15, *supra;* em JOSÉ CRETELLA JÚNIOR, *Comentários à Constituição de* 1988, v. II, 2ª ed., Rio, 1991, p. 818 e s.

COMENTÁRIOS DA ATUALIZADORA

O DIREITO À ASSITÊNCIA JURÍDICA: EVOLUÇÃO NO ORDENAMENTO BRASILEIRO DE NOSSO TEMPO

Teresa Arruda Alvim

Só mesmo alguém como Barbosa Moreira poderia ter tornado interessante, levantando problemas fascinantes, um tema tão árido quanto o direito à assistência jurídica.

É que o enfoque que dá ao tema tratado é especial. Diz que a relevância do processo está em que, por meio dele, se fazem valer *todos os outros direitos*. Portanto, facilitar o acesso aos órgãos do Poder Judiciário, isentando as partes do pagamento de despesas (quando necessário) e/ou proporcionando assistência jurídica de um advogado, equivale, de rigor, a proporcionar a possibilidade de que as partes se vejam ressarcidas de seus prejuízos, como se seus direitos não tivessem sido lesados ou, em muitos casos, que a prestação seja cumprida *in natura*. Isto significa que a relevância diferenciada do processo está em que o direito material "se realiza" por meio do processo.

Logo, nada mais natural e oportuno que esta garantia individual seja posta *no mesmo artigo*, lado a lado, com direitos como o da expressão do pensamento. Carecem de razão os que dizem que o grau de importância de ambos é diferente. De fato, se desrespeitada a liberdade de pensamento de alguém, como resolver a situação, se não por meio do processo?

Comprovava-se a insuficiência de recursos, anteriormente, pela mera declaração do interessado em obter o benefício. É este também o regime em vigor.

Já se discutiu muito sobre se este benefício poderia ser concedido a pessoa jurídica. Hoje, isto já não mais se discute, já que o CPC de 2015, no art. 98, menciona expressamente a pessoa natural ou jurídica, fazendo jus à gratuidade da justiça, caso haja insuficiência de recursos.

Quando se tratar de pessoa física, presume-se verdadeira a alegação de insuficiência (presunção *juris tantum*). O pedido só pode ser indeferido se houver, nos autos, elementos que demonstrem a inexistência dos pressupostos autorizadores para a concessão da benesse.[22]

---

22 STJ, AgInt no AREsp 1.478.886/SP, rel. Min. Raul Araújo, 4ª T., j. 10.03.2020.

Todavia, ao contrário da pessoa física, a pessoa jurídica *com* ou *sem* fins lucrativos[23] deve demonstrar e apresentar provas de que necessita do benefício, para poder estar em juízo, sem pagar as despesas inerentes.[24]

Outra das discussões que houve foi a de poder alguém, que tem bens de valor, ter direito aos tais benefícios. A tendência que havia outrora, como noticia o autor, era no sentido de que sim, i.e., o fato de alguém ter um imóvel não o impede de ostentar a situação que lhe dá direito à justiça gratuita.

Este é o entendimento que prepondera hoje também.

A circunstância de a pessoa ter imóveis ou outros bens não impede a concessão da gratuidade da justiça, desde que presentes os requisitos autorizadores. A lei fala em *insuficiência de recursos*, ou seja, dinheiro. Assim, se a pessoa possuir bens, mas sem liquidez, é possível o deferimento da benesse.[25]

É necessário que se faça a diferença muitas vezes sublinhada pelo autor: uma coisa é dispensar alguém de pagar custas do processo;

---

23 Súmula 481 do STJ: "Faz jus ao benefício da justiça gratuita a pessoa jurídica com ou sem fins lucrativos que demonstrar sua impossibilidade de arcar com os encargos processuais". No âmbito doutrinário, v.: ARRUDA ALVIM, Teresa; CONCEIÇÃO, Maria Lúcia Lins; RIBEIRO, Leonardo Ferres da Silva; MELLO, Rogerio Licastro Torres de. *Primeiros comentários ao Código de Processo Civil.* 3ª ed. São Paulo: Thomson Reuters Brasil, 2020, pp. 217-218.

24 Sobre o assunto confira o entendimento iterativo do STJ: "Pessoa jurídica que deseje obter os benefícios da assistência judiciária gratuita deve comprovar a incapacidade financeira de arcar com as despesas processuais. Incidência da Súmula 481/STJ". (STJ, EDcl no AResp 422030/SP, 3ªT., j. 25.11.2014, rel. Min. João Otávio de Noronha, *DJe* 11.12.2014); "As pessoas jurídicas de Direito Privado, com ou sem fins lucrativos, devem comprovar o estado de miserabilidade para obter os benefícios da justiça gratuita, não bastando simples declaração de pobreza". (STJ, AgRg na AR 3751/PR, 2ª S., j. 22.10.2014, Rel. Min. Ricardo Villas Bôas Cueva, *DJe* 24.10.2014); "A pacífica jurisprudência deste Tribunal Superior é no sentido de que à pessoa jurídica é possível a concessão do benefício da assistência judiciária gratuita somente quando comprovada a precariedade de sua situação financeira – mesmo se em regime de liquidação extrajudicial ou falência –, não havendo falar em presunção de miserabilidade. Precedentes". (STJ, AgRg no AREsp 570332/DF, 4ªT, j. 21.10.2014, Rel. Min. Raul Araújo, *DJe* 14.11.2014).

25 ASSIS, Araken de. *Processo civil brasileiro, volume II*: parte geral: institutos fundamentais: Tomo 1. São Paulo: RT, 2015, p. 549; DINAMARCO, Cândido Rangel. *Instituições de direito processual civil*: volume II. 8ª ed. São Paulo: Malheiros, 2019, p. 800.

outra, a de que lhe seja prestada assistência profissional gratuita. Casos haverá, como diz o autor, em que só se pleiteia um dos benefícios!

Além do mais, não é só assistência judiciária, mas jurídica. Os necessitados podem usar serviços, sem pagar, em todos os campos de atos jurídicos como, v.g., atos notariais, instauração e movimentação de processos administrativos etc...

Também têm direito a advogado; hoje este papel é desempenhado pelas defensorias públicas, mas não exclusivamente. Além de defensorias públicas, é comum as faculdades de direito oferecerem serviços gratuitos: quem trabalha são os alunos dos últimos anos, orientados por professores.

Além da assistência prestada nas faculdades de direito, a Defensoria Pública possui diversos convênios com a OAB para a prestação de *assistência judiciária suplementar*: para tanto, os advogados interessados se cadastram e passam a receber alguns processos para atuarem como dativos, recebendo seus honorários conforme tabela destinada a esse fim.

Ainda assim, há problemas. Como custear a viagem que alguém teria que fazer do interior do Acre para uma cidade em que se faça DNA? Quem arca com estas despesas?

O CPC/15 é expresso a esse respeito, ao estabelecer que a gratuidade da justiça compreende *as despesas com a realização de exame de código genético – DNA e de outros exames considerados essenciais* (art. 98, § 1º, inciso V).

Isso significa que a gratuidade abrange não só os custos com o exame de DNA propriamente dito, mas também as despesas necessárias para que referidos exames sejam realizados, como o custo do transporte de ida e volta até o local para coleta do material genético.

No âmbito do TJSP, o Comunicado nº 149/2007 autoriza que os juízes façam a requisição de transporte para a realização de perícias médicas, quando se tratar de família pobre, à conta de dotação consignada no orçamento daquele Tribunal.[26]

---

26 "Seguro de vida e/ou acidentes pessoais – Apólice em grupo – Ação de cobrança de indenização – Demanda de segurado em face de seguradora – Sentença de improcedência - Anulação do julgado – Cabimento – Segurado acometido de hanseníase - Decisão saneadora que determinou a realização de perícia médica – Autor que, mesmo intimado pessoalmente, não compareceu ao ato – Alegação de que não reúne condições financeiras para comprar as passagens de ônibus

Entretanto, como diz o autor, "estamos longe – neste e em inúmeros outros pontos – de realizar o que ´promete a Constituição da República". Parece haver "uma forte demanda reprimida, uma enorme quantidade de prestações que não chegam a ser pedidas de pleitos que não se formulam, de atos que não se praticam, e, com frequência nem sequer se tenta praticar – o registro de nascimento pode, justamente, servir de exemplo". Mas, felizmente, estes números mudaram.

Barbosa Moreira comenta que, no Estado do Rio de Janeiro, durante o primeiro semestre de 1991, a Defensoria Pública atendeu ao todo a 309.268 pessoas. Segundo o relatório de gestão do biênio 2015/2016, a Defensoria Pública daquele Estado realizou 1.845.383 atendimentos.[27] Já no Estado de São Paulo, o total de atendimentos, somente em 2019, foi de 1.681.915.[28]

Vê-se, portanto, ter havido significativa melhora. Ainda assim, todavia, há muito a se fazer.

A ignorância, a distância, as inibições psicológicas e culturais são muitas das causas que concorrem para que estes benefícios não atinjam, de fato, todos aqueles que deles necessitam.

Ainda que se possa ter a impressão de que, pelo volume de processos existentes em cursos no país (cerca de 80 milhões), estaríamos diante de *excesso de acesso à justiça,* a verdade é que a maior parte das causas tem como parte, seja na qualidade de autor ou réu, um litigante repetitivo/habitual.[29]

– Perícia designada para Comarca diversa daquela onde reside o autor – Necessidade de designação de nova data para o exame - Parte beneficiária da justiça gratuita – Observação de que o Magistrado da causa poderá, inclusive, requisitar as passagens rodoviárias, a serem custeadas por verba do Poder Judiciário, nos termos do art. 3º do Comunicado nº 149/2007 da Presidência deste TJSP. Apelo do autor provido." (TJSP, Apelação Cível 1004907-09.2016.8.26.0400, rel. Marcos Ramos, 30ª Câmara de Direito Privado, j. 05.09.2018).

27 http://transparencia.rj.def.br/uploads/arquivos/0f70aae00bca44e6882eab627980edbc.pdf. Acesso em: 14.10.2020.

28 Contabilizadas todas as áreas de atuação: https://www.defensoria.sp.def.br/dpesp/repositorio/0/Totalizacao%20das%20atividades%20da%20Defensoria%20Publica%20do%20Estado%20de%20Sao%20Paulo%20-%2006072019.pdf. Acesso em: 14.10.2020.

29 O relatório Justiça em números 2020 demonstra a exigência de 77,1 milhões de processos em curso no Brasil ao final de dezembro de 2019. Destes, 39%

As diferenças existentes entre os litigantes repetitivos/habituais e os eventuais são estudadas há tempos. Cappelletti e Garth trazem como obstáculos ao pleno acesso à justiça o tempo necessário para tornar a decisão exequível, a diferença de recursos financeiros entre as partes (os mais ricos tendem a suportar melhor os ônus do tempo do processo), o próprio reconhecimento acerca da existência de um direito ou sobre sua violação, dentre outros.[30]

No mesmo sentido, Galanter diz que, por diversos motivos, pessoas lesadas podem não perceber, por ignorância, que sofreram algum tipo de lesão, ou, ainda que percebam[31], às vezes sequer sabem onde e como pleitear a respectiva reparação.[32]

Não obstante a nítida melhora, o acesso à justiça dos litigantes eventuais ainda possui alguns problemas quando em comparação com o litigante habitual. As vantagens do litigante habitual envolvem, principalmente, o conhecimento prévio sobre as disputas, o que lhes permite estruturar sua conduta, pois têm acesso facilitado a especialistas, desenvolvem relações informais com os julgadores, jogando com probabilidades, maximizando o ganho a longo prazo, podendo absorver algumas derrotas. Podem, também, fazer *lobby*; estando, como regra,

---

são execuções fiscais. A respeito, cf.: https://www.cnj.jus.br/wp-content/uploads/2020/08/WEB-V3-Justi%C3%A7a-em-N%C3%BAmeros-2020-atualizado-em-25-08-2020.pdf. Acesso em: 15.10.2020.

Outro interessante relatório elaborado pelo CNJ foi o denominado "100 maiores litigantes", cuja segunda edição é de 2012. O setor público (federal, estadual e municipal), os bancos e a telefonia representam aproximadamente 35,5% do total de processos ingressados entre 1° de janeiro e 31 de outubro de 2011 do consolidado das Justiças Estadual, Federal e do Trabalho. Cf: https://www.cnj.jus.br/wp-content/uploads/2011/02/100_maiores_litigantes.pdf. Acesso em: 15.10.2020.

---

30 CAPPELLETTI, Mauro; GARTH, Bryant. *Acesso à justiça*. Tradução e revisão por Ellen Gracie Northfleet. Porto Alegre: Sergio Antonio Fabris, 1988, *passim*.

31 Boaventura de Sousa Santos traz o conceito de "procura suprimida", que é a situação daqueles que tem consciência dos seus direitos, mas se sentem impotentes para reivindicá-los. *In: Para uma revolução democrática da justiça*. Coimbra: Almedina, 2015, pp. 38-40.

32 GALANTER, Marc. Acesso à justiça em um mundo de capacidade social em expansão. Tradução por João Eberhardt, Maria Cecília de Araújo Asperti e Susana Henriques da Costa. *Revista Brasileira de Sociologia do Direito*, v. 2, nº 1, pp. 37-49, jan./jun., 2015.

menos preocupados com o caso em concreto do que com os futuros, caso possam influenciar a criação de regras para o futuro etc.[33]

Portanto, de certo modo, percebe-se que estes altos números podem não significar o que, à primeira vista, parece que representam. Não há "excesso" de acesso à justiça, já que os litigantes habituais fazem enorme diferença nesta contagem.

Ainda assim, como se viu, progressos houve. No plano do direito posto e da efetividade das medidas do atendimento etc. Este movimento começou com a Constituição de 1988.

É impossível discordar do autor: a Constituição de 1988 deu imenso e significativo passo em garantir "assistência jurídica integral" em vez de "assistência judiciária", já que aquela expressão abrange não só o direito de não pagar as despesas do processo, mas também o de ser assistido por profissional (advogado).

33 GALANTER, Marc. Why the "haves" come out ahead: speculations on the limits of legal change. Volume 9:1 *Law and Society Review*, 1974, pp. 98 e ss.

PODE O JUIZ DECLARAR DE OFÍCIO A INCOMPETÊNCIA RELATIVA?[1]

1. Com ressalva de poucas (embora respeitabilíssimas) opiniões[2], vem predominando, na doutrina processual brasileira, a tese de que a incompetência relativa não é passível de declaração *ex officio,* cabendo à parte interessada o ônus de argui-la mediante a exceção específica. Assim ocorria ao tempo do anterior Código de Processo Civil, e assim continuou a ocorrer sob a vigência do atual[3]. Não tem sido diverso o panorama no terreno jurisprudencial: os repositórios estão repletos de acórdãos que excluem, para o juiz, a possibilidade de declarar-se incompetente sem provocação da parte, quando apenas relativa a incompetência.

Há sinais, porém, aqui e ali, de certa tendência a uma mudança de orientação, no particular. Vêm aparecendo, nos últimos anos, decisões que, nesta ou naquela medida, afirmam a possibilidade da declaração *ex officio*[4]. Saber se na realidade se trata de uma propensão ao abandono puro e simples da posição tradicional, ou se antes se reflete, em tais julgados, a consideração prioritária de peculiaridades havidas como sufi-

---

1 Publicado na *Revista Forense,* v. 312, e na *Revista de Processo,* nº 62. Posteriormente, o Superior Tribunal de Justiça incluiu na *Súmula* de sua jurisprudência predominante (nº 33) a proposição: "A incompetência relativa não pode ser declarada de ofício".

2 Sob o Código de 1939, LOPES DA COSTA, *Direito Processual Civil brasileiro,* 2ª ed., Rio de Janeiro, 1959, p. 299 e 308/9; quanto ao sistema em vigor, PONTES DE MIRANDA, *Comentários ao Código de Processo Civil,* t. II, 2ª ed., Rio de Janeiro, 1979, p. 416/7; HÉLIO TORNACHI, *Comentários ao Código de Processo Civil,* v. I, Rio de Janeiro, 1974, p. 360; MONIZ DE ARAGÃO, *Comentários ao Código de Processo Civil,* v. II, 6ª ed., Rio de Janeiro, 1989, p. 212/4, 370/1, 507; MENDONÇA LIMA, *Direito Processual Civil,* S. Paulo, 1977, p. 64/6. Acerca das diferenças entre as posições desses autores, *vide, infra,* nº 12, nota 23.

3 Inútil multiplicar citações: vejam-se, por todos, JOSÉ FREDERICO MARQUES, *Manual de Direito Processual Civil,* v. I, 8ª ed., S. Paulo, 1981, p. 250, e CELSO AGRÍCOLA BARBI, *Comentários ao Código de Processo Civil,* v. I, 5ª ed., Rio de Janeiro, 1988, p. 485.

4 Arrola várias THEOTONIO NEGRÃO, *Código de Processo Civil e legislação processual em vigor.* 21ª ed. S. Paulo, 1991, p. 112, nota I ao art. 113. A mais importante é o Acórdão de 23-4-1989, do I TACiv. SP, na Uniformização de Jurisprudência nº 391.536/89, publicado em *JTA,* v. 118, p. 9, do qual resultou o nº 28 da *Súmula* daquele Tribunal.

cientes para justificar tratamento próprio, é questão que só se poderá esclarecer bem mediante a análise cuidadosa das espécies decididas. Mas, seja como for, parece oportuno o momento para amplo reexame do problema.

2. É noção pacífica e correntia a de que o domínio por excelência do fenômeno designado como "incompetência relativa" se situa no campo coberto pelas normas que distribuem a competência entre os órgãos judiciais de acordo com critério, por assim dizer, *geográfico;* isto é, que adotam como elemento determinante a *localização* de algo no espaço físico – o domicílio de alguém, a situação de uma coisa, o lugar onde se deu um fato, etc. No sistema processual brasileiro, a incompetência aferida à luz de norma desse tipo é, em regra, relativa; quer dizer: em virtude de certos acontecimentos, ou sob determinadas circunstâncias, pode o defeito cessar, e o órgão incompetente tornar-se competente para praticar o ato, ou para julgar a causa que, em princípio, se situava fora do quinhão de atribuições jurisdicionais a ele confiado *(prorrogação).*

Afigura-se, pois, correto, do ponto de vista metodológico, focalizar essencialmente, na pesquisa, a distribuição *territorial* da competência. É o que se passa a fazer.

3. As normas relativas à competência territorial contêm, em substância, as respostas concebíveis a esta pergunta: *onde* se deve instaurar o processo de que se cogita? Ou, em outras palavras: qual o *foro* competente?[5]

Para fixar a resposta adequada a cada grupo de hipóteses, toma o legislador em consideração duas ordens distintas de interesses: uma ligada à conveniência da própria administração da justiça, outra à co-

5 Às vezes se qualifica de *funcional* a competência, em casos de determinação do foro. A ideia parece remontar a CHIOVENDA, *Principi di diritto processuale civile,* Nápoles, 1965 (reimpressão), p. 525, onde se empregava o adjetivo em dois sentidos: para designar a competência fixada em razão das diversas funções exercidas, por órgãos distintos, no mesmo processo, e também a conferida *"al giudice di un determinato territorio pel fatto che la sua* funzione *sarà ivi più facile o più efficace"* (destaque do original). Parece-nos preferível, por amor da clareza e da univocidade, reservar a expressão "competência funcional" para o primeiro caso. O respectivo uso na outra acepção não é, porém, estranho ao direito positivo brasileiro: *vide* o art. 2º da Lei nº 7.347, de 24-7-1985.

modidade da(s) parte(s)[6]. Claro está que não se cuida de dois níveis de valoração necessariamente contrapostos e reciprocamente excludentes: é bem provável que os dados colhidos em cada um deles coincidam – o que facilitará sobremodo a opção legislativa. Mas também pode suceder o contrário; e então, se um dos interesses em jogo se mostra sensivelmente mais relevante e mais merecedor de proteção que o outro, a solução legal refletirá essa predominância.

Escusado ressalvar que o interesse relacionado com o bom desempenho da máquina judiciária há de ser visto como superior ao puramente privado. Significa isso que, manifestando-se conflito incontornável, a lei tem de sacrificar o segundo ao primeiro. Concebe-se, todavia, que neste ou naquele caso, enquanto a escolha do foro, pelo ângulo do interesse público, assume escassa relevância, haja um interesse privado particularmente intenso e respeitável na designação do foro competente. É compreensível que a lei, aí, se deixe guiar pela simples contemplação desse interesse privado.

4. A análise das disposições consagradas, no Código de Processo Civil, à disciplina da competência territorial (Livro I, Título IV, Capítulo III, Seção III) comprova a exatidão das observações feitas acima e permite

---

6 Cf. GIONFRIDA, *La competenza nel nuovo processo civile*, Trapani, 1942, p. 283: "La delimitazione della giurisdizione fra i vari organi giudiziari in ordine al territorio e (...) compiuta o in base al criterio di rendere alle parti quanto più agevole sia possibile l'esercizio dell'azione o in base al criterio della scelta di quello fra gli uffici di pari grado la cui sede lo renda più idoneo all'esercizio della fun zione rispetto a ciascuna causa". No mesmo sentido, LIEBMAN, *Manuale di diritto processuale civile*, v. I, 4ª ed., Milão, 1980, p. 55: "La competenza per territorio distribuisce le cause tra i molti giudici di ugual tipo secondo due direttive principali: facilitare e rendere più comoda la difesa delle parti e in special modo quella del convenuto; e disporre, per particolari categorie di cotroversie, che il processo si svolga davanti al giudice che, per la sua sede, possa esercitare le sue funzioni nella maniera più efficiente". Soa pelo menos exagerado o asserto de MONIZ DE ARAGÃO, ob. e v. cit., p. 370, para quem, "em princípio, todas as regras sobre competência são firmadas no exclusivo interesse do Estado, para maior efetividade do exercício da função jurisdicional" (grifamos). Lê-se no insuspeito HÉLIO TORNAGHI, ob. e v. cit., p. 357: "Várias tentativas têm sido feitas para encontrar a pedra de toque da prorrogabilidade. A mais feliz foi a que indicou como padrão o fundamento da norma sobre competência: quando essa é baseada em razão de ordem pública, o critério legal é inderrogável pelo acordo das partes; quando calcada em razão de ordem particular, e, portanto, no interesse exclusivo ou preponderante das partes, essas podem mudá-la" (grifos do original).

identificar hipóteses bem características das diferentes situações. Reza, por exemplo, a primeira parte do art. 95: «Nas ações fundadas em direito real sobre imóveis é competente o foro da situação da coisa». A *ratio legis* salta aos olhos: prende-se à ideia, bastante óbvia, de que esse é, em princípio, o lugar em que a atividade jurisdicional se exercerá, no caso, com maior facilidade e eficiência. Não raro se fará necessária uma perícia na *res;* o próprio juiz talvez sinta a necessidade de proceder à respectiva inspeção; podem tornar-se cabíveis medidas cautelares constritivas... Em todas essas hipóteses, e noutras que sem dificuldade se imaginarão, as coisas decerto se complicariam indesejavelmente se o processo corresse em foro diverso.

Contudo, a lei não subordina aí o interesse privado, sempre e necessariamente, ao público. Ela assim procede, é verdade, na maioria dos casos; mas deixa de lado outros, em que a seu ver não causará mal maior a transigência com a comodidade privada. Daí estabelecer-se na segunda parte do dispositivo: "Pode o autor, entretanto, optar pelo foro de domicílio ou de eleição, não recaindo o litígio sobre direito de propriedade, vizinhança, servidão, posse, divisão e demarcação de terras e nunciação de obra nova". Nessas hipóteses, expressa e taxativamente enumeradas na cláusula derradeira, a fixação legal da competência é rígida e permanece imune a qualquer influência da vontade dos litigantes; nas outras, não.

Vejamos agora o caso das ações fundadas em direito pessoal ou em direito real sobre móveis. Aqui, aos olhos da lei, o interesse predominante é o de quem já suporta – quiçá injustificadamente – o incômodo de ver-se demandado; ela "presume[7] que, em condições normais, seja menos gravoso para o réu defender-se no próprio lugar em que vive; e estatui que, em regra, ele será demandado no foro de seu domicílio (art. 94, *caput).*

5. Compreende-se facilmente que, quando haja de prevalecer o interesse público, fique o órgão judicial investido do poder-dever de velar pela observância estrita da norma legal de determinação da competência. Uma vez que não se reconhece à vontade particular, em hipóteses tais,

7 As aspas, usadas aqui e noutros passos, visam a pôr em relevo que o verbo presumir e seus cognatos não são empregados em sentido rigorosamente técnico. A ideia básica, porém, é a mesma que inspira as presunções legais propriamente ditas.

possibilidade alguma de influir na disciplina da matéria, é natural que o juiz possa e deva agir, ao propósito, com total independência em relação à atitude dos litigantes. Se a causa, seja como for, tem de ser processada e julgada em determinado foro, se não se concebe que qualquer outro veja prorrogada sua competência para abrangê-la, então o que se há de concluir é que, intentada porventura a ação em foro diverso do indicado na lei, o órgão que recebe a petição inicial ficará não só autorizado, mas obrigado, a recusar a causa, sem atribuir relevância alguma à vontade manifestada pelo autor, nem aguardar a manifestação, expressa ou tácita, da vontade do réu. Cabe-lhe, pura e simplesmente, declarar *ex officio* a sua própria incompetência (art. 113, *caput).*

Suponhamos agora que se apresente ao juiz petição inicial a cuja leitura ele verifique tratar-se de ação para a qual a lei indica outro foro, segundo critério inspirado menos na conveniência da administração da justiça que na "presumida" comodidade da parte. Para aproveitarmos o exemplo típico: suponhamos que se ajuíze no foro Y ação pessoal cujo réu tem domicílio no foro X. Não há interesse público dominante que force o juiz a fazer respeitar, *ex auctoritate propria,* a regra traçada na lei. Poderia pensar-se que, ainda assim, ele deva declarar -se incompetente desde logo e proceder como no caso anterior, em atenção ao "presumido" interesse do réu em defender-se no foro X. Aqui, todavia, interfere uma consideração relevante: é bem possível que, na espécie, por esta ou aquela razão, o interesse *real* do réu *não* coincida com aquele interesse "presumido"; que ele prefira, ao contrário, ser demandado no foro Y, em que o autor, de fato, ajuizou a inicial.

Semelhante conjectura nada tem de acadêmica[8]. Imagine-se, *v.g.*, que o réu esteja na iminência de transferir seu domicílio de X para Y; se fixada de início a competência de X, ele ficará vinculado, na maior parte do processo, *ex* vi do disposto no art. 87, a um foro que *já não será o seu.* Outro exemplo: apesar de domiciliado em X, gostaria o réu de nomear para defendê-lo advogado em quem deposita especial confiança, mas que só em Y exerce sua atividade profissional. São situações corriqueiras; e sem dificuldade podem figurar-se outras do gênero. Para a respectiva análise convém abrir item especial.

---

8 Desenvolvemos, nas linhas subsequentes, ilustrando-a com exemplos, observação que não é nova: está, *v.g.*, em CÂNDIDO DINAMARCO, Declaração *ex officio* da incompetência relativa?, *in Fundamentos do processo civil moderno,* S. Paulo, 1986, p. 373, quando fala da prorrogação "que talvez até lhe [ao réu] convenha".

6. Os dados básicos com que se tem de raciocinar são estes: *a)* a disciplina legal da competência inspira-se aqui no propósito fundamental de atender à conveniência do réu; *b)* por "presumir" que ele tenha interesse em defender-se onde está domiciliado é que a lei designou como competente, "em regra", o foro de seu domicílio; *c)* é possível, no entanto, que tal «presunção», justificável *in abstrato*, se revele inexata *in concreto.* Que diretriz se extrai desses dados para orientar o comportamento do juiz? Sua atitude há de harmonizar-se, à evidência, com a valoração da lei; mas não parece razoável que se limite a considerar o dado "presumido", senão que deve ir além dele para acomodar-se ao dado *real.*

Ora, o dado real, a única maneira de obtê-lo consiste, por assim dizer, em "consultar" o próprio réu. A este, com efeito, é que naturalmente cabe resolver se, naquele caso singular, seu interesse – razão de ser da determinação da competência territorial – será ou não bem servido pela aplicação do critério que, levando em conta *id quod plerumque accidit,* a lei "presumiu" ser o melhor. Pretender assegurar a todo custo, por iniciativa própria, a observância da regra traçada à luz da "presunção" constituirá, da parte do juiz, atitude temerária: ele se arrisca a sacrificar o espírito da lei para preservar-lhe a letra... Supondo guardar estrita fidelidade ao ordenamento, estará o órgão judicial, na substância, a contrariar a vontade que o anima.

Mais vale, assim, aguardar que o réu se manifeste, Caso ele se abstenha de impugnar, pelo meio cabível (a exceção de incompetência), a escolha, feita pelo autor, de foro diferente do indicado na lei, isso significará que mais lhe convém defender-se aí mesmo, e atendida estará a *ratio legis* com a prorrogação da competência em favor do órgão a que se apresentou a inicial. Satisfeito ficará o interesse (por hipótese, *coincidente)* de um e de outro litigante, sem prejuízo para ninguém – resultado a que não se chegaria se o juiz se precipitasse em declarar *ex officio* sua incompetência e desde logo remetesse os autos ao outro foro, Na hipótese de corresponder a "presunção" à realidade, terá o réu ao seu dispor O instrumento próprio para fazer prevalecer a designação legal do foro: basta que ofereça a exceção, e tudo se resolverá da maneira que lhe interessa.

7. Vale a pena ressalvar, para prevenir eventuais mal-entendidos, que não se está atribuindo aqui ao interesse do réu caráter *absoluto* enquanto critério de determinação da competência nos casos de que se trata.

Seu predomínio encontra óbvias limitações. Assim, por exemplo, é concebível, em tese, que, intentada a ação no foro do seu domicílio, e pessoal o direito, preferisse o réu, por qualquer motivo, defender-se noutro foro; ou que, ajuizada a inicial no foro Y, o réu, domiciliado em X, tivesse razões para preferir um terceiro foro, Z. A menos que haja base convencional para tanto, não lhe abre a lei, aí, a possibilidade de impugnar com êxito a opção do autor: em vão utilizaria o réu a exceção de incompetência.

Isso se explica facilmente, considerando que a lei, embora dê prevalência ao interesse do réu, não relega a total abandono o do autor. Subordina, sim, este àquele, mas só *até certo ponto.* Se o autor escolheu o foro Y, não é ilimitado o poder que se confere ao réu de insurgir-se contra a escolha: não se lhe faculta impor o deslocamento do processo para foro que não seja ou o do seu domicílio, X, ou – eventualmente – o de eleição.

A ressalva, porém, não invalida o raciocínio exposto nos itens anteriores. Continua a ser verdade que, em princípio, e nos lindes em que se reconhece relevância à vontade do réu, deve assegurar-se a este a oportunidade de influir na solução do problema. Ora, semelhante oportunidade ficaria excluída se o juiz houvesse de antecipar-se à manifestação do demandado.

8. Retomando o fio principal da nossa reflexão, podemos resumir como se segue as conclusões até agora assentadas. Quando o ordenamento dá primazia ao interesse público na boa administração da justiça, a competência é fixada em termos rígidos, de tal sorte que nenhum outro órgão além do(s) indicado(s) na lei processual é suscetível, sob quaisquer circunstâncias, de tornar-se competente (incompetência *absoluta).* Nesses casos, afigura-se coerente com a premissa que se incumba o juiz de velar pela rigorosa observância do preceito legal, em ordem a evitar que a decisão venha a ser proferida por órgão absolutamente incompetente. E é – repita-se – o que a lei, na verdade, faz: ordena ao juiz que, por iniciativa própria, se declare incompetente (Código de Processo Civil, art. 113, *caput, verbis* "deve ser declarada de ofício").

Quando, ao contrário, o ordenamento atribui maior relevo ao interesse da(s) parte(s), a determinação da competência é temperada por certa dose de elasticidade, admitindo-se – na medida em que se veja semelhante interesse como merecedor de prevalecer – que os litigantes, ou um deles, imponha(m) o processamento e o julgamento da causa por órgão diferente do indicado no texto legal; em outras palavras, admitindo-se que, pela vontade da(s) parte(s), órgão em princípio incompetente se torne competente (incompetência *relativa*). Em tais hipóteses, também por questão de coerência, cumpre que se assegure àquele cujo interesse se reputa preponderante a possibilidade efetiva de fazer valer sua preferência. Se é do réu que se cuida, como nos exemplos acima figurados, e o autor intentou a ação em foro diverso do apontado na lei, uma de duas: ou o réu, juiz do seu próprio interesse, entende que a opção o contraria, e em tal caso oferece a exceção, ou entende que ela não o contraria, e abstém-se de excepcionar, dando ensejo à prorrogação (Código de Processo Civil, art. 114). Conferir aqui ao órgão judicial a possibilidade de antepor-se ou sobrepor-se à manifestação (tácita que seja) do réu é introduzir nesse esquema lógico um fator de perturbação que nenhuma vantagem vem compensar.

9. A posição até agora exposta encontra significativa confirmação no plano do direito comparado. Ao propósito, impõe-se uma advertência preliminar. Em vários ordenamentos processuais, a convocação do réu a juízo efetua-se por ato diretamente promovido pelo autor, sem prévia mediação do órgão judicial, que não teria como apurar, no momento da demanda, sua eventual incompetência, absoluta ou relativa que fosse. Quanto a esses ordenamentos, poderia argumentar-se[9] que, se o réu atende à *in ius vocatio* e não alega a incompetência, o juiz fica, sim, impedido de declará-la, caso seja apenas relativa, mas só em razão do "acordo tácito" que se terá formado entre as partes, e do qual resultou a prorrogação. A conclusão assentaria numa peculiaridade do mecanismo da citação e, por isso, não seria "transplantável" para sistemas, como o nosso, em que o ato se pratica mediante o exame da inicial, de modo que, pelo menos nessa oportunidade – em que ainda não há cogitar de manifestação tácita de vontade do réu –, inexistiria vínculo para o órgão judicial, a inibi-lo da declaração de sua incompetência.

Não é preciso discutir aqui o mérito da argumentação: mais vale afastar-lhe a pertinência, mostrando que a opção pela sistemática descrita nos itens anteriores de forma alguma se limita aos ordenamentos que adotam o método da citação "imediata". Ao contrário: uma pesquisa,

---

9 Como faz MONIZ DE ARAGÃO, ob. e v. cit., p. 213.

mesmo rápida, revela a existência de diversas legislações em que, apesar de viger – como na brasileira – o método oposto, da citação ordenada pelo juiz após o exame da inicial, a incompetência relativa não é passível de declaração *ex officio.* Entre os códigos mais recentes, podem mencionar-se aqui: o venezuelano, de 1985, onde o art. 60, depois de indicar, nas duas primeiras alíneas, as hipóteses em que cabe tal declaração, estabelece na terceira que a incompetência em razão do território precisa ser alegada *"como cuestión previa",* salvo nos casos previstos na última parte do art. 47 (isto é, nas causas de obrigatória intervenção do Ministério Público e noutras expressamente apontadas na lei, nas quais é inadmissível o *pactum de foro prorogando,* e portanto a incompetência se torna *absoluta)*[10]; e o *Código General del Proceso* uruguaio, de 1988, cujo art. 133, ao determinar que o órgão judicial conheça de ofício da incompetência absoluta, *a contrario sensu* exclui tal conhecimento com referência à relativa, arrolada, no mesmo artigo, entre as *"excepciones previas"*[11].

Na Argentina, o *Código Procesal Civil y Comercial de la Nación* não emprega as expressões "incompetência absoluta" e "incompetência relativa"; o texto, contudo, lida à evidência com os conceitos. O art. 1º começa por estabelecer o princípio da improrrogabilidade da competência, a cuja luz, em regra, toda incompetência é absoluta; mas a 2ª alínea abre exceção, com ressalva que não vem ao caso, para a *"competencia territorial en asuntos exclusivamente patrimoniales, que podrá ser pro rogada de conformidad de partes",* sendo a incompetência aí, portanto, apenas relativa. Coerentemente, a 1 ª alínea do art. 4º enuncia – também em linha de princípio – que o juiz incompetente deve *"inhibirse de oficio";* todavia, nos termos da 3ª alínea, *"en los asuntos exclusivamente patrimoniales no procederá la declaración de incompetencia de oficio, fundada em razón del territorio".* Essa disposição é o *pendant* da 2ª alínea do art. 1º, e com ela se fecha o sistema, assim resumível: incompetência absoluta declara-se *ex officio,* incompetên-

10 Cf. RENGEL-ROMBERG, *Manual de Derecho Procesal Civil venezolano,* Caracas, 1968, v. I, p. 243.

11 A redação do último dispositivo citado é idêntica, anote-se, à do art. 123 do Código-tipo de Processo Civil para a América Latina, elaborado pelo Instituto Ibero-Americano de Direito Processual e tomado por modelo, ao que tudo indica, pelo legislador uruguaio.

cia relativa só se declara por iniciativa de parte[12]. Na mais completa exposição sistemática do moderno processo civil argentino, explica-se de início que as regras atribuidoras de competência em razão da matéria, do valor e do grau de jurisdição (quer dizer, aquelas cuja infração gera sempre incompetência absoluta) *"propenden fundamentalmente a asegurar la eficiencia de la administración de justicia, y se basan por lo tanto en consideraciones de interés general"*, ao passo que as regras sobre competência territorial (âmbito em que a incompetência, normalmente, é relativa) *"atienden ante todo a facilitar la actuación procesal de las partes y se hallan establecidas en el presunto interés individual de éstas"*. Daí – prossegue o autor – a diferença de tratamento quanto a um e a outro grupo de regras: no domínio do primeiro grupo, *"el órgano judicial está habilitado para verificar, de oficio, el cumplimiento de las reglas pertinentes"*, enquanto, no do segundo, *"el órgano judicial se halla vinculado al poder dispositivo de las partes o peticionarios, quienes pueden renunciar, expresa o tácitamente, a la aplicación de las reglas correspondientes, sometiéndose a la competencia de un juez distinto al previsto por éstas"*[13].

Claro está que a comparação não ministra argumento decisivo: basta ver, aliás, que também se encontram exemplos da orientação oposta. Em Portugal, até alguns anos atrás, a incompetência relativa não era declarável de ofício[14], mas passou a sê-lo, com determinadas limitações, a partir do Dec.-lei nº 242, de 9-7-1985, que modificou a redação do art. 109 do Código de Processo Civil. Parecido até certo ponto é, no particular, o direito austríaco (*Jurisdiktionsnorm*, § 43). O que se pretendeu, em substância, com as observações constantes deste item, foi mostrar quão inconsistente é a suposição de que a escolha de um ou de outro regime se ligue às variáveis características da disciplina da citação: qualquer deles pode coexistir com o sistema da mediação judicial.

12 Cf. MORELLO-SOSA-BERIZONCE, Códigos procesales en lo civil y comercial de la Provincia de Buenos Aires y de la Nación, t. II A, 2ª ed., La Plata-Buenos Aires, 1984, p. 11; *vide* as indicações de jurisprudência nas p. 46/7 e 59/60.

13 PALACIO, *Derecho Procesal Civil*, t. II, Buenos Aires, 1969, p. 370.

14 O que se justificava, em sede doutrinária, com argumentos extraídos da diferente natureza dos interesses em jogo, muito semelhantes aos expostos em nosso texto: v. DOMINGUES DE ANDRADE, *Noções elementares de processo civil*, Coimbra, 1979, p. 106; ANTUNES VARELA-J. MIGUEL BEZERRA-SAMPAIO E MORA, *Manual de processo civil*, Coimbra, 1984, p. 219.

10. Mas o recurso ao direito comparado pode ser útil também por outro ponto de vista. A favor da possibilidade da declaração *ex officio* da incompetência relativa tem-se argumentado com a inexistência, no ordenamento nacional, de regra expressa que, no caso, imponha abstenção ao juiz, que o force "a aceitar passivamente a prorrogação da competência"[15]. A esse argumento, como *é* óbvio, subjaz a ideia de que, para afastar aquela possibilidade, precisa a lei negá-la em termos categóricos, com todas as letras, em disposição específica, a falta de semelhante texto, ao intérprete não restaria senão reconhecer a admissibilidade da declaração, desnecessária para tanto – é o que se depreende – a respectiva consagração *expressis verbis.*

Vale a pena observar, porém, que o legislador português, quando quis alterar a disciplina da matéria, não entendeu suficiente suprimir a parte do art. 109 do Código de Processo Civil que rezava "A incompetência relativa só pode ser arguida pelo réu": ao contrário, introduziu no artigo toda uma alínea nova para atribuir ao órgão judicial o poder-dever de examinar a questão independentemente da iniciativa da parte: 2. A incompetência relativa deve, todavia, ser conhecida oficiosamente pelo tribunal até ao despacho saneador ou, não havendo saneador, até ao despacho subsequente ao termo dos articulados, nas ações a que se referem o artigo 73º e o nº 2 do artigo 74º, nos processos de falência e ainda nos processos cuja decisão não seja precedida de citação do requerido".

No direito austríaco, igualmente, é expressa a atribuição de competência ao juiz. Com efeito, o § 41, I, da *Jurisdiktionsnorm* determina, sem distinguir entre as hipóteses de incompetência absoluta e as de incompetência relativa, que o órgão judicial examine de ofício sua competência, tão logo se instaure perante ele um processo contencioso ou de jurisdição voluntária (*"Sobald eine Rechrssache der streitigen oder freiwilligen Gerichtsbarkeit bei einem Gerichte anhängig wird, hat dasselbe seine Zuständigkeit von Amts wegen zu prüfen").*

Em resumo: o ponto capital não consiste em que haja ou não dispositivo *expresso* a respeito do assunto. A quem sustente que, no ordenamento X, o juiz deve abster-se de declarar *ex officio* a incompetência relativa *porque a lei* expressamente lhe proíbe fazê-lo, sempre se poderá replicar que, no ordenamento Y, o órgão judicial está autorizado ou obrigado à declaração de ofício *porque* a lei, *expressis verbis,* a isso o autori-

15 Assim. MONIZ DE ARAGÃO, ob. e v. cit., p. 212.

za ou obriga. Nesses termos, a discussão torna-se fútil e inconcludente. Dela nenhum subsídio valioso se tira para a solução do problema em ordenamentos que, como o brasileiro, *não* contêm regra expressa, seja vedativa, autorizativa ou impositiva. Parece mais sensato procurar pela via da interpretação sistemática e teleológica a resposta correta para a indagação. Dos aspectos teleológicos já nos ocupamos em itens anteriores, quando retratamos o jogo dos interesses envolvidos e pusemos em relevo os fins, a que visam as normas legais, da respectiva proteção (*supra*, ns. 3 a 8). À análise sistemática do texto pátrio procederemos dentro em pouco. Antes, contudo, examinaremos alguns outros argumentos invocados em favor da tese da declaração *ex officio* e os resultados a que ela, nos seus diferentes matizes, conduz.

11. Simplificando um pouco, *brevitatis causa*, e abstraindo de pequenas diferenças de formulação, assim podem resumir-se os restantes argumentos da corrente favorável à possibilidade da declaração *ex officio* da incompetência relativa:

a) As regras sobre competência, de ordem pública, escapariam ao poder dispositivo das partes, não ficando ao arbítrio destas a respectiva observância[16]. Aqui, salvo engano, depara-se típica petição de princípio: dá-se por demonstrado o que careceria de demonstração, a saber, que todas as regras sobre competência são "de ordem pública" (entenda-se: cogentes) e não comportam modificação pela vontade das partes. Isso pode ser verdade para grande número das aludidas regras, mas o que interessa é saber se o é para aquelas cuja infração gera incompetência meramente relativa. Dizer que a maioria das regras processuais são cogentes é enunciar banalidade, da qual nada se tira de útil. Seria preciso demonstrar que *se incluem nessa maioria* as normas a cujo respeito se discute. Ninguém oferece tal demonstração; e, conforme se verá adiante (*infra*, nº 13), muito mais fácil é descobrir sinais eloquentes do contrário. Aí está, por exemplo, o art. 111 do Código de Processo Civil – que fornece a deixa para o exame do argumento seguinte.

b) A única via aberta às partes para modificar a competência territorial com efeito vinculativo para o juiz consistiria em celebrar por escrito, antes da instauração do processo, a convenção de que trata o

---

16 MONIZ DE ARAGÃO, ob. e v. cit., p. 507, nota 15; I TACiv. SP, Acórdão de 21-11-1985, Confl. de compet. nº 5.275-0, *in Rev. dos Tribs.*, v. 609, p. 44.

art. 111[17]. Este argumento constitui, por assim dizer, uma segunda trincheira: não se podendo negar em termos absolutos, diante do art. 111, a relevância da vontade das partes em matéria de competência territorial (e, pois, de incompetência relativa, como normalmente ocorre nesse domínio), procura-se limitar aos casos de ajuste prévio e escrito a possibilidade de que ela prevaleça de maneira decisiva, impondo- se ao órgão judicial. Mas é querer extrair do art. 111 mais do que ele contém. No art. 111 disciplina-se o *pactum de foro prorogando;* esse pacto é que, nos termos do § 1º, "só produz efeito, quando constar de contrato escrito e aludir expressamente a determinado negócio jurídico". Não fica excluída a admissibilidade de outro meio pelo qual se atinja o mesmo fim, com igual eficácia[18].

Ajunte-se que, a despeito da similitude da *ratio,* é manifesto exagero ver como umbilicalmente ligadas as disposições sobre pacto de eleição de foro e sobre prorrogação da competência por omissão do réu em excepcionar[19]. Recorde-se que, no Código de 1939, nada se dizia acerca daquele pacto – silêncio que até deu margem a manifestações no sentido da respectiva proibição – e, no entanto, o art. 148, nº I, contemplava a prorrogação da competência na hipótese de não oferecimento da exceção, tendo, repita-se, predominado amplamente, na doutrina e na jurisprudência, o entendimento de que ao juiz não era dado apreciar a questão de ofício.

c) A autoridade e o prestígio do órgão judicial não permitiriam que, sendo incompetente, ele se tornasse competente pela vontade das partes, sem acordo prévio e escrito[20]. Com a devida vênia, mal se compreende que a prorrogação da competência por vontade das partes deixe incólumes a autoridade e o prestígio do juiz, em havendo acordo prévio

17 HÉLIO TORNAGHI, ob. e v. cit., p. 360 (cf. porém, as observações feitas na p. 359, onde o autor admite que, à vista do art. 114, é *"apenas aparente"* [grifado no original] a exigência de acordo escrito, feita no art. III); MONIZ DE ARAGÃO, ob. e v. cit., p. 213, 214, 507, nota 15.

18 Se se constrói como "acordo tácito" a figura prevista no art. 114, é o caso de reconhecer, como o próprio HÉLIO TORNAGHI, ob. e v. cit., p. 359, que "o acordo tácito que a lei manda embora pela parta do art. 111, 1º, volta pela janela do art. 114!".

19 Um defensor da declarabilidade *ex officio* da incompetência relativa chegou a escrever que "ligar o problema do foro do contrato à prorrogabilidade da competência foi sem fundamento" (PONTES DE MIRANDA, ob. e v. cit., p. 407).

20 MENDONÇA LIMA, ob. cit., p. 66.

e escrito, e na falta deste os ponha em xeque. Aliás, se verdadeiro o argumento, logicamente se teria de concluir pela possibilidade da declaração *ex officio* da incompetência *a qualquer tempo:* a preservação da autoridade e do prestígio do órgão judicial não há de ficar limitada ao momento inicial de sua atividade. Se não se quer chegar a tal extremo[21], mais vale pôr de lado a preocupação com uma autoridade e um prestígio que, na verdade, não estão em causa.

d) Negar ao juiz o poder de declarar *ex officio* a incompetência relativa geraria o risco de congestionamento do órgão judicial[22]. É fácil ver que, conforme as circunstâncias, semelhante risco tanto pode resultar da abstenção do juiz em declarar-se incompetente, como da atitude oposta, com a consequente remessa dos autos a outro órgão – que talvez esteja mais sobrecarregado... De resto, a eleição de foro, em tese, oferece o mesmo perigo, e nem por isso o ordenamento a repele[23]. Terá compreendido o legislador que o inconveniente se reduz a mera conjectura, sem base concreta.

12. Convém agora examinar os resultados a que leva a doutrina da admissibilidade da declaração *ex officio.* A partir da premissa, duas construções são possíveis: ou se tem o poder do juiz como *dever* de declarar a incompetência relativa, ou como simples *faculdade* de declará-la. Em ambos os casos, pode-se ainda conceber que o dever ou a faculdade seja exercitável sem limitação, ou que o exercício fique limitado no tempo – especificamente, ao primeiro momento em que o órgão judicial toma contacto com o processo.

Construir o poder como dever exercitável a qualquer tempo importa equiparar por completo, desse ponto de vista, o regime da incompetência relativa ao da absoluta. A consequência é tão extremada, tão evidentemente contrária ao sistema da lei, que nenhum autor, ao que nos consta, chega até aí. Tampouco se depara, na literatura pátria, defesa da concepção do poder como faculdade de exercício irrestrito;

---

21 Para MENDONÇA LIMA, com efeito, só ao despachar a inicial é lícito ao juiz declarar de ofício a incompetência relativa; caso não o faça, "perde a oportunidade, devendo aguardar a exceção do réu, para, finalmente, decidir o incidente" (ob. cit., p. 65). Sobre essa posição, *vide, infra,* o nº 12.

22 LOPES DA COSTA, ob. e v. cit., p. 309; MENDONÇA LIMA, ob. cit., p. 64.

23 Com razão CÂNDIDO DINAMARCO, ob. cit., p. 375.

para efeitos práticos, aliás, pouca diferença haveria entre essa posição e a anterior.

O que se tem sustentado, entre nós, é a existência de um poder-dever ou de um poder-faculdade temporalmente limitado: relativa a incompetência, o juiz estaria obrigado ou autorizado a declarar-se incompetente de ofício, mas apenas ao despachar a petição inicial. Não o fazendo nessa ocasião, teria de aguardar a iniciativa do réu; e, se este não oferecesse a exceção, a competência inexoravelmente se prorrogaria[24]. Numa ou noutra versão, visto o poder como dever ou como faculdade, semelhante doutrina não prima pela coerência: a rigor, os argumentos invocáveis (e invocados) a favor da declarabilidade *ex officio*, se procedentes, valeriam para qualquer momento do processo. A limitação baseia-se precipuamente na necessidade de prestar homenagem à regra expressa do art. 114 do estatuto processual: é antes uma "concessão" ao direito positivo que uma imposição ou sugestão da própria lógica interna da construção em foco. Mais do que isso, porém, importa o fato de que, em qualquer das duas versões, ele mal se harmoniza com as ilações que se extraem da correta valoração do jogo de interesses peculiar ao caso *(supra*, ns. 3 e s.).

A tese do poder-faculdade, com exercício restrito ao começo do processo oferece, ainda, outro flanco à crítica. Se o órgão judicial está *autorizado,* mas não *obrigado,* a declarar-se incompetente naquela oportunidade, pergunta-se: que critério deverá observar para escolher uma ou outra solução? Ficará a opção relegada, em cada hipótese, ao puro arbítrio do juiz, que descartará certas causas e reterá outras? Percebe-se com facilidade os inconvenientes de tal sistema[25]. Ele compromete a segurança além de toda medida razoável, e não parece exagero considerá-lo incompatível com o princípio da igualdade, por abrir ensejo ao tratamento heterogêneo – e imune a controle – de situações homogêneas.

---

24 Assim, concebendo o poder do juiz como dever, HÉLIO TORNAGHI, ob. e v. cit., p. 360; concebendo-o como faculdade, LOPES DA COSTA, ob. e v. cit., p. 298, 308, 309; PONTES DE MIRANDA, ob. e t. cit., p. 41617; MONIZ DE ARAGÃO, ob. e v. cit., p. 212/4, 370, 507, nota 15; MENDONÇA LIMA, ob. cit., p. 65. A segunda concepção foi a adotada pelo I Tribunal de Alçada Cível de S. Paulo, no julgamento da Uniformização de Jurisprudência Nº 391.536, do qual resultou o enunciado nº 28 da *Súmula,* com a seguinte redação: " Pode o juiz declarar de ofício a incompetência relativa, desde que o faça em sua primeira intervenção no processo".

25 Aqui também, com razão CÂNDIDO DINAMARCO, ob. cit., p. 374/5.

13. Convém terminar com o exame direto do ordenamento vigente em nosso país – tarefa singela, diga-se logo: os textos relevantes são poucos, e ao nosso ver bastante claros. O Código de Processo Civil dedica à "declaração de incompetência" a Seção V do Capítulo III do Título IV do Livro I. Dos dispositivos que a compõem, interessam-nos de modo precípuo os arts. 112 a 114. Os arts. 112 e 113 cuidam, separadamente, da incompetência relativa e da incompetência absoluta; o art. 114 também respeita à primeira, e apenas a ela, motivo pelo qual se afigura procedente a crítica feita à respectiva localização: melhor se situaria ele logo após o art. 112[26].

Pois bem: que diz o Código sobre a incompetência relativa? Diz, inicialmente, que ela se argui por meio de exceção (art. 112); e acrescenta que, se o réu não excepcionar, "no caso e prazo legais", a competência se prorroga (art. 114). Nem o mais longínquo aceno, explícito ou implícito, à iniciativa do juiz. Note-se o contraste com o texto referente à incompetência absoluta, onde se começa por estatuir que ela "deve ser declarada de ofício" (art. 113, *caput, principio).* Alusão à remessa dos autos a outro órgão só se depara no art. 113, § 2º, concernente à incompetência *absoluta* – e, ajunte-se, no art. 311, que regula o efeito *do acolhimento da exceção,* pressupondo o oferecimento desta, quando relativa a incompetência.

A leitura atenta e desprevenida dificilmente permite duas conclusões. Fica patente que o Código quis preservar a liberdade de escolha do réu, no âmbito da incompetência relativa. Teria sido facílimo limitá-la, fazê-la depender da abstenção do órgão judicial por ocasião do despacho liminar, mediante o acréscimo de uma cláusula ao art. 112: "Argui-se, por meio de exceção, a incompetência relativa, *quando o juiz não a declare ao despachar a inicial".* A ausência da ressalva precisaria ser compensada por elementos ponderáveis, que se pudessem descobrir alhures, para justificar posição favorável à admissibilidade da declaração *ex officio.* Já se mostrou, no entanto, que o art. 111, § 1º, é insuficiente como base de sustentação da tese; e outros textos simplesmente não existem. Percorram-se, por exemplo, os dispositivos que regulam a atividade do juiz no exame e despacho da petição inicial (arts. 284, 285, 295): o silêncio é absoluto.

---

26 HÉLIO TORNAGHI, ob. e v. cit., p. 363.

O Código, na verdade, faz mais do que dar "a impressão de que o juiz não pode declarar, de ofício, a incompetência relativa[27]. Ou, se é de impressão que se trata, cumpre reconhecer que ela espelha fielmente a realidade. Pense- se o que se quiser pensar *de lege ferenda:* o direito vigente é refratário àquela possibilidade. Merece apoio e confirmação a diretriz tradicional na doutrina e na jurisprudência, segundo a qual a incompetência relativa não comporta declaração *ex officio.*

Junho de 1991.

COMENTÁRIOS DO ATUALIZADOR

PODE O JUIZ DECLARAR DE OFÍCIO A INCOMPETÊNCIA RELATIVA?

Paulo Henrique dos Santos Lucon

Tal como desde logo se pode depreender, o objetivo desse artigo é responder o questionamento que lhe serve de título. Em atenção a isso, a resposta apresentada ao final do texto pelo Professor Barbosa Moreira é a de que *"a incompetência relativa não comporta declaração ex officio"*. Para justificar essa conclusão são adotados, em síntese, os seguintes fundamentos.

As normas que definem a competência para o processamento de uma determinada demanda levam em consideração interesses de natureza pública e privada. Nos casos em que a competência é determinada por um interesse de natureza predominantemente pública, reconhece-se como válida apenas a decisão proferida por um único juízo, por essa razão todo órgão julgador tem o poder-dever de zelar por isso, podendo, para tanto, reconhecer a sua incompetência absoluta independentemente de qualquer provocação.

Já nos casos em que a definição do foro competente se dá em atenção a um presumido interesse das partes, o comportamento do julgador deve ser outro. Em determinadas hipóteses, a lei estabelece

27 Assim, HÉLIO TORNAGHI, ob. e v. cit., p. 360.

um foro como competente para o processamento de uma causa por presumir que com ele tutelaria de maneira mais adequada o interesse de uma parte.

Assim, por exemplo, nas ações fundadas em direito pessoal ou direito real sobre bem móvel, estabelece-se como competente o foro de domicílio do réu, por se presumir que ele seria mais adequado ao exercício de seu direito de defesa. Em sentido semelhante, nas ações de alimentos, fixa-se como competente o foro de domicílio do alimentando por se presumir que com isso se facilitaria o seu acesso à Justiça.

Como dito, essas, no entanto, são apenas presunções estabelecidas pela lei em prol da tutela de interesses que dizem respeito tão somente às partes. Nesse sentido, como não há a prevalência de um interesse público nesses casos, é possível que as partes tenham interesse em renunciar a essas regras gerais para que a demanda seja proposta em outro foro. Para fazer isso, por exemplo, elas podem pactuar uma cláusula de eleição de foro; o réu pode deixar de apresentar a devida exceção cabível; ou o autor pode propor a ação em outro local que não aquele estabelecido pela lei com a devida demonstração do motivo pelo qual a sua escolha é a mais adequada para o processamento da demanda.[28]

Justamente para permitir essa manifestação de vontade em sentido contrário às presunções estabelecidas em lei é que se veda ao juiz o poder de reconhecer de ofício sua incompetência relativa. Veja-se, a propósito, elucidativa lição de Barbosa Moreira a respeito do assunto que permanece válida até os dias de hoje: "pretender assegurar a todo custo, por iniciativa própria, a observância da regra traçada à luz da 'presunção' constituirá, da parte do juiz, atitude temerária: ele se arrisca a sacrificar o espírito da lei para preservar-lhe a letra...Supondo

28 Veja-se, nesse sentido, elucidativa jurisprudência do Superior Tribunal de Justiça que autoriza propositura de execução de alimentos (i) no foro do domicílio ou residência do alimentando; (ii) no juízo que proferiu a sentença exequenda; (iii) no juízo onde se encontram bens do alimentante sujeitos à expropriação e (iv) no juízo do atual domicílio do alimentante (CC 118.340/MS, Rel. Min. Nancy Andrighi, DJe 19/09/2013). Na mesma linha, é a jurisprudência que reconhece a faculdade de o alimentando renunciar à regra que estabelece o local de seu domicílio como competente: "É competente o foro do domicílio do alimentando para ação em que se pede alimentos. No entanto, por se tratar de regra de competência relativa, não há óbice que impeça a propositura da ação de alimentos em foro diverso do domicílio do alimentando" (CC 57.622/PR, Rel. Min. Nancy Andrighi, DJ 29/05/2006).

guardar estrita fidelidade ao ordenamento, estará o órgão judicial, na substância, a contrariar a vontade que o anima".

Ou seja, ao fixar um foro como competente por idealmente presumir que ele seria o mais adequado para tutelar os interesses de uma parte, confere-se a ela o poder de usufruir dessa prerrogativa ou não. Portanto, para que o exercício dessa liberalidade não seja prejudicado, o juiz não pode tomar a iniciativa de declarar sua incompetência apenas para fazer valer essa previsão incialmente estabelecida pela lei.

Além desse fundamento, a ressalva que poderia que poderia ser suscitada em relação a ele também permanece válida até os dias de hoje. Como também destaca Barbosa Moreira, reconhecer que o juiz não possa declarar de ofício a sua incompetência relativa, para que as partes possam manifestar sua concordância ou não com o foro inicialmente previsto pela lei, não significa conceder a elas um salvo conduto para que escolham qualquer outro juízo para o processamento de sua demanda.

No estudo, cita-se como exemplo o comportamento do réu contemplado por uma regra de competência em seu favor. Como ressalta Barbosa Moreira, esse réu pode concordar com a opção do autor que propôs a ação em outro local, ou defender a competência de seu domicílio, mas não arguir a competência de um outro foro sem relação com as partes ou com o objeto da disputa: "considerando que a lei, embora dê prevalência ao interesse do réu, não relega a total abandono o do autor. Subordina, sim, este àquele, mas só até certo ponto. Se o autor escolheu o foro Y, não é ilimitado o poder que se confere ao réu de insurgir-se contra a escolha: não se lhe faculta impor o deslocamento do processo para foro que não seja ou o do seu domicílio, X, ou – eventualmente – o de eleição. A ressalva, porém, não invalida o raciocínio exposto nos itens anteriores. Continua a ser verdade que, em princípio, e nos lindes em que se reconhece relevância à vontade do réu, deve assegurar-se a este a oportunidade de influir na solução do problema. Ora semelhante oportunidade ficaria excluída se o juiz houvesse de antecipar-se à manifestação do demandado".

Esse raciocínio é aplicado nos dias de hoje especialmente para vedar a prática do denominado *forum shopping*. Admitir a competência de mais de um juízo para o processamento de uma demanda e reconhecer que uma parte pode realizar uma escolha dentre eles, não significa permitir que isso se transforme um ardil para prejudicar a parte contrária. Assim, para justificar a escolha de um determinado juízo a parte deve demonstrar que ele tanto atende a seu interesse, como também que ele não prejudica o exercício do direito de defesa da parte contrária. O Superior Tribunal de Justiça, por exemplo, já teve a oportunidade de se manifestar a respeito disso em um julgamento que merece ser aqui destacado. Proposta uma ação com fundamento no Código de Defesa do Consumidor perante a Justiça Estadual do Rio Grande do Sul, por autores residentes na Paraíba (que também era o foro eleito pelas partes em convenção) e tendo o réu domicílio em Brasília, o STJ reconheceu que nesse caso haveria um abuso do consumidor no exercício de seu direito de escolher o foro competente, porque ele não teria vínculo de qualquer natureza que justificasse a propositura da demanda no Rio Grande do Sul.[29]

Em resumo, não só a conclusão esposada por Barbosa Moreira nesse texto permanece válida nos dias de hoje, como também os fundamentos que a embasam continuam atuais e podem ser empregados inclusive em outras questões relativas à fixação da competência no direito brasileiro. Prova maior da atualidade dessa conclusão é que a

29 *in verbis*: "Embora caiba ao consumidor indicar o local em que melhor possa deduzir sua defesa, optando pelo foro de seu domicílio, pelo foro de eleição contratual, do domicílio do réu, ou do local de cumprimento da obrigação, não pode ele, descartando todas estas alternativas previstas na lei processual, escolher outro foro, aleatoriamente, com o fito de furtar-se ao juízo estabelecido na lei processual, prejudicar a defesa do réu ou auferir vantagem com a já conhecida jurisprudência do Judiciário estadual favorável ao direito material postulado. Assim, no caso concreto, em que os contratos prevêem o foro do domicílio das autoras, a escolha de outro, não previsto nos arts. 94 e 100 do CPC, quando, no mínimo, não se apresente justificativa plausível para tanto, com explicação pormenorizada sobre qual o prejuízo que sofreriam com a tramitação da causa no seu próprio domicílio, não se pode aceitar a escolha aleatória, frustrando o escopo das regras legais de distribuição de competência" (EDcl no AgRg nos EDcl no CC 116.009/PB, Rel. Min. Sidnei Beneti, Rel. p/ Acórdão Min. Maria Isabel Gallotti, DJe 20/04/2012). Nesse mesmo sentido é a orientação da doutrina: "Assim, não se pode permitir ao autor escolher o foro onde o exercício das garantias fundamentais da contraparte fosse mais penoso apenas com o objetivo de dificultar-lhe a defesa. No entanto, havendo circunstâncias que justifiquem um interesse legítimo na escolha pelo foro, e não sendo o local onde a defesa do réu se torne impossível ou excessivamente onerosa, a opção do demandante deve ser preservada: o autor não está evidentemente obrigado a escolher o foro que seja melhor para o réu" (Antonio do Passo Cabral, Juiz natural e eficiência processual. Flexibilização, delegação e coordenação de competências no processo civil, São Paulo: RT, 2021: 509).

Súmula 33 do Superior Tribunal de Justiça, editada em 1991, consagra esse entendimento ("a incompetência relativa não pode ser declarada de ofício") e é aplicada pelo Tribunal continuamente desde então.

Em realidade, as principais alterações nos últimos anos nessa matéria dizem respeito a questões procedimentais relativas ao modo como deve ser alegado pela parte interessada eventual incompetência relativa do julgador. Diferentemente do Código de Processo Civil de 1973, o art. 64, *caput,* do Código de Processo Civil de 2015 prevê que a incompetência relativa deve ser suscitada pelo réu em preliminar de contestação, sob pena de ocorrer o fenômeno da prorrogação, tal como estabelece o art. 65 do Código. Ou seja, não existe mais a figura da denominada exceção de incompetência, tal como previa o art. 112 do Código revogado. Em paralelo a isso, a principal inovação do Código de 2015 é a previsão de que mesmo nos casos de incompetência absoluta, ainda que o juiz possa conhecê-la de ofício em qualquer tempo e grau de jurisdição, nos termos do art. 64, §1°, tem ele o dever de ouvir as partes previamente a respeito em atenção ao princípio do contraditório e a vedação à decisão surpresa, tal como determina o art. 10, do Código.

CITAÇÃO DE PESSOA FALECIDA[1]

1. O título do presente trabalho não deve induzir em erro o leitor. É notório que muitos acreditam na possibilidade de comunicação entre os vivos e os espíritos dos finados; e até não falta quem se apresente como intermediário credenciado para tal gênero de contatos. Talvez se pudesse supor, assim, que o nosso tema se relacione com a eventualidade de chamar-se a juízo alguém *que se sabe e se afirma* já ter falecido, incumbindo-se naturalmente da diligência – seja dito com o devido respeito – funcionário ou serventuário dotado dos indispensáveis poderes mediúnicos.

Por fascinante que se afigure tal questão, não é dela que pretendemos ocupar-nos agora. A que no momento nos interessa – bem mais... terrena – prende-se a outra hipótese, cuja admissão independe de crença religiosa ou filosófica: a de que se pratiquem os atos normalmente hábeis para perfazer uma citação, dirigida a pessoa que, entretanto, já não habita este mundo, quer disso tenha, quer não tenha ciência (embora, no primeiro caso, não a declare) aquele que tomou a iniciativa da *in ius vocatio.* Os termos em que nos expressamos evidenciam que o problema está sendo posto com referência a pessoas *físicas;* mas o leitor saberá extrair do que vamos dizer, *mutatis mutandis,* as conclusões cabíveis, por analogia, quanto a pessoas jurídicas – que, se não *morrem,* na acepção comum da palavra, decerto se extinguem.

Inútil advertir que não se pensa aqui em citação realizada *in faciem* por oficial de justiça: salvo grave perturbação mental, se este cumpriu mandado citatório, nos termos do art. 226 do Código de Processo Civil, é certo, certíssimo, que terá encontrado alguém com vida[2]; e, acrescente-se, com (pelo menos) relativa saúde física e psíquica, atentas as disposições dos arts. 217, nº V, e 218. Não parece absurdo, porém, imaginar situação diferente na hipótese de consumar-se a diligência pela forma

---

1 Trabalho destinado ao volume de estudos em memória de ALFREDO BUZAID. Publicado também na *Revista Forense,* v. 321, e em *Ajuris,* v. 58.

2 Sem dúvida pode acontecer que, por erro ou por outro motivo, se haja citado pessoa *diversa* daquela que o tinha de ser. A semelhante hipótese, estranha ao tema do presente artigo, refere-se PONTES DE MIRANDA, *Comentários ao Código de Processo Civil,* t. III, 2ª ed., Rio de Janeiro, 1979, p. 266, *verbis* "A citação que deveria ser feita a B e se fez a C não é eficaz quanto a B".

prevista nos arts. 227 e 228 (citação "com hora certa"), se por exemplo o meirinho não tomar conhecimento de que, entre a terceira tentativa frustrada de encontrar o citando e a oportunidade designada para novo comparecimento, se configurara razão mais do que justa para a ausência daquele – a saber, o respectivo óbito –; e, mal informado, der por feita a citação. Tampouco ficará excluída a possibilidade de que se cogita, no caso de utilizar-se a via postal, desde que se admita, apesar da letra do art. 223, § 3º, a entrega da carta a pessoa diversa do destinatário[3]: quem receba a correspondência pode ignorar o passamento, ou deixar de acusá-lo por outro motivo. *Last but not least:* concebe-se com facilidade que o citando já haja falecido quando se requeira, se defira ou se publique o edital citatório, ou no *dies ad quem* do prazo a que alude o art. 232, nº IV. Com ressalva do que ficou dito nas linhas iniciais deste artigo, o destinatário da citação estará, nessa hipótese, em lugar realmente "inacessível", num sentido mais radical do que o pressuposto no art. 231, nº II: nem será capaz de alcançá-lo o edital, nem a notícia que se venha a divulgar pelo rádio, em obséquio ao § 2º do dispositivo.

Cabe, então, a pergunta: Em casos tais, como se há de classificar o ato? Que qualificação melhor lhe assenta?

---

3 Lê-se em MILTON SANSEVERINO-ROQUE KOMATSU, *A citação no direito processual civil*, S. Paulo, 1977, p. 151, nota 249: "Estabelece o Código que a carta deverá ser entregue ao destinatário e não a outra pessoa qualquer, o que significa que a correspondência será entregue pessoalmente, não se admitindo intermediários, ainda que de favor. (...) No caso de pessoa jurídica, a entrega deverá ser feita ao órgão (pessoa) que o presenta, considerando-se tal aquele que for indicado na petição inicial pelo autor" (grifado no original). Mas, a seguir, atenua-se o rigor da posição: "E se a entrega for feita a porteiro, secretária ou qualquer outro funcionário (como, *v.g.*, em empresas de grande porte, onde o acesso à direção é, comumente, muito difícil)? A solução vai depender das circunstâncias de cada caso particular, para se verificar, por exemplo, se a citação atingiu seu fim, se houve prejuízo para o réu etc., recorrendo-se, quando couber, aos princípios gerais e especiais de sanação de nulidades" (grifamos). Decidiu o II TA Civ. SP, em 16-9-1986, Apel. nº 194.064-1, a*pud* ALEXANDRE DE PAULA – GERALDO MAGELA ALVES, Repertório de Jurisprudência do Código de Processo Civil Brasileiro, Rio de Janeiro, v. V, 1992, p. 267, nº 356, que, "se a pessoa que recebe do carteiro a respectiva carta citatória não é empregada do ente jurídico ou não tem poderes especiais para representá-lo, o ato citatório não se aperfeiçoa"; *a contrario sensu*, seria regular o recebimento, *v.g.*, por empregado da empresa. A doutrina e a jurisprudência predominantes, ressalve-se, exigem a entrega em mãos do citando.

2. A possibilidade de bem responder à indagação reclama, ao nosso ver, noções claras acerca dos possíveis defeitos dos atos processuais *(rectius:* dos atos jurídicos) e das respectivas consequências. O cabal esclarecimento de tais noções, aliás, na verdade nos leva por força a outra ordem de considerações, não raro negligenciada no tratamento da matéria, mas logicamente prévia a tudo mais. Com efeito: é costume falar de atos *inexistentes,* de atos *inválidos,* de atos *ineficazes,* sem antes explicar que é que um ato há de ter, respectivamente, para reputar-se *existente, válido, eficaz.* Manifesta a inversão lógica: primeiro, faz-se imprescindível saber em que consiste a perfeição, visto que só pelo confronto com ela se logra compreender a imperfeição. Se o médico desconhece os limites da normalidade, jamais detectará no paciente a ocorrência de febre ou de hipertensão arterial. Constitui defeito, aos nossos olhos, a falta de um braço ou de uma perna em ser humano porque – e apenas porque – sabemos que o homem tem normalmente dois braços e duas pernas: caso não dispuséssemos desse padrão de referência, nenhuma razão existiria para havermos por "defeituoso" quem porventura dele se afaste.

Uma ressalva desde logo se impõe. Não estamos querendo dizer que todos os problemas se resolvam pelo mero fato de repormos as coisas na ordem natural. Particularizando o discurso: não se nos afigura bastante, *sic et simpliciter,* saber, *v.g.,* o que necessitamos encontrar, em princípio, num ato válido para ficarmos habilitados a deslindar qualquer questão atinente à eventual invalidade deste ou daquele ato, *in concreto.* O ordenamento jurídico pode, com efeito, em homenagem a valores de índole diversa, flexibilizar as articulações lógicas do sistema, num ou noutro sentido. No campo do processo, é notório que a lei, atendendo a conveniências práticas, se esforça, em medida ponderável, por afastar os corolários rigorosos de determinadas imperfeições, de maneira que, consoante as circunstâncias, o juiz pode ver-se autorizado, ou mesmo compelido, a ter por irrelevante a ocorrência do defeito: aí estão, por exemplo, as disposições dos arts. 243, 245, *caput,* e 249, § 2º, do vigente estatuto processual.

Isso não contradiz nosso anterior asserto. A caracterização da existência, da validade e da eficácia do ato deve preceder o exame das questões atinentes a inexistência, à invalidade e à ineficácia, como condição *necessária,* embora nem sempre *suficiente,* do seu correto equacionamento. Voltando a particularizar: talvez não baste saber o que precisa conter um ato válido para decidir, sob quaisquer circunstâncias, se se há de decretar ou não a invalidade de tal ou qual ato determinado. Outras considerações podem interferir no modo de resolver a questão. Daquela, todavia, não é possível prescindir: ela constituirá, em todo caso, a primeira etapa do nosso raciocínio.

3. Cumpre aqui tomar como ponto de partida a rigorosa distinção entre os três ângulos de enfoque: o da existência, o da validade e o da eficácia[4]. Um ato processual *(rectius:* um ato jurídico) *existe,* como tal, se reúne todos os elementos essenciais indicados na lei. Caso falte algum, ou mais de um, estaremos diante de algo que, conquanto *possa parecer,* em maior ou menor grau, com o modelo, não o reproduz. Não fica excluído que algo *exista,* na acepção vulgar da palavra; juridicamente, no entanto, uma tradição já larguíssima, se bem que não imune a críticas[5], fala desse "algo" como de um ato jurídico, processual) *inexistente*[6]*?*

Existindo o ato, cabe averiguar, numa segunda operação, se ele *vale* ou *não vale.* Com efeito, pode acontecer que, embora presentes todos os elementos essenciais, algum (ou mais de um) se mostre desprovido de

---

4 Afeiçoamo-nos aqui à construção reiteradamente exposta por PONTES DE MIRANDA, sobretudo no *Tratado de Direito Privado (vide,* por exemplo, entre tantos passos, a síntese constante do t. IV, Rio de Janeiro, 1954, p. 617). Perspectiva semelhante à nossa - com muito maior desenvolvimento - adota, a propósito do negócio jurídico, ANTONIO JUNQUEIRA DE AZEVEDO, *Negócio jurídico - Existência, validade e eficácia,* S. Paulo, 1974, *passim* (cf., na "Apresentação", p. V, o enunciado da diretriz seguida pelo autor: "O que, porém, nos pareceu conveniente e tentar, porque até hoje não foi feito, pelo menos de forma sistemática, era estudar a questão do *lado positivo:* existência, validade e eficácia, antes que inexistência, invalidade e ineficácia" - grifado no original).

5 Ainda na doutrina pátria contemporânea, há quem resista à admissão da categoria dos atos processuais inexistentes: assim, *v.g.,* OVÍDIO A. BAPTISTA DA SILVA, *Curso de processo civil,* v. I, Porto Alegre, 1987, p. 169170, o qual chega a asseverar que "a teoria da inexistência, mesmo em direito material, não pode conviver com as concepções e exigências da vida moderna" (?).

6 Cf., na literatura italiana, por exemplo, SERGIO COSTA, *Manuale di diritto processuale civile,* Turim, s.d., p. 226 ("É inesistente *l'atto processuale che manca d 'un elemento essenziale per la sua esistenza"* - destaque do autor). Entre nós, ensina HÉLIO TORNAGHI, *Instituições de processo penal,* 2ª ed., S. Paulo, 1977, p. 50, que "o ato inexiste quando lhe falta um elemento que o Direito considera essencial"; ANTONIO CARLOS DE ARAÚJO CINTRA - ADA PELLEGRINI GRINOVER - CÂNDIDO R. DINAMARCO, *Teoria geral do processo,* 8ª ed., S. Paulo, 1991, p. 307, sob a rubrica "Inexistência jurídica do ato processual", explicam que a este falecem às vezes "elementos essenciais à sua constituição, a ponto de ser ele inexistente perante o direito". São entendimentos dos quais não se distancia o nosso.

atributo indispensável. Para que o ato seja válido, não basta o concurso dos elementos essenciais: é mister que estes satisfaçam determinados *requisitos* (ou, olhado o fenômeno pelo lado negativo, que não padeçam de certos vícios). A ausência do requisito, ou a presença do defeito, é suscetível de comprometer a validade do ato: ele *existe,* mas *não vale.* Ocioso sublinhar que de ato inexistente nenhum sentido faz indagar se é ou não é válido: a segunda operação pressupõe que na primeira se haja chegado a resposta positiva.

A aferição da existência do ato implica pesquisa que lida com *substantivos:* os elementos essenciais sempre são expressos por meio de palavras pertencentes a essa classe. Já o controle da validade conduz-nos gramaticalmente, de ordinário, ao terreno dos *adjetivos:* tal a classe em que se inserem as palavras indicativas de atributos ou qualidades (requisitos). Por exemplo: para que um contrato exista, é imprescindível a *manifestação de vontade* dos contraentes (substantivo); para que o contrato seja válido, faz-se preciso, entre outras coisas, que semelhante manifestação de vontade se mostre isenta de coação, isto é, *livre* (adjetivo).

Eficácia do ato é a sua aptidão para produzir efeitos no mundo do direito. As mais das vezes, se o ato (além de existir) vale, tem essa aptidão: um contrato válida, normalmente, faz nascer para as partes os direitos e as obrigações nele previstos. Reciprocamente, se o ato não vale, em regra não produz os efeitos normais. Esses princípios, todavia, não são absolutos. Pode suceder que, apesar de válido, o ato deixe de produzir efeitos por certo tempo, ou para determinadas pessoas. Assim, *v.g.,* o ato válido praticado sob condição suspensiva é ineficaz enquanto não sobrevenha o acontecimento a que ficou condicionado (Código Civil, art. 118); a alienação *a non domino* – ao contrário do que com frequência se supõe – vale (salvo se algum *outro* motivo lhe exclui a validade), posto que não produza efeitos para o verdadeiro *dominus.* Em compensação, pode a lei, a título excepcional, atribuir efeitos a ato inválido: exemplo clássico – e ainda interessante, a despeito das posteriores modificações do nosso ordenamento positivo na matéria – é o do art. 221, *caput,* do Código Civil: "Embora anulável, ou mesmo nulo, se contraído de boa-fé por ambos os cônjuges, o casamento, em relação a estes como aos filhos, produz todos os efeitos civis até o dia da sentença anulatória". Como intuitivamente se compreende, não há cogitar de eficácia em se tratando de ato inexistente.

4. A existência do ato, ficou dito, reclama a presença de todos os seus elementos essenciais. Quais são esses elementos, naturalmente, é algo que pode variar, e na realidade varia, de ato para ato. Não nos parece impossível, contudo – pelo menos com referência aos atos processuais –, uma formulação genérica, aplicável, em linha de princípio, a todo e qualquer ato da categoria; deixaremos aqui em aberto, de caso pensado, a questão de saber se ela é passível de extensão a outras categorias, ou *ao ato jurídico* em geral.

Que elementos não se concebe que faltem a um ato processual? Antes de mais nada, necessariamente tem de haver uma pessoa (ou mais de uma) que o pratique; de outro modo, não se cuidaria sequer de um *ato*. O primeiro elemento, portanto, é o *sujeito* (ou os *sujeitos);* aliás, uma das mais corriqueiras classificações dos atos processuais baseia-se precisamente no critério subjetivo. Atente-se, todavia, em que, não raro, além do *agente,* a estrutura do ato importa ainda a existência de um *paciente,* de alguém que o receba, que seja seu destinatário; nesses casos – entre os quais, como veremos, se inclui justamente o da citação –, ao lado do sujeito *ativo,* há também um sujeito *passivo.*

Prossigamos. Todo ato processual incide sobre algo que é exterior ao sujeito, que se acha fora (e diante) deste: e aí está o segundo elemento, o *objeto.* Exemplos: a arguição de falsidade incide sobre o documento cuja autenticidade se nega; o recurso, sobre a decisão impugnada; a penhora, sobre o bem que se apreende.

A operação realizada pelo sujeito com relação ao objeto tem índole muito variável. Essa índole ou natureza determina o *conteúdo* do ato: uma ordem, uma autorização, uma certificação, uma comunicação, uma declaração de vontade ou de ciência, um requerimento, uma constrição... O conteúdo, sinteticamente, é aquilo em que o ato *consiste;* e também constitui elemento essencial dele.

Todo ato, enfim, deve manifestar-se, exteriorizar-se, deste ou daquele modo. Atos puramente *internos* podem ter relevância psicológica, mas decerto nunca assumirão o caráter de atos processuais. Designamos pela palavra *forma* o modo por que o ato se manifesta, se exterioriza; e tal é, ao nosso ver, o quarto elemento essencial do ato.

5. Passemos a tratar, em termos específicos, da citação, deixando de lado, naquilo que não interessa, as questões atinentes ao objeto, ao conteúdo e à forma. A citação consiste, em substância, numa comunicação[7]: a de que se instaurou um processo em face do citando. Como tal, ela é inconcebível sem alguém *que comunique* e sem alguém *a quem se comunique.* Tem, forçosamente, um sujeito ativo e um sujeito passivo. O sujeito ativo é o órgão judicial que deferiu o requerimento de citação (não o executor material da diligência: oficial de justiça; carteiro, na citação por via postal); o sujeito passivo é o citando.

Ora, o citando só pode ser *pessoa,* física ou jurídica; ou então, algum ente não personalizado a que a lei processual, excepcionalmente, atribua capacidade para ser parte *(v.g.:* condomínio de edifício de apartamentos, espólio, massa falida). Limitando o discurso ao caso da pessoa física, nos termos do que se anunciou de início, basta ler o art. 10, 1ª parte, do Código Civil ("A existência da pessoa natural termina com a morte"), para verificar a absoluta impossibilidade de conceber-se uma citação em que o citando já não esteja vivo. O morto, como pessoa, não existe; logo, não pode ser sujeito passivo da citação - nem de qualquer outro ato, ajunte-se. Citação sem sujeito passivo, no entanto, seria citação desprovida de elemento essencial - vale dizer, citação *inexistente:* ato que talvez *se pareça* com uma citação, sem com ela, porém, identificar-se.

6. A conclusão enunciada independe por completo de qualquer análise do comportamento de quem tenha promovido a *in ius vocatio.* Não interessa apurar se o autor sabia, ou não sabia, que o citando já falecera. Suponha-se que ele requeira, na própria petição inicial, ou depois, a expedição de edital citatório, afirmando ignorar o paradeiro do citando: é absolutamente irrelevante, na perspectiva em que agora nos colocamos, que a afirmação haja sido feita de boa ou de má-fé. A hipótese é bem diferente, note-se, daquela em que o citando vive - e, por conseguinte, pode ser sujeito passivo do ato. Aí, sim, o aspecto subjetivo importa para a aferição da validade: considerar-se-á *nula* a citação se o autor tiver

---

7 Acidentalmente, pode o ato revestir também outras características - conter, por exemplo, um preceito, como ocorre no processo de execução por quantia certa, onde o devedor é citado "para, no prazo de vinte e quatro (24) horas, pagar ou nomear bens à penhora" (art. 652); ou uma interpelação, conforme sucede na ação consignatória, em que se cita o réu "para, em lugar, dia e hora determinados, vir ou mandar receber a quantia ou a coisa devida" (art. 893; cf. ADROALDO FURTADO FABRÍCIO, *Comentários ao Código de Processo Civil,* v. VIII, t. III, 5ª ed., Rio de Janeiro, 1993, p. 70, 71).

alegado "dolosamente" o desconhecimento do lugar onde se encontrava o citando (Código de Processo Civil, art. 233, *caput*)[8]. Mas semelhante questão, por já situar-se *no plano da validade,* pressupõe resolvida em sentido positivo a da *existência* do ato (cf., *supra,* o item nº 3).

Aqui, a negação assume caráter radical. O que se questiona não é a validade da citação; é a sua própria existência. Citação de pessoa falecida é, repita-se, citação *inexistente,* por falta de elemento essencial (o sujeito passivo); dela simplesmente não tem sentido indagar se vale ou não vale. A possível boa-fé do autor em nada influi na solução do problema.

7. Nenhuma influência tem, igualmente, a consideração de se haverem observado todas as formalidades contempladas na lei, por exemplo quanto à publicação do edital citatório (art. 232 e seus parágrafos). O problema não diz respeito à *forma* do ato. Por isso mesmo, não é invocável o art. 247, segundo o qual "as citações e as intimações serão nulas, quando feitas sem observância das prescrições legais". A incidência dessa norma pressupõe que a citação *haja sido feita,* quer dizer, *exista.* Aí, sim, cabe perguntar se se terão observado ou não as prescrições legais na realização do ato, a fim de averiguar se ele é válido ou nulo. O caso é diverso do aqui considerado, em que nem sequer se passa a tal nível de aferição.

O ordenamento português enumera em dispositivos separados as hipóteses de *falta* e as de *nulidade* da citação (Código de Processo Civil, arts. 195 e 198, respectivamente). E inclui entre aquelas a que ocorre "quando se mostre que foi efetuada depois do falecimento do citando" (art. 195, nº 1, letra *e)*[9]. A opção do legislador afigura-se incensurável:

---

8 A sanção de invalidade não é cominada *expressis verbis:* o art. 233 só alude à imposição de multa. Com razão, entretanto, a doutrina recusa validade ao ato praticado nas circunstâncias descritas: *vide* PONTES DE MIRANDA, *Coment.* cit., t. III, p. 413; HÉLIO TORNAGHI, *Comentários ao Código de Processo Civil,* v. II, S. Paulo, 1978, p. 197; MONIZ DE ARAGÃO, *Comentários ao Código de Processo Civil,* v. II, 7ª ed., Rio de Janeiro, 1991, p. 319; ARRUDA ALVIM, *Manual de Direito Processual Civil,* v. II, 3ª ed., S. Paulo, 1986, p. 175. Cf., na jurisprudência, os Acórdãos coligidos por ALEXANDRE DE PAULA - GERALDO MAGELA ALVES, *Repert.* cit., v. V, p. 276/7, ns. 393, 395 e 397, aos quais se pode acrescentar o proferido pela 5ª Câmara Cível do Tribunal de Justiça do Rio de Janeiro, em 15-10-1991, na Ação Rescisória nº 80/90, de que foi relator o autor do presente artigo.

9 O dispositivo não existia no texto de 1939: foi acrescentado por ocasião da reforma de 1961. Consoante informa, porém, ARTUR ANSELMO DE CASTRO, *Direito Processual Civil Declaratório,* Coimbra, t. III, 1982, p. 122, a doutrina "já era pacífica anteriormente", apesar do silêncio da lei.

em verdade, a citação efetuada *(rectius:* aparentemente efetuada) após a morte do citando não é apenas nula: é inexistente[10].

8. Também no estatuto processual pátrio se depara a expressão "falta de citação». Com efeito, o art. 214, depois de estabelecer, no *caput,* que, "para, validade do processo, é indispensável a citação inicial do réu", acrescenta, no § 1º: "O comparecimento espontâneo do réu supre, entretanto, a falta de citação". Nesse modo de dizer estão abrangidos os casos em que *nada* se fez para comunicar ao citando a propositura da ação e, também, aqueles em que conquanto se tenha feito *algo,* o que se fez, por ausência de elemento essencial, não chegou a constituir, juridicamente, o ato da *in ius vocatio*[11]. É o que se dá na hipótese de que estamos tratando.

De acordo com o dispositivo, a falta de citação (em qualquer das duas modalidades) fica suprida se o réu, espontaneamente, comparece a juízo. Explica- se: a finalidade do ato foi atingida. O citando tomou ciência da demanda, conforme demonstra o seu comparecimento. Seria gritante bizantinismo, em tal situação, extrair da lacuna a consequência ordinária. Reputa-se satisfeito o requisito de validade do processo. É óbvio, porém – sempre com a ressalva de fenômenos sobrenaturais –, que uma pessoa só pode comparecer se estiver viva. A norma, portanto, não tem como incidir no caso sob exame. Concebe-se, isso sim, que alguém se apresente nos autos como sucessor do falecido na relação jurídica de direito material sobre que versa o processo, ou que o faça o próprio espólio. Se o autor concordar, poderá o feito prosseguir

10 Expressamente nesse sentido, entre nós, PONTES DE MIRANDA, *Coment.* cit., t. III, p. 270: "A própria citação edital de pessoa falecida não é nula (...): é inexistente; não houve citação". Sem embargo da dicção particularizada ("citação edital"), é manifesto que o ensinamento se aplica, *in genere,* a qualquer tipo de citação: teve-se em vista, ao redigir o trecho, *id quod plerumque accidit.*

11 De "inexistência material" e "inexistência jurídica", respectivamente, fala CALMON DE PASSOS, *Comentários ao Código de Processo Civil,* v. III, 6ª ed., Rio de Janeiro, p. 305. A propósito do art. 301, nº I, onde se depara a locução "inexistência", em vez de "falta", que reaparece no art. 741, nº I, sempre com o mesmo âmbito de incidência. Nossa terminologia difere da que emprega CALMON DE PASSOS: preferimos, no estudo da existência/inexistência, designar por "elementos" aquilo a que o ilustre comentador chama "requisitos" – denominação que reservamos para a análise da validade/invalidade (cf., *supra,* nº 3 do texto), a exemplo de ANTÔNIO JUNQUEIRA DE A ZEVEDO, ob. cit., p. 40 e s., 51 e s.

validamente com tal réu, procedendo- se às retificações cabíveis. Não existe outra possibilidade de salvação. De maneira nenhuma bastaria a mera circunstância de haver-se designado, com base no art. 9º, nº II, 2ª parte, curador especial, nem a de ter este efetivamente atuado. De resto, não há equiparar o citando morto a um réu revel; afina: de contas, nem sequer se afigura próprio considerá-lo *réu*. A matéria é suscetível de conhecimento oficioso, a qualquer tempo. Caso o juiz, por si mesmo ou mediante provocação de outrem *(v.g.*, do Ministério Público, se participa do feito), tome ciência do ocorrido, à luz de peça constante dos autos, o que lhe cumpre fazer é extinguir o processo, sem julgamento do mérito, nos termos do art. 267, nº IV. Será nula a sentença de mérito que, por inadvertência, se venha a proferir.

Janeiro de 1993.

COMENTÁRIOS DA ATUALIZADORA

CITAÇÃO DE PESSOA FALECIDA

Teresa Arruda Alvim

O texto versa sobre citação pelo correio, por edital ou por qualquer outro modo que não seja pessoal, de pessoa falecida. Este tema remete à necessidade de se falar em atos inexistentes, nulos, ineficazes. Trata-se, como ensina Barbosa Moreira, de três ângulos de enfoque: o da existência, o da validade e o da eficácia.

Frisa que a existência/inexistência jurídica não se confunde com a existência/inexistência *física*.[12]

12 Com base na lição do Mestre, já sustentamos que: "Antes de tudo, convém aqui desmistificar-se o ato inexistente. A sentença juridicamente inexistente é, pura e simplesmente, a sentença que não pode ser chamada de sentença, por que lhe faltam elementos essenciais. Portanto, trata-se de um problema de *tipicidade*. Sob certo aspecto, trata-se de um *vício*, já que a inexistência *jurídica* não se confunde com a inexistência fática. O ato *existe*, mas desprovido de elementos que lhe dão *identidade* – como, por exemplo, o *decisum*, em relação a uma sentença. Obviamente, uma sentença sem *decisum* não é uma sentença: é uma não-sentença (*Nichturteil*). É ato *desidentificado*, que não pode ser chamado/classificado de, *v.g.*, sentença". (ARRUDA ALVIM, Teresa. *Nulidades do processo e da sentença*. 10ª ed. São Paulo: Thomson Reuters Brasil, 2019, pp. 238 e ss.).

Existente, juridicamente, o ato, cabe averiguar-se sobre sua validade.

Outro problema, diferente, é o que se liga à aptidão do ato para gerar efeitos.

Citação sem sujeito passivo é desprovida de elemento essencial, é uma citação juridicamente inexistente.[13] Falta o sujeito passivo do ato: este não existe mais. Não interessa se o autor sabia ou não sabia que o réu[14] havia, antes da citação, falecido.

O que há, entretanto, de mais interessante e relevante no texto, sob a ótica de sua "atualização", é o embrião de uma ideia que veio a se converter, na minha opinião, num dos pilares do CPC de 2015 que é a seguinte:

> "O ordenamento jurídico pode, com efeito, em homenagem a **valores de índole diversa, flexibilizar** as articulações lógicas do sistema, num ou noutro sentido. No campo do processo, é notório que a lei, atendendo a conveniências práticas, se esforça, em medida ponderável, por **afastar os corolários rigorosos de determinadas imperfeições**, de maneira que, consoante as circunstâncias, o juiz pode ver-se autorizado, ou mesmo compelido, a ter por irrelevante a ocorrência do defeito: aí estão, por exemplo, as disposições dos arts. 243, 245, *caput,* e 249, § 2º, do vigente estatuto processual.
>
> (...)
>
> Em compensação, **pode a lei, a título excepcional, atribuir efeitos a ato inválido**: exemplo clássico – e ainda interessante, a despeito das posteriores modificações do nosso ordenamento positivo na matéria – é o do art. 221, *caput,* do Código Civil: 'Embora anulável, ou mesmo nulo, se contraído de boa-

---

13 Ensina-nos Athos Gusmão Carneiro: "Quando, todavia, é o réu que não existe - quer por cuidar-se de pessoa natural já falecida, ou por tratar-se de pessoa jurídica já extinta -, a citação é inexistente, ou, com mais propriedade, devemos dizer que o caso é de inexistência de citação, ainda que no mundo "material" hajam sido praticados atos com "aparência" de atos citatórios". (CARNEIRO, Athos Gusmão. Citação de réus já falecidos. Nulidade insanável do processo adjudicatório. Caso "Barra da Tijuca". *Revista de Processo,* vol. 117, pp. 221 e ss. RTOnline, p. 6).

14 De rigor, antes da citação, não era réu.

> -fé por ambos os cônjuges, o casamento, em relação a estes como aos filhos, produz todos os efeitos civis até o dia da sentença anulatória'. Como intuitivamente se compreende, não há cogitar de eficácia em se tratando de ato inexistente".[15]

Uma das notas marcantes do CPC de 2015 é a tolerância, manifestada pelo legislador, no sentido de "salvar" os processos. Tudo deve ser feito para que o processo cumpra sua verdadeira vocação: gerar uma sentença de mérito.

Assim, e por isso, sempre que possível vícios devem ser sanados ou relevados. De preferência, evitados.

Embora estas observações nada tenham a ver, diretamente, com a hipótese em torno da qual gira este artigo – citação de pessoa falecida – trata-se de tendência, a que o autor faz menção, que, nos últimos vinte anos, adquiriu dimensões realmente contornos diferenciados.

Sendo materialmente possível, vícios devem ser corrigidos, por mais graves que sejam! Exemplos desta tendência, que ilustram a relevância que o princípio do aproveitamento adquiriu nas últimas décadas, são os arts. 76, 139, IX, 1.025, 1.029, § 3º e tantos outros.

O princípio da instrumentalidade das formas,[16] como se observou, atua de modo conjunto com a ideia de que se deve "salvar" o processo. "Salvar o processo" pode significar desconsiderar o desrespeito à forma ou determinar que a desconformidade com o padrão preestabelecido seja corrigida, evitando-se a nulidade.[17] Isso significa dizer que deve ser dada ênfase à vocação do processo que é a de produzir sentença

---

15 BARBOSA MOREIRA, José Carlos. *Temas de Direito processual: quinta série*. São Paulo: Saraiva, 1994, p. 79; 81 (grifos nossos).

16 "A afirmação e plena consciência da necessidade de extrair dos provimentos jurisdicionais e do próprio sistema todo proveito que deles seja lícito esperar têm a sua valia na medida em que sejam capazes de conduzir a uma *postura mental* favorável a essa idéia instrumentalista". (DINAMARCO, Cândido Rangel. *A instrumentalidade do processo*. 13ª ed. São Paulo: Malheiros, 2008, p. 357).

17 O STJ já assentou entendimento no sentido de que "O sistema processual é informado pelo princípio da instrumentalidade das formas, de modo que somente a nulidade que sacrifica os fins de justiça do processo deve ser declarada (...)." (STJ, REsp 1316372/DF, 2ª T., j. 06.12.2016, rel. Min. Herman Benjamin, *DJe* 19.12.2016).

de mérito;[18] à vocação dos recursos, que é a de gerar decisão de provimento ou de improvimento.

O novo Código tem dispositivos em que esta ideia se concretiza de modo evidente, como, por exemplo, o art. 1.029, § 3º.[19]-[20] Merece citação trecho de acórdão do STJ, corte encarregada de dar a última palavra em matéria processual: "Os ordenamentos jurídicos modernos, no que tange à decretação das nulidades, evoluíram do sistema da legalidade das formas para o sistema da instrumentalidade das formas, cabendo ao magistrado a análise acerca da finalidade atingida, bem como do prejuízo"[21].

Assim, por exemplo, se alguém intenta determinada ação, sem ter legitimidade para fazê-lo, e ninguém aponta esse defeito (= defeito de fundo, nulidade processual), se este alguém *adquirir* legitimidade no curso do processo, o defeito estará sanado. O processo, num caso como esse, não poderá ser extinto sem resolução de mérito porque a parte *era* ilegítima quando da propositura da ação. O vício se terá, num caso como este, "sanado", *não no sentido de que seria "desconsiderado", ainda que subsistente*, como ocorre, por exemplo, com o vício da incompetência relativa, *mas* como ocorre com a parte que, no princípio ilegítima, *se torna, **efetivamente**, legítima.*

O CPC/15 introduziu a possibilidade de correção do polo passivo pelo autor fora das hipóteses antes previstas apenas para os casos de

---

18 Bedaque observa: "Tendo em vista a complexidade do fenômeno processual, as irregularidades ocorrem a todo instante. Para evitar que elas acabem sempre comprometendo o instrumento, é preciso identificar as situações em que essa consequência revela-se realmente inevitável". (BEDAQUE, José Roberto dos Santos. *Efetividade do processo e técnica processual.* 3ª ed. São Paulo: Malheiros, 2010, item 2, p. 422).

19 Art. 1.029 (...). *"§ 3º O Supremo Tribunal Federal ou o Superior Tribunal de Justiça poderá desconsiderar vício formal de recurso tempestivo ou determinar sua correção, desde que não o repute grave".*

20 Neste sentido: "O CPC, mais uma vez, apresenta norma que pretende ser mais flexível com erros formais dos recursos, de modo a não privar o acesso do cidadão à justiça (tal qual se viu no CPC 932 par. ún. e no CPC 1017 § 3º). Neste caso, o Código vai um pouco mais além e admite mesmo a desconsideração do defeito, se o Tribunal julgar que tal defeito não acarreta qualquer empecilho ao julgamento". (NERY JR., Nelson; NERY, Rosa Maria de Andrade. *Código de Processo Civil comentado.* 18ª ed. São Paulo: Thomson Reuters Brasil, 2019, p. 2315).

21 STJ, AgRg no HC 426135/SC, 6.ª T. j. 15.03.2018, rel. Min. Antonio Saldanha Palheiro, *DJe* 05.04.2018.

nomeação à autoria (que não mais subsiste como instituto típico de intervenção de terceiros), excepcionando, pois, o princípio da *perpetuatio legitimationis*. Ao autor será facultada a substituição do demandado quando o réu, em contestação, alegar sua ilegitimidade passiva, ou mesmo incluir, como litisconsorte passivo, o sujeito indicado pelo réu (arts. 338 e 339). A possibilidade de correção do polo passivo deve ser proporcionada também quando o juiz, de ofício e liminarmente, reconhece a ilegitimidade passiva (art. 330, II).

Caso o réu faleça antes da citação, já decidiu o STJ que não é o caso de suspensão do processo para habilitação do espólio, por meio de ação autônoma. Basta facultar ao autor a emenda da inicial para a regularização do polo passivo. Por outro lado, na hipótese de o réu falecer após a citação, deve o processo ser suspenso, aguardando-se a decisão da ação de habilitação.[22]

Falecido o autor, é preciso indagar se a ação é transmissível. Não o sendo, como geralmente ocorre nas ações referentes ao estado da pessoa (divórcio, anulação de casamento, adoção, reconhecimento de paternidade etc), o processo deve ser extinto sem resolução do mérito.

Hipótese diferente é a de que trata o art. 1.601 do Código Civil. O *caput* do dispositivo diz que cabe ao marido o direito de contestar a paternidade dos filhos nascidos de sua mulher; todavia, o parágrafo único dispõe que, uma vez contestada a filiação, os herdeiros do impugnante têm direito de prosseguir na ação.[23]

É oportuna a menção a outro exemplo interessante em que a possibilidade de sanação dos "vícios" se percebe com nitidez. Paula Costa e Silva noticia que em Estados alemães, em que a mediação é obrigatória, o instituto é visto como pressuposto processual, sem o qual a ação seria inadmissível. Todavia, a ausência desse pressuposto é suscetível de sanação. Suspende-se o processo eventualmente iniciado, encaminhando-se as partes para mediação. É a solução que mais perfeitamente se harmoniza com a regra no sentido de que se afere a admissibilidade da ação na última audiência (*letzte mündliche Verhandlung*).[24]

---

22 STJ, REsp 1.559.791/PB, rel. Min. Nancy Andrighi, 3ª T., j. 28.08.2018.

23 STJ, REsp 1.412.946/MG, rel. Min. Luis Felipe Salomão, 4ª T., j. 17/03/2016, DJe 22/04/2016.

24 *A nova face da justiça*. Coimbra: Ed. Coimbra, 2009. item 4.3.1, 40, pp. 51-52.

Há autores, como, por exemplo, Antonio do Passo Cabral, que se referem ao dever que o juiz tem no sentido de *prevenir nulidades*. Observa, com razão, que este dever se conecta com o dever de esclarecimento, consistente em que o juiz deve alertar as partes, sempre que possível, quanto às consequências de suas condutas.

É relevante que se compreenda que se trata aqui de um *dever* (e não de uma obrigação, como diz o autor ora citado) preventivo, que não se confunde com o *não decretar* o vício que ocorreu, o que pode ocorrer por diversas razões.

O dever, aqui, liga-se à conduta do juiz voltada à prevenção da ocorrência do vício e não à não decretação da nulidade ocorrida.[25]

25 "A funcionalização valorativa das formas faz com que as invalidades tenham que ser excepcionais, devendo ser evitadas sempre que possível. Dessa premissa, decorre outra *obrigação* especificamente aplicável ao sistema das invalidades. É o denominado *dever de prevenção*, destinado a evitar a pronúncia de nulidade. O juiz deve diligenciar para que os atos processuais não sejam praticados de forma viciada e desleal ou, quando já identificado o defeito, para que este seja corrigido rapidamente". (CABRAL, Antonio do Passo. *Nulidades no processo moderno: contraditório, proteção da confiança e validade* prima facie *dos atos processuais*. 2ª ed. Rio de Janeiro: Forense, 2010, item 6.2, p. 243).

ASPECTOS DA "EXTINÇÃO DO PROCESSO" CONFORME O ART. 329 CPC[1]

1. No Livro I, Título VIII, Capítulo V, consagrou o vigente Código de Processo Civil mecanismo precipuamente destinado a evitar o prolongamento inútil ou desnecessário da atividade processual, no procedimento ordinário, após a fase postulatória, em direção à audiência de instrução e julgamento. Busca esse mecanismo, de um lado, aprestar a imediata solução do litígio, quando a causa já esteja, por assim dizer, "madura" para a decisão – pressupondo-se, naturalmente, a inexistência de qualquer empecilho –: são os casos de *desnecessidade* do prosseguimento, para os quais se prevê o "julgamento antecipado da lide" (art. 330); de outro lado, barrar desde logo a marcha do feito sempre que, por tal ou qual motivo, fique evidente a inaptidão daquele como via de acesso à meta normal: são as hipóteses de *inutilidade* do prosseguimento, as quais conduzem à "extinção do processo" (art. 329).

Assim formulado, o esquema, a rigor, comporta ressalva. É que o Código preferiu contemplar no art. 329 os casos enumerados nos incisos II a V do art. 269, apesar de havê-los incluído – como evidencia o *caput* deste último dispositivo- entre os de julgamento *de mérito.* Semelhante qualificação, diga-se de passagem, não suscita reserva alguma quanto à decretação da prescrição ou da decadência (art. 269, nº IV); no tocante às hipóteses de reconhecimento do pedido (nº II), transação (nº III) e renúncia ao direito *(rectius:* à pretensão) «sobre que se funda a ação» (nº V), ela se explica pelo propósito de equiparar à de uma *verdadeira* sentença de mérito a autoridade do pronunciamento pelo qual o juiz chancela o ato, unilateral ou bilateral, de autocomposição do litígio[2]. Mas o certo é que, ante a posição adotada no art. 269, os casos aí previstos nos incisos II a V apresentam, por prisma relevante, maior afinidade com as situações disciplinadas no art. 330, ns. I e II, do que com as outras referidas no art. 329 (isto é,

---

1 Publicado no volume *Saneamento do processo – Estudos em homenagem ao Prof. Galeno Lacerda,* Porto Alegre, 1989, e na *Revista de Processo,* nº 57.

2 No mesmo sentido, MONIZ DE ARAGÃO, *Comentários ao Código de Processo Civil,* v. II, 5ª ed., Rio de Janeiro, 1987, p. 559.

com as do art. 267). Pareceria mais coerente localizá-los no âmbito do "julgamento antecipado da lide[3].

Seja como for, ninguém porá em dúvida que, quando se configura a prescrição ou a decadência, e bem assim quando validamente se dá o reconhecimento do pedido, a transação ou a renúncia, o prosseguimento do processo não fica excluído em razão da inutilidade, senão da desnecessidade. Não é que se prenuncie inatingível a meta normal: ao contrário, é que a ela se tem acesso *imediato,* independentemente de qualquer indagação suplementar.

2. Passando a outro ponto de vista, importa assinalar que, mesmo no campo da extinção do feito sem exame do mérito, seria arbitrário inferir, da remissão do art. 329 ao art. 267, a existência de vinculação exata entre um e outro dispositivo. Com efeito, não há supor que todas as hipóteses catalogadas no art. 267 assumam igual relevo no contexto do julgamento conforme o estado do processo. Desta ou daquela pode-se até afirmar que o instante procedimental a que se reporta o art. 329 não será o próprio - ao menos sob as circunstâncias ordinárias - para que o juiz aprecie a respectiva ocorrência e dela extraia o corolário devido.

Em relação a algumas das mencionadas hipóteses, é tão óbvio o ponto, que dispensa maior comentário. Assim, *v.g.,* guardadas as restrições legais (art. 267, § 4º), o autor é livre para desistir da ação a qualquer tempo; e claro está que, ante desistência regular, manifestada logo após a propositura, ou no curso da fase postulatória, nada terá o órgão judicial que esperar, para homologá-la, assim como não se concebe que, vindo o autor a desistir depois de proferido o despacho saneador, dê o feito marcha-à-ré, a fim de que a extinção coincida com a oportunida-

3 Aludindo *in genere* às hipóteses de que cuida o nosso texto, escreve ROGÉRIO LAURIA TUCCI, *Do julgamento conforme o estado do processo,* 2ª ed., S. Paulo, 1982, p. 224: "Há, portanto, necessariamente, *juízo de mérito,* e, porque prévio, *julgamento antecipado da lide"* (grifos do original). Especificamente para os casos de decadência e de prescrição, ensina JOSÉ FREDERICO MARQUES, *Manual de Direito Processual Civil,* v. II, 6ª ed., S. Paulo, 1981, p. 166, que "o reconhecimento de uma e de outra, em julgamento conforme o estado do processo, constitui sentença de mérito antecipadamente proferida, ou seja, "julgamento antecipado da lide". E acrescenta: "Irrelevante, neste passo, quanto a essa qualificação jurídica, a circunstância de estar colocado o item sobre prescrição ou decadência, no art. 329, - porquanto sobre este prevalece o art. 269, IV, por ter em seu apoio a real e verdadeira natureza do referido julgamento (isto é: sentença de mérito)".

de indicada na lei para o julgamento conforme o estado do processo... Observação análoga cabe a respeito da celebração de compromisso arbitral pelos litigantes (art. 267, nº VII), do falecimento da parte, quando intransmissível a relação jurídica litigiosa (art. 267, nº IX), e da confusão entre autor e réu (art. 267, nº X).

No que tange ao caso do art. 267, nº I, não se afigura adequado falar em indeferimento da petição inicial por ocasião do julgamento conforme o estado do processo[4]. Se o feito chegou até aí, é porque a inicial *foi deferida;* logo, não pode agora ser indeferida. O ato do juiz já se esgotou, e produzido está o seu efeito precípuo, que consistia em ministrar base para a citação do réu (cf. art. 285, 1ª parte, *fine).* Vale aqui o princípio *quod factum est ingeri nequit.* Tem-se criticado por imprópria, convém lembrar, a dicção do art. 267, com referência à hipótese em que o órgão judicial repele *in limine* a postulação do autor, se o pronunciamento não é impugnado por apelação: seria preferível aludir a "inadmissibilidade da formação do processo[5]. Haveria que ressalvar, de resto, os casos de despacho liminar negativo fundado em prescrição ou decadência (art. 295, nº IV), nos quais o indeferimento da inicial reflete julgamento *de mérito* (cf. art. 269, nº IV)[6]. De qualquer maneira, ao nosso ver, bem mais grave é a impropriedade que se comete quando se diz que, extinto o processo em seguida à fase postulatória (ou às «providências preliminares» reguladas nos arts. 324 a 327), a inicial foi indeferida.

A remissão do art. 329 ao art. 267, no que concerne ao inciso I deste, há de entender-se no sentido de que o juiz extinguirá o feito, no momento de que se cogita, se verificar a existência de falha ou irregularidade que justificaria, caso percebida de imediato, o indeferimento da inicial, consoante o art. 295[7]. É inevitável certa superposição, porque

4 Com razão ARRUDA ALVIM, *Manual de Direito Processual Civil,* v. H, 3ª ed., S. Paulo, 1986, p. 160, em criticar a terminologia do Código. *Aliter,* AMARAL SANTOS, *Primeiras linhas de Direito Processual Civil,* 2º v., 7ª ed., S. Paulo, 1982, p. 256; ROGÉRIO LAURIA TUCCI, ob. cit., p. 132.

5 MONIZ DE ARAGÃO, ob. e v. cit., p. 515; menos categórico, HÉLIO TORNAGHI, *Comentários ao Código de Processo Civil,* v. II, 2ª ed., S. Paulo, 1978, p. 330/1.

6 *Vide* em BARBOSA MOREIRA, *O novo processo civil brasileiro,* 8ª ed., Rio de Janeiro, 1988, p. 30/2, o quadro sistemático das hipóteses de "despacho liminar de conteúdo negativo".

7 O que se explica por não decorrer, do pronunciamento que defere a inicial e manda citar o réu, preclusão quanto aos possíveis motivos de indeferimento: vários deles, note-se, estão previstos como preliminares suscitáveis na contestação (art. 301), o

várias das hipóteses do art. 295 se acham mencionadas, em disposições específicas, noutros incisos do art. 267: basta confrontar, *v.g.*, o inciso VI, relativo às "condições da ação", com os textos do art. 295, *caput,* ns. II e III, e parágrafo único, nº III. Isso para não falar da possibilidade, já recordada, de indeferir-se a inicial com fundamento em prescrição ou decadência (isto é, por motivo *de mérito)* –, o que faria oportuna, quando menos, uma ressalva no próprio art. 267, nº I. A técnica do Código, na matéria, fica longe do grau desejável de apuro; os diversos textos precisam ser forçados aqui e ali para se ajustarem uns aos outros – e algumas articulações rangem de modo inquietante...

3. Convém reservar tópico específico para os casos dos incisos II e III do art. 267, concernentes à extinção do processo em virtude do abandono (bilateral ou unilateral) da causa. Tais hipóteses, à primeira vista, são de difícil ou impossível configuração a esta altura do procedimento[8]. Uma vez encerrada a fase postulatória, ou há lugar para alguma(s) das providências preliminares, ou não há. No segundo caso, passa a palavra ao juiz (art. 328), para sentenciar (arts. 329 e 330) ou proferir o despacho saneador (art. 331). No primeiro, pode surgir ensejo para manifestação do autor (arts. 324, 325, 326, 327, *caput)* ou, eventualmente, de ambos os litigantes (art. 327, *caput,* 2º parte); e sem dúvida é concebível que permaneça(m) omisso(s) aquele(s) a quem toque atuar. Mas a omissão, em não poucas hipóteses, terá como único efeito a preclusão em desfavor do interessado: assim nas dos arts. 324, 325, 326 e 327, *caput,* 1ª parte. O autor inerte perde o direito de praticar o ato, sem que isso gere consequência relevante pelo ângulo que importa aqui. No caso de nulidade sanável (art. 327, *caput,* 2ª parte), concebe-se que a inércia da(s) parte(s) se mostre capaz de exercer influência direta e decisiva na sorte do feito: a subsistência do vício poderá levar o órgão judicial a extingui-lo. Para tanto, contudo, não precisa o juiz buscar apoio no inciso III, nem

que seria ilógico se o deferimento houvesse criado obstáculo à apreciação de tais questões. O ponto é pacífico; cf., em todo caso, JOSÉ FREDERICO MARQUES, ob. e v. cit., p. 43; AMARAL SANTOS, ob. e v. cit., p. 144; CALMON DE PASSOS, *Comentários ao Código de Processo Civil,* v. III, 5ª ed., Rio de Janeiro, 1988, p. 210; ROGÉRIO LAURIA TUCCI, ob. cit., p. 152/3.

8 CALMON DE PASSOS, ob. e v. cit., p. 471/2, dá a impressão de excluir em termos absolutos a possibilidade.

(na hipótese, menos comum, de que o suprimento dependa da iniciativa de ambas as partes) no inciso II do art. 267: faltando pressuposto do desenvolvimento válido e regular do processo, aplicável é o inciso IV[9].

A disposição do nº III, no entanto, tem outra possibilidade de incidência, aliás bastante corriqueira. É a que resultará da existência de norma que imponha ao autor, antes do julgamento conforme o estado do processo, o pagamento de custas. Se aquele descumpre o ônus, por tempo superior a trinta dias, configurado está o abandono da causa. Aí, a extinção do processo (art. 329, combinado com o art. 267, nº III) pressupõe a intimação segundo o art. 267, § 1º, e a omissão em suprir a falta por mais 48 horas.

4. O que ficou dito põe de manifesto que há uma série de causas, notavelmente heterogêneas, suscetíveis de provocar a extinção do feito nos termos do art. 329. Não deve o juiz dar margem a que o processo se prolongue, de maneira inútil ou desnecessária, por omissão em examinar qualquer delas na ocasião que a lei lhe indica. Quer o Código, sem sombra de dúvida, que só vá adiante o feito que prometa desfecho frutífero e não esteja em condições de atingi-lo incontinenti. Categóricos os dizeres do art. 331, dos quais ressalta que o despacho saneador apenas tem cabimento "se não se verificar nenhuma das hipóteses previstas nas seções antecedentes" – isto é, se não for caso de extinção segundo o art. 329, nem de "julgamento antecipado da lide" conforme o art. 330. Ora, para certificar-se de que nenhuma dessas hipóteses se verifica, e portanto lhe cabe declarar saneado o processo, é indispensável que o órgão judicial as considere todas, sem desprezar nenhuma delas. Incide em erro grave o juiz que relega para outro momento o exame de questão, seja qual for, cuja solução possa levar o processo a extinguir-se desde logo.

Com afirmá-lo não estamos respondendo a indagação que se nos afigura distinta, a saber: se o órgão judicial, quando entenda infundada alguma das preliminares de que se trata, precisa rejeitá-la *expressis verbis,* a fim de justificar o prosseguimento do feito[10]. Aqui nos ocupamos

9 Retificamos neste ensejo posição diferente, assumida em O *novo proc. civ. bras.* cit., p. 69.

10 A essa indagação, queremos crer, é que dá resposta negativa MONIZ DE ARAGÃO, *Exegese do Código de Processo Civil,* v. IV, t. I, Rio de Janeiro, s.d., p. 13, nota 22, onde se contesta, de início, a *obrigatoriedade* de pronunciamento do juiz sobre a matéria, "*por ocasião do saneamento, para acolher ou rejeitar a alegação das partes*"

unicamente dos casos de extinção do processo, não daqueles em que ele prossegue. Por isso mesmo, tampouco nos manifestaremos acerca de outra questão, notoriamente controvertida: se o silêncio do juiz, no despacho saneador, produz ou não – e, na primeira hipótese, em que medida – o efeito de precluir a apreciação das preliminares deixadas sem solução expressa, em particular das aludidas no art. 267, § 3º, do estatuto processual[11].

Com esses esclarecimentos, parece-nos oportuno insistir na necessidade de que o órgão judicial, antes de declarar saneado o feito, esgote todas as possibilidades legais de encerrá-lo sem delonga. É a única atitude compatível com o sistema do Código. Sem dúvida, pode acontecer que o fato capaz de dar lastro à preliminar *sobrevenha* ao saneamento; por exemplo: o interesse de agir cessa em virtude de circunstâncias novas; a sucessão da parte gera problema de legitimidade *ad causam* do sucessor. Em casos semelhantes, é óbvio, ninguém censurará o juiz por haver deixado de examinar o ponto no momento, em princípio, adequado: seria exigir dele a posse de dons divinatórios... O que não se justifica é a protelação, a despeito de já presentes todos os elementos de que se precisa para decidir.

5. Questão importante é a de saber se cabe ao órgão judicial decretar *ex officio* a extinção do processo, em qualquer das hipóteses concebíveis, ou se a providência depende – e quando – de requerimento da parte (ou do Ministério Público, em função de *custos legis).* O teor literal do art. 329 sugere resposta de alcance geral no sentido positivo: o "declarará" dá a impressão de não deixar alternativa ao destinatário da norma, que é o juiz. A exame sistemático, mostra-se menos simples o problema.

(grifado no original), e mais abaixo se esclarece: "N*ada impede, todavia, que o juiz, à face da alegação preliminar, se negue a declarar a extinção do processo pleiteada pela parte, apreciando portanto o assunto, se lhe parecer adequado*". Falando em termos específicos da preliminar de prescrição, nega CALMON DE PASSOS, ob. e v. cit., p. 473, que o órgão judicial possa rejeitá-la no ensejo do saneamento; mas na p. 500 inclui as matérias do art. 269, nº IV, entre aquelas sobre as quais o juiz deve manifestar-se "*no próprio despacho saneador*", inclusive para repeli-las; no que respeita à prescrição, parecem contradizer-se as duas passagens.

11 Para indicações de doutrina e jurisprudência, num e noutro sentido, *vide* BARBOSA MOREIRA, Saneamento do processo e audiência preliminar, *in Revista de Processo,* v. 40, p. 135, nota 40.

Julgou-se necessário consagrar em termos expressos, nalguns casos, a iniciativa oficial: o art. 267, § 3º, alude aos dos incisos IV, V e VI. Noutro, subordinou-se o conhecimento da preliminar, também expressamente, à provocação da parte: é o que se lê no art. 301, § 4º, *princípio,* quanto ao compromisso arbitral. Os restantes têm de ser analisados cada um de per si.

Comecemos por aqueles em que o feito se extingue com julgamento do mérito (na acepção ampla acima explicada: *vide* o nº 1). Verificada a prescrição, à luz dos textos, o processo é extinguível de ofício quando não se trate de relação jurídica patrimonial (Código Civil, art. 166; Código de Processo Civil, art. 219, § 5º); deixaremos aqui em aberto a questão de saber se em matéria não patrimonial pode na verdade configurar-se prescrição. Segundo a *communis opinio,* a decadência é sempre declarável *ex officio*[12], de modo que, se por desatenção ou falta de elementos o juiz deixou de indeferir a petição inicial (art. 295, nº IV), agora lhe cabe, reparando no ponto, com alegação ou sem ela, encerrar o feito. Igualmente de ofício procederá o órgão judicial, proferindo sentença, se se defrontar com transação, renúncia ou reconhecimento do pedido, desde que o ato seja válido, eficaz e abrangente de todo o litígio; caso este só em parte se ache composto, prosseguirá naturalmente o processo no tocante ao resto.

Vejamos as hipóteses remanescentes de extinção sem julgamento do mérito. Na do art. 267, nº II, é patente a legitimidade da iniciativa oficial[13]: sem ela, o dispositivo jamais teria aplicação, pelo menos em feito no qual não interviesse o Ministério Público. No caso de desistência (inciso VIII), quer haja mister, quer não, de ouvir o réu (§ 4º), é desnecessário que qualquer das partes, ao desistir ou ao concordar, requeira *expressis verbis* a prolação de sentença: aqui também, válida e eficazmente praticado o ato, o juiz extinguirá o processo, por iniciativa pró-

12 Cf. JOSÉ FREDERICO MARQUES, ob. e v. cit., p. 166; AMARAL SANTOS, ob. e v. cit., p. 108; MONIZ DE ARAGÃO, *Coment.* cit., v. II, p. 570/1; CALMON DE PASSOS, ob. e v. cit., p. 268; ROGÉRIO LAURIA TUCCI, ob. cit., p. 238 (e, aí, nota 58); YUSSEF SAID CAHALI, *Aspectos processuais da prescrição e da decadência,* S. Paulo, 1979, p. 83.

13 JOSÉ FREDERICO MARQUES, ob. e v. cit., p. 132, inclui a figura do inciso II entre os chamados "impedimentos processuais", que "tornam inadmissível a tutela jurisdicional unicamente quando invocados pelo réu". Mas, se a paralisação decorre da negligência de ambas as partes, como contar com a iniciativa do réu na invocação? Corretamente, ao nosso ver, ROGÉRIO LAURIA TUCCI, ob. cit., p. 308 (e, aí, nota 6).

pria, salvo se parcial a desistência. Igualmente cabível a extinção oficiosa do feito – desde que, é claro, haja nos autos elementos suficientes para evidenciá-las – nas hipóteses dos incisos IX e X[14], em que não teria sentido a continuação de processo do qual já não se pode esperar resultado útil. Os "demais casos" a que se refere o inciso XI (art. 13, nº I; art. 47, parágrafo único; art. 265, § 2º) são subsumíveis no inciso IV e, por conseguinte, sujeitam-se à atuação *ex officio* do órgão judicial (art. 267, § 3º).

A hipótese mais delicada é a do inciso III. A favor da necessidade de provocação têm-se brandido vários argumentos, alguns de gritante inconsistência. Não há, por exemplo, como tirar da norma do art. 267, § 3º, *a contrario sensu*, a conclusão de que *apenas* nos casos aí enumerados se facultaria ao juiz extinguir de ofício o processo: já se viu que tal possibilidade existe noutros. A embaraçosa expressão "a requerimento do réu", no art. 28, não autoriza ilação de grande alcance. O próprio ônus de pagar ou depositar o valor das custas e dos honorários de advogado, que ali se dá a impressão de consagrar exclusivamente para as hipóteses do art. 267, § 2º (e, portanto, para as dos incisos II e III), na verdade não se limita a estas: veja-se a regra geral do art. 268, *caput*, 2ª parte[15]. Ora, se o art. 28 se mostra impotente para restringir às mencionadas hipóteses o âmbito de incidência daquele ônus, também se deve considerar tal para afastar a possibilidade da extinção *ex officio* do processo. Mais ponderável, mas nem por isso decisivo, é o argumento segundo o qual aceitar semelhante possibilidade importa permitir que o autor, determinado a desistir da ação, após o prazo para a resposta, mas receoso de que o réu lhe recuse o imprescindível consentimento (art. 267, § 4º), ou já repelido, contorne a dificuldade, abandonando pura e simplesmente a causa. Pode-se todavia responder que, se a exigência do § 4º se funda no eventual interesse do réu em ver julgado o mérito, ou lhe restará tomar a iniciativa de praticar o ato necessário, suprindo a omissão do demandante, ou não se resolverá o problema, de qualquer maneira, com

---

14 Cf. ROGÉRIO LAURIA TUCCI, ob. cit., p. 211 e 213 (onde a ressalva "ainda que excepcionalmente" por certo significa apenas que em regra haverá iniciativa do interessado, sem que ela seja, contudo, indispensável).

15 Se bem que não o diga com inteira clareza, tende a doutrina a reputar *supérflua*, a rigor, a disposição do art. 28: é a impressão que se colhe, *v.g.*, da leitura de PONTES DE MIRANDA, *Comentários ao Código de Processo Civil*, t. I, 2ª ed., Rio de Janeiro, 1979, p. 555/7; de CELSO AGRÍCOLA BARBI, *Comentários ao Código de Processo Civil*, v. I, 5ª ed., Rio de Janeiro, 1988, p. 216; de ARRUDA ALVIM, *Código de Processo Civil comentado*, v. II, S. Paulo, 1975, p. 225.

impedir o juiz de pôr termo ao feito de ofício: bastará que o autor se obstine em permanecer inerte, para que o processo jamais atinja a meta desejada. Nenhuma vantagem prática, destarte, advirá do freio imposto ao órgão judicial.

De outro lado, vale notar que, no sistema do Código, é oficial o impulso, uma vez formulada a demanda (art. 262, *fine);* que certas situações enquadráveis no art. 267, nº III, podem configurar-se antes do ingresso do réu, o que torna inconcebível, nelas, o requerimento deste; que a disposição em foco tem precipuamente em vista o interesse *público* na eliminação de processos paralisados, cujos autos não devem ficar atravancando, para todo o sempre, cartórios e secretarias de juízos. Esses argumentos parecem-nos mais fortes que os contrários e justificam, em nosso entender, a conclusão de que, também no caso de que se cogita, o processo é extinguível de ofício[16].

6. É possível que haja dois (ou mais) fundamentos bastantes para a extinção do processo segundo o art. 329. Por exemplo: está consumada a decadência e, além disso, falta a uma das partes (ou a ambas) legitimidade *ad causam.* Bem se compreende que a sentença extintiva *não precisa* basear-se em mais de um motivo legal; e, quando os motivos existentes não são homogêneos – como no exemplo acima –, *não pode* basear-se senão em um deles: absurdo extinguir o processo, ao mesmo tempo, *com* julgamento do mérito e *sem* tal julgamento.

Surge daí questão insuficientemente estudada pela doutrina pátria: achando- se o juiz em condições de encerrar o feito por mais de um fundamento, é indiferente que se apoie em qualquer deles, ou algum terá forçosamente prioridade – e, nesta hipótese, por que critério se rege a preferência? Pode o tópico assumir importância prática, sempre que os

---

16 Em tal sentido, *v.g.,* PONTES DE MIRANDA, ob. e t. cit., p. 556 (em contradição com essa, a passagem do t. III, p. 642); MONIZ DE ARAGÃO, *Coment.* cit., v. II, p. 522; ROGÉRIO LAURIA TUCCI, ob. cit., p. 168 e s.; ARAÚJO CINTRA, Abandono da causa no novo Código de Processo Civil, *in Rev. For.,* v. 254, p. 173 (cuja argumentação, em boa parte, reproduzimos). Contra, HÉLIO TORNAGHI, ob. e v. cit., p. 333; ARRUDA ALVIM, *Manual* cit., v. II, p. 254; JOSÉ S. SAMPAIO, *O procedimento comum no novo Código de Processo Civil,* S. Paulo, 1975, p. 128; e a jurisprudência predominante: *vide* os acórdãos coligidos por ALEXANDRE DE PAULA, *O processo civil à luz da jurisprudência,* Rio de Janeiro, v. III, 1982, p. 117, ns. 5.111 e 5.112; p. 119, nº 5.124; v. XI, 1989, p. 187, ns. 24.475 e 24.476; p. 190, nº 24.492; p. 191, nº 24.493.

efeitos da extinção variem de acordo com o motivo. E a escassez de subsídios doutrinários contribui talvez para a perplexidade de juízes que, na dúvida, têm às vezes suposto necessário invocar em conjunto os dois (ou mais) fundamentos cabíveis, nem sempre com o cuidado de aferir-lhes a compatibilidade. O assunto merece, pois, consideração; e, sem pretender esgotá-lo aqui, focalizaremos alguns pontos relevantes.

Ao nosso ver, impende deixar assente, antes de mais nada, que o órgão judicial não deve basear-se em motivo concernente ao *meritum causae* (art. 269, ns. II a V) se outro está presente que justifique a extinção do feito sem julgamento do mérito. Este, consoante princípio incontroverso entre nós, só se torna suscetível de exame depois de ultrapassados os outros planos cognitivos e rejeitadas (ou superadas) as questões *estranhas* ao mérito – as quais, por isso mesmo, se qualificam como preliminares a ele[17].

Dentre os motivos capazes de levar ao encerramento do processo sem apreciação do mérito, prefere aos demais, em nosso entender, a desistência, que subtrai ao juiz o conhecimento de qualquer outra matéria. Se, portanto, o autor desiste, válida e eficazmente, a única coisa a fazer é extinguir o processo, com apoio no art. 267, nº VIII.

A análise dos chamados pressupostos processuais há de preceder o das "condições da ação": trata-se, aqui também, de critério pacífico em nosso direito. Tem alcance relativo, no entanto, a orientação que dele se dessume, já que não existe uniformidade de vistas no tocante à qualificação de certas preliminares *(v.g.,* a de litispendência e a de coisa julgada). Tampouco é o caso de reputar decisiva a sugestão dada pelo rol de preliminares contido no art. 301, cuja ordem é objeto de críticas procedentes[18].

Em princípio, a preocupação básica do órgão judicial deve ser a de verificar a própria competência – a menos que a lei subordine tal exame à provocação da parte[19]. A falta de competência no plano interno, ainda

---

17 Sobre o conceito de questão preliminar, *vide* BARBOSA MOREIRA, Questões prejudiciais e questões preliminares, *in Direito Processual Civil (Ensaios e pareceres),* Rio de Janeiro, 1971, p. 73 e s., espec. 87/8.

18 Por exemplo: CALMON DE PASSOS, ob. e v. cit., p. 302.

19 Conforme se dá nos casos de incompetência relativa, de acordo com a grande maioria da doutrina e torrencial jurisprudência. Opiniões divergentes em HÉLIO TORNAGHI, ob. cit., v. I, p. 360, e em MONIZ DE ARAGÃO, *Coment.* cit., V. II, p. 199/201 e 484/5.

que absoluta, na verdade não acarreta a extinção do feito, mas apenas a remessa dos autos ao órgão competente (arts. 113, § 2º, *fine,* e 311), perante o qual aquele prosseguirá. Pode acontecer, porém, que o juiz entenda incompetente a Justiça brasileira, no plano internacional; nessa hipótese, extinguirá o processo, e tal fundamento exclui a apreciação dos restantes.

Não havendo razão técnica de preferência, entre duas ou mais preliminares fundadas, há de guiar-se o órgão judicial por motivos de ordem prática. Assim, se considera que as matérias do art. 267, nº V, como as do nº VII, se inscrevem no âmbito das "condições da ação", antes se baseará, para pôr termo ao feito, na existência de coisa julgada que na ilegitimidade de parte: é praticamente vantajoso pré-excluir a possibilidade de intentar-se de novo a ação, revelada inviável – o que fica assegurado no primeiro caso, não no segundo (art. 268, *caput,* 1ª parte). *Coeteris paribus,* optará o juiz pelo fundamento cujo exame se mostre mais fácil e cujo eventual acolhimento lhe permite extinguir o processo com maior simplicidade e rapidez: sendo manifesta a falta de algum dos pressupostos a que se refere o art. 267, nº IV, não faz sentido desperdiçar tempo e energias com a apuração de outro, que exija mais trabalhoso e demorado exame[20].

No campo de incidência do art. 269, têm prioridade os casos de autocomposição (unilateral ou bilateral) da lide (incisos II, III e V). Se as partes, *v.g.,* celebram transação *válida* e eficaz, não andará bem o órgão judicial que, desprezando- a, encerre o feito em virtude de prescrição ou decadência.

Constitui erro gravíssimo extinguir o processo com *invocação* simultânea de fundamento estranho ao mérito e de fundamento a ele pertinente. Reconhecendo e proclamando a existência de *motivo* da primeira espécie, abster-se-á o juiz de externar qualquer opinião acerca do *meritum causae.* É penoso ler ob*servações* do tipo: "Mesmo que não houvesse razão para pôr termo ao feito sem exame do mérito, com referência a este não seria possível acolher o pedido". Além de tecnicamente condenáveis, semelhantes adendos podem causar sérios inconvenientes do ponto de vista prático. Merecem proscrição absoluta.

20 Cf. na Alemanha, os autorizados ensinamentos de JAUERNIG, *Zivilprozessrecht,* 22ª ed., Munique, 1988, p. 113, e de SCHLÜTER, *Das Obiter dictum,* Munique, 1973, p. 126, sobre a ordem de apreciação dos *Prozessvoraussetzungen.*

7. O ato pelo qual se extingue o processo, em qualquer das hipóteses do art. 329, seja qual for o fundamento invocado, classifica-se como sentença (art. 162, § 1º). À luz do art. 165, 1ª parte, deve observar o esquema do art. 458, isto é, conter relatório, motivação e dispositivo. Assim será em linha de princípio, mas a norma não há de ser entendida e aplicada com excesso de rigor. Para homologar uma desistência, *v.g.*, não é preciso que o juiz lance nos autos relatório com todos os elementos do art. 458, nº I. Sempre obrigatória é a motivação – hoje, até por força de preceito constitucional, que a impõe para "todas as decisões", sob expressa cominação de nulidade (Constituição da República de 5-10-1988, art. 93, nº IX). Não a dispensa (nem poderia dispensá-la sem entrar em conflito com a Lei Maior) a regra do art. 459, 2ª parte, do Código de Processo Civil, onde se diz que, "nos casos de extinção do processo sem julgamento do mérito, o juiz decidirá em forma concisa[21]. Concisão não significa supressão de elemento essencial: o que a lei quer não é que o órgão judicial omita a indicação de suas razões, mas tão só que as exponha em termos singelos, breves, sucintos. Em determinadas hipóteses, à evidência, a concisão será extrema: se se cuida de desistência, para tomar o mesmo exemplo de há pouco, bastará que o juiz, à guisa de fundamentação, se refira à validade e à eficácia do ato. O recurso cabível, em qualquer caso, é a apelação (art. 513).

Abril de 1989.

COMENTÁRIOS DO ATUALIZADOR

ASPECTOS DA EXTINÇÃO DO PROCESSO CONFORME O ART. 329 DO CPC

Paulo Henrique dos Santos Lucon

O art. 329 do Código de Processo Civil de 1973 estava inserido em um capítulo destinado a regulamentar a fase que antecedia a produção de provas. Nessa fase, o juiz poderia praticar atos de organização do processo tendentes ao melhor desenvolvimento da instrução, ou reco-

21 Exato, ao propósito, DALL'AGNOL JUNIOR, *Comentários ao Código de Processo Civil*, v. III, Porto Alegre, 1985, p. 55.

nhecer que essa fase poderia ser dispensada, porque a causa já estava em condições de ser sentenciada. Nesse sentido, enquanto o art. 330 previa hipóteses de julgamento antecipado do pedido em decorrência da revelia ou do caráter unicamente de direito da questão que prescindiria da produção de provas em audiência, o art. 329 autorizava a imediata extinção do processo por conta da ausência de seus requisitos de admissibilidade (art. 267) ou em função das demais hipóteses que ensejavam a extinção do processo com resolução do mérito (art. 269, incs. II a V).

Logo no início de seu texto, Barbosa Moreira tece críticas a essa sistematização. No seu entendimento, as hipóteses previstas no art. 269, incs. II a V do Código de Processo Civil de 1973 melhor se enquadrariam dentre as causas para julgamento antecipado do pedido, por isso deveriam estar associadas ao art. 330 do Código. Já com relação as hipóteses do art. 267, destaca-se o fato de que seu reconhecimento não estaria vinculado apenas a essa fase do processo. O autor, por exemplo, poderia *desistir da ação* (*rectius:* desistir do processo) a qualquer tempo e o juiz não precisaria aguardar o fim da fase postulatória para homologar isso.

Maior impropriedade, no entanto, seria admitir a extinção do processo nessa fase pelo indeferimento da petição inicial. Como ressaltado, "não se afigura adequado falar em indeferimento da petição inicial por ocasião do julgamento conforme o estado do processo. Se o feito chegou até aí, é porque a inicial foi deferida; logo não pode agora ser indeferida. O ato do juiz já se esgotou, e produzido está o seu efeito precípuo, que consistia em ministrar base para citação do réu". A única interpretação viável nesse caso seria admitir que a extinção do processo nessa fase se daria pelos motivos que também justificariam o indeferimento da petição inicial assim que a ação foi proposta, mas naquele momento não estavam presentes ou não foram constatados.

Independentemente das impropriedades técnicas do Código de Processo Civil de 1973 nessa seara, há de se reconhecer sua intenção de evitar o prosseguimento de um processo inútil ou desnecessário, tanto que o seu art. 331 previa que o despacho saneador deveria ser proferido apenas se não verificadas as hipóteses de seus artigos imediatamente anteriores. Em lição que permanece atual, Barbosa Moreira assevera: "incide em erro grave o juiz que relega para outro momento o exame da questão, seja qual for, cuja solução possa levar o processo a extinguir-se desde logo". Ainda que em momento ulterior ao saneamento possa surgir uma causa que igualmente justifique a extinção do processo, isso não autoriza o julgador a protelar a realização de um julgamento dessa natureza, se logo após o término da fase postulatória já for possível constatar a impossibilidade de prosseguimento da demanda. Também nas palavras do Professor, "o que não se justifica é a protelação, a despeito de já presentes todos os elementos de que se precisa para decidir".

No entanto, como também esclarece Barbosa Moreira, isso não significa que o julgador está autorizado a conhecer de ofício nessa fase todas as questões que ensejam a extinção do processo. Deve ele observar a disciplina estabelecida para cada causa de extinção. Assim, se algumas dessas causas podem ser conhecidas de ofício, como a ausência das condições da ação e a decadência do direito pleiteado pelo autor por exemplo, outras exigem expressa provocação da parte, como ocorre com a alegada existência de uma convenção de arbitragem.

Nos casos em que se fazem presentes dois ou mais fundamentos que autorizariam a extinção do processo, chama o autor a atenção para esse fenômeno que à época não era tão desenvolvido pela doutrina brasileira, o que gerava incompreensões na prática, principalmente com a tentativa realizada por juízes de compatibilizar esses fundamentos para justificar a extinção do processo. Em atenção a isso, Barbosa Moreira delineia os seguintes cenários. Nos casos em que o processo poderia ser extinto *sem* resolução do mérito por dois ou mais fundamentos, o juiz deveria dar prevalência àquele que fosse de mais fácil constatação, ou que produziria uma eficácia prática maior; nesse sentido, o reconhecimento da coisa julgada, por exemplo, teria prevalência em relação ao reconhecimento da ilegitimidade de uma das partes. Já nas hipóteses em que o processo poderia ser extinto *com* resolução do mérito por dois ou mais fundamentos, Barbosa Moreira, com acerto dada a clara bilateralidade do ato, cita a prevalência da autocomposição em relação às demais hipóteses do art. 269 do CPC/1973.

Questão mais relevante a ser destacada, no entanto, é o seu entendimento a respeito das hipóteses em que o processo pode ser extinto por dois ou mais fundamentos de natureza distinta, como ocorreria, por exemplo, em uma causa em que se constatasse a ausência de uma das condições da ação e a decadência do direito material pleiteado. Nessas situações, Barbosa Moreira defende que o processo deveria ser extinto sem resolução de mérito, por ser esse julgamento logicamente anterior à análise do mérito propriamente dita. Nesse sentido, vale destacar a seguinte passagem do texto: "reconhecendo e proclamando a existência de motivo da primeira espécie, abster-se-á o juiz de externar qualquer opinião acerca do *meritum causae*. É penoso ler observações do tipo: 'mesmo que não houvesse razão para pôr termo ao feito sem exame do mérito, com referência a este não seria possível acolher o pedido'. Além de tecnicamente condenáveis, semelhantes adendos podem causar sérios inconvenientes do ponto de vista prático. Merecem proscrição absoluta".

A par de sua fundamentação teórica, esse entendimento não encontra mais guarida no direito positivo brasileiro. De acordo com o art. 488 do Código de Processo Civil de 2015, "desde que possível, o juiz resolverá o mérito sempre que a decisão for favorável à parte a quem aproveitaria eventual pronunciamento nos termos do art. 485". Referido dispositivo consagra o denominado princípio da prevalência do julgamento de mérito. A *ratio* que informa essa norma, em resumo, é a seguinte: se a ausência de um determinado pressuposto de admissibilidade para o processamento de uma demanda não prejudica a parte em favor de quem o mérito pode ser resolvido, o juiz pode desconsiderar esse vício e passar ao julgamento do mérito da demanda, porque isso é mais benéfico para a parte, que receberá uma decisão em seu favor com aptidão de se tornar definitiva, e para a própria jurisdição, que não precisará se debruçar novamente sobre essa questão. Esclareça-se que esse dispositivo não autoriza o juiz a simplesmente desconsiderar os requisitos de admissibilidade para passar imediatamente ao julgamento de mérito. Constatada a existência de algum vício, em atenção ao dever de colaboração, o julgador deve intimar a parte para que ela o corrija. Caso isso não ocorra devidamente, aí então, pode-se aventar a aplicação do art. 488 do CPC.

Feita essa ressalva, vejamos como os demais temas analisados nesse ensaio estão disciplinados pelo Código de Processo Civil de 2015. Em primeiro lugar, é preciso destacar que o art. 354 praticamente reproduz a redação do art. 329 do Código anterior, ao prever que após o encerramento da fase postulatória, se verificada qualquer das hipóteses previstas nos arts. 485 e 487, incs. II e III, o juiz proferirá sentença e extinguirá o processo. Com isso, permanecem válidas e atuais as considerações de Barbosa Moreira a respeito desse julgamento, como por exemplo a impropriedade de o processo ser extinto a essa altura com base em um indeferimento da petição inicial. Se o fundamento para extinção for o mesmo que justificaria o indeferimento da petição inicial, deve-se fazer referência expressa a ele como causa da extinção, porque após o oferecimento da contestação não é mais possível falar em indeferimento da inicial.

Além disso, também permanecem atuais as suas considerações a respeito do dever imposto ao juiz de verificar a presença das causas de extinção do processo antes de dar sequência aos atos de organização para o desenvolvimento da fase instrutória. Demonstra isso não só a utilização de verbos no imperativo para disciplinar a atividade do juiz nessa fase, mas também a própria sistemática do Código que estimula julgamentos desse tipo desde o início do processo com o indeferimento da petição inicial ou o julgamento de improcedência liminar do pedido, por exemplo.

Também permanece atual a orientação de que para proceder com a imediata extinção do processo, o juiz não pode se pronunciar de ofício sobre todas as suas possíveis causas, mas antes deve observar a disciplina estabelecida para o conhecimento de cada uma delas. Assim, por exemplo, embora ele possa se pronunciar sobre a ausência das condições da ação ou sobre a ocorrência da prescrição e decadência sem a provocação das partes, ele não pode agir da mesma forma diante da existência de uma convenção de arbitragem. Independentemente disso, seja qual for a causa determinante para extinção do processo, deve sempre ser observado o art. 10 do Código de Processo Civil de 2015, que consagra o contraditório efetivo, até mesmo relação às matérias de ordem pública.

Constitui norma fundamental do processo, o dever imposto ao juiz de evitar a prolação das chamadas "decisões-surpresa" (CPC, art. 10). Tais são as decisões que se valem de algum fundamento, inclusive aqueles cognoscíveis de ofício, a respeito do qual não se tenha conferido às partes a oportunidade de se manifestar a respeito. "Decisões-surpresa" violam o contraditório, porque fazem menoscabo da participação das partes no processo e criam um estado de incerteza jurídica, já que, em um sistema em que tais decisões proliferam, não se pode antever o resultado de qualquer decisão. Nesse sentido, se tal dever se impõe a toda decisão judicial, o mesmo também ocorre com o art. 354, do CPC. Uma vez constatada a presença de alguma das hipóteses que autorizam a extinção do processo desde logo, tem o magistrado o dever de previamente ouvir as partes a respeito. A permissão legislativa para que o magistrado realize um corte no procedimento, proferindo sentença antes da realização da fase instrutória, não o autoriza, em prol da celeridade, a desconsiderar essa norma fundamental do processo.

Em realidade, a principal inovação do Código de Processo Civil de 2015 para essa fase do processo está contida no art. 356. De acordo com esse dispositivo, logo após o encerramento da fase postulatória, o juiz pode julgar apenas parcela do objeto do processo, limitando dessa forma o prosseguimento da fase instrutória para aquelas questões que ainda não estavam maduras para tanto. Com isso, privilegia-se, por certo, a efetividade do processo, já que se possibilita o imediato reconhecimento de um direito a respeito do qual nada mais há o que se perquirir. Tanto é assim, que o principal efeito prático da decisão que julga parcela do objeto do processo em caráter antecedente é o acesso fornecido ao titular do direito reconhecido como devido às vias executivas (ou à fase de liquidação no caso de obrigação ilíquida).

A decisão que julga parcela do mérito em caráter antecedente, nesses termos, constitui título executivo, conforme estabelece o art. 515, inc. I, do Código de Processo Civil. A execução então requerida independerá do oferecimento de caução e será definitiva nos casos em que houver o trânsito em julgado da decisão. Para evitar isso, prevê-se como recurso cabível a ser interposto contra uma decisão dessa natureza o agravo de instrumento, o que naturalmente se justifica, já que o julgamento parcial não extinguirá o processo como um todo, razão pela qual essa decisão tem natureza interlocutória, nos termos do art. 203, §2º, do Código.[22]

---

22 A respeito desse tema, veja-se o seguinte precedente do Superior Tribunal de Justiça: "O art. 356 do CPC/2015 prevê, de forma clara, as situações em que o juiz deverá proceder ao julgamento antecipado parcial do mérito. Esse preceito legal representa, portanto, o abandono do dogma da unicidade da sentença. Na prática, significa dizer que o mérito da causa poderá ser cindido e examinado em duas ou mais decisões prolatadas no curso do processo. Não há dúvidas de que a decisão interlocutória que julga parcialmente o mérito da demanda é proferida com base em cognição exauriente e ao transitar em julgado, produz coisa julgada material (art. 356, § 3º, do CPC/2015). No entanto, o julgador apenas poderá valer-se dessa técnica, caso haja cumulação de pedidos e estes sejam autônomos e independentes ou, tendo sido deduzido um único pedido, esse seja decomponível. Além disso, é imprescindível que se esteja diante de uma das situações descritas no art. 356 do CPC/2015. Presentes tais requisitos, não há óbice para que os tribunais apliquem a técnica do julgamento antecipado parcial

Em atenção a essa possibilidade de julgamento fracionado do objeto do processo, o art. 354, parágrafo único, do Código de Processo Civil, estabelece que a extinção do processo autorizada pelo *caput* desse artigo pode dizer respeito a apenas parcela do processo, caso em que será impugnável por agravo de instrumento. Ou seja, encerrada a fase postulatória, o juiz, desde logo, pode reconhecer que parcela autônoma e decomponível do processo pode ser imediatamente resolvida e extinta, quer seja porque ela não reúne os requisitos de admissibilidade para o seu processamento, quer seja porque o direito material pleiteado não pode ser mais exigido em função da prescrição ou decadência ou porque houve transação a seu respeito. Tal como ocorre nos casos do art. 356, na hipótese do art. 354, parágrafo único, do Código de Processo Civil de 2015, o processo também não será extinto como um tudo, razão pela qual o recurso cabível contra essa decisão é o agravo de instrumento.

Uma última lição do Professor Barbosa Moreira contida nesse texto que permanece válida nos dias de hoje diz respeito à observância do dever de motivação das decisões judiciais que extinguem o processo nessa fase. O fato de o processo ser extinto em um momento anterior ao que ele normalmente seria não desobriga o juiz de observar os parâmetros estabelecidos pelo art. 489, §1°, do Código de Processo Civil. Algumas das causas de extinção do processo podem ser de elevada complexidade, como o reconhecimento da prescrição ou decadência por exemplo, e exigem uma fundamentação exauriente sobre o tema. Além disso, como já houve a efetivação do contraditório, o juiz tem o dever de previamente se pronunciar a respeito dos argumentos suscitados pelas partes sobre a causa extintiva do processo antes de decidi-la.

do mérito. Tal possibilidade encontra alicerce na teoria da causa madura, no fato de que a anulação dos atos processuais é a última ratio, no confinamento da nulidade (art. 281 do CPC/2015, segunda parte) e em princípios que orientam o processo civil, nomeadamente, da razoável duração do processo, da eficiência e da economia processual" (REsp 1845542/PR, Rel. Min. Nancy Andrighi, 3ª T, j. em 11/05/2021, DJe 14/05/2021).

BREVE NOTICIA SOBRE LA CONCILIACIÓN EN EL PROCESO CIVIL BRASILEÑO[1]

1. Introducción

El proceso constituye un mecanismo destinado a la solución de litigios, mediante la aplicación de normas jurídicas, por el órgano de jurisdicción, a los hechos cuya verdad se compruebe o deba ser admitida *ex vi legis* aun sin comprobación. Si la sentencia es justa, una solución de este tipo corresponde, por supuesto, a la expectativa del ordenamiento jurídico: el derecho objetivo, que en el caso concreto no se hubiera podido realizar por obra de las personas directamente interesadas, llega a realizarse por obra del juez.

Pero nadie ignora que esa no es la única manera de resolver conflictos de intereses: claro está que las partes mismas logran con frecuencia hallar una solución, con la asistencia de un órgano público o sin ella. Si lo consiguen por sus propios medios, unilateral o bilateralmente, antes que alguna de ellas tome la iniciativa de solicitar los servicios del juez, el asunto no interesa – por lo menos de modo directo – al derecho procesal: el episodio no sobrepasa la frontera de lo privado. En cambio no pueden dejar de interesar al derecho procesal las hipótesis en las cuales las partes solamente llegan a ponerse de acuerdo mediante la intervención del órgano judicial (o de algún otro legalmente competente). Es en este marco donde se inserta la temática de la conciliación.

2. Derecho brasileño: datos históricos

El derecho brasileño adoptó, por largo tiempo, el sistema de la *obligatoriedad* del intento conciliatorio, como trámite previo a la incoación del proceso. En efecto, la Constitución del Imperio, de 25-3-1824, disponía en el art. *161: "Sem se fazer constar que se tem intentado* o *meio da reconciliação, não se começará processo algum";* y el art. 162 otorgaba

1 Comunicação ao XVI Congresso Nacional Argentino de Direito Processual, publicada nos respectivos anais, v. II, e também na *Revista Uruguaya de Derecho Procesal,* nº 4/90.

competencia para tal fin a los jueces de paz, que serían elegidos por el voto popular. La materia fue reglamentada por una ley de 15-10-1827, cuyo art. 5º rezaba: *"Compete ao juiz de paz: I – conciliar as partes que pretendem demandar, por todos os meios pacíficos que estiverem ao seu alcance, mandando lavrar termo do resultado, que assinará com as partes e o escrivão".* En lo comercial, regió el Reglamento nº 737, de 25-11-1850, el cual prescribía en el art. 23: *"Nenhuma causa comercial será proposta em juízo contencioso, sem que previamente se tenha tentado o meio da conciliação, ou por ato judicial, ou por comparecimento voluntário das partes".*

Después de la proclamación de la República, el Decreto nº 359, de 26-4-1890, abolió la obligatoriedad del intento conciliatorio por el juez de paz. Se argumentó en aquel entonces que semejante obligatoriedad era incompatible con la libertad de acción en lo que atañe a los derechos e intereses privados, y que la experiencia había demostrado la inutilidad del trámite en numerosos casos, sin otro resultado que el aumento de las expensas y el retraso de la solución de los conflictos. Esa argumentación tenía una parte de verdad, por lo que respecta a las causas que el juez de paz era incompetente para decidir, y en las cuales su actuación como conciliador resultaba casi siempre ineficaz. Cabe añadir que los jueces de paz eran, las más de las veces, personas desprovistas de cultura y sobre todo de conocimientos jurídicos, sin la calificación necesaria para merecer la confianza de las partes.

A pesar de ello, varios Estados-miembros de la federación mantuvieron el intento conciliatorio – en carácter *facultativo* – en sus legislaciones. Así, por ejemplo, la Ley de organización judicial de Bahia, de 1915, disponía en el art. 36, § 2, sobre la competencia del juez de paz para *"conciliar as partes que espontaneamente recorram a seu juízo"*; y el *Código de Processo Civil e Comercial* de S. Paulo, de 1930, reglaba la conciliación en los arts. 368 a 371, que formaban el Capítulo I del Libro III *("Dos processos preparatórios, preventivos e incidentes").*

El intento obligatorio reingresó en el derecho brasileño en 1932, aunque solo en el campo del proceso laboral, donde luego se consolidó en definitiva. En el proceso civil, la Ley nº 968, de 10-12-1949, lo restableció únicamente para las acciones de *"desquite"* (separación de los cónyuges) y de alimentos. El primer Código nacional (de 1939) ninguna contribución nueva había aportado.

3. Derecho brasileño: el Código de 1973

Una modificación substancial en ese panorama la introdujo el *Código de Processo Civil* de 1973. De conformidad con el art. 447, el juez tiene el deber de intentar la conciliación de las partes en los litigios concernientes a derechos patrimoniales privados y en los relativos al derecho de familia, en los supuestos y a los efectos en los cuales la ley admite la transacción. El intento se lleva a cabo en el comienzo de la *"audiência de instrução e julgamento"*, antes de los actos de instrucción que acaso en ella estén por practicarse (art. 448, *initio).* En los procesos en que el intento sea obligatorio, corresponde al órgano judicial, *ex officio,* ordenar la comparecencia de las partes a la audiencia (art. 447, *caput, fine).* Queda entendido que ellas pueden hacerse representar por sus procuradores, con tal que el poder contenga esa facultad especial.

La audiencia es aplazada si cualquiera de las partes, o ambas, dejan de concurrir, por motivo justificado hasta la apertura de aquella (art. 453, nº II y § 1º); el juez señala otra fecha y ordena, una vez más, la comparecencia de los litigantes. La ausencia de al menos uno de ellos torna imposible el intento conciliatorio, caso en que la audiencia prosigue en sus normales etapas ulteriores.

Incumbe al órgano judicial intentar la conciliación de las partes (art. 448, *initio),* preguntándoles si están dispuestas a resolver amigablemente el litigio, proponiendo a una de ellas la solución sugerida por la otra, o sugeriendo él mismo una o más de una solución posible. Es sumamente delicado el papel del juez en ese momento: le corresponde emplear todos los esfuerzos a fin de obtener el avenimiento, pero sin hacer presión sobre cualquiera de las partes para que acepte un acuerdo en términos que no le agraden. Debe el juez, particularmente, evitar que su intervención suministre indicios de un prejuzgamiento de la causa.

El Código no contiene una reglamentación minuciosa del intento conciliatorio; se comprende que habría sido difícil (e inconveniente) establecer *a priori* normas rígidas. La conducción del trámite, a cargo del juez, dependerá, en cada caso, de la reacción de las partes. El órgano judicial debe mantener entendimientos directos con ellas e interponerse siempre que se manifieste el riesgo de rozamientos. Los procuradores pueden asistir, y está permitido a los litigantes consultarlos reservadamente acerca de puntos a cuyo respecto deseen algún esclarecimiento; pero no es necesaria la mediación de los procuradores en el diálogo entre cada una de las partes y el juez, quien tiene el deber de contestar personalmente a todas las preguntas que cualquiera de ellas resuelva dirigirle.

Si el intento logra éxito, su resultado es susceptible de presentar características variables: los litigantes pueden, en efecto, hacerse concesiones recíprocas (transacción: Código Civil, art. 1.025), pero se concibe asimismo que el actor renuncie simplemente (del todo o en parte) a su pretensión, o que el demandado se allane a la demanda. Sea cual fuere la solución, el avenimiento será documentado en un acta (art. 448, *fine)*, firmada por los litigantes (art. 449).

Corresponde al juez verificar si están presentes todos los requisitos de validez del acuerdo y, siendo así, homologarlo. La ley equipara el acto homologatorio a una sentencia (de mérito) (art. 449). Ello significa que: si alguien quisiere impugnar el acto, el recurso procedente será el de apelación (art. 513); si la parte obligada a una prestación no cumple voluntariamente el acuerdo, la otra dispondrá de un título ejecutorio (art. 584, nº III); la resolución homologatoria tiene aptitud para adquirir la autoridad de cosa juzgada en sentido material.

4. Observaciones críticas

No parece muy acertada la ubicación del intento conciliatorio en el itinerario procesal. La *"audiência de instrução e julgamento"* se realiza en la parte final del procedimiento de primer grado, en general tras un tiempo dilatado, durante el cual los litigantes tuvieron amplias oportunidades no solamente de expresar ante el juez sus pretensiones y de refutar las del adversario, sino también de enfrentarse en un número quizás grande de incidentes, a propósito de las más diversas cuestiones. A lo largo de semejante trayecto, una de dos: o la animosidad entre ellos se exacerbó, con la consecuente pérdida de las reservas de buena voluntad indispensables para que se pueda concretar un acuerdo, o a la parte menos resistente ya le faltan medios para proseguir en el pleito, y ella tenderá a aceptar un arreglo que rehusaría bajo condiciones normales. En tales circunstancias, la conciliación se mostrará probablemente difícil o injusta – una alternativa que nadie dejará de considerar indeseable. Además, en el procedimiento ordinario, no se lleva a cabo la *"audiência de instrução e julgamento"* en los casos (y no son pocos) en los cuales ella resulta innecesaria, porque ningún acto probatorio queda por cumplirse – lo que significa que en tales procesos no tiene lugar el intento conciliatorio.

La Comisión Revisora del Anteproyecto del Código había sugerido la institución de una audiencia preliminar, destinada a ese fin, entre otros; pero la sugerencia – como la gran mayoría de las que presentara la Comisión – fue desechada en la redacción del Proyecto. En ocasión de los trabajos preparatorios de una reforma del Código, emprendidos hace pocos anos, se propuso agregar al art. 125, que enumera los deberes del juez en la dirección del proceso, una disposición que le obligara a intentar la conciliación de las partes en cualquier tiempo, senalando a ese efecto una audiencia especial; así se facultaría al órgano judicial para aprovechar la oportunidad que – habida cuenta de la conducta de los litigantes – él tuviera por psicologicamente más adecuada, e incluso repetir el intento, sienipre que un cambio de circunstancias, tras el fracaso de su primera intervención, abriera una nueva perspectiva de avenimiento. Empero nada resultó, hasta ahora, de ese proyecto, y la idea misma de una revisión general del Código parece actualmente abandonada.

Algunos opinan que, si el juez se da cuenta de la existencia de condiciones favorables a un acuerdo, puede valerse de la facultad prevista en el art. 342 para intentar la conciliación. Dicha norma trata del llamado "interrogatorio informal", *verbis* "*O juiz pode, de ofício, em qualquer estado do processo, determinar* o *comparecimento pessoal das partes, a fim de interrogá-las sobre os fatos da causa*". No es absurdo, en efecto, que él aproveche la presencia de los litigantes para incitarlos al avenimiento. Sin embargo, la verdad es que la disposición del art. 342 viene teniendo – aun en su alcance puramente literal – muy escasa aplicación en la práctica.

5. Derecho brasileño posterior al "Código de Processo Civil"

Leyes más recientes prescriben la obligatoriedad del intento conciliatorio en hipótesis específicas. Una de ellas es la Ley nº 6.515, de 26-12-1977, cuyo art. 5º, concerniente a la "separación judicial" de los cónyuges (antiguo *"desquite")*, reza en su § 2º: "O *juiz deverá promover todos os meios para que as partes se reconciliem ou transijam, ouvindo pessoal e separadamente cada uma delas e, a seguir, reunindo-as em sua presença, se assim considerar necessário*".

Pero es en la Ley nº 7.244, de 7-11-1984, que dispone sobre la creación y el funcionamiento del "Juzgado Especial de Pequenas Causas", donde la conciliación asume un relieve singular en el proceso civil brasileño. Dicha ley prevé la creación de órganos de este tipo, en los Estados, en el Districto Federal y en los Territorios, para conocer de litigios de naturaleza patrimonial y de valor económico no superior a cierto límite, con exclusión de algunas materias – *v.g.,* alimentos, quiebras, asuntos fiscales etc. (art. 3º) –, y establece el procedimiento aplicable, inspirado en los criterios de oralidad, simplicidad, informalidad, economía procesal y celeridad (art. 2º). Todo el sistema de la Ley nº 7.244 está orientado hacia la solución amigable de los conflictos de intereses a los que ella se aplique: lo dice en términos expresos la parte final del art. 2º *("buscando sempre que possível a conciliação das partes"),* la cual constituye, por decirlo así, la "divisa" del Juzgado Especial de Pequenas Causas. En realidad, que el juez llegue allí a fallar el pleito según su propia convicción y mediante la aplicación de las normas del ordenamiento es algo que debería representar idealmente una hipótesis "residual", consecuente al fracaso de las otras soluciones posibles.

El Juzgado debe disponer de conciliadores, considerados "auxiliares de la Justicia" y reclutados con preferencia entre los licenciados en Derecho (art. 6º). Si ambas partes comparecen *ab initio* ante el Juzgado, el intento conciliatorio tiene lugar inmediatamente (art. 18). En los procesos que se inician – y son la mayoría – con la demanda del actor, en cambio, el demandado es citado para comparecer en la fecha y hora senaladas (art. 19, § 1º); y en esa ocasión, presentes los litigantes, el órgano judicial, ante todo, les aclara acerca de las ventajas de la conciliación (art. 22). El intento conciliatorio puede ser efectuado por el juez mismo o por el conciliador, bajo la orientación de aquel (art. 23, *caput).* Si se concreta el avenimiento, corresponde al órgano judicial homologaria, mediante sentencia que tiene eficacia de título ejecutorio (art. 23, párrafo único).

Vale la pena observar que en el Brasil la consagración legislativa de los Juzgados Especiales de Pequeñas Causas fue precedida de experiencias, al menos parcialmente extraoficiales, hechas en algunos Estados (primero en el de Rio Grande do Sul), donde se crearon órganos sin poder jurisdiccional, con la misión de intentar la composición amigable de conflictos de intereses en ciertas materias. El buen éxito de tales ensayos fue decisivo para que se vencieran algunas resistencias y se diera otro paso al frente. Conviene anadir que dichos órganos no desaparecieron luego de la institución de los Juzgados Especiales de Pequeñas Causas: en el Estado de S. Paulo, por ejemplo, coexisten con estos los "Juzgados Informales de Conciliación", cuya competencia se cine al intento conciliatorio, a diferencia de lo que ocurre con los Juzgados Especiales de Pequeñas Causas.

6. La Constitución de 1988

El tema de la conciliación volvió en nuestros días a ascender al nivel constitucional. En efecto, la Constitución de la República de 5-10-1988 se refiere al asunto en ambas disposiciones del art. 98, que impone a la Unión Federal (en el Districto Federal y en los Territorios) y a los Estados crear dos tipos de órganos con atribuciones conciliatorias:

I – juzgados especiales, eventualmente integrados por jueces legos y competentes para la conciliación, la decisión y la ejecución en causas civiles de menor complejidad e infracciones penales menos graves;

II – justicia de paz, formada por ciudadanos elegidos por el voto popular, con mandato de cuatro anos y competencia para – entre otras cosas – "ejercer atribuciones conciliatorias, sin poder jurisdiccional".

Las características fijadas en el art. 98, I, no coinciden con las que la Ley nº 7.244 atribuye a los Juzgados Especiales de Pequeñas Causas. La competencia de estos está determinada fundamentalmente por el valor del litigio, mientras la Constitución alude a la "menor complejidad"; es evidente que una causa puede tener valor económico bajo y al mismo tiempo ser muy compleja, o viceversa. Además, en los términos del art. 40 de la Ley nº 7.244, los Juzgados Especiales de Pequeñas Causas no son competentes para la ejecución: sus sentencias deben ser ejecutadas por los órganos judiciales ordinarios. De ello infieren algunos que los órganos de creación obligatoria por la Unión y por los Estados, *ex vi* del art. 98, I, de la Constitución, son distintos de los Juzgados Especiales de Pequeñas Causas y no confundibles con éstos. Sea como fuere, la disposición constitucional queda, hasta ahora, como letra muerta: los Juzgados Especiales de Pequeñas Causas, allí donde existían, siguen existiendo, con las características de la Ley nº 7.244; y no tenemos noticia de que dondequiera se haya creado algún órgano nuevo en cumplimiento de la Constitución.

7. Algunos datos estadísticos

Las estadísticas judiciales en el Brasil son escasas y no siempre inspiran gran confianza. De todo modo, los pocos números de que se dispone permiten una evaluación positiva de la función conciliatoria en el proceso civil. Una encuesta reciente, que comprendió 32 juzgados de la capital del Estado de Rio de Janeiro, reveló que, en los pleitos de procedimiento ordinario, más de 33% de la totalidad de intentos habían tenido éxito; y el porcentaje se elevaba a casi 60% en los pleitos de procedimiento sumarísimo. Ello pone de manifiesto que, aun en el sistema del Código, a pesar del inconveniente de la ubicación *(supra,* nº 5), el juez logra conciliar las partes en una cantidad no despreciable de casos.

Los resultados obtenidos en los Juzgados Especiales de Pequeñas Causas son, en algunos sitios, todavía más expresivos. Un magistrado del *Tribunal de Justiça* de S. Paulo indica un porcentaje de 80% de acuerdos concretados en los procesos que se venían incoando ante dichos Juzgados de su Estado. Aunque semejante estimación pueda parecer demasiado optimista, no hay razones para suponer que la realidad sea mucho menos alentadora.

En cuanto a los Juzgados Informales de Conciliación, los datos concernientes a los cuatro órganos de la capital de S. Paulo ensenan que, en el mes de noviembre de 1990, se lograron 278 avenimientos en 526 sesiones, lo que significa un porcentaje de casi 53 %.

Demás está decir que el desempeño de los órganos conciliatorios es, en buena medida, función de los medios de que disponen para ejercer sus atribuciones. Son harto conocidas las inmensas dificultades de toda clase que suelen contribuir para quitarle al aparato judiciario la posibilidad de una producción más conforme - en cantidad y en calidad - a las aspiraciones de la sociedad. Tales dificultades se agravan, desde varias puntos de vista, en el campo de la conciliación, que requiere, para fructificar, una infraestructura menos precaria que lo habitual (por lo menos en el Brasil), un personal especialmente calificado, con tiempo suficiente para dedicarse a su delicada tarea, y - *last but not least* - un ambiente acogedor y tranquilo. Entre nosotros, por desgracia, no es frecuente la presencia simultanea de todos eses requisitos; en vista de las circunstancias, los resultados de la actividad conciliatoria llegan a ser sorprendentes.

8. Consideraciones finales

El instrumento de la conciliación no constituye, por supuesto, una panacea. Sería vana la esperanza de que su utilización pudiera tornar superflua, algún día, la función decisoria de los órganos de jurisdicción. Ni si qui era se debe pensar que un mayor éxito de los intentos conciliatorios actuaría necesariamente - salvo quizás en lo que atañe a los tribunales superiores, en virtud de la disminución del número de recursos

– como un factor significativo de desahogo en la sobrecarga de trabajo que abruma, en general, a los jueces de América Latina.

Respecto a los órganos con competencia exclusivamente conciliatoria (como los Juzgados Informales de Conciliación), importa no perder de vista el hecho de que una parte considerable de los casos sometidos a ellos probablemente jamás llegaría a ser objeto de demandas y de providencias jurisdiccionales. La gran utilidad de tales órganos consiste justamente en la apertura de una válvula para la solución, en términos "civilizados", de conflictos de intereses que, de no ser así, continuarían fermentando, patentes o latentes, en el contexto social, y hasta podrían hacerse peligrosamente explosivos. Sin embargo, va de suyo que solo con ello no se logra resolver el problema de la obstrucción crónica de las vías judiciales, ni mucho menos.

Sea como fuere, aun reducida a sus reales proporciones, la importancia de la conciliación justifica la atención que le dedica la ciencia procesal contemporánea y el estímulo que le vienen dando, en los últimos tiempos, las leyes y (a veces con anterioridad) la práctica. Ello es verdad inclusive en lo que concierne a los intentos dirigidos por jueces, en procesos ya incoados. Uno de los fines del proceso consiste en restablecer la paz social; y la tarea de pacificación tiene obviamente mejores posibilidades de producir fructos duraderos si conduce a una solución considerada como aceptable por ambos litigantes que a la imposición de un resultado que no puede dejar de conllevar, al menos para uno de ellos, la amargura de la derrota. La diferencia cobra un relieve especial en los casos de personas que, aun después de terminado el pleito, tienen que seguir manteniendo contactos íntimos o relaciones más o menos permanentes, como acaece, por ejemplo, en asuntos de familia o de vecindad, en litigios entre sacias o condóminos.

Lo indispensable, si se quiere asegurar a la conciliación una perspectiva de florecimiento, es proporcionar a las partes y a *los* órganos conciliatorios el goce de condiciones favorables al éxito del intento. En este orden de ideas, puede tener alguna utilidad para quienes se ocupan del asunto en un país el conocimiento de la experiencia ajena. Tal es la sencilla esperanza que nos induce a ofrecer a los colegas argentinos esta breve noticia sobre el estado del problema en el derecho brasileño.

Março de 1991.

COMENTÁRIOS DA ATUALIZADORA

BREVE NOTÍCIA SOBRE A CONCILIAÇÃO NO PROCESSO CIVIL BRASILEIRO

Teresa Arruda Alvim

A mediação e a conciliação, quando ocorridas antes que o tema chegue a juízo, não são assuntos processuais. São temas de direito privado. Ao direito processual interessa o acordo, quando este ocorre em juízo.

Afirmação incensurável, a nosso ver, feita por Barbosa Moreira, no artigo cujo contraponto ora se faz.

No entanto, à conciliação em si mesma, tem-se dado imensa relevância nas duas últimas décadas, e quem se tem ocupado deste tema são, predominantemente, os processualistas.

Tem-se feito distinção entre mediação e conciliação, como *processos* tendentes a levar as partes a um acordo (conciliação, como *resultado*). A mediação pressupõe a participação de alguém que não interfira no possível conteúdo do acordo, mas apenas facilite o caminho para que as partes consigam chegar até ele. Diferentemente ocorre com o conciliador: sua participação é mais intensa, e admite sugestões concernentes ao teor de futuro eventual acordo.

Diz-se, também, que a mediação é o palco adequado quando houver vínculo anterior entre as partes, como nos casos envolvendo direito de família (art. 165, §3°, CPC), enquanto a conciliação é indicada quando não houver vínculo anterior entre as partes, como na hipótese de um acidente de trânsito (art. 165, §2°, CPC).

Embora esta diversificação de papéis, entre mediador e conciliador, seja feita no plano teórico, na prática é difícil diferenciá-las.[2]

O papel destes profissionais, é relevante salientar, é substancialmente diferente daquele que exerce o juiz na tentativa de conciliação. Estes profissionais devem ser adequadamente preparados e devem empregar técnicas específicas para nortear sua atuação junto às partes.

---

2 ASSIS, Araken de. *Processo civil brasileiro,* volume I: parte geral: fundamentos e distribuição de conflitos. São Paulo: Ed. RT, 2015, pp. 95-96.

De rigor, o juiz nem pode assistir a estas sessões, sob pena de inibir as partes e frustrar o objetivo das reuniões. Ademais, pode ter conhecimento de fatos ligados à causa que, como não vão constar dos autos, não podem influenciar sua decisão.

No que diz respeito aos avanços da lei, neste ponto, observa sabiamente Barbosa Moreira que esta se *adianta aos fatos*, i. e., há uma "vontade" do legislador no sentido de criar a "cultura" do acordo.[3] Em muitos campos, ocorre exatamente o contrário: primeiro, a realidade se insinua, as vezes até os fenômenos se desenham integralmente no plano social e a disciplina jurídica ocorre apenas *posteriormente*: é o caso, por exemplo, da união estável. No caso da conciliação, o caminho foi e está sendo o inverso: quis-se (e ainda se quer) criar a cultura multiportas!

Historicamente, houve momentos em que o direito posto previa dever-se necessariamente tentar acordo para que, só depois, se fosse a juízo (art. 161 da Constituição do Império, 1924). Atualmente, a Constituição Federal prevê que lei não excluirá da apreciação do Poder Judiciário lesão ou ameaça à direito (art. 5º, XXXV). Há autores que chegam mesmo a afirmar que faltaria interesse de agir ao autor que não comprovasse a prévia tentativa de resolução extrajudicial da controvérsia, valendo-se, por exemplo, da plataforma *consumidor.gov*.[4]

3 Esse movimento está inserido dentro do que Kazuo Watanabe denomina de "cultura da pacificação", em contraposição à solução adjudicada dos conflitos, por ele chamada de "cultura da sentença". A respeito, vide: WATANABE, Kazuo. Cultura da sentença e cultura da pacificação. *In:* YARSHELL, Flávio Luiz; MORAES, Maurício Zanoide de (coords.). *Estudos em homenagem à professora Ada Pellegrini Grinover*. São Paulo: DPJ, 2005, pp. 684-690.

4 GAJARDONI, Fernando da Fonseca. Levando o dever de estimular a autocomposição a sério: uma proposta de releitura do princípio do acesso à justiça à luz do CPC/15. *Revista Eletrônica de Direito Processual*, ano 14, v. 21, nº 2, mai./ago. 2020, pp. 99-114. Já há algumas decisões nesse sentido, como, por exemplo, se extrai de trecho de acórdão proferido pelo TJMG: "(...) é de se validar a atuação da douta juíza singular na adoção de medidas capazes de desestimular o comportamento temerário empregado por alguns advogados, ainda que tenha que se valer de expedientes não previstos expressamente no códex processual, mas que não sejam contrários aos princípios processuais, como ocorre *in casu*. Ressalta-se que, ainda que a parte autora não concordasse com a determinação judicial, não vislumbro qualquer dificuldade em cumpri-la, haja vista que em minutos a consumidora poderia ter efetuado simples acesso ao site consumidor.gov.br e registrado reclamação, apresentando em juízo a tentativa de solução prévia do conflito. Ora, não há motivo para descumprimento da ordem judicial diante

O CPC de 1973 criou para o juiz, o dever de tentar a conciliação das partes e a Constituição de 1988 também veio a tratar da conciliação.

Apesar de as estatísticas serem escassas à época, Barbosa Moreira já fazia um balanço, positivo da situação, já em 1991, quando o artigo foi escrito.

A análise e divulgação de dados estatísticos, no âmbito do Judiciário, vem sofrendo nítida evolução nos últimos tempos. A estatística e a análise empírica podem constituir importantes ferramentas para melhor entender os problemas enfrentados na prática e propor soluções pragmaticamente mais eficazes.

Embora os tribunais brasileiros contem com uma boa base de dados em comparação com outros países, ainda pecamos no que tange à qualidade, mormente diante da absoluta falta de padronização nos formatos dos sistemas eletrônicos para a tramitação de processos e inserção das informações a eles relativas.[5] Apesar de o CNJ ter instituído o PJE, a utilização não é obrigatória pelos tribunais, o que levou a que cada um utilizasse um sistema próprio, dificultando a agregação e compilação de relevantes informações.[6]

Sobre o aspecto positivo da conciliação, como se disse, hoje os dados estatísticos são dados mais abrangentes e confiáveis. A "Semana da Conciliação", projeto capitaneado pelo CNJ, foi responsável, apenas entre os dias 4 e 11 de novembro de 2019, pela realização de mais de 320 mil audiências. Em pouco menos de 50% destas audiên-

de fácil e gratuito acesso à plataforma pública colocada à disposição da parte para intermediar a interlocução direta com as empresas e possibilitar pacificação social mais célere. Aliás, nesse aspecto, o instrumento pode se revelar eficaz medida de desestímulo à irresponsável judicialização de demandas que podem ser resolvidas, em interesse do consumidor, extrajudicialmente". (Apelação n° 1.0000.20.057723-7/001, rel. Des. Shirley Fenzi Bertão, 11ª Câmara Cível, j. 17.06.2020).

5 RAVAGNANI, Giovani. A democratização do uso da informação jurídica: riscos e perspectivas. *In*: FERRARI, Isabela (coord.). *Justiça Digital*. São Paulo: Thomson Reuters Brasil, 2020, p. 177.

6 OLIVEIRA, Fabiana Luci; CUNHA, Luciana Gross. Os indicadores sobre o Judiciário brasileiro: limitações, desafios e o uso da tecnologia. *Rev. Direito GV* [online]. 2020, v.16, n° 1, e 1948. Epub Mar 23, 2020. ISSN 2317-6172). Disponível em: https://doi.org/10.1590/2317-6172201948. Acesso em: 20.01.2021.

cias, acordos foram celebrados.[7] Somente entre os anos de 2012 e 2019, os CEJUSC's de São Paulo foram responsáveis pela homologação de 1.048.384 acordos na fase pré-processual e 486.187 acordos na fase processual, totalizando uma taxa de sucesso de 69% e 50%, respectivamente.[8]

O CPC de 2015, inova corajosamente na matéria.

Sob o CPC/73, na *audiência preliminar*, tentava-se pela primeira vez, a aproximação das partes para conciliação. Se o acordo não se fizesse, na mesma oportunidade, o juiz deveria fixar os pontos controvertidos, decidir as questões processuais e determinar as provas a serem produzidas (art. 331 do CPC/73). Importante frisar-se que a audiência era realizada após a apresentação de defesa pelo réu.

A previsão no Código em vigor é de que essa tentativa de aproximação se dê antes, na audiência de conciliação ou mediação, pois se entendeu que a preparação para defesa em juízo pode, efetivamente dificultar, o acordo.[9] Por isso, se antecipou a realização da audiência de conciliação ou mediação para o início da fase postulatória.

O art. 334 do CPC de 2015, está em perfeita sintonia com o compromisso, assumido pelo legislador do CPC/15, de estimular as partes a buscarem solução consensual dos conflitos (art. 3º, § 2º).

Mesmo que não haja acordo, nada impede que celebrem, na audiência de conciliação ou mediação, *negócios jurídicos processuais*. Trata-se de figura que, se não é nova, assumiu novos contornos no novo Código. À luz do novo CPC, podem, por exemplo, fixar um calen-

7 Disponível em: https://www.cnj.jus.br/wp-content/uploads/2020/02/Semana--concilia%C3%A7%C3%A3o-total.pdf. Acesso em: 20.01.2021.

8 Disponível em: RelatórioDe atividades2019-final3.pdf (tjsp.jus.br). Acesso em: 20.01.2021.

9 O que motivou o legislador, inclusive, a prever que, nas ações de família, o mandado de citação não será acompanhado de cópia da petição inicial. Conforme afirma Leonardo Carneiro da Cunha: "O objetivo é estimular a autocomposição, subtraindo do réu o acesso aos termos da petição inicial, que, em ações de família, contém, muitas vezes, termos impróprios, acusações exageradas, arroubos de impetuosidade decorrente do desgaste havido entre as partes, o que acirra os ânimos e dificulta, senão impossibilita, a autocomposição". (Procedimento especial para as ações de família no novo Código de Processo Civil. *In:* DIDIER JR., Fredie (Coord. Geral). *Novo CPC. Doutrina selecionada, v. 4: procedimentos especiais, tutela provisória e direito transitório.* 2ª ed. Salvador: JusPodivm, 2016, p. 520.

dário processual, a ser apresentado ao juiz da causa, para sua análise e homologação, se for o caso.

Existe, é claro, a possibilidade de, ao longo do processo haver outras audiências para tentativa de conciliação ou mediação. Podem ser designadas pelo juiz, ou este mesmo pode tentar a composição entre as partes da forma tradicionalmente concebida (art. 139, V).

Pode haver acordo em processos que envolvem interesse público? Ou seja, nestes casos, tem sentido a realização desta audiência? Já se entendeu que não. A resposta, entretanto, hoje, é positiva. Embora o interesse *público*, seja irrenunciável e não negociável, de modo que, tradicionalmente, se entendesse que apenas os conflitos envolvendo direitos patrimoniais privados poderiam ser resolvidos por meio da conciliação, mediação, transação ou arbitragem, atualmente tem-se a concepção de que os conflitos envolvendo interesses públicos *podem ser negociados* e objeto de arbitragem. Embora *não haja propriamente renúncia* é possível *ajustar os modos de atender o interesse público com maior qualidade, eficácia e eficiência*.

De fato, além do art. 174 do CPC/15, que prevê a conciliação e mediação acerca de matérias administrativas, existem muitas outras normas que permitem a composição extrajudicial de interesses públicos, tais como: *i)* o art. 5º, § 6º, da Lei Federal nº 7.347/85, que prevê a realização de termo de ajustamento de conduta nas ações civis públicas; *ii)* o art. 10, do Decreto-lei nº 3.365/41, que prevê a transação a respeito do valor indenizatório da desapropriação; *iii)* o art. 1º da Lei Federal nº 9.469/97, que permite a realização de acordo, judicial ou extrajudicial, pelo Advogado Geral da União; *iv)* o art. 1º, § 1º, da Lei Federal nº 9.307/96, que permite a convenção de arbitragem no âmbito da administração pública direta ou indireta; *v)* o art. 16 da Lei Federal nº 12.846/13, que regula o programa de leniência em casos de corrupção; *vi*) o art. 32 da Lei Federal nº 13.140/15, que permite a autocomposição de conflitos pelas pessoas jurídicas de Direito Público; *vii)* e, mais recentemente, o art. 26 da LINDB, acrescido pela Lei Federal nº 13.655/2018, que autoriza, de forma genérica, a realização de acordo para eliminar situação contenciosa, irregularidade ou incerteza jurídica na aplicação do direito público. Até mesmo nas ações de improbidade, tem-se reconhecido a possibilidade de adoção de meios alternativos de solução de conflitos.

O CPC também determina que os Tribunais criem centros judiciários para a solução de conflitos.

Os tribunais devem criar, conforme dispõe o *caput* do art. 165 do CPC/15, sempre com o objetivo de estimular a autocomposição do litígio, centros judiciários de solução consensual de conflitos (CEJUSC's), para a realização de sessões e audiências de conciliação e mediação. É de se notar, todavia, a carência estrutural, que existe em muitos lugares no Brasil, que muitas vezes acaba por levar a que a audiência de conciliação ou mediação nem mesmo seja marcada. Este é um problema que o legislador não consegue resolver: apenas a prosperidade do país que certamente geraria um Judiciário com mais recursos e certamente menos assoberbado.

O autor conclui no sentido de que não se pode esperar da conciliação, em si mesmo, papel que venha a substituir a função do Judiciário e nem mesmo o de atenuar-lhe a carga de trabalho. A conciliação pode, realmente, ser uma válvula para a solução de conflitos que talvez nunca fossem (ou nunca devessem ser) levados ao Judiciário. Sua função é, assim mesmo, extremamente positiva, já que o "restabelecimento" da paz social é muito mais genuinamente alcançado quando ambas as partes consideram aceitável a solução.[10]

10 DINAMARCO, Cândido Rangel. *Instituições de direito processual civil*: volume I. 8ª ed. São Paulo: Malheiros, 2016, p. 221.

NOTAS SOBRE EL CONTENIDO, LOS EFECTOS Y LA INMUTABILIDAD DE LA SENTENCIA[1*]

1. Cuando una situación de hecho es llevada a la consideración del juez, por alguien que le solicita una providencia jurisdiccional, corresponde a aquel establecer la disciplina jurídica a la cual debe someterse dicha situación. El órgano judicial lo hará enunciando en la sentencia – con tal que estén presentes todos los presupuestos de una resolución sobre el fondo – la norma jurídica concreta aplicable al caso de que se trata.

No hay unanimidad entre los doctrinadores acerca del mecanismo intelectual utilizado por el juez para alcanzar ese objetivo. Tradicionalmente se solía representar tal operación mediante el esquema silogístico clásico. La premisa mayor sería la norma genérica y abstracta, suministrada por la ley o por otra fuente formal del derecho; la premisa menor, el resultado de la reconstrucción (en general basada en las pruebas) de ios hechos; la conclusión, la parte dispositiva de la sentencia. Hoy en día muchos niegan, con buenas razones, la exactitud de semejante equiparación[2]. En algunas hipótesis, hasta puede faltar una norma genérica y abstracta, y el órgano judicial queda libre para formular *directamente* la norma concreta, inspirándose en sus propios juicios de valor[3].

Sea como fuere, la norma concreta es el contenido esencial de la sentencia (de mérito). Los esfuerzos de la ciencia procesal para reducir a grupos homogéneos las múltiples variedades de normas concretas (y, por ende, de contenidos) han redundado en una importante clasificación de las sentencias. En general se reconocen tres clases: sentencias declarativas (o meramente declarativas), sentencias constitutivas y sentencias de condena[4]. En la primera clase, la norma jurídica concreta se

1 Trabalho publicado no volume *Estudios Procesales – Libro Homenaje a Hernando Devis Echandia, Hernando Morales Mofina y Antonio Rocha Alvira,* Bogotá, 1988.

2 Una crítica sagaz de la teoría silogística, *v.g.,* en TARUFFO, *La motivazione della sentenza civile,* Padova, 1975, p. 149 y s.

3 Así en la llamada "jurisdicción de equidad": v. DE MARINI, *Il giudizio di equità nel processo civile,* Padova, 1959, *passim,* espec. p. 207 y s.

4 No es necesario discutir aqui si a esas clases deben añadirse otras, como hace en Brasil una corriente de la doctrina, que habla también de sentencias "mandamen-

ciñe a la certificación oficial de la existencia o inexistencia de una relación jurídica[5]; en la segunda, ella introduce una alteración en la situación existente, creando, modificando o extinguiendo una relación jurídica. Es fácil discernir el *quid* específico de la sentencia constitutiva y diferenciarla así de la meramente declarativa. Más complejo es el problema de la caracterización de la sentencia de condena: no pocas teorías se han concebido para explicar en qué consiste su peculiaridad, sin que ninguna de ellas haya logrado el consenso universal[6].

Es evidente que, en la misma sentencia, pueden y suelen coexistir elementos de distinta naturaleza. Si la sentencia tiene más de un objeto, no queda excluído que sea declarativa en cuanto a uno de ellos y constitutiva (o de condena) respecto a otro. La condena en costas, impuesta al litigante vencido, *v.g.,* se agrega indiferentemente a sentencias de cualquier especie (en la parte principal). Pero, aun fuera de tales casos, es harto difundida la idea de que los posibles contenidos de las sentencias no se presentan en estado "químicamente puro", sino combinados en proporciones variables; y, sobre todo, la convicción de que en toda sentencia hay siempre un contenido declarativo, ya que en toda sentencia es posible encontrar la certificación de que el derecho afirmado por el actor existe o no existe.

Si bien sean elementales las nociones hasta ahora expuestas, algunos aspectos del tema exigen una atención particular y un gran rigor conceptual; sin ello se incurre en el riesgo de graves equivocaciones. Entre otras que dan margen a cierta perplejidad está, por ejemplo, la cuestión de la delimitación del contenido de la sentencia constitutiva, lo cual se explica por la ambigüedad de la palabra "alteración", que tanto puede significar el *acto* de alterar como el *efecto* de tal acto. La norma

tales" y de sentencias" ejecutivas": PONTES DE MIRANDA, *Tratado das ações,* t. I, S. Paulo, 1970, p. 161 y s.; *Comentários ao Código de Processo Civil,* t. V, Rio de Janeiro, 1974, p. 61 y s.; JOSÉ DA SILVA PACHECO, *Direito Processual Civil,* S. Paulo, 1976, v. 2, p. 201 y s.; OVÍDIO A. BAPTISTA DA SILVA, Eficácias da sentença e coisa julgada, *in Sentença e coisa julgada,* Porto Alegre, 1979, p. 93 y s.; *Curso de processo civil,* v. I, Porto Alegre, 1987, p. 340.

5 Varios ordenamientos admiten asimismo la utilización de la acción declarativa para establecer la certeza oficial sobre la autenticidad o la falsedad de un documento: *v.g., Código de Processo Civil* brasileño, art. 4º, II.

6 V., sobre el tema, CALAMANDREI, La condanna, *in Opere Giuridiche,* v. V, Napoli, 1972, p. 483 y s.

concreta de la sentencia constitutiva no se limita a declarar el derecho del actor a obtener la alteración de la situación existente (derecho potestativo), sino que en verdad la realiza: ese es su contenido específico. El efecto de la sentencia, en cambio, es la *nueva* situación, distinta de la anterior. En el divorcio, *v.g.*, la disolución del vínculo matrimonial se incluye en el contenido de la sentencia, cuyo efecto es el nuevo estado civil en que pasan a vivir los antiguos cónyuges[7].

2. En su calidad de acto jurídico, la sentencia está destinada, por vía de principio, a producir efectos en el mundo del derecho. Para designar el conjunto de los efectos producidos (actualmente o potencialmente) por la sentencia se suele hablar de su *eficacia.* En este sentido, la eficacia de la sentencia es algo que se distingue nítidamente de su contenido[8]. Se comprende con facilidad que los efectos de una cosa, por definición, no están ubicados en su interior, sino que se proyectan *ad extra.* A semejante regla no hacen excepción los actos jurídicos en general, ni la sentencia en particular.

Esto no quiere decir que los efectos no tengan relación con el contenido. Al contrario: los efectos de la sentencia dependen de su contenido, en tanto y en cuanto una sentencia de determinado contenido normalmente no produce efectos iguales a los de una sentencia de contenido diferente. Tanto es así que a cada clase de sentencias – nadie lo ignora – corresponde un efecto característico.

La sentencia declarativa tiene el efecto de quitar relevancia práctica a cualesquiera dudas o contestaciones que eventualmente se vengan a suscitar acerca de la existencia (o inexistencia) de la relación jurídica objeto de la declaración; no parece inadecuado designarla como efecto *certificativo,* quedando en claro que éste no se confunde con la certificación misma, *contenido* de la sentencia declarativa. Al efecto de la sentencia constitutiva ya se hizo referencia en la parte final del nº 1, *supra.* A la sentencia de condena se le atribuye el efecto de suministrar un título para la ejecución forzosa, en el supuesto de que el vencido no cumpla voluntariamente la prestación.

---

7 Cf., extensamente, BARBOSA MOREIRA, Conteúdo e efeitos da sentença: variações sobre o tema, *in Revista Brasileira de Direito Processual,* v. 46, p. 95/6, o *Revista de Processo,* v. 40, p. 8/9. Demás está decir que en el texto nos referimos únicamente al efecto *principal* de la sentencia, dejando de lado sus eventuales efectos *secundarios.*

8 V. nuestro artículo citado en la nota anterior.

Empero es aquí indispensable una advertencia. No sería apropiado concebir el vínculo entre el contenido y el efecto de la sentencia a semejanza de una relación de causalidad natural, como la que se observa, *v.g.*, entre el calor y la dilatación de un cuerpo. Es en la ley, y sólo en ella, donde se puede hallar el fundamento de la eficacia de la sentencia *(rectius:* el fundamento de la eficacia de todo acto jurídico). Y la ley es libre de modificar los efectos que asigna a cada especie de sentencia – en cierta medida, sin siquera desfiguraria necesariamente. Nada impide a la ley de establecer, por ejemplo, que la sentencia declarativa de la existencia de un crédito, dictada antes del vencimiento, se convierta, a partir de éste, en título ejecutivo a favor del acreedor.

Como todo acto jurídico, la sentencia produce solamente, en el universo jurídico, los efectos asignados en la ley, de la forma y en el momento que la ley determina. Claro está que la sentencia puede producir efectos de otra naturaleza: *v.g.*, alegrar el litigante vencedor y entristecer el vencido. A propósito de tales efectos – que no interesan al derecho – no sería tal vez impropio aludir a la eficacia "natural" de la sentencia. No tiene sentido, en cambio, hablar una eficacia "natural" de la sentencia en el mundo jurídico[9], como si ella fuera capaz de producir, en éste, efectos distintos de los que le otorga el ordenamiento, o de producir estos efectos de una forma o en un momento diferentes de los legalmente previstos.

3. Con la eficacia de la sentencia es inconfundible la eventual inmutabilidad de la norma concreta contenida en aquélla[10]. Que tal norma deba o no tornarse inmutable es esencialmente una cuestión de conveniencia, que se resuelve con criterios de política legislativa. En la historia del derecho existen casos de mutabilidad permanente[11], excepcionales, por

9 Ése es, a nuestro modo de ver, uno de los puntos débiles de la bien conocida teoría de LIEBMAN: v. *Efficacia ed autorità della sentenza,* Milano, 1962 (reimpresión), p. 112; Effetti della sentenza e cosa giudicata, *in Rivista di diritto processuale,* v. XXXIV, 1979, p. 2. Cf. nuestra crítica en el artículo Eficácia da sentença e autoridade da coisa julgada, *in Temas de Direito Processual (Terceira Série),* S. Paulo, 1984, p. 101, nota 3.

10 Tenía razón LIEBMAN en sostener tal distinción: v. *Effic. ed autor. della sent.* cit., *passim,* espec. p. 25 y s.; *Manuale di diritto processuale civile,* v. III, 3ª ed., Milano, 1976, p. 142; Sentenza e cosa giudicata: recenti polemiche, *in Rivista di diritto processuale,* V. XXXV, 1980, p. 3. Cf. también nuestro artículo citado en la nota anterior.

11 Ya lo señalaba CHIOVENDA, *Principii di diritto processuale civile,* Napoli, 1965 (reimpresión), p. 907. En el derecho canónico no adquieren jamás la autoridad de cosa juzgada las sentencias sobre el estado de las personas *(Codex Iuris Canonici* de 1983, cân. 1.643).

supuesto: razones intuitivas de orden práctico han inducido el legislador a consagrar la regra según la cual, bajo ciertas condiciones, se hace imposible reexaminar la materia decidida por el juez, y la sentencia queda en firme. A la situación jurídica que se forma en ese instante se da *la* denominación de cosa juzgada: formal, si *la* inmutabilidad está *limitada al mismo* proceso en que se *dictó la* sentencia; material, *si la* norma concreta deviene ilimitadamente inmutable.

La inmutabilidad puede cubrir normas concretas de *cualquier* especie: no se restringe a las sentencias declarativas, *ni al* elemento *declarativo* de *las* otras sentencias[12]. En *lo que concierne* a *las* sentencias constitutivas, por ejemplo, no es sólo la *declaración* del derecho potestativo del actor la que se torna *inmutable,* sino también la alteración misma de la situación jurídica, realizada por la sentencia. Sería poco menos que inútil prohibir una nueva discusión sobre la existencia del derecho potestativo, sin extender semejante indiscutibilidad a la satisfacción de dicho derecho.

La inmutabilidad de la norma concreta no constituye un efecto de la sentencia, *ni* de cualquiera de sus elementos. No es correcto suponer que la sentencia produzca sobre *si* misma *el* efecto de tornarse inmutable. Ella empieza a vivir en esa nueva situación, caracterizada por su mayor estabilidad, a partir del momento previsto en la ley – el cual puede inclusive variar de acuerdo con el ordenamiento. En tal fenómeno, es menester reconocer a la sentencia más bien la posición de "paciente" que la de "agente".

Por otra parte, la inmutabilidad no atañe a los efectos de la sentencia[13]. La suposición de que los efectos de una sentencia firme se hacen inmutables es desmentida a cada instante por la realidad de la vida jurí-

---

12 V. BARBOSA MOREIRA, Coisa julgada e declaração, *in Temas de Direito Processual (Primeira Série),* 2ª ed., S. Paulo, 1988, p. 81 y s. (inclusive para otras referencias bibliográficas); *Efic. da sent. e autor. da coisa julg.,* cit., p. 112.

13 Al contrario de lo que sostenía LIEBMAN, *Effic. ed autor. della sent.,* cit., *passim,* espec. p. 25 y s.; *Effetti della sent. e cosa giud.,* cit. En la reforma aun reciente del proceso civil brasileño, el Anteproyecto BUZAID y el Proyecto enviado al Congreso Nacional definían la cosa juzgada material como *"a eficácia, que torna imutável e indiscuttivel o efeito da sentença, não mais sujeita a recurso ordinário ou extraordinário";* sin embargo, la redacción ha sido modificada, y el texto del Código vigente relaciona los adjetivos *"imutável"* e *"indiscuttivel"* a la sentencia misma, no a su efecto.

dica. Los ex-cónyuges pueden volver, mediante un nuevo casamiento, al estado civil anterior a la sentencia de divorcio. La sentencia de condena a pagar pierde su eficacia como título ejecutivo si el acreedor remite la deuda. El indulto abre la puerta de la cárcel al condenado a una pena privativa de libertado. Sólo al condenado a la pena de muerte no le queda esperanza alguna de ver cesar el efecto de la sentencia, después de su ejecución...

Tampoco hay coincidencia *necesaria* entre el momento en que comienzan a producirse los efectos de la sentencia y el momento en que la norma concreta adquiere inmutabilidad (es decir: en que surge la cosa juzgada). Por motivos obvios de conveniencia, la ley en general hace coincidir los dos momentos, pero admite excepciones. Una sentencia impugnada mediante recurso desprovisto de efecto suspensivo, aunque todavía no sea firme, ya es eficaz. La suspensión condicional de la pena detiene, si *et in quantum,* la eficacia de la sentencia firme de condena.

Cabe poner de resalto que la inmutabilidad cubre la norma concreta en tanto y en cuanto referida a una determinada situación: a la situación existente al tiempo de la sentencia. Si vienen a ocurrir nuevos hechos, la cosa juzgada no constituye obstáculo a que el juez los tome en consideración y formule una norma concreta igualmente nueva para la situación cambiada. Semejante posibilidad llama la atención con particular intensidad en materia de relaciones jurídicas continuativas *(v.g.,* obligación alimentaria), respecto a las cuales se suele hablar de sentencias sujetas a la cláusula *rebus sic stantibus*[14]. En el fondo, trátase de un fenómeno general, y aquella expresión no es técnicamente exacta. La norma concreta formulada para la situación primitiva permanece intacta como disciplina jurídica de dicha situación; lo pone de relieve el hecho de que nadie puede volver a discutir la justicia de la resolución, ni solicitar con éxito una segunda sentencia, basándose en los mismos hechos apreciados por el juez que había dictado la primera. En tal perspectiva, la autoridad de la cosa juzgada se destina a

14 *V.g.,* JOSÉ FREDERICO MARQUES, *Manual de Direito Processual Civil,* v. III, 3ª ed., S. Paulo, 1978, p. 235; AMARAL SANTOS, *Comentários ao Código de Processo Civil,* v. IV, 4ª ed., Rio de Janeiro, 1986, p. 454; HUMBERTO THEODORO JÚNIOR, *Curso de Direito Processual Civil,* 2ª ed., Rio de Janeiro, 1986, v. I, p. 587.

perdurar indefinidamente[15], salvo revocación por algún medio previsto en la ley; el problema de sus "límites temporales"[16] es, en realidad, un seudoproblema.

Agosto de 1988.

COMENTÁRIOS DA ATUALIZADORA

NOTAS SOBRE EL CONTENIDO, LOS EFECTOS Y LA INMUTABILIDADE DE LA SENTENCIA

Teresa Arruda Alvim

Tradicionalmente, se descreve o mecanismo intelectual que leva à decisão do juiz como um silogismo, embora, como diz o próprio autor, esta concepção venha sendo afastada, pelos jusfilósofos contemporâneos. Muitos negam a exatidão desta comparação.

A nosso ver, a recusa em se ver no silogismo o caminho que leva o juiz a decidir não afasta a possibilidade de que nele se veja a forma final da sentença, como um modo de simplificação.

De fato, a ideia de que a sentença judicial surge, claramente e sem vacilação, da norma codificada, e é puramente declaratória em relação ao direito posto preexistente, hoje está absolutamente superada.[17] Essa

---

15 Ya lo subrayaba, en la literatura brasileña, MACHADO GUIMARÃES, Preclusão, coisa julgada, efeito preclusivo, *in Estudos de Direito Processual Civil,* Rio de Janeiro-S. Paulo, 1969, p. 27. Cf. nuestro artículo *Efic. da sent. e autor. da coisa julg.,* cit., p. 110/1.

16 Al cual suele aludir la doctrina alemana *(v.g.,* ROSENBERG·SCHWAB, *Zivilprozessrecht,* 14ª ed., München, 1986, p. 987/8) y aludía, en Brasil, PONTES DE MIRANDA, *Coment.,* cit., t. V, Rio de Janeiro, 1974, p. 193/4.

17 HASSEMER, Winfried. O sistema do direito e a codificação: a vinculação do juiz à lei, *Direito e Justiça –, Revista da Faculdade de Direito da PUC-RS,* Porto Alegre, v. 9, ano VII, 1985, p. 28. Observa Castanheira Neves: "Se intencional e normativamente, o direito deixou de identificar-se com a lei, também metodologicamente a realização do direito deixou de ser a mera aplicação de normas legais. (...) Nestes termos, o pensamento jurídico recuperou o *concreto,* que vai na essencial vocação do direito, depois que o positivismo legalista, com o seu normativismo

ideia, diz Hassemer, cedeu lugar à de que o juiz atua, em diferentes medidas, contribui para com a criação do direito.

A ideia de que a sentença decorreria automaticamente da lei[18] foi substituída por outra, a de que o juiz cria a norma jurídica.[19] A relação

analítico dedutivo, o levara a refugiar-se no aliente abstrato" (CASTANHEIRA NEVES, António. *O actual problema metodológico da interpretação jurídica – I*. Coimbra: Coimbra Ed., 2003. pp. 11-12).

18 Assevera Paolo Grossi, com razão, que o procedimento silogístico-dedutivo parece ter sido concebido para neutralizar a vontade pessoal do intérprete. Em conhecida conferência, ele diz que: "Este procedimento rígido de dedução, que parece ter sido feito de propósito para frustrar a vontade pessoal daqueles que o utilizam, era perfeitamente adequado ao juiz do antigo Estado de Direito de marca liberal-burguesa" "Questo procedimento rigidamente deduttivo, che sembra fatto apposta per vanificare la volontà personale di chi lo usa, si addiceva perfettamente al giudice del vecchio Stato di diritto di marca liberal-borghese" (Paolo Grossi. *La invenzione del diritto: a proposito della funzione dei giudici*. Disponível em: https://www.cortecostituzionale.it/documenti/interventi_presidente/Grossi_Scandicci.pdf. Acesso em: 20 jan. 2020).

19 "Em primeiro lugar, mesmo na mais simples e limitada interpretação de normas pré-existentes há sim – e inevitavelmente – atividade criativa. A decisão judicial, qualquer que seja, sempre acrescenta algo à norma aplicada, pois, 'when the decision has been given, the law is not precisely what it was before'. [W. M. Geldart, Elements of english law. New York, Henry Holt and Company, s. d. p., p. 27.] Aliás, na verdade, 'judicial law-making is an inseparable facet of law-applying' [Gidon Gottlieb. The logic of choice – An investigation of the concepts of rule and rationality. London, George Allen and Unwin, 1968, p. 88. Cf. ainda, sobre o tema, as contundentes palavras de Beryl Harold Levy em Realist jurisprudence and prospective overruling, University of Pennsylvania Law Review, v. 109, pp. 1 e ss.]. Como assinala Franzen de Lima, 'a jurisprudência faz a lei... ela é a forma viva do direito, só ela é a regra aplicada'. [Da interpretação jurídica. Rio de Janeiro, Forense, 1955, ns. 269 e 273, pp. 210 e 212.] Já antes Kelsen havia ressaltado: 'a decisão judicial de um caso concreto... de modo nenhum é apenas aplicação do Direito, senão simultaneamente também criação do Direito, a continuação do processo de produção do Direito que acontece no processo legislativo'. [Teoria geral das normas. Porto Alegre, Fabris Editor, 1986, pp. 285-286. Na doutrina nacional, Lourival Vilanova assinala que 'a norma individual da sentença ultrapassa o âmbito da premissa maior, contendo conotação referencial nova' (As estruturas lógicas e o sistema do direito positivo. São Paulo, Noeses, 2005, pp. 156-157; itálico do original).] Bem valeria dizer, na linha da decisão da Corte Suprema do Estado norte-americano da Flórida, tomada em setembro de 2005, que 'the law' is comprised of the statute plus decisional caselaw interpreting the statute'. [State of Florida v. Henry Maynard Barnum, nº SC 03-1315.] As citações poderiam continuar indefinidamente, mas não é preciso ir adiante. Registre-se, para terminar,

existente entre a lei, de um lado, e a sentença, de outro tornou-se muito mais complexa.[20]

Essa vinculação entre a *lei* e a *decisão judicial* é, pois, um elemento necessário de qualquer cultura jurídica consistente e duradoura. E a circunstância de as regras jurídicas serem codificadas reforça essa vinculação e faz com que a lei seja seu elemento básico.[21]

Por outro lado, as sociedades atuais, por serem extremamente complexas, inviabilizam que o sistema jurídico positivo preveja, de forma expressa e precisa, todos os possíveis conflitos que podem ser levados à apreciação do juiz e todas as respectivas soluções.[22] O direito

---

a colocação de Pontes de Miranda: 'não há duvidar da ação criadora (ou pelo menos reveladora) do juiz: ele não subsume apenas, também pronuncia julgamentos de valor'. [Sistema de ciência positiva do direito. Rio de Janeiro, Borsoi, 1972, II, p. 205.] Por isso mesmo é que não há como separar – ao menos não em termos absolutos – interpretação e criação de direito. São atividades que sempre 'se co-implicam e se integram'. [Miguel Reale. O direito como experiência. São Paulo, Saraiva, 1968, p. 247. Analogamente, com a observação de que 'a função judicial e a função legislativa estão interligadas', Roscoe Pound. Introdução à filosofia do direito. Rio de Janeiro, 1965, p. 57.]" (MALLET, Estevão. A jurisprudência sempre deve ser aplicada retroativamente? *Revista de Processo*, São Paulo, v. 31, nº 133, pp. 67-84, mar. 2006).

---

20 Comentando os sistemas do *common law*, assevera Hassemer que a jurisprudência, nos países que o adotam, também é constante e uniforme, porque há uma vinculação dos juízes às suas próprias decisões, que geram certa dose de vinculação com relação às decisões futuras (HASSEMER, Winfried. O sistema do direito e a codificação: a vinculação do juiz à lei, *Direito e Justiça –, Revista da Faculdade de Direito da PUC-RS*, Porto Alegre, v. 9, ano VII, 1985. p. 21). Observa, também, que, embora pudesse não ser assim, a vinculação do juiz nos sistemas de *common law* não é mais "frouxa" do que no sistema continental europeu. Sobre a necessidade de que haja unidade e objetividade na interpretação da norma jurídica, há interessante material em FISS, Owen. *Um novo processo civil: estudos norte-americanos sobre jurisdição, constituição e sociedade.* Trad. Daniel Porto Godinho da Silva e Melina de Medeiros Rós. Coordenação de tradução: Carlos Alberto de Salles. São Paulo: Ed. RT, 2004. cap. X, p. 272 e ss. Diz, esse autor, que nem a possibilidade de haver divergências ou mesmo erros na interpretação da norma jurídica comprometem ou afastam o imperativo da objetividade da interpretação (pp. 284-285).

21 Idem, p. 18.

22 Cláudia Cimardi observa que: "O amplo acesso à justiça previsto na Constituição Federal, a positivação de inúmeros direitos sociais e econômicos de massa e a própria complexidade da sociedade inserta no mundo globalizado e automatizado proporcionaram uma maior procura do Judiciário para a solução de conflitos,

tem exercido movimento tentacular por sobre a realidade: tudo é disciplinado, juridicizado, e, portanto, potencialmente, jurisdicionalizado. Muitas situações, ou não estão mesmo disciplinadas pela lei, de forma direta (nestas situações é, portanto, inevitável que o juiz crie direito), ou o são por meio de técnicas redacionais, cujo escopo é driblar a complexidade do mundo real e dar certa margem de flexibilidade ao julgador: são os conceitos vagos e cláusulas gerais (justamente nestes casos é inafastável certa dose de criatividade).[23] Assim, nestes casos também é impossível assimilar o caminho percorrido pelo juiz para chegar à decisão a um silogismo.

Isso, sem se falar nos princípios jurídicos, cada vez mais presentes nas discussões jurídicas e nas decisões judiciais, cuja formulação verbal se dá, muito frequentemente, por meio de conceitos vagos.

Os objetivos da aplicação do princípio da vinculação à lei, inerente, como se disse, ao Estado de Direito, são os de gerar jurisprudência iterativa e uniforme e certa margem de previsibilidade, o que cria *segurança jurídica*. Esses objetivos são atingidos com a vinculação à *lei*, vista sob esse enfoque, que abrange também a *doutrina* e a *jurisprudência*.

Assim, diríamos que a *vinculação do juiz à lei* se redesenha, por *meio da doutrina e da jurisprudência*, como se esses dois elementos desempenhassem uma função de "engate lógico" entre a lei e os fatos.[24]

também cada vez *mais complexos e mais numerosos*" (CIMARDI, Cláudia Aparecida. A força dos precedentes gerados no julgamento das causas repetitivas pelo novo CPC. *In:* NUNES, Dierle; MENDES, Aluísio Gonçalves de Castro; GONZAGA JAYME, Fernando (Coord.). *A nova aplicação da jurisprudência e precedentes no CPC de 2015*. São Paulo: Ed. RT, 2017. p. 213.)

23 Remetemos o leitor ao capítulo 3.

24 Considerando o jogo equilibrado entre doutrina e jurisprudência, observa com acuidade e com razão Marco Aurélio Greco que "estudar o Direito é, também, conhecer o posicionamento dos Tribunais procurando identificar tendências, critérios, parâmetros em que se apoia etc." Acrescenta que hoje, mais do que nunca, já que constata que o modelo tradicional *não basta*, é importantíssimo o papel da doutrina na construção de um novo modelo, estando aberta a rever conceitos, construir conceitos e critérios a partir da lei e da jurisprudência e não impô-los como se fossem verdades absolutas (GRECO, Marco Aurélio. *Contribuições: uma figura sui generis*. São Paulo: Dialética, 2000. item 1.19, p. 49).

No artigo cujo contraponto ora se faz, Barbosa Moreira faz alusão à classificação das sentenças em declaratórias constitutivas e condenatórias.

Hoje, a doutrina frequentemente alude também às sentenças mandamentais e executivas "lato sensu".

Antes das Reformas iniciadas, na década de 1990, às *sentenças mandamentais* dava especial atenção apenas uma parte da doutrina brasileira.[25] Outros sustentavam ser, as sentenças mandamentais, assimiláveis às constitutivas, não havendo vantagem prática alguma em distinguir umas das outras.[26]

No entanto, especialmente a partir da alteração do art. 461 do CPC/1973,[27] passou-se a sustentar a possibilidade de, nas ações voltadas ao cumprimento de dever de fazer e não fazer, o juiz proferir decisões de natureza mandamental, cuja característica seria a de que o Estado (na pessoa do juiz), ao sentenciar, estaria desempenhando papel de autoridade, dando uma ordem, e não, propriamente, substituindo-se às partes.

Existe, atualmente, franca tendência na doutrina, à qual nos filiamos, de entender-se que, além das sentenças *declaratórias, constitutivas* e *condenatórias*, da classificação tradicional, há as *sentenças executivas lato sensu* e as *mandamentais*, às quais aludimos anteriormente.

Parte da doutrina entende haver diferenças substanciais entre sentenças mandamentais e executivas *lato sensu*, a ponto de justificar a admissão destas duas outras categorias. Faz alusão à classificação *quinária* das ações, concebida por Pontes de Miranda.[28] Segundo esses autores, as sentenças mandamentais contêm ordem para o réu, cujo descumprimento pode caracterizar crime de desobediência, e este é seu conteúdo principal.

25 MIRANDA, Pontes de. *Tratado das ações*. São Paulo: Ed. RT, 1970. t. I, p. 133.

26 ARRUDA ALVIM NETTO, José Manoel de. A sentença no processo civil. *Revista de Processo*, São Paulo, v. 2, pp. 13-94, abr.-jun. 1976; FIGUEIREDO, Lucia Valle. *Mandado de segurança*. São Paulo: Malheiros, 1996. p. 173. Em sentido contrário, FERRAZ, Sérgio. *Mandado de segurança*. São Paulo: Malheiros, 2006. nº 27, p. 305.

27 Atual art. 497.

28 MIRANDA, Pontes de. *Tratado das ações*. São Paulo: Ed. RT, 1970. t. I, p. 133.

As *sentenças executivas lato sensu* ou mandamentais têm, em comum, o fato de conterem algo a mais além da condenação. Há uma condenação, sim, como regra. Mas, além desta, é necessário observar que esta espécie de sentença, para que haja *alteração no mundo empírico, no mundo real, na esfera dos fatos, não depende de posterior processo ou fase de execução*. Ao contrário, ela, *por si mesma*, é apta a levar à *efetiva satisfação do credor*, prescindindo-se do processo ou da fase de execução propriamente dito. Não é necessária uma "segunda agressão", por meio da execução.[29]

A *sentença mandamental*, a seu turno, além de, normalmente, condenar, *ordena, manda*. O mandado correspondente à sentença de procedência, no mandado de segurança, gera a necessidade de cumprimento específico da ordem do juiz, sob pena de configuração de crime (ou de desobediência ou de responsabilidade).[30]

Certo grau de repulsa à classificação quinária das sentenças, que ainda se consegue encontrar na doutrina, deve-se a que a classificação destas em *declaratórias, constitutivas* e *condenatórias* liga-se ao *mérito*, aos efeitos produzidos pela sentença no que se refere à relação jurídica que, de algum modo, será apreciada pelo juiz: para ser, por exemplo, declarada inexistente e válida, desconstituída ou base de uma condenação. No entanto, serem *mandamentais* ou *executivas lato sensu* nada tem a ver com o mérito. Estas categorias ligam-se à potencialidade que apresenta para tornar seus efeitos uma realidade, para produzir, por si só, alterações no mundo dos fatos.

Com a precisão que lhe é peculiar, distingue o autor entre formas de *classificação* da sentença, ligadas ao seu conteúdo, apenas referidas, *eficácia* e *imutabilidade*.

A imutabilidade da norma concreta contida na sentença não se consubstancia em *efeito* desta. A sentença não tem como efeito tornar-se imutável. Diferentemente disso, a lei prevê um momento em que a sentença passa a "viver" esta fase de imutabilidade. Como diz

---

29 V. SANTOS, Ernane Fidélis dos. *Manual de direito processual civil.* 15. ed. São Paulo: Saraiva, 2011. v. 1, nº 358, p. 303.

30 No mesmo sentido, SPADONI, Joaquim Felipe. *Ação inibitória* – A ação preventiva prevista o art. 461 do CPC. São Paulo: Ed. RT, 2002. nº 5.1.2, pp. 100 e ss.; MEDINA, José Miguel Garcia. *Execução civil.* São Paulo: Ed. RT, 2017. nº 5.5.6, pp. 337 e ss. Cf., também, GUERRA, Marcelo Lima. *Direitos fundamentais e a proteção do credor na execução civil.* São Paulo: Ed. RT, 2003. nº 4, pp. 44 e ss.

o autor, a sentença "vive" este momento de forma mais "passiva" do que "ativa".

Os efeitos da sentença podem produzir-se muito antes de esta adquirir este estado de imutabilidade, que cobre a norma concreta que nela se contêm.

Esta imutabilidade cobre a norma concreta enquanto referente a certa situação de fato e de direito, "como se" as sentenças contivessem uma espécie de cláusula "rebus sic stantibus". Na verdade, de rigor, haverá (eventualmente) uma *nova* norma, para uma nova situação.

LE RAISONNEMENT JURIDIQUE DANS LES DÉCISIONS DE COURS D' APPEL[1]

1. LES CADRES INSTITUTIONNELS DES RAISONNEMENTS DES COURS D' APPEL

A) Cadres institutionnels

1. La dualité des degrés de juridiction est un principe dominant de la Justice brésilienne. Il admet sans doute des exceptions: certaines affaires sont jugées en premier et dernier ressort par la juridiction compétente: c' est le cas, par exemple, des litiges entre l'Union Fédérale et un Etat-membre, dont seul le *Supremo Tribunal Federal* (la Cour Suprême) peut connaître (Constitution de la République, art. 102, I, *f)*. Parfois encore, la voie de recours est portée devant le même juge qui a rendu la décision attaquée, ou devant une autre juridiction du même rang hiérarchique: c'est ce qui se passe, *v.g.,* dans la procédure des "petites affaires" (Loi n. 7.244, du 7-11-1984, art. 41, § 1).

L'importance de la règle ne s'affaiblit pas pour autant. Elle se révele clairement dans la structure de la machinerie judiciaire, qui se compose de juridictions étagées à différents niveaux. Cette structure s'accorde avec le fonctionnement de l'appel *(apelação),* qui est à son tour l'instrument par excellence de la mise en oeuvre du double degré. Dans l'appel, en effet, le nouvel examen du proces est toujours déféré à une juridiction hiérarchiquement supérieure à celle qui a statué. Précisons que, dans la Justice civile, le jugement de premiere instance est rendu par un juge unique, tandis que les juridictions d'un rang plus élevé sont toutes collégiales.

2. Il faut distinguer au Brésil la Justice fédérale de celle de chaque Etat-membre. Cette distinction n'a pas une portée illimitée: les cours les plus hautes (le *Supremo Tribunal Federal* et le *Superior Tribunal de Justiça)* peuvent connaitre, dans plusieurs hypothèses, d'affaires ressortissant soit à la Justice fédérale, soit à la Justice d'un Etat-membre. Elle demeure toutefois tres importante pour les deux premiers étages de l'organisation judiciaire.

---

1 Relatório nacional brasileiro para o Congresso da Associação Internacional de Direito Processual (Coimbra, 1991).

Chaque Etat-membre a au moins une cour d'appel (le *Tribunal de Justiça),* à laquelle s›ajoutent, dans quelques Etats, une ou plusieurs cours auxiliaires (les *Tribunais de Alçada),* dont la compétence se détermine en fonction de l'objet du litige. D'autre part, il y a les cours d'appel fédérales *(Tribunais Regionais Federais),* dont chacune connaît, en second degré, des causes jugées en premiere instance par des organes juridictionnels ayant siège dans une région déterminée du pays.

Dans certains cas, le *Superior Tribunal de Justiça* statue en second degré, à l'instar d'une cour d'appel: par exemple, lorsqu'il s'agit d'un litige entre un Etat étranger ou une organisation internationale et une personne domiciliée au Brésil (Constitution de la République, art. 105, II, *c*). Plus rarement, un rôle analogue peut aussi être joué par le *Supremo Tribunal Federal* lui-même (Constitution de la République, art. 102, II, *a).*

3. La compétence des *Tribunais Regionais Federais,* des *Tribunais de Justiça* et des *Tribunais de Alçada,* il convient de le remarquer, ne se borne pas au jugement des appels. Elle s'étend à d'autres voies de recours. Il y a encore des cas ou ces cours statuent en premier et dernier ressort.

Quant au *Supremo Tribunal Federal* et au *Superior Tribunal de Justiça,* tous les deux peuvent également être saisis de voies de recours ou d'affaires qu'illeur incombe de trancher en premier et dernier ressort. Ces affaires forment une liste assez longue en théorie (Constitution de la République, art. 102, I, e art. 105, I), mais elles sont en pratique moins nombreuses que les voies de reeours, dont deux – le *recurso extraordinário,* pour le *Supremo Tribunal Federal* (Constitution de la République, art. 102, III), et le *recurso especial,* pour le *Superior Tribunal de Justiça* (Constitution de la République, art. 105, III) – sont étroitement liés par des traits communs, surtout par le fait que ni l'un ni l'autre ne peut porter que sur des questions de droit. Nous ne prendrons guere en considération, dans ce rapport, les arrêts rendus par les deux cours sur des *recursos extraordinários* et *especiais,* dont les caractéristiques, on le comprend aisément, s'écartent à certains égards de celles des décisions d'appel.

4. Les cours d'appel se divisent généralement en plusieurs chambres, dont le nombre varie d'un Etat à l'autre, de même que le nombre des magistrats appartenant à chacune des ehambres. Néanmoins, la décision d'appel est toujours prise par les votes de trois magistrats, à commencer par le rapporteur (Code de procédure civile, art. 555). La délibération est publique, sauf dans les cas ou l'instance se déroule "sous secret de justice" (Constitution de la République, art. 93, IX; Code de procédure civile, art. 155). Si l'opinion du rapporteur est suivie par les autres juges, ou du moins par l'un d'eux, e'est à lui-même de rédiger l'arrêt. Si la décision est prise à la majorité, celui qui a divergé y ajoutera sa *dissenting opinion* (en portugais: *"voto vencido")*. Il y a aussi la possibilité d'une *concurring opinion* (en portugais: *"declaração de voto")*, présentée par le magistrat adhérant pour des raisons individuelles à la conclusion du vote qui a prévalu. A la différence de ce qui se passe dans la plupart des pays européens, on sait toujours comment chaque magistrat a prononcé.

Les arrêts du *Supremo Tribunal Federal* se composent de la simple juxtaposition des votes émis oralement par les *ministros* et enregistrés tachygraphiquement. On observe de plus en plus dans les cours de quelques Etats une tendance à imiter ce procédé. Il est certes commode, quoiqu'il puisse prêter le flanc à la critique dans la mesure ou le texte de la décision reste morcelé en plusieurs pieces autonomes sans coordination: l'on craindra peut-être de voir la jurídiction collégiale réduite à une "pluralité de juges uniques".

B) Objet de l'appel

1. Aux termes de l'art. 513 du Code de procédure civile, la voie de l'appel est ouverte contre les *"sentenças"*, c'est-à-dire contre les jugements de premier degré qui mettent fin au proces. Telle est la règle e générale, qui comporte un petit nombre d'exceptions: des dispositions spéciales remplacent l'appel, sous certaines circonstances, par une voie de rétractation (Loi nº 6.825, du 22-9-1980, art. 4; Loi nº 6.830, du 22-9-1980, art. 34), ou bien par une voie de recours portée devant une juridiction collégiale du même rang que le juge unique qui a statué (Loi nº 7.244, du 7-11-1984, art. 41, § 1, précité).

Ces exceptions mises à part, il faut souligner que ni la matiere (contentieuse ou gracieuse), ni la valeur du litige, ni le type de procédure n'exercent aucune influence sur la recevabilité de l'appel. Celle-ci est également indépendante de la qualification donnée à son jugement par le premier juge: du fait qu'on intitule *"sentença"* une décision dépourvue de la caractéristique essentielle susmentionnée il ne s'ensuit pas qu'elle devienne susceptible d'appel, et inversement.

2. Normalement, le juge met fin au proces en statuant sur l'objet du litige. Mais le proces peut se terminer sans examen du fond: par exemple, si le juge accueille (ou releve d'office) une fin de non-recevoir, ou s'il annule le process à cause d'une irrégularité grave. Dans un cas comme dans l'autre, il s'agit d'une *"sentença"* (cf. la définition de l'art. 162, § 1, C. pr. civ.); par conséquent, l'appel est recevable.

II y a pourtant une différence remarquable entre ces deux hypothèses. Si le juge a tranché l'affaire, celle-ci est en principe soumise avec l'ensemble du proces au nouvel examen de la juridiction supérieure, qui se voit investie – sous quelques réserves – de la connaissance entiere de la cause, sauf limitation de l'effet dévolutif par l'acte même d'appel. Sinon, tout ce qui reviendra à la cour est de décider si le proces doit reprendre son cours ou non; si elle réforme le jugement attaqué, elle renverra le proces au juge du premier degré, afin que celui-ci lui donne suite.

3. Au long du proces, il est parfois besoin de trancher des questions incidentes, par des décisions dites *"interlocutoires"* (art. 162, § 2, C. pro. civ.). Ces décisions peuvent être attaquées par une autre voie de recours, appelée *"agravo de instrumento"* (art. 522 C. pro. civ.). *L'agravo de instrumento* differe de l'appel à bien des égards; cependant, les dispositions qui reglent la préparation, le vote et le prononcé de l'arrêt d'appel sont applicables, pour la plupart, à la décision sur l' *agravo.* En ce qui concerne le theme central de ce rapport, on décelerait aisément des questions communes aux deux voies de recours.

Il est vrai que cette observation peut embrasser encore d'autres voies. Mais l'affinité entre l'appel et *l'agravo* semble plus étroite du fait que l'un et l'autre sont recevables contre les décisions de premiere instance et sont portés devant la même juridiction supérieure. Beaucoup de ce que nous dirons au sujet de l'appel conviendrait aussi à *l'agravo.*

4. On peut concevoir l'appel, le droit comparé le montre bien, de deux façons distinctes: comme l'instrument d'un véritable examen *ex novo* du litige, abstraction faite du premier jugement *(novum iudicium),* ou comme un moyen de contrôle pur et simple de la correction de ce jugement *(revisio prioris instantiae).* Sous la premiere perspective, la juridiction supérieure se place devant la cause dans une position pour ainsi dire identique à celle du *iudex a quo:* elle est libre d'entreprendre son oeuvre de reconstruction en employant n'importe quel matériau; sous la seconde, elle doit s'en tenir aux matériaux déjà utilisés en premiere instance. L'appel du premier type ouvre aux parties la possibilité la plus ample de suppléer aux insuffisances de leur propre activité, en présentant à la juridiction supérieure tous les moyens et les preuves (voire même les prétentions) qu'elles se seraient abstenues de proposer au premier dégré; l'appel du second type ne permet que la rectification des erreurs du juge inférieur.

Aucun de ces deux systemes n'est presque jamais mis en oeuvre par le législateur avec une cohérence parfaite: qu'il adopte en théorie l'un ou l'autre, il y introduit d'ordinaire des tempéraments. Le droit brésilien a opté en principe pour le systeme restrictif: il conçoit l'appel comme un mécanisme de contrôle plutôt qu'à l'instar d'un *novum iudicium.* Il ne pousse pourtant pas sa rigueur à l'extrême, tant il est vrai que, si l'on ne peut, en règle générale, soulever de nouvelles questions de fait devant la juridiction supérieure, cette interdiction cesse lorsque la partie interessée justifie de l'impossibilité ou elle était, par unmotif de forcemajeure, deles souleverdevantle *iudexaquo* (art. 517 C. pr. civ.).

5. Compte tenu de ce que nous venons de dire, il est indubitable que l'examen de la juridiction supérieure ne porte pas en principe sur le jugement attaqué, mais sur la matiere même qui a fait l'objet de ce jugement. S'il s'agit d'une décision tranchant le fond du proces, la cour réexaminera normalement le litige, afin de vérifier si la solution donnée par le juge est exacte.

Ce faisant, elle prendra en considération tous les aspects de la cause qui lui sembleraient importants. L'appel brésilien n'est limité ni au fait ni au droit: il peut porter indifféremment sur l'un et sur l'autre, aussi bien que sur les deux à la fois. Il convient de préciser que les questions de droit sont toujours susceptibles d'être relevées d'office par la cour, même au cas ou le premier juge ne s'en serait pas aperçu.

C) Pouvoirs du juge d'appel

1. Dans la procédure civile brésilienne, l'appel a généralement un effet dévolutif et un effet suspensif; mais, alors que celui-ci peut manquer dans certaines hypothèses prévues par la loi (art. 520, 2e. partie, C. pr. civ.), celui-là se produit toujours, bien entendu avec des variations. On désigne par "effet dévolutif" l'effet de l'acte d'appel en vertu duquel l'affaire est transportée ("dévolue") du juge de premiere instance à la juridiction supérieure.

Il faut signaler que ce cas n'est pas le seul ou cette juridiction se voit attribuer la connaissance de la cause. Abstraction faite des litiges dont elle peut être directement saisie, il y en a d'autres sur lesquels elle doit prononcer *ex vi legis,* apres le juge du premie r degré, même si aucun appel n'est interjeté: par exemple, lorsque le juge annule un mariage (art. 475, I, C. pr. civ.). Par contre, la loi n'accorde pas à la cour d'appelle pouvoir d'attirer à soi, de sa propre initiative, la connaissance d'une cause, ni de statuer sur des points non jugés, ou non visés par l'appelant: l'effet dévolutif ne porte que sur "la matiere attaquée" (art. 515, *caput,* C. pr. civ.). Autrement dit, l'évocation n'est pas adrnise.

2. L'effet dévolutif de l'appel doit être précisé dans son étendue et dans sa profondeur. Quant à celle-là, répétons-le, la juridiction est saisie de la "matiere attaquée": du jugement tout entier, si l'acte d'appel n'établit aucune limitation; des seuls chefs critiqués, lorsque l'appelant ne vise qu'une partie de la décision *(tantum devolutum quantum appellatum).* Ce qui n'a pas fait l'objet du jugement en premiere instance ne peut faire non plus l'objet de l'examen de la juridiction supérieure. Si le juge a mis fin au proces sans trancher l'affaire, nous l'avons déjà remarqué, la cour d'appel n'est jamais auto ri sé e à statuer au fond. Dans l'appel, on ne peut modifier ni la demande *(petitum)* ni sa cause *(causa petendi).* Il est en outre interdit à la juridiction supérieure de réformer le jugement au profit de l'intimé (défense de la *reformatio in peius),* à moins que celuici n'ait de son côté formé appel portant sur la partie du jugement qui lui était défavorable, auquel cas l'intimé se transmue lui même en appelant.

En ce qui concerne sa profondeur, l'effet dévolutif de l'appel ouvre à la cour la possibilité d'examiner toutes les questions soulevées et débattues en premiere instance (art. 515, § 1, C. pr. civ.), ainsi que celles pouvant être relevées d'office par le juge – et c'est le cas des questions de droit –, même s'illes a passées sous silence. Dans l'hypothèse ou la demande ou la défense aurait plus d'un fondement, dont un seul accueilli, la juridiction supérieure peut connaitre de tous les autres et, le cas échéant, confirmer le jugement "dans sa conclusion", en se fondant sur des raisons différentes de celles du premier juge (art. 515, § 2, C. pf. civ.).

Aux termes de l'art. 516 C. pr. civ., la cour est également saisie des "questions antérieures au jugement, à l'exception de celles qui pourraient former l'objet d'un *"agravo de instrumento".* Cette disposition peu claire ne s'applique, tout compte fait, qu'à des questions soulevées devant le juge du premier degré mais *non* tranchées par lui, car celles qu'il a effectivement tranchées pourraient *toujours* former l'objet d'un *agravo.*

3. L'administration des preuves a lieu normalement en premiere instance. Il est rare que la juridiction supérieure prenne des mesures d'instruction: elle forme sa conviction, le plus souvent, à la lumiere des mêmes éléments examinés par le *iudex a quo.*

L'art. 517 C. pr. civ., nous l'avons déjà dit, permet cependant à chaque partie de soulever, dans la procédure d'appel, de nouvelles questions de fait, pourvu qu'elle justifie de l'impossibiJité ou elle était de le faire devant le juge du premier degré. Il y a encore certaines questions qui, suivant la loi, peuvent être soulevées en tout état de cause *(v.g.* la prescription: art. 162 C. civ.). On comprend aisément que des mesures d'instruction s'averent alors nécessaires.

Même en dehors de ces cas, la cour a toujours le pouvoir d'ordonner n'importe quelle mesure d'instruction, si elle la considere comme indispensable pour former sa propre conviction. Elle peut le faire d'office et, à plus forte raison, à la demande d'un plaideur ou sur réquisition du Ministere Pubiic en qualité de partie jointe. Il incombe d'ordinaire au magistrat rapporteur d'ordonner les mesures d'instruction, mais rien n'empêche que la chambre en prenne elle-même l'initiative, lors de la délibération collégiale.

4. La cour est toujours libre – tout comme l'était, d'ailleurs, le premier juge – de donner aux faits litigieux la qualification juridique qui lui semble exacte, quelle que soit la dénomination proposée par les parties. Ce qui lui est défendu, en revanche, c'est de modifier les faits et de s'appuyer sur une cause de demande non allégué par le demandeur. Elle a le pouvoir de relever d'office les moyens de pur droit: par exemple, elle peut fonder son arrêt sur des dispositions légales non invoquées par les parties, donner aux dispositions invoquées une interprétation differente, appliquer un droit étranger au lieu du droit national et vice-versa.

Ce faisant, les cours ne se croient pas obligées d'entendre au préalable les plaideurs. La pratique traditionelle se tient ici au principe *iura novit curia.* On a quelquefois avancé des doutes sur la compatibilité entre ce procédé et la garantie du contradictoire; néanmoins, ils n'ont pas influencé jusqu'à présent la jurisprudence.

5. En statuant sur l'appel, la juridiction supérieure doit tout d'abord vérifier s'il est recevable. Au casou une (ou plus d'une) condition de recevabilité lui manquerait, on dit, dans la terminologie courante au Brésil, que la cour "ne connait pas" de l'appel. Alors, le jugement attaqué devient irrévocable, et c'est lui qui, au besoin, sera exécuté.

Si la cour, au contraire, "connait" de l'appel, on conçoit plusieurs éventualités. La décision du *iudex a quo* peut être annulée, en vertu d'un *error in procedendo,* auquel cas la cour renverra le proces à la premiere instance, afin que le même juge (ou un autre, si l'annulation a eu pour motif l'incompétence de celui-là) rende en temps opportun un nouveau jugement, susceptible à son tour d'être frappé d'un second appel. A l'exclusion de cette hypothèse, ou bien la cour arrive (encore que pour des raisons différentes) à une conclusion égale à celle du *iudex a quo,* et alors elle rejette l'appel, ou bien elle diverge de cette conclusion, et alorselle accueille l'appel et réforme le jugement. On a coutume de dire, dans le premier cas, que le jugement est "confirmé"; à la rigueur, pourtant, il est toujours *remplacé* par l'arrêt (art. 512 C. pr. civ.); c'est celui-ci qui pourra devenir inévocable et constituer le titre exécutoire. La réformation, de son côté, peut bien entendu être totale ou partielle.

II. LES STRUCTURES DU RAISONNEMENT DES COURS D' APPEL

A) La structure externe de la décision d'appel

1. Aux termes de l'art. 458 C. pr. civ., tout jugement se compose de trois parties essentielles: (I) l'exposé *("relatório"),* qui contient les noms des parties, un résumé de la demande et de la défense, aussi bien que du déroulement de la procédure; (II) les motifs *("fundamentos"),* qui résultent de l'analyse des questions de fait et de droit; (III) le dispositif *("dispositivo"),* ou le juge prononce sur les prétentions des plaideurs. Il faut mentionner en plus la date et la signature du juge, qui authentifient l'acte.

Les arrêts des cours d'appel doivent se conformer en príncipe à ce modele (art. 165). Le rapporteur prend soin, en règle générale, de reproduire en abrégé, dans le *"relatório",* l'"histoire" du proces. Il n'est pas rare, d'autre part, qu'il se réfere tout simplement à l'exposé fait dans une autre piece du dossier *(v.g.,* dans le jugement attaqué), en y ajoutant des informations sur l' appel même.

2. L'obligation de motiver le jugement *(lato sensu)* est aujourd'hui, pour n'importe quel organe juridictionnel, un devoir non seulement légal, mais constitutionnel. En effect, l'art. 93, IX, de la nouvelle Constitution de la République, en vigueur depuis le 5-10-1988, pose que toutes les décisions du Pouvoir Judiciaire seront motivées, "sous peine de nullité". Mais il convient de noter que, même antérieurement, la jurisprudence tenait déjà pour nulles les décisions non motivées.

On a coutume d'établir une distinction entre les cas *d'absence* de toute motivation et ceux *d'insuffisance* de la motivation. La simple insuffisance n'entraí'ne pas la nullité de la décision. Il n'est pourtant guere facile de tracer nettement la frontiere entre ces deux especes d'imperfection. Une motivation trop succincte, qui passe sous silence des questions importantes, qui ne tient pas compte des arguments des parties, équivaut pratiquement à l'inexistence de motivation: elle ne remplit point, envers les plaideurs, la fonction de garantie, inhérente à l'Etat de droit, dont les interventions dans la vie des personnes doivent être toujours expressément justifiées.

3. La loi ne se soucie pas de préciser le contenu minimum de la motivation, sans lequel un jugement *(lato sensu)* ne sera pas censé satisfaire à l'exigence légale *(rectius:* constitutionnelle). L'art. 458, II, C. pr. civ., se borne à énoncer que "le juge analysera les questions de fait et de droit". On peut en inférer qu'il n'accomplit pas son devoir s'il se tait sur une question dont la solution pourrait influencer le sens de son raisonnement et par conséquent la conclusion à laquelle il aboutit. Il faut cependant reconnaître le manque, dans la doctrine et dans la jurisprudence, d'un effort plus considérable vers une systématisation de cette problématique.

On tient en principe pour motivée, il faut le remarquer, une décision qui se réfere – en les "adoptant", pour ainsi dire – aux raisons exposées dans une autre piece du dossier: par exemple, s'il s'agit d'un arrêt d'appel, dans le jugement attaqué (motivation *per relationem).* C'est un procédé commode, qui peut se justifier quelquefois par le besoin d'économiser du temps et du travail, à certains moments de surcharge. Il doit néanmoins rester exceptionnel, à cause des dangers qu'il implique: il suffit d'observer que, si la juridiction supérieure n'ajoute rien aux motifs invoqués par le *iudex a quo,* elle risque de négliger indument les critiques que l'appelant ait pu faire à la motivation du jugement attaqué.

4. Etant donné le caractere collégial de la décision sur l'appel, on peut aisément concevoir, lors même qu'elle est prise à l'unanimité des voix, que tous les votants ne se soient pas basés sur des prémisses identiques pour parvenir à la conclusion uniforme. Tel juge estimera que le fait allégué par l'appelant manque de preuve, tel autre, tout en reconnaisant que ce fait est suffisamment prouvé, lui refusera pourtant l'effet juridique prétendu.

Dans la procédure civile brésilienne, le délibéré a lieu publiquement; et, sans excepter les rares hypothèses ou cette publicité subit une atténuation (délibéré "sous secret de justice": C. pr. civ., art. 155), il est toujours possible de savoir si la décision a été unanime ou non, ainsi que, le cas échéant, qui a divergé de la majorité. La *"dissenting opinion",* ouverte à la connaissance du public, ou tout au moins des parties et de leurs avocats, ne souleve pas de probleme au point de vue qui nous intéresse ici.

Un problème est en revanche soulevé par l'existence éventuelle de votes qui, convergeant dans la conclusion, se fondent toutefois sur des raisons différentes. Si l'on adopte le procédé de la juxtaposition pure et simple (v. ci-dessus, I, A, 4), chacun des votes juxtaposés reflétera bien entendu respectivement les vues de ceux qui les ont érnis. Si par contre la rédaction de l'arrêt reste entierement à la charge d'un seul juge, la question se pose de savoir comment il doit formuler la motivation. La réponse dictée par le bon sens est qu'il est tenu de mentionner, à côté de ses propres raisons, celles qu'aura invoquées l'autre juge participant à la majorité. Celui-ci est libre néanmoins d'ajouter à l'arrêt sa propre *"declaração de voto" (concurring opinion),* s'il entend mieux s'expliquer. Les plusieurs cours établissent parfois des dispositions sur ce sujet dans leurs "règlements internes".

5. Le style de la motivation varie sensiblement d'un cas à l'autre. On n'emploie guere au Brésilla technique française des "attendus". La rédaction de l'arrêt est libre dans sa forme. Elle reflete dans une certaine mesure l'aptitude dialectique, l'inclination à l'analyse ou à la synthèse, la formation culturelle, le gofit littéraire, bref la personnalité du juge qui s'en charge.

Lorsque la décision suppose – et rien n'est si commun – l'examen de questions de droit et de questions de fait, la conception classique du "syllogisme judiciaire" pourrait suggérer un ordre logique: on commencerait par établir la règle de droit applicable (prémisse majeure) et ensuite on déterrninerait les caracteres du cas d'espece (prémisse mineure), pour deduire enfin la conclusion. En fait les choses sont loin de se passer toujours ainsi. Maintes fois c'est même l'ordre inverse que l'on pré fere suivre: on part de la détermination des faits, puis on indique la règle de droit. Il n'est pas rare que ces deux aspects de la motivation soient présentés sans aucun souci de différenciation: l'on passe de l'un à l'autre dans un mouvement a1ternatif ininterrompu.

On comprend aisément que l'étendue de la motivation soit tres variable. Cela va de soi si l'on compare un arrêt qui se borne à déclarer l'appel irrecevable pour inobservation du délai avec un autre qui tranche le fonds d'un litige particulièrement compliqué. Mais la comparaison entre plusieurs arrêts portant sur des affaires semblables n'en sera pas moins révélatrice.

Lorsqu'un arrêt est fort long, et surtout lorsqu'il faut aborder des questions tres diversifiées, on a coutume de diviser le texte en paragraphes numérotés. Ce procédé, qui n'est nullement obligatoire, a l'avantage de rendre plus facile au lecteur l'appréhension de la structure du raisonnement sur lequel se fonde la décision.

6. Le dispositif est sans doute la partie la plus importante de la décision, car c'est lui qui révele le sens précis dans lequella juridiction a statué. Dn arrêt sans dispositif est tenu pour un acte processuel inexistant. Le dispositif se place d'ordinaire en tête de l'arrêt; il est précedé de l'énoncé succinct de la thèse de droit appliquée par la cour *("ementa");* la motivation vient ensuite.

On s'attend en principe à trouver dans le dispositif la "réponse" de la cour à la demande de l'appelant. Cela est exact pour les cas ou l'appel s'avere recevable: alors, l'arret l'accueille ou le rejette, en tout on en partie. Il peut cependant arriver que la cour, même d'office, déclare l'appel irrecevable. Dans cette hypothèse, nous l'avons déjà expliqué, elle "ne connaît pas" de l'appel; ce faisant, elle ne doit rien ajouter qui exprime, quoiqu'indirectement, une opinion sur le jugement attaqué et sur les raisons allégués par l'appelant pour en demander la cassation ou la réformation.

Outre la décision concernant l'appel, la cour statuera dans le dispositif sur les dépens et sur les honoraires de l'avocat du vainqueur, dont la charge retombera normalement sur le vaincu (C. pr. civ., art. 20). D'autres mesures accessoires peuvent éventuellement y avoir aussi une place, *v.g.* si l'une des parties mérite d'être condamnée au paiement d'une amende ou des dommagesintérêts pour procédure abusive (C. pr. civ., art. 18).

B) La structure interne de la motivation

1. Faisons abstraction maintenant de quelques variantes mentionnés plus haut (votes juxtaposés, motivation *per relationem),* pour concentrer notre attention sur le contenu ordinaire de la motivation de l'arrêt. Il faut tout d'abord remarquer que son étendue ne coincide pas forcément avec celle du jugement de premier degré. Cela est bien évident toutes les fois que la juridiction supérieure déclare l'appel irrecevable (= "ne connalt pas" de l'appel) ou qu'elle annule le jugement attaqué, en raison d'un *error in procedendo.* En tels cas, la cour n'effleure même pas les questions tranchées par le *iudex a quo.*

Mais ce n'est pas tout. L'appelant peut ne viser qu'une partie de la décision du premier juge, et alors l'effect dévolutif de l'appel joue seulement, nous l'avons déjà dit, quant aux chefs critiqués. La cour se bornera alors à l'examen des questions concernant ceux-ci. Dn phénomene inverse se produit, chaque fois que la juridiction supérieure doit s'occuper de questions non posées devant le *iudex a quo.* Cela est exceptionnel en ce qui concerne les *quaestiones facti,* eu égard à la disposition restrictive de l'art. 517 C. pr. civ. (v. ci-dessus, I, B, 4), mais tout à fait normal pour les *quaestiones iuris,* qui échappent à la forclusion et peuvent être examinées, même d'office, en tout état de cause.

Le rapport entre le jugement attaqué et l'arrêt d'appel, au point de vue de la motivation, n'est pas sans importance pratique. Lorsque les questions examinées ne varient pas, et que l'opinion de la cour s'accorde avec celle du premier juge, elle aura normalement tendance – même si elle n'adopte pas la technique de la "motivation *per relationem*" – à ne pas s›attarder sur ces questions, à abréger le discours en s›appropriant les arguments utilisés par le *iudex a quo,* soit qu'elle les reproduise en termes synthétiques, soit qu'elle se contente d'y faire une allusion approbative. La cour s'efforcera plutôt d'étendre et d'approfondir son argumentation concernant les questions qu'elle estime mal résolues ou qu'elle aborde pour la premiere fois.

2. Il convient de souligner que la motivation n'a point pour dessein de révéler la démarche intellectuelle qui a abouti à la conclusion énoncée. Si cette remarque est vraie pour le jugement d'un "juge unique", elle l'est évidemment davantage pour une décision à laquelle plusieurs juges participent: ils peuvent certes partager les mêmes raisons, chacun d'eux n'en aura pas moins acquis sa conviction au moyen d'opérations mentales personnelles et aucunement interchangeables. La motivation n'est pas un réeit historique, elle est une justification.

On aurait tort de s'attendre à trouver dans cette justification l'énumération expresse de tous les motifs qui ont amené les juges – ou même un seul d'entre eux – à décider de telle ou telle maniere. Beaucoup de facteurs extrajuridiques (psychologiques, sociologiques), qui ont pourtant contribué à façonner la décision, sont passés sous silence dans la motivation de l'arrêt. Du reste, quelques-uns jouent dans les couches profondes de l'ineonscient, et l'on aspirerait en vain à les voir étalés au grand jour.

La motivation est done une justification sélective. Toute justification ayant pour but de convaincre, le choix des raisons dépend naturellement du destinataire de celle-là; la forme aussi en subit l'influence. Une eour n'emploiera pas le même langage, suivant qu'elle s'adresse aux parties, ou au public en général, ou encore à la juridiction supérieure devant laquelle on pourrait porter une nouvelle voie de recours. Il est parfois facile, en lisant la motivation, de percevoir, parmi les destinataires possibles, lequel on a eu principalement en vue.

3. Dans la plupart des cas, la résolution d'un litige implique l'examen de questions de droit et de questions de fait. Aussi n'est-il pas surprenant que la motivation d'un arrêt d'appel ait à s'oecuper le plus souvent – surtout lorsqu'il s'agit du fonds' de l'affaire – de ces deux espeees de questions.

Cette règle générale comporte des atténuations, voire des exceptions. La *quaestio iuris* peut paraitre trop simple à la cour pour que celle-ci se croie obligée à s'y attarder dans la motivation. Elle se bomera, *v.g.,* à indiquer la disposition légale ou le principe de droit qu›elle tient pour applicable, sans se soucier de foumir aucune explication supplémentaire («Le délai de prescription est de vingt ans, aux termes de l›art. 177, *principio,* du Code civil"; "Une telle conduite est incompatible avec l'interdiction de l'enrichissement sans cause").

Il est également possible, d'ailleurs, que le fait allégué par un des litigants ne soit pas controversé – cas ou le juge, en principe, doit l'accepter comme vrai, indépendamment de preuve (C. pr. civ., art. 334, III). Dans une telle hypothèse, et dans d'autres semblables, il n'y a pas, à la rigueur, de *quaestio facti* à examiner. La motivation se contentera alors normalement de faire allusion au fait; elle ira tout au plus jusqu›à consigner l›absence de controverse, elle ne rappellera que bien plus rarement la disposition légale dispensant la partie de la charge de la preuve.

Les cours inclinent au laconisme quand elles admettent un fait comme notoire ou quand elles appliquent des "regles d'expérience". On serait quelquefois en droit de s'attendre à ce que la motivation de l'arrêt fût plus explicite à ce propos: la notoriété que les juges attribuent au fait ou l'exactitude de la "règle d'expérience" invoquée pourraient en quelque sorte mériter, voire réclamer, une justification.

4. La motivation *in facto* de l'arrêt comporte, du moins en théorie, plusieurs opérations: l'analyse des allégations des parties, la détermination des faits importants, l'appréciation des preuves, la reconstitution des événements donnant naissance au litige. En pratique, il faut le reconnaítre, l'on ne trouve pas souvent, dans les arrêts d'appel, le développement complet d'un tel schéma.

Les *quaestiones facti,* en règle générale, ont déjà subi l'examen du premier juge. Des mesures d'instruction, répétons-Ie, sont rares en second degré de juridiction: les juges d'appel forment presque toujours leur conviction en s'appuyant sur les preuves administrées au cours de la premiere instance. En ce qui concerne les pieces et documents contenus dans le dossier, la position de la cour ne differe point de celle du *iudex a quo.* Il en est autrement quant aux dépositions orales: le juge qui les a entendues est mieux qualifié que tout autre pour les évaluer. D'ou la tendance normale de la cour à s'en remettre à cette évaluation, telle qu›elle se reflete dans la motivation du jugement attaqué. Ce faisant, la cour s›estime généralement libérée du devoir de justifier sa propre position, du moment qu›elle se réfere à l›opinion du *iudex a quo,* invoquée presque à la maniere d'un argument d'autorité. On lira par exemple dans l'arrêt: "Comme le juge l'a mis en relief, la version du fait présentée par le demandeur ne tient pas, à la lumiere des témoignages".

La cour prendra soin, en revanche, d'exposer plus ou moins minutieusement ses raisons, lorsque la *quaestio facti* est nouvelle (C. pr. civ., art. 517), ou que des mesures d'instruction supplémentaires ont eu lieu en second degré. Il en va de même au cas ou elle rejetterait l'évaluation, faite par le premier juge, de telle ou telle preuve.

5. Quelques observations semblent opportunes; elles s'appliqueraient d'ailleurs aussi bien au jugement de premier degré. L'une d'elles porte sur la façon dont la cour se tire d'embarras, chaque fois qu'elle se trouve devant des preuves *(v.g.,* des témoignages) contradictoires. Elle peut *(rectius:* elle doit) motiver son option par l'exposé des procédés critiques au moyen desquels elle croit s'avoir acquis de bonnes raisons pour considérer une des versíons du fait comme vraie et l'autre comme fausse. Elle essaie souvent de le faire. Dans pas mal de cas, cependant, la motivation de l'arrêt prend ici une expression ne serait-ce qu' involontairement mystificatrice. On y lira par exemple: "Malgré la déclaration contraire du témoin X, il a été démontré, grâce à la déposition d'Y, que la voiture a brillé le feu rouge". Devant des tournures de ce geme, on n'échappe guere à l'impression d'un vide logique. On pourrait en effet affirmer au même titre: "Malgré la déclaration contraíre du témoin Y, il est démontré, grâce à la déposition de X, que la voiture n'a pas brfilé le feu rouge" – sans que personne ne füt en état de comprendre pourquoi cette proposition-ci est préférable à celle-là, ou vice-versa.

Un phénomene semblable se manifeste lorsque les éléments dont la cour dispose pour former sa conviction manquent d'une solidité parfaite. En théorie, il est possible, bien que difficile, de tracer une ligne à partir de laquelle on doit tenir l'instruction du proces pour "réussie", tandis que, si l'on reste en deçà de cette ligne, il faut reconnaitre que le fait n'est pas prouvé et avoir recours, pour décider, aux regles concernant la répartition de la charge de la preuve. En pratique, une "zone grise" subsiste presque toujours. Le *non tiquet* ne permettant pas à la cour de s'abstenir de statuer, elle ne peut se borner à avouer des doutes dans la motivation de son arrêt: elle est bien forcée de se déclarer placée en delà ou en deçà de la ligne frontiere. Mais on serait déçu si l'on s'attendait à la voir, dans tous les cas du geme, justifier cette déclaration par des arguments objectifs et contrôlables. Elle dira par exemple: "Quoique précaire, la preuve autorise à croire que l'arbre a été abattu par le défendeur". Si elle disait, au contraire: "La preuve est trop précaire pour autoriser la conviction que l'arbre a été abattu par le défendeur", on aurait peut-être du mal à découvrir des raisons pour soutenir que cette proposition reflete moins fidelement que l'autre la réalité du proces.

Nous ajouterons une remarque à propos de la charge de la preuve. La loi la répartit selon un critere bien connu: elle incombe au demandeur quant aux faits constitutifs du droit allégué, au défendeur quant aux faits qui empêchent la naissance de ce droit, qui le modifient ou qui en entrainent l'extinction (C. pr. civ., art. 333, *caput)*. Ces regles, d'une simplicité apparente, laissent, à la vérité, une marge de doute dans plusieurs hypothèses. Un contrat de vente, *v.g.*, ne produit pour l'acheteur l'obligation de payer le prix que si toutes les conditions de validité sont remplies. Faut-il en déduire que, si le vendeur demande le paiement, c'est à lui de démontrer l'inexistence de n'importe quel vice pouvant entraÎner la nullité de la convention? Ou est-ce à l'acheteur défendeur de prouver l'existence d'un tel vice? Voilà une question "classique" du droit de la preuve; et l'on comprend sans difficulté que le dénouement du litige puisse dépendre essentiellement de la position que la cour prendra à son égard. La motivation de l'arrêt devrait alors éclaircir et justifier cette position. Elle ne se soucie pas toujours de le faire. On y lit parfois que "le fait X n'a pas été prouvé", sans que la cour se donne la peine de nous apprendre si (et pourquoi), à son avis, c'était vraiment le fait X (et non pas son contraire) qui avait besoin de preuve, et par conséquent la charge en retombait sur l'une des parties (et non pas sur l'autre).

6. Tous ces genres de manoeuvres donnent à penser que la motivation *in facto* d'une décision ne traduit pas toujours une conclusion fondée sur des données objectives et justifiable par un procédé rationnel, donc susceptible de contrôle extérieur. On arrive quelquefois à entrevoir, à travers ces formules "stérilisées", un acte de volonté plutôt que d'intelligence. Cela est sans doute explicable pour des raisons diverses. Nous nous bornerons ici à mettre en relief le rôle que peut jouer à ce sujet l'objectif protecteur de la loi. Certaines dispositions légales, on le sait bien, ont pour but essentiel de protéger les intérêts de personnes économiquement ou socialement plus faibles. C'est le cas des regles concernant les pensions alimentaires, les accidents du travail et en généralles droits dits "sociaux". Or il n'est pas toujours facile, *v.g.*, dans un proces ou l'employé réclame des dommages-intérêts, de donner la preuve irréfutable de la négligence de l'entreprise ou du rapport de causalité entre cette négligence et l'accident du travail. Une opinion tres répandue, soucieuse d'éviter que le fonctionnement du mécanisme de protection ne soit bloqué en pratique, conseille au juge de ne pas pousser tres loin ses exigences relativement à la preuve. Cette doctrine ne reste pas sans écho dans la jurisprudence. Mais la motivation de l'arrêt peut prendre à cet égard deux orientations opposées: ou bien la cour admettra ouvertement qu'elle a voulu atténuer, voire inverser, la charge de la preuve – ce qui demande bien entendu un effort de justification –, ou bien elle déguisera sa véritable attitude sous des formules évasives, plus ou moins habiles.

7. Passons maintenant à la motivation *in iure.* Il faut établir à ce propos une distinction fondamentale entre le casnormal, ou la cour (*rectius:* n'importe quel juge) applique une règle de droit préexistante (légale, coutumiere), et le cas exceptionnel ou elle est autorisée à statuer selon l'équité, c'est-à-dire qu'il lui incombe de formuler elle-même la regle destinée à trancher le litige.

On comprend avec aisance que ces deux hypothèses soulevent des problemes assez différents. Dans la premiere, en effet, la cour s'occupera de questions – *v.g.,* l'interprétation d'une disposition legale – qui ne jouent aucun rôle dans la seconde. En revanche, la motivation *in jure* d'une décision selon l'équité consistera essentiellement dans la justification de la règle formulée – une tâche dont la cour peut normalement se dispenser, lorsqu'elle se borne à l'application d'une loi ou d'une règle de droit coutumier.

Il est évident que, pour justifier la règle formulée, on aura besoin, encore plus qu'ailleurs, de dépasser les cadres de la logique formelle et d'énoncer des jugements de valeur. Il faudrait, à la rigueur, expliciter des choix moraux ou politiques et indiquer les idées qui les ont inspirés. C'est une démarche que les cours d'appel n'entreprennent d'ordinaire qu'à contrecoeur. Elles s'efforceront souvent d'y échapper en donnant à entendre que la règle choisie a un caractere axiomatique et qu'il n'y avait pas d'alternative possible. Par exemple: "Personne n' osera nier que, dans telles circonstances, le plus juste est de...". Ce phénomene se manifeste d' ailleurs avec une intensité semblable chaque fois que la loi accorde au juge un pouvoir discrétionnaire. Néanmoins, dans tous ces cas, une justification exhaustive est rendue d'autant plus nécessaire que le contenu du jugement comporte un taux particulierement considérable d'indétermination.

8. Abstraction faite des hypothèses susdites, la *motivation in iure* peut se déployer en plusieurs opérations: qualification juridique des faits, détermination de la règle de droit applicable, éventuellement contrôle de la validité de la regle *(v.g.,* contrôle – ouvert, dans le systeme juridique brésilien, au Pouvoir Judiciaire – de la constitutionnalité d'une loi), interprétation de la regle. Inutile de souligner que ces questions ne sont pas toutes nécessairement posées et résolues *expressis verbis.* La cour ne s'attardera guere, par exemple, sur l'interprétation d'un texte législatif simple et clair, dont le sens n'a jamais fait l'objet de doutes ou de controverses.

La qualification juridique des faits est souvent présupposée. Quoique la cour ne soit pas liée à ce propos par les allégations, même concordantes, des parties, elle ne ptendra normalement pas le soin de justifier son attitude, lorsqu'elle se conforme aux vues de celles-là. Il en va bien entendu autrement, chaque fois que les plaideurs divergent entre eux, ou que la cour se trouve en désaccord avec leur opinion uniforme. Elle tâchera alorsd'exposer les raisons de son choix, ce qui peut être relativement facile s'il s'agit de notions définies avec précision par la loi (vente, testament, impôt...). La justification exigera par contre un effort plus grand toutes les fois qu'elle a trait à des concepts juridiques indéterminés (bonnes moeurs, injure grave, châtiment immoderé, danger imminent...).

On rejoint à ce point-là le probleme de la justification des jugements de valeur. La plupart des arrêts inclinent à se montrer plutôt réticents à cet égard. Il est certes impossible d'éliminer des évaluations tout élément subjective. Cela n'est du reste pas grave, au moins dans la mesure ou la subjectivité s'assume comme telle et se soumet de ce fait au contrôle extérieur. Le plus grand danger, dans cette matiere, est que la cour garde le silence sur ses prémisses (philosophiques, morales, idéologiques, politiques) ou essaie de faire passer ses évaluations pour des vérités apodictiques.

D'autre part, quelques cri teres sont (ou peuvent être), dans une certaine mesure, vraiment objectifs. Nombre de "regles d'expérience", dont le rôle est ici parfois tres important, ont un fondement scientifique ou trouvent un appui dans des statistiques dignes de confiance. On pourrait, par exemple, avoir recours à des données de ce geme pour soutenir que les situations de fait analogues à celle qui se dessine dans le proces entrainent, dans l'immense majorité des cas connus, d'immédiates conséquences défavorables, si bien que l'on est en droit de reconnaitre, dans la situation dont il s'agit, l'existence d'un "danger imminent". De pareilles argumentations sont toutefois rares en pratique.

9. La détermination de la règle applicable n'est pas non plus une opération toujours explicitement justifiée dans la motivation de l'arrêt. Il faut avouer qu'il y a des cas extrêmement simples, ou tout doute raisonnable se trouve exclu à l'avance. Si la cour, *v.g.,* déclare un appel irrecevable pour inobservance du délai fixé par la loi, elle se bornera normalement, apres avoir confronté les dates, à invoquer la disposition légale pertinente. Parfois elle ne se donnera même pas la peine de l'invoquer: "Puisque le délai expirait le 12, et que l'appel n'a été interjeté que le 13, il est irrecevable". La détermination de la règle se verra donner également une justification laconique (ou plutôt elle ne se verra pas du tout donner de justification), lorsque la cour partage à ce sujet les vues concordantes des parties et du premier juge.

Dans d'autres hypothèses, bien au contraire, l'examen de cette question se placera au premier plan dans la motivation *in iure.* Il peut y avoir un concours, réel ou apparent, de normes. Dans le concours apparent, la cour aura besoin d'expliquer pourquoi elle estime applicable la norme N et non la norme N'. Le concours réel donnera peut-être lieu à une motivation cumulative (v. ci-dessous, nº 13). Mais la cour s'appuiera souvent sur une des normes plutôt que sur l'autre, soit qu'elle ne s'est pas rendue un compte précis de l'existence du concours ou de sa portée, soit que l'invocation de la norme préférée lui semble plus éloquente, plus persuasive – ou plus sure, du fait que son interprétation ne souleve pas les mêmes difficultés que celle de l'autre norme.

La détermination de la règle dépend quelquefois de la solution d'un conflit de lois dans le temps ou d'une question de droit international privé. Le probJeme se déplace alors vers l'examen de la règle de conflit. Il faudra la déterminer, l'interpréter, en contrôler la validité... Nous renvoyons ici le lecteur aux passages pertinents de ce rapport.

10. Le contrôle de la validité d'une norme donne lieu à quelques probH:mes, lorsqu'il s'agit de vérifier la compatibilité entre la norme et la Constitution. N'importe quelle cour peut refuser application, par le vote de la majorité absolue de ses membres, à une loi ou à tout autre acte normatif contraire à une disposition constitutionnelle (Constitution de la République, art. 97). A cet effet, si la question est soulevée devant une chambre, par exemple, et que celle-ci la tient pour fondée, elle la soumet à l'assemblée pléniere (ou, dans les cours à plus de vingt cinq membres, à une formation spéciale, composée des vingt cinq membres plus anciens dans l'ordre des nominations), laquelle statue seulement sur cette question et renvoie ensuite l'affaire à la chambre, afin qu'elle complete le jugement (art. 480 et s. C. pr. civ.).

L'assemblée pléniere peut contrôler la compatibilité entre la norme et la Constitution sous tous les aspects. Elle apporte en général dans cette démarche beaucoup de circonspection. Suivant une règle herméneutique originaire du droit nord-américain, elle ne déclare pas la norme inconstitutionnelle qu'apres avoir épuisé tous les moyens concevables de l'harmoniser avec la Constitution. C'est-à-dire que, de deux ou plusieurs interprétations raisonnables d'une norme, on préferera toujours celle qui rendra possible cette harmonisation. En outre, la question de l'inconstitutionnalité sera sommairement rejetée toutes les fois que la cour est à même de ttancher le litige indépendamment de cette question. Là ou un lien de dépendance logique nécessaire n'existe pas, onne déclarera jamais une norme inconstitutionnelle.

Le probleme est bien plus simple, lorsque l'on met en doute la validité d'une norme d'hiérarchie inférieure *(v.g.* d'un reglement) par rapport à la loi. Les formalités décrites ci-dessus ne s'appliquent pas à cette hypothèse, et les cours révelent moins de scrupules, le cas échéant, à declarer l'invalidité.

11. Le point qui peut présenter plus de difficulté, dans la motivation *in iure,* est celui de l'interprétation de la norme. Il ne serait pas opportun ni possible d'aborder ici *ex professo* la problématique tres étendue et tres complexe de l'interprétation. Nous devons nous borner à quelques renseignements sur le procédé habituei des cours brésiliennes à ce sujet.

Ces cours utilisent bien entendu tous les instruments classiques de l'herméneutique. L'interprétation littérale, encore que théoriquement en défaveur, joue toujours un rôle considérable en pratique. On fait souvent usage des arguments traditionnels de l'interprétation dite logique *(a pari, a fortiori, a contrario* etc.). A propos des questions plus délicates on a recours aux procédés d'interprétation systématique. Des références aux caracteres fondamentaux du systeme juridique brésilien ne sont pas alors tres rares. On ne se sert par contre qu'exceptionnellement d'arguments fondés sur le droit comparé, sauf dans certaines matieres spécifiques: rien d'étonnant, *v.g.,* si l'on discute des questions concernant la fédération, à voir invoquer le droit nord-américain, que les Constitutions brésiliennes ont pris pour modele à cet égard.

Les arrêts font parfois allusion aux vues du législateur *(mens legislatoris)* et aux travaux préparatoires de la loi, quoique ces criteres ne jouissent pas d'un grand prestige aux yeux des théoriciens. Ils se réferent aussi aux opinions doctrinaires: on honore au Brésil l'argument d'autorité, et les cours ne sont même pas réfractaires à la coutume d'insérer dans la motivation de leurs arrêts des extraits d'ouvrages scientifiques, surtout lorsqu'il s'agit d'une question subtile ou controversée.

On invoque encore plus souvent des décisions judiciaires portant sur des cas analogues. Le juge brésilien, quelle que soit sa position hiérarchique, n'est point lié, en principe, par les précédents. Néanmoins, au point de vue pratique, on ne manque pas d'attacher du poids à la jurisprudence, et notamment à celle de la Cour Suprême *(Supremo Tribunal Federal).* On va quelquefois jusqu'à remplacer tout effort de justification par l'invocation pure et simple de cette jurisprudence – ce qui au fond signifie éluder (plutôt qu'accomplir) le devoir de motiver la décision.

12. Les types plus fréquents de raisonnement utilisés dans les décisions d'appel sont sans aucun doute ceux de logique formelle. Il convient d'oDserver que les cours ne prennent pas toujours le soin de les formuler avec une grande rigueur technique. Cependant, si l'on cherche les structures cachées sous un discours parfois flasque, on pourra les ramener, dans la plupart des cas, à des schémas syllogistiques. Il arrive également, d'ailleurs, que la cour se donne de la peine pour verser dans le moule d'un syllogisme un raisonnement justificatif ayant une autre nature, comme si cette forme-Ià lui semblait plus "rassurante". Cela a rapport à un phénomene déjà plus d'une fois mentionné, à savoir la faible disposition des juges à dévoiler leurs jugements de valeur et *(a fortiori)* à les justifier comme teIs. D›ou quelque tendance, peut-être pas totalement consciente, à l›escamotage: on ensaie de faire passer des choix philosophiques, moraux, voire politiques, pour des conclusions logiques nécessaires d›opérations mentales idéologiquement «neutres».

Les raisonnements de type inductif sont assez rares. Des raisonnements dialectiques jouent un certain rôle dans la justification de telle ou telle position prise en matiere d'interprétation. Dans ce contexte on trouve aussi quelquefois des raisonnements fondés sur la comparaison des conséquences des options herméneutiques possibles.

On a recours au raisonnement par analogie lorsqu'il s'agit de combler une lacune de la loi. Toutefois, les cours ne se soucient pas toujours d'expliciter les motifs qui les ont amenées à admettre l'existence d'une *ratio legis* identique. L' analogie entre les hypothèses considerées est le plus souvent présupposée, elle n'est que rarement démontrée.

13. Dans nombre d'arrêts, la motivation repose sur la combinaison de deux (ou même de plusieurs) raisonnements. Il y a lieu d'établir ici une distinction entre deux especes fondamentales: la motivation alternative et la motivation cumulative. Dans la preffiİere espece, les deux (ou plusieurs) raisonnements s'excluent l'un l'autre, bien qu'ils aboutissent à des conclusions identiques; dans la seconde, ils sont compatibles entre eux et se renforcent réciproquement. Il est concevable que ces types de rapport se forment indifféremment soit entre des motivations *in facto,* soit entre des motivations *in iure.*

Si, par exemple, les parties soutiennent des thèses juridiques opposées (chacune estime appllcable une disposition légale différente), il se peut qu'aux yeux de la cour l'affaire doive être tranchée d'une façon pareille, dans un cas comme dans l'autre. Elle exposera alors deux raisonnements, l'un à partir de la disposition D, l'autre ayant pour base la disposition D', afin de démontrer que l'application de n'importe laquelle entraine toujours la même conséquence. Ce faisant, elle peut s'abstenir d'opter entre les thèses juridiques soutenues par les plaideurs. Parfois, elle adoptera cette position intentionnellement: elle n'entend s'engager à aucune des deux thèses.

Supposons maintenant que l'effet juridique auquel prétend une des parties exige, pour se produire, le concours de deux faits (F et F'), et qu'aucun d'eux n'a pas été prouvé. Si l'arrêt releve à la fois le manque de preuve de F et le manque de preuve de F', nous sommes devant le cumul de deux motivations *in facto,* dont chacune suffirait à justifier la conclusion. *Un* phénomene du même genre se manifeste lorsque la cour exprime la conviction que le fait allégué n'existe pas, et en plus que, même s'il existait, il ne donnerait pas naissance au droit réclamé, parce que la norme invoquée ne prévoit pas cette hypothèsei il y a alors cumul d'une motivation *in facto* et d'une motivation *in iure.*

La complexité de la motivation, que celle-ci soit alternative ou cumulative, peut avoir des conséquences pratiques tres importantes. Au Brésil, nous l'avons déjà dit, une nouvelle voie de recours (le *recurso especial)* est encore ouverte contre la décision d'appel, si elle contrarie une loi fédérale ou lui donne une interprétation différente de celle qu'une autre cour lui a donné (Constitution de la République, art. 105, m, *a, c).* Considérons le cas ou l'arrêt d'appel s'appuie sur deux raisonnements, dont chacun se fonde à son tour sur une de deux dispositions légales distinctes (D et D'). Si le plaideur vaincu forme un *recurso especial* concernant une seule de ces deux dispositions, il ne sera jamais en droit d'espérer un dénouement favorable: il aurait beau convaincre la juridiction supérieure que la cour d'appel a contrarié la disposition D, ou l'a interprétée d'une maniere incorrecte, l'arrêt attaqué ne subsisterait pas moins pour autant, car l'autre fondement (qui se rapporte à la disposition D') n'est pas mis en cause, et il suffit à lui seul à soutenir la conclusion. Le *recurso especial* sera des lors irrecevable, pour manque d'intérêt.

III – OBSERVATIONS FINALES

1. Le theme des raisonnements des cours d'appel suseite une problématique tres étendue et multiforme. On essaierait en vain d'en épuiser l'étude dans le cadre d'un rapport du geme de celui-ci. Nous avons jugé opportun de fournir quelques données sur le panorama qu'offre à ce point de vue le droit brésilien, tel qu'il se révele non seulement par les textes législatifs, mais aussi et surtout par la pratique judiciaire. D'ou les remarques critiques que nous avons été portés à faire au long de notre exposé.

Comme le lecteur ne manquera pas d'apercevoir, la situation au Brésil nous parait, somme toute, peu satisfaisante. La motivation des déeisions de justice en général, sans exclusion des arrêts d'appel, laisse souvent à désirer, et des défauts relatifs au raisonnement y sont presque toujours pour beaucoup, mêmesi l'on passe sous silence les vices logiques élémentaires qui se glissent parfois dans les jugements.

L'imperfection fondamentale réside sans doute dans l'insuffisante explicitation du raisonnement. En ce qui concerne la motivation *in facto,* les points cruciaux sont l'appréeiation des preuves, la répartition (éventuellement, l'atténuation, voire l'inversion) de *l'onus probandi,* l'invocation de faits dits notoires (ou tacitement admis comme tels) et de "regles d'experience": dans tous ces domaines, un effort plus vif de justification serait extrêmement souhaitable. Quant à la motivation *in iure,* abstraction faite des problemes courants d'herméneutique, toujours susceptibles d'entrainer bien des difficultés, ce qui attire principalement l'attention est la question des jugements de valeur: les cours non seulement s'abstiennent, en règle générale, d'expliciter leurs choix, mais elles ont tendance à les dissimuler – volontairement ou non – sous de faux raisonnements de logique formelle. Ce geme de carence prend un aspect particulierement fâcheux lorsqu'il s'agit de concepts juridiques indéterrninés et de décisions discrétionnaires: contrairement à ce que certains pensent, le besoin d'une justification est ici encore plus pressant qu'ailleurs.

2. Il y a lieu de s'interroger sur les conséquences à extraire de ce que nous venons de noter. Le devoir de motiver les jugements, répétons-le, a aujourd'hui un rang constitucionnel. L'art. 93, IX, frappe expressément de nullité les déeisions de justice non motivées. Mais ni la Constitution ni les lois ne se soueient pas d'établir le contenu minimum nécessaire de la motivation, sans lequel on ne saurait tenir ce devoir pour accompli. La jurisprudence (y-compris celle de la Cour Suprême) a suivi jusqu'à présent une orientation nuancée: d'une part, elle annule les jugements totalement dépourvus de motivation et elle inclut dans cette catégorie ceux qui omettraient l'examen d'une question essentielle; d'autre part, elle ne regarde pas les simples imperfections de la motivation comme une raison suffisante pour invalider le jugement. On tolere une motivation "succincte" et même une motivation "déficiente".

Nous ne saurions donner tort à la jurisprudence d'envisager ce probleme avec une bonne dose de flexibilité. Il faut tenir compte du fait que la plupart des juridictions (et cela s'applique en général aux cours d'appel) sont surchargées de travail et que les juges ne disposent guere du temps pour discuter exhaustivement, dans la rédaction de leurs décisions, chaque fil de la trame de l' affaire. D'ailleurs, l'annulation d'un jugement a le grave inconvénient d'augmenter la durée du proces – un mal dont tout le monde se plaint.

Il ne faut pas cependant voir dans ce geme de circonstances des excuses légitimes pour n'importe quelle faute. La motivation des jugements constitue avant tout, nous l'avons déjà souligné, une garantie pour les plaideurs, inhérente à la notion même de l'Etat de droit. L'explicitation des raisonnements par lesquels on vise à soutenir la décision est un élément essentiel d'une telle garantie. Elle seule rend la décision susceptible de contrôle exterieur. Elle seule assure au jugement cette "transparence" que notre temps exige de tous les actes des pouvoirs publics.

Fevereiro de 1990.

COMENTÁRIOS DA ATUALIZADORA

O RACIOCÍNIO JURÍDICO NAS DECISÕES DAS CORTES DE APELAÇÃO

Teresa Arruda Alvim

Esse artigo, sem dúvida, é um dos mais interessantes deste volume, ora comentado e atualizado. Isto porque os temas principais são daqueles de que o professor José Carlos Barbosa Moreira sempre se desincumbiu com todo o esplendor de seu talento, de sua lucidez, com aquela linguagem que revela invariavelmente a sua aguda percepção dos fenômenos sobre os quais escreve.

O primeiro ponto que merece comentário, acompanhado da devida atualização, é a observação que faz o autor, no sentido de que o duplo grau de jurisdição é um princípio que prevalece, de maneira acentuada, na justiça brasileira. Esse princípio ficou profundamente comprometido no CPC de 2015, que criou muitíssimas situações em que o Tribunal, em vez de determinar o retorno dos autos ao juízo *a quo*, para proferir uma outra decisão, pode, ele mesmo, preferir outra no lugar da decisão reformada.

Ao ler este texto foi impossível não pensar que assisti, na minha juventude, a muitas discussões, travadas entre grandes processualistas, que giravam em torno da possibilidade de o Tribunal decidir o mérito, propriamente dito, da demanda, quando julgava uma apelação interposta de uma sentença em que se entendia que o direito do autor estava prescrito. Há pouco tempo atrás, ainda não era claro na doutrina se se podia, numa hipótese como esta, passar por cima do princípio do duplo grau de jurisdição.

E então o tempo passou, e cada vez mais os Tribunais começaram a deixar de lado o princípio do duplo grau de jurisdição, em nome da necessidade de que o processo seja *célere*. E agora, no CPC de 2015, temos o art. 1.013, § 3º, que na minha opinião vai longe demais, permitindo, até mesmo, que o Tribunal supra o vício da *falta de fundamentação*. Mesmo nesse caso, se prevê a possibilidade de que, se o processo estiver "maduro", ou seja, em condições de julgamento, deve o próprio Tribunal fundamentar a sentença proferida pelo juízo *a quo*.

A controvérsia sobre a possibilidade de o Tribunal decidir o mérito quando a sentença acolhe alegação de prescrição fica risível quando se examina o § 3º, do art. 1.013, do CPC de 2015. Nesse dispositivo se permite ao Tribunal julgar o mérito *em todos os casos em que a sentença de que se recorreu seja processual*, isto é, sentença fundada no art. 485. Pode, também, o Tribunal decidir o pedido que não foi julgado pela sentença e de qualquer forma adequá-la ao princípio da congruência. Aliás, não deixa de lembrar este dispositivo a questão que gerava polêmica à luz do CPC de 1973: pode o Tribunal julgar o mérito, propriamente dito, quando a apelação for interposta de sentença em que se reconheceu a existência de decadência ou prescrição.

Outro dos temas relevantes versados no artigo que agora se comenta, é o modo como o STF julga, habitualmente, denominado pela doutrina de *justaposição de votos*. De fato, os votos são emitidos oralmente e gravados sob forma de taquigrafia, como se houvesse muitos juízes únicos.

Mas, o ponto alto do texto comentado, são observações feitas pelo Professor, no sentido de que, embora fosse extremamente relevante o dever jurídico do juiz no sentido de motivar a sua decisão, não havia, em lugar algum do direito positivo, seja na Constituição, seja na lei processual, indicação alguma a respeito do conteúdo mínimo que deveria integrar a fundamentação.

A regra de que as decisões judiciais têm de ser motivadas, em seu sentido mais profundo, expressa a exigência ampla de controlabilidade da atividade dos órgãos do Estado, inerente à ideia de Estado Democrático de Direito.[2-3]

---

2 BARBOSA MOREIRA, José Carlos destaca que a obrigatoriedade de motivação das decisões judiciais é tradicional na história luso-brasileira. Destaca que essa obrigação estava presente no Código Filipino, e que o juiz ficava sujeito ao pagamento de multa, em favor da parte, se infringisse essa regra. Destaca também Barbosa Moreira – mostrando o quão recorrente é esse problema no direito brasileiro – que a portaria de 31.03.1824, "vinha lembrar aos juízes recalcitrantes o dever a que estavam sujeitos" (A motivação das decisões judiciais como garantia inerente ao Estado de Direito. *In: Temas de direito processual*. 2ª ed. São Paulo: Saraiva, 1988. 2.ª série, p. 85).

3 TARUFFO, Michele. Il significato costituzionale dell'obbligo di motivazione. *In:* GRINOVER, Ada Pellegrini; DINAMARCO, Cândido Rangel; WATANABE, Kazuo. *Participação e processo*. São Paulo: Ed. RT: 1988. p. 41. V. ainda: MAZZOLA, Marcelo. Contraditório e dever de fundamentação no CPC/15: avanços, retrocessos e novos filtros interpretativos. *Revista de Processo*, São Paulo, v. 303, pp. 99-123.

Claro que, numa visão mais aproximada do fenômeno, pode-se enxergá-lo, como forma de controle endoprocessual da decisão, pressuposto técnico de sua recorribilidade.

Em primoroso trabalho sobre a motivação da sentença, José Rogério Cruz e Tucci[4] aborda a possibilidade de se ver, na motivação da sentença, sob o ponto de vista endoprocessual, uma verdadeira reconstrução histórica de certa situação concreta, podendo ser comparada a atividade do juiz à do historiador; como signo linguístico, confundindo-se com o instrumental de comunicação da *ratio decidendi* às partes, ao órgão *ad quem* e a outros eventuais interessados; como discurso judicial, disciplinado pelo ordenamento jurídico; como atividade crítico-intelectual. Pensamos que se trata de óticas diferentes e que, na realidade, a sentença é, a um só tempo, tudo o de que se falou.

Na verdade, trata-se de várias dimensões possíveis de se considerarem, que não são incompatíveis, mas, ao contrário, complementares.

A ótica mais abrangente faz evidente a conexão da regra com os princípios da publicidade (arts. 11 e 189 do CPC e art. 93, IX, da CF) e da participação.

Apenas no âmbito da legislação ordinária era prevista, entre nós, a exigência de motivar as decisões judiciais (arts. 458, II, do CPC/1973 e 381, III, do CPP) antes da Constituição de 1988. Todavia, a função e o valor político do dever de motivar as decisões judiciais já vinham sendo sentidos pela doutrina, por exemplo, quando criticava o fato de que o STF decidia as arguições de relevância de questões federais em sessão secreta e sem apresentar a correlata fundamentação.[5]

É oportuno ressaltar, todavia, que a regra, atualmente constante do art. 93, IX, da CF, nada mais faz do que tornar expresso princípio constitucional que já existia antes de a regra explícita existir, já que se consubstancia em manifestação do Estado de Direito.[6]

---

4 CRUZ E TUCCI, José Rogério. *A motivação da sentença no processo civil.* São Paulo: Saraiva, 1987. pp. 11 e ss. É oportuno lembrar-se, aqui, o argumento de que se trataria de decisão de caráter político, tomada à luz da relevância que tivesse (ou não) julgar aquela determinada causa, para o país.

5 TUCCI, Rogério Lauria; CRUZ E TUCCI, José Rogério. *Constituição de 1988 e processo: regramentos e garantias constitucionais do processo.* São Paulo: Saraiva, 1989. p. 78.

6 NERY JR., Nelson. *Princípios do processo civil na Constituição Federal.* 12 ed. São Paulo: RT, 2016, n. 37, p. 332.

Hoje, no art. 489, § 1º, a lei se incumbe de criar um parâmetro mínimo de qualidade que deve ser alcançado pela fundamentação da decisão, sob pena de ela se considerar juridicamente não fundamentada. O dispositivo é extremamente rico e merece abordagem analítica.

Este dispositivo alista os elementos essenciais da *sentença*: relatório, fundamento **e** parte dispositiva ou *decisum*. Mas o § 1p com certeza é inovação digna de nota, pois diz, como se observou acima, que a garantia da fundamentação das decisões judiciais, de índole constitucional, não se tem por satisfeita, se a fundamentação não atender a certos parâmetros de qualidade. Ou seja, não é *qualquer* fundamentação que satisfaz.[7]

Quando se estuda a motivação da decisão, na verdade, o que se estuda é o que *aparece* na decisão, que seria uma espécie de "fachada", mas mesmo assim, é interessante estudar este fenômeno, já que representa, pelo menos, o que é compreendido como satisfatório para figurar como fundamento da decisão, em face das exigências de dado sistema. Outras motivações que podem ter as decisões (ideológicas, psicológicas etc.), estas não estão presentes claramente no texto e não interessam para o direito. Têm que ter sido absorvidas pela desejável objetividade e racionalidade dos fundamentos. Caso contrário, a decisão será arbitrária e contrária ao direito.[8]

De acordo com a nova lei, considera-se não haver fundamentação em qualquer decisão judicial se esta, pura e simplesmente, repetir a lei, com outras palavras, sem dizer expressamente porque a norma se aplica ao caso concreto decidido (art. 489, § 1º, I). Assim, se na decisão se diz: a decisão é *x*, porque a norma diz *y*, esta decisão carece de fundamentação, pois não se estabeleceu de forma clara a ligação entre o texto da lei e os fatos da causa.

Como observa o Professor Barbosa Moreira no artigo ora comentado, esta necessidade, a que alude o inc. I, do § 1º, aparece de forma mais contundente quando se decide com base em norma jurídica, seja

---

7 Sobre o tema, V. o meu *Nulidades do processo e da sentença*. 10ª ed. São Paulo: Thomson Reuters Brasil, 2019, pp. 262 e ss. e também em *Embargos de declaração: como se motiva uma decisão judicial?*. 5ª ed. São Paulo: Thomson Reuters Brasil, 2020, pp. 127 e ss.; pp. 213 e ss.

8 Ver, com proveito, sobre o tema, BANKOWSKI, Zenon; MACCORMICK, Neil; SUMMERS, Robert S.; WROBLEVSKI, Jerzy. On method and methodology. *In: Interpreting Statutes*. Darthmouth, 1991. p. 17.

a lei ou algum princípio, que utilize, em sua formulação verbal conceitos vagos ou indeterminados (inc. II, do § 1º). Isto acontece quase sempre com os princípios e às vezes, cada vez mais, no mundo contemporâneo, com os textos das leis. As leis contêm conceitos vagos e ocasionalmente trazem cláusulas gerais, que são expressões marcadamente carregadas de conteúdo axiológico, pois incorporam princípios. São sempre, intencionalmente, extremamente fluídas (vagas, indeterminadas) e seu conteúdo é construído paulatinamente pelo trabalho da doutrina, mas principalmente, também, pelo labor jurisprudencial. Vamos retomar este tema mais à frente.

Norma já embutida nas anteriores (489, § 1º, I e II) é que consta do § 1º, III, que considera não motivada a decisão "vestidinho preto",[9] que se prestaria a justificar qualquer *decisum*: como, por exemplo, concedo a liminar "porque presentes os seus pressupostos". A fundamentação deve ser expressa e *especificamente relacionada* ao caso concreto que está sendo resolvido.[10]

De especial interesse é o art. 489, § 1º, IV, em que se estabelece a regra no sentido de se considerar como não motivada a decisão, se não forem enfrentados todos os argumentos deduzidos no processo – e esta expressão abrange elementos de fato e de direito - que teriam o condão de levar o magistrado a decidir de *outra forma*. Estes argumentos, se não acolhidos, têm de ser expressamente afastados.[11]

---

9 Expressão de uso corrente a significar algo que se pode usar em diferentes situações, sem risco de incidir em grave erro.

10 PUOLI, José Carlos Baptista. Motivação das decisões judiciais: uma análise crítica do § 1º do artigo 489 doo CPC. *In:* BEDAQUE, José Roberto dos Santos (coord. et al.). *Estudos de direito processual civil em homenagem ao professor José Rogério Cruz e Tucci*. Salvador: Juspodivm, 2018, p. 446.

11 "PROCESSO CIVIL. RECURSO ESPECIAL. GRATUIDADE DE JUSTIÇA. IMPUGNAÇÃO ACOLHIDA. APELAÇÃO. QUESTÕES PERTINENTES E RELEVANTES NÃO APRECIADAS. AGRAVO INTERNO. REPRODUÇÃO DA DECISÃO AGRAVADA. ACÓRDÃO NÃO FUNDAMENTADO. VIOLAÇÃO DO ART. 489, § 1º, IV, DO CPC/15. (...). 3. Cinge-se a controvérsia a decidir sobre a invalidade do julgamento proferido, por ausência de fundamentação, a caracterizar violação do art. 489, § 1º, IV, do CPC/2015. 4. Conquanto o julgador não esteja obrigado a rebater, com minúcias, cada um dos argumentos deduzidos pelas partes, o novo Código de Processo Civil, exaltando os princípios da cooperação e do contraditório, lhe impõe o dever, dentre outros, de enfrentar todas as questões pertinentes e relevantes, capazes de, por si sós e em tese, infirmar a sua conclusão sobre os pedidos formulados, sob pena de se reputar não fundamentada a decisão proferida.

A lei diz no art. 489, § 1º - "Não se considera fundamentada qualquer decisão judicial" ... se não forem satisfeitos os parâmetros descritos nos incisos subsequentes.

A relevância dos dizeres do Código se revela ainda mais evidente quando se pensa que há uma parte expressiva da doutrina brasileira que considera que todos os vícios processuais que significam, em sua essência, ofensas à Constituição Federal geram o fenômeno da *inexistência jurídica*. Portanto, pode-se concluir que, com base neste tipo de abordagem, uma sentença cuja fundamentação pudesse ser considerada juridicamente inexistente, porque não tivesse atingido os padrões mínimos de qualidade criados pelo legislador, seria uma *sentença juridicamente inexistente*, que não teria, por conseguinte, o condão de transitar em julgado. Isso significa, em outras palavras, que a possibilidade de que ela fosse impugnada, depois do fim do processo, não ficaria adstrita ao biênio decadencial dentro do qual pode ser manejada ação rescisória. O meio adequado para que ela fosse atacada seria a *querela nullitatis* ou a ação declaratória de inexistência jurídica da sentença. É uma consequência importante, que projeta evidentes reflexos práticos. O mesmo afirma o Professor, neste artigo, no que diz respeito a acórdãos sem *parte dispositiva*.

A motivação *per relationem* também é objeto de suas considerações. Não afasta a possibilidade de uso da técnica, mas recomenda que o Tribunal se estenda e se aprofunde quanto a questões que estejam mal resolvidas na fundamentação encampada.

A motivação *per relationem* ocorre quando o juiz assume, como sua, motivação de outra decisão do mesmo ou de outro processo.[12] Não se admite a motivação *per relationem* quando é *exclusivamente per relationem*, ou seja, quando o magistrado se limita a remeter a fun-

5. Na hipótese, mostra-se deficiente a fundamentação do acórdão, no qual é confirmado o indeferimento da gratuidade de justiça, sem a apreciação das questões suscitadas no recurso, as quais indicam que a recorrente – diferentemente dos recorridos, que foram agraciados com o benefício – não possui recursos suficientes para arcar com as despesas do processo e honorários advocatícios. 6. É vedado ao relator limitar-se a reproduzir a decisão agravada para julgar improcedente o agravo interno. 7. Recurso especial conhecido e provido" (REsp. n. 1.622.386/MT, 3ª T., j. 20.10.2016, rel. Min. Nancy Andrighi).

12 TARUFFO, Michele. *La motivazione della sentenza civile*. Pádua: Cedam, 1975, Cap. VI, p. 422.

damentação à de outra decisão, o que significa a renúncia integral do juiz a justificar, autonomamente, sua decisão. Na verdade, é necessário, pelo menos, que o juiz exprima um juízo de idoneidade (próprio) a respeito da motivação da outra decisão.[13]

Outra inovação do Código de 2015, que com certeza seria incluída neste artigo pelo Professor José Carlos Barbosa Moreira se ele mesmo tivesse que atualizá-lo, seria a norma que hoje existe, no sentido de que todos os acórdãos devem, necessariamente, ter uma *ementa*. Além da obrigatoriedade de que os acórdãos contenham ementas, são notáveis os esforços que vêm sendo feitos, para criar regras no sentido de *uniformizar a maneira de redigir uma ementa*.

Uma das regras de ouro decorre, também, de uma lição do Professor Barbosa Moreira: termos técnicos não tem sinônimos! Portanto, numa ementa deve constar sempre, e quantas vezes for necessário, a expressão "mandado de segurança" e jamais os pretensos sinônimos como, por exemplo, *mandamus* ou *writ*.[14]

---

13 Acerca do tema é ilustrativa a ementa: "Reveste-se de plena legitimidade jurídico-constitucional a utilização, pelo Poder Judiciário, da técnica da motivação 'per relationem', que se mostra compatível com o que dispõe o art. 93, IX, da Constituição da República. A remissão feita pelo magistrado -referindo-se, expressamente, aos fundamentos (de fato e/ou de direito) que deram suporte a anterior decisão (ou, então, a pareceres do Ministério Público ou, ainda, a informações prestadas por órgão apontado como coator) – constitui meio apto a promover a formal incorporação, ao ato decisório, da motivação a que o juiz se reportou como razão de decidir". STJ, AgInt no AgInt no AREsp 903995/SC, 2ª T., j. 20.05.2017, rel. Min. Og Fernandes, *DJe* 02.05.2017. No mesmo sentido: (STJ, AgInt no AREsp 1534532/SP, Rel. Min. Antonio Carlos Ferreira, 4ª T., j. 08.06.2020, *DJe* 15.06.2020); "(...) 2. A Corte de origem, ao apreciar o apelo defensivo, limitou-se a fazer remissão à sentença, sem tecer qualquer acréscimo argumentativo casuístico, demonstrador do efetivo enfrentamento das teses do processo, seja no exame das preliminares, seja no exame do mérito e dosimetria, o que não se coaduna com o imperativo da necessidade de fundamentação adequada das decisões judiciais. 3. Embargos de divergência acolhidos para dar provimento ao recurso especial defensivo, determinando o retorno dos autos à Corte de origem para que profira novo julgamento, apreciando fundamentadamente o apelo defensivo, como entender de direito". (STJ, EREsp 1380658/RS, rel. Min. Nefi Cordeiro, 3ª Seção, j. 12.06.2019, *DJe* 19.06.2019).

14 De fato, só um resquício da ideia de que o Direito não é ciência ou não é, pelo menos, um ramo do conhecimento passível de ser estudado com objetividade (com base em parâmetros racionais) e seriedade é que pode servir de estímulo àqueles que usam expressões praticamente desconhecidas do homem médio, como, por exemplo, profligar quejandos, perfunctório, decisão farpeada, incre-

Merece menção a circunstância de que é justamente na sua universidade, na casa onde ele sempre lecionou, que se formaram três

---

pada ou vergastada (ao invés de impugnada). Pode-se dizer que são formas de pretensa inserção de literatura (de duvidoso bom gosto) no direito, às vezes com expressões usadas há um ou dois séculos, nublando a clareza e, eventualmente, distorcendo o próprio significado. Trata-se de colocar, no texto, que deve ser comunicativo, ingredientes que, no fundo, são o inverso do veículo apropriadamente comunicativo. O mesmo se diga, quanto às absolutamente dispensáveis, citações de máximas ou termos em latim, francês ou alemão. Não podem o operador do direito, o jurista, o professor, esquecer-se de que a função primeira da linguagem é a de comunicar, e não a de confundir ou a de fazer perplexo o interlocutor.
É oportuna a transcrição de expressivo texto de Barbosa Moreira a este respeito: "Curiosamente um fator que concorre em larga medida para colorir de artificialismo a linguagem forense é a inoportuna preocupação estética que leva alguns a inventar sucedâneos para denominações técnicas, cuja repetição se pretende evitar. Assim se esquece que, em regra, vocábulos e expressões desse gênero simplesmente não têm sinônimos, e portanto, não há outro jeito senão reiterá-las – como se faz com octógono, ou com apócope, ou com proa, sempre que se quer aludir, respectivamente, ao polígono de oito lados, ou à supressão de fonema ou sílaba no fim de palavra, ou à parte anterior da embarcação. Outros escrúpulos estilísticos ativados fora de hora inspiram modos de dizer francamente risíveis. À petição com que se começa uma ação chama a lei, e todos bem andaríamos em chamar-lhe, 'inicial'; mas, no temor de repetir o simples e na verdade insubstituível adjetivo, mimoseia-se alternadamente a pobre petição, que não tem como protestar, com uma sequência de qualificativos diversos, cada qual mais esdrúxulo – de 'exordial' a 'vestibular', passando por 'inaugural' e 'prefacial'. A modesta e singela contestação vê-se convertida em pretensiosa 'peça de bloqueio'. Apelidos vários têm-se dado, inclusive em acórdãos do Supremo Tribunal Federal, ao recurso extraordinário: 'apelo extremo', 'apelo raro' e até 'irresignação derradeira'.
(...)
A busca da originalidade conduz, às vezes, a requintes de mau gosto na invenção de locuções. Este advogado, sem dúvida por achar prosaica demais a palavra motivação, prefere aludir ao 'esteio motivacional' da sentença. Aquele juiz, em vez de referir-se, como toda a gente, à propositura de uma ação, fala, convicto de ostentar verdadeiro achado, em 'disparo acionário'. Para negar que seja fundado o recurso, diz o redator de um acórdão que 'a pretensão recursal não tem fomento de direito'; o de outro, que 'o apelo não oferece fincas à prosperação'; o de um terceiro, para explicar que o recurso especial não se presta à solução de questões constitucionais, escreve que 'diferendo com fulcro de natureza constitucional não trafega processualmente pela via especial'. Dispenso-me de exibir mais pérolas, seguro de que as já coligidas são mais que suficientes para dar uma ideia dos extremos a que se tem chegado". (BARBOSA MOREIRA, José Carlos. A linguagem forense. *In: Temas de direito processual:* São Paulo: Saraiva, 2001. 7ª série, pp. 241 a 249, especialmente 247.)

grupos de estudo, em torno do tema precedentes: um coordenado por Paulo Cezar Pinheiro Carneiro; outro por Aluisio Gonçalves de Castro Mendes e o terceiro, sob a coordenação de José Vicente Santos de Mendonça. O resultado dessas pesquisas pode servir de base a um grupo criado pelo CNJ, de cujas reflexões deve nascer uma série de recomendações aplicáveis a todos os Tribunais brasileiros, sobre, por exemplo, como uniformizar o modo de escrever ementas, para facilitar a indexação e por conseguinte as pesquisas jurídicas jurisprudenciais.

No final de seu artigo, retorna o Professor a esse tema, que sempre ocupou um lugar central em suas preocupações, que é a *fundamentação das decisões judiciais*. Admite, que a decisão tenha a forma final de um silogismo, embora, nem sempre, o caminho percorrido pelo juiz para decidir seja exatamente este. Insiste no sentido de que o julgador há de explicar por que escolheu a versão do réu ou a versão do autor, ou, ainda, uma terceira versão.

De fato, ainda que seja verdade, ou ainda que possa ser verdade, que "o julgamento vem primeiro, o raciocínio depois"[15], é necessário que à decisão tomada pelo juiz baste uma argumentação racional, e que a decisão, em si mesma, seja, também, racional (o que não significa seja rigorosamente lógica, no sentido clássico da expressão).

Com isto, portanto, *não* se quer dizer que o *decisum* da sentença seja *logicamente dedutível* das premissas que o precedem, como a única solução possível, mas que a ele se possa chegar através de meios racionais, isto é, que o *decisum* seja acessível por meio da razão.[16]

Entretanto, o decisório de uma sentença não é um ponto a que se chega arbitrariamente: *o caminho é racional. Mas o caminho racional não tem, em tese, uma única saída possível*. A racionalidade do discurso jurídico tem de ser concebida *situacionalmente*. Quando

15 CARNELUTTI, Francesco. *Diritto e processo*. Nápoles: Morano, 1958. p. 215.

16 DELGADO, José Augusto observa que o dever de o juiz motivar as decisões, hoje constante do texto da CF (art. 93, IX e X), do CPC (arts. 489, 490 e 491, do NCPC) e do CPP (art. 381), não se confunde com a necessidade de que esta motivação obedeça rigor silogístico (A sentença judicial e a CF de 1988. *Revista de Processo*, São Paulo, v. 61. pp. 57-62, jan.-mar. 1991, especialmente p. 62).

se diz que o discurso jurídico é racional, não se quer absolutamente referir à racionalidade das ciências da natureza: o discurso racional é fundamentado; é o discurso que "presta contas".[17]

A forma silogística pode ser adotada para a redação, para a formalização da decisão, para facilitar a sua compreensão, o que não significa que o *iter* percorrido para se chegar à decisão tenha sido *lógico*.

O silogismo é a roupa mais confortável que a sentença pode vestir: é a sua forma final, concebida para convencer o público a que se destina, que ela não poderia ser outra. É só nessa medida que a sentença pode ser entendida como um silogismo.[18]

Volta o Professor Barbosa Moreira a afirmar, com razão, no final do artigo, que o dever de fundamentar as decisões judiciais se revela muito mais pesado para o juiz, quando este deve aplicar um dispositivo legal que contém conceitos jurídicos indeterminados, na medida em que o encaixe dos fatos subjacentes ao processo, num dispositivo que contenha tais conceitos, longe está de ser evidente. O legislador de 2015 se lembrou disso, como observei antes, no art. 489, § 1º, II. Portanto, deve o juiz explicar por que José é um bom pai de família, por que a marca x é notória, porque essa decisão vai ao encontro do interesse público. Já comentamos, alguns parágrafos antes, que esta é uma tendência do legislador de da segunda metade do Século XX e do Século XXI.

Professor José Carlos Barbosa Moreira, infelizmente, não chegou a viver o momento histórico em que, além de o legislador lançar mão muito frequentemente de *conceitos vagos*, as leis passaram a ser repletas de *cláusulas gerais*, como, por exemplo, a função social do contrato ou a função social da propriedade. Trata-se de expressões verbaliza-

---

17 FERRAZ JR., Tercio Sampaio. *Direito, retórica e comunicação.* 2 ed. São Paulo: Saraiva: 1997. cap. III, 31. ALMEIDA, Flávio Renato Correia de escreveu artigo sobre a fundamentação das sentenças, em que se serve, por diversas vezes, das expressões: "explicação", "justificar" etc. Diz, por exemplo, que o órgão jurisdicional deve uma explicação àquele que postulou a tutela estatal, sobre o conteúdo do julgamento: o Estado, já que detém o monopólio da jurisdição, precisa justificar-se perante o jurisdicionado. Assim, aquele que deve suportar os efeitos da decisão tem o direito de conhecer as razões que levaram o juiz a decidir como o fez (Da fundamentação das decisões judiciais. *Revista de Processo,* São Paulo, v. 67, pp. 194-213, jul.-set. 1992, especialmente p. 200).

18 Como já disse em *Embargos de declaração: como se motiva uma decisão judicial?*. 5ª ed. São Paulo: Thomson Reuters Brasil, 2020.

das com o uso de *conceitos vagos* e que também são marcadamente carregadas de *conteúdo axiológico*, o que torna a sua interpretação, atividade bastante complexa. A esta complexidade corresponde, evidentemente, um ônus mais pesado do juiz para justificar porque em determinada situação concreta não estaria, certa propriedade, exercendo a sua função social ou porque a solução para certo processo deveria ser x e não y, já que a solução x seria mais harmônica com a necessidade de que as sociedades tenham uma função social.

De fato, a nosso ver, pode-se considerar que o Código de 2015 fez esforços consideráveis no sentido de fornecer ao juiz, ao desembargador, ao ministro, parâmetros razoavelmente objetivos sobre como deve ser motivada uma decisão judicial. Ainda que esses parâmetros possam ser objeto de alguma crítica, eu ousaria afirmar que o Professor os veria com bons olhos, já que eles são, obviamente, muito melhor do que nada.

JUÍZO DE ADMISSIBILIDADE E JUÍZO DE MÉRITO NO JULGAMENTO DO RECURSO ESPECIAL[1]

1. Nos termos do art. 105, nº III, da Constituição da República, compete ao Superior Tribunal de Justiça "julgar, em recurso especial, as causas decididas, em única ou última instância, pelos Tribunais Regionais Federais ou pelos tribunais dos Estados, do Distrito Federal e Territórios, quando a decisão recorrida: *a)* contrariar tratado ou lei federal, ou negar-lhes vigência; *b)* julgar válida lei ou ato de governo local contestado em face de lei federal; c) der a lei federal interpretação divergente da que lhe haja atribuído outro tribunal". Basta uma leitura rápida do texto para mostrar que não é uniforme, ao longo de todo o artigo, a técnica utilizada pela Carta Federal. Em boa medida, contenta- se esta com a indicação, puramente descritiva, de características axiologicamente neutras da decisão impugnável mediante recurso especial (de "única ou última instância", proferida por Tribunal Federal Regional ou por tribunal de Estado, do Distrito Federal ou de Território, e assim por diante). Num caso, porém – o previsto na parte inicial da letra *a* –, vai além a Constituição, para referir-se a determinado tipo de *erro* contido na decisão do órgão *a quo:* a contrariedade a tratado ou lei federal.

É manifesta a quebra da homogeneidade. Nas demais hipóteses, pode-se conceber que a decisão recorrível seja, indiferentemente, certa ou errada; na letra *a, principio,* não. Ressalta a diferença, quando se confronta este dispositivo com o da letra c. Acórdão que deu a lei federal interpretação divergente da adotada por outro tribunal não é, necessariamente, acórdão errado: sua interpretação será talvez preferível à do acórdão do outro tribunal. A presença da característica apontada na letra c não implica que o recorrente tenha razão em pleitear a reforma ou a anulação do acórdão recorrido, a fim de que prevaleça a interpretação dada à lei federal pelo acórdão de que aquele divergiu. É perfeitamente possível que a divergência haja de resolver-se em favor do acórdão recorrido, que interpretou a norma de maneira correta.

---

1 Trabalho publicado no volume coletivo *Recursos no Superior Tribunal de Justiça,* organizado pelo Ministro SÁLVIO DE FIGUEIREDO TEIXEIRA, S. Paulo, 1991.

Se, porém, o acórdão recorrido contrariou tratado ou lei federal, excluída fica a possibilidade de ser ele certo. A presença da característica apontada na letra *a, principio,* implica por si só que o recorrente tem razão em pleitear a reforma ou a anulação do acórdão recorrido.

2. Como ninguém ignora, elemento ou circunstância cuja presença - isoladamente ou em concurso com outro elemento ou com outra circunstância - *dá razão* ao recorrente diz respeito, por definição, ao *mérito* do recurso. Julgar um recurso no mérito nada mais significa, exatamente, que apurar se o recorrente tem ou não razão e, em consequência, merece ou não atendimento no que pleiteia. Trata-se da última etapa da atividade cognitiva do órgão *ad quem:* nada mais se concebe que ele tenha ainda de examinar. Concluindo que o recorrente tem razão, o órgão *ad quem* dá provimento ao recurso; concluindo que ele não a tem, nega provimento ao recurso.

Para que o órgão *ad quem* possa legitimamente atingir essa última etapa de sua atividade cognitiva, é preciso que concorram todos os requisitos de que depende a admissibilidade do recurso. Quando o órgão *ad quem* controla a presença ou a ausência de tais requisitos, ele o faz para verificar não se o recorrente tem ou não tem razão, mas, exclusivamente, se lhe é lícito (a ele, órgão *ad quem)* chegar a verificar se o recorrente a tem ou não a tem. Esse é o juízo de admissibilidade, que se põe como preliminar em relação ao juízo de mérito, no sentido de que, sendo negativo o resultado do primeiro (por faltar ao menos um dos requisitos), o órgão *ad quem* encerra o julgamento sem passar ao segundo; e, sendo positivo o resultado do primeiro (por se acharem presentes todos os requisitos), o órgão *ad quem* passa ao segundo - sem que fique de modo algum predeterminado o desfecho deste, pois o recorrente tanto pode ter razão quanto não a ter[2].

Negativo que seja o juízo de admissibilidade, o órgão *ad quem* não conhece do recurso, com o que nada diz sobre faltar ou assistir razão ao recorrente; positivo que seja aquele juízo, o órgão *ad quem* conhece do recurso, ou para dar-lhe provimento, se entender que assiste razão ao

2 Sobre a distinção entre juízo de admissibilidade e juízo de mérito nos recursos, extensamente, BARBOSA MOREIRA, O *juízo de admissibilidade no sistema dos recursos civis,* Rio de Janeiro, 1968, p. 26 e s.; *Comentários ao Código de Processo Civil,* v. V, 5ª ed., Rio de Janeiro, 1985, com outras indicações bibliográficas.

recorrente, ou para negar-lhe provimento, no caso contrário. No julgamento do recurso, portanto, a alternativa inicial é *conhecer* ou *não conhecer* dele; na segunda hipótese (recurso não conhecido), encerra-se o julgamento; na primeira (recurso conhecido), abre-se nova alternativa, desta vez entre *prover* e *não prover* o recurso.

É inconcebível que o órgão *ad quem* se veja diante da alternativa *não conhecer do recurso* ou *provê-lo*. Seria uma opção entre termos heterogêneos. Se ela (aparentemente) se põe ao órgão *ad quem*, é sinal de que a equação não está corretamente armada. Não tem sentido pedir a alguém que escolha entre *não ler* um livro e *gostar* dele: a escolha tem de ser, inicialmente, entre *lê-lo* e *não o ler;* depois (e só no caso de ler-se o livro), entre *gostar* e *não gostar* dele. "Não li e não gostei" é frase jocosa, é pilhéria sem compromisso com a lógica.

3. Com facilidade se distingue, em hipóteses como a da letra c, o que pertence ao juízo de admissibilidade do recurso especial e o que pertence ao respectivo juízo de mérito. Pertence àquele o apurar a presença, na decisão recorrida, das características apontadas na Constituição, inclusive da divergência com decisão de outra corte, na interpretação de lei federal[3]. Se o Superior Tribunal de Justiça entender que falta alguma dessas características, *não conhecerá* do recurso, e encerrado estará o julgamento: tudo se consumou no plano preliminar. Se entender que concorrem todas as características, *conhecerá* do recurso e passará ao juízo de mérito. Pertence a este o aferir a correção da interpretação dada pelo acórdão recorrido à lei federal. Se o Superior Tribunal de Justiça entender que tal interpretação é incorreta (= o recorrente tem razão), *dará provimento* ao recurso; se entender que é correta (= o recorrente não tem razão), *negará provimento* ao recurso.

Na hipótese da letra *a, principio,* a distinção é mais sutil. Tem-se de partir da premissa de que a presença, na decisão recorrida, da característica da contrariedade a tratado ou lei federal representa condição necessária e suficiente para que ao recorrente se haja de dar razão.

---

3 *Commoditatis causa,* refere-se o texto, exclusivamente, ao *cabimento* do recurso especial. Desnecessário lembrar que a respectiva admissibilidade, como a de qualquer recurso, exige outros requisitos (legitimação para recorrer, interesse em recorrer, inexistência de fato impeditivo ou extintivo do direito de recorrer, tempestividade, regularidade formal, preparo). Para uma exposição sistemática da matéria, BARBOSA MOREIRA, *O novo processo civil brasileiro,* 10ª ed., Rio de Janeiro, 1989, p. 158 e s.

Semelhante averiguação pertence, pois, ao juízo de mérito. Se o Superior Tribunal de Justiça entender que o acórdão recorrido contrariou tratado ou lei federal (= o recorrente tem razão), deve *dar provimento* ao recurso; se entender que não contrariou (= o recorrente não tem razão), deve, é claro, *negar provimento* ao recurso.

Resta ver em que consiste, na hipótese da letra *a, principio,* o juízo de admissibilidade. Ele abrange, sem dúvida, a apuração das características *genéricas* do art. 105, nº III: ter sido a decisão proferida, em única ou última instância, por Tribunal Regional Federal ou por tribunal de Estado, do Distrito Federal ou de Território. Mas abrange um *plus,* ligado à característica da contrariedade a tratado ou lei federal, embora não identificado com a respectiva presença no acórdão recorrido. Para que o recorrente tenha razão, e por conseguinte o recurso mereça provimento (juízo de mérito), já se assinalou, é preciso que *exista realmente* a contrariedade; para que o órgão *ad quem* possa legitimamente averiguar essa existência, e portanto o recurso mereça conhecimento (juízo de admissibilidade), é suficiente que a contrariedade *seja alegada*[4]. Todo recurso especial em que o recorrente *alegue* que o acórdão recorrido contrariou tratado ou lei federal é, por esse aspecto, admissível; e, se não lhe faltar outro requisito de admissibilidade; dele deve conhecer o Superior Tribunal de Justiça, para, em seguida, examinar-lhe o mérito, provendo-o ou desprovendo- o conforme entenda, respectivamente, que o acórdão recorrido na verdade contrariou ou não o tratado ou a lei federal.

4. Punha-se a questão em termos análogos, sob as Constituições anteriores, no tocante ao recurso extraordinário que se fundasse em violação de tratado ou lei da União. O Supremo Tribunal Federal, entretanto, firmou prática não condizente com os princípios acima expostos. Sempre que lhe parecia não ter razão o recorrente, por inexistir na realidade a alegada violação, dizia a Corte Suprema "não conhecer" do recurso. Em

---

4 Um autor estrangeiro, aludindo ao caso de recurso extraordinário previsto no art. 101, nº III, letra *a,* da Constituição de 1946, mostrou haver bem compreendido a questão, quando escreveu: *"How is it possible to determine, before the judgment of the Supreme Court is rendered, whether the decision appealed from was "contrary" to lhe federal law or not? The constitutional provision should be understood as saying: When the decision* is *allegedly contrary"* (WAGNER, *The Federal States and their Judiciary,* Gravenhage, 1959, p. 324, nota 2).

contrapartida, nunca declarava negar provimento a qualquer recurso extraordinário do tipo de que se está cogitando. Ou o recurso não era conhecido, ou era provido[5].

Já se registrou a falsidade de semelhante alternativa *(supra,* nº 2). Convém, todavia, insistir na incorreção técnica da prática adotada pelo Supremo Tribunal Federal. Quando o órgão julgador de recurso não conhece deste, forçosamente *deixa por examinar* a matéria atinente ao respectivo mérito, impedido que fica de passar a tal exame, em virtude do resultado a que chegou na preliminar. Decisão de não conhecimento é, pois, decisão em que, em tese, algo poderia acrescentar-se ao que o tribunal decidiu, não fora a ausência, verificada, de algum requisito de admissibilidade. Diante dela, sempre será lícita a conjectura: "Como se pronunciaria o tribunal, se julgasse o mérito do recurso?". Havendo o tribunal, porém, assentado que não existia, no acórdão recorrido, a pretensa violação de tratado ou de lei federal, pergunta-se: que mais poderia caber ao tribunal apreciar? Que teria ele deixado de examinar, em razão do "não conhecimento" do recurso? A resposta, à evidência, é: "nada". Exauriu-se toda a cognição possível; matéria alguma ficou por decidir – o que soaria naturalíssimo, a supor-se julgado o mérito do recurso, mas sobremodo estranho, a considerar-se que do recurso não se conheceu.

Imagine-se, por outro lado, que a certo número de membros do colégio judicante pareça existir a violação do tratado ou da lei, ao passo que os restantes não a veem configurada. De acordo com a prática supradescrita, os do primeiro grupo votariam no sentido de dar-se provimento ao recurso, enquanto os do segundo grupo votariam no sentido de não se conhecer dele. O contrário de "dar provimento", contudo, não é "não conhecer", é "negar provimento"; e o contrário de "não conhecer" não é "dar provimento", é "conhecer". De resto, os votos do primeiro grupo se situariam no plano do mérito, os do segundo no plano preliminar. Ao mesmo tempo, estariam sendo proferidos votos sobre o mérito e votos sobre a preliminar (?). Além de ilógico, tal modo de julgar infringiria frontalmente a regra do art. 560, *caput,* do Código de Processo Civil, a cuja luz "qualquer questão preliminar suscitada no julgamento será decidida antes do mérito, deste não se conhecendo se incompatível com a

5 Refletia essa praxe a afirmação de CASTRO NUNES, *Teoria e prática do Poder Judiciário,* Rio de Janeiro, 1943, p. 263: "Deixar de conhecer, hoje, do recurso extraordinário interposto por invocação do inciso *a* importa em declarar que improcede a arguição de violação aberta da lei federal".

decisão daquela"; e também a do art. 561, onde se lê: "Rejeitada a preliminar, ou se com ela for compatível a apreciação do mérito, seguir-se-ão a discussão e julgamento da matéria principal, pronunciando-se sobre esta os juízes vencidos na preliminar".

5. A confusão entre juízo de admissibilidade e juízo de mérito gera complicações em tema de ação rescisória. Conforme ninguém ignora, só pode ser objeto desta a sentença de mérito, transitada em julgado (Código de Processo Civil, art. 485, *caput)*. Ora, se o órgão *ad quem* entende inadmissível o recurso, e por isso dele não conhece, transitou em julgado a decisão recorrida, que o julgamento do órgão *ad quem* não substitui; se, ao contrário, ele julga o mérito do recurso, sua decisão substitui a impugnada, de sorte que não é esta, e sim aquela, que transita em julgado. No primeiro caso, objeto do pedido de rescisão somente poderá ser a decisão do órgão *a quo;* no segundo, a do órgão *ad quem*[6]. Disso defluem corolários de extrema relevância prática no que tange à competência para julgar a rescisória e ao prazo de decadência para a respectiva propositura.

Corretamente equacionado o problema, em se tratando de violação de tratado ou lei federal, se a Corte Suprema não conhecesse do recurso extraordinário, eventual ação rescisória poderia caber apenas contra o acórdão recorrido, e em função deste é que se determinaria o órgão competente e se fixaria o prazo decadencial. Concebe-se, por outro lado, que o acórdão do Supremo Tribunal Federal fosse rescindível, desde que conhecido (pouco importando se provido ou desprovido) o extraordinário; as consequências, obviamente, seriam diversas. Isso tudo, no entanto, pressupõe que, nas hipóteses de não conhecimento do extraordinário, a Corte Suprema *não* houvesse examinado a questão federal suscitada pelo recorrente, nem afirmado ou negado que ele tivesse razão. Em outras palavras: que, quando o Supremo Tribunal Federal dissesse não conhecer do recurso, sua atividade cognitiva realmente se houvesse detido em alguma preliminar (juízo negativo de admissibilidade), capaz de obstar ao exame da "matéria principal" (juízo de mérito).

6 A esse respeito, pedimos vênia para remeter o leitor ao nosso ensaio Ação rescisória: o objeto do pedido de rescisão, *in Temas de Direito Processual (Terceira Série)*, S. Paulo, 1984, p. 137 e s., especialmente 138/40.

Acontece que a Corte Suprema, repita-se, dizia não conhecer do extraordinário toda vez que entendia faltar razão ao recorrente, isto é, não existir no acórdão recorrido violação de tratado ou lei federal. É evidente que aí, apesar da terminologia inadequada, a decisão do Supremo Tribunal Federal substituía o acórdão recorrido. Objeto de eventual ação rescisória só poderia ser, então, o acórdão da Corte Suprema, com a consequência, *v.g.*, de tornar-se esta competente para o respectivo julgamento. Tal conclusão, quis o Supremo Tribunal Federal consagrá-la na *Súmula da Jurisprudência Predominante;* dada a prática que adotava, porém, teve de fazê-lo em termos que não deixam de suscitar perplexidade: "É competente o Supremo Tribunal para a ação rescisória quando, embora não tendo conhecido do recurso extraordinário, ou havendo negado provimento ao agravo, tiver apreciado a questão federal" (nº 249). O enunciado mostra-se contraditório: apreciar a questão federal é algo que a Corte Suprema só faz quando conhece do recurso, porque em tal apreciação precisamente consiste o juízo de mérito sobre o extraordinário, e o tribunal não pode passar a ele sem transpor o juízo de admissibilidade (= sem conhecer do recurso). A fórmula tortuosa seria desnecessária se se observasse a boa técnica.

6. Com o advento do Código de Processo Civil de 1973, mais um problema surgiu, atinente ao recurso extraordinário adesivo. Sabe-se que todo recurso adesivo está sujeito a não ser conhecido, se o órgão *ad quem* tiver por inadmissível o principal (art. 500, *caput,* nº III). Por *inadmissível,* frise-se, não por *infundado.* Ora, de recurso inadmissível não se conhece; a recurso infundado nega-se provimento. Só no primeiro caso é que fica excluído por lei o conhecimento do adesivo, se existir; no segundo, não há razão suficiente para que dele se deixe de conhecer.

Mas, se o recorrente principal alega violação de tratado ou lei federal, e a Corte Suprema, verificando que ela não ocorreu, conclui por "não conhecer" do extraordinário, que tratamento deve dar ao eventual recurso adesivo? Caso se guie pela designação adotada, não poderá conhecer deste – com o que ferirá o direito do recorrente adesivo de ver julgado o seu recurso, já que o principal, embora infundado, não era inadmissível. Caso despreze a nomenclatura e conheça do recurso adesivo[7], estará

7 Como fez no julgamento do Recurso Extraordinário nº 87.355, de 4-3-1980, *in Revista Trimestral de Jurisprudência,* v. 95, p. 210: V., na p. 221, a alusão do relator, Ministro DÉCIO MIRANDA, a "não conhecimento por motivo de mérito" (!).

incidindo em ilogismo análogo ao que se buscou pôr de manifesto em o nº 5, *supra.*

A verdade é que o comportamento do Supremo Tribunal Federal obriga, na prática, a uma divisão dos recursos fundados em violação de tratado ou lei e não conhecidos em duas categorias substancialmente distintas: a dos recursos a que se negou conhecimento (com expressão adequada) por faltar algum requisito de admissibilidade, e a daqueles a que se negou conhecimento (com expressão inadequada) por faltar razão ao recorrente. O "não conhecer" de recurso extraordinário converte-se em *nomen iuris* equívoco, que ora designa uma, ora outra realidade. Desnecessário frisar quão insatisfatória se revela a solução.

7. A impropriedade, note-se, não passou sem reparo. A melhor doutrina de há muito a denuncia[8]. No próprio Supremo Tribunal Federal, Ministros houve que preconizaram a orientação correta. Um deles foi EDMUNDO LINS, de quem vale recordar o excelente voto vencido no julgamento dos Embargos no Recurso Extraordinário nº 1.337, de 21-9-1921[9].

Ali se começa por dizer: "Conheço de todo o recurso extraordinário que haja subido a esta instância, desde que: *a)* o recorrente, ao interpô-lo, haja invocado um dispositivo constitucional, que o admita; *b)* tenha sido, oportunamente, tomado por termo e, oportunamente, haja sido apresentado na Secretaria do Tribunal. Tudo o mais já não é questão "preliminar", mas "mérito" da "causa". Com efeito, preliminar, como a própria palavra o está a dizer, é a questão que se resolve antes de se examinar e resolver a relativa à matéria principal, sobre que versou a ação, deduzida em Juízo, ou sobre que recai o recurso: é o que se resolve antes desse exame, por ser dele, *in totum,* independente".

Adiante, pergunta o Ministro: "Se (...) a parte invocar um caso em que, em tese, caiba o recurso, mas nessa tese não se compreender a hi-

---

8 V., por exemplo, PONTES DE MIRANDA, *Comentários ao Código de Processo Civil,* t. VIII, Rio-S. Paulo, 1975, p. 196 e s.; *Tratado da ação rescisória,* 5ª ed., Rio de Janeiro, 1976, p. 154. Cf. nossos *Coment.,* cit., v. V, p. 609/11.

9 Publicado na *Revista do Supremo Tribunal Federal,* v. 38, p. 74/6. Cf., antes, o voto no julgamento de Embargos no Recurso Extraordinário nº 1.328, de 13-10-1920, na mesma *Revista,* v. 27, p. 76. Outro Ministro que sempre se pronunciou no mesmo sentido foi PHILADELPHO AZEVEDO, de quem se podem citar, *v.g.,* os votos na Ação Rescisória nº 28, *in Um triênio de judicatura,* v. V, S. Paulo, s.d., p. 116, e no Recurso Extraordinário nº 9.181, *in Arquivo Judiciário,* v. 78, p. 299.

pótese, ainda assim conhecerei do mesmo recurso?". E responde: "É claro, claríssimo, que sim; porquanto, sem examinar a litiscontestação e a sentença, não poderei decidir a questão ventilada, isto é, se a tese se adapta ou não ao caso concreto. É essa uma das questões "do mérito" do feito, e é até, no recurso extraordinário, a única juridicamente possível". Lucidamente ressalta: "Não há, de fato, nenhuma outra, absolutamente nenhuma, atinente ao "mérito", que se possa decidir". Realmente: se "não se conhece" do recurso, por não ter razão o recorrente, a suposta "preliminar" esgotaria toda a matéria suscetível de cognição; depois dela, nada restaria que se concebesse, em tese, como objeto possível de exame – sendo forçoso concluir que a tal extraordinário faltaria por completo qualquer coisa a que se pudesse dar a denominação de *mérito!...*

Em certeira crítica à praxe equivocada, diz pouco depois o Ministro: "O que ainda não cheguei a compreender (...) é o que faz, quotidianamente, a maioria do Tribunal: examina a litiscontestação e a sentença recorrida; à vista desse exame, conclui, muito juridicamente, que, no caso, por exemplo, a Justiça local aplicou a Lei Federal invocada, ou que, se não o fez, é porque a mesma era inaplicável, e, em vez de tomar conhecimento do recurso e negar-lhe provimento, conclui: – "dele não conhecer, por não ser caso". E acrescenta: "Eu... me parece que é o que, em lógica, se chama *contradictio in adjecto,* ou quiçá *fallacia grammatica:* não conhece, porque já conheceu!".

8. Não se percebem facilmente os motivos pelos quais o Supremo Tribunal Federal se conservou fiel a uma diretriz tecnicamente indefensável, da qual, ademais, nenhuma vantagem de ordem prática decorre – bem ao contrário, segundo evidenciam as observações até agora feitas.

Outro é o caminho a ser seguido pelo Superior Tribunal de Justiça, no exercício da competência que lhe defere o art. 105 da vigente Constituição. Importa manter nítida, no julgamento do recurso especial, seja qual for o caso, a distinção entre o juízo de admissibilidade e o juízo de mérito, e portanto entre a decisão de não conhecimento e a decisão de desprovimento. Evitando cuidadosamente toda e qualquer confusão ao propósito, dando a cada figura o nome apropriado, muito se contribuirá para a clarificação dos conceitos e para a boa disciplina da matéria em ponto sensível da sistemática dos meios de impugnação.

COMENTÁRIOS DA ATUALIZADORA

JUÍZO DE ADMISSIBILIDADE E JUÍZO DE MÉRITO NO JULGAMENTO DO RECURSO ESPECIAL

Teresa Arruda Alvim

Um tema muito caro ao Professor Barbosa Moreira sempre foi a necessidade de se fazer uma separação muito nítida entre o juízo de admissibilidade e o juízo de mérito no julgamento dos recursos extraordinários e especiais. Como a Constituição Federal diz que o recurso especial é cabível, quando houver acórdão que contrarie tratado ou lei federal, dizia ele que, por vezes, os Tribunais Superiores fazem uma certa confusão, ao somente admitir os recursos que seriam, ao final, providos.

Na verdade, os Tribunais entreveem uma certa dose de sobreposição entre juízo de admissibilidade e juízo de mérito dos recursos excepcionais.

Após mencionar os inconvenientes de se adotar esta linha, propõe que se considere bastar ao recorrente afirmar que o acórdão recorrido contrariou tratado ou lei federal para que o recurso fosse admitido – desde que, por óbvio, preenchidos os demais requisitos de admissibilidade –, para, em seguida, o Tribunal Superior analisar a efetiva contrariedade, examinando o mérito para prover (ou não) o recurso.[10]

Fazendo coro à posição de Barbosa Moreira, Rodolfo de Camargo Mancuso afirma que a melhor alternativa seria o uso da expressão "quando for *afirmada* a contrariedade", sanando-se o equívoco terminológico.[11] Em sentido semelhante, Rafael Guimarães sustenta que o dispositivo constitucional deve ser lido da seguinte forma: "É competente o Superior Tribunal de Justiça para julgar o recurso especial quando houver *alegação* de violação à lei federal."[12]

---

10 No mesmo sentido: Araken de Assis. *Manual dos recursos*. 9ª ed. São Paulo: Ed. RT, 2017, p. 938; BARIONI, Rodrigo. *Ação rescisória e recursos para os Tribunais Superiores*. 2ª ed. São Paulo: Ed. RT, 2013, p. 184

11 *Recurso extraordinário e recurso especial*. 14ª ed. São Paulo: Thomson Reuters Brasil, 2018, p. 254.

12 *Recursos especial e extraordinário*. São Paulo: Thomson Reuters Brasil, 2019, p. 154.

A fase da admissibilidade dos recursos, evidentemente, é prévia à análise do mérito: assim, somente quando positiva, poderá o Tribunal avaliar se realmente terá havido a alegada violação à lei federal. Antes disso, não lhe compete tecer considerações acerca do mérito.

Em outras palavras, a admissibilidade em nada influencia o julgamento do mérito, mas tão somente gera a possibilidade de sua apreciação.[13] O não conhecimento, quando baseado nesta causa, pressupõe, na visão de Barbosa Moreira, a *ausência de alegação* de contrariedade à lei federal (desde que, obviamente, presentes os demais requisitos de admissibilidade).

Portanto, a única situação que levaria à inadmissibilidade, seria a alegação de que teria sido ferida, por exemplo, uma lei estadual ou municipal.

Referida discussão existe não só quanto aos recursos excepcionais, especial e extraordinário, mas em todos aqueles que tem fundamentação vinculada, como os embargos de declaração.

Nestes, salvo se se tratar de intempestividade, a mera alegação de que há na decisão obscuridade, contradição, omissão ou erro material, deve levar o julgador a conhecer dos embargos de declaração e, no mérito, acolhê-los ou rejeitá-los.[14] Não deve entrar o juiz, na admissibilidade dos embargos de declaração, no seu aspecto de fundo, que é a efetiva existência de um dos vícios apontados.

Flávio Cheim Jorge, por outro lado, entende que a distinção entre admissibilidade e mérito dos recursos está ligada ao grau de cognição exercido pelo órgão julgador. Se superficial, não terá havido julgamento do mérito do recurso; se for exauriente, analisando a situação em concreto, então o mérito terá sido analisado.[15] Ou seja, a sobreposição entre juízo de admissibilidade e de mérito, em certa medida, é inexorável. É esta, aliás, nossa opinião.[16]

---

13 JORGE, Flávio Cheim. *Teoria geral dos recursos cíveis*. 7ª ed. São Paulo: Ed. RT, 2015, p. 77.

14 FERNANDES, Luís Eduardo Simardi. *Embargos de declaração*: efeitos infringentes, prequestionamento e outros aspectos polêmicos. 5ª ed. São Paulo: Thomson Reuters Brasil, 2020, p. 61.

15 JORGE, Flávio Cheim. *Teoria geral dos recursos cíveis*. 7ª ed. São Paulo: Ed. RT, 2015, p. 100.

16 Em sentido semelhante, já tivemos a oportunidade de afirmar que: "O juízo de admissibilidade negativo de um recurso de fundamentação vinculada no sentido, por exemplo, de '*não haver ofensa à lei*', é decisão baseada em certeza, em

O Superior Tribunal de Justiça, ao contrário do que pretendia Barbosa Moreira, seguiu a linha do Supremo Tribunal Federal. É comum, haver decisões no âmbito daquele tribunal, uma certa dose de sobreposição dos juízos de admissibilidade e mérito.[17]

Tanto é assim que o Superior Tribunal de Justiça editou a Súmula nº 83, que dispõe: "Não se conhece do recurso especial pela divergência, quando a orientação do Tribunal se firmou no mesmo sentido da decisão recorrida." Para Barbosa Moreira, a hipótese seria, em verdade, de negativa de provimento; decisão de mérito, portanto, eis que somente seria possível concluir que a decisão recorrida seguiu a orientação do STJ ao analisar o mérito do recurso.

Há que se questionar, ainda, acerca dos limites do presidente ou vice-presidente do tribunal local na análise da admissibilidade dos recursos excepcionais. É possível que neguem seguimento a recurso especial por ausência de violação à lei federal? Este sim, está, indubitavelmente, impedido de proferir decisão que aprecie o mérito, ainda que perfunctoriamente.

Pragmaticamente, todavia, as soluções dadas pela jurisprudência e pelo CPC/15 buscaram evitar os inconvenientes dessa possível sobreposição entre os juízos de admissibilidade e de mérito. A Súmula 249

cognição exauriente pela obviedade da situação configurada no caso concreto, cujo objeto, indubitavelmente, *'é o mérito do recurso'*. É uma decisão em que se declara a *integral inviabilidade do recurso interposto*, porque, *v.g.*, se tenha apontado na petição de interposição ofensa a direito municipal. Por outro lado, a decisão em que se admite um recurso especial é, na verdade, significativa de um juízo de *'viabilidade'*, ou seja, um juízo cujo objeto é o mérito, mas a decisão é fruto de cognição sumária, não exauriente, de regra a ser revista (confirmada ou infirmada) pelo órgão colegiado. Parece-nos imprescindível frisar-se que à decisão negativa, respeitante ao juízo de admissibilidade dos recursos especial e extraordinário, que costuma tomar a forma do *não conheço do recurso*, em que se diz não haver ofensa à Lei ou à Constituição Federal, se deve dar tratamento de decisão de mérito" (ARRUDA ALVIM, Teresa; DANTAS, Bruno. *Recurso Especial, Recurso Extraordinário e a nova função dos tribunais superiores*: precedentes no direito brasileiro. 6ª ed. São Paulo: Thomson Reuters Brasil, 2019, p. 459).

17 "A distinção entre admissibilidade e mérito do recurso especial interposto pela alínea "a" é tênue. Muitas vezes é inevitável que o prolator do primeiro juízo de admissibilidade incursione no mérito do inconformismo." (STJ, AgRg no AgRg no Ag 440.208/SP, rel. Min. Humberto Gomes de Barros, 3ª T., j. 24.05.2005, DJ 27/06/2005, p. 364).

do STF[18], por exemplo, que é igualmente aplicada pelo STJ,[19] busca resolver a questão envolvendo a competência para a ação rescisória: ainda que o recurso não tenha sido conhecido, mas o mérito tiver sido abordado, a competência será do respectivo tribunal superior.[20]

Ainda assim, por vezes é difícil a tarefa de se avaliar se, a despeito do não conhecimento do recurso, a matéria constitucional ou federal terá ou não sido apreciada, o que pode levar ao equivocado ajuizamento da ação rescisória em tribunal incompetente. À luz do CPC/73, era comum que o STJ extinguisse a ação rescisória nestes casos, o que poderia trazer grande prejuízo à parte, caso tivesse a ação sido proposta ao final do prazo decadencial.[21]

O CPC/15 (e esta é uma novidade excelente, que deve constar nesta "atualização" da obra do Grande Mestre!), comprometido com a tarefa de dar maior rendimento ao processo, possibilitando a correção de vícios das partes, criou a regra do art. 968, § 5º, que prevê que, quando reconhecida pelo tribunal sua própria incompetência para julgar a ação rescisória, o autor será intimado para emendar a petição inicial, a fim de adequar o objeto da ação rescisória, para posterior remessa ao juízo competente.

Quanto ao prazo para sua propositura, o *caput* do art. 975, por sua vez, dispõe que este se encerra em dois anos contados do trânsito em

---

18 "É competente o Supremo Tribunal Federal para a ação rescisória, quando, embora não tendo conhecido do recurso extraordinário, ou havendo negado provimento ao agravo, tiver apreciado a questão federal controvertida."

19 AgInt na AR 5.974/RN, rel. Min. Nancy Andrighi, 2ª Seção, j. em 02/06/2020, DJe 05/06/2020.

20 No mesmo sentido, José Miguel Garcia Medina: "Aquele que pretende ajuizar ação rescisória deve atentar menos ao resultado do julgamento, tal como formalmente proclamado no acórdão, e mais ao que tiver sido substancialmente julgado: notando que o mérito do recurso foi examinado pelo Tribunal Superior, deverá a parte ajuizar, perante este, a ação rescisória, ainda que no resultado formal do julgamento dos recursos extraordinário e especial conste que esses não foram conhecidos. Não se consideram determinantes, portanto, para se definir se houve julgamento do mérito, os dizeres empregados ao final da decisão" (MEDINA, José Miguel Garcia. *Novo Código de Processo Civil Comentado*. 5ª ed. São Paulo: Ed. RT, 2017. p. 1.419).

21 STJ, EDcl na AR 5.366/SP, 2ª Seção, j. 11.06.2014, rel. Min. João Otávio de Noronha.

julgado da última decisão proferida no processo.[22] Se a última decisão proferida no processo for a que inadmite recurso especial, a partir de então, via de regra, começa a fluir o prazo para a ação rescisória, ainda que não tenha sido esta a decisão que transitou em julgado.

Em outras palavras, a decisão de inadmissibilidade do recurso, embora de cunho declaratório, não produzirá efeitos *ex tunc*, exceto no caso de inadmissibilidade por flagrante intempestividade, erro grosseiro ou má-fé.[23] Do contrário, se passados mais de dois anos da prolação do acórdão recorrido, o prazo para a ação rescisória já teria transcorrido!

Quanto ao recurso excepcional adesivo, os §§ 1º e 2º do art. 997 do CPC estabeleceu a regra de que este ficará subordinado ao recurso *principal*; não sendo ele admitido ou se houver desistência, o recurso adesivo não será conhecido. O dispositivo dá a entender, portanto, que o não conhecimento do recurso principal leva à inadmissibilidade do adesivo, independentemente de o mérito ter sido, de alguma forma, abordado.

Assim, nos parece que a problemática envolvendo a distinção entre juízo de admissibilidade e juízo de mérito nos recursos excepcionais, apesar de, pragmaticamente, contar com algumas soluções dadas pela doutrina e jurisprudência, ainda tem gosto de atualidade. Janeiro de 1990.

22 Súmula 401/STJ: "O prazo decadencial da ação rescisória só se inicia quando não for cabível qualquer recurso do último pronunciamento judicial".

23 STJ, REsp 1.586.629/RS, 3ª T., j. 24.09.2019, rel. Min. Ricardo Villas Bôas Cueva; REsp 1.279.624/PR, 4ª T., j. 23.05.2017, rel. Min. Luis Felipe Salomão.

PROBLEMAS RELATIVOS A LITÍGIOS INTERNACIONAIS[1]

A) COMPETÊNCIA INTERNACIONAL (LIMITES DA JURISDIÇÃO BRASILEIRA)

1. Disciplina legal da matéria

A competência internacional (jurisdição) da Justiça brasileira é matéria regida, atualmente, pelos arts. 88 e 89 do Código de Processo Civil[2], nos termos seguintes:

> "Art. 88. É competente a autoridade judiciária brasileira quando:
>
> I – o réu, qualquer que seja a sua nacionalidade, estiver domiciliado no Brasil;
>
> II – no Brasil tiver de ser cumprida a obrigação;
>
> III – a ação se originar de fato ocorrido ou de ato praticado no Brasil;
>
> Parágrafo único. Para o fim do disposto no nº I, reputa-se domiciliada no Brasil a pessoa jurídica estrangeira que aqui tiver agência, filial ou sucursal.
>
> Art. 89. Compete à autoridade judiciária brasileira, com exclusão de qualquer outra:
>
> I – conhecer de ações relativas a imóveis situados no Brasil;
>
> II – proceder a inventário e partilha de bens, situados no Brasil, ainda que o autor da herança seja estrangeiro e tenha residido fora do território nacional".

Entre os dois grupos de casos há uma diferença essencial, posta em evidência pela cláusula "com exclusão de qualquer outra", constante do art. 89. Consiste ela em que, nas hipóteses do art. 88, o direito brasileiro admite a possibilidade de que a Justiça de outro Estado seja igualmente competente para julgar a causa; costuma falar-se, então, em

---

1 Texto português do relatório nacional brasileiro para o *International Symposium on Civil Justice in the Era of Globalization* (Tóquio, 1992). Publicado na *Revista de Processo,* nº 65.

2 Haveria que considerar, também, o disposto em convenções internacionais ratificadas pelo Brasil. A mais importante, porém, só vigora entre países da América, e ainda assim com várias exceções; é a Convenção de Havana, de 1928, que adotou o chamado "Código Bustamante", onde os arts. 318 e s. tratam da matéria.

competência *concorrente*. Para os processos mencionados no art. 89, ao contrário, jamais se poderá reconhecer como competente a Justiça de qualquer Estado que não seja o Brasil: a competência da Justiça brasileira é *exclusiva*.

Tal distinção tem importantíssima consequência prática em tema de reconhecimento de eficácia ("homologação") de sentenças estrangeiras. Um dos requisitos para que a sentença estrangeira possa produzir efeitos no Brasil é o de "haver sido proferida por juiz competente" (Lei de Introdução ao Código Civil, art. 15, *a;* Regimento Interno do Supremo Tribunal Federal, art. 217, nº I). A satisfação desse requisito fica excluída, em termos absolutos, caso a sentença estrangeira tenha julgado ação relativa a imóvel situado no Brasil, ou inventário e partilha de bens que se encontrem no território brasileiro.

Os pressupostos da competência internacional da Justiça brasileira não são cumulativos: cada um deles, de per si, é bastante. Assim, a Justiça brasileira será competente quando o réu tenha domicílio no Brasil, mesmo que a causa se origine de fato ocorrido no exterior; igualmente, quando aqui haja de ser cumprida a obrigação, posto que o réu seja domiciliado noutro país.

Outra observação que desde já se impõe: o fato de não ser exclusiva a competência da Justiça brasileira nem sempre importa, só por si, que o Brasil admita como suscetível de reconhecimento, para produção de efeitos no território nacional, sentença proferida pela Justiça de outro Estado, competente segundo a respectiva lei. Ocorrendo qualquer das hipóteses do art. 88, de acordo com a jurisprudência do Supremo Tribunal Federal – ao menos como vem sendo entendida –, a sentença estrangeira apenas será homologável se as partes tiverem acordado em eleger o foro do outro Estado, ou se, ali proposta a ação, o réu se houver submetido à respectiva jurisdição, apresentando defesa perante o juiz estrangeiro. Em tal perspectiva, não se afigura inteiramente apropriada a expressão "competência concorrente", no que tange à Justiça estrangeira: no fundo, para o Brasil, a brasileira é que seria a única competente *em princípio,* ao passo que alguma outra unicamente *pode vir a tornar-se* competente, em virtude de ato da parte, anterior ao processo ou praticado nele. Voltaremos ao ponto quando tratarmos dos requisitos de homologabilidade da sentença estrangeira *(infra,* D, nº 4.1).

2. Fatores irrelevantes para a determinação da competência internacional

Os arts. 88, nº I, e 89, nº II, declaram irrelevante, em termos expressos, a circunstância de ser estrangeiro o réu ou o autor da herança, respectivamente. Poderia supor-se que, noutras hipóteses, o fator *nacionalidade* influísse de algum modo na determinação de semelhante competência. Não é assim: ao contrário do que tem ocorrido noutros sistemas jurídicos, o direito brasileiro, no particular, não estabelece distinções baseadas no fato de ser brasileira ou estrangeira qualquer das partes.

Com ressalva do disposto no art. 89, nº II, que alude a processo com objeto especificamente discriminado, tampouco importa, para a determinação da competência internacional, a natureza da ação que se tem em vista. Por exemplo: se se trata de obrigação a ser cumprida no Brasil, não interessa que o autor queira instaurar processo de conhecimento, de execução ou cautelar; nem, no primeiro caso, que o procedimento adequado seja o ordinário ou qualquer outro. Também é indiferente que se pleiteie a condenação do réu a cumprir a obrigação (ou a alguma prestação devida em razão do descumprimento), ou se pretenda obter sentença que altere de qualquer forma o conteúdo daquela, ou que simplesmente lhe declare a existência ou a inexistência.

3. Preferência pela jurisdição nacional

Nas hipóteses de competência exclusiva (art. 89), é intuitivo que nenhuma relevância pode assumir, para o Brasil, o fato de vir a ser proposta a ação perante órgão judicial de outro país. Já nos casos de competência concorrente (art. 88), cabe indagar se semelhante fato produz efeitos no tocante à atuação da Justiça brasileira – nomeadamente, se esta deve abster-se de julgar litígio a cujo respeito, antes de iniciado processo no Brasil, se haja pedido o pronunciamento de alguma Justiça estrangeira. Justifica-se a indagação à vista da sistemática adotada, para fenômeno análogo, no plano *interno:* se dois ou vários órgãos da Justiça brasileira são concorrentemente competentes para determinada causa, e esta se vê ajuizada perante mais de um deles, só o processo instaurado em primeiro lugar pode ter curso legítimo: os outros devem ser extintos sem julgamento de mérito, em razão da litispendência (Código de Processo Civil, art. 267, nº V; convém esclarecer que a solução não muda quando se instaura perante *o mesmo órgão* mais de um processo sobre a mesma lide, mas semelhante eventualidade não interessa aqui).

Uma vez estendida tal disciplina ao plano internacional, a consequência seria, para a Justiça brasileira, o dever de abster-se toda vez que, proposta ação em nosso país, se verificasse que o litígio já se achava pendente da decisão da Justiça de outro Estado, cuja competência não estivesse excluída pelo art. 89. Diverso, porém, é o regime consagrado no art. 90, *verbis:* "A ação intentada perante tribunal estrangeiro não induz litispendência, nem obsta a que a autoridade judiciária brasileira conheça da mesma causa e das que lhe são conexas". A colocação do dispositivo é defeituosa: relaciona-se a regra, obviamente, com as hipóteses de competência concorrente, não com as de competência exclusiva (para as quais ela seria supérflua), de maneira que o texto melhor se situaria logo após o art. 88. Também a redação não parece perfeita: o que se quis excluir não foi propriamente a litispendência – isto é, a pendência do litígio no outro país –, mas apenas a relevância do fenômeno para o juiz brasileiro, ou, em outras palavras, os efeitos que aquele normalmente produziria sobre o processo instaurado, em data posterior, no Brasil.

Reflete-se *nisso* um princípio a que se pode chamar de "preferência pela jurisdição nacional". Como oportunamente se mostrará, esse princípio tem outras manifestações, que interessam em mais de um ponto à matéria do presente relatório.

4. Algumas questões particulares

4.1. Domicílio do réu

O conceito de "domicílio", para os fins do art. 88, nº I, é o consagrado no Código Civil brasileiro. Em relação às pessoas naturais, o art. 31 define o domicílio como "o lugar onde ela estabelece a sua residência com ânimo definitivo", embora o art. 32 acrescente que, "se (...) a pessoa natural tiver diversas residências onde alternadamente viva, ou vários centros de ocupações habituais, considerar-se-á domicílio seu qualquer destes ou daquelas". Portanto, o fato de ter domicílio em país estrangeiro não exclui, por si só, a competência da Justiça brasileira *ex* art. 88, nº I, para ações em que essa pessoa seja ré, bastando, para fundá-la, que ela *também* tenha domicílio no Brasil.

Quanto às pessoas jurídicas de direito privado, o domicílio é "o lugar onde funcionarem as respectivas diretorias e administrações, ou onde elegerem domicílio especial nos seus estatutos ou atos constitutivos" (Código Civil, art. 35, nº IV). Esclarece o § 3º que, "tendo a pessoa jurídica de direito privado diversos estabelecimentos em lugares diferentes, cada um será considerado domicílio para os atos nele praticados"; e o § 4º reza: "Se a administração, ou diretoria, tiver sede no estrangeiro, haver-se-á por domicílio da pessoa jurídica, no tocante às obrigações contraídas por cada uma das suas agências, o lugar do estabelecimento, sito no Brasil, a que ela corresponder". É fácil ver que, se se cuida de litígio oriundo de ato praticado por alguma agência, situada no Brasil, de pessoa jurídica estrangeira, a Justiça brasileira poderia invocar *dois* títulos de competência para a ação em que seja ré tal pessoa jurídica: de um lado, o resultante da conjugação do art. 88, nº I, do Código de Processo Civil com o art. 35, § 4º, do Código Civil; de outro lado, o decorrente no art. 88, nº III, da primeira dessas leis.

A letra do art. 88, parágrafo único, do Código de Processo Civil sugere que nem sequer é necessário, para firmar a competência da Justiça brasileira, que a ação se origine de ato praticado por agência situada no Brasil. Seria suficiente o fato de existir, em território brasileiro, agência, filial ou sucursal da pessoa jurídica estrangeira que haja de ser ré: isso bastaria para fazer incidir o art. 88, nº I. Entretanto, em doutrina sustenta-se interpretação restritiva, segundo a qual o parágrafo só é aplicável às ações oriundas de atos das agências, filiais ou sucursais localizadas no território brasileiro, "pois só essas causas é que podem interessar à ordem jurídica do país[3]. Ajunte-se que o gerente da filial ou agência se presume "autorizado, pela pessoa jurídica estrangeira, a receber citação inicial" para qualquer tipo de processo (art. 12, § 3º).

4.2. Bens situados no Brasil

Nota-se importante diferença entre os textos dos ns. I e II do art. 89: enquanto o primeiro alude a "imóveis situados no Brasil", o segundo fala, genericamente, em "bens" situados no território nacional. Conclui-se que, para proceder a inventário e partilha, a Justiça brasileira tem com-

---

3 CELSO AGRÍCOLA BARBI, *Comentários ao Código de Processo Civil,* v. I, 6ª ed., Rio, 1991, p. 241, o qual acrescenta: "Do contrário, um canadense residente em seu país natal poderia vir acionar aqui uma empresa norte-americana por questões surgidas nos Estados Unidos e sem qualquer ligação com o nosso País apenas porque a ré tem agência em nosso País".

petência exclusiva quer se trate de imóveis, quer de móveis; não assim no que tange a outros processos[4].

O nº I emprega a expressão "ações relativas a imóveis". No art. 10, *caput,* que trata da necessidade do consentimento de um dos cônjuges para a instauração de processos pelo outro, a redação é diversa: "ações que versem sobre bens imóveis ou direitos reais sobre imóveis alheios". Na aplicação desse dispositivo, tem-se entendido que ele só diz respeito a ações que versem sobre bens imóveis e nas quais o autor alegue direito *real* (exemplo típico: reivindicação); não a ações fundadas em direito *pessoal,* ainda que relativas a imóveis *(v.g.:* ação de despejo, ação de resolução de contrato de compra e venda ou de promessa de compra e venda de imóvel). Com referência ao art. 89, nº 1, a questão é controvertida: alguns adotam aquele mesmo entendimento, outros sustentam, ao nosso ver com maior acerto, que o dispositivo abrange *quaisquer* ações[5]. O Supremo Tribunal Federal assentou que "toda e qualquer ação, inclusive de falência, relativa a imóvel situado no Brasil, é da competência exclusiva de autoridade brasileira, com exclusão de qualquer outra"[6].

A expressão "inventário e partilha de bens", no art. 89, nº II, relaciona-se com a sucessão *mortis causa,* como ressalta da alusão, pouco adiante, a "autor da herança". Por isso, já decidiu o Supremo Tribunal Federal que, em se tratando de partilha consequente a divórcio, não obstante existirem bens no território brasileiro, competente é a Justiça do Estado à qual ambos os cônjuges se submeteram como nacionais e onde eram residentes e domiciliados[7]. Coerentemente, admitiu a Corte ser ho-

---

4 Cf. PONTES DE MIRANDA, *Comentários ao Código de Processo Civil,* t. II, 2ª ed. Rio, 1979, p. 288/9; HÉLIO TORNAGHI, *Comentários ao Código de Processo Civil,* v. I, S. Paulo, 1974, p. 309.

5 No primeiro sentido, *v.g.,* PONTES DE MIRANDA, ob. e t. cit., p. 286, 288; HÉLIO TORNAGHI, ob. e v. cit., p. 308; no segundo, CELSO AGRÍCOLA BARBI, ob. e v. cit., p. 243; PAULO CEZAR ARAGÃO, *Comentários ao Código de Processo Civil,* v. V, S. Paulo, 1975, p. 218; ERNANE FIDÉLIS DOS SANTOS, *Manual de Direito Processual Civil,* v. I, S. Paulo, 1985, p. 131/2; ARRUDA ALVIM, Competência internacional, *in Revista de Processo,* v. 7/ 8, p. 32.

6 Agravo Regimental na Sentença Estrangeira nº 2.492, 3-3-1982, *in Revista Trimestral de Jurisprudência,* v. 101, p. 69,

7 Agravo Regimental na Sentença Estrangeira nº 2.396, 29-11-1978, *in Revista Trimestral de Jurisprudência,* v. 90, p. 11.

mologável, para produzir efeitos no Brasil, sentença estrangeira sobre partilha dos bens do casal, ainda que situados em nosso país[8].

4.3. Hipóteses não previstas no Código de Processo Civil

Tem-se observado que a enumeração constante do texto legal não é exaustiva. Além dos casos arrolados nos arts. 88 e 89, cumpre admitir outros para os quais seria absurdo negar a competência da Justiça brasileira. Assim, por exemplo, inexiste no Código de Processo Civil referência às causas da chamada "jurisdição voluntária", nas quais não há "réu", nem "ação": separação consensual dos cônjuges (arts. 1.120 e s.), arrecadação de bens de ausentes (arts. 1.159 e s.), interdição de alienados mentais (arts. 1.177 e s.) etc. De acordo com doutrina autorizada, as lacunas da lei, nessa matéria, devem ser supridas mediante a aplicação das regras de competência *interna:* quer dizer, a disposição legal que indica, dentre os órgãos judiciais brasileiros, qual o competente para determinada causa serve também para firmar a competência *internacional* da Justiça brasileira[9].

Cumpre reconhecer que a solução nem sempre é inteiramente satisfatória. Em matéria de jurisdição voluntária, *v.g.,* nenhuma regra expressa de competência interna se encontra na lei. Aqui, a questão tem de ser resolvida mediante recurso à analogia e aos princípios gerais do direito.

4.4. Inexistência de Justiça competente

Sob certas circunstâncias, pode acontecer que falte base legal para afirmar- se a competência internacional seja da Justiça brasileira, seja da Justiça de qualquer outro Estado. O interessado não teria, assim, onde pleitear a providência judicial de que necessita. Tal impossibilidade, que configura denegação de justiça, é intolerável à consciência jurídica con-

8 Sentença Estrangeira nº 3.408, 9-10-1985, *in Revista Trimestral de Jurisprudência,* v. 115, p. 1.083. Há, todavia, precedentes em sentido contrário: *v.g.,* Sentenças Estrangeiras nº 2.709, 20-6-1980, *ibid.,* v. 97, p. 67, e nº 2.567, 15-9-1980, *ibid.,* v. 96, p. 59.

9 Nesse sentido HAROLDO VALLADÃO, *Direito Internacional Privado,* v. III, Rio, 1978, p. 132/3, 134, 137; em certa medida, BOTELHO DE MESQUITA, Da competência internacional e dos princípios que a informam, *in Revista de Processo,* v. 50, p. 59.

temporânea. Por isso tem se admitido, no Brasil, que a Justiça nacional deva dar-se por competente, em hipóteses do gênero[10], desde que exista algum elemento de ligação entre a causa e o nosso país, notadamente quando a decisão a ser proferida haja de produzir efeitos no território brasileiro, ou de qualquer modo se mostre praticamente útil que ela seja proferida no Brasil.

O Tribunal de Justiça do Rio de Janeiro teve oportunidade de utilizar esse argumento, em reforço da fundamentação de acórdão que reconheceu a competência da Justiça brasileira para ação de divórcio proposta pelo marido, domiciliado em nosso país, residindo a mulher em Portugal[11]. Sublinhou-se que, à luz do ordenamento processual português, a Justiça portuguesa não seria competente, por ter o autor domicílio no Brasil, de modo que, se a brasileira também se desse por incompetente, ficaria o marido na situação de não ter a quem se dirigir para pleitear a decretação do divórcio.

5. Abstenção da Justiça brasileira em hipóteses de sua competência?

No mundo jurídico anglo-saxônico, desenvolveu-se uma teoria segundo a qual, se há vantagens práticas muito consideráveis – por exemplo, maior facilidade na colheita de provas – em admitir que a causa seja discutida e decidida alhures, a Justiça local, mesmo que legalmente ela se inclua no âmbito de sua competência, deve abster-se de processá-la e julgá-la, remetendo as partes, em vez disso, à Justiça do Estado onde se deem as melhores condições de um bom julgamento. O princípio subjacente é o de que a atribuição de competência não *obriga* determinada Justiça, sob quaisquer circunstâncias, a atuar quando solicitada: deixa-lhe certa margem de discrição, de que ela se valerá para recusar a causa, sempre que tenha razões de peso para considerar-se a si própria como um "foro inconveniente" *(forum non conveniens).*

Inexiste no Brasil, quer na doutrina, quer na jurisprudência, elaboração que possa equiparar-se a essa. A ideia básica às vezes reponta em trabalhos doutrinários, como possível manifestação do chamado "prin-

10 HAROLDO VALLADÃO, ob. e v. cit., p. 132.

11 Apelação Cível nº 34.326,7-2-1985, *in* BARBOSA MOREIRA, *Direito aplicado,* Rio, 1987, p. 199.

cípio da efetividade", de acordo com o qual a Justiça de qualquer Estado não deve exercer atividade jurisdicional inútil para o próprio Estado ou para as partes. Casos de exercício inútil seriam, *v.g.*, os de causas que não reclamem a aplicação do direito nacional e cuja decisão não seja suscetível de execução no território do País[12]. Não se descobrem na jurisprudência brasileira, todavia, repercussões de semelhante tese.

6. Influência da vontade das partes na determinação da competência internacional

Com certa frequência, as partes de contrato com elementos internacionais fazem inserir no respectivo instrumento uma "cláusula" (na verdade, negócio jurídico distinto) em que se elege a Justiça de determinado país como o foro próprio para o julgamento de quaisquer litígios porventura oriundos do contrato. O direito brasileiro admite, em princípio, pactos desse gênero, seja quando designam a Justiça brasileira em hipótese não prevista legalmente como de sua competência, seja quando indicam alguma Justiça estrangeira, em hipótese incluída na competência (não exclusiva!) da Justiça brasileira. Examina- se, naturalmente, a validade do pacto de eleição, no caso concreto. Obrigacional a matéria, procede-se à verificação da validade à luz do ordenamento jurídico do País em que se constituiu a obrigação, cabendo notar que a resultante de contrato entre ausentes se reputa constituída no lugar em que residir o proponente (Lei de Introdução ao Código Civil, art. 9º, *caput* e § 2º).

O reconhecimento de eficácia do pacto de eleição subordina-se ao "sistema de limites" consagrado no art. 216 do Regimento Interno do Supremo Tribunal Federal – e, antes dele, no art. 17 da Lei de Introdução ao Código Civil. Assim, na jurisprudência do Supremo Tribunal Federal, é tradicionalmente repelido o deslocamento convencional da competência, por exemplo, em contratos de adesão, conforme ocorre, em geral, nos transportes internacionais[13].

---

12 BOTELHO DE MESQUITA, art. cit., *in Revista de Processo,* v. 50, p. 59.

13 Cf. HAROLDO VALLADÃO, ob. e v. cit., p. 81/2, 140/1.

B) CITAÇÃO (E COMUNICAÇÃO DE OUTROS ATOS PROCESSUAIS) NO PLANO INTERNACIONAL

1. Generalidades

No direito brasileiro, as citações e as comunicações de outros atos processuais, quando necessitem transpor as fronteiras nacionais, devem realizar-se, em princípio, por meio de pedido da Justiça brasileira à do país estrangeiro envolvido, ou vice-versa. É indispensável a mediação de autoridade judiciária. O Brasil não reconhece validade a ato processual que porventura se pratique em seu território sem prévia tramitação por órgão do Poder Judiciário. Não se admite, em particular, que pessoa domiciliada aqui seja citada, para ação proposta alhures, por via postal, ou diretamente por advogado do autor, ou mesmo por intermédio de agentes diplomáticos ou consulares. O ponto é relevante para aferir-se a possibilidade ou não de vir a sentença estrangeira a ser homologada pelo Supremo Tribunal Federal (v. *infra*, D, nº 4.2).

Põe-se o problema da citação dos próprios agentes diplomáticos e consulares. O Brasil é signatário da Convenção de Viena, de 1956, que consagra imunidades jurisdicionais para esses funcionários. Invocou-a, em Acórdão de 5-5-1970, o Tribunal de Justiça do antigo Estado da Guanabara, com referência à citação do então embaixador do Brasil no Japão[14]. Decidiu-se que, ante a imunidade gozada pelo citando em face da Justiça japonesa, não se poderia efetuar a citação pelo meio comum, mas apenas por meio do Ministério das Relações Exteriores, sem qualquer interferência de autoridades japonesas. Não localizamos precedente judicial relativo à hipótese inversa, isto é, à de citação de agente diplomático ou consular estrangeiro no exercício de suas funções junto ao governo brasileiro. A aplicar-se o mesmo raciocínio, logicamente deveria reconhecer-se a possibilidade de realização do ato sem intervenção da nossa Justiça.

14 Reclamação nº 6.988, *in Revista de Jurisprudência do Tribunal de Justiça*, v. 24, p. 286.

2. Os textos normativos

2.1. Internos

Conforme resulta da conjugação dos arts. 200 e 201 do Código de Processo Civil, a carta rogatória é o instrumento próprio para a requisição de ato processual, por juiz brasileiro a juiz estrangeiro. Igual denominação também se aplica, entretanto, à requisição dirigida a juiz brasileiro por juiz estrangeiro. A ela se refere a Constituição da República de 1988, no art. 102, nº I, *h,* que inclui no âmbito da competência originária do Supremo Tribunal Federal a concessão do *exequatur*[15] às cartas rogatórias oriundas de outros países, permitindo que o regimento interno da Corte defira a atribuição ao respectivo Presidente. Costuma-se falar, em doutrina, de cartas rogatórias *ativas* (expedidas no Brasil, para cumprimento no exterior) e de cartas rogatórias *passivas* (provenientes de país estrangeiro, para cumprimento no Brasil). A estas últimas também alude, sem usar a expressão, o art. 12, § 2º, da Lei de Introdução ao Código Civil, *verbis:* "A autoridade judiciária brasileira cumprirá, concedido o *exequatur,* e segundo a forma estabelecida pela lei brasileira, as diligências deprecadas por autoridade estrangeira competente, observando a lei desta, quanto ao objeto das diligências".

A disciplina das cartas rogatórias ativas está prevista basicamente no Código de Processo Civil. O art. 202 enumera os requisitos essenciais do instrumento: indicação dos órgãos de origem e de cumprimento do ato; inteiro teor da petição, do despacho judicial e da procuração outorgada ao advogado; indicação do ato que se vai praticar; assinatura do juiz rogante. Pode este mandar trasladar, na carta, outras peças dos autos, bem como instruí-la com mapa, desenho ou gráfico que hajam de ser examinados no lugar do destino (art. 202, § 1º). Quanto à admissibilidade e ao modo de cumprimento - acrescenta o art. 210 -, a carta rogatória obedecerá ao disposto em convenção internacional, ou, na falta desta, será remetida à autoridade judicial estrangeira, por via diplomática, depois de traduzida para a língua do país em que se deva praticar o ato. Pormenores do procedimento são regulados na Portaria nº 26, de 14-8-1990, do Departamento Consular e Jurídico do Ministério das

15 A palavra *exequatur,* na terminologia jurídica brasileira, não tem a significação, que lhe atribuem outros ordenamentos, de ato pelo qual se reconhece eficácia, no território nacional, a sentença estrangeira. A esse ato dá-se, no Brasil, o *nomen iuris* de "homologação" (cf. *infra,* D).

Relações Exteriores, e da Secretaria Nacional dos Direitos da Cidadania e da Justiça, do Ministério da Justiça.

Pode acontecer que, em razão de processo instaurado no Brasil, se tenha de citar alguém no território de Estado que recuse cumprimento a cartas rogatórias com essa finalidade. Em semelhante caso, a citação poderá realizar-se por meio de edital (Código de Processo Civil, art. 231, § 1º, que equipara a hipótese à de encontrar-se o citando em lugar inacessível). O Tribunal de Justiça de S. Paulo adotou a mesma solução, por analogia, em hipótese na qual os autores, beneficiários da justiça gratuita, não tinham possibilidade de indicar pessoa responsável, no lugar do destino, pelo pagamento das despesas relativas ao cumprimento da rogatória no país estrangeiro – indicação necessária para o processamento da carta[16].

O Código de Processo Civil, no art. 211, remete ao Regimento Interno do Supremo Tribunal Federal a disciplina das cartas rogatórias passivas. Tratam da matéria, nesse Regimento, os arts. 225 e s. É ao Presidente da Corte que compete conceder (ou denegar) o *exequatur*, com recurso (agravo regimental) para o plenário (art. 227, parágrafo único, combinado com o art. 6°, nº II, *d)*. Recebida a rogatória, intima-se o interessado residente no Brasil, a quem se faculta impugná-la no prazo de cinco dias; em seguida, abre-se vista ao Procurador- Geral da República, que também pode impugnar o cumprimento da rogatória (art. 226 e § 1º). Se o *exequatur* é concedido, encaminha-se a rogatória ao juiz federal que deve fazer cumpri-la (art. 227, *caput)*. No cumprimento, a quaisquer atos que lhe sejam referentes pode o interessado ou o Ministério Público local oferecer embargos, que são julgados, após audiência do Procurador- Geral da República, pelo Presidente do Supremo Tribunal Federal, igualmente com recurso (agravo regimental) para o plenário (art. 228 e parágrafo único). Uma vez cumprida, a rogatória será devolvida à Corte, dentro de dez dias, e por esta remetida, em igual prazo, por via diplomática, ao órgão de origem (art. 229; cf. o art. 212 do Código de Processo Civil, que subordina a restituição à Justiça rogante ao pagamento das custas pela parte).

---

16 Agravo de Instrumento nº 73.982, 17-6-1986, *in Revista de Jurisprudência do Tribunal de Justiça do Estado de* S. *Paulo*, v. 105, p. 269.

2.2. Internacionais

Na verificação do regime a que se submetem as cartas rogatórias, importa considerar o disposto em convenções internacionais, às quais, por sinal, faz expressa remissão o art. 210 do Código de Processo Civil (quanto às rogatórias ativas).

De diversas convenções internacionais acerca da matéria é signatário o Brasil. Além da celebrada em Havana, em 1928, que adotou o chamado "Código Bustamante" (cujos arts. 388 e s. dizem respeito ao assunto), podem mencionar- se, entre as mais recentes, a Convenção de Cooperação Judiciária em Matéria Civil, Comercial, Trabalhista e Administrativa, concluída com a França em 30-1-1981, a qual trata das "comissões rogatórias" nos arts. 9º e s.; e o Convênio de Cooperação Judiciária em Matéria Civil, firmado com a Espanha em 13-4-1989, que contém disposições sobre cartas rogatórias nos arts. 2º e s.

O Brasil não é signatário da Convenção da Haia sobre Comunicação no Estrangeiro de Documentos Judiciais e Extrajudiciais em Matéria Civil ou Comercial, de 15-11-1965.

3. Obstáculos à concessão de "exequatur" para as rogatórias passivas

Nos termos do art. 226, § 2º, do Regimento Interno do Supremo Tribunal Federal, a impugnação ao pedido de *exequatur* "só será admitida se a rogatória atentar contra a soberania nacional ou a ordem pública, ou se lhe faltar autenticidade". Não constitui requisito da concessão a reciprocidade por parte do Estado rogante[17]. Tampouco entra o Supremo Tribunal Federal no exame "do conteúdo dos elementos que integram o que a Justiça rogante, de acordo com as leis processuais a que está subordinada, considera necessário para citação do réu"[18].

Digna de nota é a questão da competência. Já decidiu o Supremo Tribunal Federal que, no exame da rogatória, não lhe cabe apreciar a competência da Justiça rogante, embora se justifique a recusa do *exequatur* se o caso é daqueles para os quais a Justiça brasileira é competente

17 Cf. HAROLDO VALLADÃO, ob. e v. cit., p. 176; JACOB DOLINGER, Brazilian Confirmation of Foreign Judgments, *in The International Lawyer,* v. 19, nº 3, p. 846.

18 Acórdão de 11-6-1986, Embargos de declaração na Carta Rogatória nº 4.340, *in Revista dos Tribunais,* v. 614, p. 212.

em caráter exclusivo – a saber, os do art. 89 do Código de Processo Civil[19]. Quanto às hipóteses da chamada competência concorrente (art. 88), a jurisprudência da Corte tem oscilado ao longo do tempo[20]. Ultimamente, contudo, vem predominando a tese de que não obsta à concessão do *exequatur* a afirmação do citando de que não pretende submeter-se à jurisdição estrangeira e só admite ser processado no Brasil[21]. Reserva-se ao interessado a possibilidade de suscitar a questão para impugnar, na oportunidade própria, o eventual pedido de homologação da sentença que porventura seja proferida contra ele pelo juízo rogante. Em mais de um caso, tem-se adotado o alvitre de comunicar a este, ao devolver-se a rogatória cumprida, a declaração do réu de que não se submeterá à Justiça do outro país[22].

De maneira alguma se concederá *exequatur* a carta rogatória que vise à execução, no território brasileiro, de decisão de órgão judicial estrangeiro. A inadmissibilidade abrange o cumprimento de providências acaso decretadas a título cautelar – *v.g.*, arresto ou sequestro de bem situado no Brasil[23]. Em hipóteses tais, o único meio de alcançar o resultado pretendido consiste em submeter à homologação pelo Supremo Tribunal Federal a sentença que se quer fazer cumprir aqui.

A concessão do *exequatur* não pressupõe que o ato a ser praticado tenha correspondente exato no sistema jurídico brasileiro: nada impede que se peça e se obtenha mediante rogatória a realização de diligência desconhecida em nosso direito[24]. Mas é óbvio que se recusará cumpri-

---

19 Embargos na Carta Rogatória nº 4.052, 9-10-1985, *in Revista Trimestral de Jurisprudência,* v. 116, p. 904.

20 Para uma resenha do período entre o fim da década de 60 e o começo da década de 80, v. JACOB DOLINGER, trab., p. 865/7.

21 Algumas decisões nesse sentido: Embargos na Carta Rogatória nº 3.538, 20-4-1983, *in Revista Trimestral de Jurisprudência,* v. 110, p. 47; Agravo Regimental na Carta Rogatória nº 4.274, 1º-7-1985, *ibid.,* v. 115, p. 617; Embargos na Carta Rogatória nº 4.219, 4-9-1985, *ibid.,* v. 115, p. 1.093; Embargos na Carta Rogatória nº 4.539, 3-12-1986, *ibid.,* v. 124, p. 909; Agravo Regimental na Carta Rogatória nº 4.707, 23-6-1988, *ibid.,* v. 126, p. 86.

22 A prática parece remontar a uma decisão do então Presidente do Supremo ‹Tribunal Federal, de 25-3-1981, na Carta Rogatória nº 3.268, *in Revista Trimestral de Jurisprudência,* v. 98, p. 47.

23 Supremo Tribunal Federal, Carta Rogatória nº 3.237, 25-6-1980, *in Revista Trimestral de Jurisprudência,* v. 95, p. 46.

24 Cf. MONIZ DE ARAGÃO, *Comentários ao Código de Processo Civil,* v. II, 7ª ed., Rio, 1991, p. 220.

mento a rogatória por meio da qual se pretenda fazer realizar no território nacional ato incompatível com o nosso ordenamento, como seria o caso, por exemplo, da apreensão de carta sem o consentimento do destinatário: a Constituição declara inviolável, no art. 5º, nº XII, o sigilo da correspondência, e o *exequatur* teria de ser negado com base na contrariedade à ordem pública.

C) COLHEITA DE PROVA NO ESTRANGEIRO

1. Generalidades

O Brasil não é signatário da Convenção da Haia, de 18-3-1970. Segundo o direito brasileiro, o meio próprio de colher prova em território de Estado diverso daquele em que corre o processo consiste na solicitação à autoridade judiciária estrangeira, mediante carta rogatória, para que proceda à inquirição da testemunha, tome o depoimento da parte, mande realizar perícia ou pratique qualquer outro ato de instrução.

No que tange ao procedimento aplicável, seja para as rogatórias passivas, seja para as ativas, remete-se ao exposto *supra,* B, nº 2.1. De acordo com o art. 202, § 1º, do Código de Processo Civil, já citado, o juiz brasileiro mandará instruir a rogatória ativa "com mapa, desenho ou gráfico, sempre que estes documentos devam ser examinados, na diligência, pelas partes, peritos ou testemunhas". Acrescenta o § 2º que, "quando o objeto da carta for exame pericial sobre documento, este será remetido em original, ficando nos autos reprodução fotográfica".

2. Colheita antecipada de prova

O ordenamento brasileiro não consagra possibilidades de obtenção de elementos probatórios inteiramente equiparáveis às previstas noutros sistemas jurídicos, *v.g.* por meio das formas de *discovery* peculiares ao direito anglo-saxônico. Não existe para a parte o dever de informar o adversário de quaisquer documentos, porventura relevantes para o julgamento da causa, que estejam ou tenham estado em suas mãos. Tampouco pode ela ver-se compelida a, por escrito, prestar declarações ou responder a interrogatórios formulados pela parte contrária.

Decerto não é estranha à lei a consideração de que às vezes se torna necessário colher esta ou aquela prova antes do momento processual normalmente adequado, ou até antes da própria instauração do processo. Assim, *v.g.*, se a parte ou alguma testemunha tiver de ausentar-se, ou, por motivo de idade ou de moléstia grave, houver justo receio de que faleça ou fique impossibilitada de depor; ou, ainda, se justificadamente se recear que venha a tornar-se impossível ou muito difícil, na pendência da lide, a verificação de fato suscetível de ser apurado mediante perícia. Em casos tais, tem lugar a "produção antecipada" da prova pertinente (Código de Processo Civil, arts. 846 e s.). Também se leva em conta o interesse que alguém possa ter em examinar coisa móvel ou documento em poder de outra pessoa, ou – nas hipóteses legalmente previstas – a escrituração comercial, os balanços e documentos de arquivo de alguma empresa: o interessado poderá requerer a respectiva exibição judicial, como "procedimento preparatório" de futura ação (art. 844).

Todavia, duas características são aqui constantes: em qualquer caso, a diligência realiza-se *em juízo*, e o procedimento aplicável é o mesmo que se observaria se ela se realizasse na oportunidade normal (cf. arts. 845 e 850). De peculiar, nota-se unicamente a antecipação.

3. Colheita antecipada de prova, em território brasileiro, para utilização noutro país

É concebível que se pretenda realizar no Brasil providência destinada à colheita antecipada de prova, para utilização perante Justiça estrangeira. Por si só, a circunstância de visar-se à prática de ato não previsto na lei brasileira, ou nela disciplinado de modo diferente, não obsta à realização. Mas, para contar com a assistência das autoridades nacionais, o interessado há de requerer a diligência pela via própria, a saber, solicitação transmitida à Justiça brasileira por órgão judicial do outro Estado. Não pode a parte mesma, ou seu advogado, por si ou por meio de agente diplomático ou consular de seu pais, constranger quem quer que seja, no território brasileiro, a praticar ou a tolerar o ato que se tem em vista. Se a pessoa a quem se dirige a solicitação aquiesce em atender a ela, *tollitur quaestio;* do contrário, não será invocável, para vencer- lhe a resistência, o auxílio de qualquer autoridade, judiciária ou não. O fato, aliás, se alguma vez ocorreu, terá sido absolutamente excepcional: os repertórios de jurisprudência não registram precedentes do gênero.

Consoante já se assinalou, feita a requisição por meio de carta rogatória, o Supremo Tribunal negará o *exequatur* se a diligência requerida ofender a soberania nacional, a ordem pública ou os bons costumes (Lei de Introdução ao Código Civil, art. 17). Concedido que seja o *exequatur,* observar-se-á a lei do Estado de origem quanto ao objeto da diligência *(id.,* art. 12, § 2º, *fine).*

D) RECONHECIMENTO E EXECUÇÃO DE SENTENÇAS ESTRANGEIRAS

1. Textos normativos

A Constituição da República de 1988, no art. 102, nº I, *h,* inclui entre os casos de competência originária do Supremo Tribunal Federal "a homologação das sentenças estrangeiras e a concessão do *exequatur* às cartas rogatórias, que podem ser conferidas pelo regimento interno a seu Presidente». A disciplina é a mesma da Constituição anterior (art. 119, nº I, *g,* combinado com o § 3º, *d).*

Dispõe o art. 483, *caput,* do Código de Processo Civil: "A sentença proferida por tribunal estrangeiro não terá eficácia no Brasil senão depois de homologada pelo Supremo Tribunal Federal". A referência ao Supremo Tribunal Federal deve ser hoje entendida, de acordo com a Constituição, como referência à Corte *ou ao seu Presidente.* Quando é daquela, quando é deste a decisão, apura-se à luz do Regimento Interno do Supremo Tribunal Federal. É também nesse Regimento Interno que se estabelece o procedimento a ser observado na tramitação do processo (arts. 218 e s.). Ele contém ainda disposições sobre os requisitos necessários para que a sentença estrangeira possa ser homologada (arts. 216 e 217); tais disposições reproduzem, com pequenas alterações, as constantes do art. 15, *a* a *d,* e 17 da Lei de Introdução ao Código Civil.

Convém observar que, se não se pode promover, no território nacional, a execução de sentença estrangeira não homologada, por outro lado a homologação é desnecessária para a execução de títulos executivos extrajudiciais (por exemplo: letras de câmbio, notas promissórias, cheques etc.) oriundos do exterior. Desde que satisfaçam os requisitos de formação exigidos pela lei do lugar de origem e indiquem o Brasil como o lugar de cumprimento da obrigação (Código de Processo Civil, art. 585, § 2º).

2. Traços fundamentais do regime brasileiro na matéria

Em princípio, qualquer sentença estrangeira está sujeita à homologação para surtir efeitos no território brasileiro. Por "sentença estrangeira" entendese toda decisão, seja qual for sua natureza (declaratória, constitutiva, condenatória ou outra porventura doutrinariamente admitida), que tenha conteúdo de julgamento. Estão incluídas: *a)* as decisões de índole cautelar, como as que decretam arresto ou sequestro de bens; *b)* as sentenças penais que hajam de produzir aqui efeitos civis *(v. g.*, reparação do dano; cf. Código Penal, art. 9º, nº I, e Código de Processo Penal, art. 790); c) as providências de "jurisdição voluntária"; *d)* as decisões proferidas por órgãos não judiciais, competentes, segundo o ordenamento do país de origem, para exercer função judicante. Quando à letra *d,* a jurisprudência do Supremo Tribunal Federal registra casos interessantes, como o de divórcio decretado pelo Rei da Dinamarca, ou por autoridades administrativas norueguesa e dinamarquesa, ou ainda registrado perante prefeito, no Japão[25]. Sobre laudos arbitrais estrangeiros falar-se-á *infra,* nº 6.

Uma classe particular de sentenças estrangeiras prescinde de homologação para adquirir eficácia no Brasil: a das que incidem diretamente sobre o ordenamento jurídico em que são emitidas, por exemplo declarando inconstitucional determinada norma e com isso - conforme sucede em mais de um país - eliminando-a do direito positivo. Se o juiz brasileiro, à luz das regras do direito internacional privado, tem de aplicar, no julgamento de uma causa, o direito estrangeiro, há de aplicá-lo *tal qual é,* e portanto não poderá desprezar o fato de que *já não existe nele* a norma fulminada pela decisão, sendo absurdo imaginar aqui que a eficácia desta ficasse condicionada à homologação por órgão brasileiro.

Ademais, qualquer sentença estrangeira pode, independentemente de homologação, surtir efeitos *probatórios,* como documento. Assim, se for preciso provar, em processo instaurado no Brasil, o fato de que alguma Justiça estrangeira proferiu decisão sobre tal ou qual matéria, com

25 Respectivamente: Sentença Estrangeira nº 912, 30-1-1933 *(in Arquivo Judiciário,* v. 29, p. 248), e Sentença Estrangeira nº 1.943, 16-8-1967 *(in Sentenças Estrangeiras,* p. 245); Sentença Estrangeira nº 2.703, 14-12-1979 *(in Revista Trimestral de Jurisprudência,* v. 97, p. 64); Sentenças Estrangeiras nº 1.312, 22-5-1953 *(in Diário da Justiça* de 26-3-1956, p. 488), nº 2.251, *15-10-1975 (in Revista Trimestral de Jurisprudência,* v. 77, p. 389) e nº 2.636, 27-2-1981 *(ibid.,* v. 97, p. 1.003).

determinado teor, ou outro fato porventura ocorrido no processo estrangeiro (por exemplo, o comparecimento de uma pessoa à audiência)[26].

Nenhum efeito, por outro lado, pode produzir no território brasileiro, sem a homologação, a sentença estrangeira, *como ato decisório.* Não é só a execução, como às vezes se diz com má técnica, que depende daquela formalidade, senão todos os efeitos sentenciais (inclusive os acessórios). Em vão se invocará, *v.g.*, em processo instaurado no Brasil, a autoridade de coisa julgada de que se haja revestido a sentença no Estado de origem, se não tiver sido homologada[27].

3. O ato de homologação

Indispensável para a produção de qualquer efeito no Brasil, a homologação é sempre concedida por ato formal, como resultado de um processo, da competência originária – conforme se mostrou – do Supremo Tribunal Federal. É estranha ao direito brasileiro a distinção, consagrada noutros sistemas jurídicos, entre o reconhecimento da sentença estrangeira para fins *de execução* e o reconhecimento para outros fins. Não existe, no Brasil, a possibilidade de reconhecer-se eficácia à sentença estrangeira mediante a verificação *incidental* da satisfação dos requisitos de homologabilidade, por qualquer órgão judicial, perante o qual penda processo de sua competência – ainda que seja o próprio Supremo Tribunal Federal. Só com a homologação, por assim dizer, é que se "importa" a eficácia da sentença estrangeira.

Por outro lado, cumpre frisar que a homologação se limita a permitir que a sentença estrangeira surta efeitos no território nacional. Ela não *atribui* à sentença homologada dose alguma de eficácia que até aí não tivesse[28];

---

26 Em doutrina, admite-se aqui e ali, com maior liberalidade, que a sentença estrangeira não homologada possa ter valor probatório, em processo no Brasil, quanto aos fatos que o órgão de origem, na motivação, considerou provados: nesse sentido ODILON DE ANDRADE, *Comentários ao Código de Processo Civil* (de 1939), v. IX, Rio, 1946, p. 49; mas trata-se de opinião sem repercussão na prática judiciária.

27 Lê-se em Acórdão do Supremo Tribunal Federal, de 30-9-1987, na Sentença Estrangeira nº 3.742: "A eficácia, a que aludem os arts. 483 do CPC e 215 do Regimento Interno desta Corte, diz respeito a quaisquer efeitos da sentença, e não apenas ao efeito executivo" *(Revista Trimestral de Jurisprudência,* v. 124, p. 471).

28 Em Acórdão de 2-8-1982, na Sentença Estrangeira nº 2.366, o Supremo Tribunal Federal negou, corretamente, a possibilidade de "ampliar o que a sentença estrangeira restringiu, transformando em divórcio o que era apenas desquite" (isto é,

muito menos a *substitui* por outra, embora de igual conteúdo. A Justiça brasileira - este ponto é capital - nem *rejulga* a causa julgada no outro país, nem *confirma* a sentença dele oriunda por entender que ela decidiu de modo correto. Limita-se a apurar a presença de determinados requisitos, que se reputam necessários para justificar a colaboração da Justiça nacional, e bem assim averigua se a sentença estrangeira esbarra no sistema de limites além dos quais semelhante colaboração deve ser negada, expresso na fórmula: "Não será homologada sentença que ofenda a soberania nacional, a ordem pública e os bons costumes" (Regimento Interno do Supremo Tribunal Federal, art. 216; cf. o art. 17 da Lei de Introdução ao Código Civil, *verbis:* "As leis, atos e sentenças de outro país, bem como quaisquer declarações de vontade, não terão eficácia no Brasil, quando ofenderem a soberania nacional, a ordem pública e os bons costumes"). Adota o Brasil, na matéria, o chamado sistema da "delibação", comum a países europeus (Itália, Portugal), mas adota-o em forma - por assim dizer - mais pura, refratária a toda e qualquer revisão de fundo, que se destinasse a apurar se foi ou não foi justa a solução dada ao litígio no exterior.

4. Requisitos de homologabilidade

4.1. Competência do juiz estrangeiro

Tanto a Lei de Introdução ao Código Civil (art. 15, *a)* quanto o Regimento Interno do Supremo Tribunal Federal (art. 217, nº I) exigem, para ter-se como homologável a sentença estrangeira, que ela tenha sido "proferida por juiz competente". É entendimento consolidado o de que basta reconhecer-se a competência da Justiça do Estado de origem no plano internacional. Não se preocupa o Supremo Tribunal Federal em verificar se, dentre os órgãos que compõem essa Justiça, era mesmo competente aquele que sentenciou, ou algum outro: na questão da competência interna, aceita-se o juízo do órgão estrangeiro, naturalmente guiado pelas regras do seu próprio ordenamento[29]. Ao Brasil, em prin-

separação do casal sem rompimento do vínculo), "porque isso importa alterar o conteúdo da decisão" *(in Revista dos Tribunais,* v. 583, p. 291).

29 V., na doutrina, OSCAR TENÓRIO, *Direito Internacional Privado,* 11ª ed., Rio, 1976, p. 382; PAULO CEZAR ARAGÃO, *Comentários ao Código de Processo Civil,* v. V, S.

cípio, não interessa que se hajam ou não observado tais regras, nem se presume que o juiz brasileiro esteja mais capacitado que o do Estado de origem para interpretá-las corretamente. Concebe-se, entretanto, que, em alguma hipótese excepcional, a circunstância de ter sido o litígio julgado por órgão manifestamente incompetente justifique negar-se ao processo estrangeiro o mínimo de garantias para as partes (ou para uma delas), considerado indispensável à colaboração da Justiça nacional. Nesse caso extremo, ficará sempre salva a invocação da cláusula da "ordem pública" para recusar homologação à sentença[30].

O fato de ser internacionalmente competente a Justiça do Estado de origem, à luz do seu próprio ordenamento, não basta, contudo, para que a sentença se torne homologável no Brasil. Em primeiro lugar, é evidente que, nos casos do art. 89 do Código de Processo Civil, cabendo a competência, segundo o *nosso* direito, exclusivamente à Justiça brasileira, esta jamais poderá haver por satisfeito, como em passo anterior já se observou *(supra,* A, nº 1), o requisito de que se está tratando. Mas, ainda que a hipótese se enquadre no art. 88 – conforme também ficou registrado *(ibid.)* –, a jurisprudência do Supremo Tribunal Federal, de acordo com a compreensão dominante, exige, para homologar a sentença estrangeira, que as partes hajam escolhido o foro do Estado onde ela foi proferida, ou que o réu se tenha submetido voluntariamente à respectiva jurisdição, acudindo à citação e oferecendo defesa[31].

Hipótese que merece registro especial é a de criarem as partes, artificialmente, circunstâncias capazes de fundar a competência de alguma

Paulo, 1975, p. 216/7; ERNANE FIDÉLIS DOS SANTOS, ob. cit., v. 2, S. Paulo, 1986, p. 316; VICENTE GRECO FILHO, *Homologação de sentença estrangeira,* S. Paulo, 1978, p. 139; na jurisprudência do Supremo Tribunal Federal, entre outros, o Acórdão de 23-4-1975, na Sentença Estrangeira nº 2.227, *in Revista Trimestral de Jurisprudência,* v. 74, p. 336.

30 Cf. BARBOSA MOREIRA, Improving the Procedures for the Enforcement and Recognition of Foreign Judgments and Arbitral Awards (relatório geral para o VIII Congresso Internacional de Direito Processual, Utrecht, 1987), *in Justice and Efficiency – General Reports and Discussions,* editado por W. WEDEKIND, Deventer-Antuérpia-Boston, 1989, p. 209.

31 Na verdade, os precedentes de recusa são, com frequência, casos em que houvera irregularidade na citação, o que a rigor desloca para outro contexto o enquadramento jurídico: parece ter certa razão, no particular, BOTELHO DE MESQUITA, art. cit., *in Revista de Processo,* v. 50, p. 70, quando critica o entendimento corrente da jurisprudência do Supremo Tribunal Federal.

Justiça estrangeira, com o propósito de obterem providência jurisdicional que lhes seria mais difícil, ou mesmo impossível, conseguir alhures. É notória a frequência com que se tem recorrido a tal expediente, sobretudo em matéria de divórcio, e muito particularmente quando não o contempla o ordenamento do país onde vivem os cônjuges - como era o caso do Brasil, até 1977. A jurisprudência do Supremo Tribunal Federal firmou-se no sentido de recusar homologação à sentença estrangeira de divórcio, se nenhum elemento ponderável *(v. g.*, a nacionalidade de um ou de ambos os cônjuges) justificava a escolha do foro do Estado de origem: o caso era visto como de fraude à lei[32]. Após a instituição do divórcio em nosso país, passaram a reconhecer-se com amplitude sentenças estrangeiras do gênero, ainda quando brasileiros os cônjuges[33].

4.2. Regularidade da citação

Tanto a Lei de Introdução ao Código Civil, art. 15, *b,* quanto o Regimento Interno do Supremo Tribunal Federal, art. 216, nº II, falam em "terem sido as partes citadas ou haver-se legalmente verificado a revelia". A redação é tecnicamente defeituosa: em primeiro lugar, não se procede à citação *das partes,* mas apenas à *de uma delas,* o réu; além disso, não fica muito claro o sentido da alternativa "ou haver-se legalmente verificado a revelia", até porque a revelia - isto é, a omissão do réu em defender-se - constitui *fato,* a cujo respeito não parece próprio indagar se foi ou não "legalmente verificado"(?).

O exame da jurisprudência do Supremo Tribunal Federal esclarece o significado do texto[34]. O que se quer dizer é que, para tornar-se homologável a sentença estrangeira, cumpre que o réu haja sido citado regu-

---

32 Cf. PAULO CEZAR ARAGÃO, ob. e v. cit., p. 219; JACOB DOLINGER, trab. cit., p. 857 - ambos com farta indicação de precedentes.

33 Nesse sentido, por exemplo, as sentenças do Presidente do Supremo Tribunal Federal, de 5-4-1978, Sentença Estrangeira nº 2.496, *in Revista Trimestral de Jurisprudência,* v. 88, p. 46; e de 19-3-1984, Sentença Estrangeira nº 3.368, *ibid.,* v. 108, p. 516.

34 V., entre outros, os Acórdãos de 4-4-1974, Sentença Estrangeira nº 2.114, *in Revista Trimestral de Jurisprudência,* v. 87, p. 384; 30-10-1978, Sentença Estrangeira nº 2.311, *ibid.,* v. 89, p. 742; 19-11-1981, Sentença Estrangeira nº 2.732 (Agravo Regimental), *ibid.,* v. 99, p. 570; 3-3-1982, Sentença Estrangeira nº 2.492 (Agravo Regimental), *ibid.,* v. 101, p. 69 (72); 26-2-1986, Sentença Estrangeira nº 3.534, *ibid.,* v. 117, p. 57; 3-3-1988, Sentença Estrangeira nº 3.816, *ibid.,* v. 127, p. 94.

larmente, por meio previsto na lei brasileira - com ressalva, porém, da eventualidade de ter ele oferecido defesa perante o juiz estrangeiro, com o que fica sanado o eventual vício. Reiteradamente, negou-se a possibilidade da homologação porque efetuada a citação, em território brasileiro, por autoridade diplomática ou consular estrangeira, ou - com maior frequência - por via postal. Há também casos de citação por meio de edital - nos quais, a bem dizer, só se afigura justificado o indeferimento da homologação quando se apure que o autor, ao intentar a ação noutro país, conhecia o paradeiro do réu no Brasil[35].

A fortiori, é claro, não se homologa a sentença estrangeira proferida em processo no qual *não fora citado* o réu - ressalvada, sempre, a apresentação de defesa, que supre a falta. Entretanto, já se admitiu que se torna irrelevante o defeito, e possível a homologação, caso venha esta a ser requerida pela própria parte de cuja citação não há prova[36].

4.3. Outros requisitos

Para poder homologar-se a sentença estrangeira, é preciso ainda que ela haja passado em julgado e esteja revestida das formalidades necessárias à execução (mais exatamente: ao cumprimento) no lugar em que foi proferida (Lei de Introdução ao Código Civil, art. 15, c; Regimento Interno do Supremo Tribunal Federal, art. 217, nº III). O requisito do trânsito em julgado apura-se à luz do ordenamento do Estado de origem[37]: se este não reclama a preclusão total das vias recursais para que se repute passada em julgado a sentença[38], bastará que se comprove já não estar ela sujeita àqueles recursos suscetíveis de impedir o trânsito em julgado. Constrói-se por analogia o conceito, nas hipóteses de decisão de autoridade não judiciária *(supra,* nº 2).

---

35 Corretamente, o Supremo Tribunal Federal considerou válida, para efeito de homologação, citação por edital feita na Suíça, depois de procurado e não encontrado o réu, no endereço que indicara no território brasileiro, mediante carta rogatória: Sentença Estrangeira nº 3.862, *15-2-1990, in Diário da Justiça* de 9-3-1990, p. 1.607.

36 Assim, o Presidente do Supremo Tribunal Federal, em 17-11-1978, Sentença Estrangeira nº 2.461, *in Revista Trimestral de Jurisprudência,* v. 90, p. 14.

37 PAULO CEZAR ARAGÃO, ob. e v. cit., p. 224.

38 Como acontece, *v.g.,* no direito português (Código de Processo Civil, art. 677) e no italiano *(Codice di procedura civile,* art. 324).

O Supremo Tribunal exige, em qualquer caso, a prova do trânsito em julgado[39]. No entanto, cabe presumi-lo, se a decisão estrangeira emanou do órgão situado no vértice da pirâmide hierárquica, salvo se essa mesma autoridade tem o poder de rever seu pronunciamento. Outra hipótese concebível é a de que se presuma ser final a decisão se se praticou ato para o qual essa característica representa pré-condição estabelecida em lei. Em certos limites, assim, é admissível a prova indiciária[40].

Cumpre, ademais, que a sentença estrangeira esteja "autenticada pelo cônsul brasileiro e acompanhada de tradução oficial" (Regimento Interno do Supremo Tribunal Federal, art. 217, nº IV; a Lei de Introdução ao Código Civil, art. 15, *d,* alude simplesmente a estar a sentença "traduzida por intérprete autorizado"). Se o Brasil não tem representação consular no Estado de origem, ou se encontra em guerra com este, não se exige a autenticação do cônsul brasileiro, a qual pode ser substituída pela do cônsul do país estrangeiro que se ache encarregado da representação dos interesses nacionais[41].

Não obsta à homologação o fato de pender, na Justiça brasileira, processo em que se esteja por julgar a mesma lide decidida noutro Estado[42]. Mas não se homologará a sentença estrangeira, obviamente, se já existir, acerca da matéria, sentença nacional passada em julgado: a homologação ofenderia a coisa julgada que se formara no Brasil. Não importa que a sentença nacional haja transitado em julgado *depois* da estrangeira.

---

39 Na *Súmula da Jurisprudência Predominante* (repositório das teses jurídicas consagradas pela Corte), reza o nº 420: "Não se homologa sentença proferida no estrangeiro sem prova do trânsito em julgado".

40 PAULO CEZAR ARAGÃO, ob. e v. cit., p. 223/4, com menção de precedentes em a nota 244; BARBOSA MOREIRA, relatório cit., *in Justice and Efficiency,* p. 213.

41 PAULO CEZAR ARAGÃO, ob. e v. cit., p. 235, também com indicação de precedentes (notas 279 e 280).

42 BARBOSA MOREIRA, *Comentários ao Código de Processo Civil,* v. V, 5ª ed., Rio, 1985, p. 99; PAULO CEZAR ARAGÃO, ob. e v. cit., p. 173; ARRUDA ALVIM, art. cit., *in Revista de Processo,* v. 7/8, p. 36; Supremo Tribunal Federal, Sentença Estrangeira nº 1.874, 12-5-1956, *in Revista Trimestral de Jurisprudência,* v. 38, p. I; Sentença Estrangeira nº 2.727 (Agravo Regimental), 9-4-1981, *ibid.,* v. 97, p. 1005.

4.4. O "sistema de limites": preservação da soberania nacional, da ordem pública e dos bons costumes

Não é só a falta de qualquer dos requisitos acima discriminados que impede a homologação de sentença estrangeira. Tampouco será ela homologada, se ofender a soberania nacional, a ordem pública e os bons costumes (Lei de Introdução ao Código Civil, art. 17; Regimento Interno do Supremo Tribunal Federal, art. 216). Por meio dessa fórmula, consagra-se um "sistema de limites" que abre ao Supremo Tribunal Federal, em certa medida, a possibilidade de examinar o conteúdo da sentença estrangeira, embora para fim diverso daquele que se tem em vista nos ordenamentos jurídicos em que se procede ao controle da justiça ou injustiça do julgamento. Aqui se visa, tão somente, a recusar a colaboração da Justiça nacional para o cumprimento de decisões incompatíveis com os princípios políticos, éticos, sociais, que estão na base mesma da organização do Brasil como Estado.

"Soberania nacional", "ordem pública" e "bons costumes" são, à evidência, conceitos jurídicos indeterminados, que comportam notável flexibilidade em sua utilização pelos órgãos judiciais. De longe o mais frequentemente empregado, na matéria de que se trata, é o de «ordem pública», que, há quem diga[43], a rigor compreenderia os outros dois.

A grande fonte de decisões informadas pelo fito de preservar a ordem pública, em nosso país, era constituída, tradicionalmente, pelas sentenças estrangeiras de divórcio[44]. Preocupava-se o Supremo Tribunal Federal em neutralizar manobras de que se valiam casais brasileiros ou domiciliados 'no País, para conseguirem a dissolução do vínculo matrimonial, impossível aqui; com tal propósito, negava homologação às sentenças proferidas nesse sentido por outras Justiças, às quais recorriam os interessados, em geral mediante transferências de domicílio adrede efetuadas. Como já se observou *(supra,* 4.1), a questão perdeu relevância após a instituição do divórcio no Brasil.

---

43 PAULO CEZAR ARAGÃO, ob. e v. cit., p. 228.

44 "O divórcio é a questão clássica da ordem pública no Direito Internacional Privado", escreve JACOB DOLINGER, *A evolução da ordem pública no Direito Internacional Privado,* Rio, 1979, p. 180 (v., nas p. 192 e s., um resumo do itinerário percorrido no assunto pela jurisprudência do Supremo Tribunal Federal, desde o princípio do século).

Um caso em que, modernamente, se tem recorrido ao argumento da contrariedade à ordem pública é o das sentenças estrangeiras desprovidas de fundamentação explícita. Semelhante atitude começou a ser adotada pelo Supremo Tribunal Federal antes mesmo que a exigência da motivação, feita em leis processuais brasileiras (por exemplo, Código de Processo Civil, art. 458, nº II), fosse elevada ao nível de garantia constitucional (Constituição da República de 5-10-1988, art. 93, nº IX, com expressa sanção de nulidade para a inobservância da norma)[45].

5. O processo de homologação

Legitima-se a requerer a homologação qualquer das pessoas para as quais possa surtir efeitos no Brasil a sentença estrangeira: as partes (vencedora ou vencida) do processo (ou seus sucessores) e mesmo terceiros suscetíveis de serem atingidos em sua esfera jurídica, de acordo com o ordenamento do Estado de origem. Devem ser citados, em princípio, todos aqueles contra quem se possa fazer valer a sentença homologanda.

O procedimento está disciplinado nos arts. 218 e 223 do Regimento Interno do Supremo Tribunal Federal. A petição inicial há de conter as indicações exigidas pela lei processual e ser instruída com a certidão ou cópia autêntica do texto integral da sentença estrangeira e com outros documentos indispensáveis, traduzidos e autenticados (art. 218). Incumbe ao Presidente do Supremo Tribunal Federal examinar a petição, para verificar se preenche os requisitos mencionados e não contém "defeitos e irregularidades que dificultem o julgamento"; sendo necessário, concederá ao requerente o prazo de dez dias para emendar ou completar a peça, sob pena de indeferimento (art. 219, *caput).*

Deferida a inicial, cita(m)-se o(s) requerido(s) para contestar em quinze dias - por oficial de justiça, se domiciliado no Brasil; se no estrangeiro, pela forma estabelecida na lei do outro país, mediante carta rogatória; por edital, caso se encontre o citando "em lugar ignorado, incerto ou inacessível" (art. 220 e seus parágrafos). A contestação só po-

---

45 V. a decisão do Presidente da Corte, de 12-8-1980, Sentença Estrangeira nº 2.521, *in Revista Trimestral de Jurisprudência,* v. 95, p. 34; em data mais recente, o Acórdão de 3-9-1986, Sentença Estrangeira nº 3.262, *ibid.,* v. 119, p. 598. Critica tal orientação, por excesso de rigor, JACOB DOLINGER, trab. cit. em a nota 16 (escrito, convém esclarecer, anteriormente à atual Constituição).

derá versar, quanto ao mérito, sobre a autenticidade dos documentos, a inteligência da sentença e a observância dos requisitos de homologabilidade (art. 221, *caput);* ao requerido não aproveitará qualquer alegação concernente à injustiça da sentença, nem a vícios do processo estrangeiro, ressalvados apenas os que o direito brasileiro considera impeditivos da homologação. Se o requerido for incapaz ou ficar revel, dar-se-lhe-á curador especial, que será pessoalmente notificado (art. 221, § 1º). Apresentada que seja a contestação, admitir-se-á réplica em cinco dias (art. 221, § 2º). Em qualquer caso, ouvir-se-á em seguida o Procurador-Geral da República, que emitirá parecer em dez dias (art. 221, § 3º).

Daí em diante, bifurca-se o procedimento em dois esquemas distintos, consoante haja ou não haja impugnação, por parte do requerido, do curador especial ou do Procurador-Geral da República. Se a houver, passa ao Plenário da Corte a competência, distribuindo-se o processo a um relator (art. 223, *caput),* a quem caberão os demais atos relativos ao andamento e à instrução da causa, bem como o pedido de dia para julgamento (art. 223, parágrafo único). Não havendo impugnação, tocará ao próprio Presidente decidir sobre o pedido de homologação da sentença estrangeira (art. 222, *caput).* A decisão que porventura a negue é passível de agravo regimental para o Plenário (art. 222, parágrafo único).

Homologada que seja, converte-se a sentença estrangeira, se for o caso, em título para a instauração de execução no território brasileiro (Código de Processo Civil, art. 584, nº IV). A execução obedecerá às normas aplicáveis à de sentença nacional da mesma natureza (art. 484; cf. Regimento Interno do Supremo Tribunal Federal, art. 224). Pertence aos juízes federais a competência para o processo executivo, no primeiro grau de jurisdição (Constituição da República, art. 109, nº X).

Pode suceder que a sentença homologada não comporte *execução,* no sentido técnico, mas deva ser cumprida por meio de algum ato de registro, ou qualquer outro. Aqui também se observarão as mesmas regras que se teriam de observar se se tratasse de sentença brasileira de igual conteúdo.

6. Laudos arbitrais estrangeiros

O reconhecimento de laudos arbitrais estrangeiros, para produção de efeitos no Brasil, obedece à mesma disciplina aplicável às sentenças proferidas noutros países. O Brasil não é signatário da Convenção de Nova Iorque, de 10-6-1958, sobre a matéria.

De acordo com jurisprudência firme do Supremo Tribunal Federal, a homologação de laudo arbitral estrangeiro pressupõe necessariamente que ele haja sido homologado pela Justiça do Estado de origem[46]. Essa exigência cria problema de certa gravidade. Nem todas as legislações impõem a homologação judicial para equiparar a eficácia do laudo à de uma sentença. Ora, o que se tem de verificar é se a decisão estrangeira preenche os requisitos necessários para produzir, *no Brasil,* a eficácia que lhe reconhece, no outro país, o respectivo ordenamento. A rigor, portanto, cumpriria distinguir: se, no Estado estrangeiro, só mediante homologação judicial se assimila o laudo a uma sentença, esse requisito é indispensável; se porém, o Estado estrangeiro atribui tal eficácia ao laudo, independentemente de homologação judicial, não há razão para subordinar a esta o reconhecimento da eficácia do laudo no território brasileiro[47].

Dezembro de 1991.

COMENTÁRIOS DO ATUALIZADOR

PROBLEMAS RELATIVOS A LITÍGIOS INTERNACIONAIS

Paulo Henrique dos Santos Lucon

O texto em questão foi originalmente elaborado como um relatório do direito brasileiro para o "International Symposium on Civil Justice in the era of Globalization" ocorrido em 1992. Tendo em vista esse destino, o texto se debruça sobre algumas das principais questões

46 V. os Acórdãos de 3-6-1970, Sentença Estrangeira nº 1.982, *in Revista Trimestral de Jurisprudência,* v. 54, p. 714; 18-11-1971, Sentença Estrangeira nº 2.006, *ibid., v.* 60, p. 28; e a decisão do Presidente da Corte, de 30-6-1979, Sentença Estrangeira nº 2.178, *ibid., v.* 91, p. 48. Cf. LUIZ OLAVO BAPTISTA, Notas sobre homologação de laudos arbitrais estrangeiros em direito brasileiro, *in Revista dos Tribunais,* v. 552, p. 271.

47 Cf. PONTES DE MIRANDA, ob. cit., t. VI, 1ª ed., Rio, 1974, p. 480; BARBOSA MOREIRA, ob. e v. cit. em a nota 41, p. 74.

que envolvem o relacionamento da jurisdição brasileira com suas congêneres estrangeiras.

Em primeiro lugar, Barbosa Moreira faz uma análise do tema relativo aos limites da jurisdição brasileira. Para tanto, são destacadas algumas implicações da disciplina então vigente dos arts. 88 e 89 do Código de Processo Civil de 1973, que estabeleciam as hipóteses de competência concorrente e exclusiva da jurisdição brasileira respectivamente. Como destacado, a principal diferença entre essas hipóteses reside na impossibilidade de serem homologadas decisões estrangeiras cujo conteúdo diga respeito apenas à competência exclusiva da jurisdição brasileira, de modo que "nenhuma relevância pode assumir, para o Brasil, o fato de vir a ser proposta a ação perante órgão judicial de outro país".

No Código de Processo Civil de 2015, esse tema é disciplinado pelos arts. 21 e 22, que estabelecem as hipóteses de competência concorrente, e pelo art. 23, que estatui os casos de competência exclusiva da jurisdição brasileira.

A partir da comparação entre esses diplomas legislativos, constata-se, em primeiro lugar, que o Código de Processo Civil de 2015 ampliou as hipóteses de competência concorrente da jurisdição nacional. Com efeito, as hipóteses previstas no art. 22, do atual CPC, não estavam previstas no Código revogado, motivo pelo qual merecem ser aqui destacadas.[48]

Segundo o art. 22, inc. I do CPC/2015, os juízes brasileiros poderão processar e julgar demandas de alimentos, se o credor tiver domicílio ou residência no Brasil, ou se o réu mantiver alguma espécie de vínculo com o país. As espécies de vínculos indicadas no art. 22, inc. I, "b" são meramente exemplificativas (posse ou propriedade, recebimento de renda ou benefício econômico). Outras hipóteses de ligação do réu com o país que não de natureza econômica podem autorizar a jurisdição brasileira a processar a ação de alimentos. Pense-se, por exemplo, na hipótese de o devedor de alimentos ser locatário de um imóvel situado no Brasil. Não se trata de posse nem de propriedade, mas a ação de alimentos poderá ter curso no Brasil dada a prevalência dos interesses do alimentando. Visa esse dispositivo, portanto, a tutelar

48 Paulo Henrique dos Santos Lucon, "Comentários aos arts. 21 a 25" in Código de Processo Civil Interpretado (org. Antonio Carlos Marcato), *no prelo*.

o alimentando, que, como se sabe, encontra-se em uma situação de vulnerabilidade e necessita, portanto, ter facilitado o seu acesso às vias jurisdicionais.

Já de acordo com o art. 22, inc. II do CPC/2015, podem ser processadas e julgadas perante a jurisdição brasileira demandas decorrentes de relações de consumo, desde que o consumidor tenha domicílio ou residência no Brasil. Tal dispositivo está em consonância com a orientação político-jurídica do Código de Defesa do Consumidor de facilitar o acesso e a defesa do consumidor em juízo (CDC, art. 6º). Além disso, tal dispositivo complementa o disposto no art. 101, inc. I, do CDC que estabelece o domicílio do consumidor como o competente para o processamento de demandas fundadas em relações de consumo. Enquanto o art. 101, inc. I, do CDC aplica-se às questões internas de competência, o art. 22, inc. II, do CPC atribui poder à jurisdição brasileira para processar as causas derivadas de relação de consumo internacional, se o consumidor tiver domicílio ou residência no Brasil.

Consumidor, como se sabe, é toda pessoa física ou jurídica que adquire ou utiliza determinado produto ou serviço como destinatário final (CDC, art. 2º). Resta assegurado, portanto, com esse dispositivo, o acesso à tutela jurisdicional ao consumidor domiciliado ou residente no Brasil que celebra todo tipo de contrato de consumo internacional.

Por fim, o art. 22, inc. III, do CPC/2015 prevê que as partes, expressa ou tacitamente, podem submeter a resolução de seus litígios à jurisdição nacional. Por ser a jurisdição uma forma de manifestação das funções e da soberania estatal, a princípio, pode-se afirmar que ela poderia se manifestar a respeito de qualquer causa. No entanto, a prestação jurisdicional só se justifica na medida em que o seu pronunciamento possa ser efetivamente concretizado pelo ordenamento jurídico nacional (princípio da efetividade).

Assim, como destaca a doutrina não há interesse jurídico do Estado: "a) nas causas cuja decisão demande a aplicação de direito nacional, mas cuja sentença só possa ser utilmente executada no exterior, em território de Estado que, em geral ou no caso particular, não reconheça eficácia à sentença estrangeira, b) nas causas cuja decisão demande a aplicação de direito estrangeiro e cuja sentença não tenha que produzir efeitos dentro do território nacional e c) nas execuções de sentença ou título executivo extrajudicial que devam versar sobre bens situados, ou pessoas domiciliadas fora do território nacional, bem como as execuções de título executivo extrajudicial que não indicar o Brasil como local de cumprimento da obrigação".[49]

Em outras palavras, "sabido que em tese a jurisdição não teria limites, cabe ao Estado definir o alcance de sua justiça baseado em considerações de ordem prática, tendo em mente que o seu poder de julgar precisa se conformar à sua capacidade de tornar efetiva a decisão proferida".[50] No entanto, como bem destaca Barbosa Moreira em seu texto não é usual encontrar-se na prática da jurisprudência brasileira manifestações com a aplicação desse princípio.

Com relação à disciplina da competência exclusiva da jurisdição brasileira, o Código de Processo Civil de 2015 não promoveu maiores alterações em comparação ao Código anterior. De acordo com o art. 23 do CPC/2015, compete à jurisdição brasileira, com exclusão de qualquer outra, processar e julgar as ações relativas a (I) imóveis situados no Brasil; (II) à confirmação de testamento particular; (III) ao inventário e partilha de bens situados no Brasil, ainda que o autor da herança seja de nacionalidade estrangeira ou tenha domicílio fora do território nacional; e (IV) a partilha de bens situados no Brasil nas ações de divórcio, separação judicial ou dissolução de união estável, ainda que o titular do bem seja de nacionalidade estrangeira ou tenha domicílio fora do país.

Como já destacado, essas hipóteses não admitem a homologação de sentença, caso sejam objeto de manifestação por jurisdição estrangeira. Do mesmo modo, não podem as partes celebrar negócio jurídico processual que vise a alterar o disposto neste artigo. Oportuno ressaltar, no entanto, orientação da jurisprudência do Superior Tribunal de Justiça que admite a homologação de sentença estrangeira que, ao versar sobre a partilha de imóveis situados no Brasil, tão somente convalida acordo prévio celebrado entre as partes a respeito (*v.g.*, SEC 8.106/EX). Nesse sentido, veja-se, por exemplo, a seguinte *ratio decidendi:* "não ofende a soberania nacional e a ordem pública o título judicial estrangeiro que dispõe acerca de bem localizado no Brasil, o qual apenas

---

49 José Ignácio Botelho de Mesquita. Teses, Estudos e Pareceres de Processo Civil, v.2, São Paulo, RT, 2005, pp. 65.

50 Nádia de Araujo, "O novo Código de Processo Civil e a arbitragem internacional", in Revista de Arbitragem e Mediação, ano 12, n. 46, pp. 277-286.

tenha ratificado o acordo celebrado entre as partes e que não viole as regras de direito interno brasileiro" (STJ, SEC 6.894/EX).

Para complemento da análise relativa aos limites da jurisdição nacional segundo o Código de Processo Civil de 2015, oportuno também destacar o disposto em seus arts. 24 e 25. O primeiro deles disciplina o denominado fenômeno da "litispendência internacional". De acordo com o art. 24 do CPC/2015, "a ação proposta perante tribunal estrangeiro não induz litispendência e não obsta a que a autoridade judiciária brasileira conheça da mesma causa e das que lhe são conexas, ressalvadas as disposições em contrário de tratados internacionais e acordos bilaterais em vigor no Brasil". Em complementação, o parágrafo único desse artigo prevê que "a pendência de causa perante a jurisdição brasileira não impede a homologação de sentença judicial estrangeira quando exigida para produzir efeitos no Brasil".

Ou seja, a pendência de uma demanda em jurisdição outra que não a brasileira não impede que perante o ordenamento jurídico brasileiro seja proposta demanda com os mesmos elementos identificadores, ou com elementos conexos à demanda estrangeira, exceção feita aos tratados internacionais em que o Brasil figura como signatário. Não fosse assim, verificar-se-ia uma limitação à soberania estatal, já que o exercício de um poder estatal acabaria limitado por uma jurisdição estrangeira.

Por óbvio, tal dispositivo tem especial relevância para as hipóteses previstas nos artigos 21 e 22 do Código que versam sob os casos de competência concorrente. Dada a possibilidade dessa tramitação simultânea de demandas idênticas em jurisdições distintas, será considerada apta à produção de todos seus efeitos a decisão que primeiro transitar em julgado perante o ordenamento jurídico brasileiro. Nesse sentido, se o trânsito em julgado do processo de homologação da sentença estrangeira ocorrer em momento anterior ao encerramento definitivo da ação originalmente proposta na jurisdição brasileira, será essa decisão estrangeira que se tornará vinculante e deverá ser obrigatoriamente observada pelo direito brasileiro.

Já o art. 25, do Código de Processo Civil de 2015, prevê que "não compete à autoridade judiciária brasileira o processamento e o julgamento da ação quando houver cláusula de eleição de foro exclusivo estrangeiro em contrato internacional, arguida pelo réu na contestação". Ou seja, não sendo exclusiva da jurisdição brasileira a competência para o processamento e julgamento de uma determinada questão, possível a previsão de cláusula de eleição de foro para excluir sua apreciação da jurisdição brasileira. Sendo possível tal convenção, deve-se analisar qual postura deve tomar o juízo brasileiro ao qual se submete um litígio que contenha cláusula de eleição dessa natureza.

Nesses casos, compete ao Poder Judiciário brasileiro extinguir o processo sem resolução de mérito. Aplica-se aqui, por analogia, a mesma lógica que informa o disposto nos arts. 485, inc. VII do CPC e 8º, parágrafo único, da Lei nº 9.307/1996. De acordo com esses dispositivos, a opção das partes em submeter seu litígio à via arbitral retira qualquer atribuição da jurisdição estatal para se manifestar sobre o assunto. Do mesmo modo, em atenção à autonomia da vontade, a opção das partes em submeter seu litígio à jurisdição estrangeira retira da jurisdição brasileira qualquer atribuição para se manifestar sobre o assunto.

Como destaca Carmen Tibúrcio, "a eleição de foro internacional em seus efeitos positivos, atribui a determinado Judiciário o poder de julgar determinado litígio; já em seus efeitos negativos, subtrai da apreciação do Judiciário local o poder de decidir aquela controvérsia".[51] Portanto, quando não se está diante de hipótese de competência exclusiva, a presença de cláusula de eleição de foro, observados seus requisitos formais, exclui qualquer atribuição da jurisdição brasileira para processar a demanda e se pronunciar sobre o assunto.

Após analisar as questões relativas aos limites da jurisdição brasileira, o segundo grande tema destacado por Barbosa Moreira em seu texto atine às formas de comunicação entre a jurisdição brasileira e as jurisdições estrangeiras para a prática dos mais diversos atos processuais, como a citação ou a produção de provas, por exemplo. A respeito desse assunto, é preciso destacar uma importante inovação introduzida pelo Código de Processo Civil de 2015. Trata-se do denominado *auxílio direto*, previsto entre os arts. 28 e 34 do Código.[52] De acordo com o art. 28, "cabe auxílio direto quando a medida não decorrer diretamente de decisão de autoridade jurisdicional estrangeira a ser submetida a juízo de delibação no Brasil".

---

51 Carmen Tibúrcio. *Extensão e limites da jurisdição brasileira. Competência internacional e imunidade de jurisdição*. Salvador: JusPodivm, 2016, pp. 165 e ss.

52 Paulo Henrique dos Santos Lucon, "Comentários aos arts. 28 a 34" in Código de Processo Civil Interpretado (org. Antonio Carlos Marcato), *no prelo*.

Com efeito, duas são as formas por meio das quais se podem realizar atos de cooperação jurídica internacional; por meio da expedição de cartas rogatórias ou pela via dos pedidos de auxílio direto. O que diferencia tais formas é a natureza do ato a ser praticado e a consequente necessidade ou não de homologação pelo Superior Tribunal de Justiça. O auxílio direto é espécie de cooperação jurídica internacional que não envolve o cumprimento de decisões jurisdicionais estrangeiras, as quais demandariam, portanto, a realização de um juízo de delibação pelo Superior Tribunal de Justiça para produzirem efeitos perante a jurisdição nacional. Só é possível o auxílio direto, portanto, nos casos em que não se formula pedido de execução de decisão judicial estrangeira. O pedido de auxílio direto será ativo nos casos em que o Brasil requerer tal modo de cooperação internacional ou passivo nas hipóteses em que um Estado estrangeiro requerer ao Brasil auxílio dessa natureza.

A cooperação internacional pela via do auxílio direto compreende uma fase de comunicação entre os Estados e uma fase interna de cumprimento e efetivação das medidas requeridas. De acordo com o art. 31, do Código, "a autoridade central brasileira comunicar-se-á diretamente com suas congêneres e, se necessário, com outros órgãos estrangeiros responsáveis pela tramitação e pela execução de pedidos de cooperação enviados e recebidos pelo Estado brasileiro, respeitadas disposições específicas constantes de tratado". Nesse sentido, registre-se que, entre os artigos 29 a 34 do Código de Processo Civil está regulado o procedimento a ser observado para que esse tipo de cooperação internacional se realize. Podem ser requeridas por esta via, por exemplo, informações a respeito do ordenamento jurídico de um país ou sobre processos administrativos ou jurisdicionais findos ou em curso.

O art. 30 do CPC/2015, em particular, estabelece a matéria que poderá ser versada em pedido de auxílio direto. Trata-se de rol não exaustivo como revelam o *caput* desse dispositivo legal, que prevê a possibilidade de tratados internacionais disciplinarem essa matéria, e o inc. III, por sua vez, apresenta uma cláusula de encerramento, segundo a qual qualquer medida judicial ou extrajudicial não proibida pela lei brasileira poderá ser requerida pela via do auxílio direto. Cumpre ressaltar, em primeiro lugar, a constitucionalidade do auxílio direto, porque, embora a Constituição Federal atribua ao Superior Tribunal de Justiça competência para homologação de decisões estrangeiras, essa competência não exclui a possibilidade de serem praticados outros atos de cooperação por outras vias.

Como já destacado, podem ser veiculadas pelo auxílio direto informações sobre o ordenamento jurídico e a respeito de processos administrativos ou judiciais. Incluem-se, aí, portanto, informações sobre a legislação vigente, bem como sobre as manifestações doutrinárias e as orientações jurisprudenciais aplicáveis. Por se tratar de medidas de natureza meramente administrativa, dúvida não surge quanto à viabilidade e à adequação desses pedidos. Ademais, podem, também, ser formulados pela via do auxílio direto, segundo o art. 30, inc. II, do Código, pedidos de colheita de provas, contanto que essas provas não digam respeito a processos de competência exclusiva da jurisdição brasileira, que esse pedido não tenha origem em processo já em curso na jurisdição estrangeira, hipótese em que teria de ser observado regime previsto para o cumprimento de cartas rogatórias e desde que a produção dessa prova não ofenda a ordem pública nacional.

A propósito, no Código de Processo Civil de 2015, a disciplina a ser observada para emissão e cumprimento de cartas rogatórias está prevista no art. 36 e 960 e ss. do Código.[53] De acordo com o art. 36, "o procedimento da carta rogatória perante o Superior Tribunal de Justiça é de jurisdição contenciosa e deve assegurar às partes as garantias do devido processo legal". Os §§1° e 2° desse artigo, ademais, estabelecem respectivamente que "a defesa restringir-se-á à discussão quanto ao atendimento dos requisitos para que o pronunciamento judicial estrangeiro produza efeitos no Brasil" e que "em qualquer hipótese, é vedada a revisão do mérito do pronunciamento judicial estrangeiro pela autoridade judiciária brasileira".

Com efeito, por questão de respeito à soberania nacional, o cumprimento de decisões proferidas por órgãos jurisdicionais estrangeiros precisa ser homologado pelo Superior Tribunal de Justiça para ter eficácia no Brasil. Fala-se que a competência é do Superior Tribunal de Justiça, porquanto a Emenda Constitucional n° 45/2004 alterou o regime anterior, que previa a instauração do procedimento perante o Supremo Tribunal Federal (art. 105, I, alínea i, da CF). A Resolução n. 9 do Superior Tribunal de Justiça, em complementação ao art. 105, inc. I, "i" da Constituição Federal, estabelece o procedimento para o processamento de cartas rogatórias no âmbito desse Tribunal.

---

53 Paulo Henrique dos Santos Lucon, "Comentários ao art. 36" in Código de Processo Civil Interpretado (org. Antonio Carlos Marcato), *no prelo*.

Carta rogatória, como se sabe, designa o instrumento por meio do qual uma autoridade estrangeira solicita à autoridade de outro país o cumprimento de uma determinada providência processual.[54] Assim, de acordo com o art. 2º dessa Resolução é atribuição do Presidente do Tribunal conceder *exequatur* às cartas rogatórias. O art. 6º dessa Resolução, por seu turno, estabelece que não se concederá o *exequatur* – a autorização para que se cumpra a solicitação estrangeira – se se verificar ofensa à soberania ou à ordem pública nacional. Em atenção ao contraditório, o art. 8º da Resolução concede à parte interessada o prazo de quinze dias para impugnar o cumprimento da carta rogatória. A oitiva prévia da parte interessada apenas não ocorrerá, se isso comprometer a eficácia da cooperação internacional (Res. 9/STJ, art. 8º, parágrafo único).

Como matéria de impugnação, poderá ser alegado apenas o não atendimento dos requisitos necessários para a concessão do *exequatur*, não competindo ao Poder Judiciário brasileiro, portanto, qualquer pronunciamento a respeito do mérito da solicitação requerida pela autoridade estrangeira. É possível, ademais, a concessão de *exequatur* para cartas rogatórias que visem a dar cumprimento à tutela provisória concedida sem a manifestação da parte. Nesse caso, deverá o Superior Tribunal de Justiça averiguar a possibilidade de efetivação do contraditório diferido no Estado requerente. Se isso não ocorrer, o *exequatur* não deve ser concedido, pois tal como dispõe o art. 26 do CPC de 2015 a cooperação internacional deve também observar o respeito às garantias do devido processo legal no Estado requerente.

Com a concessão do *exequatur* a carta rogatória será remetida para cumprimento pelo juízo federal competente (Res. 9/STJ, art. 13). Caso isso não ocorra, deverá o Superior Tribunal de Justiça providenciar a devolução da carta ao Estado requerente sem dar a ela o cumprimento solicitado. Os requisitos para a concessão de *exequatur* às cartas rogatórias estão previstos nos arts. 962 e 963 do CPC. Na medida em que esses requisitos são igualmente exigidos para a homologação de sentença estrangeira, eles serão a seguir destacadas. Antes, porém, é preciso ressaltar as considerações do Professor Barbosa Moreira a respeito desse tema que encerra o seu texto.

---

54 V., a propósito, interessante estudo do saudoso Min. Teori Albino Zavascki, Cooperação jurídica internacional e a concessão de exequatur, in Revista de Processo, vol. 183/2010, pp. 9-24, mai. 2010.

A par das alterações constitucionais e legislativas que modificaram o procedimento para homologação de sentenças estrangeiras, as principais reflexões do Professor Barbosa Moreira a respeito desse assunto permanecem atuais, em particular no que diz respeito à avaliação sobre os requisitos que autorizam a homologação da decisão estrangeira. Vejamos isso a partir dos requisitos estabelecidos pela Resolução n. 9/2005 do Superior Tribunal de Justiça e pelo Código de Processo Civil para homologação das decisões estrangeiras. De acordo com essas fontes, constituem requisitos indispensáveis à homologação da decisão estrangeira (I) ter sido ela proferida por autoridade competente; (II) ter havido a citação regular, ainda que verificada revelia; (III) ser a decisão eficaz no país em que proferida; (IV) não ofender a decisão a coisa julgada brasileira; (V) estar acompanhada de tradução, salvo se de modo diverso estiver estabelecido em tratado de que o Brasil seja signatário e (VI) não haver manifesta ofensa à ordem pública nacional.

O último desses requisitos, por certo, é o que enseja maiores controvérsias ou discussões, pois como destaca Barbosa Moreira "'soberania nacional', 'ordem pública' e 'bons costumes' são, à evidência, conceitos jurídicos indeterminados, que comportam notável flexibilidade em sua utilização pelos órgãos judiciais". Independente disso, o Professor Barbosa Moreira fornece importante orientação para observância desse requisito que, de acordo com ele, "visa, tão somente, a recusar a colaboração da Justiça nacional para o cumprimento de decisões incompatíveis com os princípios políticos, éticos, sociais, que estão na base mesma da organização do Brasil como Estado".

Por fim, em se tratando de sentença arbitral estrangeira,[55] o art. 35 da Lei 9.307/96 estabelece que "para ser reconhecida ou executada no Brasil, a sentença arbitral estrangeira está sujeita, unicamente, à homologação do Superior Tribunal de Justiça". A petição inicial do pedido de homologação será instruída com o original da sentença arbitral ou uma cópia certificada pelo consulado brasileiro acompanhada de tradução oficial e com o original da convenção de arbitragem ou cópia certificada, acompanhada de tradução oficial (Lei n. 9.307/96, art. 37).

O Superior Tribunal de Justiça apenas poderá recusar a homologação quando o réu demonstrar que: (I) as partes que celebraram a con-

---

55 Paulo Henrique dos Santos Lucon, "Comentários ao art. 21" in Código de Processo Civil Interpretado (org. Antonio Carlos Marcato), *no prelo*.

venção eram incapazes; (II) a convenção de arbitragem não era válida de acordo com a lei à qual as partes a submeteram, ou, na falta de indicação, em virtude da lei do país onde a sentença arbitral foi proferida; (III) não foi notificado da designação do árbitro ou do procedimento arbitral, ou que tenha sido violado o contraditório; (IV) a sentença arbitral foi proferida fora dos limites da convenção; (V) a instituição da arbitragem não está de acordo com o compromisso arbitral ou com a cláusula compromissória; (VI) a sentença arbitral não se tenha, ainda, tornado obrigatória para as partes, tenha sido anulada, ou, ainda, suspensa por órgão judicial do país onde foi prolatada.

Além disso, também será negada a homologação da sentença arbitral estrangeira, se o Superior Tribunal de Justiça constatar que segundo a lei brasileira, o objeto do litígio não é suscetível de ser resolvido por arbitragem, ou se a sentença arbitral estrangeira ofender a ordem pública nacional (Lei n. 9.307/96, art. 39). Nesse sentido, não se considera ofensa à ordem pública nacional a citação realizada nos moldes da convenção de arbitragem ou da lei processual do país onde se realizou a arbitragem desde que se assegure à parte brasileira tempo hábil para o exercício do direito de defesa. Se a homologação da sentença arbitral estrangeira for recusada em virtude de vícios formais, a parte interessada poderá renovar o pedido quando o vício em questão for sanado (Lei n. 9.307/96, art. 40).

Não obstante as importantes inovações da legislação brasileira sobre o tema dos litígios internacionais e nacionais com reflexos no exterior, o texto de Barbosa Moreira mostra-se atual e com grande aplicação prática.

LA INICIATIVA EN LA DEFENSA JUDICIAL DE LOS INTERESES DIFUSOS Y COLECTIVOS (UN ASPECTO DE LA EXPERIENCIA BRASILENA)[1]

1. Uno de los más importantes instrumentos de tutela jurisdiccional de los intereses difusos y colectivos, en el derecho brasileno, lo constituye la "acción civil pública", creada por la Ley nº 7.347, de 24-7-1985. El art. 1º de dicha ley, en su redacción primitiva, se refería solamente a la "responsabilidad por danos causados al ambiente (nº I), al consumidor (nº II), a bienes y derechos de valor artístico, estético, histórico, turístico y paisagístico" (nº III). La Ley nº 8.078, de 11-9-1990 (Código de Defensa del Consumidor), anadió el actual nº IV, *verbis:* "a cualquier otro interés difuso o colectivo". Se pus o de resalto con ello la generalidad del campo de actuación de la "acción civil pública", la cual - cabe observar de paso - aun sin tal anadidura ya poseía la virtud de cubrir por lo menos la inmensa mayoría de Ias hipótesis prácticamente relevantes de la problemática relativa a sendas intereses.

Los conceptos de "interés difuso" y de "interés colectivo", desde hace mucho empleados por la doctrina, aunque no siempre en forma unívoca[2], están ahora, entre nosotros, legalmente fijados. En efecto, el art. 81, párrafo único, de la Ley nº 8.078, define ambas categorías: *difusos* son los intereses "transindividuales" de naturaleza indivisible, de que sean sujetos personas indeterminadas y ligadas por circunstancias de hecho" (nº I); *colectivos* son los intereses "transindividuales, de naturaleza indivisible, de que sea sujeto un grupo, una categoría o una clase de personas ligadas entre sí o con la parte contraria por una relación jurídica - base". Es fácil notar que hay dos características comunes: la

---

1 Comunicação às XIII Jornadas Ibero-Americanas de Direito Processual (Cuernavaca, México, 1992). Publicada na *Revista de Derecho Procesal* (espanhola), nº 3/92, na *Revista Uruguaya de Derecho Procesal,* nº 2/92, na *Revista del Instituto Colombiano de Derecho Procesal,* nº 12/13, e na *Revista de Processo,* nº 68.

2 Lo subrayábamos en más de un trabajo anterior sobre el tema: *v.g., Legitimación para la defensa de los intereses difusos,* publicado (en traducción castellana de AUGUSTO MARIO MORELLO) en las memorias del XI Congreso Nacional (argentino) de Derecho Procesal, La Plata, 1981, t. II, p. 1.228.

"transindividualidad" y la "naturaleza indivisible", lo que significa que los interesados se hallan siempre en una especie de comunión tipificada por el hecho de que la satisfacción de uno solo implica necesariamente la satisfacción de todos, así como la lesión de uno solo constituye, *ipso jacto,* lesión de la entera comunidad. Pero en el segundo caso existe algo que falta en el primero: una relación jurídica - base entre los interesados, o entre estos y un tercero ("la parte contraria"). Se calificará como difuso, por ejemplo, el interés de los habitantes de cierta región en la preservación de la pureza del agua de los ríos que la bafian, indispensable para el uso personal y doméstico; será colectivo, en cambio, el interés de los estudiantes de una universidad en la regularidad de las clases.

En realidad, la distinción consagrada es desprovista de importancia práctica a los efectos de la admisibilidad de la "acción civil pública". Sea como fuere, el análisis de la casuística forense, a lo largo de los últimos años, muestra que semejante instrumento viene siendo utilizado sobre todo para la defensa judicial de intereses difusos, de manera particular en materia de tutela del ambiente - inclusive antes de la Ley nº 8.078 - y en el ámbito de la defensa del consumidor.

2. El legislador brasileño tuvo que tomar posición frente a los "puntos sensibles" de la problemática de los intereses de que estamos tratando. Como nadie ignora, uno de ellos es la cuestión de la legitimación para obrar[3]. El art. 5º de la Ley nº 7.347 adoptó al respecto una solución ecléctica. Están legitimados el Ministerio Público, la Unión Federal, los Estados-miembros, los Municipios, las autarquías, las empresas públicas, las fundaciones, las sociedades de economía mixta y las asociaciones civiles constituídas desde hace por lo menos un año, que tengan entre sus fines institucionales la protección del ambiente, del consumidor, del patrimonio artístico, estético, histórico, turístico y paisagístico, o de cualquier otro interés difuso o colectivo[4].

3 Cf. DENTI, Aspetti processuali della tutela dell'ambiente, en el vol. *La responsabilità dell'impresa per* i *danni all'ambiente e al consumatori,* Milano, 1978, p. 58, donde se menciona la *legitimatio ad causam* como *"la questione centrale"* entre las *"che toccano più da vicino la técnica del processo".* Nada menos que una monografía entera fue dedicada por VIGORITI al estudio de dicha cuestión: *Interessi collettivi e processo. La legittimaziane ad agire,* Milano, 1979.

4 La parte final ("o de cualquier otro interés difuso o colectivo") fue añadida por la Ley nº 8.078.

Tal solución fue confirmada en una norma de la nueva Constitución de la República, de 1988. En efecto, el art. 129, que enumera las "funciones institucionales del Ministerio Público", incluye entre éstas la de ejercitar "la acción civil pública, para la protección del patrimonio público y social, del ambiente y de otros intereses difusos y colectivos" (nº III); y el § 1º agrega que "la legitimación del Ministerio Público para las acciones civiles previstas en este artículo no impide la de terceros, según lo dispuesto en esta Constitución y en la ley".

3. La posición tomada por el derecho brasileño, a nuestro juicio, es correcta, al permitir una conjugación de esfuerzos de órganos públicos e instituciones privadas. Hace ya más de diez afias, en una ponencia para el XI Congreso Argentino de Derecho Procesal, trás exponer las distintas posibilidades que se ofrecen al legislador en lo que atañe a la legitimación para la defensa judicial de intereses difusos y colectivos, decíamos: "Es claro que estas soluciones no se excluyen *a priori* recíprocamente y admiten, por lo menos en tesis, combinaciones de diversos tipos y grados. Como todas presentan, aliado de posibles ventajas, manifiestos inconvenientes, cuando las examinamos cada una por separado, es justamente por media de tales combinaciones que se pueden, con toda probabilidad, alcanzar resultados más positivos[5].

Un sector de la doctrina, principalmente en Italia, se declara escéptico en lo que hace a la utilidad práctica de atribuirse a órganos públicos la misión de defender en juicio los intereses difusos y colectivos[6]. De modo especial, se suele decir del Ministerio Público que su formación y su experiencia funcional no son adecuadas para capacitaria a una actuación eficaz en este campo. En correlación con semejante parecer se manifiesta una fuerte propensión a valorar positivamente el papel de las instituciones privadas, cuya iniciativa merecería mayor confianza.

---

5 Trab. cit. en la nota 1, *supra,* p. 1.231.

6 Por ejemplo: CAPPELLETTI, The Role of the Ministere Public, the Prokuratura, and the Attorney General in Civil Litigation, en el vol. *Public Interest Parties and the Active Role of the Judge in Civil Litigation,* Milano-New York, 1975, p. 32 y s.; Formazioni sociali e interessi di gruppo davanti alia giustizia civile, *in Rivista di diritto processuale,* v. 30, 1975, p. 374 y s. (el autor reiteró su opinión, en fecha aun reciente, 18-11-1991, en una conferencia dictada em Curitiba, Brasil, bajo el título *Problemi di riforma del processo civile nelle società contemporanee);* VIGORITI, ob. cit. en la nota 2, *supra,* p. 235 y s.

4. Sería una evidente exageración afirmar que la "acción civil pública" brasileña, a lo largo de sus casi siete afias de existencia, haya correspondido de manera integral, en todo el anchuroso arco de su posible utilización, a las necesidades y expectativas de la sociedad nacional. Por otra parte, hay que reconocer que ella viene prestando buenos servicios, ante todo en materia de protección jurisdiccional del ambiente y de los consumidores. Sin embargo, estas breves notas no tienen por fin analizar con amplitud los resultados de la aplicación de la Ley nº 7.347, sino enfocar un solo aspecto de tan extensa problemática - justamente el de la iniciativa en la incoación del proceso.

No existen (o no se publicaron) todavía estadísticas generales al respecto, pera los datas que se pueden obtener, aunque parciales y quizás no del todo exactos, no dejan de sefialar una clara tendencia. Ellos ponen de relieve, en efecto, que el número de "acciones civiles públicas" ejercitadas por los órganos públicos - sobre todo por el Ministerio Público - es notablemente superior al de las que se originan de demandas de instituciones privadas. En el Estado de Rio de Janeiro, *v.g.,* casi 100 acciones de ese tipo resultaron hasta ahora de la iniciativa del Ministerio Público, mientras que las ejercitadas por las asociaciones civiles apenas sobrepasan una decena. El panorama es igual en S. Paulo. En materia de protección del consumidor, la relación es de 10 "acciones civiles públicas" de iniciativa privada para 95 del Ministerio Público. Con respecto a cuestiones ambientales, una pesquisa reciente en cien comarcas reveló que la contribución de las asociaciones civiles representa, muy modestamente, poco más de 4% del total de 444 "acciones civiles públicas".

Conviene subrayar que el Ministerio Público, por lo menos en algunos sitias, trató con seriedad de prepararse para ejercer de modo eficiente ese nuevo género de tareas, inclusive mediante la creación de órganos especializados. Muchos miembros de la institución, sobre todo entre los más jóvenes y socialmente comprometidos, dedican a los asuntos de que estamos hablando un interés apasionado. No suena excesivo afirmar que la convocación para actuar en un campo tan lejano de sus preocupaciones tradicionales dió margen, por decirlo así, a una auténtica revitalización del Ministerio Público en el Brasil. Por otra parte, uno de los principales argumentos que se solían oponer a su aptitud para el ejercicio de dichas funciones - el hecho de que las lesiones a intereses difusos y colectivos, ante todo en lo que atañe al ambiente, provienen frecuentemente de las propias autoridades administrativas - perdió mucha fuerza bajo la nueva Constitución, la cual asegura al Ministerio Público una amplia independencia funcional frente al Poder Ejecutivo[7].

5. Quede claro que las circunstancias indicadas arriba no son suficientes, ni mucho menos, para suministrar una explicación cabal del fenómeno que nos pareció oportuno señalar. La doctrina todavía no se detuvo en el estudio del fenómeno mismo[8], cuyas causas permanecen obscuras.

Llama la atención la escasez de iniciativas de las asociaciones civiles. En realidad, el pueblo brasileiio nunca dió muestras de una propensión "asociativa" muy acentuada; pero los últimos años vieron surgir una gran cantidad de "asociaciones de moradores de barrios", que se vienen empeiiando en defender los intereses de tales comunidades ante los poderes públicos. Se trata, las más de las veces, de cuestiones referentes a problemas ambientales: lucha contra la polución del agua y del aire, preservación de la flora y de la fauna, saneamiento básico, reglamentación de las construcciones etc. Ahora bien: ni siquiera dichas asociaciones, tan activas en otras esferas, se disponen fácilmente a demandar en juicio la protección de los intereses que constituyen su *raison d'être.* Cuando les parece indispensable entablar un pleito, prefieren casi siempre recurrir a los servicios del Ministerio Público.

Si se exceptúa la hipótesis de que la necesidad de contratar abogados especializados constituya una fuente considerable de dispendios, no hay fundamento para suponer que la tendencia de las asociaciones a la inercia hunda sus raíces en el temor de gastos excesivos. Justamente con el propósito de evitar que el factor eco nó mico representara un "contraestímulo" a la iniciativa de tales instituciones, la Ley nº 7.347 eximió el demandante de la carga de adelantar los costos del proceso. Se apartó, además, de la sistemática adoptada por el Código de Proceso Civil, que normalmente impone al litigante vencido la obligación de reembolsar al victorioso el importe de los gastos (costos y honorarios). En la "acción

7 Está, por ende, substancialmente cambiada la situación a que nos referíamos en el trabajo cit. en la nota I, *supra,* p. 1238, y en nuestra ponencia nacional para el VII Congreso Internacional de Derecho Procesal (Würzburg, 1983), publicada, bajo el título *Tutela jurisdicional dos interesses coletivos ou difusos,* en el vol. *Temas de Direito Processual (Terceira Série),* S. Paulo, 198.4, p. 193 y s. (204/5).

8 Para algunas observaciones al respecto, v. PATRÍCIA SILVEIRA DA ROSA, O direito ambiental, *in Tempo e presença,* nº 261, p. 27/8; ÉDIS MILARÉ, A participação comunitária na tutela do ambiente, *in Revista Forense,* v. 317, p. 85.

civil pública", el hecho de ver rechazada su demanda no siempre implica, para la asociación, la misma consecuencia: solamente en el supuesto de "mala fe comprobada" le infligirá el juez aquellas condenaciones (art. 18). El fenómeno, por consiguiente, reclama una explicación más elaborada. Quizás sea una tarea para los sociólogos antes o más que para los procesalistas. Lo que de manera alguna se concibe es que no dejemos – por lo menos – constancia del problema.

Abril de 1992.

COMENTÁRIOS DO ATUALIZADOR

LA INICIATIVA EN LA DEFENSA JUDICIAL DE LOS INTERESES DIFUSOS Y COLECTIVOS (UN ASPECTO DE LA EXPERIENCIA BRASILENA)

Paulo Henrique dos Santos Lucon

O texto em questão foi elaborado pelo Professor Barbosa Moreira tendo em vista às XIII Jornadas Ibero-Americanas de Direito Processual, ocorridas no México no ano de 1992.

Como destacado, um dos mais importantes instrumentos para tutela dos direitos coletivos no ordenamento jurídico brasileiro é a denominada "ação civil pública", instituída pela Lei nº 7.347/1985.

À época da elaboração desse texto, destacou-se que, incialmente, essa ação era cabível para apuração de responsabilidade decorrente de danos morais e patrimoniais causados ao meio ambiente (art. 1°, inc. I); ao consumidor (art. 1°, inc. II) e aos bens e direitos de valor artístico, estético, histórico, turístico e paisagístico (art. 1, inc. III).

Em decorrência da aprovação do Código de Defesa do Consumidor (Lei nº 8.078/1990), a essas hipóteses foi acrescida mais uma para prever a ação civil pública como instrumento adequado para apuração de responsabilidade por danos morais ou patrimoniais a qualquer outro interesse difuso e coletivo.

Como ressaltado, os conceitos de interesse ou direito difuso e coletivo estão previstos no art. 81, parágrafo único do CDC.

De acordo com o inc. I, desse artigo, interesses ou direitos difusos são os direitos transindividuais, de natureza indivisível, cujos titulares são pessoas indeterminadas e ligadas por circunstâncias de fato. Já os interesses ou direitos coletivos, conforme previsão do inc. II, desse mesmo artigo, são os direitos transindividuais, de natureza indivisível, cujos titulares são grupos, categorias ou classe de pessoas ligadas entre si ou com a parte contrária por uma determinada relação jurídica.

Não obstante essa última previsão poder ser considerada uma cláusula de encerramento, ao longo da década de 1990 e dos anos 2000 foram incluídas outras hipóteses nesse artigo. Desse modo, nos dias de hoje, também é cabível o ajuizamento de ação civil pública para apuração de responsabilidades por infração da ordem econômica (art. 1°, inc. V); por violação à ordem urbanística (art. 1°, inc. VI); por desrespeito à honra e à dignidade de grupos raciais, étnicos ou religiosas (art. 1°, inc. VII) e por danos ao patrimônio público e social (art. 1°, inc. VIII).

Dentre essas alterações legislativas mais recentes, cite-se, a título de ilustração, que o Superior Tribunal de Justiça já reconheceu, por exemplo, a admissibilidade de ação civil pública com pedido de cessação de atividade ilícita consistente na exploração de jogos de azar, justamente por vislumbrar nessa prática uma violação à ordem econômica, nos termos do art. 1°, inc. V, da Lei da Ação Civil Pública (REsp nº 813.222/RS). Ou seja, a ação civil pública pode ser proposta a partir de uma grande variedade de causas de pedir visando à tutela dos mais diversos direitos de natureza transindividual e, por isso, essa ação assume grande relevância prática para todo o ordenamento jurídico brasileiro.

Na sequência de seu texto, Barbosa Moreira analisa um dos temas mais sensíveis para o microssistema dos processos coletivos, a legitimidade para a propositura de ações dessa natureza. À época em que o texto foi elaborado, o art. 5° da Lei nº 7.347/1985, conferia essa legitimidade ao Ministério Público, à União Federal, aos Estados, aos Municípios, às Autarquias e Empresas públicas, às Fundações e Sociedades de Economia Mista e às Associações Civis constituídas há mais de um ano cujas finalidades institucionais estivessem relacionadas à proteção dos bens coletivos tutelados por essa Lei.

Como explica o estudo, o direito brasileiro adotou uma solução eclética de conferir legitimidade para tutela de direitos transindividuais tanto a entidades públicas, quanto privadas. De acordo com o Professor essa é uma orientação acertada por diversos motivos.

A despeito da falta de estatísticas específicas a respeito, a prática demonstra que o Ministério Público é o responsável pela propositura do maior número de ações coletivas no país, obtendo com isso resultados relevantes para a tutela dos direitos transindividuais, especialmente em defesa do meio-ambiente e dos direitos do consumidor. Isso se deve especialmente ao preparo dessa instituição e à especialização de seus membros. Mais recentemente esse importante papel vem também sendo exercido pelas Defensorias públicas.

A par disso, essa opção do direito brasileiro também se justifica diante da ausência de uma tradição associativa entre a população brasileira, que, historicamente, não tem o costume de se auto-organizar para pleitear em conjunto a tutela de direitos que lhe são comuns, ainda que a Lei nº 7.347/1985 preveja estímulos e facilidades econômicas para isso, como a dispensa de adiantamento das custas do processo por exemplo. Em virtude disso, portanto, a atuação de entidades públicas na defesa de interesses e direitos coletivos assume maior relevância.

As considerações de Barbosa Moreira a respeito desse tema ainda permanecem atuais nos dias de hoje. Em realidade, a alteração mais significativa sobre esse assunto atine à ampliação da legitimidade ativa para propositura das ações civis públicas. Nesse sentido, merece especial destaque a legitimidade conferida às Defensorias Públicas para propositura de ações dessa natureza, nos termos do art. 5º, inc. II, da Lei nº 7.347/85 e do art. 4, incs. VII e VIII, da Lei Complementar nº 80/1994. Esse assunto em particular, inclusive, chegou a ser objeto de manifestação pelo Supremo Tribunal Federal.

Nos autos da Ação Direta de Inconstitucionalidade nº 3.943/DF, sob a relatoria da Ministra Carmen Lucia, questionou-se a constitucionalidade do art. 5, inc. II, da Lei nº 7.347/1985, sob o pretenso argumento de que a Defensoria Pública não teria legitimidade para postular a tutela de direitos coletivos, mas apenas os interesses de necessitados que individualmente demonstrassem a sua situação de carência econômico-financeira.

Esse argumento, no entanto, não foi acolhido e com isso foi declarada a constitucionalidade de referido dispositivo para reconhecer a legitimidade da Defensoria Pública para propositura de ações civis públicas e para busca de tutela aos direitos difusos, coletivos e individuais homogêneos.

Dentre as razões presentes nesse acórdão e em atenção aos limites desse artigo, convém destacar a seguinte passagem a respeito da não exclusividade do Ministério Público para propositura de ação civil pública: "Não fosse suficiente a ausência de vedação constitucional da atuação da Defensoria Pública na tutela coletiva de direitos, inexiste também, na Constituição brasileira, norma a assegurar exclusividade, em favor do Ministério Público, para o ajuizamento de ação civil pública (...) Da leitura do art. 129 da Constituição da República não é possível extrair deter o Ministério Público a exclusividade para o ajuizamento da ação civil pública. Contrariamente, o § 1° daquele dispositivo constitucional contém autorização expressa para que, nos termos da Constituição da República e da legislação vigente, terceiros possam ajuizar as ações cíveis previstas no artigo".

Esse entendimento externado no voto da ADI nº 3.943/DF voltou a ser reafirmado pelo Supremo Tribunal Federal no julgamento do Recurso Extraordinário nº 733.433/MG, sob a relatoria do Ministro Dias Toffoli. Nesse caso, questionou-se a legitimidade ativa da Defensoria Pública para o ajuizamento de ação civil pública voltada à tutela de direito difuso, o funcionamento contínuo, inclusive nos meses de dezembro e janeiro, de creches e escolas de educação infantil da rede municipal de ensino.

Dentre as razões adotadas para se atestar a legitimidade da Defensoria Pública, convém destacar a seguinte passagem na qual se reconhece que essa opção é favorável à tutela dos direitos coletivos e ao funcionamento da própria jurisdição: "ao observamos que a Defensoria Pública atende e promove, em determinada localidade, milhares de ações individuais para a tutela de direitos fundamentais de hipossuficientes e que a omissão abusiva, causa de pedir dessas demandas, poderia ser extirpada ou solucionada pelos legitimados passivos por meio de uma ação coletiva, podemos concluir que inexiste lógica em se afastar a legitimidade processual da Defensoria Pública para a propositura de ação civil pública em defesa do referido direito subjetivo difuso".

Ainda dentro desse contexto de ampliação de legitimados à propositura de ações civis públicas, necessário destacar também a flexibilização de alguns requisitos para se reconhecer a legitimidade de determinados autores. Nesse sentido, como se sabe, o art. 5, inc. V, "a", da Lei nº 7.347/1985, estabelece que a legitimidade de uma associação para a propositura de uma ação civil pública depende de sua constituição há pelo menos um ano. O Superior Tribunal de Justiça, no entanto, flexibilizou esse requisito para admitir ação proposta por associação fundada há menos de um ano em função do dano que se quer reparar e da relevância do direito a ser tutelado. Veja-se, nesse sentido, o teor do seguinte julgado: "Em observância aos princípios da economia processual e efetividade da jurisdição, deve ser reconhecida a legitimidade ativa da associação que complete um ano de constituição durante o curso do processo. É dispensável o requisito temporal da associação (pré-constituição há mais de um ano) quando presente o interesse social evidenciado pela dimensão do dano e pela relevância do bem jurídico tutelado. É fundamental assegurar os direitos de informação e segurança ao consumidor celíaco, sob pena de graves riscos à saúde" (REsp 1443.263/GO).

Por fim, em se tratando de legitimidade ativa para propositura de ação civil pública, é preciso se ter em mente ainda o disposto no art. 5, § 3º, da Lei nº 7.347/1985. De acordo com esse dispositivo, "em caso de desistência infundada ou abandono da ação por associação legitimada, o Ministério Público ou outro legitimado assumirá a titularidade ativa". Pode-se afirmar que esse dispositivo também consiste em uma manifestação de referida e elogiada solução eclética adotada pelo direito brasileiro no sentido de que a tutela de um direito coletivo, em função do interesse público ínsito a ele, não pode depender ou ficar condicionada ao comportamento de apenas parcela dos legitimados. Desse modo, em caso de abandono da causa proposta por algum deles, justificada a condução da demanda pelo Ministério Público após assumir a sua titularidade.

A respeito da aplicação desse dispositivo, vale destacar ainda a interpretação flexível conferida a ele pelo Superior Tribunal de Justiça para admitir que o Ministério Público assuma a titularidade da ação coletiva não apenas nos casos de abandono ou desistência, mas também se verificada alguma irregularidade na representação processual da autora que originalmente propôs a demanda (REsp 1.372.593/SP).

Ou seja, a tutela de um direito coletivo não pode ser prejudicada por uma questão dessa natureza, razão pela qual se tem como justificada a atribuição da legitimidade ao Ministério Público nessas hipóteses.

NOTAS SOBRE A EXTINÇÃO DA EXECUÇÃO[1] (O art. 794 do Código de Processo Civil em confronto com suas fontes históricas)

1. O art. 794 do vigente Código de Processo Civil, que enumera quatro casos de extinção da execução[2], constitui novidade no direito positivo brasileiro. Nem o estatuto processual de 1939, nem as leis anteriores dedicavam à matéria texto específico.

Tampouco o faz a maioria dos códigos estrangeiros. Dos ordenamentos com os quais tem o brasileiro maior afinidade, só o Código de Processo Civil português (arts. 916 e s.) e o *codice di procedura civile* italiano (arts. 629 e s.) tratam expressamente do assunto. Nenhum dos dois, contudo, serviu de modelo, no particular, ao legislador pátrio.

Foi alhures que se buscou inspiração para redigir o dispositivo em foco. Ele provém diretamente do *codice di procedura civile* do Estado do Vaticano, aprovado em 1946 por *Motu proprio* do Papa Pio XII, e indiretamente do projeto que CARNELUTTI apresentou em 1926 à Subcomissão C da Comissão Real para a reforma dos códigos. Tal projeto, que na Itália não logrou êxito[3], viria no entanto a exercer considerável influência sobre o diploma vaticano e, em parte por intermédio deste, sobre o Código brasileiro de 1973. O fenômeno é relativamente pouco conhecido[4], como

---

1 Trabalho destinado ao volume de estudos em homenagem a ALCIDES DE MENDONÇA LIMA.

2 No consenso da doutrina, a enumeração não é taxativa: *vide,* por todos, HUMBERTO THEODORO JÚNIOR, *Curso de Direito Processual Civil,* 7ª ed., v. 11, Rio de Janeiro, 1991, p. 1.091/2. Hipótese com que se costuma ilustrar o asserto é a da desistência da execução, aliás referida no art. 569. É provável que a omissão se relacione com a história do art. 794, nº III: cf., *infra,* o item nº 6 deste trabalho.

3 Segundo CIPRIANI, *Storie di processualisti e di oligarchi,* Milão, 1991, p. 290, *"non si è mai saputo che fine quel progetto, dopo il 24 giugno* 1926, *abbia fatto".* Cf. TARUFFO, *La giustizia civile in Italia dal 700 a oggi,* Bolonha, 1980, p. 209: *"Il progetto delta Sottocomissione è un completo insuccesso: l'ulteriore indispensabile revisione non viene compiuta, il progetto passa quasi del tutto inosservata, e il problema delta rifarma del codice subisce una battuta d'arresto destinata a durare circa dieci anni".*

4 Dedicamos ao tema o ensaio *Il progetto Carnelutti e il codice di procedura civile brasiliano,* destinado ao volume de estudos em homenagem a ELIO FAZZALARI. *Vide* também BARBOSA MOREIRA, Il codice di procedura civile dello Stato della Città di Vaticano come fonte storica del diritto brasiliano, *in Riv. di dir. proc.,* v. 46, 1991, p. 166 e s. (trabalho destinado ao volume de estudos em honra de VITTORIO DENTI).

de resto o são, entre nós, o projeto CARNELUTTI e sobretudo o Código do Vaticano. O ponto de que ora nos ocupamos é, todavia, apenas um dos muitos em que se fez sentir o influxo.

Aqui, ele se evidencia logo ao primeiro olhar de quem se disponha a cotejar os textos. Havemos de mostrá-lo dentro em pouco. Antes, porém, cabe assinalar de passagem que a disposição subsequente (art. 795), com que se encerra o capítulo "Da extinção", tem a mesma origem. Realmente: aludindo à *"cessazione del processo esecutivo"*, dizia o projeto carneluttiano que ela não produziria efeito *"se non dichiarata con ordinanza dal capo dell'ufficio esecutivo a istanza della parte che vi ha interesse, e, nel caso previsto dall'art.* 695, *anche senza di questa"*. Mais simples é o texto correspondente do Código do Vaticano (art. 678): *"La cessazione non ha effetto, se non dichiarata con ordinanza del giudice dell'esecuzione"*. O legislador brasileiro optou por falar de *extinção*, em vez de *cessação*, e substituiu *"ordinanza"* por "sentença", decerto em obséquio à terminologia consagrada no art. 162, § 1º, embora nem sempre respeitada noutros passos[5].

2. Concentrando agora nossa atenção no ponto que mais interessa, começaremos pelo confronto entre o projeto CARNELUTTI e o estatuto processual vaticano. Salta aos olhos a extrema semelhança entre um e outro. Observe-se, em primeiro lugar, a rubrica do título em que a matéria é versada: *"Della sospensione, della interruzione, della cessazione del processo esecutivo"*, no projeto; *"Della sospensione, della interruzione e della cessazione del procedimento esecutivo"*, no *codice di procedura civile*. O capítulo, em ambos, denomina-se *"Della cessazione"*. O do projeto compõe-se de sete artigos (693 a 699); o do Código, somente de quatro (677 a 680); mas a diferença não tem maior significação: explica-se pelo fato de que o legislador vaticano preferiu reunir num único artigo (677) as várias hipóteses que CARNELUTTI indicara separadamente, cada qual de per si, nos arts. 693 a 696. Nos restantes dispositivos, a correspondência é exata: o art. 678 do diploma vaticano tomou por modelo o art. 697 do projeto; o art. 679 daquele é a reprodução literal do art. 698 deste; e o art. 680 do primeiro acompanha com ligeiras alterações o art. 699 do segundo. Os dois últimos pares de normas, desprezados pelo

5 A tal respeito, pedimos licença para remeter o leitor aos nossos *Comentários ao Código de Processo Civil*, v. V, 6ª ed., Rio de Janeiro, 1993, p. 215/6.

nosso legislador, não têm relevância na perspectiva do presente estudo. Cuidemos exclusivamente, pois, dos textos em que se arrolam os casos de *"cessazione"* do processo executivo.

Em ambos, inicia-se a enumeração pela hipótese de satisfação do credor: *"La esecuzione cessa quando il debitore abbia adempiuto al suo obbligo e abbia paga to le spese esecutive"*, rezava o art. 693 do projeto, do qual apenas se afasta o art. 677, 1º, do Código do Vaticano em referir-se a *"obbligazione"*, no lugar de *"obbligo"*. O segundo caso é o que se dá *"quando il debitore abbia ottenuto, per transazione o in qualunque altro modo, la remissione dell'obbligo o della parte dell'obbligo tuttora inadempiuta e abbia pagato le spese esecutive o pure queste gli sieno state rimesse"* (projeto, art. 694); aqui também, se se abstrai do verbo da oração derradeira (no diploma vaticano lê-se *"siano"* – e não *"sieno"*, forma caída em desuso – *"state rimesse")*, a única discrepância, de pura índole terminológica, é igualmente o emprego de *"obbligazione"*, em vez de *"obbligo"*, no texto mais recente (art. 677, 2º). Em seguida, vem a hipótese de inexistência de ativo, prevista no projeto em termos sintéticos (art. 695: *"La esecuzione cessa quando non se ne possa prevedere un ricavo superiore alie spese")*, e mais analiticamente no Código do Vaticano (art. 677, 3º: *"quando non vi siano più beni del debitore che possano formare oggetto dell'esecuzione, oppure quando dalla loro vendita non* si *possa prevedere un ricavo superiore alie spese")*. O caso derradeiro é o da *"cessazione per rinunzia"*, consoante a rubrica do art. 696 do projeto, assim redigido: *"La esecuzione cessa quando* il *creditore procedente e, se vi sono, i creditori intervenienti previsti dall'art.* 434, *vi rinunziano. La dichiarazione di rinunzia* si *fa, anche a voce, all'ufficio esecutivo e non ha bisogno di essere notificata"*; no estatuto vaticano (art. 677, 4º), fala-se de *"creditori concorrenti"*, no lugar de *"creditori intervenienti"*, usa-se o subjuntivo" *rinunzino"*, especifica-se que a declaração é feita *"avanti il cancelliere dell'ufficio esecutivo"* e acrescenta-se que este *"ne redige verbale"* – diferenças, como se vê, insignificantes.

O cotejo torna manifesto que o legislador vaticano, ao versar a matéria, quase nada fez senão repetir o que constava a respeito dela no projeto carneluttiano. Em substância, a disciplina é rigorosamente igual, num e noutro texto. Importam muito pouco as ocasionais divergências de forma.

3. Dirija-se agora a mirada ao art. 794 do nosso Código de Processo Civil. Aí se contemplam três hipóteses: a da satisfação da obrigação (nº I); a que se verifica, na dicção legal, quando "o devedor obtém, por transação ou por qualquer outro meio, a remissão total da dívida" (nº II); e a que ocorre, sempre de acordo com o texto, "quando o credor renunciar ao crédito" (nº III). Sem dificuldade alguma se percebe que os três casos correspondem aos previstos, respectivamente, nos arts. 693, 694 e 696 do projeto CARNELUTTI e no art. 677, 1º, 2º e 4º, do Código do Vaticano. O legislador pátrio de 1973 não incluiu no rol a hipótese de inexistência de ativo; ela aparece, sob forma diversa, entre as de *suspensão* da execução, no art. 791, nº III, *verbis* "quando o devedor não possuir bens penhoráveis".

Do ponto de vista formal, ao que parece, o modelo adotado foi o diploma vaticano. Nesse sentido aponta a circunstância de que, à semelhança do que ali acontece, a enumeração se acha condensada num só artigo. Ademais, é fora de dúvida que o nosso Código se abeberou na fonte vaticana ao tratar da *suspensão* do processo executivo: prova disso é o art. 792, que contempla a possibilidade de ficar suspenso o processo, por acordo das partes, "durante o prazo concedido pelo credor, para que o devedor cumpra voluntariamente a obrigação"; tal dispositivo, que ecoa obviamente o art. 672 vaticano – sem *pendant,* ressalte-se, no projeto carneluttiano –, mostra que o olhar do legislador nacional, ao longo de todo o Título VI do Livro II, esteve fito, de preferência, no texto do Código de 1946.

Passaremos em revista, a seguir, o teor de cada um dos três incisos do art. 794, com ênfase na comparação com os dispositivos correspondentes de ambas as fontes históricas, a direta e a indireta. Antes, no entanto, deixaremos consignado um reparo quanto à redação: teria sido preferível que o texto brasileiro empregasse os verbos, em todo o artigo, no mesmo modo, como faz o estatuto vaticano, que usa sempre o subjuntivo. Em nosso art. 794, os dois primeiros incisos são redigidos no presente do indicativo ("satisfaz", "obtém"); o terceiro, no futuro do subjuntivo ("renunciar"). A quebra da homogeneidade não aproveita ao estilo.

4. Aqui como alhures, o caso inicial é o de vir a satisfazer-se a obrigação – no principal e nos acessórios, entende-se, conquanto omitida a referência (expressa nas fontes) às despesas. Quando tal ocorre, cabe afirmar que a execução atinge seu *fim,* em ambas as acepções da palavra: na de *término* e na de *finalidade.* Atuou-se praticamente a norma jurídica concreta contida no título executivo; em linguagem carneluttiana – sob as circunstâncias, particularmente apropriada –, dir-se-á que aquilo que *devia ser* agora *é*[6].

Contudo, a dicção da nossa lei, como as dos modelos, é injustificavelmente restritiva. Para que se satisfaça o credor, basta que ele receba o que lhe é devido – pouco importando, é claro, a natureza da prestação: importância em dinheiro, outra coisa, fato. Não é preciso que *o devedor*, pessoalmente, preste[7]. Em regra, aliás, isso na realidade quase nunca sucede; nem por outro motivo costuma ensinar-se que a execução visa a satisfazer o credor independentemente da colaboração do devedor, e até contra a vontade deste, quando necessário. Se, na execução por quantia certa, se apreenderam e depois se alienaram em hasta pública bens do devedor suficientes para que o credor fosse pago com o produto, seria inexato dizer que *o devedor pagou*. É certo que ele se exonera; não, todavia, em virtude de *ato próprio*, mas da expropriação forçada que sofreu. Mais: pode até acontecer que os bens excutidos *nem sequer pertencessem ao devedor*, e sim a algum terceiro investido de responsabilidade executória secundária (por exemplo, o adquirente em fraude de execução: art. 592, nº V). Outra hipótese: a remição da execução feita por terceiro – o que de maneira alguma se exclui, apesar da *letra* do art. 651[8]. Na execução de obrigação de fazer, é manifesta, de igual sorte, a possibilidade de conseguir-se a satisfação do credor mediante a atividade de terceiro (arts. 634 e s.), ou até *dele mesmo*, exequente (art. 637), embora à custa

---

6 *Vide*, entre outros, este passo em que ao processo de execução atribuía CARNELUTII a função de *"far si che quello che deve essere sia"*; *Diritto e processo*, Nápoles, 1958, p. 285.

7 Cf. JOSÉ DE MOURA ROCHA, *Comentários ao Código de Processo Civil*, v. IX, S. Paulo, 1974, p. 351.

8 Assim, na doutrina: AMILCAR DE CASTRO, *Comentários ao Código de Processo Civil*, v. VIII, S. Paulo, 1974, p. 206; CELSO NEVES, *Comentários ao Código de Processo Civil*, v. VII, 4ª ed., 2ª tiragem, Rio de Janeiro, 1992, p. 29/30; JOSÉ FREDERICO MARQUES, *Manual de Direito Processual Civil*, v. IV, 4ª ed., S. Paulo, 1981, p. 299; AMARAL SANTOS, *Primeiras linhas de Direito Processual Civil*, 3º v., 11ª ed., S. Paulo, 1990, p. 471; HUMBERTO THEODORO JÚNIOR, ob. e v. cit., p. 941; BARBOSA MOREIRA, *O novo processo civil brasileiro*, 14ª ed., Rio de Janeiro, 1993, p. 290; ARAKEN DE ASSIS, *Manual do processo de execução*, Porto Alegre, 1987, v. II, p. 1087. Na jurisprudência, *v.g.*, os Acórdãos do I TARJ, 10-6-1980, Ap. nº 50.447, *in* ALEXANDRE DE PAULA, *O processo civil à luz da jurisprudência*, Rio de Janeiro, v. VI, 1984, p. 290, nº 12.570-A, e do TJMT, 7-5-1984, A.I. nº 2.836, *ibid.*, v. XIV, 1990, p. 325, nº 32.173.

do devedor, que de qualquer modo não terá, pessoalmente, cumprido a obrigação.

Melhor redação seria a que refletisse o fenômeno visto pelo ângulo *do credor* e aludisse à respectiva satisfação, sem especificar a origem desta; v.*g*.: "o credor se satisfaz do crédito", ou "fica satisfeito do crédito", ou "tem satisfeito o crédito". O texto brasileiro ganharia em ser menos fiel ao paradigma.

5. Análoga observação cabe no tocante ao inciso II, onde se fala de obter o devedor, "por transação ou por qualquer outro meio, a remissão total da dívida". A remissão é modalidade (não satisfativa) de extinção das obrigações, perfeitamente distinta da transação. O Código Civil regula em separado as duas figuras: esta, nos arts. 1.025 e s.; aquela, nos arts. 1.053 e s. Não parece adequado que o estatuto processual se refira aqui à transação como simples "meio" de obter remissão.

Por outro lado, deixaram-se de fora outras figuras a cujo respeito mal se justifica o silêncio do texto *(rectius:* dos textos), visto que também delas nasce o mesmo efeito extintivo no plano material e – por via de consequência – no plano processual[9]. Para ficarmos num único exemplo: *quid iuris* se, na pendência do processo executivo, vêm a reunir-se na mesma pessoa as condições de credor e de devedor? É curioso que o legislador haja cuidado de incluir a confusão, *expressis verbis,* entre as causas de extinção do processo *de conhecimento* (art. 267, nº X), e não se tenha lembrado da hipótese ao tratar da extinção da *execução.* Não há negar que a lacuna se mostra facilmente suprível mediante aplicação do art. 598; mas por igual raciocínio se faria dispensável, no art. 794, a presença do inciso III, cujo caso estaria também coberto pelo mesmo art. 598, em conjugação com o art. 269, nº V. Bem se vê que inexistiu uniformidade de critério.

6. Justamente no inciso III depara-se o ponto em que o legislador brasileiro – de caso pensado ou não – mais se distanciou do modelo. O art. 677, 4º do Código do Vaticano, na esteira do art. 696 do projeto CARNELUTTI, diz respeito à hipótese em que o credor *desiste da execução: "La esecu-*

9 Ao ver de PONTES DE MIRANDA, *Comentários ao Código de Processo Civil,* t. XI, Rio de Janeiro, 1976, p. 566, no art. 794, nº II, se deveria ter dito "o devedor obtém, por transação, pela remissão, ou por qualquer outro meio, a extinção da dívida" (por evidente falha de revisão, lê-se no texto "de", em vez de "a", antes de "extinção").

zione cessa quando il creditore procedente e, se vi siano, i *creditori concorrenti ("intervenienti",* no texto carneluttiano) *vi rinunzino".* A partícula *vi* reporta-se ao substantivo *"esecuzione";* e o verbo *rinunziare* não significa aí "renunciar", na acepção do direito brasileiro, devendo traduzir-se por "desistir". O fenômeno esgota-se no plano *processual,* sem atingir *o crédito.* Se se houvesse mantido aqui fidelidade ao paradigma, teríamos disposição do seguinte teor: "Extingue-se a execução quando o credor dela desiste" – ou algo equivalente. A tese da não exaustividade da enumeração perderia um argumento (cf., *supra,* a nota 1 ao item nº 1 deste trabalho), embora conservasse outros, sem dúvida suficientes.

Não vale a pena perdermo-nos em conjecturas sobre as possíveis explicações do desvio. Terá o legislador pátrio tomado a nuvem por Juno, incidido em mero erro de tradução? Ter-se-á, ao contrário, afastado de propósito do modelo? Dificilmente se poderá dar um dia resposta segura a semelhante indagação. O que não comporta dúvida é a existência da diferença: seja qual for a razão por que se preferiu tal maneira de dizer, o certo é que "renunciar ao crédito" é expressão inequívoca, que repele entendimento capaz de equipará-la à empregada no projeto de 1926 e no diploma de 1946.

O Código Civil brasileiro não alude a "renúncia" na parte em que trata dos modos de extinção *das obrigações:* a palavra aparece no art. 589, nº II, para designar uma causa de extinção *da propriedade imóvel.* Na doutrina civilística há certa vacilação ao propósito, e muito particularmente quando se põem em confronto as figuras da *renúncia* e da *remissão.* Para alguns, elas se distinguiriam por ser unilateral a primeira, e bilateral a segunda[10]; para outros, haveria entre ambas relação de gênero a espécie[11]. Esta não é a sede própria para tentar aprofundar

---

10 Os alemães reservam a denominação *Verzicht* (renúncia) para o campo dos direitos reais, e assinalam o seu caráter unilateral, que a contrapõe à remissão *(Erlass),* peculiar aos direitos de crédito: *vide* por exemplo LENT-SCHWAB, *Sachenrecht,* 17ª ed., Munique, 1979, p. 48: *"Der einseitige Verzicht genügt für die dinglichen Rechte anders ais bei schuldrechtlichen Ansprüchen, die nur durch Vertrag zwischen Gläubiger und Schuldner (Erlass genannt, vgl.* § 397) *aufgehoben werden können";* isto é: "A renúncia unilateral basta para os direitos reais, ao contrário do que se dá com as pretensões obrigacionais, que só se podem extinguir mediante contrato entre credor e devedor (chamado remissão, cf. o § 397)". Mas parece cuidar-se de simples questão de direito positivo, referente à interpretação do citado § 397 do *BGB.*

11 Após definir "renúncia" como "um ato jurídico pelo qual o titular de um direito dele se despoja", acrescentava CLÓVIS BEVILÁQUA, *Teoria geral do Direito Civil,* 4ª ed., Rio de Janeiro-S. Paulo-Belo Horizonte, 1949, p. 363: "Pode referir-se ao direi-

o estudo da matéria; a questão pode ficar, por ora, em aberto. Vamos limitar-nos a ligeiras observações, com as quais daremos por encerrada a tarefa que nos propusemos cumprir no presente trabalho.

Se "renunciar ao crédito" e "remitir a dívida" são atos cujos conceitos se superpõem, ainda que em parte, exsurge óbvia a conclusão: uma das duas menções é supérflua. Se se cuida de atos distintos, tem-se de admitir, em todo caso, a similitude de efeitos: também a renúncia ao crédito, tal como a remissão da dívida, conduz à extinção da relação jurídica material, e deve igualmente conduzir à extinção do processo executivo, pelo mesmo motivo por que a esta conduz a remissão. Em semelhante perspectiva, o melhor lugar para aludir à renúncia seria o inciso II, onde ela certamente ficaria bem situada, *ao lado* das outras modalidades de extinção das obrigações (entre as quais a remissão).

Cabe ressaltar que, em *todos* os incisos do art. 794, há um denominador comum: trata-se, em qualquer deles, de atos suscetíveis de extinguir a relação jurídica material entre as partes[12]. A extinção da execução, aí, é sempre fenômeno consequencial: o processo executivo não há de subsistir porque já não subsiste a dívida, quer com satisfação do credor (inciso I), quer sem ela (incisos II e III). Não será o caso de levarmos um pouco adiante a crítica da técnica usada pelo legislador? Afinal de contas, parece que nem sequer seria necessário desdobrar o texto em incisos: bastaria estabelecer que a execução se extingue quando se extingue a dívida exequenda... A não ser, é claro, que se optasse por incluir no dispositivo as hipóteses de extinção do processo executivo *sem* extinção da dívida (por exemplo: a da desistência do credor, que figura, como se mostrou, no art. 677 do Código do Vaticano). Tal como está, o art. 794 decididamente não pode escapar à pecha de redundância: usa muitas palavras para expressar algo que se poderia enunciar de maneira bem mais sintética – e, ajunte-se, bem mais elegante.

Março de 1993.

to de propriedade, como na derelicção, ao direito de crédito, como na remissão, ao direito hereditário". A remissão seria, pois, espécie do gênero renúncia. Assim, explicitamente, WASHINGTON DE BARROS MONTEIRO, *Curso de Direito Civil*, 4º v., 2ª ed., S. Paulo, 1962, p. 358.

12 Decerto por isso ocorreu a JOSÉ FREDERICO MARQUES, ob. e v. cit., p. 314, pôr em correlação o art. 794 com o art. 269, onde se contemplam os casos de extinção do processo de conhecimento com julgamento do mérito, ou seja, com decisão que incide sobre a relação jurídica material controvertida.

COMENTÁRIOS DO ATUALIZADOR

NOTAS SOBRE A EXTINÇÃO DA EXECUÇÃO

Paulo Henrique dos Santos Lucon

O texto do Professor Barbosa Moreira, elaborado na vigência do CPC/73, versa especificamente a respeito do art. 794 daquele diploma legal. Referido artigo tinha a seguinte redação: "*extingue-se a execução quando: (I) o devedor satisfaz a obrigação; (II) o devedor obtém, por transação ou por qualquer outro meio, a remissão total da dívida; (III) o credor renunciar ao crédito*".

Atualmente, as disposições a respeito da extinção da execução encontram-se no art. 924 do CPC/15, *in verbis*: "*extingue-se a execução quando: (I) a petição inicial for indeferida; (II) a obrigação for satisfeita; (III) o executado obtiver, por qualquer outro meio, a extinção total da dívida; (IV) o exequente renunciar ao crédito; (V) ocorrer a prescrição intercorrente*". De pronto, portanto, nota-se a similaridade entre ambos os dispositivos. Contudo, se contrastada à anterior, a lei vigente acrescenta duas hipóteses ao rol de situações que levam à extinção da execução, quais sejam, o indeferimento da petição inicial e a ocorrência de prescrição. Ambos os dispositivos, no entanto, não são exaustivos em relação às hipóteses de extinção da execução.

Ademais, a ideia do art. 794, incs. I, II e III do CPC de 1973 consta do art. 924, incs. II, III e IV, com alterações redacionais, algumas despiciendas outras oportunas. No lugar de "remissão" ou "transação" do inc. II do art. 794, inseriu-se "extinção", termo mais amplo que abarca não somente a "remissão" e a "transação", mas também a "renúncia", que consta tanto no inc. III do revogado art. 794, como no inc. IV do atual art. 924. A remissão a que se refere o dispositivo revogado refere-se ao pagamento do crédito exequendo e não se relaciona ao ato de remir, perdoar a obrigação consubstanciada no título executivo. A renúncia é igualmente fenômeno ligado ao direito material e liga-se a um ato comissivo ou omissivo de abdicar ao crédito do qual o exequente é titular. Retirou-se, corretamente, o termo "credor" para se inserir "exequente", termo ligado ao direito processual. O art. 924 CPC de 2015 inseriu ainda a indeferimento da inicial (inc. I), que é clara referência à execução fundada em título executivo extrajudicial, já que a execução lastreada em título executivo judicial se realiza *sine intervallo*. Já a prescrição intercorrente (inc. IV), é passível de ocorrer tanto na execução de título judicial ("cumprimento de sentença"), como naquela fundada em título extrajudicial.

Seja como for, como dito, é certo que tanto o art. 794 do CPC/73 quanto o art. 924 do CPC/15 trazem em seu bojo enumeração meramente exemplificativa de hipóteses de extinção da execução. Também terá fim a execução no caso de (i) procedência dos embargos do executado ou da impugnação ao cumprimento de sentença, (ii) desistência do processo, (iii) reconhecimento de causas extintivas, modificativas ou impeditivas do direito pelo qual se executa (p. ex., reconhecimento *principaliter* de novação, compensação, pagamento *etc.*, cuja alegação pode ser feita em embargos à execução, impugnação ao cumprimento de sentença ou ação autônoma de conhecimento, (iv) ausência dos pressupostos de constituição e validade do processo ou das condições da ação executiva etc.[13]

Cumpre pontuar que, assim como ocorria no CPC/73, o art. 924 do CPC/15 não traz a possibilidade de extinção da execução por quantia certa pela ausência de bens suscetíveis à penhora; essa ocorrerá no momento em que se operar a prescrição intercorrente. A hipótese de ausência de ativos para constrição e satisfação do crédito exequendo continua sendo de suspensão do procedimento executivo e é disciplinada no art. 921 do CPC/15.

Persiste também a similaridade das disposições brasileira e portuguesa a respeito do tema. À época do estudo elaborado pelo Professor Barbosa Moreira vigia em Portugal o art. 916 do Antigo CPC: "*Artigo 916.° (Cessação da execução pelo pagamento voluntário) 1. Em qualquer estado do processo pode o executado ou qualquer outra pessoa fazer cessar a execução, pagando as custas e a dívida. Quem pretenda usar desta faculdade deve solicitar verbalmente na secretaria guias para depósito da parte líquida ou já liquidada do crédito do exequente, que não esteja solvida pelo produto da venda ou adjudicação de bens; feito o depósito, requererá ao juiz a liquidação de toda a responsabilidade do executado. 2. Apresentado o requerimento e comprovado o*

13 V. Lucon, Paulo Henrique dos Santos. Comentários ao Código de Processo Civil, 3ª ed., São Paulo, Atlas, 2008, comentários ao art. 794 do Código de Processo Civil de 1973, p. 2.468; Embargos à execução, 2ª ed., São Paulo, Saraiva, 2001. pp. 146-210.

depósito, a execução é suspensa, ordenando-se a liquidação requerida. 3. Quando o requerente junte documento comprovativo de quitação, perdão ou renúncia por parte do exequente ou qualquer outro título extintivo, não há lugar ao depósito preliminar, ordenando-se logo a suspensão da execução e a liquidação da responsabilidade do executado. 4. O depósito preliminar pode ser requerido e efectuado no tribunal deprecado, se para a arrematação de quaisquer bens houver sido expedida carta precatória; neste caso, suspensa a arrematação, é a carta precatória devolvida e o depósito transferido para o tribunal deprecante, onde se seguirão os termos subsequentes".

Em *2013*, porém, Portugal também houve por bem reformar a legislação processual, tendo aprovado novo CPC, que disciplina a matéria da extinção da execução no art. 849: "*1 A execução extingue-se nas seguintes situações: a) Logo que se efetue o depósito da quantia liquidada, nos termos do artigo 847.°; b) Depois de efetuada a liquidação e os pagamentos, pelo agente de execução, nos termos do Regulamento das Custas Processuais, tanto no caso do artigo anterior como quando se mostre satisfeita pelo pagamento coercivo a obrigação exequenda; c) Nos casos referidos no n.° 3 do artigo 748.°, no n.° 2 do artigo 750.°, no n.° 6 do artigo 799.° e no n.° 4 do artigo 855.°, por inutilidade superveniente da lide; d) No caso referido na alínea b) do n.° 4 do artigo 779.°; e) No caso referido no n.° 4 do artigo 794.°; f) Quando ocorra outra causa de extinção da execução. 2 - A extinção é notificada ao exequente, ao executado, apenas nos casos em que este já tenha sido pessoalmente citado, e aos credores reclamantes. 3 - A extinção da execução é comunicada, por via eletrónica, ao tribunal, sendo assegurado pelo sistema informático o arquivo automático e eletrónico do processo, sem necessidade de intervenção judicial ou da secretaria*".

De uma forma ou outra, portanto, ambos os ordenamentos jurídicos trazem rol exemplificativo de hipóteses da extinção da execução. Nada obstante, conquanto relativamente similares, ainda é verdade que o legislador pátrio não se inspirou especificamente na lei portuguesa para a formulação da disciplina brasileira.

Com relação aos efeitos da extinção da execução, tanto o CPC/73 (art. 795) quanto o CPC/15 (art. 925) trazem a previsão de que esses só serão produzidos após sentença declaratória.

De um lado, é preciso lembrar que existem decisões interlocutórias com o conteúdo de sentença, a teor do que dispõe os arts. 485

e 487 do CPC de 2015. Portanto, a norma deve ser lida também para abarcar determinadas decisões interlocutórias que ontologicamente são sentenças porque tem o mesmo conteúdo do disposto nos arts. 485 e 487 do Código de Processo Civil de 2015. De outro, é preciso destacar que o ato judicial que põe fim à execução é uma sentença declaratória, que produz efeitos *ex tunc*. Ordinariamente, não há na execução julgamento de mérito na execução, mas apenas o reconhecimento de que a relação processual se exauriu e não há motivos para o prosseguimento da atividade executiva. As mais das vezes, há um simples encerramento execução, sem repercussões externas ao processo. É evidente que esse efeito apenas endoprocessual não ocorrerá se for, *v.g.*, reconhecida prescrição ou outra causa extintiva do direito material pelo qual se executa. Não é, no entanto, incomum a sentença reconhecer o pagamento, mas ele ter se realizado de forma apenas parcial, o que leva à possibilidade de rediscussão a respeito de valores ainda devidos decorrentes, por exemplo, de atualização monetária ou de outros consectários decorrentes do título executivo.

Há de se rememorar, ainda, que a definição de decisão interlocutória é diversa na comparação do Código de 1973 com o atual diploma. Se, em 1973, o legislador considerou decisão interlocutória como *"o ato pelo qual o juiz, no curso do processo, resolve questão incidente"*, o legislador de 2015 afastou-se da definição unicamente topográfica e optou por conceituar a decisão interlocutória por exclusão às hipóteses de prolação de sentença. Definir por negativa não é a melhor solução do ponto de vista conceitual, dada a grande possibilidade de vagueza e contemplar situações não abarcadas. Esse modo definir por exclusão está também na "definição" do que não pode ser considerada uma decisão motivada, constante do art. 489 do CPC de 2015.

Voltando à atenção especificamente à disciplina legal da execução, é preciso esclarecer que a redação do CPC/15 diverge, em muitos pontos, daquela conferida ao diploma anterior. No que se refere, por exemplo, à satisfação da dívida, acertou o atual Código ao dizer que *"extingue-se a execução quando a obrigação for satisfeita"*, e não apenas quando *"o devedor satisfaz a obrigação"*, como constava da antiga redação. Da mesma maneira, o art. 790 do CPC/15 determina que: *"são sujeitos à execução os bens: V – alienados ou gravados com ônus real em fraude à execução"*. O caput do art. 592 do CPC de 1973 utilizava-se do verbo "ficam"; a redação do CPC de 2015, além de mais elegante, é a correta, porque a sujeição à responsabilidade patrimonial é do bem alienado ou gravado com ônus real em fraude de execução (e não "à execução").

Já o art. 794, inc. II do CPC/73 – "*extingue-se a obrigação quando o devedor obtém, por transação ou por qualquer outro meio, a remissão total da dívida*" – não encontra sequer correspondência no CPC/15. De toda forma, pode-se comparar o inc. II do art. 794 ao inc. III do art. 924, verbis: "*o executado obtiver, por qualquer outro meio, a extinção total da dívida*". A redação poderia ser aperfeiçoada, v.g., "ocorrer, por qualquer meio, a extinção total da obrigação", o que viabilizaria a simplificação da norma.

Tampouco há dispositivo correspondente na legislação vigente ao inc. X do art. 267 do CPC de 1973: "*X - quando ocorrer confusão entre autor e réu*". Isso porque a confusão dá-se no plano do direito material, quando, p. ex., uma parte é credora e a outra devedora. Nesse sentido, estabelece o art. 381 do Código Civil de 2002: "*extingue-se a obrigação, desde que na mesma pessoa se confundam as qualidades de credor e devedor*". O art. 598 do CPC/73 também não encontra similar no CPC/15. Isso porque, atualmente, o procedimento comum aplica-se subsidiariamente aos demais procedimentos especiais e ao processo de execução (art. 318, par. único do CPC/15).

Por fim, convém destacar que o estudo a respeito da extinção da execução elaborado pelo Professor Barbosa Moreira demanda conhecimento da disciplina a respeito do direito material civil. Ocorre que, assim como no caso do processo civil, a disciplina legal da matéria foi alterada após a elaboração dos referidos comentários. Para melhor compreensão do texto supratranscrito, portanto, convém rememorar que o art. 1.025 ao qual o Professor Barbosa Moreira se refere é do Código Civil de 1916, que tem correspondência com o art. 489 do Código Civil de 2002: "*Nulo é o contrato de compra e venda, quando se deixa ao arbítrio exclusivo de uma das partes a fixação do preço*". Da mesma forma, o art. 1.053 corresponde ao art. 386 do Código Civil de 2002: "*a devolução voluntária do título da obrigação, quando por escrito particular, prova desoneração do devedor e seus co-obrigados, se o credor for capaz de alienar, e o devedor capaz de adquirir*". Já o art. 589 mencionado nos comentários corresponde ao Art. 1.275, inc. II, do Código Civil de 2002: "*Além das causas consideradas neste Código, perde-se a propriedade: II - pela renúncia*".

Apesar das notas de atualização ora elaboradas, contudo, é certo que o texto continua atual. Atualizações se fazem necessárias em virtude das frequentes alterações legislativas. Não obstante, mesmo tratando de diploma revogado, a conclusão de Barbosa Moreira é plenamente aplicável ao atual art. 924 do CPC de 2015, que igualmente peca pela redundância, tal como o revogado art. 794 do CPC de 1973, o que mostra a atualidade do tema e da reflexão proposta.

A INFLUÊNCIA DO DIREITO PROCESSUAL CIVIL ALEMÃO EM PORTUGAL E NO BRASIL[1]

INTRODUÇÃO

1. Conforme bem se compreende, a história do direito, em Portugal e no Brasil, conheceu longa fase substancialmente comum. Essa comunidade, em certa medida, prolongou-se para além da separação: tornando-se independente em 1822, conservaria o Brasil, por tempo mais ou menos considerável, o ordenamento lusitano. Basta ver que só na segunda década deste século teria o País o seu próprio Código Civil; até então, subsistia basicamente o velho arcabouço das Ordenações do Reino, é certo que com numerosas modificações, introduzidas por uma legislação esporádica e assistemática.

Em matéria de processo, a evolução legislativa no restante do século XIX caminhou em ambos os países, como era de esperar, no sentido de codificações de estilo menos arcaico. O percurso, todavia, foi sinuoso e acidentado. Em Portugal, os primeiros marcos históricos importantes são a Nova Reforma Judiciária de 1837 e a Novíssima Reforma Judiciária de 1841, que vigorou, com alterações, até o advento do Código de Processo Civil de 1876, seguido pelo Código de Processo Comercial de 1895. O Brasil teve cedo um Código de Processo Criminal (1832), ao passo que o processo comercial só viria a codificar- se em 1850, por meio do famoso Regulamento nº 737, mais tarde estendido, com algumas modificações, ao processo civil, já depois de proclamada a República (1890).

2. Trouxeram as leis supramencionadas, sem dúvida, inovações de certo alcance, mas, na maior parte, de ordem mais formal que substancial. As sucessivas reformas visavam geralmente, acima de tudo, a melhor

---

1 O texto reproduz, com pequenos acréscimos e ligeiras modificações, o de um relatório para o congresso da *Wissenschaftliche Vereinigung für Internationales Verfahrensrecht* (Passau, 1989), publicado na *Revista de Processo*, nº 56, na *Revista Brasileira de Direito Comparado*, v. 9, na *Revista da Ordem dos Advogados* (de Portugal), ano 51, e (em versão alemã) no volume *Das deutsche Zivilprozessrecht und seine Ausstrahlung auf andere Rechtsordnungen*, ed. por WALTHER J. H ABSCHEID, Bielefeld, 1991.

sistematizar as normas e a simplificar o procedimento. Nenhuma denotou mudança radical de orientação na política legislativa. Poderia haver constituído um *turning point,* no Brasil, a *Disposição provisória acerca da administração da Justiça Civil* (anexa ao Código do Processo Criminal de 1832), diploma avançado para a época, no qual já se consagravam, com décadas de antecipação, alguns dos princípios inspiradores das reformas processuais europeias do fim do século XIX e do princípio do nosso; a legislação subsequente, porém, não perseverou na mesma linha.

Afigura-se pouco promissora, com relação a esse período, a pesquisa de influências porventura exercidas por modelos legislativos estrangeiros, em geral, e alemães, em particular. O aparecimento da *Zivilprozessordnung* do Império Alemão, em 1877, não parece ter produzido qualquer repercussão imediata no direito português ou no brasileiro; outro tanto se pode dizer, aliás, da *Zivilprozessordnung* austríaca, de 1895.

Não se devem esperar resultados mais significativos, se a investigação tomar por objeto a doutrina – para não falar da jurisprudência. A ciência do direito processual, em Portugal e no Brasil, demorou a abrir-se a influxos externos – feita abstração daquele que constantemente exerceram, sobre a doutrina brasileira, os autores portugueses antigos. E, quando volveu a atenção para outros países, ela se deixou atrair com maior frequência, de início, pela doutrina italiana e francesa do século passado.

3. A situação viria a modificar-se de maneira sensível em tempos mais recentes. Sinais da influência alemã, esparsos embora, já se observam na legislação processual brasileira do começo do século XX (v., *infra,* parte I, nº 1), perduram no primeiro Código de Processo Civil nacional (1939) e ampliam-se no atual, de 1973. Menos perceptíveis são traços semelhantes nas sucessivas reformas portuguesas, pelo menos aos olhos de quem nelas procure inspiração vinda *diretamente* da Alemanha.

A ressalva é necessária por óbvia razão. A partir de certo momento, generalizam- se, no mundo processual europeu, anseios e propostas renovadoras, em boa medida uniformemente orientada. Apregoam-se as vantagens da oralidade, reclama-se maior concentração no procedimento, quer-se do juiz participação mais ativa na direção do processo. Tal movimento, para o qual decerto muito contribuiu a ciência alemã, perde contudo caráter nacional. As ideias que ele prega vão-se difundindo, com maior ou menor rapidez, em Portugal e no Brasil, sem que seja possível identificar sempre com precisão a fonte inspiradora. Existe aí, sem sombra de dúvida, uma quota ponderável de influência alemã, exercida no entanto, as mais das vezes, de maneira indireta, e em combinação com outras.

4. Fenômeno análogo ocorre com a doutrina. Muitas construções teóricas feitas na Alemanha se divulgaram em Portugal e no Brasil, mas transmitidas a ambos por autores de outros países, sobretudo italianos. Ainda hoje, são relativamente pouco abundantes, na literatura portuguesa e na brasileira, as citações diretas de livros alemães, bem como o exame de teses neles diretamente colhidas. A maior parte das referências é de segunda mão.

Para isso concorre, antes de mais nada, a barreira linguística. Os juristas de língua portuguesa, em regra, têm muito maior facilidade em ler espanhol, italiano, francês, do que alemão. Obras alemãs traduzidas para algum desses idiomas tornam-se acessíveis e são citadas com alguma frequência: assim as de KISCH, GOLDSCHMIDT, SCHONKE, ROSENBERG (em tradução espanhola), LENT (em tradução italiana) – todas, como é notório, superadas, em extensão maior ou menor, pela evolução mais recente da ciência e do direito positivo alemão. Só há bem pouco tempo se começaram a traduzir para o português escritos alemães sobre direito processual civil. A própria *Zivilprozessordnung* costuma ser citada em tradução espanhola que já data de meio século e de modo nenhum espelha com fidelidade o direito vigente.

Apesar de tudo isso, a influência alemã tem crescido, como se mostrará oportunamente. Só a jurisprudência permanece à margem dessa evolução: é excepcional, até agora, a referência a julgados alemães nas decisões de tribunais portugueses e brasileiros.

PARTE I
ANTES DE 1939

1. Legislação

Na segunda metade do século XIX e no princípio deste, verificaram-se em Portugal, sem dúvida, movimentos de renovação do sistema do Código de 1876, refletidos sobretudo em diplomas como os Decretos ns. 12.353, de 22-9-1926, 21.287, de 30-5-1932, e 21.694, de 29-10-1932. Foram, todavia, modificações setoriais, que não chegaram a transformar o quadro, embora hajam preparado a reforma, relativamente profunda, de 1939. Ao longo desse período não se discernem com facilidade sinais indicativos de que o processo civil português tenha acusado a recepção de modelos alemães. E, se isso é verdade para a legislação, também o é para a doutrina e para a jurisprudência - com ressalva, quanto à primeira, de ideias que foram penetrando, a partir de certa época, no pensamento processual e que se podem rastrear, como se explicou na Introdução (nº 3), até origens alemãs mediatas.

Enquanto isso, no Brasil, a situação apresentava maior complexidade. Com a primeira Constituição republicana, de 1891, estabeleceu-se no País a dualidade de competência (da União Federal e dos Estados-membros) para legislar sobre direito processual. No plano federal, os diplomas mais importantes surgidos nessa época (Decreto nº 763, de 19-9-1890; Decreto nº 848, de 11-10-1890; Decreto nº 3.084, de 5-11-1898) pouco se afastaram do supracitado Regulamento nº 737 (Introdução, nº 1). Este continuaria também a vigorar em alguns Estados, omissos na elaboração de seus próprios códigos. Outros Estados trataram de editá-los, mas, na maioria, persistiram em tomar por modelo o velho texto de 1850.

Houve, contudo, exceções. Uma delas - talvez a mais notável, do ponto de vista que interessa aqui - foi o Código do Estado da Bahia, de 1915, de cujo projeto se incumbira EDUARDO ESPÍNOLA, bom conhecedor das legislações e da doutrina de língua alemã, nomeadamente dos textos das Ordenações do Império Alemão, de 1877, da Áustria, de 1895, e da Hungria, de 1911, bem como da literatura surgida durante os primeiros anos de vigência dessas leis. A influência de tais elementos é nítida em determinadas partes do Código baiano, predominando às vezes a do modelo alemão propriamente dito, noutros casos a de alguma das outras duas codificações. Servem de exemplo as normas relativas ao litisconsórcio (Livro I, Título I, Capítulo II), onde os arts. 6º e 7º, que enumeram as hipóteses de admissibilidade do processo litisconsorcial, se inspiravam visivelmente nos §§ 59 e 60 da *ZPO* alemã, ao passo que no art. 9º, atinente ao regime especial do chamado "litisconsórcio necessário", se insinuava a fórmula austríaca da consideração dos litisconsortes como "uma parte única" (cf. o § 14 da *ZPO* de 1895, *verbis "eine einheitliche Streitpartei")*[2]. Também merece referência o art. 127, que contemplava em termos amplos a iniciativa oficial na determinação de medidas probatórias, seguindo no particular a diretriz das Ordenações austríaca (§ 183) e húngara (§ 288).

Pode-se enxergar outro fruto da influência alemã na consagração da ação declaratória como forma genérica de tutela jurisdicional, que no direito brasileiro se encontra pela primeira vez em texto legislativo no Código de Processo Civil do Distrito Federal, de 1924, arts. 526 e s. Com efeito: os dizeres do art. 526, que aludia à "declaração da existência, ou da inexistência, de um direito, ou de uma relação jurídica, ou da falsidade, ou autenticidade, de um documento", lembram a redação do atual § 256 da *ZPO* alemã, *verbis "Feststellung des Bestehens oder Nichtbestehens eines Rechtsverhältnisses", "Anerkennung einer Urkunde oder* (...) *Feststellung ihrer Unechtheit".*

2. Doutrina

Foi esporádica e pouco significativa, quer em Portugal, quer no Brasil, a repercussão direta da doutrina processual civil alemã no período sob exame. Obras escritas em alemão só muito raramente se viam mencionadas. Constituem exceções importantes, na literatura brasileira, EDUARDO ESPÍNOLA, LOPES DA COSTA e PONTES DE MIRANDA. O primeiro, ao comentar o Código da Bahia, cujo projeto redigira, reportava-se em vários passos à doutrina de língua alemã, inclusive a artigos publicados em revistas jurídicas: aparecem aí, entre outros, os nomes de PLANCK, de KOHLER, de HELLWIG e, sobretudo, de GAUPP-STEIN, cujos

2 Outros códigos estaduais, observe-se de passagem, acompanharam a orientação do baiano no particular: assim o de Pernambuco (Código de Processo Civil e Comercial, de 1924, art. 23, parágrafo único) e o de Santa Catarina (Código Judiciário de 1928, art. 507). O do Paraná (Código de Processo Civil e Comercial, de 1920, art. 24, parágrafo único) optou por aderência ainda mais estrita ao modelo alemão.

comentários à *ZPO* são citados com certa frequência[3]; mais abundantes, no entanto, são as referências a textos das Ordenações alemã, austríaca e húngara, com cujas disposições o autor compara, a cada passo, as da lei baiana. Quanto a LOPES DA COSTA e a PONTES DE MIRANDA, cuja atividade científica se prolongaria ainda por tempo considerável - máxime a do último -, são da fase aqui examinada as monografias sobre a intervenção de terceiros e sobre a ação rescisória[4], onde se revelava a familiaridade com a literatura processual alemã, que constituiria traço marcante da produção de ambos os autores.

PARTE II
SOB OS CÓDIGOS DE 1939

1. Legislação

Do ponto de vista legislativo, Portugal e Brasil deram simultaneamente o passo decisivo para a modernidade, no terreno processual: datam do mesmo ano (1939) o primeiro Código de Processo Civil nacional brasileiro e aquele que, na mãe-pátria, substituiu os velhos diplomas oitocentistas. Ambos foram leis profundamente inovadoras, que objetivaram implantar um modelo de processo dominado pelos princípios da oralidade, da concentração, da imediação, da participação ativa do juiz, e nessa medida exibiam a marca de ideias nutridas e trabalhadas em países de língua alemã. A influência, entretanto, parece ter-se exercido, ao menos predominantemente, por via indireta (cf. *supra,* Introdução, nº 3).

Com efeito. Para começar por Portugal, o grande promotor da reforma foi JOSÉ ALBERTO DOS REIS, que redigiu o projeto do novo Código, tal como já se incumbira de preparar o diploma que abrira o caminho para a mudança, o Decreto nº 12.353, de 26-9-1926. O notável processualista conhecia, sem dúvida, a *ZPO* de 1877[5]. É menos certo, porém,

3 V. EDUARDO ESPÍNOLA, *Código do Processo do Estado da Bahia anotado,* v. I, Bahia, 1916, p. 306, 308, 310, 317, 318, 322, 333, 336, 340, 394 etc.

4 LOPES DA COSTA, *Da intervenção de terceiros no processo,* S. Paulo, 1930; PONTES DE MIRANDA, *A ação rescisória contra as sentenças,* Rio de Janeiro, 1934.

5 Citava-a, por exemplo, bem antes de 1939, no prefácio da 1ª edição de seu *Breve estudo sobre a reforma do processo civil* e *comercial,* p. XXII-XXIII da 2ª ed., Coimbra, 1929.

que conhecesse bem a doutrina alemã, que não costumava citar em suas obras científicas. Terá provavelmente haurido em fontes derivadas a inspiração das modernas diretrizes, que introduziu em sua pátria[6].

No Brasil, o projeto do primeiro Código nacional deveu-se principalmente a BATISTA MARTINS, que não era versado no direito dos países germânicos, embora citasse disposições da *ZPO* alemã e da austríaca. A *Exposição de Motivos* do projeto não alude, em passo algum, a essas codificações, nem à doutrina de língua alemã. Não obstante, é possível discernir, em certos casos, influência tão decisiva, que faz suspeitar de algo semelhante a cópia pura e simples: no capítulo dedicado ao litisconsórcio, por exemplo, os textos dos arts. 89, 90 e 92 do Código brasileiro de 1939 reproduzem, quase literalmente, os dos §§ 61, 62 e 63 da *ZPO* alemã[7]. A importação talvez se haja dado com base na tradução espanhola dessa codificação, citada com alguma frequência por BATISTA MARTINS em sua obra de comentários ao diploma nacional – à semelhança, aliás, da tradução italiana da *ZPO* austríaca[8].

A propósito: com a bem conhecida *erste Tagsatzung* do processo civil austríaco é usual pôr em confronto um instituto comum ao direito português e ao brasileiro: o "despacho saneador". Explica-se o paralelo pela parcial similitude de funções: neste, como naquela, examinam-se questões preliminares, a fim de expungir de irregularidades e incertezas o processo, com a possibilidade, por outro lado, de extingui-lo desde logo, em hipóteses nas quais se mostra inútil ou desnecessário o prosseguimento da atividade processual. A afinidade com a *erste Tagsatzung* é mais notável no processo português, e sobretudo justamente a partir do Código de 1939: neste, com efeito, é que o aludido ato do juiz passou a ser precedido, em certos casos, de uma «audiência preparatória», que não existia no regime anterior, nem existe no ordenamento brasileiro[9].

---

6 No dizer de FERNANDO LUSO SOARES, *Processo civil de declaração,* Coimbra, 1985, p. 57, "é incontestável terem os projetos italianos sido a base, a principal fonte da moderna reforma processual portuguesa, iniciada em 1926".

7 V., ao propósito, BARBOSA MOREIRA, *Litisconsórcio unitário,* Rio de Janeiro, 1972, p. 10, nota 3, e 118.

8 *V.g. Comentários ao Código de Processo Civil,* v. I, Rio de Janeiro, 1940, p. 22, 133, 226/7, 275, 283, 285/6, 304/5 etc.

9 Para uma resenha dos antecedentes e da evolução do "despacho saneador", em Portugal e no Brasil, v. BARBOSA MOREIRA, Saneamento do processo e audiência preliminar, *in Temas de Direito Processual (Quarta Série),* S. Paulo, 1989, p. 112 e s.

Não parece fácil, todavia, estabelecer ligação histórica entre a inovação portuguesa de 1939 e o modelo austríaco; as fontes disponíveis não permitem antepor a hipótese de verdadeira influência à da mera convergência de ideias[10].

Portugal e Brasil viviam em 1939, tal como a Alemanha, sob regimes políticos autoritários. É natural que se indague se a proximidade ideológica terá desempenhado algum papel na orientação das reformas ocorridas naqueles dois países. A resposta é que, se houve tal fenômeno, decididamente não se lhe deve atribuir senão importância secundária. Como por mais de uma vez se acentuou, a influência do modelo alemão, de modo geral, fez sentir-se de modo mais indireto que direto; as ideias que se podem considerar de origem alemã, àquela altura, já se haviam disseminado a ponto de perderem, em boa medida, qualquer conotação nacional específica. Além disso, não parece induvidoso que, na própria Alemanha, elas estivessem umbilicalmente ligadas à ideologia nacional-socialista: basta ver que, ainda quando levadas a cabo sob o terceiro *Reich* as reformas que as puseram em prática, na verdade se tratava, não raro, de propostas oriundas de épocas anteriores – inclusive no tocante a tópicos aparentemente relacionados com um reforço do princípio da autoridade, como é o caso da atribuição de papel mais ativo ao juiz, ou do correlato abrandamento de algumas das diretrizes tradicionalmente vinculadas ao "princípio dispositivo" *(Verhandlungsmaxime)*[11]. De resto, semelhante tendência não cessou de manifestar-se após a queda do regime nacional-socialista.

No que respeita ao Brasil, é certo que, ao tempo da reforma, aqui e ali se invocaram os princípios políticos do "Estado Novo" na argumentação em prol da mudança de rumos no processo civil[12]; mais, porém,

---

10 Partiu de BARBOSA DE MAGALHÃES, membro da comissão revisora do projeto, a sugestão de incluir a "audiência preparatória" no sistema do Código de 1939 (cf. JOSÉ ALBERTO DOS REIS, *Código de Processo Civil anotado,* v. III, Coimbra, 1950, p. 167). No "relatório" feito sobre a matéria pelo próprio BARBOSA DE MAGALHÃES (in *Estudos sobre o novo Código de Processo* Civil, v. I, Lisboa, 1940, p. 49 e s.), que justifica a proposta com razões de conveniência prática (p. 52/3), nenhuma alusão se depara ao direito austríaco, ou a qualquer outra legislação estrangeira.

11 V. as palavras de FISCHER lembradas por DAMRAU, *Die Entwicklung einzelner Prozessmaximen seit der Reichszivilprozessordnung von* 1877, Paderborn, 1975, p. 489/90.

12 Por exemplo: o Ministro da Justiça de então, FRANCISCO CAMPOS, autor intelectual da Constituição autoritária de 10-11-1937, afirmou certa vez que a opção pela

à maneira de expediente retórico do que como proposição seriamente justificada.

2. Doutrina

Como bem se compreende, o advento de codificações novas surtiu efeito estimulante na produção científica, tanto em Portugal como no Brasil. Surgiram, naturalmente, obras de comentários aos códigos. Na literatura portuguesa, porém, dominada pela presença de JOSÉ ALBERTO DOS REIS, não se observam traços muito sensíveis da influência científica alemã. Eles aparecem com grande nitidez, ao contrário, no principal trabalho do gênero publicado no Brasil: os *Comentários ao Código de Processo Civil* de PONTES DE MIRANDA[13], nos quais a Alemanha fornece o material mais copioso nas citações de autores estrangeiros, e a análise do texto nacional procura constantemente subsídios no confronto com a *ZPO* daquele país (e, em menor medida, com as codificações austríaca e húngara).

Entre as obras de exposição sistemática do direito brasileiro desse período merece relevo, do ponto de vista que nos interessa aqui, o *Direito Processual Civil brasileiro* de LOPES DA COSTA[14], onde conceitos e teorias de origem alemã são igualmente expostos com frequência e utilizados no tratamento de numerosos problemas. Noutro setor da doutrina, cabe mencionar a produção de ALFREDO BUZAID, com várias monografias importantes, que não raro se valem de subsídios da literatura alemã[15].

---

nova sistemática adotada era "uma consequência necessária do regime instaurado em 10 de novembro" e que o Código de Processo Civil exprimiria uma "tendência vital" desse regime (A reforma do processo civil, *in Processo oral,* Rio de Janeiro, 1940, p. 188). Curiosamente, na *Exposição de Motivos* do projeto, redigida pela mesma pena, lê-se: "Nem se diga que essa autoridade conferida ao juiz no processo está intimamente ligada ao caráter mais ou menos autoritário dos regimes políticos. É esta a situação dos juízes na Inglaterra; esta a situação pleiteada para eles nos Estados Unidos, por todos quantos se têm interessado pela reforma processual". E, à guisa de abonação, vinham em seguida abundantes citações de juristas norte-americanos.

13 Publicou-se a primeira edição entre 1947 e 1949; a segunda, entre 1958 e 1962.

14 1ª ed., Rio de Janeiro, 1942-7; 2ª ed., Rio de Janeiro, 1959.

15 Desde a primeira delas, *A ação declaratória no direito brasileiro,* S. Paulo, 1943, onde WACH, HELLWIG, GOLDSCHMIDT, ROSENBERG figuram entre os autores

Mas a influência dessa literatura não fica limitada aos autores – como os supramencionados – que tinham acesso às obras originais. No período de que estamos tratando, difunde-se notavelmente o conhecimento de teorias oriundas da Alemanha, ainda que haurido, as mais das vezes, em traduções ou em referências de segunda mão. É um fenômeno que se manifesta inclusive em livros de fins predominantemente didáticos: por exemplo, no Brasil da época torna-se difícil encontrar manual ou compêndio que não aluda, ao menos por alto, às clássicas controvérsias doutrinárias sobre a natureza jurídica do processo, ou da ação, com referência às principais posições historicamente adotadas, ao propósito, pela ciência processual alemã. As monografias, por sua vez, quando se ocupam de questões no plano comparatístico, raramente deixam de dedicar uma seção específica à exposição do direito alemão. Continua a ser verdade, em todo caso, que o nível do influxo alemão, em Portugal e no Brasil, se conserva bastante inferior ao do italiano. É por meio deste, repita-se, que muitas vezes se produz aquele.

PARTE III
PERÍODO CONTEMPORÂNEO

1. Legislação

O direito processual civil experimentou em Portugal diversas reformas importantes depois de 1939: entre outras, as realizadas pelos Dec.-Leis nº 44.129, de 28-12-1961; nº 47.690, de 11-5-1967; nº 368, de 3-9-1977; nº 513-X, de 27-12-1979; nº 457, de 10-10-1980; nº 224, de 8-6-1982; e pela Lei nº 3, de 26-2-1983. Em mais de um caso, essas modificações do Código de Processo Civil impuseram-se como consequência de outras alterações do ordenamento jurídico português, como o advento de novo Código Civil, em 1966, e o de nova Constituição, em 1976. De outras vezes, eles se inspiraram de modo precípuo no propósito essencialmente prático de simplificar e racionalizar o procedimento. Não há sinais evidentes de influência alemã nas inovações

mais citados, assumindo também certo realce a presença da Áustria, representada sobretudo por POLLAK.

consagradas. O mesmo se dirá do recente anteprojeto de novo Código de Processo Civil, publicado em 1988[16].

Quanto ao Brasil, é certo que, durante a vigência do Código de 1939, surgiram numerosos diplomas referentes ao processo civil. A maioria, contudo, veio disciplinar matérias não previstas no Código; relativamente poucas, e de relevância geralmente escassa, foram as alterações nele introduzidas. O panorama iria mudar de forma profunda com o advento do novo Código de Processo Civil (Lei nº 5.869, de 11-1-1973, em vigor desde 1º-11-1974), baseado em anteprojeto da autoria de ALFREDO BUZAID.

Na elaboração do Código de 1973, foi bem mais considerável que na do anterior a contribuição de legislações estrangeiras. Entre elas figura a alemã, à qual a própria Exposição de Motivos do projeto faz alusões expressas. Cumpre observar, no entanto, que não raro a influência terá sido, ainda aqui, indireta: ao optar, nesta ou naquela matéria, por orientação semelhante em substância à adotada na Alemanha, o Código preferiu, no plano formal, seguir outro modelo. Assim, *v.g.*, se a sistemática do processo à revelia, modificando o rumo até então dominante no direito brasileiro, sem dúvida se acostou à concepção alemã, o teor das disposições relativas ao assunto revela de maneira cristalina que a fonte imediata foi a lei portuguesa[17]. Outro exemplo é o da ação declaratória incidental, instituto não contemplado em termos expressos no direito anterior; o art. 5º do Código vigente, que a ela se refere, corresponde substancialmente ao § 262, 2, da *ZPO* alemã, mas, pela redação, mais se aproxima do art. 4 do *Codice di procedura civile* do Estado do Vaticano, provavelmente imitado pelo legislador brasileiro.

Tópico interessante é o da assistência. Na parte dedicada ao instituto (Livro I, Título II, Capítulo V, Seção II), adota o Código de 1973 a

16 V. ANTUNES VARELA, A reforma do processo civil português, *in Revista de Direito Comparado Luso-brasileiro,* nº 7, p. 45 e s., onde, na exposição dos objetivos e dos trabalhos da comissão encarregada da tarefa, não se depara referência alguma ao direito alemão.

17 V., sobre o tema, BARBOSA MOREIRA, A revelia no direito alemão e a reforma do processo civil brasileiro, *in Estudos sobre o novo Código de Processo Civil,* Rio de Janeiro, 1974, p. 134 e s.; *id.,* Quelques aspects de la procédure civile brésilienne et de ses rapports avec d'autres systemes juridiques, *in Revue Internationale de Droit Comparé,* 1982, nº 4, p. 1219, ou em *Temas de Direito Processual (Terceira Série),* S. Paulo, 1984, p. 19.

sistemática alemã, com o desdobramento da figura nas duas modalidades da assistência simples e da assistência litisconsorcial (arts. 50 e 54, respectivamente). Ao redigir o art. 50, no entanto, o legislador brasileiro mais se avizinhou do texto português (art. 335, nº 1), embora convenha assinalar que este não difere muito do § 66, 1, da *ZPO* alemã. Já o art. 54, sem correspondência exata no Código português, parece mais próximo do § 20 da *ZPO* austríaca do que do § 69 da *ZPO* alemã[18], na medida em que, abstendo-se de aludir, como a última, à extensão *da coisa julgada* à relação jurídica do terceiro, emprega, à semelhança da primeira, fórmula mais ampla: no direito brasileiro, a intervenção pressupõe que a sentença «haja de *influir*" na relação jurídica entre o interveniente e o adversário da parte assistida; no austríaco, que ela seja "juridicamente eficaz" *("rechtlich wirksam")* no concernente a tal relação.

Mais curiosa é a origem do art. 47, que contempla o chamado "litisconsórcio necessário". Semelhante dispositivo inspirou-se provavelmente num projeto alemão de reforma, de 1931[19]. É, ao menos, o que faz crer a estrutura do texto, mormente na parte inicial ("Há litisconsórcio necessário quando..."), mais parecida com a do § 65 do projeto *("Die Streitgenossenschaft ist notwendig, wenn...")* do que com a do § 62 da *ZPO.*

Ponto a cujo respeito a Exposição de Motivos do projeto invocou expressamente o direito alemão é o regulado no art. 612 do Código brasileiro, consoante o qual - salvo no caso de insolvência do devedor, em que tem lugar o concurso universal de credores - a penhora confere ao credor "direito de preferência" sobre os bens penhorados. Lê-se na Exposição de Motivos (nº 22) que se cuida aí de "direito real" (...), "a exemplo do que dispõe o § 804 do Código de Processo alemão". Na verdade, é de estranhar que não se tenha antes aludido ao texto português de 1961, cujo art. 833º, nº 1, consagrava a aludida preferência (aliás, de origem muito antiga em Portugal) em termos mais aproximados do referido art. 612[20] - para não falar do art. 475 do Código vaticano, o qual, pela semelhança ainda maior, parece haver servido de modelo ao legislador de 1973.

---

18 Diversamente, SÉRGIO FERRAZ, *Assistência litisconsorcial no direito processual civil,* S. Paulo, 1979, p. 74.

19 *Entwurf einer Zivilprozessordnung*, publicado pelo *Reichsjustizministerium,* Berlim, 1931.

20 Cf. MENDONÇA LIMA, *Comentários ao Código de Processo Civil,* v. VI, 5ª ed., Rio de Janeiro, 1987, p. 602/3.

Em balanço global, deve-se considerar limitada – embora decerto mais intensa que no direito anterior – a influência das codificações de língua alemã no ordenamento brasileiro vigente. Ela não se faz sentir na estrutura do Código, nem responde pela introdução de importantes institutos novos. Das figuras jurídicas que aparecem disciplinadas pela primeira vez, algumas existem, é certo, no direito alemão, como a ação declaratória incidental, já citada, e o recurso adesivo – versão brasileira da *Anschlussberufung* (– *revision*) –; são, porém, comuns a outros sistemas processuais europeus, que podem igualmente haver sido, e em vários casos indubitavelmente foram, as autênticas fontes (ao menos imediatas) da reforma[21]. Restam as repercussões localizadas, das quais acima se tratou de apontar as mais notáveis.

Se, em todo caso, é inegável o incremento na "importação", há que enxergar nele, sobretudo, fenômeno de impregnação científica, para o qual terá concorrido, antes de mais nada, a circunstância de haver-se incumbido da redação do anteprojeto do novo Código um jurista excelentemente informado, em geral, acerca dos ordenamentos processuais estrangeiros e familiarizado, em particular, com as legislações e a doutrina de língua alemã. De qualquer modo, porém, essa contribuição não se eleva a grau de importância comparável ao do direito italiano – ou para mencionar uma fonte menos conhecida, mas na qual fartamente se abeberou o legislador brasileiro[22] – ao do *Codice di procedura civile* do Estado do Vaticano.

2. Doutrina

As últimas décadas viram aumentar – num contexto genérico de interesse sempre crescente pelos estudos de direito comparado – a divulgação da literatura processual de língua alemã em Portugal e no Brasil. Mais de um fator terá contribuído para tal expansão. Em ambos os países, maior número de processualistas vem passando a interessar-se

---

21 Não parece improvável que se inclua nesse rolo dever de veracidade das partes, introduzido no ordenamento brasileiro, em termos genéricos, pelo art. 14, nº I, do Código de 1973 (e ao qual se refere, catalogando as "inovações constantes do Livro 1", a Exposição de Motivos, nº 17), mas já consagrado no art. 264 do Código português, desde o texto de 1939 (hoje, art. 264, nº 2).

22 V. BARBOSA MOREIRA, *Quelques aspects de la procédure civile brésilienne et de ses rapparis avec d 'autres systemes juridiques,* cit. em a nota 16, *supra,* p. 1.223/4.

por adquirir algum conhecimento daquele idioma, ao menos na medida necessária para a leitura de obras científicas no original[23], enquanto prossegue em países hispano-americanos, embora menos intensa, a atividade de tradução para o idioma espanhol, geralmente compreensível para os juristas lusófonos. O acesso destes à produção científica alemã (e à de outros países germânicos) vê-se facilitado, ainda, por outra circunstância: mormente no quadro de volumes coletivos – ora resultantes de pesquisas comparativas, ora compostos de relatórios destinados a congressos internacionais, cada vez mais numerosos –, vêm-se publicando, em línguas (como o inglês e o francês) mais familiares a portugueses e brasileiros, trabalhos de juristas alemães e austríacos sobre temas processuais[24].

Ao lado das traduções – antigas e modernas –, que continuam naturalmente a ser utilizadas de modo predominante, obras publicadas em tempos recentes passam a valer-se, com maior frequência, de elementos colhidos diretamente em textos originais de língua alemã[25]. A literatura alemã – e, em menor escala, a austríaca – vêm ministrando, no Brasil, subsídios consideráveis para a análise do novo Código, máxime no que

23 Ao que nos consta, a primeira tradução de obra processual alemã feita no Brasil é a dos *Studien zum einstweiligen Rechtschutz,* de FRITZ BAUR, sob o título *Estudos sobre tutela jurídica mediante medidas cautelares,* Porto Alegre, 1985.

24 Um exemplo: no volume *Fundamental Guarantees of lhe Parties in Civil Litigation – Les garanties fondamentales des parties dans le proces civil,* Milano – Dobbs Ferry, 1973, entre os relatórios nacionais para um congresso realizado em Florença, em 1971, encontram-se, em francês, os redigidos por BAUR, pela República Federal da Alemanha (p. 1 e s.), e por SCHIMA, pela Áustria (p. 173 e s.).

25 *V.g.,* em Portugal: CASTRO MENDES, *Limites objectivos do caso julgado em processo civil,* Lisboa, s.d.; *id., Direito Processual Civil,* Lisboa, 1980; PESSOA VAZ, *Poderes e deveres do juiz na conciliação judicial,* Coimbra, 1976; TEIXEIRA DE SOUSA, *Sobre a teoria do processo declarativo,* Coimbra, 1980; *id., O concurso de títulos de aquisição da prestação,* Lisboa, 1988; no Brasil: ARRUDA ALVIM, *Ensaio sobre a litispendência no Direito Processual Civil,* S. Paulo; *id., Manual de Direito Processual Civil,* 2ª ed., S. Paulo, 1986; *id., A arguição de relevância no recurso extraordinário,* S. Paulo, 1988; CELSO NEVES, *Contribuição ao estudo da coisa julgada civil,* S. Paulo, 1970; BARBOSA MOREIRA, *Litisconsórcio unitário,* Rio de Janeiro, 1972; *id., A conexão de causas como pressuposto da reconvenção,* S. Paulo, 1979; BOTELHO DE MESQUITA, *Da ação civil,* S. Paulo, 1973; MATHIAS LAMBAUER, *Do litisconsórcio necessário,* S. Paulo, 1982; TERESA ARRUDA ALVIM PINTO, *Nulidades da sentença,* S. Paulo, 1987; ELICIO DE CRESCI SOBRINHO, *Dever de veracidade das partes no processo civil,* Porto Alegre, 1988; *id., Dever de esclarecimento e complementação no processo civil,* Porto Alegre, 1988; ARAKEN DE ASSIS, *Cumulação de ações,* S. Paulo, 1989.

concerne aos institutos cuja disciplina sofreu a influência, direta ou indireta, das leis germânicas, ou apresenta com a sistemática destas alguma afinidade; em tradução ou (mais raramente) no original[26], são abundantes, nos comentários ao Código, as citações de obras escritas em alemão, bem como a discussão das teses nelas sustentadas, particularmente no que interessa mais de perto à solução de problemas hermenêuticos suscitados pelo texto em vigor.

Fevereiro de 1989.

COMENTÁRIOS DA ATUALIZADORA

A INFLUÊNCIA DO DIREITO PROCESSUAL CIVIL ALEMÃO EM PORTUGAL E NO BRASIL

Teresa Arruda Alvim

Neste contraponto, que agora se faz, ao artigo do professor Barbosa Moreira e devem ser necessariamente, embora rapidamente, retomadas, algumas ideias relevantes sobre as quais o autor tece algumas considerações e que são, como ocorre normalmente, extremamente atuais.

O professor afirma que muitas das influências que ocorreram, ao longo do tempo, no processo civil europeu e mesmo no processo civil de alguns países fora do continente europeu podem ser consideradas influências oriundas da Alemanha, que vieram, todavia, a se concretizar de forma *indireta*. Por duas razões: (i) porque, a partir de certa fase histórica, generalizaram-se no continente europeu, propostas inovadoras e renovadoras, em boa medida, *uniformes*. Em determinado momento, foram sentidas as vantagens da oralidade, a necessidade de que

26 Diversos comentadores têm utilizado elementos colhidos em textos originais de língua alemã: assim, por exemplo, PONTES DE MIRANDA, *Comentários ao Código de Processo Civil,* Rio de Janeiro, 1.974-8; HÉLIO TORNAGHI, *Comentários ao Código de Processo Civil,* v. I e II, S. Paulo, 1ª ed., 1974; 2ª ed., 1978; ARRUDA ALVIM, *Código de Processo. Civil comentado,* 5 v., publicados, S. Paulo, 1975-81; BARBOSA MOREIRA, *Comentários ao Código de Processo Civil,* v. V, Rio de Janeiro, 1ª ed., 1974; 5ª ed., 1985; CLÓVIS DO COUTO E SILVA, *Comentários ao Código de Processo Civil,* v. IX, S. Paulo, t. I, 1977; t. II, 1982.

houvesse maior concentração no procedimento e uma participação mais ativa do juiz, que deixou de ser um convidado de pedra. Todos esses pontos, em que a influência do processo alemão é inegável, geraram, em outros países, uma influência, por assim dizer, *indireta*, porque as ideias foram se difundindo, com maior ou menor rapidez, mas já em uma fase em que era impossível identificar, de modo preciso, sua origem. A influência dessas ideias, naturalmente, conseguiu atravessar o Atlântico, chegando ao Brasil. (ii) Pode-se dizer também que, em boa parte, a influência alemã no direito brasileiro se deu por meio dos italianos ou dos portugueses e muitas vezes foi facilitada por traduções espanholas dos textos de lei alemães. É inegável a dificuldade representada pela língua.

No direito brasileiro, por exemplo, hoje está expressamente consagrado o princípio da cooperação. Este princípio vem expressamente formulado no art. 6º do Código: todos os sujeitos do processo devem cooperar entre si para que se obtenha, em tempo razoável, decisão de mérito justa e efetiva.

No processo civil alemão, há diversos princípios, designados pela doutrina de *Verfahregrundsätze* ou *Prozessmaximen*. Dentre esses princípios está justamente a *Kooperationsmaxime*. A doutrina, de um modo geral, converge para entender que o § 139 da ZPO alemã é fonte de inspiração do direito brasileiro, embora haja tanto na doutrina alemã, quanto na doutrina portuguesa e brasileira, profundas discussões a respeito do que seja esta máxima ou este princípio, abrangendo inclusive questionamentos sobre sua utilidade. O próprio professor Barbosa Moreira já se referia a que a cooperação é capaz de levar à consequência de que as partes se deem por satisfeitos com a sentença e, portanto, se abstenham de recorrer. Isto porque, um dos efeitos da concretização do princípio da cooperação seria o de que o juiz proporcione condições para que os litigantes, ao longo do processo, já tenham uma perspectiva razoavelmente concreta a respeito de qual possa vir a ser o resultado da demanda.[27]

Renato Beneduzzi, em trabalho absolutamente impecável, e, sobretudo, extremamente útil, escrito com a precisão hoje tão rara, observa que o conteúdo do que hoje é o art. 10, do Código de Processo

27 BARBOSA MOREIRA, José Carlos. *Temas de direito processual civil: oitava série*. São Paulo: Saraiva, 2004.

Civil brasileiro, também pode se entender como vinculado ao dever de cooperação, na medida em que o § 139-3 da ZPO alemã, exigir que o tribunal alerte as partes sobre pontos ligados a matéria cognoscível de ofício, antes de sobre ela decidir. Evidentemente, como observa o autor, não se trata de exige do juiz um adiantamento quanto ao teor de uma decisão que ainda não foi proferida. Trata-se, isto sim, de proporcionar oportunidade para que as partes se manifestem antecipadamente, evitando-se assim, a decisão surpresa.[28]

Entretanto, como se observou acima, é muito provável que o princípio da cooperação tenha chegado ao direito brasileiro por meio do direito português, em função, principalmente, da dificuldade criada pela língua, já referida anteriormente.

Isto, a nosso ver, não afasta a possibilidade de se fazer a afirmação no sentido de que houve, sim, influência alemã no direito brasileiro no que diz respeito a esse aspecto, ainda que essa influência tenha sido indireta.

No direito português em vigor, se percebe de forma nítida a influência alemã, que talvez tenha sido, agora sim, direta. Acredito que os campos em que se percebe mais nitidamente a existência dessa influência são justamente o princípio da cooperação e a "revisitação" da ideia de que haja prevalência dos pressupostos processuais sobre o mérito.

Vamos ao primeiro: este princípio se encontra insculpido no art. 266, I, do Código de Processo Civil português. Este princípio tem sido considerado pela doutrina como corolário do princípio da boa-fé processual. Fredie Didier,[29] em primorosa monografia, assevera que seu tratamento não pode desperdiçar tudo o que já se produziu no que diz respeito a cooperação obrigacional.

A doutrina portuguesa ainda não é farta sobre o tema. É oportuno que se lembre aqui dos autores Miguel Teixeira de Sousa[30]

---

28 BENEDUZI, Renato. *Introducción al proceso civil alemán*. Peru: Zela Grupo Editorial, 2020, tradução Renzo Cavani, p. 104

29 DIDIER JR., Fredie. *Fundamentos do princípio da cooperação no direito processual civil português*, não publicado.

30 SOUSA, Miguel Teixeira de. *Estudos sobre o novo processo civil*. 2ª ed. Lisboa: Lex, 1997.

e José lebre de Freitas[31], bem como da professora Paula Costa e Silva.[32]

No Brasil, na preciosa monografia, já referida, cujo título é "Fundamentos do princípio da cooperação no direito processual civil português", Fredie Didier comenta o pensamento destes autores, acima referidos, e de outros, para concluir que a doutrina, de um modo geral, em Portugal, dá pouco rendimento ao princípio, na medida em que entende que esse princípio poderá ser aplicado apenas se estiver corporificado num dispositivo de lei que se perceba tenha sido concebido justamente para concretizá-lo. Isso significa, que basicamente, o que predomina em Portugal é a compreensão no sentido de que este princípio não é uma norma que possa ser aplicada autonomamente, mas o, depende de lei que a concretize.

Esse princípio deve levar a transformação do processo em uma *Arbeitsgemeinschaft*, ou seja, numa comunidade de trabalho.

Reconhece-se, como se mencionou há pouco, que o princípio da cooperação está ligado à boa-fé objetiva e tem no Código de Processo Civil português uma série de reflexos, em diversos artigos, como, por exemplo, aquele que diz que a parte tem que colaborar com a descoberta da verdade, sendo que este dever vincula até mesmo aquele que não está onerado com a prova. O art. 519, 1, do Código de Processo Civil português, prevê, ainda, o dever de apresentar as informações necessárias à realização da penhora. Da mesma forma que ocorre no direito brasileiro, também no direito português o juiz deve, antes de indeferir a inicial, caso não a tenha bem compreendido, pedir esclarecimentos ao autor.

Há, no direito português, assim como no direito alemão e brasileiro, o dever de consulta, que significa que não poderá o magistrado decidir, mesmo a respeito de temas que podem ser conhecidos de ofício, se não proporcionou às partes a possibilidade de, antes, se manifestar. Este dever também pode ser visto como uma das facetas do contraditório[33] e

---

31 FREITAS, José Lebre de. *Introdução ao processo civil – conceito e princípios gerais*. 2ª ed. Coimbra: Coimbra Editora, 2006.

32 SILVA, Paula Costa e. *Acto e processo – o dogma da irrelevância da vontade na interpretação e nos vícios do acto postulativo*. Coimbra: Coimbra Editora, 2003.

33 ARRUDA ALVIM, Teresa; CONCEIÇÃO, Maria Lúcia Lins; RIBEIRO, Leonardo Ferres da Silva; MELLO, Rogerio Licastro Torres de. *Primeiros comentários ao Código de Processo Civil: artigo por artigo*. 3ª ed. São Paulo: Thomson Reuters Brasil, 2020, pp. 73-76, comentários ao art. 10.

significa que deve haver condições para que os litigantes tenham uma ideia sobre o provável desfecho do processo, sabendo, portanto, quais as questões de fato e de direito que são consideradas relevantes para o julgamento e que muito provavelmente serão a base de sua decisão de mérito.

No direito alemão existe o *Hinweispflicht*, que se liga, justamente, à necessidade de que o juiz crie condições de as próprias partes esclarecerem quais os fatos considerados relevantes e quais as provas por meio das quais pretendem que eles sejam comprovados, permitindo-se discussão a respeito entre o juiz e as próprias partes. Este dever está no já referido § 139 da ZPO alemã, comentado, no já mencionado artigo, por José Carlos Barbosa Moreira, que integra a oitava série dos "Temas de direito processual", no artigo "Breve notícia sobre a reforma do processo civil alemão".[34]

É, no entanto, segundo Paula Costa e Silva, mais amplo o direito alemão do que no direito português.

Observa que se poderia pensar que o dever de prevenção abrangesse a possibilidade de o juiz indicar à parte os erros que esta tivesse cometido quanto à qualificação dos fatos, fazendo a subsunção erradamente. Ou que o efeito previsto para disposição legal adotada na fundamentação levaria a um resultado diferente do pleiteado, o que poderia levar à improcedência. Isto está abrangido pelo *Hinweispflicht*, mas não pelo dever de prevenção português, que não é uma cláusula geral mas está adstrito aos limites fixados pelo legislador.[35]

Fredie Didier, na monografia já mencionada, aborda outros deveres que, na sua concepção, estariam embutidos ou seriam um desdobramento do princípio da cooperação, como, por exemplo, o dever de prevenção, o dever de auxílio e outros pontos, expondo sua opinião, mais generosa, no sentido de que inexiste necessidade de que o princípio, nem seus desdobramentos, sejam encampados expressamente por uma regra escrita, para que sejam aplicado, já que tem vida própria.

---

34 BARBOSA MOREIRA, José Carlos. Breve notícia sobre a reforma do processo civil alemão. *In: Temas de direito processual civil: oitava série*. São Paulo: Saraiva, 2004, pp. 199-210.

35 SILVA, Paula Costa e. *Cit.*, p. 593, item 24.3.3.1.

Considera tratar-se de uma cláusula geral e relaciona o princípio com o plano obrigacional.[36]

Outras das influências relevantes do direito alemão no direito português, em vigor, diz respeito à tendência da inversão da regra da prevalência dos pressupostos processuais sobre o mérito. Também não se trata de tema sobre o qual a doutrina seja farta.

Entretanto, existe um primoroso artigo, de Miguel Teixeira de Sousa, que trata do tema quase de forma exauriente. Ele examina a doutrina alemã de forma cuidadosa, dando ênfase à ideia de que a investigação científica não deve submeter à análise da realidade aos parâmetros de uma construção conceitual apriorística.[37] Um cientista muito frequentemente deve enfrentar dogmas, e o dogma que enfrenta tal professor, com base na doutrina alemã, trazendo o desenvolvimento, que lá teve lugar, para o direito português, é o de que os pressupostos processuais consubstanciam-se numa categoria que deve necessariamente ser examinada antes do mérito. Diz Teixeira de Sousa que, por exemplo, a falta de representação adequada do autor por advogado não pode ter o condão de impedir a apreciação da alegação de coisa julgada. Esse é um dos exemplos que dá para demonstrar o quanto, em alguns casos, entender-se que o juízo a respeito da admissibilidade da ação deve necessariamente ser o primeiro a realizar-se, não pode ser tida como uma regra absoluta. Outro dos exemplos citados pelo autor, em que, segundo o que lhe parece, não teria sentido deixar-se de proferir sentença de mérito, é o caso em que o juiz proferisse uma decisão sobre o mérito, apesar de se ter levantado a objeção de litispendência, quando o processo onde esta objeção tivesse sido levantada estivesse muito mais adiantado do que o outro, o que proporcionaria a possibilidade de uma definição mais rápida da situação jurídica das partes.

Miguel Teixeira de Sousa examina a doutrina de Rimmelspacher, que foi quem, na Alemanha, propôs a possibilidade de inversão dessa ordem, já que o processo é um instrumento criado pelo ser humano, que tem por objetivo, fundamentalmente, a salvaguarda da paz jurídica.

---

36 DIDIER JR., Fredie. *Fundamentos do princípio da cooperação no direito processual civil português*, p. 72, item 3.6.2, no original.

37 SOUSA, Miguel Teixeira de. Sobre o sentido e a função dos pressupostos processuais (algumas reflexões sobre o dogma da apreciação prévia dos pressupostos processuais na acção declarativa), *ROA*, 1989, pp. 85-125, especialmente p. 88.

O que este autor alemão propõe se choca com a "lógica" criada por Von Büllow, em 1868. Von Büllow, como se sabe, é reconhecido como tendo sido praticamente responsável por manifestações doutrinárias que significam, fundamentalmente, o início da construção da ciência processual.

Uma versão bastante ousada e extrema da teoria de Rimmelspacher é a de que haveria absoluta paridade entre as condições de análise dos pressupostos processuais, como requisitos indispensáveis à propositura da ação, e os fundamentos indispensáveis para a concessão da tutela jurisdicional pretendida pelo autor.

Basicamente, trocando em miúdos, o que pretende o autor alemão é que se possa dizer: apesar de estar ausente um pressuposto processual, você não tem razão no mérito.

Então, tanto a falta de um pressuposto de admissibilidade da ação, quanto ausência dos fundamentos do pedido podem levar à uma decisão que, no direito português, se chamaria de absolutória, e no direito brasileiro, uma decisão de improcedência.

Por identidade de razões o mesmo raciocínio poderia se desenvolver para fazer com que o recurso inadmissível fosse improvido.

Como é natural, as ideias deste autor alemão não tiveram grande receptividade. O próprio Rimmelspacher acabou por formular uma versão menos extrema de sua teoria, tendo afirmado que a dispensa da apreciação de alguns pressupostos processuais, apenas hipoteticamente, seria compatível com o procedimento de uma decisão de improcedência. Isso significa que, quando se aplica a teoria o que se diz, no fundo, é: se tivesse sido preenchido o pressuposto processual da capacidade, mesmo assim, você não teria razão.

De todo modo, o que parece é que não se trata de uma teoria que deva ser aplicada sempre. Está-se, isto sim, diante da percepção da necessidade de se tornar esse dogma menos absoluto, talvez retirando-lhe o caráter de dogma, para lhe atribuir a natureza de *regra geral,* que, portanto, comporta exceções. Isso significa que não se propõe que haja desnecessidade da apreciação dos pressupostos processuais, nem que essa apreciação deva ser feita depois do exame do mérito. O que se propõe, na verdade, é que a exceção se aplique quando a decisão de improcedência, no lugar da decisão de não admissibilidade, garanta critérios de rapidez e de simplicidade.

Partindo da ideia de que os pressupostos processuais podem visar a salvaguardar a posição do autor, ou a do réu, não tem sentido prejudicar o autor, pela não admissibilidade da ação, se a decisão de mérito seria em seu favor. Ou, ao contrário, se os pressupostos processuais têm em vista proteger a posição do réu, não tem sentido deixar de admitir ação, se a sentença de mérito seria de improcedência.

Pode-se dizer que há um certo consenso na processualística contemporânea, no sentido de que interessa mais às partes e ao sistema uma decisão que resolva o mérito, do que uma decisão que não admita ação; assim como é mais desejável que haja uma decisão que dá (ou não) provimento ao recurso, do que uma decisão que não o admita.

Por isso, parece que, de fato, essas ideias estão em consonância com princípios relevantes de que trata a doutrina brasileira como, por exemplo, o princípio dá instrumentalidade das formas ou o princípio da primazia do julgamento de mérito.

A nosso ver, entretanto, é necessário que essas novidades todas sejam aplicadas com bastante cautela, para que não haja subversão da ordem natural das coisas, a não ser nos casos em que esta subversão tenha em vista realizar, de forma concreta, um valor mais relevante.

No direito brasileiro, a teoria do processualista alemão, repetidamente citado, cuja obra foi minuciosamente analisada por Miguel Teixeira de Sousa, refletiu-se no art. 488 do Código de Processo Civil de 2015 que diz: "*desde que possível, o juiz resolverá o mérito sempre que a decisão for favorável à parte a quem aproveitaria eventual pronunciamento nos termos do artigo 485*".

Sabe-se que, no direito brasileiro, a categoria genérica que diz respeito aos *pressupostos genéricos de admissibilidade da apreciação do mérito abrange os pressupostos processuais* (no sentido estrito) e as *condições da ação*. Encampa, também, em alguns casos especiais, condições de procedibilidade.

A ideia de que extinguir o processo sem julgamento de mérito *aproveita a alguém* está expressamente prevista nos dizeres do artigo acima transcrito. Percebe-se, com clareza, que o legislador brasileiro aceita as ideias, no sentido de (i) que há certos pressupostos processuais, cujo reconhecimento favorece o autor e outros, cujo reconhecimento favorece o réu; há aqueles criados para gerar segurança à parte contrária (ii) e, também, principalmente, que interessa mais ao sistema uma sentença que extingue o processo tendo apreciado a lide, do que uma decisão que, simplesmente, não o admite.

A doutrina brasileira, mais farta que a portuguesa, traz observações interessantes a respeito do art. 488, que não existia no código revogado.

A título exemplificativo, citamos, abaixo, trechos de alguns autores importantes: José Miguel Garcia Medina afirma que "a necessidade de análise funcional dos requisitos processuais não compromete totalmente o dogma da prioridade, pois afinal os requisitos ainda devem ser examinados antes do mérito. Mas, sem dúvida, o mitiga. Afinal, nem sempre a ausência de um requisito processual impedirá o exame do mérito".[38]

No mesmo sentido, a lição de Luiz Guilherme Marinoni, Sergio Cruz Arenhart, Daniel Mitidiero, que dizem: "O art. 488, CPC, autoriza a quebra da ordem tradicional do exame das questões no processo civil: sempre que possível, vislumbrando o juiz a possibilidade de resolver o mérito, ainda que na ausência de determinado requisito para concessão da tutela jurisdicional, deverá fazê-lo, desde que a sentença definitiva proteja igualmente aquela parte a que aproveitaria a sentença terminativa".[39]

Por fim, merece menção o instituto criado pelo Código de 2015 e denominado pelo legislador de *Incidente de Resolução de Demandas Repetitivas*. De fato, desta vez, a influência foi direta do direito alemão. Não se trata, propriamente, de um transplante de um instituto alemão, exata e precisamente, como ele existe na Alemanha. Trata-se, isto sim, de um instituto brasileiro, que se inspirou diretamente no procedimento modelo que lá se chama *Musterverfahren*. A palavra *MUSTER* quer dizer modelo; e *Verfahren* significa processo.

Trata-se de instituto que foi concebido com o objetivo evidente de gerenciar a litigância de massa. A litigância de massa, como se sabe, consiste na existência de uma grande quantidade de ações baseadas em fatos e fundamentos jurídicos absolutamente idênticos. Além de

---

38 MEDINA, José Miguel Garcia. *Novo código de processo civil comentado*. 5ª ed. São Paulo: Thomson Reuters Brasil, 2017, p. 782.

39 MARINONI, Luiz Guilherme; ARENHART, Sérgio Cruz; MITIDIERO, Daniel. *Código de processo código de processo civil comentado*. 5ª ed. São Paulo: Thomson Reuters Brasil, 2019, p. 610.

sobrecarregarem de uma maneira integralmente irracional o Judiciário, sendo julgadas separadamente, geram o risco de haver decisões contraditórias e absolutamente incompatíveis com o princípio da isonomia e com o mínimo que se pode pretender alcançar em termos de previsibilidade. Isso significa, portanto, que o fato de essas ações serem decididas de modo pulverizado pode comprometer irremediavelmente a segurança jurídica.

Para tentar resolver esse problema, que é típico da realidade brasileira, muitos institutos têm sido concebidos, que se afastam do modelo tradicional de processo civil típico do *civil law*, cuja preocupação sempre girou em torno, como é natural, do processo civil individual.

Fala-se em ações coletivas (ações de representação, no *sentido lato*) e processos, que de alguma forma, são "agregados".

Esses mecanismos podem conviver, sem problema algum, sendo inevitável certa dose de sobreposição entre eles.

No Brasil, além das ações coletivas, escancaradamente inspiradas no modelo norte-americano, também têm sido concebidos institutos, como, por exemplo, o recurso especial julgado no *regime dos repetitivos*, que tem em vista combater os males criados pela litigiosidade de massa.

O *Incidente de Julgamento das Demandas Repetitivas* (IRDR), embora não consista numa ação coletiva, tem em vista, pelo menos em parte, alcançar alguns dos mesmos objetivos. A doutrina revelou uma boa dose de receptividade em relação ao novo instituto, muito provavelmente pela sua semelhança com os recursos repetitivos, que já existiam na última versão do Código de 1973, e já tinham produzido bons resultados.

Mas, afinal, o que é o *Musterverfahren*? Esse instituto que se encarta numa categoria que vem ganhando prestígio na Europa, que sempre se revelou avessa a adoção de um sistema semelhante ao das *class actions* americanas, foi disciplinado por uma lei, cuja vigência deveria durar até 2010, mas acabou sendo prorrogada, agora até 2023. Trata-se de uma forma de resolver conflitos, que se repetem de forma idêntica, sem que haja um representante da classe ou do conjunto de indivíduos que deve ser atingida pela decisão de mérito. É o procedimento da família da GLO, ou seja, da *Group Litigation Order* do direito inglês. O instituto se encaixa, portanto, numa ampla categoria que abrange *causas piloto* ou *processos-teste*.

Esses procedimentos, não são comuns na Alemanha o que gera, evidentemente, imensa dificuldade no que diz respeito à possibilidade de sua sistematização, no plano da doutrina. Há uma diferença fundamental entre o instituto alemão e o nosso IRDR que é a de que não há limitação imposta pelo direito material no que tange ao uso deste último instituto. No entanto, o *Musterverfahren* foi concebido para resolver problemas dos investidores em mercados de capitais, tendo, portanto, incidência bem restrita.

Daniele Viafiore[40] relata que: "nos anos de 1999 e 2000, ao colocar as suas ações na bolsa de Frankfurt o prospecto informativo da empresa de telefonia Deutsche Telekom omitiu uma série de informações relevantes. Pouco tempo depois, o preço das ações sofreu uma considerável desvalorização e os acionistas decepcionados, agiram contra a Deutsche Telekom. Tendo em vista que as informações contidas no prospecto informativo eram errôneas ou lacunosas, foram propostas mais de 13000 ações para a busca de reparação de prejuízos perante o tribunal de Frankfurt, competente exclusivamente por força da sede da bolsa de valores, que autorizou previamente o prospecto. Isso levou a uma paralisação total da seção de direito comercial daquele tribunal."

Como decorrência da excessiva demora no julgamento de todas essas ações, foi interposto recurso perante o Tribunal Constitucional alemão, em que se alegou, fundamentalmente, violação ao direito de duração razoável do processo. Nesse contexto é que foi aprovada a lei KapMug, procedimento modelo para os investidores de mercado de capitais, em que se inspirou o legislador brasileiro para criar o *Incidente de Resolução de Demandas Repetitivas*.

É impossível deixar de comentar diferenças profundas que existem entre os países da Europa e o Brasil no que diz respeito a números! Houve praticamente a paralisação de um tribunal de segundo grau porque este órgão tinha que julgar 13.000 ações.

Este número não é capaz de assustar nenhum brasileiro, pois nossos Tribunais Superiores, por exemplo, têm em média 300.000 processos para julgar por ano. Por isso, talvez, os europeus não tenham

---

40 VIAFORE, Daniele. As semelhanças e as diferenças entre o procedimento-modelo Musterverfahren "Incidente de resolução de Demandas Repetitivas" no PL 8.046/2010. *Revista de Processo*, São Paulo, nº 217, pp. 257-308, mar./ 2013.

sentido a necessidade de criar vários institutos, como os que temos hoje no Brasil, para resolver conflitos que se repetem de forma idêntica.

A vantagem deste modelo para os alemães (que não é uma ação coletiva) é que, normalmente, as ações coletivas na Europa possibilitam apenas provimentos de natureza declaratória ou inibitória, mas não condenatória. Essa limitação não existe com relação aos institutos que podem ser entendidos como integrantes da categoria genérica da litigância agregada, ou *aggregate litigation*.

Outra das diferenças fundamentais que existem entre o instituto alemão e o brasileiro é a de que, no instituto alemão, a finalidade do procedimento é fixar uma decisão a respeito de suportes *fáticos e/ou jurídicos* das pretensões, de modo que haja uma só decisão a respeito desses pontos e os demais juízos fiquem vinculados a decidir a partir dessas premissas.

No incidente de resolução de demandas repetitivas, a decisão que vale para todos os processos que giram em torno da mesma questão de direito, apenas no que diz respeito ao aspecto *estritamente jurídico dos conflitos*, não abrangendo questões de fato.

No Brasil, não há dúvida de que o Incidente de Demandas Repetitivas gera decisão que pode ser qualificada de *precedente vinculante*, no sentido forte da expressão, ou seja, precedente vinculante *qualificado*. Na Alemanha, por outro lado se discute bastante a respeito de qual seria o fenômeno que faz com que se estendam aos processos individuais os efeitos do julgamento do processo modelo, e a resposta no sentido de que não se trata de um efeito genuinamente vinculante é a que prevalece. Isso porque, como esclarece Antônio do Passo Cabral,[41] os fundamentos determinantes da decisão não são vinculantes para os processos futuros.

Embora não haja propriamente *representação* no *Musterverfharen*, há um determinado momento do procedimento em que o juiz elege alguém para representar os autores, o *Musterkläger*, e alguém para representar o réu, o *Musterbeklagte*. Mas não se trata, de modo algum, de uma figura que se assemelhe, nem de longe, ao *representante*, que tem legitimidade para manejar as ações coletivas. Antonio do Passo Cabral

41 CABRAL, Antonio do Passo. O novo procedimento-modelo (Musterverfahren) alemão: uma alternativa às ações coletivas. *Revista de Processo*, São Paulo, nº 147, pp. 123-146, mai. 2007.

noticia que a sua função é, única e exclusivamente, a de porta-voz de todos os autores e de todos os réus, respectivamente, para fim de tornar mais eficiente a comunicação com o juiz.

O autor, apenas referido, neste interessante artigo que diz que o instituto alemão poderia ser inspiração para que criássemos algo de semelhante no direito brasileiro. Acabou prevendo o futuro. Dois anos mais tarde, foi nomeado pelo Senado uma comissão para redigir um anteprojeto de lei, para um novo Código de Processo Civil. Já nos primeiros meses de trabalho, essa comissão, de que eu tive a honra de fazer parte como relatora, sendo o Ministro Fux seu presidente, o instituto foi incluído, tendo sido confessada a inspiração do direito alemão.

Aluisio Gonçalves de Castro Mendes,[42] em interessante e abrangente artigo publicado na Revista de Processo, diz que o incidente de resolução de demandas repetitivas foi uma das grandes apostas do Código de Processo Civil de 2015. Ensina que o objeto do instituto é firmar uma tese jurídica única, aplicável a todos os casos repetitivos, a partir de um procedimento incidental, em que se forma o modelo de controvérsia, de modo a que se possa conferir prestação jurisdicional isonômica ao jurisdicionados, tendo como efeito colateral o de reduzir a carga de trabalho dos Tribunais.

Por meio desse instituto, que se consubstancia numa técnica processual diferenciada e que foi desenvolvida para auxiliar no desempenho da difícil função de julgar litígios envolvendo direitos individuais homogêneos de centenas, milhares ou milhões de pessoas, busca-se a racionalização e a eficiência do processo, que precisa se *reinventar*, para fazer frente às novas demandas sociais, diz o autor, com razão.

Ainda existem, é claro, algumas discussões sobre alguns aspectos do instituto, como, por exemplo, o cabimento de recursos, já que se trata de um julgamento *em tese*, não havendo propriamente, uma "causa decidida".

Enfim, para encerrar estas observações, volto a uma ideia expressada pelo professor Barbosa Moreira, no artigo do qual este é o contraponto: muitas vezes encontramos institutos parecidos em dois países, porque houve, de fato, influência de um sobre o outro, seja direta, seja

42 MENDES, Aluisio Gonçalves de Castro. O incidente de resolução de demandas repetitivas do novo Código de Processo Civil. *Revista de Processo*, São Paulo, nº 243, pp. 283-331, mai./2015.

indireta. Outras vezes, essa coincidência existe porque, simplesmente, aconteceu de em dois países o legislador ter seguido o mesmo caminho, ter tido a mesma ideia. Eu acrescentaria, ainda, que este último caso ocorre muito frequentemente nos dias de hoje, já que, como se costuma dizer, vivemos numa *aldeia global*. O mundo é um só e, muito provavelmente, em alguma medida, um problema que existe no Brasil pode ser bem parecido com outro, que exista na Tailândia. Portanto, institutos que são semelhantes podem ter nascido para responder a uma necessidade igual, que exista em ambos os países, sem que tenha havido, propriamente, influência de um sobre o outro, quer direta, quer indireta.

IL CODICE DI PROCEDURA CIVILE DELLO STATO DELLA CITTÀ DEL VATICANO COME FONTE STORICA DEL DIRITTO BRASILIANO[1]

1. Introduzione. **2.** La sistematica. **3.** Disposizioni particolari. **3.1.** I limiti oggettivi del giudicato e la domanda di accertamento incidentale. **3.2.** Nullità di atti processuali. **3.3.** Sospensiorre del processo. **3.4.** Le prove. **3.5.** Ancora la cosa giudicata. **3.6.** Processo di esecuzione. **3.7.** Processo cautelare. **4.** Osservazioni finali.

1. "Nell'elaborazione del progetto abbiamo preso per modelli i monumenti legislativi più notevoli del nostro tempo. Non si veda in questa confessione un puro spirito di mimetismo, che si compiace nel ripetere anziché nel creare, né il disprezzo del meriti del nostro sviluppo culturale. Un codice di procedura e un'istituzione eminentemente tecnica. E la tecnica non è l'appanàggio di un popolo, ma una conquista di valore universale"[2]. In questi termini si e cercato di sottolineare e nel contempo di giustificare l'inconsueta abbondanza, nel vigente codice di procedura civile brasiliano, di disposizioni ispiratesi a testi stranieri. Si e per sino avuto cura di menzionare in proposito la legislazione tedesca, austriaca, italiana, francese e (più spesso) quella portoghese.

Non si può fare a meno di rilevare in questo elenco un'importante omissione: quella del codice di procedura civile dello Stato della Città del Vaticano, approvato da un *Motu proprio* di Pio XII ed entrato in vigore nel 1º-11-1946. Si tratta di una legge relativamente poco conosciuta, ma

---

1 Trabalho destinado ao volume *Studi in onore di Vittorio Denti,* e publicado também na *Rivista di diritto processuale,* v. XLVI (1991)

2 *Exposição de Motivos* del progetto, cap. IIII, n. I, 5. Il brano riportato era già contenuto nell' *Exposição de Motivos* dell'avamprogetto presentato nel 1964 al Ministro di Giustizia, dove si leggevano inoltre queste parole, soppresse nel testo più moderno: "Il processo civile, come complesso di norme, non e dunque un prodotto prettamente nazionale, che debba esprimere i costumi del popolo; al contrario, e un risultato della tecnica, che oltrepassa le frontiere del paese e vale per molte nazioni, perche rappresenta un'aspirazione com une dell'umanità per il raggiungimento della giustizia" (parte II, cap. I, n. I, 13). La penna e la stessa: l'illustre autore dell'avamprogetto, ALFREDO BUZAID, sarebbe stato – nove anni dopo – il Ministro di Giustizia che firmo l' *Exposição de Motivos al* Presidente della Repubblica.

tenuta in alta stima dagli specialisti per l'eccellenza della sua tecnica. Orbene, il raffronto tra i due testi svela senza difficoltà una quantità di punti di somiglianza, tale da escludere in modo assoluto l'ipotesi di coincidenza pura e semplice. E siffatta somiglianza, va subito aggiunto, si manifesta sia a livello sistematico che sul piano propriamente testuale, per quel che riguarda cioè il tenore di disposizioni particolari.

Qui è peraltro necessaria una riserva. Il codice dello Stato della Città del Vaticano rivela, sotto non pochi aspetti, l'influenza del progetto presentato da CARNELUTTI, più di sessant'anni fa, alla Sottocommissione Reale per la riforma del codice di procedura civile italiano. Non sembra troppo azzardato supporre che, in certi casi, il legislatore brasiliano abbia fissato lo sguardo sul testo di questo progetto anziché su quello del codice vaticano. Tale congettura, seppure fondata, sarebbe comunque insufficiente come spiegazione: sta di fatto che il più delle volte, in mancanza di qualsiasi *pendant nel* progetto CARNELUTTI, l'unica possibilità consiste nell'ammettere la derivazione diretta dal testo vaticano.

2. Una caratteristica comune ad entrambi i codici, che attira l'atenzione a prima vista, riguarda la sistematica. Quasi tutti i codici processuali importanti del nostro secolo si aprono con una "parte generale"[3], dove sono raccolte quelle disposizioni applicabili indifferentemente, in linea di massima, a tutte le modalità di processi e di procedimenti: norme relative alla competenza, alla capacità delle parti ed al loro rappresentanti, al poteri del giudice, alla forma degli atti processuali, al termini, alla nullità degli atti e cosi via. A questo modello si adeguano, tra molti altri, il codice italiano del 1940, quello argentino (federale) del 1967, quello greco del 1968, quello colombiano del 1970, quello francese del 1975 ed il recente *Código General del Proceso* uruguaiano del 1988. E del resto una tradizione ormai antica, onorata già nel secolo XIX dalle *Zivilprozessordnungen* tedesca (1877) ed austriaca (1895), e nella quale si inseriva – e opportuno metterlo in rilievo – la stessa legislazione brasiliana in vigore fino al 1973: il *Código de Processo Civil del* 1939 possedeva infatti un *Livro I* intitolato *Disposições gerais.*

3 La nomenclatura, in verità, non è uniforme. Di solito si usa la rubrica *Disposizioni generali,* o altra equivalente. Cosi, tra tanti altri, il codice brasiliano del 1939, di cui più avanti nel testo. Il codice francese ha preferito adoperare l'espressione *Dispositions communes à toutes les juridictions.*

Il cpc vaticano ed il vigente codice brasiliano costituiscono due delle rari eccezioni a questa regola. L'uno e l'altro hanno preferito prescindere dalla solita "parte generale" e includere invece le disposizioni di portata generica nellibro destinato alla disciplina del processo di cognizione, il quale ne risulta, per cosi dire, "superdimensionato": ivi e contenuta, in entrambi i codici, quasi la metà del numero totale degli articoli (430 su 924 nel cpc vaticano; 565 su 1220 in quello brasiliano). Si potrebbe certo pensare ad una coincidenza. Tuttavia, l'ampiezza dell'influenza esercitata dal codice vaticano su quello brasiliano, quale si palesa sotto tanti altri aspetti, rende più plausibile l'ipotesi di un avvicinamento intenzionale.

3. La similitudine tra disposizioni particolari del due codici si manifesta con grande frequenza; l'enumerazione completa del testi simili arriverebbe probabilmente a varie diecine, e non è neanche il caso di tentarla qui. Siamo costretti per ragioni ovvie ad accontentarci di un numero limitato di esempi; cerchiamone dunque alcuni di maggiore interesse, sia per l'importanza teorica o pratica, sia per la portata innovatrice in confronto della precedente legislazione brasiliana.

3.1. Prendendo posizione chiara in un argomento che sotto il vechio cpc del 1939 aveva dato occasione amoite controversie[4], il codice del 1973 fissa espressamente i limiti oggettivi della cosa giudicata, i quali non oltrepassano la conclusione ultima della sentenza, nella misura in cui essa accoglie o respinge la domanda. Il legislatore si e preso cura di precisare che i motivi della decisione non sono coperti dal giudicato. In questo senso dispone l'art. 469: *"Não fazem coisa julgada: I – os motivos, ainda que importantes para determinar o alcance da parte dispositiva da sentença; II – a verdade dos fatos, estabelecida como fundamento da sentença; III – a apreciação de questão prejudicial, decidida incidentemente no processo".* L'art. 470 eccettua poi il caso in cui la parte interessata abbia proposto la domanda di accertamento incidentale, essa pure preveduta

4 Concentrate principalmente sull'interpretazione del paragrafo unico dell'art. 287 (*"Considerar-se-ão decididas todas as questões que constituam premissa necessária da conclusão"),* il quale non era che una traduzione tronca dell'art. 300, secondo comma, del progetto CARNELUTTI. V. in argomento BARBOSA MOREIRA, *Questões prejudiciais e coisa julgada,* Rio de Janeiro, 1967, p. 9655., anche per altri riferimenti.

expressis verbis – per la prima volta nel nostro diritto[5] – dall' art. 5: *"Se, no curso do processo, se tornar litigiosa relação jurídica de cuja existência ou inexistência depender o julgamento da lide, qualquer das partes poderá requerer que o juiz a declare por sentença".*

Si osservino i testi corrispondenti del cpc vaticano. L'art. 302, § 2, stabilisce: "La cosa giudicata non si estende alla verità del fatti posti a base del giudicato e alle qualifiche giuridiche ad essi riconosciute; né alle questioni pregiudiziali, anche se risolute nel processo allo scopo di pronunciare sulla domanda, purchè non siano state oggetto di una decisione per se stante; né alle semplici eccezioni giudicate nella sentenza". L'art. 4, a sua volta, dispone: "Se nel corso del procedimento sia diventato controverso un diritto dalla cui sussistenza o non sussistenza dipenda, in tutto o in parte, la decisione della lite, sia l'attore che il convenuto possono domandare che quel diritto venga accertato dal tribunale in via incidentale".

La somiglianza salta agli occhi, soprattutto nella redazione dell'art. 5 brasiliano, molto più vicina a quella dell'art. 4 vaticano che a quella di altre disposizioni analoghe *(v.g.,* § 256, 2, della *ZPO* della Germania Federale).

3.2. In materia di nullità di atti processuali, il cpc del 1973 non ha apportato grandi innovazioni sostanziali: il sistema riproduce pressappoco quello del codice precedente. L'art. 277 di questo, per esempio, già imponeva alla parte di dedurre la nullità nella prima occasione in cui dovesse manifestarsi nel processo, senza parlare pera di preclusione, nel caso di inosservanza della norma. L'attuale art. 245, *caput,* stabilisce: *"A nulidade dos atos deve ser alegada na primeira oportunidade em que couber à parte falar nos autos, sob pena de preclusão".* Ed il paragrafo contempla due eccezioni: *"Não se aplica esta disposição às nulidades que o juiz deva decretar de ofício, nem prevalece a preclusão, provando a parte legítimo impedimento".*

Anche qui il legislatore avrà sicuramente preso per modello il cpc vaticano. Dispone infatti l'art. 160, § 1, di questo: "La nullità degli atti deve dedursi specificatamente nella prima risposta successiva all'atto

5 V., in sede monográfica: CELSO AGRÍCOLA BARBI, *Ação declaratória principal e incidente,* 6ª ed., Rio de Janeiro, 1987; ADROALDO FURTADO FABRICIO, *A ação declaratória incidental,* Rio de Janeiro, 1976.

che si vuole impugnare; in caso diverso, la nullità e sanata, ameno che si tratti di nullità da rilevarsi anche d'ufficio, o la parte non giustifichi la mancata deduzione con un legittimo impedimento". Sia il contenuto che la forma parlano da soli.

3.3. Le disposizioni del codice brasiliano sulla sospensione del processo assomigliano anch'esse, in più di un punto, a quelle del cpc vaticano. Qui ci occuperemo soltanto delle norme contenute nell'art. 265, IV, del primo. La norma dell'art. 265, IV, *b,* che non solleva difficili questioni ermeneutiche, concerne il caso in cui la sentenza di merito *"não puder ser proferida senão depois de verificado determinado fato, ou de produzida certa prova, requisitada a outro juízo".* Ad essa corrisponde, nel cpc vaticano, l'art. 197, 3º, *verbis* "quando la decisione non debba essere pronunziata fino ache non possa essere constatato un determinato fatto o assunta una determinata prova, del cui raccoglimento sia stato incaricato un giudice richiesto". Le due disposizioni hanno indubbiamente un'origine comune, l'art. 266 del progetto CARNELUTTI: "Il processo viene sospeso quando la decisione non debba essere pronunziata fino ache non possa essere constatato un determinato fatto ovvero ispezionata o assunta una determinata prova, oltre al casi particolarmente determinati dalla legge". Nondimeno, la presenza, nel codice del 1973, della clausola *"requisitada a outro juízo",* equivalente a quella finale del cpc vaticano, ma di cui invece non vi e traccia nel progetto CARNELUTTI, basta, a nostro avviso, per svelare la fonte prossima del testo brasiliano.

Più interessanti sono le norme dell'art. 265, IV, *a* e c. Entrambe si riferiscono alla cosiddetta sospensione pregiudiziale del processo, la quale, com'è noto, si fonda sull'esistenza di un nesso logico-giuridico tra due cause, tale da far dipendere la decisione dell'una, totalmente o parzialmente, dalla decisione dell'altra. Il cpc vaticano disciplina la materia in un'unica disposizione, l'art. 197, 4º, *verbis:* "quando la decisione della lite dipenda, in tutto o in parte, dalla sussistenza o non sussistenza di un rapporto giuridico, formante oggetto di altra lite pendente avanti al giudice ecclesiastico o all'autorità giudiziaria civile, o che debba essere stabilito da altra autorità, o quando il giudice abbia ordinata la sospensione del procedimento principale per la trattazione separata sopra un accertamento incidentale, o sopra una eccezione perentoria, a norma degli art. 4 e 247, § 2º. Il legislatore brasiliano, che si e ovviamente inspirato a questo testo, ha pera adottato una formulazione binaria: mentre alia prima parte dell'art. 197, 4º, del cpc vaticano corrisponde, con qualche modifica sostanzialmente irrilevante, l'art. 265, IV, *a, del* codice del 1973 *("quando a sentença de mérito depender do julgamento de outra causa, ou da declaração da existência ou inexistência da relação jurídica, que constitua o objeto principal de outro processo pendente"),* la seconda parte e stata soppressa, ed in sua vece appare, nell'art. 265, IV, c, una disposizione che ha tormentato - e, a dire il vero, tormenta ancora - la dottrina brasiliana.

L'ipotesi prospettata dall'art, 265, IV, c, e quella in cui la sentenza di merito presuppone *"o julgamento de questão de estado, requerido como declaração incidente".* Essa in tanto si discosta dalla previsione dell'art. 197, 4º, seconda parte, del cpc vaticano, in quanto si riferisce all'accertamento incidentale *di una questione di stalo,* non a qualsiasi accertamento incidentale *in genere.* Tuttavia, il *punctum pruriens* è altrove: nel sistema del cpc vaticano, la sospensione del processo, nel caso di cui si tratta, e spiegata dal potere, che l›art. 218, § 3, attribuisce al giudice, di "ordinare una trattazione separata per l'accertamento incidentale". La disposizione dell'art. 197, 4º, 2ª parte, si ricollega con quella dell'art. 218, § 3. Tutt'al più si potrà ravvisare una ripetizione superflua, poiché lo stesso art. 218, § 3, chiarisce che il giudice, nel disporre la "trattazione separata" dell'accertamento incidentale, "può ordinare la sospensione del procedimento principale". Resta comunque integra la coerenza del sistema.

Altrettanto non è possibile dire del codice brasiliano. Nessuna disposizione contempla una "trattazione separata" per l'accertamento incidentale, e da questo punto di vista e del tutto indifferente che si tratti di una questione di stato oppure di qualunque altra questione. Non si capisce quindi il perché della sospensione, almeno nei casi in cui la pregiudiziale venga sollevata nello stesso processo (c.d. pregiudizialità "interna"). Se poi si cerca di superare la difficoltà sostenendo che l'art. 265, IV, c, riguarda soltando l'accertamento incidentale di una questione di stato discussa in un altro processo (c.d. pregiudizialità "esterna")[6], ci

6 In questo senso JOSÉ FREDERICO MARQUES, *Manual de Direito Processual Civil,* v. III, São Paulo, 9ª ed:, 1987, p. 86; ADA PELLEGRINI GRINOVER, *Direito Processual Civil,* São Paulo, 1974, p. 64/5 (la quale, peraltro, ammette espressamente l'esistenza di un *bis in idem). Aliter,* MONIZ DE ARAGÃO, *Comentários ao Código de Processo Civil,* v. II, Rio de Janeiro, 6ª ed., 1989, p. 514 s. Per una critica all'art. 265, IV, *c,* V. CELSO AGRÍCOLA BARBI, *Comentários ao Código de Processo Civil,* v. I, Rio de Janeiro, 5ª ed., 1988, p. 99/100, nota 208 a; ADROALDO FURTADO FABRÍCIO, *op. cit.,* p. 190 s.

si imbatte in un ostacolo diverso ma non meno grave: l'ipotesi sarebbe infatti compresa nell'ambito dell'art. 265, IV, *a, initio ("depender do julgamento de outra causa")*, il che renderebbe inspiegabile ed inutile la disposizione separata dell'art. 265, IV, c.

L'enigma continua a sfidare l'arguzia degli interpreti. L'unico punto fermo e questo: le modifiche introdotte dal legislatore brasiliano certamente non hanno migliorato la disciplina prevista dal testo scelto come modello.

3.4. È nella parte del codice del 1973 attinente alle prove che si discerne con maggior chiarezza l'influenza del cpc vaticano. Non solo vi si trova infatti una quantità particolarmente grande di disposizioni aventi tale origine[7], ma tra queste e facile addirittura scoprire qualche traduzione pressoché letterale del modello. Basti, per esempio, paragonare l'art. 342, che prevede il cosiddetto "interrogatorio non formale" delle parti *("O juiz pode, de ofício, em qualquer estado do processo, determinar o comparecimento pessoal das partes, a fim de interrogá-las sobre os fatos da causa")*, all'art. 88, § 1, del codice vaticano ("L'autorità giudiziaria può, anche d'ufficio, e in ogni stato della causa, ordinare la comparizione personale delle parti per interrogarle sui fatti della causa"). Certo i due testi hanno un antecedente comune, l'art. 117 del cpc italiano, ("Il giudice, in qualunque stato e grado del processo, ha la facoltà di ordinare la comparizione personale delle parti in contraddittorio tra loro per interrogarle liberam ente sui fatti della causa"). La somiglianza tra il testo brasiliano e quello vaticano, pero, e senz'altro maggiore di quanta se ne ravvisi tra qualsiasi di questi e quello italiano, e permette la facile identificazione della fonte immediata del nostro art. 342.

Dal cpc vaticano (art. 87) discende pure una disposizione assai importante del codice del 1973: l'art. 332, che per la prima volta sancisce in modo espresso, nel diritto brasiliano, il principio della non tassatività del mezzi di prova: *"Todos os meios legais, bem como os moralmen-*

7 Senza pretesa di completezza, se ne menzionino alcune facilmente identificabili, indicando tra parentesi le fonti rispettive: art. 334 (art. 77), art. 363 (art. 93, a sua volta ispirato probabilmente al § 305 della *ZPO* austriaca), art. 364 (art. 97), art. 368, paragrafo unico (art. 98, § 3, 2º comma), art. 371 (art. 99), art. 372 (art. 100), art. 378 e 379 (art. 102), art. 380 (art. 103), art. 387 e 388 (art. 105), art. 400 (art. 110), art. 405 (art. 118), art. 406, I (art. 119). Cf. MONIZ DE ARAGÃO, *Exegese do Código de Processo Civil,* Rio de Janeiro, s.d., v. IV, t. I, p. 237, 240, 257/8, 261, 264, 286, 289; t. II, p. 14, 45/6, 62.

te legítimos, ainda que não especificados neste Código, são hábeis para provar a verdade dos fatos, em que se funda a ação ou a defesa". Ecco il modello: "Tutti i mezzi atti ad accertare la verità del fatti dimostrativi del fondamento dell'azione o dell'eccezione, e che si ano legalmente e moralmente leggittimi, possono essere disposti dall'autorità giudiziaria, al fine di assicurare una decisione della causa conforme a giustizia". Anche qui sarebbe stato meglio che il nostro legislatore si fosse mantenuto più fedele alla redazione originale e avesse parlato, *v.g.*, di *"meios legal e moralmente legítimos"*, invece di fraseggiare astrusamente con la congiunzione *"bem como"*, che suggerisce una duplicità di mezzi (quelli "legali" e quelli "moralmente leggittimi"), e suscita cosi qualche difficoltà interpretativa[8].

Interessante è altresi la disposizione dell'art. 335, *verbis "Em falta de normas jurídicas particulares, o juiz aplicará as regras de experiência comum subministradas pela observação do que ordinariamente acontece e ainda as regras de experiência técnica, ressalvado, quanto a esta, o exame pericial".* Questo testo, che contiene un'innovazione, in quanto si riferisce – anch'esso per la prima volta nel diritto brasiliano – alle "regole (o massime) di esperienza", rappresenta la traduzione dell'art. 78 del cpc vaticano: "Il giudice, nei caso in cui non siano statuite norme giuridiche particolari per la deduzione del fatto da provare dal fatto percepito, applica le regole di esperienza comune, date dall'osservazione di quanto comunemente avviene, ele regole di esperienza tecnica, salva, in questo ultimo caso, la facoltà di cui all'art. 121" (concernente la perizia). La traduzione, per la verità, è troncata: il cpc vaticano chiarisce quali sono le "norme giuridiche particolari" la cui mancanza costituisce il presupposto necessario dell'applicabilità delle "regole di esperienza comune"; priva del complemento, la clausola, nel nostro codice, non si mostra esente da oscurità[9].

3.5. E torniamo alla cosa giudicata. Oltre all'art. 469, di cui si è parlato sopra (nº 3.1.), altre disposizioni sul tema rivelano l'impronta del cpc vaticano: cosi, probabilmente, l'art. 471, I, riguardante le sentenze che decidono su rapporti continuativi e corrispondente all'art. 304 del modello; l'art. 472, primo comma, attinente al limiti soggettivi del giudica-

8 Su cui v. MONIZ DEARAGÃO, *Exegese*, cit., v, IV, t. I, p. 77/ 8.

9 V. ancora MONIZ DE ARAGÃO, *op. ult. cit.*, p. 114/5.

to e molto simile all'art. 307 del cpc vaticano; infine, sicuramente, l'art. 474, che riproduce in portoghese, con qualche semplificazione, il tenore dell'art. 305 del testo ispiratore.

Le due ultime disposizioni citate regolano l'efficacia preclusiva della cosa giudicata materiale[10]. Dispone l'art. 305 cpc vaticano: "Passata in giudicato la sentenza che decide sulla domanda giudiziale, ed eventualmente sulla domanda riconvenzionale e su quelle incidentali, che siano state oggeto di una decisione per sé stante, si ritengono come dedotte e respinte tutte le difese ed eccezioni che si sarebbero potute opporre all'accoglimento o alia reiezione delle domande stesse". Se ne fa eco l'art. 474 cpc brasiliano: *"Passada em julgado a sentença de mérito, reputar-se-ão deduzidas e repelidas todas as alegações e defesas, que a parte poderia opor assim ao acolhimento como à rejeição do pedido".*

Come si vede, la fedeltà e quasi assoluta, a prescindere dall'omissione – peraltro irrilevante – delle parole "ed eventualmente sulla domanda riconvenzionale e su quelle incidentali, che siano state oggetto di una decisione per sé stante". Purtroppo, è il caso di aggiungere: proprio qui ci sarebbe voluto il coraggio di lasciare da parte il modello, per ricercare un modo di espressione meno sinuoso ed artificiale. Ciò che si vuol dire, infatti, è che le possibili allegazioni delle parti, non importa se fatte valere o meno nel processo, perdono ogni rilevanza dopo il passaggio in giudicato della sentenza di merito. Questa, ben si sa, è la ragione per cui una nuova sentenza sulla stessa lite già decisa non può essere utilmente domandata neppure da chi intenda addurre nuovi argomenti a sostegno della sua causa. Per esprimere tale verità non è affatto necessario ri correre alla spropositata finzione di ritenere dedotto e respinto ciò che durante il processo non è stato nemmeno oggetto di cogitazione.

3.6. Passando al processo di esecuzione, mettiamo in risalto anzitutto un'importante innovazione del codice del 1973 rispetto alia legislazione immediatamente precedente. Nel caso di pluralità di creditori e di pignoramenti dello stesso bene del debitore, il codice del 1939, fedele al principio della *par conditio,* non conferiva alcun vantaggio giuridico al primo creditore pignorante. Nel sistema vigente, invece, la priorità nel pignora-

10 V. in argomento BARBOSA MOREIRA, A eficácia preclusiva da coisa julgada material no sistema do processo civil brasileiro, *in Libro-Homenaje a Luis Loreto,* Caracas, 1975, p. 297 s., o *in Temas de Direito Processual,* São Paulo, 1977, p. 97 s.

mento ha l'effetto di atribuire al creditore – salva l'ipotesi di insolvenza del debitore – un titolo di preferenza sul prodotto dell'alienazione del bene pignorato (artt. 612 e 613).

Questa disciplina, già adottata dall'antico diritto portoghese (v., per esempio, le *Ordenações Filipinas,* L. III, Tit. 91, nº 1), prevale pure in varie legislazioni moderne, come la *ZPO* della Germania Federale (§ 804)[11]. Tuttavia, anche qui sembra indubitabile che il nostro legislatore abbia preso per modello il cpc vaticano. Stabilisce l'art. 612 del codice brasiliano: *"Ressalvado o caso de insolvência do devedor, em que tem lugar o concurso universal (art. 751, III), realiza-se a execução no interesse do credor, que adquire, pela penhora, o direito de preferência sobre os bens penhorados";* e l'art. 613: *"Recaindo mais de uma penhora sobre os mesmos bens, cada credor conservará o seu título de preferência".* Nel cpc vaticano, l'art. 475 dispone: "Se non si verifichino le condizioni previste nella sezione seconda di questo capo, la esecuzione si compie nell'interesse del creditore procedente, il quale acquista, col pignoramento di cui agli art. 532 e seguenti e 571 e seguenti, un diritto di privilegio sulle cose o diritti pignorati, secondo le norme del titoli seguenti". E l'art. 476: "Se sulle stesse cose o diritti siano caduti più pignoramenti, ha luogo un solo processo esecutivo secondo le disposizioni del paragrafo 1 dell'art. 663. Tuttavia ogni creditore conserva la priorità acquistata nel grado del privilegio".

La somiglianza è evidente, specie tra l'art. 612 brasiliano e l'art. 475 vaticano, dove la parte iniziale ("Se non si verifichino le condizioni previste nella sezione seconda di questo capo") corrisponde esattamente alla riserva dell'altro testo: la "sezione seconda" del capo regola appunto l'esecuzione per concorso, la quale ha luogo nel caso di insufficienza del beni del debitore (cf. art. 480, 2º e 3º comma). Lo stesso si dica delle disposizioni che, in entrambi i codici, completano il sistema, regolando l'assegnazione del prezzo dell'alienazione del beni pignorati: gli artt. 709 e 711 del nostro codice riproducono in sostanza, con qualche variazione di forma, i §§ 1 e 2, rispettivamente, dell'art. 560 del cpc vaticano.

---

11 Questa disposizione e citata *nell'Exposição de Motivos del* progetto di 1973 (cap. IV, n. I, 22). Nessun riferimento, invece, al pur molto più simile art. 475 del cpc vaticano.

3.7. Un'altra "zona d'influenza" del codice vaticano su quello brasiliano[12] è la disciplina del cosiddetto *"usufruto de imóvel ou de empresa"*, una modalità di esecuzione per crediti in denaro nella quale, invece di alienarsi i beni pignorati, si toglie al debitore soltanto il godimento di questi, fino ache coi proventi rispettivi sia pagato ciò che e dovuto al creditore. Siffatto procedimento aveva qualche antecedente nella nostra antica legislazione, ma il codice del 1973 ha trattato la materia in maniera assai più minuziosa e articolata – forse nella speranza, in verità non confermata dall'esperienza, di assegnare all' istituto un'importanza pratica più considerevole.

É alquanto difficile, a tal proposito, individuare con precisione i testi del codice brasiliano che si sono modellati sul cpc vaticano, perché quest›ultimo, a sua volta, è stato sicuramente influenzato dal progetto CARNELUTTI; il nostro legislatore avrà quindi potuto ispirarsi, in certi casi, sia all›uno che all›altro. Sembra pero che egli abbia tenuto conto in realtà di alcune disposizioni del codice vaticano. L›art. 716 *("O juiz da execução pode conceder ao credor o usufruto de imóvel ou de empresa, quando o reputar menos gravoso ao devedor e eficiente para o recebimento da dívida")* avrà certamente tale origine, giacché manca di *pendant* nel progetto CARNELUTTI e corrisponde invece all'art. 564, § 1, del suddetto codice ("Il giudice dell'esecuzione, su istanza del creditore procedente e previa l'autorizzazione del Governatore da ottenersi a norma degli artt. 2 e 7 della legge sull'ordinamento economico, commerciale e professionale del 7 giugno 1929 n. V e delle altre disposizioni legislative e regolamentari, può accordare l'usufrutto forzato di una cosa immobile, o di un'azienda commerciale, quando ritenga tale mezzo di esecuzione il meno dannoso per il debitore, o quello che più sicuramente può garantire l'esazione del credito"). E si potrebbero fare altri esempi.

3.8. Due parole, infine, sul processo cautelare. Il legislatore brasiliano del 1973 ha voluto dare un rilievo inedito a questa specie di processo – tanto da dedicargli tutto un libro, il terzo. Da tale punto di vista, il nostro codice occupa senz'altro una posizione singolare tra i suoi congeneri.

---

12 Cfr. BARBOSA M OREIRA, Aspectos do "usufruto de imóvel ou de empresa" no processo de execução, *in Temas de Direito Processual (Terceira Série)*, São Paulo, 1984, p. 145 s.

Nel redigere le singole disposizioni, tuttavia, il legislatore ha fatto ricorso a più di un testo straniero. In questa materia, peraltro, l'individuazione delle fonti diventa un'operazione ancora più complicata che altrove. Esistono forti indizi che si siano consultati quantomeno il progetto CARNELUTTI, il cpc vaticano e quello portoghese; ma, poiché le due ultime legislazioni hanno subito esse stesse – soprattutto quella vaticana – l'influenza del suddetto progetto, non sempre e facile sceverare i casi in cui sia prevalso ciascuno del possibili modelli.

Vi saranno forse delle disposizioni risultanti addirittura da una confluenza di elementi di diverse origini. E un'ipotesi da prospettare, ad esempio, per gli artt. 798 e 799, che riguardano il cosiddetto "potere cautelare generale". Mentre il tenore del primo sembra più prossimo a quello del cpc portoghese (art. 398 nella versione del 1961; 399 dal 1967 in poi), la redazione del secondo si avvicina piuttosto a quella degli artt. 324, 2º comma, del progetto CARNELUTTI, e 894, § 2, del cpc vaticano, molto simili tra di essi.

Almeno in un caso, però, si può decisamente affermare che è vaticana la fonte del testo brasiliano. Stabilisce l'art. 807, *caput, del* nostro codice: *"As medidas cautelares conservam a sua eficácia no prazo do artigo antecedente e na pendência do processo principal; mas podem, a qualquer tempo, ser revogadas ou modificadas".* Questa disposizione corrisponde certo, in sostanza, all'art. 327, 1º comma, del progetto CARNELUTTI ("I provvedimenti, di cui l'art. 324, hanno efficacia soltanto finché dura il processo e possono, in qualunque momento di questo, essere revocati o modificati"); nondimeno, ancora più spiccata e la somiglianza tra il nostro testo e quello dell'art. 898, § 1, del cpc vaticano ("I provvedimenti cautelari, come sopra disposti, conservano la loro efficacia durante il processo, ma possono, in qualunque momento, essere revocati o modificati").

4. Il lettore avrà percepito di sicuro che questo scritto non aspira alia dignità di uno studio di diritto comparato – impresa che richiederebbe naturalmente ben altri mezzi e soprattutto un differente approccio. L'ha stimolato un'intenzione più modesta: passare in rivista i sussidi con cui il cpc del vaticano ha contribuito a plasmare il vigente codice brasiliano, e mettere cosi in piena luce il suo ruolo come fonte storica del nostro diritto.

Speriamo che da quanto sopra esposto sia risultata chiara l'importanza di tale contributo. Il codice del 1973 non deve al suo congenere del 1946 la sola ispirazione di alcune norme sparse: al contrario, l'influenza del cpc vaticano si manifesta nelle diverse parti del nostro, affiora in più di un punto capitale, s'innesta nella sistematica stessa.

E valga il vero: come già detto, la nostra rassegna è – e non poteva non essere – tutt'altro che esauriente. Abbiamo lasciato da parte l'esame di un numero non trascurabile di disposizioni. Per menzionare solo un paio di esempi: l'art. 158 brasiliano, al sensi del quale gli atti delle parti, consistenti in dichiarazioni unilaterali o bilaterali di volontà, producono immediatamente la costituzione, la modifica o l'estinzione di diritti processuali, rappresenta la traduzione quasi letterale dell'art. 146, 1º comma, vaticano; l'elenco delle questioni preliminari che al convenuto spetta sollevare prima di discutere il merito, contenuto nell'art. 301 brasiliano, e stato copiato, con poche irrilevanti alterazioni, dall'art. 234, § 1, del cpc vaticano; il nostro art. 321, che dichiara necessaria la rinnovazione della citazione, anche nel caso di contumacia del convenuto, se l'attore vuole cambiare la domanda o chiedere un accertamento incidentale, corrisponde con fedeltà all'art. 274, § 1, vaticano; il tenore dell'art. 574 brasiliano, che contempla l'obbligo del creditore di risarcire i danni subiti dal debitore per l'esecuzione, qualora risulti da sentenza passata in giudicato l'inesistenza del credito, è molto simile a quello dell'art. 435, § 1, del codice vaticano (anche se questo, a sua volta, si e probabilmente ispirato all'art. 438, primo comma, del progetto CARNELUTTI) – e via discorrendo.

Ebbene: può darsi che la nostra rassegna, seppure incompleta, riveli una qualche utilità, sia per gli studiosi brasiliani, sia per quelli italiani. Per i primi, nella misura in cui l'individuazione più precisa delle fonti storiche del vigente codice concorra in qualche modo a far conoscere meglio il nostro proprio diritto; per i secondi, in quanto i dati da noi offerti permettano loro di farsi un'idea, almeno approssimativa, della notevole ripercussione, nell'ordinamento processuale brasiliano, di un, testo legislativo non soltanto redatto in italiano, ma anche profondamento inserito – ed è ciò che più importa – nell'atmosfera della cultura giuridica italiana. Puó darsi persino (magari!) che altri si giovi degli elementi qui raccolti per elaborare uno studio comparatistico vere e proprio, più degno dell'insigne Maestro (e caro Amico) che onoriamo in queste pagine.

Julho de 1990.

COMENTÁRIOS DO ATUALIZADOR

Il CODICE DI PROCEDURA CIVILE DELLO STATO DELLA CITTÀ DEL VATICANO COME FONTE STORICA DEL DIRITTO BRASILIANO

Paulo Henrique dos Santos Lucon

Livre-docente, Doutor e Mestre em Direito pela Faculdade de Direito da Universidade de São Paulo. Professor Associado nos cursos de graduação, especialização, mestrado e doutorado da mesma instituição, na qual também se graduou. Membro Honorário da Associazione italiana fra gli studiosi del processo civile. Presidente do Instituto Brasileiro de Direito Processual (2016 a 2022). Vice-Presidente e Membro do Instituto Ibero-americano de Direito Processual. Membro da International Association of Procedural Law. Membro e Conselheiro Instituto dos Advogados de São Paulo, instituição da qual foi Vice-Presidente. Membro do CONJUR – Conselho Superior de Assuntos Jurídicos e Legislativos da Federação da Indústrias do Estado de São Paulo. Membro da AASP – Associação dos Advogados de São Paulo. Especializou-se em direito processual civil junto à Universidade Estatal de Milão. Advogado.

O texto em referência foi elaborado pelo Professor Barbosa Moreira para uma obra em homenagem ao Professor Vittorio Denti. Como o próprio título do artigo revela, o seu propósito é avaliar a influência do "Codice di Procedura Civile dello Stato della Città del Vaticano" como fonte histórica para o direito brasileiro. Como destacado, "si trata di una legge relativamente poco conosciuta, ma tenuta in alta stima dagli specialisti per l'eccellenza della sua técnica".

A primeira manifestação da influência do Código de Processo Civil do Vaticano sobre o Código de Processo Civil de 1973 relatada por Barbosa Moreira é de ordem sistemática. De acordo com o Professor, a maior parte dos Códigos estrangeiros contém em seu início uma "parte geral" onde se encontra uma variedade de dispositivos aplicados a todas as modalidades de processos e procedimentos. Em relação a essa tendência, o Código de Processo Civil do Vaticano e o Código de Processo Civil brasileiro de 1973 representariam exceções, porque, ao invés de conter uma "parte geral" com essas características, seus primeiros dispositivos versam sobre a disciplina do processo de conhecimento, que fica, com isso, superdimensionado em comparação com as demais partes do Código.

A respeito desse tema é preciso destacar que o Código de Processo Civil de 2015 alterou essa orientação para passar a prever em sua abertura uma "parte geral" com diversos dispositivos a serem aplicados em todas as manifestações do fenômeno processual.

Nesse sentido, cite-se, especialmente o disposto nos arts. 1 a 11, do Código, que estatuem as denominadas "Normas Fundamentais do Processo Civil". Dentre essas normas constam diversos dispositivos, com assento constitucional inclusive, que compõem a garantia do devido processo legal, como a inafastabilidade da jurisdição, o direito à razoável duração de processo, o dever de motivação das decisões judiciais e a publicidade dos atos processuais como regra geral. A par dessas normas, há outras que constituem inovações próprias do CPC/2015, como, por exemplo, o dever de colaboração, previsto no art. 6º, e a vedação às decisões-surpresa, a abranger inclusive as questões cognoscíveis de ofício, estipulada no art. 10 do Código.

Não obstante a crítica de parcela da doutrina a essas previsões, por considerá-las despiciendas, já que elas estariam previstas em outras fontes ou poderiam ser extraídas de outras normas, tem-se como elogiável essa opção do Código de 2015. A previsão dessas normas fundamentais logo no início do diploma processual tem a relevante função de explicitar que elas devem obrigatoriamente ser observadas em todas as fases de interpretação, aplicação e construção de normas jurídicas processuais, evitando-se, com isso, que garantias fundamentais do processo permaneçam apenas no campo das ideias e não se materializem na prática.

Na sequência de seu texto, Barbosa Moreira passa a analisar exemplos concretos de dispositivos do Código de Processo Civil de 1973, de reconhecida relevância teórica e prática, que foram influenciados pelo Código de Processo Civil do Vaticano. O primeiro deles diz respeito à questão relativa aos limites objetivos da coisa julgada.

Como ressaltado no estudo, sob a vigência do Código de Processo Civil de 1939, havia controvérsia a respeito dessa extensão. Em resposta a isso, o Código de Processo Civil de 1973 expressamente passou a prever que a autoridade da coisa julgada recairia apenas sobre o dispositivo da sentença, na medida em que fosse rejeitado ou concedido o pedido de tutela jurisdicional formulado com a propositura da demanda.

Prova disso é o que estava previsto no art. 469, do CPC/73, segundo o qual a coisa julgada não recairia sobre (i) os motivos da decisão, ainda que determinantes para identificação dos limites do dispositivo da sentença, (ii) a verdade dos fatos assumida na sentença e (iii) a questão prejudicial resolvida incidentalmente no processo. Em complemento a isso, os arts. 5º e 470 do CPC/73 estabeleciam a necessidade de que fosse proposta uma ação declaratória incidental para que uma questão prejudicial passasse a ser resolvida em caráter principal e, assim, se tornasse apta a adquirir a autoridade da coisa julgada. A relação dessa disciplina com aquela estabelecida pelo Código de Processo Civil do Vaticano é de estreita correspondência, conforme se atesta a partir da leitura de seus artigos 4 e 302, § 2º, citados no texto.

A par desse registro histórico, é preciso sublinhar que a disciplina relativa aos limites objetivos da coisa julgada foi profundamente alterada pelo Código de Processo Civil de 2015, que passou a admitir a extensão da coisa julgada às questões prejudiciais resolvidas incidentalmente no processo. Para tanto, contudo, foram estabelecidos os seguintes requisitos no art. 503, § 1º, do Código: i) o julgamento do mérito deve depender da resolução dessa questão prejudicial (inc. I); ii) essa questão deve ter sido objeto de contraditório prévio e efeito, não sendo possível a extensão da coisa julgada nos casos de revelia, ou nos processos em que houver restrições probatórias ou limitações à cognição que impeçam o aprofundamento da questão (inc. II e §2º); iii) o juízo competente para o julgamento do pedido principal, também deve o ser para o processamento da questão prejudicial (inc. III).

Convém registrar que essa orientação do Código de 2015 produz as seguintes externalidades positivas para o processo: (i) diminuição do risco de serem proferidas decisões contraditórias a respeito do mesmo tema, já que com a extensão da coisa julgada à questão prejudicial seu conteúdo não poderá ser revisto em eventual outra demanda; (ii) promoção da economia processual e maior racionalidade da atividade jurisdicional, já que com essa extensão, tende-se a resolver de maneira integral o contexto litigioso pendente entre as partes com a consequente diminuição do risco de sua fragmentação em diversas novas demandas.

Em realidade e em apertada síntese, a lógica que informa a extensão da coisa julgada às questões prejudiciais é a seguinte: se respeitados os requisitos estabelecidos pelo art. 503, § 1º, do CPC/2015, as questões prejudiciais serão resolvidas tal como se principais elas fossem. Vale dizer, as partes poderão deduzir todos os argumentos e produzir todas as provas que entenderem necessárias para fundamentar a solução que reputarem adequada para essa questão, de modo que se mostra prescindível a propositura de uma nova ação para que isso ocorra, tal como se exigia sob a sistemática do Código anterior. Diante dessa nova disciplina, portanto, não se encontra mais correspondência no CPC/2015 para os arts. 5, 469, inc. III e 470 do CPC/73, inspirados no Código de Processo Civil do Vaticano como já ressaltado.[13] Por outro lado, a disciplina relativa à eficácia preclusiva da coisa julgada, também influenciada pelo Código de Processo Civil do Vaticano, permanece válida nos dias de hoje sob a sistemática do CPC/2015.

O segundo exemplo de influência do Código de Processo Civil do Vaticano sobre o Código de Processo Civil de 1973 destacado no ensaio atine ao regime de reconhecimento das nulidades processuais. Como ressaltado, embora o art. 245 do CPC/73 tenha reproduzido em sua essência o disposto no art. 277 do CPC/39, por influência do art. 160, § 1º, do Código de Processo Civil do Vaticano, a ele foi acrescida a previsão de que é ônus da parte suscitar a nulidade em sua primeira manifestação nos autos, sob pena de preclusão, salvo se a nulidade puder ser reconhecida de ofício pelo juiz ou se a parte demonstrar que um legítimo impedimento não a permitiu se desincumbir desse ônus.

Registre-se, a propósito, que o art. 278, do CPC/2015 mantém essa mesma orientação. Ou seja, a influência do Código de Processo Civil do Vaticano permanece atual até os dias de hoje. No entanto, convém sublinhar que, na atual sistemática, em caso de nulidade cognoscível de ofício, antes de se pronunciar a respeito dela, o juiz tem o dever de franquear às partes a oportunidade de se manifestar a respeito, dada a previsão do art. 10 do CPC/2015, que veda a emissão de decisões-surpresa, assim entendidos os pronunciamentos judiciais que adotam um fundamento não debatido pelas partes.

Decisões-surpresa violam o contraditório, pois fazem menoscabo da participação das partes no processo e criam um estado de incerteza, já que, em um sistema em que tais decisões proliferam, não se pode antever o resultado de qualquer decisão.

---

13 A respeito desse tema, a obra do Professor Barbosa Moreira é de leitura obrigatória: José Carlos Barbosa Moreira, Questões prejudiciais e coisa julgada. Rio de Janeiro: Borsoi, 1967.

Na sequência, Barbosa Moreira destaca que a forma como o CPC/73 disciplinou a questão relativa à suspensão do processo também foi inspirada no Código de Processo Civil do Vaticano. Ressalta-se, em particular, a influência do art. 197 do Código Vaticano, sobre o art. 265, inc. IV, do Código brasileiro. Esse dispositivo, em síntese, autoriza a suspensão do processo, quando a sentença de mérito a ser nele proferida depender de decisão a ser proferida em outra causa ou de prova a ser produzida em outro processo. A crítica de Barbosa Moreira à alínea "c" desse artigo, segundo o qual o processo poderia ser suspenso, se a sentença de mérito tivesse "por pressuposto o julgamento de questão de estado, requerido como declaração incidente", ressoou sobre o legislador do CPC/2015, que retirou essa hipótese como causa de suspensão do processo, nos termos do art. 315, inc. V, "a" e "b", do novo Código.

A propósito, à luz do CPC/2015, é preciso ressaltar que o fenômeno da suspensão do processo assume hoje outros contornos. Ele deixa de ser uma ferramenta voltada à solução de casos individuais e passa a ser uma técnica destinada ao gerenciamento de demandas repetitivas. Diante do fenômeno da litigiosidade repetitiva que resulta na proliferação de demandas idênticas, foi preciso idealizar técnicas de julgamento para que uma mesma orientação seja aplicada a todas elas. Idealizou-se, assim, por exemplo, a sistemática dos recursos repetitivos e mais recentemente o Incidente de Resolução de Demandas Repetitivas. Ocorre que, para que essas técnicas produzam o resultado almejado, as ações individuais não podem fluir normalmente, devendo aguardar o julgamento do caso paradigma para que a tese a ser nele fixada seja replicada em cada uma dessas ações. Nesse sentido, o fenômeno da suspensão assume essa especial relevância de impedir o prosseguimento das ações individuais até que seja proferida a decisão em abstrato. A partir dessas suspensões, além de se contribuir para maior racionalização da atividade jurisdicional, também se assegura a promoção da isonomia na aplicação do direito, impedindo que casos iguais recebam tratamentos distintos.[14]

A par dessa relevantes influências do Código de Processo Civil do Vaticano sobre o Código de Processo Civil de 1973, Barbosa Moreira

---

14 A respeito desse fenômeno, ver: Paulo Henrique dos Santos Lucon, Relação entre Demandas, 2ª ed., Brasília: Gazeta Jurídica, 2016.

destaca que essa relação se manifesta com ainda maior intensidade no âmbito do direito probatório. São exemplos disso, os seguintes dispositivos do CPC/73: (I) art. 342, inspirado no art. 88, §1º, do Código Vaticano, que autoriza o juiz a determinar o comparecimento das partes a fim de interrogá-las a respeito dos fatos da causa; (II) art. 332, influenciado pelo art. 87 do Código Vaticano, que positiva pela primeira vez no direito brasileiro o princípio da não taxatividade dos meios de prova para reconhecer que todos os meios legais e moralmente legítimos são admissíveis em juízo para demonstração dos fatos que fundamentam a ação ou a defesa das partes; (III) art. 335, correspondente ao art. 78 do Código Vaticano, que orienta o juiz a recorrer às máximas de experiência para valoração das provas produzidas em juízo e julgamento dos fatos para solução da causa. A respeito desses temas, é preciso fazer considerações de duas ordens a respeito da forma como eles foram recepcionados pelo Código de Processo Civil de 2015.

Em primeiro lugar, como não poderia deixar de ser, o Código de 2015 manteve o princípio da não taxatividade ou atipicidade dos meios de prova. Isso, aliás, não poderia deixar de ser diferente, porque um ordenamento jurídico preocupado e atento a um correto julgamento dos fatos não poderia limitar ou pré-fixar as provas a serem produzidas em juízo. Isso é ainda mais relevante nos dias de hoje diante do aumento exponencial de relações jurídicas criadas em um ambiente virtual a partir de uma linguagem própria que precisa ser apreendida e transposta para os processos judiciais para que os julgadores possam se pronunciar sobre o ocorrido nesses meios. Além disso, o Código de Processo Civil de 2015 também procurou estabelecer parâmetros mais objetivos para o julgamento dos fatos no processo. Nesse sentido, embora ainda se oriente o juiz a recorrer às máximas de experiência, não mais se fala em "livre convencimento", tal como fazia o art. 131, do CPC/73, o que estimulava o subjetivismo dos julgadores na atividade de valoração das provas. O Código de Processo Civil de 2015, ao contrário, amplia os deveres de motivação impostos aos julgadores (*ex vi.*, art. 489, § 1º), inclusive para as questões relativas à prova pericial (ex. *vi*, art. 473). Ou seja, o CPC/2015 exige do julgador um esforço argumentativo maior na atividade de justificar os motivos pelos quais um determinado fato foi considerado provado ou não.

Na parte final de seu texto, Barbosa Moreira cita outros dois exemplos de influência do Código de Processo Civil do Vaticano sobre o

Código de Processo Civil de 1973 que merecem ser aqui destacados. O primeiro deles atine ao processo de execução.

Como relatado, sob a vigência do CPC/39 não se conferia vantagem ao credor que realizava em primeiro lugar a penhora de um bem para satisfação de seu crédito. Isso foi alterado com os arts. 612 e 613, do Código de Processo Civil de 1973, que passaram a conceder direito de preferência ao credor em relação ao bem penhorado. De acordo com Barbosa Moreira, esses dispositivos são reflexos dos arts. 475 e 476 do Código de Processo Civil do Vaticano que continham previsões em igual sentido. Além disso, também teria inspiração no Código do Vaticano o disposto no art. 716 do CPC/1973 que concedia ao exequente a possibilidade de receber o usufruto de imóvel ou empresa, se isso fosse considerado menos gravoso para o devedor e uma medida mais eficiente para quitação da dívida.

A respeito do processo de execução não é exagero afirmar que essa matéria muito provavelmente é a que tenha sofrido o maior número de alterações legislativas nos últimos anos. Para demonstrar isso, cite-se apenas, a título de ilustração, a Lei n. 11.232/2005, que instituiu a fase de cumprimento de sentença para o exercício de pretensão executiva amparada em título executivo judicial, dispensando assim a instauração de uma nova demanda. Dentre essas reformas, encontra-se como denominador comum a busca por maior eficiência desse processo, tanto é assim que o art. 4, do CPC/2015, prevê que as partes têm o direito de obter em prazo razoável a solução integral de seu litígio, aí incluída a atividade satisfativa. Registre-se que essa busca em prol da maior efetividade do processo de execução se manifesta de diversas maneiras e em diferentes frentes que compreendem desde o aumento de poderes do juiz, a criação de procedimentos adequados para responsabilização patrimonial de terceiros, como o incidente de desconsideração de personalidade jurídica, e até mesmo previsões mais inovadoras tendentes à desjudicialização de atos típicos da execução.

Por fim, o Professor Barbosa Moreira destaca em seu texto a influência do Código de Processo Civil do Vaticano sobre a disciplina do processo cautelar no Código de Processo Civil de 1973.

Cita-se, em particular, a influência do art. 898, § 1° do Código do Vaticano sobre a redação do art. 807 do CPC/73, segundo o qual "as medidas cautelares conservam a sua eficácia no prazo do artigo antecedente e na pendência do processo principal; mas podem a qualquer tempo, ser revogadas ou modificadas". Como se sabe, o Código de Processo Civil de 2015 alterou profundamente a sistemática do processo cautelar, passando a discipliná-lo em sua parte geral de maneira conjunta e coordenada com as outras modalidades de tutela provisória. Esse dispositivo referido pelo Professor Barbosa Moreira, no entanto, permanece atual, tal como se constata da leitura do art. 296, do CPC/2015, de acordo com o qual "a tutela provisória conserva sua eficácia na pendência do processo, mas pode, a qualquer tempo, ser revogada ou modificada". Aliás, isso não poderia ser diferente, porque a provisoriedade é uma característica intrínseca desses tipos de pronunciamentos jurisdicionais, já que eles não são proferidos com base em cognição exauriente. Sendo assim, à medida que surgem novos fundamentos passa a ser justificada a modificação da tutela provisória anteriormente concedida.

Como destacado no último item do estudo, o seu objetivo não era empreender um trabalho de direito comparado e de caráter exaustivo, mas sim destacar e sublinhar algumas das principais influências do Código de Processo Civil do Vaticano sobre o Código de Processo Civil de 1973. Imbuído desse mesmo espírito, procurou-se destacar aqui em que medida essa influência permanece atual ou não, levando-se em consideração principalmente a edição do Código de Processo Civil de 2015.

IL PROGETTO CARNELUTTI E IL CODICE DI PROCEDURA CIVILE BRASILIANO[1]

1. Introduzione. **2.** La struttura. **3.** Atti processuali. **4.** Sospensione del processo. **5.** Prova documentale. **6.** Cosa giudicata. **7.** Impugnazioni. **8.** Processo di esecuzione. **9.** Processo cautelare. **10.** Osservazioni finali.

1. Nel 1924, come noto, venne costituita dal governo italiano una "Commissione Reale per la riforma del Codici", divisa in quattro Sottocommissioni. Alla Sottocommissione C, presieduta da LODOVICO MORTARA, fu affidata la preparazione del nuovo codice di procedura civile, compito che in pratica si assunse FRANCESCO CARNELUTTI. Ne risultò un famoso progetto, elaborato fra il 1924 e il 1926[2], il quale, riveduto dalla Sottocommissione, fu presentato al Ministro di Grazia e Giustizia.

Questo lavoro invero non ebbe in Italia buona fortuna. Un autore bene informato giunge a dire che "non si è mai saputo che fine quel progetto, dopo il 24 giugno 1926, abbia fatto"[3]. Eppure – fatto certamente curioso – il progetto CARNELUTTI ha fortemente influenzato più d'un ordinamento processuale nel mondo. È abbastanza conosciuto il caso del codice di procedura civile dello Stato della Città del Vaticano, approvato con *Motu proprio* di Pio XII, dell' 1-5-1946. E prima ancora, tale influenza si era manifestata in Portogallo: da un autorevole processualista portoghese[4] apprendiamo infatti che la moderna riforma della legislazione processuale di quel paese, iniziata appunto nel 1926, trasse ispirazione

---

1 Trabalho destinado ao volume de *Sludi in onore di Elio Fazzalari.*

2 Il testo è stato pubblicato in un "supplemento" alia *Riv. di dir. proc. civ.,* v. III, 1926, in due parti: la prima dedicata al processo di cognizione, la seconda ai processo di esecuzione.

3 CIPRIANI, *Storie di processualisti e di oligarchi,* Milano, 1991, p. 290. Cfr. TARUFFO, *La giustizia civile in Italia dal'700 a oggi,* Bologna, 1980, p. 209: "il progetto della Sottocommissione è un completo insuccesso: l'ulteriore indispensabile revisione Don viene compiuta, il progetto passa quasi del tutto inosservato, e il problema della riforma del codice subisce una batuta d'arresto destinata a durare circa dieci anni".

4 FERNANDO LUSO SOARES, *Processo civil de declaração,* Coimbra, 1985, p. 57.

principalmente dal progetti italiani; ed è sicuro che tra essi occupava un posto preminente proprio quello redatto da CARNELUTTI[5].

Forse non ugualmente nota è l'influenza dello stesso progetto sul codice di procedura civile brasiliano, basato su un avamprogetto di ALFREDO BUZAID, al quale poi spettò pure, in qualità di Ministro di Giustizia, promuovere la conversione del progetto definitivo nella Legge 11 gennaio 1973, n. 5.689, in vigore dall'1-1-1974. Nell' *Exposição de Motivos* al Presidente della Repubblica (Cap. III, I, n. 5) proclamava BUZAID che "aveva preso per modelli i monumenti più notevoli del nostro tempo"; ma – come cercheremo di rendere evidente – l'espressione "monumenti legislativi" comprende qui, a nostro avviso senza ombra di dubbio, almeno un testo che non è mai riuscito a diventare legge.

Viene a proposito un'osservazione. L'illustre e compianto autore dell'avamprogetto brasiliano può benissimo essersi ispirato *direttamente al* progetto CARNELUTTI, di cui aveva perfetta conoscenza; e in più d'un caso ciò è di sicuro accaduto. Peraltro è innegabile che il codice portoghese gli sia servito a volte da modello; cosi come, e ancora più di sovente – nonostante il totale (e strano) silenzio *dell'Exposição de Motivos al* riguardo –, quello del Vaticano[6]. Siccome pero i suddetti codici avevano entrambi a loro volta, in misura non trascurabile – specie il secondo –, trovato ispirazione nel progetto CARNELUTTI, bisogna ammettere un'altra possibilità, che cioè qualche idea contenuta in quest'ultimo sia passata al nostro codice *attraverso l'*uno o l'altro filtro. Vi sono in verità diversi testi la cui formulazione ci induce a propendere per tale ipotesi. Si capisce bene, comunque, che non sempre è facile arrivare ad una conclusione ferma e che spesso, in mancanza di qualsiasi informazione precisa, dovremo rinunciare a sapere se l'influenza carneluttiana sia stata di prima o di seconda mano.

2. Nell'indicare i punti in cui è possibile ravvisare le tracce della menzionata influenza, riteniamo opportuno cominciare dalla struttura. Come

5 Subito all'inizio del suo *Comentário ao Código de Processo Civil,* v. I, 2ª ed., Coimbra, 1960, p. 18, il grande artefice della riforma processuale del Portogallo, JOSÉ ALBERTO DOS REIS, menziona gli art. 1 e 3 del progetto CARNELUTTI come fonti della disposizione dell'art. 3º del codice portoghese.

6 *Vide* BARBOSA MOREIRA, Il codice di procedura civile dello Stato della Città del Vaticano come fonte storica del diritto brasiliano, *in Riv. di dir. proc.,* v. 46, 1991, p. 166 e s. (scritto destinato agli *Studi in onore di Vittorio Denti).*

segnalato sopra (nota 1), il progetto CARNELUTTI si divide in due parti, una dedicata al processo di cognizione, l'altra al processo di esecuzione[7]. Contrariamente a quanto avviene nella maggioranza del codici processuali moderni, non vi si trova uma "parte generale", dove si inserirebbero le disposizioni di portata generica, applicabili cioè a qualunque classe di processi – *v.g.*, norme sulle parti ed i loro difensori, sui poteri e doveri del giudice, sulla responsabilità di questi, sugli atti processuali e cosi via. Siffatte norme sono contenute nella parte prima: ad esempio, gli artt. 27-36 regolano gli oneri, gli obblighi e la responsabilità delle parti, gli artt. 148-163 la forma degli atti processuali...

Si tratta di materie la cui rilevanza evidentemente non si limita al processo di cognizione. Per evitare la ripetizione delle disposizioni rispettive nella parte seconda, senza con ciò privare il processo di esecuzione dell'apposita disciplina, CARNELLUTI è ricorso all'espediente del rinvio; infatti l'art. 475 del suo progetto stabilisce: "Si applicano agli atti esecutivi, in quanto non sia diversamente disposto in questa parte del codice, le disposizioni contenute nel titolo primo del libro secondo della prima parte". La portata letterale del rinvio, si badi, è insufficiente: il titolo menzionato verte soltanto sugli "atti del processo in genere", mentre non si può mettere in dubbio che le questioni di interesse com une al processo di cognizione ed a quello di esecuzione oltrepassino di gran lunga questo confine.

Tale difetto venne probabilmente avvertito dal legislatore vaticano: il codice del 1946, pur imitando la tecnica carneluttiana, adottò una formula più ampia: "Al processo ed agi i atti di esecuzione, in quanto non sia diversamente disposto in questo secondo libro, si applicano le disposizioni contenute nel primo libro riguardante il processo di cognizione" (art. 457). E altrettanto fece il cpc portoghese del 1939: *"São aplicáveis ao processo de execução as disposições que regem o processo de declaração, quando a aplicação se torne necessária e não contrarie o disposto neste título"* (art. 801). Tale testo invero fu reso poi più sintetico in occasione della riforma del 1961: *"São subsidiariamente aplicáveis ao processo de execução as disposições que regulam o processo de declaração".*

7 Secondo l'annuncio fatto dalla *Riv. di dir. proc. civ.*, V. III, parte 1, 1926, p. 254, si prevedeva per la verità una terza parte, riguardante la giurisdizione volontaria, della quale pero non si ebbe ulteriore notizia.

Anche il cpc brasiliano manca di una parte generale. Esso è diviso in quattro libri: il primo, dedicato al processo di cognizione *("Do processo de conhecimento");* il secondo, al processo di esecuzione *("Do processo de execução");* il terzo, al processo cautelare *("Do processo cautelar");* il quarto, infine, al procedimenti speciali *("Dos procedimentos especiais").* Il Libro I contiene la disciplina delle materie comuni alle varie classi di processi, concernenti per esempio il principio della domanda (art. 2°), le parti ed i loro difensori (artt. 7° e segg.), la partecipazione del Pubblico Ministero al processo (artt. 81-85), la competenza (artt. 86 e segg.), il giudice (artt. 125 e segg.), gli atti processuali (artt. 154 e segg.) e via di seguito. Nel Libro I è situata pure, curiosamente, una disposizione in cui si elencano gli oggetti del quattro libri del codice stesso: art. *270, verbis "Este Código regula o processo de conhecimento (Livro I), de execução (Livro II), cautelar (Livro III) e os procedimentos especiais (Livro IV)".* Si osservi *a latere* che la maggior parte della dottrina ha manifestato un atteggiamento fortemente critico rispetto alla tecnica adoperata dal legislatore[8], tanto più in quanto egli si e discostato dalla tradizione nazionale: nel codice precedente, del 1939, il Livro I, intitolato *"Disposições gerais",* conteneva le regole applicabili *in genere* ad ogni specie di processo.

Nel Libro II, l'art. 598 stabilisce: *"Aplicam-se subsidiariamente à execução as disposições que regem o processo de conhecimento".* Ci si imbatte qui nel solito espediente del rinvio; data la somiglianza tra le due formule, sembra assai probabile che la fonte diretta del cpc brasiliano sia stata l'art. 801 del codice portoghese[9]. Malgrado l'inesistenza di una disposizione simile nel Libro III, è ovvio che il principio vale ugualmente per il processo cautelare.

3. Il cpc brasiliano dedica il Titolo V del Libro I alla disciplina degli atti processuali. E qui si pua ravvisare facilmente più d'un punto comune con il testo corrispondente del progetto CARNELUTTI (Parte prima, Libro II, Titolo I). Cosi, per esempio, il principio della libertà della for-

8 *V.g.:* HÉLIO TORNAGHI, *Comentários ao Código de Processo Civil,* v. I, S. Paulo, 1974, p. 70; CALMON DE PASSOS, *Comentários ao Código de Processo Civil,* v. III, 6 ª ed., Rio de Janeiro, 1989, p. 7; BARBOSA MOREIRA, Antecedentes da reforma processual e sistemática geral do novo Código de Processo Civil, *in Revista de Jurisprudência do Tribunal de Justiça do Estado da Guanabara,* v. 29, p. 18-19.

9 In questo senso MENDONÇA LIMA, *Comentários ao Código de Processo Civil,* v. VI, 7ª ed., Rio de Janeiro, 1991, p. 473.

ma è sancito nel due testi in maniera sostanzialmente uguale. Stabilisce infatti l'art. 148 del progetto che, "se una forma data non sia prescritta dalla legge, ogni atto del processo pua essere compiuto liberam ente nel modo che la esperienza consiglia affinche se ne raggiunga lo scopo"; a sua volta, anche se con redazione meno felice, dispone l'art. 154 brasiliano: "Os *atos e termos processuais não dependem de forma determinada senão quando a lei expressamente a exigir, reputando-se válidos os que, realizados de outro modo, lhe preencham a finalidade essencial".* A dire il vero, il nucleo del principio si trovava già, sotto formula alquanto differente, nell'art. 15, *initio, del* nostro precedente codice *("Quando a lei não prescrever forma determinada, os termos e atos processuais conterão somente o indispensável à realização de sua finalidade").* Il cpc vaticano, art. 150, 1 ("Qualora la legge non prescriva una determinata forma per un atto di procedura, il medesimo potrà essere compiuto in qualsiasi forma, purchè sia idonea a raggiungere lo scopo"), avrà sicuramente preso per modello il progetto CARNELUTTI; e non è forse da scartare – sia detto con le necessarie riserve – l'ipotesi di un'influenza analoga sull'art. 121 del cpc italiano ("Gli atti del processo, per i quali la legge non richiede forma determinata, possono essere compiuti nella forma più idonea al raggiungimento del loro scopo"), nonche sull'art. 138, 2° comma, del cpc portoghese del 1939 *("A forma dos atos, quando não esteja expressamente regulada na lei, ajustar-se-á ao fim que se tem em vista e limitar-se-á ao que for indispensável para se conseguir esse fim").*

La disposizione dell'art. 244 del codice brasiliano *("Quando a lei prescrever determinada forma, sem cominação de nulidade, o juiz considerará válido o ato se, realizado de outro modo, lhe alcançar a finalidade")* corrisponde a quella contenuta nell'art. 149 del progetto CARNELUTTI ("Se una forma data sia prescritta dalla legge senza comminatoria di nullità, il giudice può ritener valido un atto, quando sia convinto che, malgrado il difetto di essa, l'atto abbia ugualmente raggiunto il suo scopo"); e corrisponde pure alla norma dell'art. 150, § 2, del cpc vaticano, che segue da vicino il testo carneluttiano ("Qualora la legge prescriva una determinata forma, senza comminatoria di nullità, il giudice potrà ritenere valido l'atto compiuto senza la forma prescritta, purchè abbia egualmente raggiunto il suo scopo"). Occorre tuttavia notare che il codice brasiliano del 1939 già sanciva una norma abbastanza simile nell'art. 273, I *("Quando a lei prescrever determinada forma, sem a cominação de nulidade, o juiz deverá considerar válido o ato: I. Se, praticado por outra forma, tiver atingido o seu fim").* Sarebbe quindi davvero temeraria, a nostro avviso, qualsiasi affermazione perentoria sull'esatta origine dell'attuale art. 244.

Meno opinabile pare il caso dell'art. 243 *("Quando a lei prescrever determinada forma, sob pena de nulidade, a decretação desta não poderá ser requerida pela parte que lhe deu causa").* Qui è difficile negare la derivazione dall' art. 150 del progetto CARNELUTTI ("Anche se una forma data sia prescritta dalla legge a pena di nullità, il giudice non può dichiarare la nullità senzaistanza di parte, ove non sia espressamente autorizzato a dichiararla di ufficio. Tale istanza no può essere proposta dalla parte, che abbia dato causa alla nullità o che vi abbia espressamente o tacitamente rinunziato"). Riteniamo peraltro che la fonte immediata del testo brasiliano debba essere stato l'art. 150, § 3, del codice vaticano ("Qualora la legge prescriva una determinata forma a pena di nullità, la dichiarazione di nullità non può essere proposta dalla parte che vi abbia dato causa"), alla cui redazione si accosta in modo netto quella scelta dal nostro legislatore, mentre il codice portoghese del 1939, nell'art. 203 *("Não pode arguir a nulidade a parte que deu causa a ela ou que renunciou à arguição, expressa ou tacitamente"), è* rimasto più fedele alla formula carneluttiana (art. 150, 2° comma), la quale si ritrova pure nell'art. 157, 3° comma, del cpc italiano.

Conviene rilevare che il vigente codice brasiliano si è in questo punto discostato dal precedente: il cpc del 1939 imponeva anch'esso al giudice il dovere di respingere l'istanza proposta dalla parte che avesse dato causa alla nullità (art. 273, II), ma – a differenza di quanto ora accade – la disposizione riguardava soltanto le ipotesi di nullità *non espressamente comminata.* Si aggiunga che il principio – in cià che esso ha di essenziale – non era affatto sconosciuto al diritto brasiliano anteriore. Il vecchio cpc dello Stato di Minas Gerais[10], per esempio, già vietava la dichiarazione della nullità su istanza della parte che l'avesse causata (art. 171, 2). Ciò non toglie che si debba ravvisare nel testo in vigore, almeno dal punto di vista formale, l'influenza – diretta o indiretta che sia – del progetto carneluttiano.

10 Il Brasile repubblicano (cioè posteriore al 1889) attraverso un lungo periodo di dualità legislativa in materia processuale: accanto alle leggi federali esistevano quelle del vari Stati federati. Solo nel 1939 sorse il primo cpc nazionale. Per un'ampia rassegna *vide* MOACYR LOBO DA COSTA, *Breve notícia histórica do direito processual civil brasileiro e de sua literatura,* S. Paulo, 1970, p. 57 e s.

4. Il Titolo VI del Libro I del cpc brasiliano contiene una serie di disposizioni riguardanti la formazione, la sospensione e l'estinzione del processo. La seconda di esse (art. 263) fissa il momento in cui la domanda si ritiene proposta: *"Considera-se proposta a ação, tanto que a petição inicial seja despachada pelo juiz, ou simplesmente distribuída, onde houver mais de uma vara. A propositura da ação, todavia, só produz, quanto ao réu, os efeitos mencionados no art.* 219 *depois que for validamente citado".* La struttura di questa norma rassomiglia a quella dell'art. 207 del progetto CARNELUTTI: "La domanda si considera proposta nel momento in cui è presentata al giudice, secondo l'art. 202 o l'art. 206. Tuttavia, al fine previsto dall'art. 2125 codice civile, non è efficace se non quando sia notificata alla controparte". Si noti che il "fine previsto dall'art. 2125 codice civile" (del 1865, naturalmente) consisteva nell'interruzione della prescrizione, cui si riferisce, nel nostro cpc, l'art. 219, *caput, fine,* menzionato dall'art. 263. L'influenza – tanto più probabile perché nel precedente codice non esisteva alcuna regola corrispondente, e anzi la sistematica era in tanto dissimile in quanto il momento della proposizione veniva differito a quello della citazione del convenuto (art. 292) – sarà forse stata recepita dal legislatore brasiliano attraverso il cpc portoghese, il cui art. 267, nel testo del 1939 (poi modificato più volte), aveva parecchi punti di contatto con il nostro, tra i quali il ri ferimento espresso all'ipotesi di pluralità di organi giudiziari nella circoscrizione *("mais de uma vara").*

Tra le disposizioni concernenti la sospensione del processo, almeno una è di origine chiaramente carneluttiana: quella contenuta nell'art. 265, IV, *b, verbis "quando a sentença de mérito não puder ser proferida senão depois de verificado determinado fato, ou de produzida certa prova, requisitada a outro juízo".* Nondimeno, anche qui la fonte immediata si trova di sicuro nel cpc vaticano. Basterà, per convincersene, paragonare l'art. 197, 3°, di questo ("quando la decisione non debba essere pronunziata fino ache non possa essere constatato un determinato fatto ovvero ispezionata o assunta una determinata prova, del cui raccoglimento sia stato incaricato un giudice richiesto") con l'art. 266 del progetto ("Il processo viene sospeso quando la decisione non debba essere pronunziata fino ache non possa essere constatato un determinato fatto ovvero ispezionata o assunta una determinata prova, oltre al casi particolarmente determinati dalla legge"). La clausola finale del testo brasiliano, di cui non si scorge traccia nel progetto, corrisponde in modo palese a quella del codice vaticano.

5. Il vigente cpc brasiliano, rispetto al precedente del 1939, è assai più ricco di disposizioni sulle prove. Esse si inseriscono - in modo ovviamente improprio - nel Titolo VIII del Libro I, il quale, stando alia rubrica, dovrebbe disciplinare il procedimento ordinario, ma in realtà contiene numero se disposizioni applicabili a qualunque tipo di processo.

Nella Sezione V di questo titolo, dedicata alla prova documentale, e soprattutto nella Subsezione I, che tratta dell'efficacia probante del documenti, si trova più d'una regola di ispirazione sicuramente carneluttiana. Qui, pero, l'ipotesi della derivazione diretta è in genere meno verosimile - ancora meno che altrove - di quella di un passaggio attraverso altre fonti. E in vari casi la somiglianza della stesura indica il cpc vaticano come il modello probabile del nostro legislatore.

Cosi il testo dell'art. 364 brasiliano *("O documento público faz prova não só da sua formação, mas também dos fatos que o escrivão, o tabelião, ou o funcionário declarar que ocorreram em sua presença")* segue da vicino quello dell'art. 97, prima parte, del testo vaticano ("Il documento pubblico fa piena fede della sua formazione e del fatti che il notaio, o altro pubblico ufficiale, autorizzato secondo le leggi del luogo a formarlo, dichiari essere avvenuti alla sua presenza"); mentre questo, a sua volta, deve essersi parzialmente ispirato all'art. 122 del progetto CARNELUTTI ("Il documento pubblico fa piena fede, salva la disposizione dell'art. 133, del fatti che vi si rappresentano come avvenuti davanti al suo autore"). Analoga osservazione viene in mente riguardo all'art. 372, *caput, del* codice brasiliano *("Compete à parte, contra quem foi produzido documento particular, alegar, no prazo estabelecido no art. 390, se lhe admite ou não a autenticidade da assinatura e a veracidade do contexto; presumindo-se, com o silêncio, que o tem por verdadeiro")* ed all' art. 100, § 1, di quello vaticano ("La parte contro cui è prodotta una scrittura privata deve, nella prima risposta successiva alia produzione, dichiarare se riconosca o non la scrittura che le è attribuita, e se riconosca o non quella attribuita ad un terzo. In caso di silenzio, la scrittura si ha per riconosciuta, salvo la restituzione in intero a norma dell'art. 283 e seguenti"): disposizione quest'ultima che sembra provenire dall'art. 127, 1º comma, del progetto carneluttiano. Altrettanto si dica degli artt. 387 e 388 del codice brasiliano, dove si prevedono i casi in cui il documento pubblico e quello privato cessano di far fede: qui la fonte immediata deve essere stata l'art. 105 vaticano, ma non è difficile rintracciarne l'origine negli artt. 133 e 134 del suddetto progetto.

Qualche incertezza si giustifica rispetto alia disposizione dell'art. 371, III, del codice brasiliano, al sensi del quale si considera autore di un documento privato non sottoscritto *"aquele que, mandando compô-lo, não o firmou, porque, conforme a experiência comum, não se costuma assinar, como livros comerciais e assentos domésticos".* Avrà il nostro legislatore preso qui per modello l'art. 128, Iº comma, del progetto CARNELUTTI, oppure l'art. 99, 1, del cpc vaticano? Le formule adoperate da entrambi sono talmente simili da rendere azzardata qualsiasi congettura: il primo si riferisce, infatti, a "quei documenti che, secondo la comune esperienza, non si usa sottoscrivere, quali, per esempio, i registri domestici e i libri di commercio", mentre il secondo parla di "quei documenti che, secondo la com une usanza, non si sogliono sottoscrivere, quali, per esempio, i registri domestici e i libri di commercio". La scelta dell'espressione *"experiência comum"* – traduzione letterale di "comune esperienza" – favorisce forse l'ipotesi della derivazione diretta del nostro testo da quello carneluttiano; ma il peso dell'argomento non pare tale da far pendere la bilancia.

Altri esempi si potrebbero addurre in questa materia. Tuttavia, sembra più interessante passare subito ad un punto in cui non vi è spazio per dubbio alcuno nel riconoscere l'immediatezza dell'influenza esercitata dal progetto CARNELUTTI sul cpc brasiliano.

6. Sotto la rubrica *Cosa giudicata in senso materiale,* dispone l'art. 300 del progetto carneluttiano (poi trasfuso nell'art. 290 del progetto della Sottocommissione): "La sentenza che decide totalmente o parzialmente una lite, ha forza di legge nel limiti della lite e della questione decisa. Si considera decisa, anche se non sia risoluta espressamente, ogni questione, la cui risoluzione costituisca una premessa necessaria della disposizione contenuta nella sentenza". Questo testo aveva già attratto l'attenzione del legislatore brasiliano del 1939, il quale provo a tradurlo nell'art. 287 del primo cpc federale. Si aggiunga subito che la traduzione fu tutt'altro che felice: il nostro legislatore soppresse, nella prima parte, le parole "della lite" (cosi come, nella seconda, tutta la proposizione subordinata "anche se non sia espressamente risoluta") e mise al plurale l'espressione "questione decisa". Beco il risultato in portoghese: *"Art. 287. A sentença que decidir total ou parcialmente a lide tem força de lei nos limites das questões decididas. Parágrafo único. Consideram-se decididas todas as questões que constituam premissa necessária da conclusão".*

La disposizione, sotto questa forma, diede occasione a difficili problemi interpretativi: una parte considerevole della dottrina la prese in effetti come segno di adesione all'antica teoria secondo la quale l'autorità del giudicato si estenderebbe alla soluzione delle cosiddette questioni pregiudiziali[11]. Il punto fu oggetto di controversie che si prolungarono praticamente per tutto il periodo di *vigenza del* codice.

Sulle orme dell'avamprogetto BUZAID, il legislatore del 1973 ha deciso di attenersi maggiormente al modello carneluttiano. Conviene mettere in rilievo che gli sarebbe qui stato impossibile scoprire altrove un "intermediario" *valido:* nessun testo del cpc vaticano rispecchia infatti l'art. 300 del progetto CARNELUTTI; e nel codice portoghese del 1939 l'art. 600, paragrafo unico (dei resto soppresso dalla riforma del 1961), corrispondeva solo in parte al 2° comma di tale norma. Il legislatore si è rivolto quindi direttamente a quel progetto, cercando di eseguirne una traduzione meno distorta, limitata peraltro al 1º comma: *"A sentença, que julgar total ou parcialmente a lide, tem força de lei nos limites da lide* e *das questões decididas".* Se si prescinde dall'uso dell'articolo *a* invece di *uma* davanti al sostantivo *lide, l'*unica differenza consiste nell'aver mantenuto al plurale, come nel testo del 1939, l'espressione *"questões decididas".* Si aggiunga che nella sistematica attuale nessun dubbio si giustifica sull'esclusione – salvo accertamento incidentale – delle questioni pregiudiziali *(rectius:* della loro risoluzione) dal limiti oggettivi del giudicato: la sancisce in termini espressi l'art. 469, III[12].

Nella medesima sezione del nostro cpc vi è un'altra disposizione sicuramente influenzata dall'opera carneluttiana: l'art. 471, I, che prevede un'eccezione alla regola secondo la quale nessun giudice può decidere di nuovo le questioni già decise, riguardanti la stessa lite. Si verifica l'eccezione qualora, in materia di rapporti giuridici continuativi, una modificazione nello stato di fatto o di diritto soppravvenga alla sentenza – caso in cui la parte può chiederne la revisione. Per la verità, una disposizione corrispondente si trovava già nel precedente codice bra-

---

11 Per l'esposizione e la critica di siffatto atteggiamento *vide* BARBOSA MOREIRA, *Questões prejudiciais* e *coisa julgada,* Rio de Janeiro, 1967, p. 96 e s.

12 Rimane isolato l' avviso parzialmente contrario di RONALDO CUNHA CAMPOS, *Limites objetivos da coisa julgada,* S. Paulo, s. d., p. 147 e s., spec. 162 e s. Cfr. da ultimo, per l'opinione di gran lunga prevalente, MONIZ DE ARAGÃO, *Sentença e coisa julgada,* Rio de Janeiro, 1992, p. 260-1.

siliano, e in una redazione più vicina a quella del paradigma (art. 301, *c)*. A somiglianza di questo, l'art. 289, II, del testo del 1939 non si riferiva genericamente a qualsiasi decisione su rapporti continuativi, ma in modo specifico a quelle emesse *" de acordo com a equidade"* – formula che rifletteva fedelmente l'ariginale ("secondo equità"). Inoltre vi si contemplava soltanto l'ipotesi di mutamento dello stato *di fatto,* e non quella di mutamento dello stato *di diritto.* Queste differenze inducono a supporre che il nostro legislatore del 1973 si sia direttamente ispirato piuttosto all'art. 304 del cpc *va*ticano[13], dove pure non si paria di decisione secondo equità, mentre invece si menziona *expressis verbis* il caso del mutamento dello stato di diritto.

7. Il Titolo X *("Dos recursos") del* Libro I del cpc brasiliano, nel Capitolo I, contiene una serie di disposizioni generali circa i mezzi di impugnazione – accanto ad altre in realtà mal situate nel contesto, perchè riguardano solo, in termini specifici, taluni di quei mezzi (artt. 497, 498, 508). In alcune delle regole generali non è difficile ritrovare qualche eco di soluzioni adottate da CARNELUTTI nel suo progetto, anche se qui la somiglianza si manifesta d'ordinario sul piano sostanziale anziché su quello formale, ed in più d'un caso si pua certamente prospettare l'ipotesi di una derivazione diversa o quanto meno indiretta.

La prima di queste disposizioni è quella dell'art. 500, III, del nostro codice, secondo il quale l'impugnazione incidentale proposta dalla controparte (ed impropriamente denominata *"recurso adesivo"* dal legislatore del 1973[14]) perde efficacia se si rinuncia all'impugnazione principale oppure se questa viene dichiarata inammissibile. Una norma simile esisteva nell'art. 349 del progetto carneluttiano ed era stata incorporata dall'art. 682, 3° comma, del cpc portoghese del 1939. Non se ne scorge invece un *pendant* nel codice vaticano.

---

13 In questo senso MONIZ DE ARAGÃO, op. cit., p. 276, il quale avvicina il testo vaticano a quello del § 323 della *ZPO* tedesca, a suo avviso probabile fonte mediata di tutte le suddette disposizioni, nonché dell'art. 671, 2º comma, del cpc portoghese (p. 262).

14 Sulla questione terminologica *vide* BARBOSA MOREIRA, *Comentários ao Código de Processo Civil,* 6ª ed., Rio de Janeiro, 1993, p. 280-1.

Giusta l'art. 502, la rinunda al diritto di impugnare[15] non dipende dall'accettazione della controparte. Tale principio, lo aveva consacrato CARNELUTTI nell' art. 346, 1º comma, del suo progetto, ma la disposizione non fu imitata né dal codice portoghese del 1939 né dal cpc vaticano. Non è quindi improbabile che il nostro legislatore si sia direttamente ispirato al testo carneluttiano.

Un'altra regola comune al progetto CARNELUTTI (art. 339, 3° comma) ed al codice brasiliano (art. 503) è quella che vieta l'esercizio dell'impugnazione alla parte che abbia accettato la decisione. Qui si tratta, pero, di una norma tradizionale nel diritto brasiliano, espressamente sancita da leggi molto antiche: essa infatti esisteva già nelle *Ordenações Filipinas* (L. III, Tit. LXXIX, § 2°), in vigore sotto la dominazione portoghese e pure dopo l'indipendenza. Anche il codice portoghese la ripete (art. 681, 2° comma). Sarebbe dunque da scartare l'ipotesi dell'origine carneluttiana del nostro testo.

8. Più abbondanti sono i segni dell'influenza del famoso progetto nel Libro II del cpc brasiliano, dedicato al processo di esecuzione. (Facciamo qui astraziane dall'espediente del rinvio alle disposizioni contenute nel Libro I ma aventi una portata generale, punto in cui – come si e detto sopra, nº 2 – il nostro legislatore ha preso probabilmente per modello formale il codice portoghese anziché il testo carneluttiano.) Detta influenza e già sensibile nelle prime disposizioni del Capitolo III del Titolo I, dove si contempla l'inadempimento del debitore come presupposto necessario dell'esecuzione. Il codice brasiliano dispone infatti che non si può iniziare o proseguire l'esecuzione se il debitore adempie l'obbligo, fatta salva al creditore la possibilità di rifiutare la prestazione ove la ritenga non corrispondente al suo diritto (art. 581); dispone pure che, nel casi in cui il creditore non possa esigere l'adempimento dell'obbligo del debitore senza prima soddisfare il suo proprio obbligo nel confronti della controparte, non si proceda all'esecuzione qualora il debitore, con mezzi idonei, offra la prestazione dovuta contro il contemporaneo adem-

15 Nel diritto brasiliano, si considera *rinuncia* soltanto la dichiarazione di volontà (di non impugnare la decisione) emessa *prima* della proposizione dell'impugnazione: la dichiarazione riguardante un'impugnazione già *esercitata* si chiama *"desistência"*. La distinzione è analoga a quella che si fa nel diritto tedesco tra *Rechtsmittelverzicht* e *Rechtsmittelzurücknahme*. *Vide* BARBOSA MOREIRA, *Coment.* cit., p. 295, 304.

pimento della controprestazione, ed il creditore, senza giusto motivo, ricusi l'offerta (art. 582, *caput).* Queste norme provengono dagli artt. 460-462 del progetto CARNELUTTl, benche la fonte diretta del nostri testi sia stata probabilmente – attesa la più marcata somiglianza di redazione – il cpc vaticano, artt. 447-449. Altrettanto si dica del paragrafo unico del nostro art. 582, che contempla il deposito della prestazione come mezzo concesso al debitore per esonerarsi dall'obbligo (cfr. l'art. 463 del progetto CARNELUTTI e l'art. 450 del codice vaticano).

In tema di esecuzione degli obblighi di fare o di non fare, il legislatore del 1973 ha previsto, per la prima volta in termini espressi, la possibilità di condannare il debitore al pagamento di una cosiddetta "pena pecuniaria" per ogni giorno di ritardo nell'adempimento. Come noto, e francese l'origine di siffatto istituto *(astreinte).* Ma qui è indubbio che il legislatore brasiliano abbia direttamente preso per modello il testo carneluttiano. Basterà confrontare l'art. 644 del nostro codice *("Se a obrigação consistir em fazer ou não fazer, o credor poderá pedir que o devedor seja condenado a pagar uma pena pecuniária por dia de atraso no cumprimento, contado o prazo da data estabelecida pelo juiz")* e l'art. 667, 1º comma, del progetto ("Se l'obbligo consiste nel fare o nel non fare, il creditore può chiedere che il debitore sia condannato a pagargli una pena pecuniaria per ogni giorno di ritardo nell'adempimento a partire dal giorno stabilito dal giudice") per avvertire che il primo non è che la traduzione pressoché letterale del secondo.

Provengono inoltre dal progetto carneluttiano le norme del codice brasiliano concernenti l'estinzione del processo di esecuzione. Qui conviene sottolineare l'estrema somiglianza tra la formulazione del testi del progetto e la formulazione delle disposizioni che ad essi corrispondono nel cpc vaticano: nel secondo, infatti, iquattro commi dell'art. 677 praticamente riproducono gli artt. 693, 694, 695 e 696 del primo. Dei quattro casi, illegislatore brasiliano ha tralasciato quello previsto nell'art. 695 del progetto e nell'art. 677, 3°, del codice vaticano (mancanza di attivo). Sono rimasti gli altri tre: adempimento del debitore (art. 794, I, corrispondente all'art. 693 del progetto ed all'art. 677, 1º, del codice vaticano); remissione del debito (art. 794, II, simile all'art. 694 del progetto ed all'art. 677, 2°, del codice vaticano); e rinuncia del creditore (art. 794, III, che richiama l'art. 696 del progetto e l'art. 677, 4°, del codice vaticano). Il fatto di aver riunito tutte le ipotesi in un solo articolo fa supporre la preferenza del nostro legislatore, dal punto di vista formale, per il modello vaticano. Si menzioni ancora, nello stesso capitolo, la disposizione dell'art. 795, secondo la quale l'estinzione dell'esecuzione non produce alcun effetto prima che il giudice la dichiari con sentenza: anche qui il testo segue da vicino l'art. 678 del cpc vaticano (con la sola differenza che in questi si parla di *ordinanza,* e non di sentenza), ovviamente ispiratosi, a sua volta, all'art. 697 del progetto CARNELUTTI.

Questa rassegna rimarrebbe pero incompleta oltre misura se non includesse un riferimento all'istituto del cosiddetto "usufrutto forzato di beni immobili o di aziende commerciali", disciplinato negli artt. 563 e segg. del progetto carneluttiano e, in termini molto simili, negli artt. 564 e segg. del cpc vaticano. Nell'esecuzione, è risaputo, la normale destinazione del beni pignorati consiste nell'alienazione a terzi che ne diventano proprietari, mediante il pagamento di un prezzo con il quale si rimborsa il creditore. Questi può anche rimborsarsi, sotto certe condizioni, acquistando egli stesso i bene pignorati. Il debitore viene comunque privato della sua proprietà. Tuttavia, qualora il bene produca del frutti, è possibile evitare tale conseguenza senza sacrificare l'interesse del creditore: basterà attribuire a questi, su istanza sua, i fmtti che il bene produrrà, fino all'estinzione del debito.

La previsione di siffatta possibilità non costituisce, nel nostro diritto, una novità assoluta: la contemplavano già alcune leggi antiche, portoghesi e brasiliane, nonche il codice del 1939 (art. 982)[16]; ma la disciplina assai più estesa ed articolata data alla materia dal legislatore del 1973 rivela che egli si è lasciato sedurre da ben altri modelli. Gli artt. 716 e segg. del testo in vigore richiamano in diversi punti le disposizioni corrispondenti del progetto CARNELUTTI e del codice vaticano. Vedasi per esempio l'art. 717 brasiliano, dove si determina l'effetto essenziale della costituzione dell'usufrutto *("Decretado o usufruto, perde o devedor o gozo do imóvel ou da empresa, até que o credor seja pago do principal, juros, custas e honorários advocatícios"): è* evidente l'imitazione di quanto si legge nell'art. 563 del progetto ("Per virtu dell'usufrutto forzato viene tolto al debitore il godimento di una cosa immobile o di una azienda commerciale fino ache coi proventi di questo sia pagato ciò che è dovuto al creditore per capitale, interessi e spese"); oppure, nell'art. 564, § 2, del

16 Per una rassegna del precedenti legislativi e per un'analisi della disciplina dettata dal cpc del 1973, ivi compresi i suoi rapporti con il progetto CARNELUTTI ed il cpc vaticano, v. BARBOSA MOREIRA, Aspectos do "usufruto de imóvel ou de empresa" no processo de execução, *in Temas de Direito Processual (Terceira Série),* S. Paulo, 1984, p. 145 e s.

codice vaticano, che lo riproduce quasi letteralmente. In verità, sembra più probabile che questa legge sia stata la fonte *immediata del* nostro legislatore, nel regolare l'istituto: ne è indizio la presenza, nel testo brasiliano, di disposizioni quali ad esempio quella dell'art. 716 ("O *juiz da execução pode conceder ao credor o usufruto de imóvel ou de empresa, quando o reputar menos gravoso ao devedor e eficiente para o recebimento da dívida"),* che riecheggia in sostanza la norma dell'art. 564, § 1, del codice vaticano, senza *pendant* nel progetto.

Occorre mettere in rilievo l'innovazione terminologica che l'influenza carneluttiana – diretta o indiretta – ha qui apportato al diritto brasiliano. Il *nomen iuris* "usufrutto", in questo contesto, non appartiene alla nostra tradizione giuridica, né era mai stato adoperato da alcuno del commentatori delle precedenti legislazioni. Del resto, le caratteristiche dell'istituto, cosi come lo disciplina il cpc del 1973, si accomunano piuttosto a quelle della vecchia anticresi, ancora contemplata nel codice civile.

9. Nel redigere il Libro III, tutto dedicato al processo cautelare, il legislatore brasiliano ha fatto ricorso a più di un testo straniero; e sicuramente avrà consultato anche qui il progetto CARNELUTTI, il cpc vaticano e quello portoghese. Data la somiglianza tra essi, non sempre è facile sceverare i casi in cui sia prevalso ciascuno del possibili modelli, e vi sono forse delle disposizioni risultanti addirittura da una confluenza di ele menti di diversa origine[17].

Ora ci interessano soprattutto gli artt. 798 e 799, che riguardano il cosiddetto "potere cautelare generale". Il primo *("Além dos procedimentos cautelares específicos, que este Código regula no Capitulo II deste Livro, poderá o juiz determinar as medidas provisórias que julgar adequadas, quando houver fundado receio de que uma parte, antes do julgamento da lide, cause ao direito da outra lesão grave e de difícil reparação")* corrisponde all'art. 324, 1º comma, del progetto, all'art. 894 del codice vaticano ed all'attuale art. 399 di quello portoghese (405 nel testo del 1939, 398 nella versione del 1961); la fonte immediata e stata probabilmente la legge portoghese, alla cui stesura più si avvicina quella brasiliana. L'art. 799 *("No caso do artigo anterior, poderá o juiz, para evitar o dano, autorizar ou vedar a prática de determinados atos, ordenar a guarda judicial de pessoas e impor a prestação de caução")* rassomiglia inve-

17 Cfr. il nostro saggio cito sopra (nota 5), p. 175.

ce, quanto meno parzialmente, all'art. 324, 2° comma, del progetto ("In particolare, e ferma ogni disposizione speciale della legge, puô disporre il sequestro di una cosa mobile o immobile, vietare o autorizzare il compimento di certi atti, assegnare somme provisionali, imporre cauzioni") ed all'art. 894, § 2, del codice vaticano, che dal modello originario poco si discosta. Una cosa è comunque sicurissima: lo stampo nettamente carneluttiano delle suddette disposizioni del nostro codice[18].

10. Il diritto processliale brasiliano - il fenomeno e ben noto - ha subito, già per molti decenni, una forte influenza italiana. Tale influenza non si è limitata al campo scientifico, ma ha pure pervaso l'attività legislativa. Si suol dire che il codice del 1939 ha tratto la sua ispirazione essenziale dalle idee di CHIOVENDA sull'oralità, qualunque sia stato poi il grado di fedeltà mantenuto, sul piano normativo e soprattutto su quello pratico, al principi chiovendiani.

La riforma del 1973 non poteva naturalmente prescindere, ne lo ha fatto, dal dati dell'esperienza peninsulare. L'influsso di questa esperienza vi si manifesta sotto due aspetti: per il primo, il legislatore ha preso per modelli, in più luoghi, talune disposizioni del codice di procedura civile (e addirittura del codice civile) italiano[19]; per il secondo, la disciplina adottata dalla legge brasiliana rispecchia per molti versi un orientamento scientifico profondamente impregnato degli insegnamenti del grandi maestri della penisola.

Con riferimento a questo secondo aspetto, gli autori brasiliani hanno l'abitudine di citare per primo il nome di LIEBMAN[20]. E il pensiero lie-

---

18 Cfr. GALENO LACERDA, *Comentários ao Código de Processo Civil,* v. VIII, t. I, 4ª ed., Rio de Janeiro, 1992, p. 84-5. Non sembra quindi sostenibile l'affermazione di ALFREDO BUZAID, L'influenza di Liebman sul diritto processuale civile brasiliano, *in Studi in onore di Enrico Tullio Liebman,* Milano, 1979, v. 1., p. 19, secondo cui "l'attribuzione ai giudice di un potere cautelare generale fu riconosciuta ampiamente dal Codice di Procedura Civile del 1973, *seguendo l'insegnamento di Liebman"* (corsivo nostro) - almeno se con cio si e voluto individuare, come risulta dal contesto, l'origine delle norme riguardanti il menzionato potere.

19 Per alcuni esempi, *vide* BARBOSA MOREIRA, Quelques aspects de la procédure civile brésilienne et de ses rapports avec d'autres systemes juridiques, *in Revue Internationale de Droit Comparé,* 1982, nº 4, p. 1.222, oppure *in Temas de Direito Processual (Terceira Série),* cit., p. 22-3.

20 *V.g.,* CÂNDIDO DINAMARCO, Sugli sviluppi della dottrina brasiliana del processo civile, *in Studi in onore di Liebman* cit., v. I, p. 37; BARBOSA MOREIRA, op. e p. cit. sopra (nota 18).

bmaniano ha certamente influito in maniera determinante su più d'una posizione presa dal nostro legislatore. Basti menzionare la netta distinzione, sancita dagli artt. 267 e 269, tra i casi di estinzione del processo di cognizione *senza* giudizio di merito (ivi compresi quelli di mancanza di una delle cosiddette "condizioni dell' azione", proprio nel senso che a tale espressione attribuiva la dottrina liebmaniana[21]) e *con* giudizio di merito. Meno sicuro pare invece che il codice abbia recepito fedelmente il concetto di cosa giudicata materiale proposto da LIEBMAN[22].

Non è il caso, pera, di passare qui in rivista ogni eventuale contributo del pensiero liebmaniano alla riforma del 1973. Sarebbe del resto impensabile che un notorio discepolo di LIEBMAN, quale fu l'autore dell'avamprogetto, si fosse spogliato, nel redigerlo, di tale condizione. Nondimeno, alia luce di quanto esposto nelle pagine precedenti, sembra giusto riconoscere che nel codice, cosi come suona, l'influenza carneluttiana – diretta o indiretta – non è affatto minore di quella liebmaniana. Piaccia o non piaccia, a seconda delle preferenze personali, questa è una conclusione cui certamente perverrà chiunque si disponga a procedere – come si è cercato di fare nel presente scritto – all'esame oggettivo ed alia comparazione del testi.

Janeiro de 1993.

21 Sin dal famoso saggio L'azione nella teoria del processo civile, ora *in Problemi del processo civile,* Napoli, s.d., p. 22 e s. Cfr., da ultimo, *Manuale di diritto processuale civile,* v. I, 4ª ed., Milano, 1980, p. 135-6.

22 Come asseriva ALFREDO BUZAID, op. cit. sopra (nota 17), p. 27, richiamandosi alia definizione contenuta nell'art. 467 (nel testo si legge 465, per manifesto errare di revisione): *"Denomina-se coisa julgada material a eficácia, que torna imutável e indiscutível a sentença, não mais sujeita a recurso ordinário ou extraordinário"). Vide,* nella più recente letteratura, l'avviso decisamente contrario di MONIZ DE ARAGÃO, op. cit. sopra (nota 11), p. 238 e s., spec. 239, ove si giunge a dire che il codice *"repudiou"* la teoria di LIEBMAN.

COMENTÁRIOS DO ATUALIZADOR

IL PROGETTO CARNELUTTI E IL CODICE DI PROCEDURA CIVILE BRASILIANO

Paulo Henrique dos Santos Lucon

Livre-docente, Doutor e Mestre em Direito pela Faculdade de Direito da Universidade de São Paulo. Professor Associado nos cursos de graduação, especialização, mestrado e doutorado da mesma instituição, na qual também se graduou. Membro Honorário da Associazione italiana fra gli studiosi del processo civile. Presidente do Instituto Brasileiro de Direito Processual (2016 a 2022). Vice-Presidente e Membro do Instituto Ibero-americano de Direito Processual. Membro da International Association of Procedural Law. Membro e Conselheiro Instituto dos Advogados de São Paulo, instituição da qual foi Vice-Presidente. Membro do CONJUR – Conselho Superior de Assuntos Jurídicos e Legislativos da Federação da Indústrias do Estado de São Paulo. Membro da AASP – Associação dos Advogados de São Paulo. Especializou-se em direito processual civil junto à Universidade Estatal de Milão. Advogado.

O texto em referência foi elaborado pelo Professor Barbosa Moreira para uma obra em homenagem ao Professor Elio Fazzalari. Como o próprio título do artigo revela, o seu propósito é avaliar a influência sobre o Código de Processo Civil brasileiro de 1973 do Projeto elaborado por Francesco Carnelutti para edição de um novo Código de Processo Civil italiano na década de 1920. Uma empreitada dessa natureza também foi realizada pelo Professor Barbosa Moreira em outro artigo publicado nessa coletânea a respeito da influência do Código de Processo Civil do Vaticano sobre o CPC/1973. Como o Código do Vaticano também foi influenciado pelo projeto de Carnelutti, algumas observações que serão aqui expostas coincidem com aquelas presentes nos comentários a esse ensaio.

A primeira manifestação de influência do Projeto de Carnelutti sobre o Código de Processo Civil de 1973 relatada pelo Professor Barbosa Moreira é de ordem estrutural. Com efeito, como destacado, o Projeto de Carnelutti era dividido em duas partes, uma dedicada ao processo de conhecimento e outra destinada ao processo de execução. Ou seja, o Projeto não continha uma parte geral com dispositivos genéricos aplicáveis a ambos os processos como ocorria com a maioria dos Códigos da época.

Ao contrário disso, essas normas de caráter geral, relativas, por exemplo, aos poderes das partes, aos deveres do juiz e aos atos processuais, constavam da parte destinada ao processo de conhecimento, e a elas se faziam remissões quando necessário na disciplina do processo de execução. Nesse sentido, por exemplo, é o teor do art. 475 do Projeto, como destacado por Barbosa Moreira: "si applicano agli atti esecutivi, in quanto non sia diversamente disposto in questa parte del codice, le disposizioni contenute nel titolo primo del libro secondo della prima parte". O Código de Processo Civil do Vaticano (art. 457) e o Código de Processo Civil português de 1939 (art. 801), por exemplo, também se inspiraram nessa orientação e de maneira ainda mais expressa e genérica previam que, quando necessário, o processo de execução se regularia por normas previstas para a disciplina do seu processo de conhecimento.

O Código de Processo Civil de 1973 seguiu essa mesma esteira. Sua estrutura contemplava quatro livros ("Do processo de conhecimento"; "Do processo de execução"; "Do processo cautelar"; "Dos procedimentos especiais") e dentre eles não constava uma parte geral com a previsão de normas genéricas aplicáveis a todos os processos e procedimentos. Essas normas, relativas, por exemplo, às partes, ao juiz, ao Ministério Público, à competência e aos atos processuais, foram inseridas no livro dedicado à disciplina do processo de conhecimento, e a elas se fazia remissão quando preciso, tal como a prevista no art. 598 do CPC/73, segundo o qual "aplicam-se subsidiariamente à execução as disposições que regem o processo de conhecimento". Embora o livro dedicado ao processo cautelar não contasse com uma norma nesse mesmo sentido, sua disciplina também era determinada por essas normas gerais previstas no livro destinado ao processo de conhecimento.

Como já destacado nos comentários ao artigo relativo à influência do Código de Processo Civil do Vaticano sobre o Código de Processo Civil de 1973, o CPC/2015 alterou essa realidade, ao prever uma parte geral com diversos dispositivos aplicáveis a todos os processos e procedimentos. Dentre esses dispositivos estão contidas, por exemplo, normas de caráter principiológico e hermenêutico, relativas à jurisdição e à distribuição de competência entre seus órgãos, concernentes à disciplina dos sujeitos processuais e aos atos processuais e ainda normas que dizem respeito às tutelas provisórias e à formação, suspensão e extinção dos processos.

Ressalte-se que essas normas gerais não se aplicam apenas aos fenômenos processuais previstos no Código de Processo Civil de 2015. De acordo com o art. 15, do Código, "na ausência de normas que regulem processos eleitorais, trabalhistas ou administrativos, as disposições deste Código lhes serão aplicadas supletiva e subsidiariamente".

O Código de Processo Civil, desde a unificação da legislação processual realizada na década de 1930, consiste no principal diploma jurídico nacional a regular a relação jurídica que se estabelece entre o Estado-juiz e os cidadãos quando estes se valem do Poder Judiciário para resolver os conflitos surgidos no plano do direito material. Isso significa que no Código de Processo Civil estão previstas as normas mais gerais relativas ao procedimento e às situações jurídicas dos litigantes, de modo que ante a ausência ou insuficiência de regulação por parte de algum microssistema processual (eleitoral, trabalhista, administrativo) ao Código de Processo Civil é que se deve acorrer.

Portanto, quando cabíveis, essas normas previstas no Código de Processo Civil de 2015 também se aplicam a outros fenômenos processuais, de modo que não se mostra necessário fazer remissões a elas na legislação esparsa.

A segunda manifestação destacada pelo mestre Barbosa Moreira da influência do Projeto de Carnelutti sobre o Código de Processo Civil de 1973 atine à disciplina dos atos processuais.

O princípio da liberdade das formas, por exemplo, previsto no art. 154 do CPC/73, segundo o qual "os atos e termos processuais não dependem de forma determinada senão quando a lei expressamente a exigir, reputando-se válidos os que, realizados de outro modo, lhe preencham a finalidade essencial", encontra correspondência com o art. 148, do Projeto de Carnelutti. Além disso, o art. 244, do CPC/73, de acordo com o qual "quando a lei prescrever determinada forma, sem cominação de nulidade, o juiz considerará válido o ato se, realizado de outro modo, lhe alcançar a finalidade", guarda similitude com o art. 149, do Projeto de Carnelutti. Por fim, Barbosa Moreira ressalta que o art. 243, do CPC/73, segundo o qual "quando a lei prescrever determinada forma, sob pena de nulidade, a decretação desta não poderá ser requerida pela parte que lhe deu causa", também foi diretamente influenciado pelo art. 150, do Projeto de Carnelutti.

A respeito desses temas é preciso sublinhar de que modo eles estão previstos no Código de Processo Civil de 2015 para avaliar em que medida o Projeto de Carnelutti ainda influencia o direito processual brasileiro nos dias de hoje.

O princípio da liberdade das formas continua previsto no CPC/2015, nos termos do seu art. 188, segundo o qual "os atos e os termos processuais independem de forma determinada, salvo quando a lei expressamente a exigir, considerando-se válidos os que, realizados de outro modo, lhe preencham a finalidade essencial".

Registre-se que a imposição pela lei de determinadas solenidades que deverão ser observadas para eficácia dos atos processuais decorre de uma preocupação com a ordem, a segurança, a certeza e, principalmente, com as garantias do processo. Deve-se repudiar, contudo, o formalismo exagerado e imotivado. Nessa linha, deve-se evitar que as formas sejam um obstáculo ao principal escopo do processo, que é permitir rápida e efetiva atuação do direito material. Por esse motivo, o CPC/2015 mantém a orientação de que são válidos os atos, ainda que realizados em desconformidade com as solenidades previstas na lei, desde que atinjam sua finalidade. A solenidade dos atos processuais, portanto, deve ser analisada concomitantemente ao princípio da instrumentalidade das formas em nome do racionalismo e da busca por um processo civil de resultados.

No Código de Processo Civil de 2015, aliás, esse princípio assume especial relevância diante da previsão do seu art. 190, que consagra a denominada regra da atipicidade dos negócios jurídicos processuais. De acordo com esse dispositivo, "versando o processo sobre direitos que admitam autocomposição, é lícito às partes plenamente capazes estipular mudanças no procedimento para ajustá-lo às especificidades da causa e convencionar sobre os seus ônus, poderes, faculdades e deveres processuais, antes ou durante o processo".

O fato de as partes poderem "convencionar sobre os seus ônus, poderes, faculdades e deveres processuais" permite que elas, por exemplo, de comum acordo, fixem as questões a respeito das quais recairá a atividade instrutória e a respeito das quais o juiz terá de se manifestar na sentença. Nada impede que, previamente ao litígio, as partes estabeleçam que em caso de desavença quais provas serão produzidas, quem será o técnico a atuar como perito etc.

São atos dispositivos prévios a respeito de futuro e incerto processo e por isso, representam técnicas de equacionar um processo adequado, que venha a atender as particularidades de discussão que pode surgir entre as partes. Com isso, privilegia-se não só a autonomia e a manifestação da vontade desses sujeitos, como também se permite a construção de um processo que tende a ser mais célere e efetivo. Para atingir esses objetivos, contudo, as partes não precisam observar formalidades específicas, aplicando-se aos negócios jurídicos processuais a norma do art. 188. Ou seja, salvo exceções previstas em lei, os negócios jurídicos processuais também podem ser pactuados independentemente de qualquer forma pré-determinada.[23]

Já o art. 244, do CPC/73 encontra correspondência com o art. 277, do CPC/2015, segundo o qual "quando a lei prescrever determinada forma, o juiz considerará válido o ato se, realizado de outro modo, lhe alcançar a finalidade". Ou seja, mantém-se atual em nosso ordenamento jurídico a orientação de que uma nulidade apenas será decretada se demonstrado que a inobservância de uma determinada formalidade causou prejuízo ao interesse da parte que essa formalidade visava a tutelar. Com relação ao regime para reconhecimento de nulidades no Código de Processo Civil de 2015, é preciso ainda destacar que o juiz não pode decretar a nulidade de um ato sem conferir à parte a oportunidade de corrigi-lo, após indicar qual o vício processual a ser sanado.

Essa é uma decorrência do princípio da colaboração, que visa a combater o processo civil de surpresas e armadilhas que ocasionava nas mais das vezes a extinção prematura de processos. Com isso, promove-se também o almejado processo civil de resultados. Por exemplo, a extinção do processo sem pronunciamento a respeito do mérito da causa deve ser tida como uma hipótese excepcional e anômala, pois não resolve a crise de direito material em questão e, com isso, abre-se uma via para propositura de novas demandas a respeito do mesmo tema. Tanto é assim, que o art. 488, do CPC/2015 prevê que o juiz resolverá o mérito sempre que a decisão for favorável à parte a quem aproveitaria eventual sentença terminativa.

---

23 Antonio do Passo Cabral. Convenções Processuais. Salvador: JusPodivm, 2016, p. 287. A respeito dos negócios jurídicos processuais, oportuno mencionar o clássico estudo de Barbosa Moreira: "Convenções das partes sobre matéria processual, in. Temas de Direito Processual – 3ª Série. São Paulo: Saraiva, 1984.

Ou seja, em prol da efetividade, ao invés de se extinguir um processo sem resolução de mérito, justifica-se o seu julgamento, se a decisão a ser proferida for favorável à parte que seria tutelada pela formalidade que não foi observada. Por fim, necessário destacar que o art. 243 do CPC/73, encontra correspondência com o art. 276, do CPC/2015, segundo o qual "quando a lei prescrever determinada forma sob pena de nulidade, a decretação desta não pode ser requerida pela parte que lhe deu causa". O dispositivo mencionado decorre da máxima de que ninguém pode se beneficiar da própria torpeza. Aquele que não observa uma formalidade não pode se valer disso para obter uma vantagem no processo.

Registre-se a respeito desse assunto que o CPC/2015 tem uma preocupação especial com a tutela da boa-fé e o comportamento probo das partes no processo. De acordo com o art. 5º, do Código, todo "aquele que de qualquer forma participa do processo deve comportar-se de acordo com a boa-fé". Comportar-se de acordo com a boa-fé no processo não significa apenas evitar a prática dos atos classificados como litigância de má-fé, mas observar também determinados padrões de conduta. Cite-se, por exemplo, a vedação à adoção de comportamentos contraditórios no processo. Caso isso ocorra, incumbe ao magistrado valorar a conduta da parte e não atribuir eficácia àquela conduta mais vantajosa para a parte que adotou comportamentos distintos sem justificativa para tanto.

Na sequência de seu estudo, Barbosa Moreira ressalta a influência do Projeto de Carnelutti sobre dispositivos do CPC/73 relativos à formação, suspensão e à extinção do processo. Com relação à formação do processo, destaca o Professor que o art. 207, do Projeto de Carnelutti, influenciou o art. 263, do CPC/73, segundo o qual "considera-se proposta a ação, tanto que a petição inicial seja despachada pelo juiz, ou simplesmente distribuída, onde houver mais de uma vara. A propositura da ação, todavia, só produz, quanto ao réu, os efeitos mencionados no art. 219 depois que for validamente citado". Esse artigo foi parcialmente alterado pelo art. 312, do CPC/2015, segundo o qual "considera-se proposta a ação quando a petição inicial for protocolada, todavia, a propositura da ação só produz quanto ao réu os efeitos mencionados no art. 240 depois que for validamente citado". Ou seja, o CPC/2015, não faz mais a distinção que antes vigorava sob a égide do Código anterior.

De acordo com a nova sistemática, considera-se proposta uma ação tão logo tenha sido a petição inicial protocolada eletrônica ou fisicamente no distribuidor. Esse marco temporal é relevante, porque ele determina a interrupção da prescrição, conforme fixado pelo art. 240, § 1°, do CPC/2015. A formação da relação jurídica processual, no entanto, apenas se concretiza quando o réu for validamente citado. No momento em que isso ocorrer, serão produzidos os efeitos previstos no art. 240, do Código, como, por exemplo, a configuração da litispendência, a constituição em mora do devedor e a configuração do direito em disputa como um objeto litigioso. Destaque-se, a propósito, que a citação do réu tem ainda outras implicações. Nos termos do art. 329, inc. I, do CPC/2015, após ela ocorrer, o autor não poderá mais alterar o pedido ou a causa de pedir sem o consentimento do réu.

Com relação à suspensão do processo, Barbosa Moreira destaca que a previsão do art. 265, inc. IV, "b", do CPC/73, que previa a suspensão do processo por prejudicialidade externa, a par da influência que recebeu do Código Vaticano, também teria sido influenciada pelo art. 266 do Projeto de Carnelutti. Como já destacado nos comentários ao texto "Il Codice di Procedura Civile dello Stato della Città del Vaticano Come Fonte Storica del Diritto Brasiliano", na atual sistemática do ordenamento jurídico brasileiro, a suspensão do processo assume relevância ainda maior que ultrapassa a questão relativa à solução individual de litígios. O fenômeno de demandas repetitivas e massificadas exige a utilização de técnicas voltadas ao julgamento de teses a serem ulteriormente aplicadas em cada um desses processos e para que isso ocorra é indispensável a suspensão das demandas individuais até a resolução da demanda paradigma. Vale dizer, no atual cenário, a suspensão dos processos é uma técnica fundamental para racionalização e bom funcionamento da atividade jurisdicional, a fim de que se evitem atividades repetitivas e inúteis.

O próximo tema destacado pelo Barbosa Moreira atine à seara do direito probatório. Com relação à prova documental, em particular, ressalta-se, por exemplo, a influência do art. 122 do Projeto de Carnelutti sobre o art. 364 do CPC/73, segundo o qual "o documento público faz prova não só da sua formação, mas também dos fatos que o escrivão, o tabelião, ou o funcionário declarar que ocorreram em sua presença". Ademais, destaca Barbosa Moreira, que art. 127, 1°, do Projeto de Carnelutti também teria influenciado o art. 372 do CPC/73, de acordo com o qual "compete à parte contra quem foi produzido documento particular, alegar, no prazo estabelecido no art. 390, se lhe admite ou não a autenticidade da assinatura e a veracidade do contexto; presumindo-se, com o silêncio, que o tem por verdadeiro". Além disso, destaca o consagrado processualista que os arts. 133 e 134 do Projeto de Carnelutti teriam influenciado os arts. 387 e 388, do CPC/73, que fixavam as hipóteses para término da fé dos documentos públicos e particulares, e que o art. 128, 1°, do Projeto teria reflexo no art. 371, inc. III, do CPC/73, que trata da autoria de documentos particulares.

Referidos dispositivos do Código de Processo Civil de 1973 não sofreram grandes alterações pelo Código de Processo Civil de 2015: o art. 364 do CPC/73 guarda correspondência com o art. 405 do CPC/2015; o art. 371 do CPC/73 encontra similitude com o art. 410 do CPC/2015; enquanto os arts. 387 e 388 do CPC/73 são equivalentes aos arts. 427 e 428 do CPC/2015. Contudo, em se tratando de prova documental, as questões atuais mais relevantes dizem respeito a sua utilização como meio de certificação de atos praticados em ambientes virtuais. A prática mais usual nesse sentido consiste na utilização de atas notariais, cuja disciplina está prevista no art. 384, do CPC/2015. De acordo com esse dispositivo, "a existência e o modo de existir de algum fato podem ser atestados ou documentados, a requerimento do interessado, mediante ata lavrada por tabelião". O parágrafo único desse artigo, por sua vez, estabelece que "dados representados por imagem ou som gravados em arquivos eletrônicos poderão constar da ata notarial".

Não obstante a relevância prática dessa figura, é preciso registrar que ela não pode ser tida como a única admissível para a prova de fatos ocorridos na internet. As relações desenvolvidas nesse ambiente são dinâmicas e muitas vezes se alteram em um curtíssimo intervalo de tempo que impossibilitam a lavratura dessas atas, sem mencionar que esse ato também envolve custos que podem não ser suportados pela parte interessada. Portanto, em atenção ao princípio da atipicidade dos meios de prova, toda e qualquer forma de registro de um fato ocorrido na internet deve ser admitido como meio de prova, cabendo ao julgador em cada caso concreto avaliar a sua autenticidade e valorar as informações que podem ser extraídas dele.

Após se debruçar sobre o tema do direito probatório, Barbosa Moreira passa a analisar um tópico em que a influência do Projeto de

Carnelutti sobre o CPC/73 seria ainda mais evidente. Trata-se da disciplina relativa à coisa julgada.

Como já ressaltado nos comentários ao texto do Barbosa Moreira a respeito da influência do Código de Processo Civil do Vaticano sobre o Código de Processo Civil de 1973, à luz do Código Vaticano e do Projeto de Carnelutti, o Código Buzaid adotou expressamente a orientação de limitar a autoridade da coisa julgada ao dispositivo da sentença, condicionando sua extensão às questões prejudiciais à propositura da então denominada ação declaratória incidental. Tal orientação não se faz mais presente nos dias de hoje, já que o CPC/2015 passou a dispensar a propositura dessa ação para admitir a extensão da coisa julgada às questões prejudiciais quando presentes os requisitos estabelecidos em seu art. 503, §1°, quais sejam: a relação de dependência do pedido principal com o julgamento da questão prejudicial, a existência de um contraditório efetivo sobre essa questão, a competência do julgador para se pronunciar sobre ela e a ausência de limitações à atividade cognitiva para o seu julgamento. Não obstante tal dispensa de caráter geral, a ação declaratória incidental ainda se faz presente no ordenamento jurídico brasileiro quando se trata de falsidade documental, pois "uma vez arguida, a falsidade será resolvida como questão incidental, salvo se a parte requerer (*rectius*: pedir) que o juiz a decida como questão principal, nos termos do art. 19" (CPC/2015, art. 430, par. ún.). Trata-se de verdadeira ação incidental relativa à questão incidental inserida no bojo da fase de conhecimento.

A declaração incidente com força de coisa julgada é técnica processual que visa a tornar o processo mais efetivo e de diminuir o risco de decisões conflitantes, já que com essa extensão se evita a fragmentação do litígio e a propositura de diversas demandas.

Ainda a respeito desse tema relativo à estabilidade das decisões judiciais e aos denominados limites temporais da coisa julgada, Barbosa Moreira destaca que o Projeto de Carnelutti também influenciou o art. 471, inc. I, do CPC/73. De acordo com esse dispositivo, "nenhum juiz decidirá novamente as questões já decididas, relativas à mesma lide, salvo: se, tratando-se de relação jurídica continuativa, sobreveio modificação no estado de fato ou de direito; caso em que poderá a parte pedir a revisão do que foi estatuído na sentença". Registre-se que essa orientação não foi alterada com a entrada em vigor do CPC/2015. Segundo o art. 505, inc. I, do novo Código, "nenhum juiz decidirá novamente as questões já decididas relativas à mesma lide, salvo: se, tratando-se de relação jurídica de trato continuado, sobreveio modificação no estado de fato ou de direito, caso em que poderá a parte pedir a revisão do que foi estatuído na sentença". Ou seja, em se tratando de relações jurídicas de trato continuado, assim entendidas aquelas que não se encerram em um único pronunciamento e cuja fonte perdura no tempo (v.g., direito ao recebimento de alimentos), a alteração de uma questão de fato ou de direito após a emissão de sentença autoriza a sua revisão para assegurar a efetividade do que foi decidido sem a necessidade de propositura de uma nova demanda.

Na parte final de seu texto, Barbosa Moreira analisa a influência do Projeto de Carnelutti sobre três grandes temas de direito processual: recursos, processo de execução e processo cautelar.

Em matéria de recursos, destaca o autor que o art. 394 do Projeto de Carnelutti influenciou a redação do art. 500, inc. III, do CPC/73, segundo o qual o recurso adesivo não será conhecido, se houver desistência do recurso principal ou se ele for declarado inadmissível ou deserto. Essa orientação também se mantém sob a égide do Código de Processo Civil de 2015, nos termos de seu art. 997, §2°, inc. III. O recurso adesivo não constitui uma modalidade recursal autônoma. Trata-se apenas de uma das maneiras de interposição de determinados recursos que tem lugar sempre que se verificar o fenômeno da sucumbência recíproca. Nessa circunstância, ambas as partes terão interesse em impugnar a decisão e podem fazê-lo por recurso independente ou adesivo.

Vale dizer, ainda que um dos litigantes opte por não impugnar a decisão que lhe foi desfavorável num primeiro momento, lhe é facultado apresentar recurso adesivo ulteriormente, caso o adversário recorra da decisão. Em outras palavras, a interposição de recurso de maneira adesiva permite que se aguarde a posição tomada pela outra parte para só então se optar pela apresentação da impugnação. Desse modo, a possibilidade de recorrer por adesão favorece a economia processual, ao privilegiar a redução de recursos. Como determina o mencionado art. 997, §2°, do Código, o recurso adesivo fica subordinado ao principal, porquanto será conhecido apenas se o apelo principal for admissível. Se o recorrente adesivo apenas atacou a decisão porque a parte contrária assim procedeu, é coerente que sua irresignação adquira a mesma sorte do recurso principal, daí a lógica de caráter econômico de tal dispositivo e que permanece atual até os dias de hoje.

Na sequência, Barbosa Moreira ressalta que o art. 346, 1º do Projeto de Carnelutti teria influenciado o art. 502, do Código de Processo Civil brasileiro de 1973, de acordo com o qual "a renúncia ao direito de recorrer independe da aceitação da outra parte". Esse dispositivo guarda estreita correspondência com o art. 998, *caput*, do CPC/2015, segundo o qual "o recorrente poderá, a qualquer tempo, sem a anuência do recorrido ou dos litisconsortes, desistir do recurso".

A desistência de recurso é ato unilateral por meio do qual a parte recorrente manifesta não deter mais interesse em sua irresignação. Como corolário do princípio dispositivo a desistência do recurso independerá da anuência do recorrido, na medida em que ele tem interesse na manutenção da decisão recorrida. Além disso, como se pode constatar, o CPC/2015 passou a prever que a desistência do recurso também independe da anuência de eventuais litisconsortes do recorrente, o que se justifica em função da autonomia que rege a relação entre eles. Mas a maior inovação do Código de 2015 não é essa; ela está prevista no parágrafo único do art. 998 do CPC, de acordo com o qual "a desistência do recurso não impede a análise de questão cuja repercussão geral já tenha sido reconhecida e daquela objeto de julgamento de recursos extraordinários ou especiais repetitivos".

Ou seja, na medida em que o objeto desses recursos permite a formação de precedentes, a consolidação da jurisprudência e a resolução de milhares de demandas individuais, eles passam a ser informados por um interesse público que não pode ser alvo de disponibilidade por um único recorrente individual. Portanto, nesses casos, ainda que o recorrente manifeste interesse na desistência de seu recurso, isso não impedirá o seu processamento, em função do interesse público no seu julgamento. Registre-se, a propósito, que antes da entrada em vigor do Código de Processo Civil de 2015 e a positivação desse dispositivo, esse entendimento já predominava perante a jurisprudência do Superior Tribunal de Justiça.

No julgamento da QO no REsp n. 1.063.343/RS, por exemplo, fixou-se a seguinte tese "é inviável o acolhimento de pedido de desistência recursal formulado quando já iniciado o procedimento de julgamento do Recurso Especial representativo da controvérsia". Veja-se, ainda, o seguinte fundamento constante do voto da Min. Nancy

Andrighi, relatora do caso, que corrobora o já dito a respeito dessa lógica que não permite ao litigante individual dispor de um recurso cujo destino pode interessar à coletividade e ao próprio funcionamento da jurisdição: "entender que a desistência recursal impede o julgamento da idêntica questão de direito é entregar ao recorrente o poder de determinar ou manipular, arbitrariamente, a atividade jurisdicional que cumpre o dever constitucional do Superior Tribunal de Justiça, podendo ser caracterizado como verdadeiro atentado à dignidade da Justiça".

Na sequência, Barbosa Moreira sublinha que o art. 339, 3º, do Projeto de Carnelutti também guarda uma relação de correspondência com o art. 503, do CPC/73, que estatui as hipóteses de inadmissibilidade do recurso em função do comportamento da parte que revela sua aceitação com o resultado da decisão. No CPC/2015, esse tema está disciplinado em seu art. 1.000. De acordo com esse dispositivo, "a parte que aceitar expressa ou tacitamente a decisão não poderá recorrer". O parágrafo único desse artigo o complementa no seguinte sentido "considera-se aceitação tácita a prática, sem nenhuma reserva, de ato incompatível com a vontade de recorrer". Se o recorrente manifesta alguma forma de aceitação com o teor da decisão que lhe foi imposta, não se pode atribuir a ele o necessário interesse recursal para se insurgir contra essa decisão. Como exemplo de aceitação tácita que retira do recorrente o interesse em impugnar a decisão, mencione-se o pagamento da condenação arbitrada pela sentença, indicando que a parte se conformou com o comando inserido na decisão. Situações como essa caracterizam verdadeira preclusão lógica, já que o ato ulterior é logicamente incompatível com anterior, o que inviabiliza aquele. Contraria a própria boa fé a prática de atos incompatíveis com comportamentos anteriores e "aquele que de qualquer forma participa do processo deve comportar-se de acordo com a boa-fé (CPC/2015, art. 5º). A vedação à atuação contraditória tem relação direta com a boa-fé objetiva e guarda relação com a vedação de alegação da própria torpeza (*nemo auditur turpitudinem allegans*). O comportamento contraditório de qualquer das partes é ato ilícito e como tal pode gerar indenização por dano processual.

A par das alterações promovidas pelo Código de Processo Civil de 2015 na sistemática recursal, com a extinção de recursos, a modificação das decisões recorríveis e as mudanças de procedimento no processamento dos recursos, os principais fundamentos dessa matéria permanecem inalterados, como as questões relativas aos efeitos e aos juízos de admissibilidade e de mérito dos recursos. Por essas razões, as obras seminais do Barbosa Moreira a respeito desses temas, permanecem sendo de leitura obrigatória para todos os estudiosos do direito.[24]

Na sequência, Barbosa Moreira passa a destacar as influências do Projeto de Carnelutti sobre a disciplina do processo de execução no direito brasileiro. A primeira delas já se manifesta na parte geral com a previsão dos pressupostos para a configuração da exigibilidade da obrigação a ser objeto da execução. Nesse sentido, ressalta que os arts. 460-462, do Projeto de Carnelutti, influenciaram os arts. 581 e 582 do CPC/73. Esses artigos atualmente correspondem aos arts. 787 e 788, do Código de Processo Civil de 2015.

De acordo com o art. 787, se o devedor não for obrigado a satisfazer sua prestação senão após a contraprestação do credor, cabe a este provar que a cumpriu sob pena de extinção do processo. Nesses casos, o executado pode se eximir da obrigação com o depósito da prestação ou coisa em juízo, que apenas pode ser disponibilizada ao credor após ele demonstrar que cumpriu a contraprestação que lhe incumbia. Já o art. 788 estipula que o credor não pode iniciar a execução se o devedor cumprir a obrigação, salvo se o credor demonstrar que esse cumprimento não corresponde a aquilo que constava do título executivo.

Na sequência, destaca-se que o art. 667, 1°, do Projeto de Carnelutti influenciou o art. 644 do CPC/1973, cuja redação original previa que "se a obrigação consistir em fazer ou não fazer, o credor poderá pedir que o devedor seja condenado a pagar uma pena pecuniária por dia de atraso no cumprimento, contado o prazo da data estabelecida pelo juiz". Dentre as reformas legislativas ocorridas da década de 1990, esse dispositivo foi alterado e passou a ter o seguinte teor "na execução em que o credor pedir o cumprimento de obrigação de fazer ou não fazer, determinada em título judicial, o juiz, se omissa a sentença, fixará multa por dia de atraso e a data a partir da qual ela será devida".

Na evolução recente do processo civil brasileiro, para conferir maior efetividade às atividades satisfativas, concedeu-se aos juízes maiores poderes de coerção. Nesse sentido, nas obrigações de fazer, não-fazer ou de entregar coisa, o juiz, para efetivação da tutela específica ou obtenção do resultado prático equivalente, poderá determinar

24 Dentre todas, ver: José Carlos Barbosa Moreira, Comentários ao Código de Processo Civil, vol. V, 17ª, Rio de Janeiro: Forense, 2013.

todas as medidas necessárias à satisfação do exequente. Dentre essas medidas, por exemplo, o art. 536, §1°, do Código estabelece que o "juiz poderá determinar, entre outras medidas, a imposição de multa, a busca e apreensão, a remoção de pessoas e coisas, o desfazimento de obras e o impedimento de atividade nociva, podendo, caso necessário, requisitar o auxílio de força policial". Com relação às *astreintes*, medida de coerção indireta mais usual em nosso ordenamento, o art. 537, do CPC/2015, estabelece algumas balizas para sua aplicação. Fixa-se, por exemplo, que (I) ela independe de requerimento e pode ser aplicada em qualquer fase ou processo; (II) o seu valor pode ser alterado se ela se mostrar insuficiente ou excessiva ou se o devedor demonstrar o cumprimento parcial da obrigação; e (III) o valor da multa será devido ao exequente, na medida em que ele é o prejudicado pelo não cumprimento da obrigação.

Em seguida, ao tratar das hipóteses de extinção do processo de execução, Barbosa Moreira destaca a influência do Projeto de Carnelutti, sobre o arts. 794 e 795, do Código de Processo Civil de 1973. No Código de Processo Civil de 2015, esses dispositivos estão refletidos em seus 924 e 925. Dentre as hipóteses de extinção da execução previstas no novo Código que merece ser destacada é aquela que consta do art. 924, inc. V, segundo o qual a execução será extinta, quando ocorrer a prescrição intercorrente, que se inicia com o término do prazo de suspensão da execução e se configura quando o exequente permanece inerte por prazo superior ao de prescrição do direito material reclamado. A respeito dessa hipótese, a propósito, o Superior Tribunal de Justiça já estabeleceu algumas balizas, como, por exemplo, a necessidade de o credor ser previamente intimado para que, em respeito ao contraditório, possa ter a oportunidade de suscitar algum fato impeditivo à ocorrência da prescrição (REsp 1604412/SC, rel. Min. Marco Aurélio Bellizze, DJe 22/08/2018).

Para encerrar sua análise, Barbosa Moreira destaca a influência do Projeto de Carnelutti sobre os arts. 716 e 717 do Código de Processo Civil de 1973, cujas redações originais previam respectivamente que "o juiz da execução pode conceder ao credor o usufruto de imóvel ou de empresa, quando o reputar menos gravoso ao devedor e eficiente para o recebimento da dívida"; "decretado o usufruto, perde o devedor o gozo do imóvel ou da empresa, até que o credor seja pago do principal, juros, custas e honorários advocatícios". Esses dispositivos atualmente estão refletidos nos arts. 867 e 868 do Código de Processo Civil de

2015. Aprimorando a redação do Código anterior, o art. 867 prevê que o juiz pode ordenar a penhora de frutos e rendimentos de coisa móvel ou imóvel se demonstrado que essa medida for mais eficiente para o recebimento do crédito e menos gravosa ao executado. O art. 868, por sua vez, complementa esse dispositivo para prever que após a penhora, o juiz nomeará administrador-depositário ao qual serão atribuídos poderes concernentes à administração do bem e à fruição de seus frutos ou utilidades, perdendo o executado o direito de gozo do bem até o pagamento do débito exequendo, das custas e dos honorários advocatícios. Como se constata, trata-se de medida que visa a satisfazer o exequente e que ao mesmo tempo não onera excessivamente o devedor que não é privado em definitivo de seu bem.

Por fim, Barbosa Moreira analisa a influência do Projeto de Carnelutti sobre o processo cautelar brasileiro. Em particular, destaca que os arts. 798 e 799, do Código de Processo Civil de 1973, que tratam do poder de cautela do julgador, foram influenciados pelo Projeto. Com relação a esse tema, o Código de Processo Civil de 2015 promoveu profundas alterações. O Livro destinado ao processo cautelar no CPC/73 deixou de ser previsto e as tutelas provisórias passaram a ser disciplinadas de maneira uniforme e sistemática na parte geral do novo Código. Com relação aos referidos artigos do CPC/1973, o art. 297 do CPC/2015 guarda similitude com eles. De acordo com esse dispositivo, "o juiz poderá determinar as medidas que considerar adequadas para efetivação da tutela provisória". Aludido dispositivo consiste em uma cláusula geral que atribui ao juiz os poderes de que ele necessita para garantir o cumprimento da tutela provisória. De nada adiantaria, sob o ponto de vista da efetividade do processo, não conferir ao juiz os instrumentos necessários para que ele possa garantir a efetiva satisfação da pretensão requerida. Cabe ao julgador, portanto, diante das circunstâncias do caso concreto avaliar a medida mais adequada para tornar efetiva a tutela concedida. O objetivo final é sempre o assegurar a efetivação da tutela concedida e assim diminuir os danos marginais decorrentes do processo.

A INFLUÊNCIA DO CÓDIGO DE PROCESSO CIVIL BRASILEIRO NO NOVO CÓDIGO PERUANO[1]

1. Várias das leis processuais latino-americanas dos dois últimos decênios deixaram-se influenciar, com maior ou menor intensidade, pelo nosso vigente Código de Processo Civil. Não é difícil identificar, por exemplo, no *Código de Procedimiento Civil* boliviano de 1975, no *Código Judicial* panamenho de 1984, no *Código de Procedimiento Civil* venezuelano de 1985, no *Código Procesal Civil* paraguaio de 1988 e, sobretudo, no *Código Procesal Civil* costa-riquense de 1989, certo número de disposições que se inspiraram no estatuto brasileiro, ou que o tomaram por modelo, às vezes com rigorosa fidelidade. Em nenhuma se descobre, contudo, influência tão grande como no recentíssimo *Código Procesal Civil* do Peru.

Promulgado em 29-2-1992, esse diploma veio substituir o antigo *Código de Procedimientos Civiles,* que datava de 1912. Devia entrar em vigor em 1°-1-1993, mas, em 7-12-1992, o Dec.-Lei nº 25.940, baixado pelo Presidente da República, além de introduzir amplas modificações no texto, remarcou para 28-7-1993 o início da vigência (com ressalva de uns poucos dispositivos)[2]. Trata-se de lei de feição nitidamente moderna, informada pelos princípios dominantes na ciência processual contemporânea e redigida em geral com boa técnica. Não é nosso propósito neste ensejo, porém, analisar ou sequer descrever o respectivo sistema, senão unicamente assinalar o influxo, que nele se nota logo à primeira leitura, do direito brasileiro, com indicação dos pontos ao nosso ver mais interessantes.

Cabe distinguir dois aspectos no fenômeno. De um lado, o novo Código peruano contém disposições esparsas, relativas a diversos as-

---

1 Publicado na *Revista do Advogado,* v. 40, na *Revista Brasileira de Direito Comparado,* nº 14, na *Revista da Academia Brasileira de Letras Jurídicas,* ano VII, nº 4, no *Livro de Estudos Jurídicos* (ed. por James Tubenchlak e Ricardo Bustamante), nº 7, e na *Revista Uruguaya de Derecho Procesal,* nº 3-4/92.

2 Devemos à gentileza do ilustre processualista peruano CARLOS PARODI REMON, Professor Catedrático Principal da *Universidad Nacional Mayor de San Marcos* e da *Universidad San Martín de Porres,* o conhecimento do texto originário do *Código Procesal Civil,* bem como do Dec.-Lei nº 25.940, que o modificou. Fica consignado aqui o nosso agradecimento ao prezado amigo.

suntos, muito provavelmente mutuadas do texto nacional; de outro, revela com facilidade a recepção de características estruturais do processo civil brasileiro, tal qual o molda o estatuto de 1973.

2. Comecemos pelo primeiro aspecto. Sem pretensão de levantar aqui um inventário completo, vamos limitar-nos a alguns exemplos. O art. 8 do Código peruano, que consagra o princípio da chamada *perpetuatio iurisdictionis,* adota fórmula muito semelhante (exceto na cláusula derradeira) à do nosso art. *87: "La competencia se determina por la situación de hecho existente al momento de la interposición de la demanda o solicitud y no podrá ser modificada por los cambios de hecho o de derecho que ocurran posteriormente, salvo que la ley disponga expresamente lo contrarío".* A questão da identidade física do juiz está disciplinada no art. 50, parte final, *verbis "El Juez que inicia la audiencia de pruebas concluirá el proceso, salvo que fuera promovido o separado. El Juez sustituto continuará el proceso, pera puede ordenar, en resolución debidamente motivada, que se repitan las audiencias, si lo considera indispensable";* em substância, como se vê, as restrições ao princípio correspondem às estabelecidas, entre nós, no art. 132, e o mesmo se dirá da referência à possibilidade de repetição das provas perante o segundo juiz. Aproxima-se do teor do art. 158 do Código pátrio – com o acréscimo de alusão aos ônus *("cargas")* – o do art. 129 peruano, que, de acordo com a rubrica, trata das *"consecuencias"* dos atos processuais das partes: *"Los actos procesales de las partes tienen por objeto la constitución, modificación o extinción de derechos y cargas procesales".*

No Título concernente às nulidades – matéria em que a orientação do Código peruano coincide, em linhas gerais, com a do nosso (e, pode-se ajuntar, com a da maioria das leis processuais contemporâneas) –, dois dispositivos parecem inspirados nos que lhes correspondem no texto brasileiro. Um é o art. 171, 2ª parte *("Cúando la ley prescribe formalidad determinada sin sanción de nulidad para la realización de un acto procesal, éste será válido si, habiéndose realizado de otro modo, ha cumplido su propósito"),* muito parecido com o art. 244 nacional. Outro é o art. 173, 2ª parte *("La invalidación de una parte del acto procesal no afecta a las otras que resulten independientes de ella, ni impide la producción de efectos para los cuales el acto es idóneo, salvo disposición expresa en contrario"),* cuja cláusula inicial ecoa a parte final do nosso art. 248.

3. De interesse ainda maior, queremos crer, reveste-se a influência do Código brasileiro no plano sistemático e estrutural. Nessa perspectiva, faremos aqui menção a quatro tópicos: o tratamento da petição inicial pelo juiz, o regime da revelia, o da extinção do feito e a previsão de possibilidades de abreviação do *iter* processual, semelhantes às do aqui chamado "julgamento conforme o estado do processo".

Como acontece em geral na América Latina, instaura-se o processo de conhecimento, à luz do novo diploma peruano, por meio da apresentação da petição inicial ao juiz, que sobre ela exerce controle destinado a evitar o prosseguimento de feitos manifestamente inviáveis, competindo-lhe, se não houver empecilho, determinar a citação do réu[3]. O Código do Peru enumera nos arts. 426 e 427 os casos de indeferimento da petição pelo órgão judicial, agrupados em duas classes: uma a que se aplica a denominação *"Inadmisibilidad de la demanda"* (art. 426), outra contemplada sob a rubrica *"Improcedencia de la demanda"* (art. 427) – expressão cujo sentido *não* corresponde ao nosso conceito de "improcedência do pedido" e, ao contrário deste, se reporta a preliminares, tal qual ocorre, de resto, com a *"inadmisibilidad"*. No particular, a técnica peruana difere da utilizada aqui; entretanto, alguns traços da disciplina lembram de modo sugestivo a consagrada em nosso próprio estatuto e tornam provável a influência deste.

Exemplifiquemos. O rol das hipóteses referidas em ambos os dispositivos apresenta mais de um ponto de coincidência com o catálogo do art. 295 brasileiro: assim, *v. g.*, quanto à ilegitimidade *ad causam* (art. 427, nº 1), à falta de interesse de agir (art. 427, nº 2), à inexistência de nexo lógico entre os fatos alegados e o pedido (art. 427, nº 5). No art. 426, o quarto (e último) caso de *"inadmisibilidad"* é o que se dá *"cuando la via procedimental propuesta no corresponda a la naturaleza del petitorio o al valor de éste, salvo que la ley permita su adaptación"*. Salta aos olhos a semelhança com o disposto no art. 295, nº V, do Código brasileiro. Ademais, em qualquer das hipóteses de *"inadmisibilidad"*, deve o juiz peruano ordenar ao autor que *"subsane la omisión o defecto en un*

---

3 Além do peruano e do brasileiro (arts. 282 e s.), adotam a técnica da citação *mediante controle judicial*, entre os mais recentes códigos latino-americanos, o do Panamá (arts. 654, 662, 675), o da Venezuela (arts. 339, 341), o do Uruguai (arts. 24.1, 117, 119), o do Paraguai (arts. 216, 222) e o da Costa Rica (arts. 291, 295), para não falarmos do Código-modelo de Processo Civil para a América Latina, elaborado pelo Instituto Ibero-Americano de Direito Processual (arts. 33.1, 110, 112).

plazo no mayor de diez días"; e, se não cumprida a determinação, o órgão judicial *"rechazará la demanda y ordenará el archivo del expediente"* (art. 426, *fine*). Esse procedimento é igual ao prescrito no art. 284 e seu parágrafo único do diploma pátrio.

4. Grande afinidade tem o novo Código peruano com o nosso em matéria de revelia. É declarado revel o réu que não contesta no prazo, apesar de validamente citado (art. 458, 1 ª parte). A declaração de revelia gera presunção relativa de veracidade dos fatos expostos na petição inicial, exceto se: *a)* havendo vários réus, algum contesta; *b)* a pretensão repousa sobre direito indisponível; c) deixou de instruir a inicial documento necessário por lei à prova do fundamento da pretensão; *d)* o juiz declara, em decisão motivada, que não está convencido da verdade daqueles fatos (art. 461). Se se abstrai do nº 4 do art. 461, atinente à falta de convencimento do órgão judicial, e sem correspondente no texto brasileiro, semelhantes dispositivos espelham fielmente a conjugação das regras insculpidas nos arts. 319 e 320 do estatuto de 1973. A referência ao caráter *relativo* da presunção decorrente da revelia apenas torna *expressa* uma ressalva consagrada em boa doutrina e na jurisprudência predominante a propósito do nosso art. 319[4].

Declarada a revelia, cabe ao juiz pronunciar-se sobre o saneamento do processo; e, se o tem por saneado, passa a sentenciar, a menos que se configure qualquer das hipóteses do art. 461 (art. 460). Com tal norma conjuga-se a do art. 473, nº 2, onde se regula um dos casos de *"juzgamiento anticipado del proceso"* (cf., *infra*, nº 6). A disciplina muito se aproxima da prevista no art. 330, nº II, do Código nacional. Tudo faz crer que este haja servido de modelo ao legislador peruano.

5. O mesmo terá ocorrido, sem dúvida, no tocante à extinção do processo de conhecimento. Preocupou-se o Código brasileiro em distinguir e arrolar separadamente os casos em que o feito se extingue *sem* julga-

4 Assim, por exemplo, HUMBERTO THEODORO JÚNIOR, *Curso de Direito Processual Civil*, v. I, 9ª ed., Rio, 1992, p. 391, nota 47; VICENTE GRECO FILHO, *Direito Processual Civil brasileiro*, v. 2, S. Paulo, 1984, p. 130; e os Acórdãos coligidos por ALEXANDRE DE PAULA, *O processo civil à luz da jurisprudência*, Rio, v. III, 1982, ns. 6.496-A, 6.503, 6.505, 6.506, 6.512-A, 6.517, 6.522, 6.531, 6.532; v. XI, 1989, ns. 25.845, 25.850-A, 25.851, 25.854, 25.863, 25.865, 25.867, 25.871, 25.877, 25.890, 25.901, 25.90l-B e outros.

mento do mérito (art. 267) e *com* tal julgamento (art. 269). Segue-lhe o exemplo o diploma peruano, no qual o art. 321 enumera as hipóteses de *"conclusión del proceso sin declaración sobre el fondo"*, e o art. 322 as de *"conclusión del proceso con declaración sobre el fondo"*.

Dos vários incisos do art. 321, alguns coincidem, outros não, com os constantes do nosso art. 267. Insere-se naquele dispositivo o caso em que *"el Juez declara la caducidad del derecho"*; na concepção brasileira, esse caso situa-se entre os de extinção *com* exame do mérito (art. 269, nº IV). Isso não impede que o art. 322 peruano se avizinhe bastante do nosso art. 269; com efeito, ali se contemplam: a hipótese em que o órgão judicial *"declara en definitiva fundada o infundada la demanda"* (nº 1, correspondente ao inciso I do texto pátrio), a de reconhecimento do pedido, a de transação e a de renúncia ao direito em que se baseia a pretensão (ns. 3, 4 e 5, que fazem *pendant*, respectivamente, aos incisos II, III e V do art. 269 brasileiro). O último caso, vale observar, está enunciado no Código peruano com melhor terminologia: nossa redação é menos feliz quando alude ao "direito sobre que se funda *a ação*"[5]. Inclui- se ainda no art. 322 a hipótese de conciliarem-se as partes (nº 2).

6. Daremos por terminada esta breve resenha, que não aspira a ser exaustiva, com uma alusão à possibilidade de encurtar-se, no processo de conhecimento, o procedimento-padrão de primeiro grau. A matéria, entre nós, acha-se regulada nos arts. 329 e 330, que tratam, respectivamente, das hipóteses de "extinção do processo" e de "julgamento antecipado da lide", segundo a nomenclatura adotada pelo legislador de 1973. A "extinção do processo" *ex* art. 329 tem lugar em qualquer dos casos – já verificados, é óbvio, até esse instante em que fica excluído o julgamento do mérito (art. 267), e também nos de julgamento do mérito previstos nos incisos II a V do art. 269, isto é: com exceção do mais representativo da categoria, aquele em que o juiz acolhe ou rejeita, à luz de seu próprio convencimento, o pedido do autor (art. 269, nº I). Dá-se o "julgamento

5 Se a respeito da ação esposou o legislador de 1973 uma concepção "abstrata" (v. MONIZ DE ARAGÃO, *Comentários ao Código de Processo Civil*, v. III, 7ª ed., Rio, 1991, p. 553 e s.; ALFREDO BUZAID, L'influenza di Liebman sul diritto processuale civile brasiliano, *in Studii in onore di Enrico Tullio Liebman*, Milão, 1979, v. I, p. 13 e s., espec. 15), não parece que haja guardado a desejável coerência ao falar da ação como de algo que *"se funda"* sobre um direito (material) do autor. A eventual inexistência desse direito acaso deixará *a ação* sem ter em que *fundar-se?*

antecipado da lide": *a)* "quando a questão de mérito for unicamente de direito, ou, sendo de direito e de fato, não houver necessidade de produzir prova em audiência" (art. 330, nº I); e *b)* "quando ocorrer a revelia" - entenda-se: a menos que afastado o efeito típico desta por alguma das circunstâncias indicadas no art. 320 (art. 330, nº II, onde se remete ao art. 319). Não cabendo a "extinção do processo", nem o "julgamento antecipado da lide", toca ao juiz declarar saneado o feito e impulsioná-lo em direção à audiência de instrução e julgamento (art. 331).

A sistemática do Código peruano é um pouco diferente. Após a fase postulatória, deve o órgão judicial verificar se o processo apresenta defeitos e, sendo o caso, ordenar que se corrijam (art. 465). A seguir, estando o feito em ordem, compete-lhe fixar dia e hora para a realização de audiência que se destina, em primeiro lugar, a uma tentativa de conciliação das partes ou, frustrada esta, à fixação dos pontos controvertidos e à determinação das provas que se terão de produzir (arts. 468 e s.).

Tal itinerário, todavia, modifica-se em certas hipóteses, que o legislador reuniu sob a rubrica *"Juzgamiento anticipado del proceso"* (Título VII da Secção 4ª). Curiosamente, essa mesma denominação é usada para designar o *gênero* e *uma das espécies* em que ele se desdobra, a contemplada no art. 473, enquanto a outra, de que cuida o art. 474, recebe o *nomen iuris* de *"Conclusión anticipada del proceso".* Corresponde a última à figura da "extinção do processo" prevista em nosso art. 329: à semelhança desta, compreende casos de extinção *sem* julgamento de mérito (os do art. 321) e casos de extinção *com* julgamento de mérito (os dos números 2, 4 e 5 do art 322). Por sua vez, as hipóteses de *"juzgamiento anticipado del proceso",* no sentido *específico* do art. 473, equiparam-se às que, no art. 330 do Código brasileiro, compõem a figura do "julgamento antecipado da lide", a saber: *a)* inexistência de questão de fato que torne necessária a produção de prova em audiência; e *b)* revelia, sempre que esta gere a presunção de veracidade dos fatos alegados pelo autor, ou seja, fora das hipóteses arroladas no art. 320 do texto nacional e no art. 461, ns. 1 a 4, do peruano.

As ligeiras disparidades da sistemática não ocultam a substancial afinidade, aqui também notável, entre a disciplina de um e a de outro código. Se a somarmos aos exemplos anteriores, disporemos, sem sombra de dúvida, de elementos bastantes para justificar a convicção de que o legislador do Peru se abeberou fartamente na fonte brasileira, quando da elaboração do novo *Código Procesal Civil.* Resta-nos formular o voto de que aquele país possa obter da reforma do seu processo resultados compensadores no que tange ao aperfeiçoamento da administração da Justiça no campo civil, como permite esperar a substituição de uma lei antiquada por outra que parece atender, repita-se – com os defeitos que porventura apresente, pois a perfeição não é deste mundo –, aos padrões hoje em voga, quer no plano dos princípios em que se inspirou o legislador, quer no da técnica por ele empregada.

Março de 1993.

COMENTÁRIOS DO ATUALIZADOR

A INFLUÊNCIA DO CÓDIGO DE PROCESSO CIVIL BRASILEIRO NO NOVO CÓDIGO PERUANO

Paulo Henrique dos Santos Lucon

Livre-docente, Doutor e Mestre em Direito pela Faculdade de Direito da Universidade de São Paulo. Professor Associado nos cursos de graduação, especialização, mestrado e doutorado da mesma instituição, na qual também se graduou. Membro Honorário da Associazione italiana fra gli studiosi del processo civile. Presidente do Instituto Brasileiro de Direito Processual (2016 a 2022). Vice-Presidente e Membro do Instituto Ibero-americano de Direito Processual. Membro da International Association of Procedural Law. Membro e Conselheiro Instituto dos Advogados de São Paulo, instituição da qual foi Vice-Presidente. Membro do CONJUR – Conselho Superior de Assuntos Jurídicos e Legislativos da Federação da Indústrias do Estado de São Paulo. Membro da AASP – Associação dos Advogados de São Paulo. Especializou-se em direito processual civil junto à Universidade Estatal de Milão. Advogado.

Uma das características mais marcantes de José Carlos Barbosa Moreira foi a sua permanente preocupação com o estudo do direito comparado. Reiteradamente mencionada em suas palestras e escritos, essa preocupação veio a influenciar uma plêiade de novos estudiosos de processo, que até hoje desejam um processo civil sem fronteiras.

Prova inequívoca disso foi a tradução para o espanhol de grande parte dos ensaios que compunham a edição brasileira dos estudos em sua homenagem, publicados em 2020 pela editora Tirant Lo Blanch, disponibilizada pela internet e que tive a honra de coordenar com Adrián Simmons, Alvaro Pérez Rangone e Aluisio de Castro Mendes.[6]

O estudo em comento, "A influência do Código de Processo Civil Brasileiro no Novo Código Peruano", de março de 1993, retrata a forte influência do Código de Processo Civil de 1973 no então novo Código Peruano, promulgado em 29-2-1992, diploma que veio a substituir o antigo *Código de Procedimientos Civiles,* do longínquo ano de 1912. Antes mesmo de sua vigência para o dia 28-7-1993, José Carlos Barbosa Moreira presenteava a comunidade jurídica com este estudo comparatístico de grande valor.

Nesse texto, analisa-se a influência do CPC/73 sobre o Código de Processo Civil Peruano que entrou em vigor em 1993. Como destaca o Professor Barbosa Moreira, o Código brasileiro influenciou a legislação de diversos países latino-americanos (Bolívia, Panama, Venezuela, Paraguai, Costa Rica), e dentre todos eles o Código de Processo Civil peruano foi o mais influenciado pelo Código de Processo Civil brasileiro de 1973.

Na avaliação do Professor Barbosa Moreira, o Código de Processo Civil peruano de 1993 consiste em uma lei moderna, em consonância com os princípios dominantes do direito processual contemporâneo e redigido de acordo com uma boa técnica. A partir dessa perspectiva, passa a destacar específicas influências do direito processual brasileiro sobre o direito processual peruano.

O primeiro exemplo citado atine à influência do art. 87 do CPC/73 sobre o art. 8º do Código peruano de 1993. De acordo com o art. 87 do Código brasileiro de 1973 "determina-se a competência no momento

---

6 https://emporiododireito.com.br/produto/livros/estudos-em-homenagem-a-ada-pellegrini-grinover-e-jose-carlos-barbosa-moreira: Estudos em homenagem a Ada Pellegrini Grinover e José Carlos Barbosa Moreira, Tirant Lo Blanch, São Paulo, 2020, coordenação de Adrián Simons Pino, Aluisio Gonçalves de Castro Mendes, Alvaro Pérez Ragone e Paulo Henrique dos Santos Lucon. Em espanhol, edição peruana, que contém alguns dos estudos da primeira edição brasileira e também novos estudos, foi publicada pela Thémis, em 2021, com o título Visión global del proceso, coordenação de Adrián Simons e Paulo Henrique dos Santos Lucon.

em que a ação é proposta. São irrelevantes as modificações do estado de fato ou de direito ocorridas posteriormente, salvo quando suprimirem o órgão judiciário ou alterarem a competência em razão da matéria ou da hierarquia".

No Código de Processo Civil de 2015, esse tema é regulado por seu art. 43. Em comparação ao Código revogado constatam-se as seguintes alterações: (I) passa-se a prever que a determinação da competência se dá com o registro ou com a distribuição da petição inicial e (II) aprimora-se a redação do Código anterior para estabelecer como hipótese de exceção à regra da *perpetuatio jurisdictionis* eventual modificação que altere o regime da competência absoluta. Com relação a essa norma, presente no direito brasileiro e no direito peruano, é preciso ter em mente que a garantia do juiz natural seria esvaziada se qualquer evento ulterior à propositura da demanda ensejasse a modificação da competência do órgão julgador. Daí o porquê dessa norma, segundo a qual, salvo as hipóteses mencionadas, são irrelevantes para o fim de modificar a competência alterações no estado de fato ou de direito. Assim como o objeto do processo deve se tornar estável após certo momento, também a competência do julgador não deve ser alterada para que o julgamento do litígio alcance um fim e as partes tenham respeitado o seu direito ao juiz natural.[7]

Na sequência Barbosa Moreira ressalta que o art. 50 do Código Peruano de 1993 guardaria uma relação de correspondência com o art. 132, do Código de Processo Civil brasileiro de 1973. De acordo com esse dispositivo, segundo redação a ele atribuída pela Lei n. 8.637/93, "o juiz, titular ou substituto, que concluir a audiência julgará a lide, salvo se estiver convocado, licenciado, afastado por qualquer motivo, promovido ou aposentado, casos em que passará os autos ao seu sucessor". Em complementação, o parágrafo único desse artigo previa que "em qualquer hipótese, o juiz que proferir a sentença, se entender necessário, poderá mandar repetir as provas já produzidas". Com relação a esse ponto, é importante ressaltar que o Código de Processo Civil brasileiro de 2015 não mais prevê uma norma nesse mesmo sentido. Isso se justifica a partir de uma ressignificação do denominado princípio da imediação. Pressupunha-se, por exemplo, que o contato ime-

7 Paulo Henrique dos Santos Lucon, "Comentários ao art. 43" in Código de Processo Civil Interpretado (org. Antonio Carlos Marcato), *no prelo*.

diato do juiz com as testemunhas era imprescindível para atividade de valoração de suas declarações, porque ele poderia constatar eventuais manifestações das testemunhas que supostamente revelariam a verdade ou não de seu depoimento.

No entanto, estudos demonstram que isso contribui preferencialmente para o subjetivismo do julgador na tomada de decisão sobre a ocorrência ou não de um determinado fato. Em se tratando de valoração da prova oral, o julgador não deve se atentar para o comportamento do declarante, mas sim ao teor das informações que ele fornece à luz de parâmetros como, por exemplo: (i) a coerência das declarações; (ii) a atribuição de maior credibilidade às informações contextualizadas, em detrimento de afirmações peremptórias; (iii) corroboração das declarações com outras provas produzidas em juízo.[8] Esses elementos são objetiváveis e contribuem para uma atividade de valoração da prova mais racional. Por isso, modernamente, pode-se afirmar que o contato direto do juiz com as testemunhas não precisa ser tido como obrigatório para um correto e adequado julgamento dos fatos.

Ainda na primeira parte de seu texto, Barbosa Moreira cita outros dois exemplos de influência do Código de Processo Civil brasileiro de 1973 sobre o Código de Processo Civil peruano de 1993. De acordo com ele, o art. 129 do Código peruano guardaria uma relação de correspondência com o art. 158, do CPC/73, segundo o qual "os atos das partes, consistentes em declarações unilaterais ou bilaterais de vontade, produzem imediatamente a constituição, a modificação ou a extinção de direitos processuais". Atualmente, esse dispositivo corresponde ao art. 200 do Código de Processo Civil de 2015. O outro exemplo citado por Barbosa Moreira nessa altura do seu texto diz respeito ao regime de nulidades adotado pelo Código peruano. De acordo com ele, o art. 171 desse Código guardaria similitude com o art. 244 do CPC/73, de acordo com o qual "quando a lei prescrever determinada forma, sem cominação de nulidade, o juiz considerará válido o ato se, realizado de outro modo, lhe alcançar a finalidade". Além disso, o art. 173, do Código peruano, corresponderia ao art. 248, do CPC/73, segundo o qual "anulado o ato, reputam-se de nenhum efeito todos os subsequentes, que dele dependam; todavia, a nulidade de uma parte do ato não prejudicará as outras, que dela sejam independentes". Esses

8 Jordi Nieva Fenoll, *La valoración de la prueba*, Madrid: Marcial Pons, 2010.

dispositivos atualmente correspondem aos arts. 277 e 281, do Código de Processo Civil de 2015, respectivamente.

Enquanto o primeiro desses artigos consagra o princípio *"pas de nullité sans grief"*, segundo o qual não se declarará a nulidade de um ato se não for demonstrada a ocorrência de um prejuízo, do segundo dispositivo se extrai o denominado princípio da causalidade, de acordo com o qual a nulidade de um ato apenas atingirá outro que for dele dependente. Veja-se, nesse sentido, a lição de Roque Komatsu: "os atos processuais pertencem a uma unidade lógica e cronologicamente concatenada, que é o procedimento. A sequência impõe uma ordem e uma interdependência. Daí o motivo da propagação".[9] Nesse sentido, a declaração de nulidade de um ato apenas se propagará àqueles que mantém uma relação de interdependência com o ato declarado nulo. Ou seja, a declaração de nulidade apenas atingirá o ato que não pode subsistir sem o ato declarado nulo.

A par da manutenção desses dispositivos clássicos no Código de Processo Civil brasileiro de 2015, é preciso ressaltar que esse diploma introduziu algumas novidades na disciplina do regime de nulidades dos atos processuais. Cite-se, por exemplo, a obrigatoriedade de se conferir às partes a oportunidade de corrigir os vícios sanáveis e a possibilidade de elas se manifestarem previamente a respeito da declaração de nulidade de um ato, inclusive se ele for cognoscível de ofício. Além disso, merece destaque também a previsão de que, em prol da efetividade e do aproveitamento dos atos processuais, não será proferida uma sentença terminativa, se houver a possibilidade de ser proferida uma decisão favorável à parte cujo interesse se visava tutelar com uma determinada formalidade que não foi observada no curso do processo.

Na progressão do desenvolvimento de seu argumento, Barbosa Moreira passa a analisar uma série com outros exemplos de dispositivos do Código de Processo Civil de 1973 que influenciaram o Código de Processo Civil peruano de 1993. O primeiro deles diz respeito ao julgamento realizado pelo juiz ao receber a petição inicial que inaugura o processo de conhecimento. De acordo com o Barbosa Moreira, os arts. 426 e 427, do Código peruano, guardam algumas correspondências com a disciplina prevista pelo CPC/73 para esse julgamento.

9 Roque Komatsu. Da invalidade no processo civil, São Paulo: Revista dos Tribunais, 1991, p. 253.

Cita-se, por exemplo, a ilegitimidade, a ausência de interesse de agir, a falta de nexo lógico entre os fatos e os pedidos como exemplos que ensejam a inadmissibilidade da petição inicial nos dois ordenamentos. Ademais, ambos previam a necessidade de se conferir ao autor a possibilidade de correção do vício constatado antes de se emitir um pronunciamento pelo não recebimento da petição.

A respeito desse assunto, sublinhe-se que, no Código de Processo Civil de 2015, as hipóteses de indeferimento da petição inicial estão listadas em seu art. 330. Embora essas hipóteses em essência são correspondentes àquelas do Código revogado, é preciso destacar que o CPC/2015, acertadamente, passou a prever que o reconhecimento da prescrição ou decadência não enseja o mero indeferimento da petição inicial, tal como previa o art. 295, inc. V, do CPC/1973, mas sim um julgamento de imediata improcedência do pedido do autor, nos termos de seu art. 332, §1º. Com relação à possibilidade de o autor sanar o vício que poderia ensejar o indeferimento da petição inicial, o art. 321, do CPC/2015, é ainda mais explícito e detalhista a respeito do dever imposto ao juiz: "o juiz, ao verificar que a petição inicial não preenche os requisitos dos arts. 319 e 320 ou que apresenta defeitos e irregularidades capazes de dificultar o julgamento de mérito, determinará que o autor, no prazo de 15 (quinze) dias, a emende ou a complete, indicando com precisão o que deve ser corrigido ou completado".

Ou seja, não basta ao juiz simplesmente conferir ao autor a oportunidade de corrigir esse vício, em atenção ao princípio da colaboração, o juiz deve indicar precisamente ao autor o que precisa ser corrigido para que ele não seja surpreendido com uma decisão de indeferimento da sua petição. Observada essa orientação, caso o vício não seja sanado, o juiz então pode não receber a petição inicial do autor e contra essa decisão será cabível o recurso de apelação, que excepcionalmente nesse caso admite a realização de um juízo de retratação pelo juiz no prazo de cinco dias, nos termos do art. 331 do Código de Processo Civil.

O tema analisado pelo Ilustre Professor na sequência é o da revelia; o art. 461 do Código peruano de 1993, no seu sentir, guardaria uma relação de similitude com os arts. 319 e 320 do Código de Processo Civil brasileiro de 1973.

Enquanto o art. 319 previa que a omissão do réu em não oferecer a contestação ensejaria a presunção de veracidade dos fatos alegados pelo autor, o art. 320 listava as hipóteses que excepcionavam essa regra.

No CPC/2015, essa matéria está disciplinada nos arts. 344 e 345, respectivamente. O art. 344 aprimora tecnicamente a redação do Código anterior para passar a prever que as "alegações de fato" deduzidas pelo autor é que serão presumidas como verdadeiras em caso de omissão do réu. Já o art. 345 enumera as hipóteses que não resultaram na produção desse efeito. De acordo com esse dispositivo, a revelia não produz a presunção de veracidade das alegações deduzidas pelo autor, se: (I) havendo pluralidade de réus, algum deles contestar a ação; (II) o litígio versar sobre direitos indisponíveis; (III) a petição inicial não estiver acompanhada de instrumento que a lei considere indispensável à prova do ato; (IV) as alegações de fato formuladas pelo autor forem inverossímeis ou estiverem em contradição com prova constante dos autos. Dentre elas, essa última é a de maior destaque, pois consagra o correto entendimento de que essa presunção de veracidade não é absoluta.

Ou seja, em caso de revelia, o julgador não tem o dever de julgar imediatamente procedente o pedido do autor. Se houver elementos que indiquem que as alegações do autor não são verossímeis, o juiz deve dar continuidade ao processo para melhor aprofundamento da questão, fazendo uso, inclusive, de seus poderes instrutórios para melhor esclarecimento dos fatos. Caso isso ocorra, ou seja, na medida em que o processo tenha prosseguimento, o revel poderá intervir nele a qualquer momento, recebendo-o, contudo, no estado em que ele se encontra, nos termos do art. 346, parágrafo único, do CPC/2015. Destaque-se, inclusive, que o art. 349, do novo Código traz uma inovação importante nesse sentido. De acordo com esse dispositivo, "ao réu revel será lícita a produção de provas, contrapostas às alegações do autor, desde que se faça representar nos autos a tempo de praticar os atos processuais indispensáveis a essa produção". Ou seja, caso os fatos afirmados pelo autor não sejam verossímeis o juiz dará início a fase instrutória e o revel terá direito de participar dela e produzir todas as provas contrapostas aos fatos alegados pelo autor. Trata-se de uma norma elogiável que privilegia o contraditório e o escopo jurídico do processo de dar uma correta atuação às normas de direito material.

Para encerrar o seu texto, Barbosa Moreira analisa as similitudes entre o Código de Processo Civil brasileiro de 1973 e o Código de

Processo Civil peruano de 1993 no que diz respeito às formas de extinção do processo. De acordo com o Professor, os arts. 321 e 322, do Código peruano, guardariam uma relação de correspondência com os arts. 267 e 269, do CPC/73, que estabelecem as hipóteses de extinção do processo *sem* e *com* resolução do mérito respectivamente. No Código de Processo Civil brasileiro de 2015, essa matéria não sofreu grandes alterações. O art. 485 estabelece as hipóteses de extinção do processo *sem* resolução do mérito, ao passo que o art. 487 fixa as hipóteses de extinção *com* julgamento do mérito.

Por fim, Barbosa Moreira destaca questão relativa à extinção do processo em caráter antecipado. Vale destacar aqui que, no seu entendimento, o art. 473, do Código peruano guardaria uma relação de correspondência com o art. 330, do Código de Processo Civil brasileiro de 1973. De acordo com esse dispositivo, logo após o encerramento da fase postulatória, o juiz poderia dispensar a fase instrutória e imediatamente proferir sentença, se a questão de mérito fosse unicamente de direito, ou se fosse de direito e fato não houvesse a necessidade de produção de provas em audiência, ou nos casos em que ocorresse a revelia e se fosse possível presumir como verdadeiras as alegações do autor. A respeito desse tema, o Código de Processo Civil de 2015 traz uma importante inovação. Além de seu art. 355 guardar uma relação de correspondência com o art. 330 e prever as hipóteses que autorizam o julgamento antecipado, o art. 356, do Código autoriza um julgamento dessa natureza relativo a apenas parcela do objeto do processo.

De acordo com esse dispositivo, "o juiz decidirá parcialmente o mérito quando um ou mais dos pedidos formulados ou parcela deles: mostrar-se incontroverso; estiver em condições de imediato julgamento, nos termos do art. 355". Tal dispositivo privilegia a efetividade do processo, já que permite a satisfação imediata de direito a respeito do qual nada mais há o que se perquirir, permitindo o prosseguimento do processo para apuração de parcela do mérito que ainda é controvertida. Ou seja, nos casos de julgamento parcial, uma parcela do mérito é resolvida em caráter antecedente e a outra, como normalmente ocorre, é analisada apenas após o término da fase instrutória.

Nesse sentido e em atenção à efetividade do processo que se quer estimular, registre-se que o principal efeito prático da decisão que julga parcela do mérito em caráter antecedente é o acesso fornecido ao titular do direito reconhecido como devido às vias executivas (ou à fase de liquidação no caso de obrigação ilíquida). A decisão que julga parcela do mérito em caráter antecedente, nesses termos, constitui título executivo, conforme estabelece o art. 515, inc. I, do Código de Processo Civil. A execução então requerida independerá do oferecimento de caução e será definitiva nos casos em que houver o trânsito em julgado da decisão.

Em apertada síntese, procurou-se destacar essencialmente nesses comentários de que modo o Código de Processo Civil de 2015 recepcionou os artigos e os temas do CPC/73 indicados pelo Professor Barbosa Moreira como exemplos de influência do direito processual brasileiro sobre o Código de Processo Civil do Peru de 1993. O fato de o CPC/2015 ter alterado algumas dessas normas e passado a prever novas disposições a respeito desses assuntos, é um indicativo de que esse Código também pode passar a ser uma referência para eventuais reformas legislativas nesses países que tradicionalmente buscam influência e inspiração na legislação e na doutrina brasileira.

Esse importante intercâmbio de experiências continua. É oportuno, portanto, mostrar as recentes modificações havidas no *Código Procesal Civil* peruano e os avanços do Projeto de Novo Código de Processo Civil daquele país com as disposições do Código de Processo Civil brasileiro de 2015.

O tema da flexibilização do procedimento a favor de incapazes conta com regra específica no sistema peruano. O art. 119-A, incorporado pelo art. 5 do Decreto Legislativo n. 1.384, publicado em setembro de 2018, trata do "derecho a ajustes en el proceso" e começa com um verdadeiro *slogan* a todo e qualquer ordenamento jurídico processual: "todo acto procesal debe ser accesible a las partes". Referida norma estabelece que "las personas con discapacidad tiene derecho a conta con ajustes razonables y ajustes de procedimiento, de acuerdo a sus requerimentos, para facilitar su participación em todos los procedimientos judiciales". O Código de Processo Civil brasileiro de 2015, por sua vez, trouxe a flexibilização do procedimento e o processo cooperativo (art. 6º), com vista a promover a efetividade da tutela jurisdicional.

Pela Resolução Ministerial 0299-2016-JUS, do Ministério da Justiça e Direitos Humanos, constituiu-se um Grupo de Trabalho que se encarregou de revisar e propor melhoras a respeito do Código de Processo Civil peruano, a fim de incorporar novos institutos que respondam às demandas da sociedade, o desenvolvimento da jurisprudência e os aportes da legislação processual civil comparada. Na reforma do CPC peruano, semelhante ao que ocorreu com o CPC brasileiro, houve grande incorporação de normas sobre o uso de tecnologia, que teve grande impacto mais recentemente por força do isolamento decorrente da pandemia que assolou o mundo a partir de 2020.

As principais modificações do sistema peruano, como no Brasil, passam pela revisitação de temas clássicos, assim como a instituição de temas novos. Inegável avanço no CPC brasileiro de 2015 está na valorização dos precedentes. Por sua vez, modificações importantes estão também presentes no novo sistema peruano, em que se propõe um novo "régimen del precedente jurisprudencial judicial".

Os processos coletivos também ganham espaço na reforma peruana, o que no Brasil também ocorre, principalmente pelo Projeto de Lei Ada Pellegrini Grinover (PL n. 1.641/21), que traz inovações importantes com a disciplina do processo estrutural, conhecido também nos países da iberoamérica por processo de interesse público.[10]

O sistema peruano, semelhante ao que ocorre em muitos países de língua espanhola, tem uma preocupação que ainda necessita de clara melhora no sistema brasileiro: a valorização da oralidade e da concentração de atos processuais em uma só audiência. Apesar das recentes reformas da legislação brasileira, o processo civil brasileiro continua escrito e com inúmeros atos, o que compromete sensivelmente a celeridade.

Por outro lado, vale mencionar as melhoras sensíveis no sistema processual brasileiro com o uso das novas tecnologias. Pode-se afirmar com segurança que o processo brasileiro se adaptou muito bem a elas e tomou um grande impulso no período da pandemia. Muito falta, no entanto, para o efetivo acesso à justiça pelos meios eletrônicos por grande parte da sociedade brasileira, mas devem ser destacados os esforços das instituições brasileiras na inserção digital, com a crescente capacitação de juízes, advogados e outros protagonistas que participam do sistema de justiça. Essa preocupação também está na linha de frente da reforma legislativa peruana e pode-se afirmar que a diretiva de promover a inserção digital é o ponto que tem tomado o maior destaque por parte de toda a comunidade mundial que se dedica ao estudo do direito pro-

10 Ver a íntegra do Projeto de Lei Ada Pellegrini Grinover na página oficial do Instituto Brasileiro de Direito Processual: www.direitoprocessual.org.br

cessual, tudo a permitir um adequado acesso à justiça, principalmente à população mais vulnerável. Acesso aos atos processuais de maneira remota, com a garantia da transparência dos processos passou a ser o centro das reformas legislativas dos últimos anos.

Em conclusão, a comparação jurídica, tanto destacada por Barbosa Moreira no ensaio em comento e em tantos outros, influenciou e influencia as novas gerações de estudiosos de processo, que agora, mais do que nunca, preocupam-se com a universalização do direito processual e da tutela jurisdicional.

APÊNDICE

TRÊS REFLEXÕES SOBRE DIREITO E PROCESSO

O TRANSITÓRIO E O PERMANENTE NO DIREITO[1]

Quando, no biênio de 1970 a 1972, exerci o cargo de primeiro secretário desta Casa, tomava assento à mesa diretora na cadeira assinalada com a plaqueta "Teixeira de Freitas". Lembro-me de que costumava gracejar com Miguel Seabra Fagundes, então na Presidência, dizendo-lhe: "Presidente, minha cadeira é mais importante que a sua". Longe estava de imaginar que, vinte anos depois, o Instituto viria a distinguir-me, por unânime deliberação do seu E. Conselho Superior, com o prêmio que traz o nome do imenso baiano – imenso em mais de um sentido, como se pode ver pelos retratos que ornam a sala. Dedico-o à minha família e à memória de Luiz Machado Guimarães, que o mereceu sem recebê-lo e a quem devo, entre outros, mas acima de qualquer outro, o incentivo para os estudos de direito processual.

Não é fácil tarefa expressar em termos adequados, nestas circunstâncias, alegria e reconhecimento. A oratória do gênero tem seu repertório clássico de lugares-comuns, a que só se consegue escapar ao preço de um esforço provavelmente superior às minhas possibilidades. Mais vale deixar que se adivinhem, pela fisionomia e pelo tom de voz, sentimentos e emoções que, de qualquer modo, mal comportariam tradução em fórmulas de articulada e elegante disciplina, dignas de ouvidos tão afinados e exigentes.

Consenti, pois, que o agraciado passe depressa do subjetivo ao objetivo e reflita convosco, por alguns minutos, sobre temas que necessariamente se impõem à atenção de todos os servidores do Direito. No limiar do século XXI, a vertiginosa aceleração do ritmo histórico parece prestigiar a consagração do efêmero como categoria suprema. Tem-se a impressão de que as instituições humanas resistem cada vez menos ao desgaste do tempo. O panorama universal assemelha-se ao de um calidoscópio em incessante rotação, onde imagens contrastantes se sucedem sem que a retina do mais ágil observador consiga captar qualquer delas com um mínimo de nitidez, tal a velocidade com que umas se superpõem às outras. Alguns se sentirão tentados, contemplando certas

1 Oração proferida em 24-4-1991, no Instituto dos Advogados Brasileiros, por ocasião do recebimento da Medalha Teixeira de Freitas.

torrentes de acontecimentos, a recordar a sentença do velho filósofo, segundo a qual ninguém se banha duas vezes no mesmo rio. Em nível intelectual obviamente bem mais modesto, ouve-se de um Ministro de Estado o juízo de que a vigente Constituição da República não pode deixar de estar obsoleta, anterior que é... à queda do muro de Berlim! Tal ou qual reviravolta política marcaria, assim, o desaparecimento de um mundo, condenando à morte, sem remissão, tudo que durante sua existência se possa haver produzido.

Os recentes episódios, de que é símbolo aquela derrubada, deram paradoxalmente origem a outra linha de cogitações, na aparência orientadas para o antípoda. Da modificação do sistema de forças dominantes, com a diluição das oposições entre blocos assentes sobre princípios distintos, quer-se inferir que está definitivamente esgotado o dinamismo das grandes transformações. Teríamos atingido o ponto de repouso, e qualquer procura de novas soluções representaria fadiga inútil. Há quem anuncie nada menos que o fim da História – e encontre audiência e eco em meios acadêmicos. Não se fica sabendo bem o que ocorrerá com os gigantescos problemas que continuam a afligir a maior parte da humanidade, e dos quais se faz confortável abstração quando se montam, com tão sublime distanciamento, no alto da famosa torre de marfim, esse e outros esquemas intelectuais assépticos, onde naturalmente não sobra espaço para a consideração da injustiça, da violência, da miséria, da fome – fatos incômodos com que a realidade, ignorante dos sofisticados exercícios teóricos, se obstina em confrontar-nos. Serão, quando muito, fenômenos residuais, curiosidades que sobraram do passado extinto, quase fósseis, fadados ao rápido aniquilamento sob a simples atuação mecânica de certos postulados, ou palavras de ordem, com posição de relevo, ao que tudo indica, para a célebre "mão invisível" de Adam Smith, que não se hesita em propor como insígnia da chamada modernidade – síntese presumida de todo o bem terreno e extraterreno...

Teremos, então, de optar entre esses dois extremos? Ou tudo se desfaz e se refaz continuamente a cada instante, ou tudo está cristalizado para todo o sempre? Se disser que do dilema nos salva o senso comum, sujeito-me à ironia dos espíritos mais requintados, para os quais o senso comum é pura expressão de indigência mental. Aceito o risco, e digo o que sabe qualquer homem da rua, aberto às lições da experiência: que há coisas que são (e devem ser) transitórias, e há coisas que são (e devem ser) permanentes. E ajunto que uma das provas a que constantemente nos submetemos nesta vida consiste em procurar distinguir umas das outras.

Permiti-me ilustrar o asserto com exemplos tirados da vida do direito, que nos é a todos especialmente familiar. Tomemos, das várias que apresenta o fenômeno jurídico, a dimensão técnica. Os instrumentos com que atualmente operam os juristas decerto não são os mesmos do tempo – para não irmos muito longe – em que reinava incontrastado o positivismo jurídico; ou pelo menos não são manejados da mesma forma. Nossa própria visão do mundo jurídico modificou-se: poucos se contentam, hoje, com a imagem de um universo hermético e autossuficiente, impermeável às infiltrações de outras áreas da atividade e do conhecimento humanos. Não posso conceber, porém, que a conjugação de normas, segundo as boas e velhas regras da lógica, tenha deixado, ou deixe algum dia, de integrar o nosso trabalho cotidiano; nem que se haja tornado ou venha a tornar-se desnecessário, para realizá-lo como cumpre, o domínio de uma técnica específica.

O tecnicismo exacerbado, aprendemos à custa de muitos erros, esteriliza o Direito; o desprezo da técnica o reduz a uma caricatura barata. Tolerar que o Direito seja tratado atecnicamente é abrir a porta ao diletantismo frívolo, quando não ao mais desbragado charlatanismo. Sabemos todos em que excessos de aviltamento caíram, vítimas da sem-cerimônia de amadores despreparados, alguns setores da ciência jurídica mais acessíveis a esse gênero de impostura.

A propósito, não é demais recordar que a preservação das exigências técnicas implica por força o resguardo da pureza terminológica. Toda ciência tem seu vocabulário técnico, e o uso incorreto ou promíscuo das palavras que o compõem excluiria de maneira inexorável a inteligibilidade dos conceitos e a possibilidade da transmissão de conhecimentos. A que ficaria reduzida, em geometria, a lei angular de Tales, se fosse lícito chamar "triângulo", indistintamente, a um polígono de três, de quatro, de cinco ou de vinte lados? No particular, o Direito não constitui exceção: sua linguagem é, e não pode deixar de ser, uma linguagem técnica, que precisa aprender quem quer que pretenda aventurar- se em seu território.

Não significa isso, à evidência, que os juristas devam cultuar a obscuridade ou render tributo ao hermetismo. O ideal seria que o texto de qualquer lei, de qualquer contrato, de qualquer sentença, pudesse ser compreendido pelos membros da comunidade em geral. Se esse ideal se mostra inatingível, resistamos pelo menos à tentação do pedantismo e guardemo-nos de supor que uma peça jurídica seja tanto mais brilhante e profunda quanto mais arrevesado o estilo ou quanto mais abstrusos os modos de dizer. Decididamente não temos necessidade alguma de agravar as inevitáveis perplexidades do leitor comum com metáforas de escassa propriedade e duvidosíssima elegância, como chamar "remédio heroico" ao mandado de segurança, ou "irresignação derradeira" ao recurso extraordinário...

Seja como for, mude, ao longo do tempo, a linguagem; mude, no restante, a técnica: será, em todo caso, indispensável uma linguagem; indispensável, sempre, uma técnica. O transitório e o permanente coexistem lado a lado.

Nem se descobre realidade diferente quando se passa a considerar a dimensão ética do Direito. Os costumes dos povos, ninguém o ignora, têm variado enormemente de lugar para lugar e de época para época. Provocavam escândalo entre nossos antepassados comportamentos que encaramos com naturalidade; parecem-nos intoleráveis, hoje, comportamentos aceitos e adotados, outrora, como perfeitamente normais. As legislações refletem, no seu evolver contínuo, semelhantes mutações: quantos atos, agora proibidos, já foram permitidos, e até encorajados, por leis de outros tempos; quantos se tornaram lícitos, depois de terem sido punidos com severíssimas sanções?

Não é o momento de discutir as conclusões que os relativistas radicais extraem de semelhante diversidade, nem de objetar-lhes com a indicação de constantes que concorrem com as variáveis. Alegaria alguém que, se é certo que se tem notícia de leis crudelíssimas para com os fisicamente deficientes, ou os integrantes de tal ou qual raça, ou os seguidores desta ou daquela religião, não se tem notícia, por exemplo, de lei alguma que olhasse com favor a quebra do compromisso: cedo se terá compreendido que a vida em comunidade seria impossível sem que os homens se vinculassem pela palavra dada.

Isso, contudo, é secundário. O essêncial reside em que, por sob todas as mudanças, passa e perdura um fio contínuo, a saber, a ideia de que o ordenamento jurídico há de conformar-se a um código moral, há de servir de instrumento à promoção de certos valores, ou quando nada à preservação, na medida do possível, de imperativos éticos que o sentimento dominante no meio social reputa bem fundados. Descontemos a dose de hipocrisia que costuma insinuar- se nas frestas das mais solenes declarações de princípios, tantas vezes utilizadas para imprimir respeitabilidade aparente à defesa de interesses que não ousam confessar-se tais: nem por isso teremos cancelado a noção de que existem princípios verdadeiros, e de que a organização jurídica da sociedade tem que ver pelo menos com alguns deles. Aqui também, o transitório está longe de excluir o permanente.

Deixei para o fim a dimensão política, adjetivo que emprego com todas as cautelas e na esperança de que o tomeis no sentido mais nobre da palavra. Na dimensão política do direito, a paisagem lembra uma pintura tachista, onde formas e cores se misturam sem ordem facilmente perceptível. Em nosso próprio século, para não falarmos de outros, são incontáveis as tendências ideológicas, próximas ou distantes entre si, que têm achado expressão em documentos constitucionais e legais historicamente importantes. Dir-se-ia que o ordenamento jurídico, à maneira de envoltório plástico, acomoda qualquer conteúdo e assume qualquer configuração. De renomado jurista pátrio chegou-se a afirmar – não sei com que parcela de injustiça – que redigiria com igual desenvoltura um projeto de Constituição liberal, fascista ou comunista...

Sorriam os cépticos: uma análise em profundidade logra identificar (ou talvez, mais modestamente, adivinhar), na miscelânea de dados confusos, desconcertantes, contraditórios, um desenho, ou antes um esboço – impreciso, sim; hesitante, sim; de traço descontínuo, trêmulo, ziguezagueante; mas um esboço, em todo caso. Aos solavancos, aos vaivéns, com terríveis regressões que sucedem – e às quais se sucedem – avanços corajosos ou tímidos, duradouros ou momentâneos, vão-se riscando algumas linhas de que se divisa, ainda longínquo, o ponto de convergência. Quem participe das convicções filosóficas do agraciado é capaz de vaticinar que tal ponto assinalará o instante do pleno reconhecimento da dignidade da pessoa humana, em seus multiformes aspectos; e que a essência de semelhante apoteose só poderá consistir na conciliação definitiva entre os reclamos de liberdade e as aspirações de igualdade, conjugados em acorde perfeito. É também capaz de compreender, por mais que lhe doa, o formidável custo da empresa, em termos não apenas de tempo, mas também – e sobretudo – de fadiga e sofrimento: sabe que é próprio da humana condição descobrir a verdade pouco a pouco, penosamente, à força de muitos equívocos, de muitos extravios, de muitas decepções. O que a ninguém é dado saber de antemão é se um dia, afinal, lá chegaremos, e quando: esse é um segredo de Deus.

Se exata, contudo, a nossa intuição, o que sabemos basta para evidenciar que, mesmo na dimensão política, para além do transitório, que entra pelos olhos, algo de permanente é possível vislumbrar. O itinerário, caprichoso, contorce-se em arabescos, chafurda em atoleiros, arrasta-se nas areias de desertos. A estrela-guia, porém, lá está, firme, imperturbável: podemos perdê-la de vista aqui e ali; mas na próxima curva tomaremos a enxergá-la, se mantivermos o olhar na direção correta.

Nem sempre se harmoniza facilmente, nessa marcha, a cadência dos passos no sentido da liberdade e no da igualdade. Uma noção devemos ter como certa, à luz da experiência histórica: privilegiar qualquer das duas exigências com sacrifício da outra é perder-se em atalho que unicamente servirá para atrasar a viagem e frustrar o caminhante. Os últimos anos viram emergir – e, em inúmeros casos, triunfar – movimentos em prol de maior liberdade. Saudemos com efusão o progresso; evitemos, todavia, extrair dos fatos conclusões apressadas.

Algumas das estruturas que ruíram tinham inscrita nos frontões a divisa, real ou declarada, da igualdade. É provável que uma de suas principais falhas haja consistido em descurar o outro prato da balança. Tínhamos em mente que uma coisa é o princípio, outra o modo singular pelo qual se tenta – ou se diz tentar, como quiserdes – aplicá-lo em concreto na vida da sociedade. O malogro da tentativa, sincera ou insincera, apta ou inepta, sensata ou desvairada que seja, não invalida o que há de justo no princípio. Cumpre repeti-lo, alto e bom som, num momento em que, no tom de algumas loas à conquista ou reconquista da liberdade, se percebe, ostensiva ou dissimulada, a nota de repúdio ao ideal igualitário. A quem se vale das recentes transformações políticas qual pretexto para reeditar, como se fossem mensagens de inspiração divina, os mais surrados chavões da velha filosofia do egoísmo, é preciso reiterar a antiga advertência de que nenhum valor autêntico assume a liberdade, enquanto se restringe a assegurar a todos, ricos e pobres, indiferentemente, a possibilidade teórica de optar entre passar a noite em hotel de luxo ou debaixo do viaduto mais próximo.

O caso do Brasil é paradigmático. Todos nos lembramos de quanto se abusou da invocação da liberdade – ou melhor: de determinadas liberdades, as que convinha invocar na ocasião – para tentar frear, durante os trabalhos constituintes, o impulso no sentido de submeter o convívio social a formas menos iníquas de relacionamento entre os homens. A reação chegou a obter êxitos, como aconteceu no tratamento da questão agrária. Em todo caso, inseriu-se na Carta da República um elenco expressivo de direitos sociais, sem que disso haja resultado o apocalipse com que nos ameaçavam certas vozes agourentas. Se o país vai mal – e nem o Doutor Pangloss, encarnado, se atreveria a sustentar que vai bem –, a culpa com certeza não cabe ao art. 7° da Constituição.

Vai-se tornando moda, em vários setores, falar mal desse documento. Obra humana que é, tem ele suas imperfeições, de maior ou menor gravidade. Os defeitos podem e devem ser corrigidos; mas oxalá não se queira aproveitar o ensejo para dar marcha à ré naquilo em que, oportunamente, se avançou.

A rigor, o mais urgente, antes que reformar a Constituição, seria talvez atuá-la, e assim dar-lhe uma oportunidade razoável de dizer a que veio. A Constituição ainda não foi devidamente atuada; muito do que se passa na cena político-jurídica do país tem pouco que ver com a sua letra, e menos ainda com o seu espírito. Não faltará quem diga que os três poderes constituídos vêm contribuindo para tal afastamento. Certamente não se compadece com os propósitos que inspiraram o art. 62 a incontinência com que o Executivo se tem utilizado das medidas provisórias, como se fossem instrumentos normais e corriqueiros da atividade administrativa, em vez de providências de caráter excepcional, cuja adoção deveria constituir o último, e não o primeiro recurso do governo. Trai sua missão, por outro lado, o Legislativo, omitindo-se na elaboração dos diplomas necessários para complementar e regulamentar o texto constitucional. Não se pode considerar, por fim – quem vos fala é um magistrado, e com toda a reverência devida ao E. Supremo Tribunal Federal – que o Judiciário corresponda à expectativa da Lei Maior, quando anui em declarar necessitados de regulamentação dispositivos cristalinamente autoaplicáveis, ou quando reduz à de pura e simples notificação a eficácia desse instrumento tão rico de potencialidades, precisamente na concretização de normas constitucionais, que é o mandado de injunção. A consequência de tudo isso é que a Constituição foi, em grande parte, congelada, se assim permitis que me expresse – um congelamento bem mais eficiente, acrescento, que os periódicos congelamentos de preços, dos quais pouca gente, na prática, toma conhecimento.

Bacharéis, senhores, têm perigosa tendência a falar demais. Tempo houve em que ao Brasil se chamava "o país dos bacharéis". Nele sem dúvida se falava muito: pensai nas horas que duravam certas orações forenses de Rui Barbosa. Hoje, o Brasil é, desenganadamente, o país dos economistas. Continua- se a falar muito – só que com bastante menos gramática e em jargão muito mais obscuro. Poderíamos consolar-nos, se tivesse melhorado ao menos a qualidade da administração; disso, porém, não se enxergam sinais convincentes.

Haveis de perdoar-me se vos impingi palavras em excesso. Invoco uma atenuante: ao contrário do que sugere o dito irônico, não as usei para esconder o pensamento. Procurei expor-vos algumas ideias, a que me venho esforçando por guardar fidelidade, primeiro na advocacia, depois no magistério universitário, pelos últimos treze anos na judicatura, ao longo de todo esse trajeto nos escritos que publiquei e nas palestras que proferi. Por essa fidelidade quero ser julgado; e, se a outorga do prêmio traduz julgamento, tomo-a como absolvição das muitas fraquezas em que terei incorrido e dos muitos erros que terei cometido. Assim me possa vir a ser favorável, nos *dies irae,* quando se manifestar tudo que está oculto, a sentença do Juiz Supremo.

COMENTÁRIOS DA ATUALIZADORA

O TRANSITÓRIO E O PERMANENTE NO DIREITO

Teresa Arruda Alvim

Com a lucidez de sempre, diz Barbosa Moreira que "a vertiginosa aceleração do ritmo histórico parece prestigiar a consagração do efêmero como categoria. Tem-se a impressão de que as instituições humanas resistem cada vez menos à passagem do tempo". Era a percepção do que hoje chamamos de sociedade "líquida",[2] em oposição à solidez das instituições em épocas em que as transformações eram muito mais lentas, em comparação ao que hoje ocorre.

2 Zygmunt Bauman (1925-2017) foi quem cunhou esta expressão, para designar a característica marcante das sociedades atuais, repletas de sinais confusos, vocacionados a mudar rapidamente e de forma imprevisível. Relações, neste contexto, são fluídas e efêmeras. Nada dura e nada é feito para durar. O termo "líquida" é, na verdade, uma metáfora, para descrever o estado temporário e instantaneamente modificável das relações sociais.

A sensibilidade do mestre já permitia que sentisse o mundo como um "caleidoscópio em incessante rotação, onde imagens contrastantes se sucedem sem que a retina do mais ágil observador consiga captar qualquer uma delas com um mínimo de nitidez, tal a velocidade com que umas se superpõem às outras".

Por outro lado, é também possível uma outra forma de ver o mundo, após a queda do muro de Berlim. Tendo-se diluído as oposições, estaria definitivamente esgotado o dinamismo. Como afirma, no texto cujo contraponto ora se faz, não há necessidade de que se opte entre *UM* ou *outro* caminho: há o provisório e há, também, o permanente.

Talvez se possa atribuir àquilo a que já se deu importância digna de nota, ao direito natural, esta característica de solidez e confiabilidade, e, em contrapartida, ao direito positivo, a mutabilidade inerente à necessidade de responder-se às necessidades de cada povo, em diferentes momentos históricos.

E hoje, já que a ideia do direito natural nem mais aparece nos cursos de direito, e os professores da graduação a esta noção já nem mais fazem alusão, pode-se pensar em algo de seguro, confiável, estável que tenha sido e esteja sendo criado de modo consensual, entre as Nações. Explico.

Acredito que se encaixe à perfeição nas conjecturas feitas por Barbosa Moreira a ideia de se criar um conjunto de *normas* e *princípios* jurídicos em torno dos quais há *elevado grau de consenso*, em termos mundiais. É o que ocorre com os Códigos Modelo (*Soft law*) com as regras e princípios processuais concebidas pelo ALI/UNIDROIT e tantas outras iniciativas que geram regras em que se podem até reconhecer um direito "natural consensual" – quando se tratasse de direito material – e um direito processual, inspirado e permeado por valores aceitos universalmente.

A palavra de ordem deveria ser avançar, avançar e avançar em relação a estes *valores* acolhidos por todos, na suposição de que refletiriam alguma característica que nos fosse essencial: a brancos, negros, australianos, islâmicos, católicos, judeus... em uma palavra, ao ser humano. Em direção à *utopia* é que se deve andar, porque só a *direção* em que se anda já legitima nossa caminhada.

Fazer isso e não voltar atrás para destruir nossas conquistas, como se isso fosse pressuposto para avançar. Não é.

Terminando seu artigo, exatamente nesta linha, observa ser lamentável a atitude tão comum tanto em 1994 quanto em 2001, no sentido de se criticar a Constituição, quando esta, na verdade, de rigor, nem chegou a ser adequadamente aplicada. Portanto, em vez de se pensar em reformá-la, por que não, antes, aplicá-la inteiramente?

Ao final, o Mestre pede desculpas por ter-nos impingido palavras em excesso. Ora, ninguém deve desculpar-se por causar tanto prazer!

O PROCESSO CIVIL, HOJE: UM CONGRESSO DA ASSOCIAÇÃO INTERNACIONAL DE DIREITO PROCESSUAL[1]

Quis a Presidência de nossa Associação distinguir-me com a incumbência de dizer-vos as palavras de encerramento deste magnífico Congresso. As razões da designação terão sido certamente mais afetivas que racionais. Recebi-a como delicada homenagem à minha condição de brasileiro, de único brasileiro integrante da diretoria da entidade. Sediado o Congresso em solo português, julgou-se próprio atribuir a responsabilidade da última saudação e do agradecimento final aos nossos afetuosos anfitriões a cidadão de um país que, levado por mãos portuguesas a inserir-se no contexto da civilização universal, mantém com a gente desta terra vínculo de especialíssima índole. Fácil entendê-lo: ele se tece de fibras históricas em boa parte comuns, de crenças, de tradições, de costumes, de instituições jurídicas, de atitudes diante da vida, em que nem as diferenças de latitude e longitude, nem o entremeio oceânico lograram introduzir uma cunha suscetível de comprometer a solidez da continuidade. Honrado com o encargo, uma só condição impus para assumi-lo, desde logo compreendida e aceita pelo Presidente: que vos pudesse falar em português, nesta língua que, com todas as diferenças prosódicas e gráficas, independentemente de acordos e tratados, compartilhamos com o orgulho de quem conhece os extremos de sonoridade e limpidez que ela é capaz de atingir para expressar as mais arrebatadoras convulsões e os mais sutis estremecimentos da alma humana, fazendo- se chama no verso de um Luís de Camões ou fazendo-se luz na prosa de um Machado de Assis.

Aqui, porém, termina o particularismo da escolha. Não quero, no momento, ser apenas o intérprete dos congressistas lusófonos. Embora sem méritos para tão alta empresa, aspiro a manifestar sentimentos que presumo comuns a todos os companheiros destas jornadas, sem distinção de origem, raça, idioma, credo religioso ou ideologia. Temos todos os mesmos motivos de satisfação pelo convívio cordial e proveitoso destes dias, e de reconhecimento pela hospitaleira acolhida e pelas atenções

---

1 Oração proferida em 31-8-1991, na sessão de encerramento do IX Congresso Internacional de Direito Processual (Lisboa).

de que a cada instante nos vimos cercados. Nossos agradecimentos dirigem-se a quantas autoridades públicas, entidades e indivíduos conjugaram esforços para tornar possível a realização do Congresso e para assegurar a atmosfera sempre agradável e calorosa que o banhou em ambas as cidades-sedes. Dirigem-se, todavia, com especial intensidade, ao nosso ilustre e estimado colega Professor Alexandre Mário Pessoa Vaz, Presidente da Comissão Organizadora, e aos seus colaboradores diretos, aos quais não se pode deixar de creditar a máxima parte do êxito alcançado, com posição de especial relevo para a querida D. Carlota.

A esse respeito é de rigor sublinhar a importância da contribuição representada pelos relatórios nacionais e gerais acerca dos diferentes tópicos do temário do Congresso. Não tentarei aqui formular uma "síntese", no sentido tradicional, das informações, teses e observações de inestimável riqueza contidas em tais documentos. É trabalho que, a propósito de cada tema específico, já fora levado a cabo, com toda a proficiência, pelos eminentes colegas incumbidos das funções de relatores gerais: Walter e Resnik, que se ocuparam da "Ética profissional e lealdade processual"; Picardi e Shetreet, que cuidaram da "Independência e responsabilidade de magistrados e advogados"; Clark e Roth, aos quais se confiou o exame da "Organização e estatuto social" dessas duas mesmas categorias; Stalev, Morello e Aguda, que estudaram "O papel dos leigos na administração da Justiça"; Lonbay e Bermudes, que discorreram sobre a "Organização de sociedades de advogados"; Storme e Coester-Waltjen, que analisaram os problemas do "Ativismo judicial"; Di Federico e Carpi, que nos falaram da "Formação profissional de magistrados e advogados"; Lindblom e Watson, que apreciaram a posição de "Tribunais e advogados perante problemas complexos de processo"; Fairén Guillén e Bergel, que examinaram os "Modelos de raciocínio legal nas decisões dos tribunais de apelação"; enfim, o próprio Pessoa Vaz e Taniguchi, que se debruçaram sobre a problemática da "Tecnologia, eficácia e garantias de Justiça".

Por motivos compreensíveis, não pudemos ter conhecimento de todos esses relatórios gerais com a antecedência indispensável a uma análise acurada. Meros resumos, desacompanhados de qualquer elaboração digna de tal nome, não lhes fariam justiça e dificilmente evitariam o risco da supersimplificação, na medida em que atenuassem ou depreciassem a variedade dos dados neles contidos. Tem o sabor do óbvio, com efeito, a observação de que os relatores gerais, sobretudo em temática do tipo da adotada para este Congresso, se veem forçados a lidar com elementos notavelmente heterogêneos. É o reflexo inevitável da imensa diversidade dos quadros culturais, políticos, sociais, econômicos, em que se desenvolvem e tomam forma os modelos jurídicos submetidos a exame.

Os olhos cujo raio visual não queira limitar-se ao território exclusivo da própria "comarca" – para usar a expressão do grande processualista uruguaio Eduardo Couture –, semelhante diferenciação, naturalíssima à luz dos condicionamentos histórico-geográficos, tão variáveis de uma a outra zona do planeta, pode sem dúvida afigurar-se fonte preciosa de enriquecimento. A descoberta de realidades diversas daquela a que está acostumado não deve alarmar o jurista: deve, antes, estimulá-lo. No mundo do direito, e particularmente no mundo do processo, já não há – se é que houve algum dia – lugar para xenofobias e isolacionismos. Seria grave erro supor que a desejável preservação da identidade nacional tenha como preço a repulsa, por princípio, a tudo que, fora de nossas fronteiras, assuma feitio inusitado ou se revista de colorido pouco familiar.

Atrevo-me a pensar que a vida mesma de nossa Associação se alimenta essencialmente do reconhecimento dessa diversidade. Reuniões como a que hoje se encerra, destinadas de modo precípuo ao intercâmbio de ideias, de informações, de experiências, perderiam decerto algo do seu peculiar atrativo se todo o trabalho se reduzisse a um registro de uniformidades. *"Quand on est un, on n'a plus rien à se donner":* essa reflexão do filósofo francês Gabriel Mareel, feita a propósito do amor humano, bem pode aplicar-se às relações entre espíritos dedicados à construção e ao desenvolvimento de um comum patrimônio cultural.

Por outro lado, não é menos legítimo o empenho em identificar os canais que, imperceptíveis às vezes, ligam jazidas aparentemente herméticas. Nem constitui tarefa menos necessária a de desobstruir e preservar tais ligações, a fim de assegurar e incrementar a livre circulação de conhecimentos, de impressões, de propostas, de notícias sobre bons e maus êxitos, de tudo que possa irrigar os vários terrenos e contribuir para melhorar a qualidade dos produtos que neles se cultivam.

De resto, felizmente, o apego ao isolamento e a desconfiança em relação ao "estrangeiro" vão-se colocando, a cada dia com maior nitidez, no antípoda mesmo da propensão que hoje se pode considerar prevalecente nos quatro cantos do globo. Alguém talvez observe que o interesse recíproco pelos ordenamentos processuais dos diferentes países ainda está longe de traduzir-se, ao menos do ponto de vista quantitativo, numa floração de literatura científica compatível com a importância, inclusive (e sobretudo) prática, que estão a sugerir a frequência e a intensidade sempre crescentes dos contatos entre os distintos aparelhos judiciários. Não faltam, é certo, estudos valiosos de direito processual comparado, quer consagrados ao exame de temas e problemas específicos, quer inspirados no propósito de pôr em relevo as tendências dominantes na evolução dos diversos sistemas. Basta lembrar a formosa coletânea publicada, em data ainda recente, por Mauro Cappelletti, sob o sugestivo título *The Judicial Process in Comparative Perspective.* É de desejar, contudo, que os esforços dos estudiosos preencham sem demora os espaços ainda por explorar. Os meios científicos receberam com alvíssaras o aparecimento, há poucos anos, da *Introdução ao Direito Processual Civil comparado,* que nosso eminente colega Walther Habscheid fez publicar em italiano. Outras obras do gênero, sistemáticas e abrangentes, hão de seguir-lhe a esteira.

O momento histórico requer instantemente a atenção dos comparatistas, no campo do processo não menos que em qualquer outro. Múltiplas circunstâncias ocasionam autêntica efervescência no panorama legislativo do Velho e do Novo Mundo. As mudanças políticas ocorridas no leste europeu não podiam deixar de acarretar modificações no sistema de administração da Justiça. Países como a Polônia renovam suas estruturas judiciárias e projetam importantes alterações em seus códigos processuais. Mas o fenômeno tem causas que transcendem quaisquer vicissitudes regionais: lançam raízes na difundida aspiração a tornar mais efetiva a proteção jurisdicional e na percepção, dia a dia mais clara, da relevância de problemas emergentes, para cujo tratamento em sede judicial se impõe a revisão profunda de instrumentos e mecanismos tradicionais, quando não a respectiva substituição por outros mais adequados.

Uma resenha, mesmo rápida e superficial, evidencia o extremo dinamismo com que se têm sucedido, na última década, as reformas processuais. Se quisermos exemplificar com a América Latina, bastará recordar os novos Códigos que surgiram, por exemplo, no Panamá, em 1984, na Venezuela, em 1985, no Uruguai e no Paraguai, em 1988, na Costa Rica, em 1989. Em alguns países, como o Brasil, o advento de uma nova Constituição – ela própria rica de disposições sobre matéria processual, criadora de figuras e remédios judiciais até então desconhecidos entre nós – estimula uma atividade legiferante em vários pontos decididamente inovadora, manifesta em textos recentes, como o do Estatuto da Criança e do Adolescente e o do Código de Proteção e Defesa do Consumidor. Voltando à Europa, podemos acrescentar os exemplos da Áustria, da Espanha, deste mesmo Portugal que nos hospeda, cujas legislações processuais sofreram importantes alterações nos anos 80, até chegarmos ao da Itália, onde uma lei de poucos meses atrás modificou número considerável de normas do *Codice di procedura civile.* Constitui fascinante desafio, para o direito processual comparado, descobrir as linhas ao longo das quais se movem todas essas reformas, bem como outras tantas de impossível enumeração neste instante, e averiguar em que medida sugerem elas desenho de convergência, imperfeita embora, que reforce a crença num *"common core"* dos sistemas processuais contemporâneos, para empregar locução cara ao nosso Presidente Mauro Cappelletti.

Alguma dose de tal crença é imprescindível para animar a tarefa de elaboração de códigos unitários. A prova de que ela existe é o projeto que eminentes especialistas estão preparando para a Europa dos 12. Em passado não muito remoto, a simples ideia nada mais provocaria que sorrisos incrédulos. Que hoje se acredite na possibilidade de realizá-la permite medir a distância percorrida. Também do outro lado do Atlântico, com mais modesto objetivo, não deixamos de empenhar-nos em trabalho paralelo. O Instituto Ibero-Americano de Direito Processual, com efeito, produziu dois projetos de "código-modelo" para a América Latina – um de processo civil, outro de processo penal –, os quais, se não se destinam necessariamente a vigorar como ordenamentos dotados de eficácia jurídica concreta, pretendem, a um só tempo, refletir as tendências predominantes no pensamento processual daquela região do mundo e incentivar os legisladores nacionais na disposição para modernizar e aprimorar os distintos ordenamentos. É razoável conjecturar que esses "códigos modelos" já terão exercido certa influência em algumas das reformas a que aludi; e, num caso ou noutro, pode-se afirmar com segurança que estamos diante de algo mais que simples conjectura.

Nossa Associação acompanha todo esse movimento com plena consciência da responsabilidade que lhe toca. Ela tem sido, e deseja continuar a ser, o lugar de encontro por excelência das correntes de pensamento que animam, nesta virada de século, o universo processual. Ela tem desempenhado, e quer desempenhar no futuro, duplo papel que a nenhuma outra entidade seria possível atribuir: de um lado, depositária e guardiã de nobilíssima tradição científica; de outro lado, núcleo propulsor da atividade renovadora imprescindível para converter o processo em instrumento à altura das formidáveis expectativas que se acumulam sobre o funcionamento do mecanismo judicial.

A quem examine a história dos congressos e simpósios realizados em tempos recentes por nossa Associação não passará despercebida a ênfase que ela vem pondo no estudo de problemas relacionados, acima de tudo, com a realização concreta da Justiça – ou daquela porção de Justiça a que nos é dado aspirar na Terra. Basta correr os olhos pelos lemas sucessivamente adotados: "Para uma Justiça de fisionomia humana", em 1977, na Bélgica; "Proteção judicial efetiva e ordem constitucional", em 1983, na Alemanha; "Tendências em matéria de execução de sentenças e ordens judiciais", em 1985, na Suécia; "Justiça e eficiência", em 1987, na Holanda; "Proteção judicial dos direitos humanos no plano nacional e internacional", em 1988, na Itália. Não se trata de um acaso. A Associação está convencida de que, em nossos dias, a principal missão dos processualistas consiste em tentar contribuir para o aperfeiçoamento das condições em que vive o mundo encarnado dos pleitos judiciais.

Essa tomada de posição não implica, nem poderia implicar, desvalorização das grandes questões que se inserem na chamada "dimensão técnica" do direito processual. Nenhuma ciência ou arte prescinde de uma técnica própria, e não se concebe que o direito processual constitua aqui exceção. A técnica fornece a mediação necessária entre a inspiração e a execução. Nenhum de nós se confiaria de coração leve a cirurgião desprovido de boa técnica operatória, por mais brilhantes e atualizadas ideias que tivesse sobre a função da cirurgia na medicina contemporânea... O repúdio da técnica, para o cientista como para o artista, é atitude que só se pode qualificar de suicida.

O que a Associação preconiza é coisa bem diferente. Permitam-me, neste passo, recorrer a um símile. Os sistemas constitucionais de nosso século, em sua grande maioria, têm-se esmerado em consagrar um gênero de direitos a que, na falta de melhor, se costuma aplicar a denominação de "sociais". A emergência de tal preocupação marcou, sem dúvida, um *turning point* na história das instituições político-jurídicas de muitos povos. Onde, porém, se colheram dela melhores e mais duradouros frutos? Nos países que souberam incorporá-la sem eliminar ou aviltar aquelas outras franquias, de mais remota linhagem, que a humanidade, ou pelo menos parte dela, havia conquistado ao longo de tantos anos e à custa de tanto sangue. Os "novos direitos" não vieram substituir as "liberdades clássicas", nem varrê-las para o lixo da História. Devemos vê-los como algo que as complementa e que, em certos casos, lhes abre a possibilidade real de baixar do empíreo das abstrações ao solo quente e úmido sobre o qual se move, em sua dramática e surpreendente concretitude, essa "torre animada de mistério" que é, na visão de Chesterton, o ser humano.

Pois bem: tampouco se quer, no trato das questões processuais, fazer tábua rasa da dimensão técnica. Quer-se, isso sim, dar-lhe o justo lugar na economia da matéria. Tomado como um fim em si próprio, o uso da técnica ameaça converter-se em exercício estéril de narcisismo intelectual. Encarado como instrumento de trabalho, vale como precioso auxiliar do processualista que se esforça por apreender com exatidão a realidade do seu objeto de estudo, na esperança de poder atuar sobre essa mesma realidade.

Que ela é complexa e multiforme, não há mister de enfatizar. Nenhuma visão especializada lhe abrange todo o contorno. Produto da vida em sociedade, mecanismo posto a serviço da sociedade, insere-se o processo, pela origem e pela destinação, no amplo contexto desse espetáculo de que é protagonista o homem como ser social, com todos os ingredientes políticos, econômicos, psicológicos, culturais, que concorrem para defini-lo em semelhante condição. Não seria razoável exigir do processualista a posse dos conhecimentos indispensáveis para movimentar-se com igual facilidade em tantos departamentos do saber humano. E nada mais temerário que penetrar em terreno ignoto sem adequado equipamento: com razão advertiu nosso eminente colega Günther Roth, em seu relatório geral para o Congresso de Würzburg, contra a tentação do *"sozialwissenschaftlicher Dilettantismus"*.

Nossa Associação é de direito processual. Sua própria denominação assinala uma especificidade, a que ela não pretende ser infiel. Não há reclamar de cada um de nós, enquanto membros de uma Associação de direito processual, que, além da faina própria do jurista, assuma também, com igual responsabilidade, os encargos peculiares ao cientista político, ao sociólogo, ao economista, ao antropólogo, ao psicólogo, ao técnico em administração, em contabilidade, em cibernética, em informática – e em tudo mais que interesse, direta ou indiretamente, ao funcionamento da máquina judiciária. Constituiria, porém, erro funesto ignorar ou desprezar a contribuição que todas essas ciências podem e devem ministrar ao equacionamento correto dos problemas que afligem a Justiça e ao encaminhamento das possíveis soluções. Não se trata de confusão, mas de colaboração – aquela, sinal de regressão cultural; esta, *conditio sine qua non* de progresso.

Eis porque, sem abdicar da especificidade que a distingue, nossa Associação prazerosamente abre espaço, em suas atividades, à participação de estudiosos de outras ciências sociais, e recebe com efusão e reconhecimento o valioso aporte com que enriquecem nossa reflexão sobre os temas que nos preocupam. Nunca é demais frisar que a máxima parte, senão a totalidade, de tais problemas demanda consideração essencialmente interdisciplinar. Renunciaríamos a toda possibilidade de compreendê-los bem – para não falar da esperança de resolvê-los, ou pelo menos de atenuar-lhes a gravidade –, se nos encapsulássemos na famosa "torre de marfim" da pura dogmática.

Todas essas são ideias bastante difundidas, e decerto não está entre os menores méritos de nossa Associação o haver concorrido para imprimir-lhes, pela pregação e pela ação, o realce a que fazem jus na hora presente. Neste e noutros campos, a exposição de princípios sujeita-se a riscos quase inevitáveis: ao exaltarmos um aspecto, podemos dar a falsa impressão de renegar outro que na verdade equilibra e, em última análise, complementa o primeiro. Daí tornar-se indispensável, de vez em quando, uma *mise au point* que exorcize o fantasma das interpretações apressadas e unilaterais.

O Congresso que ora se encerra deu-nos a oportunidade de reafirmar a justa posição. Escolheu-se como tema geral "O papel e a organização de magistrados e advogados nas sociedades contemporâneas". A escolha recorda-nos a verdade perene de que as instituições da Justiça, como quaisquer outras, são movidas por cérebros e braços humanos, e seria vão pensar nelas à maneira de esquemas abstratos que não dependessem, para atuar e produzir, de entes de carne e osso, com suas espessas e singularíssimas individualidades, suas variáveis circunstâncias, seus modos particulares de agir e de reagir, suas atitudes mentais diante do direito e da vida, seus métodos de trabalho – entes sujeitos, como todos os da espécie, à influência de mil fatores internos e externos, a vicissitudes sociais e pessoais, aos *"slings and arrows of outrageous fortune"* e aos *"thousand natural shocks that flesh is heir to"*.

O desdobramento do tema geral nos vários tópicos não podia deixar de refletir, ainda que sinteticamente, a multifária realidade desses personagens do drama judiciário. Constituíram objeto de meditação e debate questões de óbvia conotação política, ética, econômica, administrativa, cultural. Como se preparam – e como deveriam preparar-se – para o exercício profissional advogados e juízes; em que tipos de organizações se agrupam; como se comportam em face dos principais problemas que lhes toca enfrentar; como se relacionam entre si e com outras instituições, oficiais ou não; que limites tendem a fixar às intervenções judiciais na vida dos litigantes e da sociedade em geral; de que modo devem prestar a esta contas de seu desempenho; em que medida pode aproveitar-lhes a utilização dos frutos da moderna tecnologia, e de que maneira ela se há de conciliar com as garantias de um *Jair process;* que papel convém reservar aos leigos na administração da Justiça – tudo isso mereceu a penetrante atenção não só dos ilustres relatores, aos quais reiteramos a expressão do nosso apreço e reconhecimento, mas de quantos acompanharam as sessões do Congresso, nelas intervindo ativamente ou, de qualquer forma, enriquecendo o espírito com a absorção de dados provenientes de uma experiência que dificilmente se poderia imaginar mais rica e variada.

Todo esse material, compete-nos ponderá-lo e elaborá-lo *sub specie iuris* – mais precisamente, *sub specie processus,* ou, melhor ainda, *sub specie iustitiae:* extrair dele o muito que sugere à nossa reflexão científica e ao nosso compromisso com a luta pelo aprimoramento dos mecanismos encarregados de aplacar, tanto quanto possível neste mundo, a fome e a sede de justiça. Não é algo que se comporte nos limites de uma semana, por mais intenso que haja sido o nosso labor. Um Congresso como este vale muitíssimo pelo que nele se faz; valerá, porém, mais ainda pelo que dele resulte. Estamos todos reptados a um esforço de amadurecimento, que medre algum dia em frutos concretos. O melhor modo de manifestar nossa gratidão pelas preciosas sementes aqui espalhadas é demonstrar que elas não caíram em solo estéril.

Parece-me desejável que oportunamente voltemos a cuidar, reunidos, deste ou daquele tema clássico, que não haja perdido a atualidade. Existirão vários; ocorre-me um, agora, o dos limites subjetivos da coisa julgada, desafiadoramente reposto em questão, de um lado, pelo refinamento, até em perspectiva constitucional, dos escrúpulos relativos à garantia do contraditório, e de outro pela moderna florescência das ações coletivas, de que o direito brasileiro – se me permitem aludir de novo a ele – se enriqueceu, nos últimos tempos, com exemplares interessantes. O bom músico, exímio na interpretação dos mais avançados compositores de nossos dias, não hesita em retornar, de vez em quando, ao repertório tradicional e tocar uma peça de Mozart ou de Beethoven. Apenas, provavelmente, sua execução já não será a mesma: ele há de ler a partitura com outros olhos. Assim também possamos nós outros, processualistas, revisitando lugares veneráveis, divisar na paisagem cores até então despercebidas, e escolher as tintas adequadas para revelar as novas tonalidades.

Senhoras e Senhores:

Falei-vos de dons culturais que este Congresso incorporou ao nosso patrimônio, de estímulos intelectuais com que ele nos impele a ulteriores pesquisas e realizações. Não são esses, contudo, os únicos bens que levamos de Portugal. Enrico Tullio Liebman, mestre inesquecível de tantos de nós, certa vez se referiu à "multinacional do processo". Queria aludir, então, ao acervo comum de conhecimentos e de ideias que constrói pontes entre estudiosos dos mais afastados rincões do planeta. Mas o sentido da expressão pode certamente aprofundar-se.

A comunidade dos processualistas, com efeito, não se manifesta só no plano científico. Além deste – e, ouso dizer, acima deste –, ela se traduz em comunhão afetiva. Se a ciência nos une, ainda mais intensamente nos une a amizade. Nessa perspectiva, podemos falar em "multinacional" sem o temor de suscitar qualquer reação de desconfiança inspirada em convicções políticas ou em ideologias, sejam quais forem...

O amistoso convívio de toda uma semana foi momento privilegiado não só para os congressistas, senão também para seus acompanhantes. A lembrança de tal momento é a bagagem mais valiosa com que regressaremos aos nossos respectivos países. Alegra-nos a certeza de que as distâncias geográficas são impotentes para afrouxar os laços espirituais que nos ligam. Anima-nos, igualmente, a esperança de que se sucedam, a intervalos não excessivamente longos, novas oportunidades de encontro. Uma e outra nos ajudarão a suportar o sentimento agridoce para o qual a língua portuguesa achou designação perfeita e insubstituível, quando inventou a palavra "saudade".

COMENTÁRIOS DO ATUALIZADOR

O PROCESSO CIVIL, HOJE: UM CONGRESSO DA ASSOCIAÇÃO INTERNACIONAL DE DIREITO PROCESSUAL

Paulo Henrique dos Santos Lucon

Livre-docente, Doutor e Mestre em Direito pela Faculdade de Direito da Universidade de São Paulo. Professor Associado nos cursos de graduação, especialização, mestrado e doutorado da mesma instituição, na qual também se graduou. Membro Honorário da Associazione italiana fra gli studiosi del processo civile. Presidente do Instituto Brasileiro de Direito Processual (2016 a 2022). Vice-Presidente e Membro do Instituto Ibero-americano de Direito Processual. Membro da International Association of Procedural Law. Membro e Conselheiro Instituto dos Advogados de São Paulo, instituição da qual foi Vice-Presidente. Membro do CONJUR – Conselho Superior de Assuntos Jurídicos e Legislativos da Federação da Indústrias do Estado de São Paulo. Membro da AASP – Associação dos Advogados de São Paulo. Especializou-se em direito processual civil junto à Universidade Estatal de Milão. Advogado.

O texto em referência foi elaborado pelo Professor Barbosa Moreira para seu pronunciamento na sessão de encerramento do IX Congresso Internacional de Direito Processual, ocorrido em Lisboa em 31 de agosto de 1991.

Após sua saudação inicial, em que destaca a estreita relação de Brasil e Portugal e a satisfação pela realização desse Congresso, o Ilustre Professor destaca a relevância dos relatórios nacionais, elaborados pelos mais renomados estudiosos do direito processual no mundo, a respeito dos temas que foram objeto de debate no evento.

Dentre esses temas, Barbosa Moreira faz referência, por exemplo, aos seguintes relatórios: "Ética profissional e lealdade processual"; "Independência e responsabilidade de magistrados e advogados"; "O papel dos leigos na administração da Justiça"; "Organização de sociedades de advogados"; "Ativismo judicial"; "Formação profissional de magistrados e advogados"; "Tribunais e advogados perante problemas complexos de processo"; "Modelos de raciocínio legal nas decisões dos tribunais de apelação"; "Tecnologia, eficácia e garantias de Justiça".

A atualidade desses temas até os dias de hoje corrobora ainda mais a relevância de tal Congresso e mostra o olhar visionário do Professor e a sua forte predileção e valorização do estudo do direito processual comparado em seus escritos.

Ao elogiar os relatórios apresentados, Barbosa Moreira profere uma lição atualíssima até os dias de hoje para os estudiosos do processo a respeito da importância de levar em consideração em seus estudos as experiências de outros ordenamentos: "a descoberta de realidades diversas daquela a que está acostumado não deve alarmar o jurista: deve, antes, estimulá-lo. No mundo do direito, e particularmente no mundo do processo, já não há – se é que houve algum dia – lugar para xenofobias e isolacionismos. Seria grave erro supor que a desejável preservação da identidade nacional tenha como preço a repulsa, por princípio, a tudo que, fora de nossas fronteiras, assuma feitio inusitado ou se revista de colorido pouco familiar".

Como dito, essa é uma lição ainda muito atual, especialmente em função do desenvolvimento da globalização e do aprofundamento de relações sociais, políticas, econômicas, culturais e jurídicas que não se limitam às fronteiras nacionais. Portanto, se no passado já não era recomendável a realização de estudos que não levassem em consideração o que ocorria em outros países, nos dias de hoje, isso é ainda mais reprovável, observadas as modernas lições de direito comparado.

Na sequência de sua exposição, Barbosa Moreira chama atenção para outro tema relevante e atual. Ele menciona que, à época, os últimos Congressos e Simpósios realizados pela Associação Internacional de Direito Processual tinham como enfoque questões relacionadas à "realização concreta da justiça", ao adotar temas para esses eventos como, por exemplo, os seguintes: "Para uma Justiça de fisionomia humana"; "Proteção judicial efetiva e ordem constitucional"; "Tendências em matéria de execução de sentenças e ordens judiciais"; "Justiça e eficiência"; "Proteção judicial dos direitos humanos no plano nacional e internacional".

Essa orientação se justifica, pois, como destaca o Professor "a principal missão dos processualistas consiste em tentar contribuir para o aperfeiçoamento das condições em que vive o mundo encarnado dos pleitos judiciais". Nas suas palavras, expõe que isso não significa um menosprezo ou um desapego à "dimensão técnica" do direito processual: "nenhuma ciência ou arte prescinde de uma técnica própria, e não se concebe que o direito processual constitua aqui exceção. A técnica fornece a mediação necessária entre a inspiração e a execução (...) O repúdio da técnica, para o cientista como para o artista, é atitude que só se pode qualificar de suicida".

Ou seja, aqui reside outro chamado e um alerta muito importante para os dias de hoje. Por mais necessárias e justificadas que sejam as buscas por maior efetividade do processo e a sua abertura para outras áreas do conhecimento, como as novas tecnologias, por exemplo, isso não pode se dar em desatenção à técnica processual, aos seus princípios e postulados hermenêuticos. Como destacado, esses elementos não devem ser um fim em si mesmo para o estudioso do processo. Eles devem consistir em um ponto de partida a partir do qual deve-se procurar transformar a realidade que o cerca: "tomado como um fim em si próprio, o uso da técnica ameaça converter-se em exercício estéril de narcisismo intelectual. Encarado como instrumento de trabalho, vale como precioso auxiliar do processualista que se esforça por apreender com exatidão a realidade do seu objeto de estudo, na esperança de poder atuar sobre essa mesma realidade".

O desprezo à técnica processual em prol da busca pelos objetivos mais louváveis que sejam, além de representar um desrespeito à tradição construída ao longo de muitos anos em prol de elementos comuns como a garantia de direitos fundamentais dos litigantes, ainda cria um permanente e indesejado estado de insegurança jurídica, na medida em que ela deixa de servir como referência para construção das novas soluções para os novos desafios jurídicos que se apresentam para o processualista. Por isso, vale sempre rememorar o desenvolvimento do direito processual, especialmente à luz dos desafios presentes nos dias de hoje em que as relações jurídicas e sociais se desenvolvem em novos âmbitos, como os meios digitais, não pode se dar sem levar em consideração a técnica processual que foi construída e desenvolvida ao longo do tempo, em particular quando ela sintetiza a consolidação de direitos fundamentais e confere segurança jurídica e previsibilidade para a aplicação desse ramo do direito.

Nessa perspectiva, é preciso também ressaltar o seguinte: estudos de caráter interdisciplinar possuem hoje uma importância indiscutível para o direito processual, principalmente porque conferem atualidade e com isso asseguram eficácia para aplicação de suas normas.

Isso, no entanto, não significa que as investigações em torno do direito processual se encerrarão por aí. Será sempre útil e necessário revisitar os seus temas clássicos para consolidação da tradição criada a seu respeito e difusão de sua técnica, cuja observância, como destacado é fundamental para criação de soluções para os desafios que permanentemente se impõem ao processualista.

DUAS GERAÇÕES DE PROCESSUALISTAS BRASILEIROS[1]

Distinção da altitude da que se confere com a eleição para integrar esta Egrégia Academia suscita no eleito, junto com sentimentos irreprimíveis de alegria e de gratidão, o empenho numa sorte de exame de consciência. Ninguém, que se veja assim honrado, pode fugir de coração leve ao impulso para perscrutar-se. Impõe-se que procure firmar consigo mesmo um juízo de valor, no qual assente sua atitude interior diante do veredicto de tão qualificados oficiais do mesmo ofício.

No caso, há boas razões para que semelhante ponderação se faça em termos menos individuais que coletivos. O eleito, que vem dedicando ao direito processual a máxima porção de seus estudos e de sua produção jurídica, tem a noção clara de que integra, nesse campo, uma geração de características razoavelmente definidas, e de que suas preocupações e anseios, como processualista, são, em grande parte, as preocupações e anseios de um grupo de espíritos votados a empresa comum. Tal convicção ganha relevo particular quando se trata de suceder, neste augusto colégio, a outro processualista, expoente, no geral consenso, de geração anterior, cujo perfil também se recorta com nitidez na história da ciência em que ambos depositaram sua predileção.

Parece oportuno situar posições nesse processo evolutivo. Não com o fútil propósito de aprisioná-las em esquemas cronologicamente rígidos, cujo artificialismo os dados da realidade logo se encarregariam de denunciar, senão antes para pôr em evidência mudanças de tonalidade ocorridas ao fluir do tempo, em faixas cromáticas não raro, decerto, esfumadas e – ao menos parcialmente – superpostas, mas perceptíveis, tanto nas semelhanças quanto nos contrastes, à visão do observador atento. Se quisermos, com todas as ressalvas, indicar datas, não será arbitrário localizar nas décadas de 30 e 40 o marco inicial a ser considerado. Transformação sensível operou-se então no panorama doutrinário e legislativo do nosso processo civil. Para recordarmos apenas o mais importante ponto de inflexão: remonta à época mencionada o primeiro Código nacional, obra inovadora por mais de um aspecto, cujo advento teve a virtude de libertar o ordenamento processual brasileiro, quase

---

1 Discurso de posse na Academia Brasileira de Letras Jurídicas, em 7-4-1992.

inteiramente, da camisa de força do velho direito comum, perpetuado entre nós nos dizeres do Regulamento nº 737 e de suas enfezadas ramificações – categoria em que é possível incluir, sem grande injustiça, a maioria das codificações estaduais vindas à luz sob a Primeira República.

Novos rumos igualmente se desenharam na atividade científica. Foi naquele tempo que a processualística pátria passou a beneficiar-se com maior intensidade dos subsídios, extraídos por juristas como PONTES DE MIRANDA e LOPES DA COSTA, de textos legais e doutrinários de língua alemã, que antes só excepcionalmente – conforme acontecera na Bahia, graças a EDUARDO ESPÍNOLA – lhe tinham servido de fonte inspiradora. Foi também naquele tempo que exerceu entre nós seu apostolado ENRICO TULLIO LIEBMAN, dádiva involuntariamente feita ao Brasil pela intolerância fascista, quando o baniu da cátedra milanesa e o forçou a buscar refúgio neste outro lado do Atlântico.

Tal, justamente, o quadro em que começou a projetar-se a figura de ALFREDO BUZAID. Formado na escola liebmaniana, de que algumas diretrizes básicas lhe imprimiriam na obra marcas profundas, abebe-rou-se ainda noutras fontes, inclusive germânicas, sem desprezar os mananciais da boa linhagem portuguesa, que visitava até com assiduidade. Em todos os trabalhos que publicou – e não foram poucos –, ressalta a excelente informação de que dispunha sobre a história dos institutos e sobre a contribuição de leis e doutrinadores estrangeiros para o respectivo desenvolvimento e análise. Armado desse cabedal, pôde enfrentar com mão segura problemática extremamente diversificada. Uma a uma foram surgindo, frutos de labor infatigável, as já clássicas monografias sobre a ação declaratória, sobre a então chamada apelação *ex officio*, sobre o agravo de petição, sobre a ação renovatória, sobre o concurso de credores no processo de execução, sobre a ação direta de declaração de inconstitucionalidade... Nos últimos anos de vida, trabalhava ainda em estudo de fôlego acerca do mandado de segurança, de que só logrou publicar a primeira parte.

A entremear tantos volumes, produziu BUZAID escritos mais breves, mas de não menor interesse – reveladores, vários deles, de seu gosto pelos estudos históricos e biográficos. Ficamos a dever-lhe, nesse terreno, a cuidadosa reavaliação da obra de PAULA BATISTA, da qual soube iluminar aspectos pioneiros, bastantes para justificar a qualificação do jurista pernambucano como "um precursor, que, antecipando-se ao demais quase meio século, reuniu, ordenou e sistematizou os elementos para a revisão científica do direito processual civil brasileiro". Particularmente oportuno o ensaio *Ruy Barbosa, processualista civil,* onde fez justiça a uma face em geral menos conhecida da personalidade do mestre baiano, apontando-lhe até, nas longas razões com que sustentara o direito do Amazonas ao Acre setentrional, aquela que terá sido provavelmente a primeira citação, no Brasil, dos ensinamentos de CHIOVENDA, astro então a ascender no horizonte do direito italiano.

Longe ficaria, porém, de esgotar-se no escritor o perfil de BUZAID. A essa componente, desde logo, seria imperioso conjugar, sempre no plano acadêmico, a longa e brilhante docência universitária, bem como a palavra elegante e escorreita do conferencista. Mais tarde, sua multiforme contribuição à ciência jurídica viria a complementar-se com o aporte legislativo – autor que foi do Anteprojeto do vigente Código de Processo Civil, e grande responsável, como Ministro da Justiça, por sua conversão em lei –; e, afinal, com a experiência judicante no mais alto Tribunal do país.

Na preparação do diploma de 1973 muito haveriam de valer a BUZAID os conhecimentos de direito estrangeiro. Ele mesmo o sublinhou, quando escreveu, nas Exposições de Motivos do Anteprojeto e do Projeto, que tomara "por modelo os monumentos legislativos mais notáveis do nosso tempo". Grande, na verdade, é o número de disposições do Código derivadas de outros estatutos processuais; e ambas aquelas peças citam, ao propósito, o ordenamento português, o alemão, o italiano, o austríaco, o francês – aos quais se poderia acrescentar o Código de Processo Civil do Estado do Vaticano, de 1946, fonte onde se buscou inspiração com frequência até maior do que em qualquer dos citados. A unificação do processo executivo incorporou a diretriz predominante nas legislações europeias – ao arrepio, note-se, da velha tradição luso-brasileira. De fora vieram também institutos como a ação declaratória incidente, o recurso adesivo e – ao menos na versão ampla e articulada do texto em vigor – o usufruto forçado de imóvel ou de empresa; nem todos, aliás, conseguiriam penetrar mais fundo na prática do nosso foro. Origem estrangeira tem, ainda – e os exemplos se multiplicariam com facilidade –, a disciplina da revelia e a consagração expressa do princípio da não-taxatividade das provas especificamente reguladas. E não apenas em leis de outros países foi procurar-se matéria-prima para a elaboração do novo Código pátrio: consultaram-se igualmente projetos abortados, como é o caso – para mencionarmos o mais famoso – do que CARNELUTTI apresentara em 1926 à Subcomissão Real para reforma do Código italiano: dele se mutuou, entre outros, o texto do art. 300, traduzido quase literalmente em nosso art. 468, com maior fidelidade ao original do que o fora no art. 287 do estatuto de 1939.

Em diversas ocasiões, assumi posição crítica diante de aspectos do Código de 1973. Quase vinte anos de aplicação confirmaram vários dos meus receios. Não é de admirar que se pense em submetê-lo a ampla revisão, e mais de uma iniciativa se vem tomando nesse sentido. Nenhuma, até agora, vingou; e não é seguro que alguma, com todos os méritos que se lhe hajam de reconhecer, fizesse jus a apoio irrestrito. Mas parece bem significativo, por si só, o fato de que a ideia experimente recorrências periódicas: agora mesmo estão em andamento os trabalhos da Comissão Especial designada pelo Ministério da Justiça, que já produziu certo número de anteprojetos setoriais, ordenados à simplificação do processo de conhecimento. Um ponto, contudo, fica fora de dúvida: feitas todas as contas, o Código é diploma que honra a ciência processual brasileira. Decerto não cabe imputar aos seus defeitos, sejam quais forem, a responsabilidade maior pelo nível insatisfatório, a tantos ângulos, do funcionamento da Justiça Civil neste país.

Lê-se em ambas as Exposições de Motivos, a do Anteprojeto e a do Projeto, que "um Código de Processo é uma instituição eminentemente técnica". Substitua-se aí "um Código de Processo" pela locução – mais simples e abrangente – "o processo": a proposição assim formada poderia servir de divisa a toda uma geração de estudiosos – precisamente à geração que teve em BUZAID uma de suas figuras oraculares. Foi ela, com efeito, para aproveitarmos a expressão do mestre, uma geração "eminentemente técnica".

Hoje se vai tornando moda, em determinados círculos, menoscabar a dimensão técnica do Direito. Trata-se, a meu ver, de formidável equívoco. Não há ciência nem arte que prescinda de instrumentos técnicos. Consenti que repita nesta oportunidade palavras que proferi ao agradecer, no Instituto dos Advogados Brasileiros, a outorga da Medalha Teixeira de Freitas: "O tecnicismo exacerbado, aprendemos à custa de muitos erros, esteriliza o Direito; o desprezo da técnica o reduz a uma caricatura barata. Tolerar que o Direito seja tratado atecnicamente é abrir a porta ao diletantismo frívolo, quando não ao mais desbragado charlatanismo. Sabemos todos em que excesso de aviltamento caíram, vítimas da sem-cerimônia de amadores despreparados, alguns setores da ciência jurídica mais acessíveis a esse gênero de impostura".

Não há por que censurar à geração de BUZAID o haver dedicado o melhor de sua faina ao estudo de problemas técnicos, nem o haver-se esforçado por dar ao tratamento do direito processual um toque de refinamento técnico suscetível de elevá-lo, como de fato o elevou, a planos imensuravelmente distantes de quase tudo que até então se realizara nesse território, entre nós. Era necessário, e foi útil, que ela assim fizesse. Devemos ser-lhe gratos, os que lhe sucedemos, por ter-nos legado uma construção dogmática erguida sobre alicerces firmes, conceptualizada com rigor, capaz de expressar-se em linguagem rica, apurada e precisa.

Já se escreveu que qualquer homem pode enxergar mais longe se subir aos ombros de seu antecessor. Sem o valioso acervo que recebeu, não poderia certamente a minha geração de processualistas sequer tentar as empresas que tentou, com o êxito de que acredita ter algumas razões para orgulhar-se. Desse passado imediato, ela nada quis, nem quer, rejeitar. Seu lema não foi, nem é, o da renegação, mas o da complementação.

Vemos no processo, sim, uma instituição técnica; mas vemos nele algo mais; ou, se preferirdes, muito mais. Vemos nele uma realidade que nem sequer se exaure no âmbito jurídico, senão que interessa à sociologia, à política, à economia, à ciência da administração, à psicologia, e de todos esses departamentos do saber humano reclama e espera atenção e cuidados. Empenhamo-nos, sim, em manejar com boa técnica o instrumento – sem esquecermos um instante, porém, que a técnica tem função ancilar, que não é um fim em si mesma, que deve estar a serviço de valores mais elevados. Da constante preocupação com a efetividade da tutela jurisdicional dão testemunho eloquente a nossa produção doutrinária e a nossa atividade prática. De um lado, temos podido contribuir, com impulso decisivo, para pôr na ordem do dia, em nosso país, temas como o da proteção dos chamados interesses coletivos e difusos, hoje alçado às galas de tratamento constitucional. De outro lado, vimos participando, e não em papel secundário, da elaboração de uma série de diplomas legislativos merecedores, como os que mais o sejam, da qualificação de progressistas: desde a Lei nº 4.717, de 20-6-1965, que regulou a ação popular, até ainda o recente Código de Defesa do Consumidor (Lei nº 8.078, de 11-9-1990), passando pela Lei nº 7.244, de 7-11-1984, que dispôs sobre o funcionamento dos Juizados Especiais de Pequenas Causas, e pela Lei nº 7.347, de 24-7-1985, que disciplinou a ação civil pública. Em todos esses textos, e noutros, há impressões digitais de processualistas, responsáveis, por exemplo, pela hábil solução que se encontrou para problema delicado como o da eficácia subjetiva da sentença e da coisa julgada nos litígios coletivos.

A Constituição de 1988, ninguém o ignora, votou ao processo civil maior interesse que qualquer de suas predecessoras e consagrou, nesse campo, inovações de monta. Nossa geração não esteve alheia a tal mudança: atuou nos trabalhos preparatórios e tomou posição de vanguarda na tarefa interpretativa. Defendemos o mandado de segurança coletivo, em momento perigoso, dos ataques de forças políticas retrógradas. Pugnamos, quase unanimemente – e contra o parecer da maioria dos nossos constitucionalistas – por um entendimento do mandado de injunção que dele extraísse todas as virtualidades como instrumento de proteção "dos direitos e liberdades constitucionais e das prerrogativas inerentes à nacionalidade, à soberania e à cidadania"; nenhuma culpa nos cabe se uma jurisprudência de visão curta se precipitou, ao que parece com êxito, em emascular o instituto, reduzindo-lhe o alcance ao de mera notificação.

Não estaremos cedendo à tentação da jactância se dissermos que provavelmente nunca antes chegara aos atuais níveis a cotação do nosso direito processual nas bolsas culturais do planeta. Tem sido constante, nos últimos anos, a presença de processualistas brasileiros, em posição de relevo, como participantes de congressos, como membros de associações internacionais ou estrangeiras, como conferencistas em centros importantes. Apesar da barreira linguística, tornam-se frequentes, no exterior, as citações de trabalhos doutrinários escritos aqui. O Brasil tem voz nos conselhos mundiais, é entidade que pesa. Se dependesse só do direito processual, seria bem diferente, sem dúvida, a imagem externa do País...

Noutra perspectiva, para quem está convencido, como estou, de que a crise brasileira, antes e acima de manifestações especificamente econômicas, instila sua malignidade no tecido político-social, é confortador verificar a atenção permanente que a nossa geração vem dedicando, no âmbito da ciência processual, aos problemas relacionados com esse fenômeno. A crer-se em dito malicioso, o processualista preferiria ver uma pessoa morrer de fome a permitir-lhe que usasse talher de carne para comer peixe, ou vice-versa. O libelo será espirituoso, se quiserdes; mas é profundamente injusto. Quem o formulou mostra não ter lido uma única página da literatura processual séria que se publicou entre nós nos últimos anos, nem acompanhado a atuação dos muitos processualistas que exerceram funções judicantes. Determinadas exigências de forma, indispensáveis à preservação da liberdade e da igualdade, naturalmente hão de subsistir enquanto o Direito quiser proteger tais valores; o formalismo como princípio e como hábito mental, no entanto, esse, entre os especialistas que contam, é pura e simples fantasmagoria. Em nenhum outro setor da ciência jurídica pátria ressalta hoje mais vivo o sentimento do social. Se fosse o caso de aproveitarmos algo da anedótica definição, poderíamos conceituar o processualista contemporâneo como alguém que forceja, sim, por ensinar o uso correto dos talheres de carne e de peixe, com o objetivo de proporcionar aos famintos de justiça a possibilidade de desfrutar melhor ambos os alimentos.

À vista de tudo isso, não se justificaria na verdade que a bancada processual nesta Augusta Casa se visse numericamente reduzida em razão do falecimento de BUZAID. Tal, a meu ver, o significado essencial da eleição de seu sucessor. Que a escolha distinguisse um ou outro, dentre os que se empenham em não deixar cair a bandeira que ele levou a tamanha altura, era e é, afinal de contas, aspecto secundário.

Não quer dizer – e volto aqui ao ponto de partida – que o eleito se sinta menos desvanecido, ou fique dispensado de manifestar reconhecimento por haver-se individualizado nele a honraria. Tão grande, no entanto, é o rol dos credores de gratidão, que nomeá-los um por um constituiria abuso intolerável contra a paciência dos que se dispuseram a abrilhantar com sua presença esta solenidade. Teria de começar por meus pais, de quem recebi os primeiros exemplos de amor ao estudo e dedicação ao trabalho. A afeição de minha mulher e de meus filhos foi incentivo constante ao longo dos anos. Estímulo incalculável representou também o contacto com levas sucessivas de alunos, muitos dos quais convertidos, para meu júbilo, em amigos diletos. Amigos, porém, são tantos, mesmo no específico universo do Direito, que renuncio à exemplificação, até para evitar o risco de qualquer involuntário esquecimento. Um só nome não posso calar: o de Luiz Machado Guimarães, que além de amigo foi mestre, e não sei em qual das duas qualidades mais fortemente me marcou o espírito. Ninguém conheci a quem o trato da matéria jurídica fosse tão perfeitamente conatural. A obra escrita que deixou, valiosa como é, não revela a medida inteira de seu vasto saber e de sua inteligência penetrante, a cuja luz me aquecia, semanalmente, nas tertúlias daquilo a que ele chamava, com graça, a "Escola Processual de Copacabana" – facílima de reunir em sessão plenária, porque composta de dois únicos membros: ele e eu...

Minha candidatura à cadeira nº 46, que tão fidalga acolhida teve da parte do ilustríssimo Presidente Othon Sidou, foi invenção de dois eminentes colegas de congregação na Faculdade de Direito na Universidade do Estado do Rio de Janeiro, e por muito tempo, igualmente, no Egrégio Tribunal de Justiça, em que me honrei de exercer a judicatura durante mais de treze anos: Hamilton de Moraes e Barros e Luiz Fernando Whitaker. A ambos, a minha palavra de agradecimento, que, com referência ao primeiro, visa também a generosíssima saudação. A todos os eminentes confrades, a expressão do meu sincero apreço e da disposição de colaborar, na medida de minhas forças, para que os trabalhos desta Egrégia Academia continuem a honrar suas elevadas tradições - embora na certeza de que será meu o lucro do convívio.

Uma Casa como a nossa tem papel de primeira importância a desempenhar na hora que estamos atravessando. As instituições nacionais clamam por profundas reformas. Vastos setores do ordenamento precisam ser ajustados às necessidades desta virada de século. Iminente é a própria revisão constitucional. Experiências amargas hão de ter definitivamente demonstrado que, em matéria de projetos administrativos e planos econômicos, por mais sublime inspiração que os gere - a supor-se que algum mereça tal crédito de confiança -, nenhum pode vingar se não for corretamente instrumentalizado do ponto de vista jurídico.

Sem dúvida, a missão da Academia é, antes de tudo, científica. Mas a ciência jurídica não pode manter-se distante da realidade. Ao contrário: deve esforçar-se por influir nela, em vez de limitar-se a refleti-la passivamente. Se o jurista deserta da arena, outros, sem as mesmas credenciais, lhe ocuparão o lugar - com resultados de que a recente história pátria tem prodigalizado exemplos melancólicos. Que ninguém possa, no futuro, acusar-nos de absenteísmo; e que a nossa participação, mercê de Deus, seja capaz de contribuir para tornar menos iníquo, mais humano, o perfil da sociedade brasileira.

COMENTÁRIOS DO ATUALIZADOR

DUAS GERAÇÕES DE PROCESSUALISTAS BRASILEIROS

Paulo Henrique dos Santos Lucon

Livre-docente, Doutor e Mestre em Direito pela Faculdade de Direito da Universidade de São Paulo. Professor Associado nos cursos de graduação, especialização, mestrado e doutorado da mesma instituição, na qual também se graduou. Membro Honorário da Associazione italiana fra gli studiosi del processo civile. Presidente do Instituto Brasileiro de Direito Processual (2016 a 2022). Vice-Presidente e Membro do Instituto Ibero-americano de Direito Processual. Membro da International Association of Procedural Law. Membro e Conselheiro Instituto dos Advogados de São Paulo, instituição da qual foi Vice-Presidente. Membro do CONJUR – Conselho Superior de Assuntos Jurídicos e Legislativos da Federação da Indústrias do Estado de São Paulo. Membro da AASP – Associação dos Advogados de São Paulo. Especializou-se em direito processual civil junto à Universidade Estatal de Milão. Advogado.

O texto em referência consiste no discurso proferido pelo Professor Barbosa Moreira em sua posse na Academia Brasileira de Letras Jurídicas, ocorrida em 7 de abril de 1992. Em um momento como esse que representa uma conquista pessoal pelo brilhantismo de sua carreira, o Ilustre Professor não deixa de reverenciar os mestres do direito processual que o antecederam.

Nesse sentido, registra-se como marco histórico inicial as décadas de 1930 e 1940 que sofreram os influxos da edição do primeiro Código de Processo Civil nacional, o CPC/1939. De acordo com Barbosa Moreira, esse Código "teve a virtude de libertar o ordenamento processual brasileiro, quase inteiramente, da camisa de força do velho direito comum, perpetuado entre nós nos dizeres do Regulamento nº 737 e de suas enfezadas ramificações".

Nesse contexto, são destacados autores como Pontes de Miranda e Lopes de Costa, além de Enrico Tullio Liebman, que migrara para o Brasil em decorrência da Segunda Guerra Mundial: "foi naquele tempo que a processualística pátria passou a beneficiar-se com maior intensidade dos subsídios, extraídos por juristas como Pontes de Miranda e Lopes da Costa, de textos legais e doutrinários de língua alemã, que antes só excepcionalmente – conforme acontecera na Bahia, graças a Eduardo Espínola – lhe tinham servido de fonte inspiradora. Foi também naquele tempo que exerceu entre nós seu apostolado Enrico Tullio Liebman, dádiva involuntariamente feita ao Brasil pela intolerância fascista, quando o baniu da cátedra milanesa e o forçou a buscar refúgio neste outro lado do Atlântico".

Com a chegada de Liebman ao Brasil e em decorrência de seu magistério junto a um grupo de estudiosos oriundo da Faculdade de Direito da Universidade de São Paulo, forma-se a denominada Escola Paulista de Direito Processual, cujos principais expoentes são Alfredo Buzaid e José Frederico Marques. Diante da relevância de Alfredo Buzaid para o direito processual brasileiro, o Ilustre Professor dedica a ele alguns parágrafos de seu discurso para ressaltar seus trabalhos acadêmicos, sua atividade como docente universitário, seu protagonismo na elaboração do Código de Processo Civil de 1973 e sua atuação como Ministro do Supremo Tribunal Federal. Com efeito, a importância de Buzaid para o direito brasileiro é indene de dúvidas.

Alfredo Buzaid nasceu em 20 de julho de 1914, em Jaboticabal-SP. Na Faculdade de Direito da Universidade de São Paulo, tornou-se discípulo de Enrico Tullio Liebman, obteve todos os seus títulos acadêmicos e construiu sua carreira docente. Sua proeminente carreira acadêmica lhe rendeu honrosa missão de elaborar um Anteprojeto para um novo Código de Processo Civil para o país. Sob influência das ideias de Liebman, como atestado pelo próprio Buzaid, essa tarefa foi concluída em 1964, tendo seu Anteprojeto sido sancionado como a Lei n. 5.869 de 1973, quando o próprio Buzaid ocupava o posto de Ministro da Justiça, cargo que exerceu entre os anos de 1969 e 1974.

A relevância histórica do trabalho de Alfredo Buzaid à frente da elaboração do Código de Processo Civil de 1973 se mede pelo fato de ser essa lei também denominada e reconhecida pela comunidade jurídica como o Código Buzaid e pelo reconhecimento de seu primor técnico por muitos estudiosos ao longo dos anos seguintes. Pelo reconhecimento ao seu trabalho e à sua trajetória como um dos juristas brasileiros mais influentes da segunda metade do século XX, em 1982 foi nomeado para o cargo de Ministro do Supremo Tribunal Federal, função que exerceu por pouco mais de dois anos até atingir a idade que determinou a sua aposentadoria compulsória.

Para descrever a passagem de Alfredo Buzaid pelo STF, nada melhor do que recorrer às palavras do ilustre Ministro José Carlos Moreira Alves. A respeito da nomeação da nomeação de Alfredo Buzaid para o STF, o Min. Moreira Alves assim destacou: "Ao ser nomeado Ministro desta Corte, em 22.03.1982, era Alfredo Buzaid, incontestavelmente, um dos maiores juristas brasileiros (...) Trazia para esta Corte a experiência do Professor, do Advogado, do Jurista (...) A maioria de seus livros eram obras clássicas de nossa literatura jurídica. De há muito, poucos mereceriam, como ele, o acesso a esta Corte".[2]

Sobre o exercício da função de Ministro, Moreira Alves assim descreveu o trabalho de Buzaid: "Quem se detiver no exame de seus arestos (...) verificará o cuidado com que examinava as questões em julgamento, a limpidez e o cartesianismo de seu pensamento, a exatidão técnica de suas formulações jurídicas, a profundidade de sua cultura sem a ostentação da erudição fácil e desnecessária, o perfeito conhecimento da Jurisprudência do Tribunal só possível a quem tinha antigo trato com ela. Em estilo ético, e com a síntese e a objetividade que o caracterizavam, versou, com mão de mestre, todos os problemas de direito público e de direito privado que afluíam a esta Corte nos terrenos legal e constitucional, antes do advento da atual Constituição". Por fim, em um balanço da atuação de Buzaid como Ministro da mais alta Corte do país, Moreira Alves assim conclui: "Não apenas por ter sido jurisconsulto – e dos maiores – mas também por tê-lo sido, foi Buzaid um grande homem, cuja estatura intelectual e moral o coloca entre os mais notáveis vultos que honraram esta Casa e que como João Mendes Júnior e Pedro Lessa, vieram das venerandas Arcadas do Largo de São Francisco".

Em seu discurso, o Professor Barbosa Moreira ressalta que a par de suas críticas ao Código de Processo Civil de 1973, é preciso reconhecer os seus méritos e a sua relevância: "em diversas ocasiões, assumi posição crítica diante de aspectos do Código de 1973. Quase vinte anos de aplicação confirmaram vários dos meus receios (...) Um ponto, contudo, fica fora de dúvida: feitas todas as contas, o Código é diploma que honra a ciência processual brasileira. Decerto não cabe imputar aos seus defeitos, sejam quais forem, a responsabilidade maior

---

2 José Carlos Moreira Alves, "Homenagem póstuma a Alfredo Buzaid" in *Revista de Processo*, vol. 64, Out-Dez 1991, pp. 275-280.

pelo nível insatisfatório, a tantos ângulos, do funcionamento da Justiça Civil neste país".

Em resposta às críticas que a geração de Buzaid sofreu por um suposto apego demasiado à técnica processual, Barbosa Moreira assim se manifestou: "não há por que censurar à geração de Buzaid o haver dedicado o melhor de sua faina ao estudo de problemas técnicos, nem o haver-se esforçado por dar ao tratamento do direito processual um toque de refinamento técnico suscetível de elevá-lo, como de fato o elevou, a planos imensuravelmente distantes de quase tudo que até então se realizara nesse território, entre nós. Era necessário, e foi útil, que ela assim fizesse. Devemos ser-lhe gratos, os que lhe sucedemos, por ter-nos legado uma construção dogmática erguida sobre alicerces firmes, conceptualizada com rigor, capaz de expressar-se em linguagem rica, apurada e precisa".

Como destacado por Barbosa Moreira, a geração seguinte de estudiosos, respeitando a técnica processual, passou a atribuir ao processo outros sentidos à luz da sociologia, da política e da economia, direcionando-o à busca de outros objetivos: "empenhamo-nos, sim, em manejar com boa técnica o instrumento – sem esquecermos um instante, porém, que a técnica tem função ancilar, que não é um fim em si mesma, que deve estar a serviço de valores mais elevados". Dentre esses objetivos, destaca-se a busca por maior efetividade da tutela jurisdicional, a tutela de direitos transindividuais e a promoção do acesso à justiça com a criação dos juizados especiais, por exemplo. Como contribuição dessa geração de estudiosos em que o Professor Barbosa Moreira se insere, cita-se, ainda, seu papel decisivo na consolidação de direitos e garantias processuais fundamentais previstas na Constituição Federal que acabara de entrar em vigor.

Na parte final de seu discurso, o Ilustre Professor destaca que ao direito processual não pode ser dirigida à crítica por não se atentar à realidade e às exigências da sociedade: "Em nenhum outro setor da ciência jurídica pátria ressalta hoje mais vivo o sentimento do social". Além disso, faz o seguinte chamado: "a ciência jurídica não pode manter-se distante da realidade. Ao contrário: deve esforçar-se por influir nela, em vez de limitar-se a refleti-la passivamente. Se o jurista deserta da arena, outros, sem as mesmas credenciais, lhe ocuparão o lugar (...)".

Isso continua válido e ressoa nos dias de hoje. Inspirados pelo Ilustre Professor e por sua geração, os novos estudiosos do direito processual procuram contribuir para construção de um instrumento que permita cada vez mais a prestação da tutela jurisdicional de maneira justa, célere e efetiva.

A humildade intelectual do autor em reconhecer a relevância daqueles que o antecederam é apenas mais um indicativo de seu brilhantismo e genialidade. A esses Mestres o nome do Professor Barbosa Moreira já se soma como um dos mais importantes juristas brasileiros de todos os tempos, cuja obra e referência moral e intelectual permanecerão sempre vivas e atuais.

ÍNDICE ONOMÁSTICO

AGUDA – 420

AMARAL SANTOS – 149, 150, 153, 186, 297

ANDRADE, O. – 263

ANTUNES VARELA – 317

ANTUNES VARELA – BEZERRA, J. M. SAMPAIO E MORA – 118

ARAGÃO, P. C. – 250, 264, 266-269

ARAÚJO CINTRA, A. C. – 155

ARAÚJO CINTRA, A. C. – PELLEGRINI GRINOVER, A. – DINAMARCO, C. – 134

ARRUDA ALVIM – 250, 268, 320, 321

ARRUDA ALVIM PINTO, T. – 54, 79, 81, 103, 104, 138, 140, 149, 154, 155, 174, 187, 219, 240, 242, 320, 321, 324, 416

ASSIS, A. – 104, 174, 240, 297, 320

AZEVEDO, P. – 238

BAPTISTA, L. O. – 272

BAPTISTA DA SILVA, O. A. – 134, 182

BARBI, C. A. – 109, 154, 249, 250, 338, 340

BARBOSA, R. – 415, 435

BARBOSA DE MAGALHÃES – 314

BARBOSA MOREIRA – 28-31, 33, 34, 37, 48, 51, 54, 58-62, 67, 74-76, 79, 81, 84, 85, 91, 103, 106, 125-128, 140, 142, 149, 152, 156, 159-161, 164, 174-176, 183, 185, 191, 219, 220, 222, 225, 226, 228, 232, 233, 240-242, 252, 265, 268, 272, 273, 275, 277, 280-282, 288-290, 293, 297, 301, 302, 305, 306, 313, 317, 319-322, 325, 333, 337, 343, 345, 348, 349, 351-355, 358, 360, 366-368, 370, 372, 374-376, 378-388, 395-399, 401-403, 405, 416, 417, 429, 430, 441, 443-445

BARROS MONTEIRO, W. – 300

BATISTA MARTINS – 313

BAUR – 320

BERGEL – 420

BERMUDES, S. – 56, 420

BEVILÁQUA, C. – 299

BLANKENBURG – 40

BOTELHO DE MESQUITA, J. R. – 251, 253, 265, 320

BUZAID, A. – 131, 185, 315, 317, 335, 358, 366, 372, 373, 382, 393, 434-437, 439, 442-444

CALMON DE PASSOS – 74, 139, 150, 152, 153, 156, 360

CAMÕES – 419

CAMPOS, F. – 314

CAPPELLETTI – 52, 90, 107, 285, 422, 423

CARNELUTTI – 227, 293, 294, 296, 298, 336, 337, 339, 345-347, 357-371, 374, 376, 377, 379-388, 435

CARPI – 71, 420

CASTRO, A. – 297

CASTRO, A. A. – 138

CASTRO MENDES – 227, 320, 333, 396

CASTRO NUNES – 235

CHESTERTON – 39, 54, 425

CHIOVENDA – 110, 184, 372,435

CIPRIANI – 293, 357

CLARK – 420

COESTER-WALTJEN – 420

COSTA, S. – 134

COUTO E SILVA, C. – 321

COUTURE – 421

CRETELLA JR., J. – 102

CUNHA CAMPOS, R. – 366

DALL'AGNOL JR. – 158

DAMRAU – 314

DE CRESCI SOBRINHO, E. – 320

DE MARINI – 181

DENTI – 102, 284, 293, 335, 348, 358

DI FEDERICO – 420

DINAMARCO, C. - 78, 81, 85, 104, 113, 122, 123, 134, 142, 179, 220, 372
DOLINGER, J. - 257, 269, 270
DOMINGUES DE ANDRADE - 118
ESPÍNOLA, E. - 310, 311, 312, 434, 442
FAIRÉN GUILLÉN - 420
FERRAZ, S. - 191, 228, 318
FERREIRA FILHO, M. G. - 96, 102
FIGUEIREDO TEIXEIRA, S. - 87, 98, 231
FISCHER - 314
FURTADO FABRÍCIO, A. - 137, 338, 340
GAUPP-STEIN - 311
GIONFRIDA - 111
GIULIANI-PICARDI - 52
GOLDSCHMIDT - 309, 315
GRECO FILHO, V. - 265, 392
HABSCHEID - 422
HELLWIG - 311, 315
JAUERNIG - 157
JUNQUEIRA DE AZEVEDO, A. - 134
KISCH - 309
KOHLER - 311
LACERDA, G. - 147, 372
LAMBAUER, M. - 320
LAURIA TUCCI, R. - 148-150, 153-155
LENT - 309
LENT-SCHWAB - 299
LIEBMAN - 111, 184, 185, 372, 373, 393, 428, 434, 441, 442
LINDBLOM - 420
LINS, E. - 238
LOBO DA COSTA, M. - 362
LONBAY - 420
LOPES DA COSTA - 109, 122, 123, 311, 312, 434, 442
LUSO SOARES, F. - 313, 357
MACHADO DE ASSIS - 419
MACHADO GUIMARÃES - 187, 409, 439
MARQUES, J. F. - 78, 109, 148, 150, 153, 186, 297, 300, 340, 442
MENDONÇA LIMA - 109, 121-123, 293, 318, 360
MILARÉ, E. - 287
MIRANDA, D. - 237
MIRANDA ROSA, F. - 43
MONIZ DE ARAGÃO - 48, 74, 93, 109, 116, 119-121, 123, 138, 147, 149, 151, 153, 155, 156, 258, 340-342, 366, 367, 373, 393
MONTELEONE - 71
MORAES E BARROS, H. - 440
MORELLO - 283, 420
MORELLO-SOSA-BERIZONCE - 118
MORTARA - 357
MOTT - 77
MOURA ROCHA, J. - 297
NEGRÃO, T. - 109
NEVES, C. - 298, 320
OLIVEIRA, C. A. A. - 52
OTHON SIDOU - 440
PALACIO - 118
PARODI REMON - 389
PAULA, A. - 91, 155, 297, 392
PAULA, A. - MAGELA ALVES, G. - 132, 138
PAULA BATISTA - 434
PÉGUY - 53
PELLEGRINI GRINOVER, A. - 37, 39, 69, 78, 175, 340, 396, 404
PERROT - 48
PESSOA VAZ - 320, 420
PICARDI - 420
PINTO FALCÃO, A. - 87, 97, 102
PINTO FERREIRA - 102
PLANCK - 311
POLLAK - 316
PONTES DE MIRANDA - 88-90, 109, 121, 123, 131, 134, 138, 139, 154, 155, 182, 187, 189, 191, 238, 250, 272, 298, 311, 312, 321, 343, 441

PROTO PISANI – 71
REIS, J. A. – 312, 314, 315, 358
RENGEL-ROMBERG – 117
RESNIK – 420
RIBEIRO BASTOS, C. – 102
ROSENBERG – 309, 315
ROSENBERG-SCHWAB – 187
ROTH – 420, 425
SAID CAHALI, Y. – 153
SAMPAIO, J. S. – 155
SANSEVERINO, M. – KOMATSU, R. –
SANTOS, E. F. – 91, 192, 250, 265
SCHIMA – 320
SCHLÜTER – 76, 157
SCHONKE – 309
SEABRA FAGUNDES – 409
SHETREET – 420
SILVA PACHECO, J. – 182
SILVEIRA DA ROSA, P. – 287
SMITH, A. – 410
STALEV – 420
STORME – 420
TANIGUCHI – 40, 420
TARUFFO – 51, 76, 84, 181, 220, 224, 293, 357
TEIXEIRA DE FREITAS – 41, 409, 436
TEIXEIRA DE SOUSA – 320, 326, 328
TENÓRIO, O. – 264
THEODORO JR., H. – 29, 186, 293, 297, 392
TORNAGHI, H. – 111, 121, 123-125, 134, 138, 149, 155, 156, 250, 321, 360
VALLADÃO, H. – 251-253, 257
VIGORITI – 52, 285
WACH – 315
WAGNER – 234
WALTER – 420
WATSON – 420
WHITAKER DA CUNHA, L. F. – 97, 440
WROBLEWSKY – 76

ÍNDICE ALFABÉTICO-REMISSIVO

ABANDONO DA CAUSA

AÇÃO

– civil pública – 2, 4, 12, 26, 61, 80, 81, 288, 289, 291, 292, 437

– declaratória – 2, 224, 311, 315, 317, 319, 338, 350, 382, 434, 435

– desistência da – 148, 154, 159

– direito de – 69, 93

– direta de declaração de inconstitucionalidade – 290, 434

– popular – 2, 12, 25, 80, 437

– rescisória – 23, 91, 138, 224, 236-238, 240, 243, 244, 312

ACÓRDÃO – 23, 59, 65, 94, 95, 98, 100, 109, 120, 128, 143, 175, 223, 224, 226, 231-237, 240, 243, 244, 252, 254, 257, 263, 265, 270, 291

AGRAVO – 20-22, 33, 34, 44, 65, 93, 94, 100, 163, 164, 198, 201, 223, 224, 237, 243, 250, 256, 258, 266, 268, 271, 434

APELAÇÃO – 20-22, 65, 93, 94, 106, 149, 158, 176, 195, 219, 220, 223, 252, 400, 420, 429, 434

ASSISTÊNCIA – 1, 49, 81, 82, 87-92, 96-100, 102, 104, 105, 108, 260, 317, 318

ASSISTÊNCIA JURÍDICA – 87, 97, 99, 100, 102, 103, 105, 108

ATO PROCESSUAL

– existência, validade, eficácia – 134, 136, 254, 255

– forma – 134, 136, 254, 255

– nulidade – 134, 136, 254, 255

CARTA ROGATÓRIA – 32, 255, 257-260, 267, 270, 279, 280

CITAÇÃO – 10, 92, 116-119, 131, 132, 136-144, 149, 159, 177, 249, 254, 256, 257, 265-267, 277, 281, 282, 380, 391, 435

CÓDIGO DE PROCESSO CIVIL BRASILEIRO

– influência sobre o direito peruano – 397

CÓDIGO DE PROCESSO CIVIL DO VATICANO

– influência sobre o direito brasileiro – 335-355, 357, 358, 361-372, 374, 375, 380, 382, 435

COISA JULGADA – 23, 81, 156, 157, 160, 163, 182, 184, 185, 187, 263, 268, 281, 318, 320, 326, 337, 343, 349-351, 366, 373, 382, 427, 438

(*Vide* também TRÂNSITO EM JULGADO)

COMPETÊNCIA –

– territorial – 81, 110, 111, 114, 117, 118, 120, 121

– internacional – 245-247, 250, 251, 253, 277

CONCILIAÇÃO – 10, 11, 35, 36, 56, 166, 170, 174-179, 320, 394, 413

DEFENSORIA PÚBLICA – 97, 100, 101, 105, 106, 290, 291

DESPACHO SANEADOR – 10, 119, 148, 150-152, 159, 313

DIREITO

– o transitório e o permanente no – 409, 412, 416

DIREITO ALEMÃO

– influência sobre o processo civil português e brasileiro – 316-319, 324-326, 329, 333

EXECUÇÃO

– das obrigações de fazer e não fazer – 14

– de sentença estrangeira – 261, 263, 274

– extinção da – 298, 300-303, 305, 387

– para entrega de coisa – 14

– por quantia certa – 14, 16, 17, 137, 297, 302

– provisória – 13, 88

(*Vide* também PROCESSO DE EXECUÇÃO)

EXEQUATUR – 32, 255-261, 280

HABEAS DATA - 2, 26, 27
HOMOLOGAÇÃO
- de sentença estrangeira - 29, 32, 246, 251, 254, 255, 261-271, 275, 276, 280
INCOMPETÊNCIA
- relativa - 9, 109, 110, 113, 116-127, 129, 143, 156
INTERESSES COLETIVOS E DIFUSOS - 437
JUIZ
- natural - 2, 29, 82, 128, 397
- responsabilidade - 52, 57, 85, 192, 302
- seleção - 45
JUIZADOS ESPECIAIS - 2, 4, 32, 34, 437, 444
JUÍZO
- de admissibilidade - 231, 232-234, 236, 237, 239-242, 244
- de mérito - 148, 231-234, 236, 237, 239, 240, 244
JULGAMENTO
- antecipado da lide - 147, 148, 151, 393, 394
- de mérito - 147, 149, 161, 247, 304, 328, 394, 400
- do recurso especial - 239, 240, 384
JURISDIÇÃO
- duplo grau de - 219
- voluntária - 12, 119, 251, 262
JUSTIÇA - 1-3, 7, 10, 22, 23, 29, 32-35, 39-43, 45-48, 54, 55, 57-63, 65, 81-83, 87-89, 93-95, 97-100, 103-110, 113, 115, 126, 128, 129, 131, 137, 138, 142-144, 157, 163, 172, 175, 176, 187, 189, 195, 196, 219, 223, 224, 231, 233, 234, 239, 240, 242, 245-254, 256-258, 260, 262, 264-270, 272, 275, 278-282, 289, 292, 308, 314, 360, 384, 385, 387, 395, 403-405, 420, 422, 424-427, 429, 430, 435, 436, 439, 440, 442, 444
LIQUIDAÇÃO - 13, 34, 43, 44, 82, 104, 163, 302, 303, 403
LITISCONSÓRCIO - 33, 82, 311, 313, 318, 320
MANDADO DE INJUNÇÃO - 2, 26, 80, 415, 438
MANDADO DE SEGURANÇA - 2, 12, 23, 24, 26, 27, 49, 56, 60, 69, 70, 100, 191, 192, 225, 412, 434
- coletivo - 27, 80, 438
MOTIVAÇÃO - 2, 7, 8, 28, 30, 31, 51, 63, 65, 76, 84-86, 158, 164, 220-227, 263, 270, 349, 353
MULTA - 16, 138, 220, 386, 387
ORGANIZAÇÃO JUDICIÁRIA - 3, 44
PENHORA - 17, 136, 137, 302, 318, 324, 344, 354, 388
PEQUENAS CAUSAS - *Vide* JUIZADOS ESPECIAIS
PETIÇÃO INICIAL
- indeferimento - 149, 159, 162, 301, 400
PRINCÍPIOS
- da oralidade - 312
- da livre valoração da prova - 7, 8, 353, 398
- da publicidade - 84, 221
- dispositivo - 4, 5, 314, 384
- do contraditório - 65, 129
- do devido processo legal - 2, 30, 279, 280, 349
- do segredo - 6, 7, 413
- inquisitivo - 5
- processuais - 175, 417
PROCEDIMENTOS
- especiais - 9, 12, 177, 305, 360, 375
- ordinário - 9, 11-13, 19, 31, 32, 147, 364
- sumaríssimo - 4, 9, 11, 12
PROCESSO
- cautelar - 1, 8, 18, 19, 28, 33, 354, 355, 360, 375, 383, 388
- civil brasileiro - 1, 2, 4, 8, 11, 13, 20, 28, 30, 33, 104, 132, 149, 174, 233, 297, 317, 343, 348, 374, 384, 386, 389, 390, 395-404
- de conhecimento - 1, 8, 9, 13, 16-18, 25,

31, 247, 298, 300, 360, 374, 375, 391-393, 399, 436
- de execução - 1, 8, 13, 15, 32, 34, 137, 297, 305, 345, 354, 359, 360, 370, 374, 375, 383, 386, 387, 434
- duração do - 164
- extinção - 28, 147, 150-152, 155, 158-160, 162, 164, 298, 300, 376, 378, 379, 386, 387, 392-394, 402
- formação - 149, 379
- linguagem no - 49,
- suspensão - 376, 379

PROJETO CARNELUTTI
- influência sobre o processo civil brasileiro - 374

PROVA
- colheita antecipada - 259, 260
- colheita no estrangeiro - 259
- documental - 10, 380, 381
- ilícita - 289
- ônus da - 34, 351
- valoração - 7, 8, 353, 398

RECURSO - 2, 3, 13, 20-25, 29, 33, 47-49, 60, 65, 81-83, 87, 119, 136, 143, 158, 163, 164, 168, 185, 186, 196, 216, 217, 223-226, 231-244, 251, 256, 291, 319, 320, 327, 328, 330, 331, 367, 373, 383-385, 400, 412, 415, 435
- adesivo - 237, 244, 319, 367, 383, 435
- especial - 2, 3, 22, 65, 83, 196, 216, 217, 223-226, 231, 233, 234, 239, 240, 242, 244, 330, 384
- extraordinário - 2, 3, 22, 23, 29, 49, 60, 81, 83, 196, 226, 234-240, 242, 243, 291, 320, 412

REGIMENTO INTERNO - 57, 246, 253, 255-257, 261, 263, 264, 266-271

REVELIA - 11, 18, 159, 266, 281, 317, 350, 391, 392, 394, 400-402, 435

SENTENÇA
- conteúdo - 269
- efeitos - 183, 193, 263
- estrangeira - 29, 32, 246, 250, 251, 254, 255, 261-272, 274-276, 280
- imutabilidade - 192, 193

TÉCNICA - 3, 28, 31, 40, 41, 45, 49, 143, 150, 157, 163, 224, 225, 231, 235, 237, 263, 284, 300, 333, 335, 342, 348, 352, 359, 360, 380, 382, 389, 391, 395, 396, 411, 412, 424, 425, 430-432, 436, 437, 443, 444

TECNOLOGIA - 59, 62, 176, 404, 420, 427, 429

TRÂNSITO EM JULGADO - 23, 163, 267, 268, 276, 403

USUFRUTO DE IMÓVEL OU EMPRESA - 354

31, 247, 298, 300, 360, 374, 375, 391-393, 399, 436
- de execução - 1, 8, 13, 15, 32, 34, 137, 297, 305, 345, 354, 359, 360, 370, 374, 375, 383, 386, 387, 434
- duração do - 164
- extinção - 28, 147, 150-152, 155, 158-160, 162, 164, 298, 300, 376, 378, 379, 386, 387, 392-394, 402
- formação - 149, 379
- linguagem no - 49,
- suspensão - 376, 379

PROJETO CARNELUTTI
- influência sobre o processo civil brasileiro - 374

PROVA
- colheita antecipada - 259, 260
- colheita no estrangeiro - 259
- documental - 10, 380, 381
- ilícita - 289
- ônus da - 34, 351
- valoração - 7, 8, 353, 398

RECURSO - 2, 3, 13, 20-25, 29, 33, 47-49, 60, 65, 81-83, 87, 119, 136, 143, 158, 163, 164, 168, 185, 186, 196, 216, 217, 223-226, 231-244, 251, 256, 291, 319, 320, 327, 328, 330, 331, 367, 373, 383-385, 400, 412, 415, 435
- adesivo - 237, 244, 319, 367, 383, 435
- especial - 2, 3, 22, 65, 83, 196, 216, 217, 223-226, 231, 233, 234, 239, 240, 242, 244, 330, 384
- extraordinário - 2, 3, 22, 23, 29, 49, 60, 81, 83, 196, 226, 234-240, 242, 243, 291, 320, 412

REGIMENTO INTERNO - 57, 246, 253, 255-257, 261, 263, 264, 266-271

REVELIA - 11, 18, 159, 266, 281, 317, 350, 391, 392, 394, 400-402, 435

SENTENÇA
- conteúdo - 269
- efeitos - 183, 193, 263
- estrangeira - 29, 32, 246, 250, 251, 254, 255, 261-272, 274-276, 280
- imutabilidade - 192, 193

TÉCNICA - 3, 28, 31, 40, 41, 45, 49, 143, 150, 157, 163, 224, 225, 231, 235, 237, 263, 284, 300, 333, 335, 342, 348, 352, 359, 360, 380, 382, 389, 391, 395, 396, 411, 412, 424, 425, 430-432, 436, 437, 443, 444

TECNOLOGIA - 59, 62, 176, 404, 420, 427, 429

TRÂNSITO EM JULGADO - 23, 163, 267, 268, 276, 403

USUFRUTO DE IMÓVEL OU EMPRESA - 354